문재인 정부와 사학개혁

저자 / **정대화 엮음**

대한민국 사학 문제의 현황을 정리하고
사학 개혁의 방향을 제시하는 정책제언서

대구대학교출판부

문재인 정부와 사학개혁

1판 2쇄 2018년 3월 30일

지 은 이 정대화 엮음
펴 낸 이 홍덕률
펴 낸 곳 대구대학교출판부
출판등록 경산 제11호
주 소 경북 경산시 진량읍 대구대로 201
대표전화 053-850-5661~2
팩 스 053-850-5669
홈페이지 http://press.daegu.ac.kr/
찍 은 곳 경희 에듀케이션

ISBN 978-89-7794-672-9 03060 정가 23,000원

문재인 정부와 사학개혁

서 문

사학개혁의 깃발을 높이 들자

우리 교육사에서 사학의 역사는 곧 사학비리의 역사이다. 사학이 시작되면서 사학비리가 시작되었다고 말해도 과언이 아니기 때문이다. 적어도 해방 이후 지금까지는 이 말이 진실이었다. 이 시기에 사학비리는 우리 교육의 발전을 가로막아 온 해묵은 적폐였고 사학비리 척결을 통한 사학개혁은 우리 교육의 발전을 위한 오랜 과제였기 때문이다. 이제 사학비리를 척결하고 사학개혁을 본격적으로 추진할 때가 되었다.

사학비리를 척결해야 한다고 주장하는 것은 어제 오늘의 외침이 아니다. 우리 교육사에서 사학비리가 문제로 부각된 것은 1970년대의 일이고 이것이 사회적인 문제로 불거지기 시작한 것은 1980년대의 일이며 1990년대 이후에는 교육 영역을 넘어 우리 사회의 가장 중요한 쟁점의 하나로 부각되었다. 특히, 선인재단, 조선대, 영남대, 상지대, 대구대 문제가 학교 담장을 넘어 사회영역으로 확산되면서 사학비리는 교육문제이자 사회문제가 되었고 동시에 심각한 정치적인 문제로까지 비화되었다.

사학비리가 정치사회적인 문제로 확산된 이유는 수많은 대학과 초중등

학교에서 사학비리로 인한 분규가 발생했기 때문인데, 그 결과 분규에 해당하는 만큼의 임시이사가 파견되었고, 사학비리와 분규를 해결하기 위한 노력이 무수히 많은 사립학교법 개정 논의로 표출되었고, 이 과정에서 수많은 논란이 야기되었다. 사학 문제를 둘러싼 논란은 처음에는 학교에서, 그 다음에는 학교가 위치한 지역사회에서, 그 다음에는 정부와 국회의 장에서, 그리고 언론보도를 통해서 무한히 확산되고 재생산되었다.

그러나 사학문제가 사회적 현안이 된 지난 40년간의 논란에도 불구하고 사학문제는 여전히 미해결의 현안으로 남아 있다. 1980년대의 일련의 사학분규가 임시이사 파견으로 나타났고 그 후에는 사립학교법 개정으로 진행되었고, 그 성과가 2005년의 사립학교법 개정으로 귀결되면서 사학개혁이 정상궤도에 진입하는 것으로 간주되기도 했다. 그러나 즉시 사학재단과 보수세력의 반격을 받아 2007년에 사립학교법 개정의 성과가 일시에 무산되는가 하면 그 과정에서 사학분쟁조정위원회가 발족되어 1980년대 이후의 임시이사 파견의 성과 역시 비리재단의 복귀로 귀결되면서 사학개혁의 성과는 완전히 무위로 돌아갔다. 1980년대 이후의 민주화 과정에서 거둔 사학개혁의 성과가 민주화의 반동의 국면에서 사학개혁에 대한 반동으로 나타난 것이다.

사립학교법 개악과 사학분쟁조정위원회를 통한 비리재단의 복귀로 표출된 사학개혁에 대한 반동의 물결은 참혹한 것이었다. 특히, 반동의 총대를 멘 사학분쟁조정위원회가 그 악역을 자처했는데 처음에는 조선대, 영남대, 대구대, 경기대, 광운대, 세종대, 동덕여대, 덕성여대 등이 비리재단 복귀에 저항하여 초기 분규의 대표적인 사례로 부각되었고, 그 후에는 청주대, 서남대, 수원대, 청암대, 경주대, 하나고, 한마음고, 동구마케팅고 등에서 신흥사학비리가 등장하여 구성원의 저항을 촉발했다. 상지대는 그 기간 내내 사학분규의 상징적 중심으로 존재했다.

이 시기의 사학비리와 사학분규의 전반적인 상황을 포함해서 임시이사의 파견과 사학분쟁조정위원회를 통한 비리재단 복귀에 대해서는 제1부의 정대화의 글에서 일목요연하게 정리되어 있고 분규 과정에서 구성원들에게 가해진 참혹한 교권탄압에 대해서는 제2부의 홍성학의 글로 잘 정리되어 있다. 제3부에서는 사학분규가 발생한 19개의 대학과 4개의 고등학교 상황을 학교별로 정리했다. 실제로 사학분규가 발생한 대학과 초중등학교는 훨씬 많지만 필자와 지면의 사정을 고려하여 23개 학교로 제한했다.

이 책은 크게 3부로 구성되어 있다. 제1부 총론은 1980년대 이후 지금까지의 사학 문제의 현황을 정리하면서 사학개혁의 방향을 총괄적으로 정리하였고 제3부에서는 각 학교의 상황을 학교별로 정리하였다. 이것을 바탕으로 이 책의 본론에 해당하는 제2부에서는 사학개혁의 과제를 12개의 주제로 구분하여 제시하였다. 사학비리 척결(조승래), 사학법인 비리 관련자 퇴출(양승규), 사학비리의 원인과 척결 방안(김동국), 사학분쟁조정위원회 개편 방안(김명연), 사학의 공공성 확보(김형태), 사학의 민주적 운영에 대하여(류석준), 바람직한 대학 재정지원 방향(박정원), 사립학교법의 쟁점과 개정 방향(이영기), 대학구조개혁의 문제점과 대안정책 방향(노중기), 사분위 관련 사립학교법의 위헌성(송상교), 교권침해(홍성학), 반값등록금(안진걸) 등 사학개혁의 필수 과제들이 체계적으로 정리되어 있다.

사학 문제를 둘러싼 지난 40년의 역사적 과정을 되돌아볼 때 사학개혁이 쉽지 않은 과제라는 사실을 부정하기 어렵다. 우리 교육에서 사학이 차지하는 비중이 막대한데다 사학 자체가 권력화 되어 있기 때문이다. 1980~1990년대의 사학개혁이 2000년대 이후 좌절된 것도 이런 이유 때문이다. 그러나 사학비리와 사학분규의 상황이 매우 심각하고 사학개혁에 대한 국민적 열망이 전에 없이 강렬하다는 점 때문에 문재인 정부에서도 사학비리 척결과 사학개혁을 주요 국정과제로 제시했다. 문재인 정부가 국가교육회의 설치, 공영형 사립대학 추진, 사학분쟁조정위원회 개선 등의 공약을 적극적으로 추진하는가 하면 교육부가 사학혁신위원회를 설치하고 이 활동을 뒷받침하기 위한 기구로 사학발전·제도개선TF와 사학비리조사·감사TF를 운영하기로 한 것 역시 그 일환이다.

이런 점에서 볼 때 문재인 정부의 출범은 사학개혁을 위한 새로운 기회라 할 수 있다. 과거 김영삼, 김대중, 노무현 정부의 시기를 사학개혁의 첫 번째 기회라고 한다면 문재인 정부는 그 두 번째 기회에 해당한다. 여러 측면에서 여건은 매우 좋은 편이다. 이미 첫 번째 시기에 사학개혁의 과제를 실천했던 경험을 축적했고, 그 실패를 통해서 상당한 교훈을 얻었으며, 이명박과 박근혜 정부 시기를 거치면서 사학비리의 전모가 드러났고 국민들에게 잘 알려진데다, 사학개혁을 추진할 수 있는 교육계 안의 조직화된 추진동력을 확보했고, 국민들의 폭넓은 지지를 받고 있기 때문이다. 따라서 지금이야말로 사학개혁의 깃발을 높이 들어야 할 때이다.

이 책은 사학비리 추방과 사학개혁을 목표로 활동하고 있는 사학개혁국본(사학비리 추방과 사립학교 개혁을 위한 국민운동본부)이 기획하고 사학개혁국본에 소속된 교육시민단체 및 대학에서 활동하고 있는 교수, 중고등학교 교사, 변호사, 시민활동가들이 집필하였다. 사학개혁국본은 2010년 사분위 정상화로 상지대에 김문기 구재단이 복귀하는 것에 반대하여 결성되었던 '상지대 지키기 긴급행동'을 보태로 2011년 '사학비리 척결 국민행동'으로 발전했다가 2012년 지금의 사학개혁국본으로 발전했다. 이 과정에서 사학개혁국본은 2000년대 중반 사립학교법 개정을 추진하던 '사학국본'(사립학교법 개정 국민운동본부)의 활동을 공식적으로 승계하는 방식으로 발전했다.

이런 점에서 이 책은 2010년 이후 사학개혁국본의 8년간의 활동의 결과를 1차적으로 정리한 성과라 할 수 있다. 이 책의 제2부에 수록된 정책대안들은 2011년 이후 사학개혁국본이 활동하는 과정에서 국회토론회를 통해서 발표했던 성과를 재정리한 것이며 제3부에 수록된 각 학교의 사례는 2015년 12월 사학비리 척결대회 자료집에 수록되었던 글들을 수정하여 재수록한 것이다. 제1부의 총론은 이 책의 발간을 위해서 새로 집필한 것이지만 그 내용은 몇 차례 발표문들을 종합적으로 정리한 것이다.

사학개혁국본에서 이 책을 발간한 목적은 당연히 사학비리를 척결하고 사학개혁을 추진하기 위한 것이다. 문재인 정부 출범에 맞추어 이 책을 발간한 이유도 여기에 있다. 사학개혁에 대한 문재인 정부의 정책은 사학개혁국본의 지난 8년간의 활동과 궤를 같이 하고 있다. 사학 문제에 관한 한 문재인 대통령과 더불어민주당이 사학개혁국본과 인식을 같이 하고 있다는 것이며 문재인 정부가 사학개혁국본이 제기한 그간의 주장과 정책대안을 정부 정책으로 적극적으로 수용하고 있기 때문이다.

이 책의 집필에 참여한 우리 필자들은 문재인 정부가 사학비리를 척결하고 사학개혁을 완수하는 정부가 되기를 희망한다. 또한 문재인 대통령의 "나라다운 나라" 공약이 교육 분야에서 "교육다운 교육", "사학다운 사학"으로 현실화되어 문재인 대통령이 우리나라 최초의 교육대통령으로 평가될 수 있기를 기대한다. 이런 맥락에서 이 책이 문재인 정부가 추진하는 사학개혁을 성공적으로 안내하는 하나의 작은 지침서가 되기를 바라마지 않는다.

다행히 출발은 좋은 편이다. 문재인 정부 출범과 동시에 사학분규의 가장 상징적인 대학이었던 상지대에 새로운 임시이사회가 파견되어 7년간의 장기분규를 마감하고 새출발하게 되었다. 이어서 성신여대에도 민주적인 임시이사회가 파견되었다. 사학비리를 용납하지 않겠다는 정부의 방침에도 변함이 없다. 전국 대학을 억압하는 방식으로 진행되었던 대학평가에도 변화의 조짐이 감지되고 있다. 국정운영이 북한 핵문제로 과도하게 쏠리면서 개혁의 지체에 대한 우려가 없는 것은 아니지만 국가교육회의와 사학혁신위원회의 활동에 대한 기대는 여전히 높은 편이다.

이 책에서 제시된 주장과 정책대안의 기본 방향은 사학개혁국본의 오랜 활동과정에서 토론을 통해서 형성된 집단적 성과물로서 사학개혁국본의 입장을 반영하는 것이지만 각 필자의 글은 부분적으로 필자 개인의 입장을 반영하고 있기도 하다. 그러나 필자 개인의 입장이 반영되었다고 해서 사학개혁국본의 정책과 어긋나는 것은 아니고 토론 가능한 범위 안에 속하는 주장이라 할 수 있다. 따라서 향후 활발한 토론을 통해서 더욱 정교한 정책대안으로 발전할 수 있는 여지를 열어두고자 한다.

많은 필자가 참여하여 집필한 책을 발간하는 것은 무척 어려운 작업에 속한다. 우리 출판계의 어려운 사정은 말할 것도 없거니와 여러 필자의 글을 모아 하나의 책으로 묶으면서 필자 개인의 고유한 특성을 하나의 흐름으로 통일하는 것은 지난한 작업을 요구한다. 이런 많은 어려움을 알면서도 이 책의 출판을 흔쾌히 수락해준 대구대학교 홍덕률 총장에게 감사드리며 작업 과정의 모든 수고를 대신해준 대구대출판부 박지민 선생에게도 깊은 감사의 말씀을 전한다. 그럼에도 불구하고 혹 있을지도 모르는 난삽한 표현이나 잘못된 표기는 전적으로 필자들 개인의 몫이라는 점을 밝혀둔다.

2017년 10월 16일

필자들을 대신하여 정대화 씀

목 차

Ⅲ. 사학분규의 현황과 특성

I

총 론

사학 문제의 현황과 사학개혁의 방향

정 대 화
상지대 교수, 사학개혁국본 공동대표

1. 사학 문제의 기원과 성격

로마 제국의 관점에서 모든 길이 로마로 통한다면, 교육개혁의 관점에서 모든 교육 문제는 사학 문제로 통한다고 말해도 좋을 것이다. 이 말은 사학에만 문제가 있다는 뜻이 아니라 사학 문제가 교육 문제의 처음이자 마지막이며 또한 근본적인 문제라는 뜻이다. 초등학교와 중학교를 예외로 하고 대학의 85%가 사학이고 고등학교의 42%가 사학인 상황에서, 더구나 그 대부분의 사학이 비리와 분규 혹은 비민주적인 운영으로 몸살을 앓고 있는 상황에서 사학 문제의 해결 없이는 교육 문제의 해결이 불가능하다는 뜻이기도 하다. 교육은 숭고한 것이고 사학 역시 마찬가지인데, 교육의 한 축인 사학이 왜 이렇게 문제투성이의 지탄받는 존재가 되었을까? 여기에는 크게 세 가지 이유가 있다.

첫째, 시작이 잘못되었다. 우리나라는 미국의 영향을 받아 교육의 한 방법으로 사학이 발달한 편인데 미국과 달리 학교를 설립하고 운영하는 교육 철학에 중대한 결함이 있다. 해방 직후에는 토지개혁을 회피하는 방법으로 학교를 설립했고 산업화가 본격화되기 시작한 1960년대 이후에는 세제상의 혜택과 국가의 각종 지원에 초점이 맞추어졌다. 국공립과 마찬가지로 사학 역시 교육이라는 국가백년대계의 숭고한 목적을 실현하기 위한 비영리의 공익적인 활동이어야 하는데, 우리의 경우에는 비영리 목적보다는 돈벌이라는 영리 목적에 맞추어졌다는 것이 문제이다. 이것이 사학비리가 발생하게 된 배경이다.

둘째, 관계가 잘못되었다. 교육은 학원과 달라서 설립과 운영에서 국가의 엄격한 통제와 지도감독이 뒤따른다. 사학은 설립자가 재산을 출연하여 공익적으로 운영하여야 하고 국가는 국가 공교육의 일부인 사학을 지원하면서 공익 목적을 실현할 수 있도록 지도감독을 다 해야 하는데 이 관계가 무너졌다. 사학은 돈벌이에 여념이 없는데 사학의 설립을 유도한 국가가 그 대가로 사학의 비리를 감싸주면서 권력과 사학 사이에 부패의 공생관계가 구축되어버렸다. 그 결과 권학유착의 부패구조 하에서 국가가 사학비리의 숙주로 전락하여 사학의 돈벌이와 부패에 협조하는 사학마피아가 형성되었다. 이러한 권학유착의 구조가 사학비리가 발생하는 메커니즘이다.

셋째, 사학이 그 자체로 권력의 일부가 되어버렸다. 급속하게 팽창하여 비대해진 사학은 권학유착으로 권력의 일부가 되었다. 산업화 이후 독재권력의 지원과 비호로 비대해진 사학은 독재권력을 떠받치는 토대가 되었고 민주화로 권력교체가 가능해진 상황에서는 보수정치세력과 보수권력을 지탱하는 강력한 사회적 토대가 되었다. 더구나 사학은 정치는 물론 종교, 언론, 재벌, 지역토호와 결합하면서 매우 광범위한 권력의 연결망을 형성하게 되었다. 그 결과 사학이 순수하게 사학으로만 존재하는 것이 아니라 전체 권력의 구성 부분인 정치권력, 경제권력, 종교권력, 언론권력, 지역권력과 결합하여 강력한 정치사회적 힘을 보유하게 되었다. 이로 인해 사학은 곧 권력이 되고 사학 문제는 권력의 문제가 되어버렸다. 이로 인해 사학비리는 해결이 불가능한 난공불락의 요새가 되어버렸다.

바로 여기서 사학 문제의 심각성과 동시에 사학 문제 해결의 어려움이 발생한다. 국가가 사학에 재정을 지원하면서 재정 집행을 감독하고 비리가 발생한 사학에 대하여 감사권을 행사했더라면 사학 문제가 구조화되는 상황은 일어나지 않았을 것이다. 그러나 사학이 교육보다는 돈벌이에 혈안이 되어 있고 권학유착의 구조로 인해 국가가 사학비리를 비호하는 상황에서 감독권과 감사권을 행사하는 것이 불가능하게 되었으며, 이러한 상황을 규율할 수 있도록 사립학교법을 제정하거나 개정하는 것 또한 가능하지 않게 되었다. 이런 점에서 사학의 문제는 사학을 돈벌이 수단으로 간주하여 비리를 자행하는 사학 운영자의 문제, 사학에 대한 감독권과 감사권을 포기하고 사학의 숙주로 전락하여 사학비리를 비호하는 권력의 문제, 사학을 규율하지 못하고 사학비리도 통제하지 못하는 사립학교법 등 법제도의 문제라는 세 가지 차원의 문제가 결합된 당연한 결과이다.

2. 사학 문제의 실태

우리 사회에서 사학 문제가 드러나지 않고 완전히 은폐되었던 것은 아니다. 1970년대와 1980년대에도 간헐적으로 문제가 되었다. 그러나 학교에서 사학 문제가 발생해도 권력의 비호를 받아 교육부나 교육청 수준에서 통제하거나 은폐하고, 감사권이 발동되더라도 유야무야되고, 언론에 보도되지 않기 때문에 사회적 문제로 부각되지 못했다. 검찰에 고소고발하고 재판으로 이어지는 경우도 더러 있었지만 적절하게 통제되었다.

교육부가 사학을 두둔하면서 사학비리를 은폐하는 행위와 방법은

1990년대에 국회 교육위원을 지낸 이수인 의원에 의해 잘 밝혀졌다. 이수인 의원은 2000년에 발간한 『부패사학 개혁백서』를 통해서 사학비리의 실태와 교육마피아의 활동 방식을 고발했다. 사학비리는 즉시 드러나는 것이 아니라 비리가 곪아터져 학교 운영이 불가능한 상황에 이르러 결국 교육부가 임시이사를 파견해야 할 지경에 이르게 되어서야 드러난다. 이미 우리가 잘 알고 있는 것처럼 사학비리가 발생한다고 해서 교육부가 반드시 임시이사를 파견하는 것은 아니다. 교육마피아가 교육부를 지배하고 있는 상황에서 사학집단과 결탁한 교육부는 가급적 사학비리를 축소 은폐하는 경향이 있으며 도저히 은폐할 수 없는 상황에서 마지못해 임시이사를 파견했다.

이수인 의원에 따르면 교육마피아 중에서 사학에 특화된 것이 사학마피아인데 사학재단의 이익에 복무한다. 사학마피아는 사학에 문제가 발생하면 은폐하거나 불가피할 경우 문세를 축소해주는 역할을 담당한다. 은폐나 축소가 불가피하면 감사를 파견하는데 이 경우에는 면죄부 감사, 봐주기 감사를 하거나 재단이나 학교를 감사하는 척하면서 오히려 구성원을 욕보이는 감사를 하기도 한다. 감사를 하더라도 처분은 솜방망이로 해준다. 학교가 감사처분을 이행하지 않더라도 아무런 행정조치를 취하지 않고 눈감아준다. 사학마피아의 뿌리는 넓고 깊어서 잘 드러나지 않지만 간혹 상지대, 대구대, 서남대, 서해대의 경우처럼 사학비리가 드러나면 교육부에 똬리를 틀고 있는 사학마피아가 구속되기도 한다.

이수인 의원은 국회 교육위원회 활동 과정에서 확인한 사학비리의 유형을 △재단의 학교공금 횡령 및 회계부정 (한려대 등 19개 대학), △교수임용 및 재임용 부정 (중부대 등 18개 대학), △입시 및 편입학 부정 (한국외대 등 9개 대학), △재단의 전횡과 부당한 학사행정 간섭 (덕성여대 등 15개 대학), △총장선임을 둘러싼 학내분규 (대구대, 계명대 등 4개 대학)의 다섯 가지로 분류하였다.

〈표 1〉 재단의 학교공금 횡령 및 회계부정

대학명	법인명	비리 및 부정의 내역
광주예술대	하남학원	설립자 이홍하의 등록금과 국고보조금 426억 원 횡령 교수명의로 41억원 부정대출 (한려대)
서남대	서남학원	
한려대	서호학원	
광양대	양남학원	
청주대	청석학원	전 이사장 김준철의 153억 원대 학원토지 횡령
경원대	경원학원	등록금 105억 원 횡령
경원전문대		
단국대	단국대학교	학교등록금 1,252억 원 불법전용 불법차입금 1조 305억 원, 학교 부도사태
한국외대	동원육영회	이사 박승준의 학교공금 2억 5,700만 원 유용
서원대	서원학원	차입금 4억 2,000만 원 횡령, 이사장 출연금 날조 법인회계 및 교비 136억 원 등 불법운용
동서대	동서학원	대학운영비를 횡령하여 비자금 55억 원 조성 및 유용
대구미래대	애광학원	공사비 과다계상 등으로 20~30억 원 비자금 조성
한성대	한성학원	75억원 비자금 조성, 입학기부금 6억 7,600만 원 미편성
동신전문대	후성학원	이사장이 법인수익금 2억 5,000만 원 횡령
동남보건전문대	동남학원	이사장이 학교공금 14억 원 횡령
상지대	상지학원	부정입학과 부동산 투기로 김문기 이사장 구속
대구산업정보대	성요셉교육재단	교비 186억 9,700만 원 횡령
경문대	청송학원	교비 36억 6,200만 원 유용 및 뇌물공여

〈표 2〉 교수 임용 및 재임용 비리

대학명	법인명	비리 및 부정의 내역
광주예술대	하남학원	교수협의회 소속 교수 9명 재임용탈락
동남보건전문대	동남학원	교수협의회 소속 교수 10명 재임용탈락
덕성여대	독성학원	한상권 교수 재임용탈락
서원대	서원학원	교수협의회 소속 교수 9명 해임, 파면
동명정보대	동명문화학원	재단이 총장의 반대를 무시하고 교수 4명 재임용탈락
평택대	피어선기념학원	학교발전기금 모금에 비협조적인 교수 9명 면직처리
계명대	계명기독학원	총장직선제 폐지 반대교수 6명 직위해제, 파면, 재임용탈락
경원전문대	경원학원	입시부정 폭로한 교수 재임용탈락
대구미래대	애광학원	재단비리 항의한 교수 2명 파면
경산대	제한학원	신임교수 4명 불법채용, 총장의 교수채용 관련 뇌물수수
광주여대	송강학원	전임강사 10명에게서 뇌물 수뢰
대불대	영신학원	교수 7명 채용시 금품수수
동신전문대	후성학원	교수 채용 금품수수
순천대	국립대학	교수채용 과정에서 교수가 1억 2,000만원 수뢰
원광보건전문대	원광학원	학장이 아들을 교수로 채용
대구산업정보대	성요셉교육재단	교원채용시 금품수수
중부대	중부학원	교원채용시 금품수수

〈표 3〉 입시 및 편입학 부정

대학명	법인명	비리 및 부정의 내역
한국외대	동원육영회	부정편입학 9명, 대가로 2억 9,000만 원 수수
인하대	인하학원	이사장 아들 부정편입학 의혹
서남대	서남학원	총장 측근이 대학원 입시 불합격되었으나 학과 바꿔 합격

단국대	단국대학교	대학원 박사과정 2명 입시부정, 문제유출 및 금품수수
광운대	광운학원	입시부정 72명, 70억 6,000만 원 수수
경원대	경원학원	17명 부정합격, 7억 2,000만 원 수수
경기대	경기학원	문제유출 부정입학, 1억 2,000만 원 수수
동덕여대	동덕여학단	전산조작 부정입학, 1,000만 원 수수
동의대	동의학원	6명 부정입학, 7,100만 원 수수

〈표 4〉 재단의 전횡, 족벌체제 구축, 학사행정 간섭

대학명	법인명	비리 및 부정의 내역
덕성여대	덕성학원	이사장의 학사행정, 교수임용, 직원인사, 수업 부당간섭
광주예술대	하남학원	구재단측의 학교정상화 방해공작 (2002년 폐교조치)
서남대	서남학원	설립자 이홍하의 학생회장 매수 파문
한려대	서호학원	설립자 이홍하의 교수 폭행
서원대	서원학원	정관 임의변경, 재단비리 항의학생 3명 제적, 40명 정학
대구대	영광학원	직선총장 당선자 부당해임, 구재단측 복귀 기도
계명대	계명기독학원	직선총장제 폐지, 교수협의회 폐쇄, 재단의 인사권 남용
한성대	한성학원	이사회 불법운영, 재단의 인사권 남용, 회계업무 부당간섭
경산대	제한학원	총장 친인척이 주요 보직과 교수직 독차지
동강대	후성학원	이사장 친인척이 총장 등 주요 보직 차지
동남보건전문대	동남학원	이사장 아들이 교수 폭행, 공사비리, 법인경비 교비 유출
한국외대	동원육영회	이사의 학사행정 부당간섭, 이사회 회의록 위조
그리스도신대	한국그리스도의 교회	교수 4명 재임용탈락 등 학사행정 부당간섭
경복대	동성학원	교비에서 북서울대 설립출연재산 185억 원 유용

〈표 5〉 총장 선임을 둘러싼 갈등

대학명	법인명	비리 및 부정의 내역
대구대	영광학원	직선총장 당선자 부당 해임
계명대	계명기독학원	총장직선제 일방적인 폐기 및 재단측 총장 임명
인하대	인하학원	재단이 교협 배제하고 총장추대위 구성하여 총장 임명
성신여대	성신학원	교수직선 1위자 대신 2위자 총장 선임

사실, 우리 사회에서 사학비리가 넘쳐난다는 사실을 실증할 수 있는 증거는 너무 많다. 작게는 학부모와 관련된 촌지나 부정입학에서부터 크게는 사학운영자들의 구조적인 비리까지 무궁무진하다. 연도별로 발표되는 교육부의 감사결과 발표는 오히려 사학비리의 축소판이라고 해야 할 것이다. 교육계의 부패상은 외국인들의 눈에도 분명하게 포착되었다. 한국의 부패 실상을 파악하기 위해 1999년에 방한했던 국제투명성기구(TI)의 피터 룩 이사는 교육계와 법조계의 부패가 상당히 심각하다고 우려할 정도였다.

이수인 의원의 『사학부패 개혁백서』는 주요 대학의 상황에 집중한 분석이다. 좀 더 체계적이고 폭넓은 실태는 2001년 전국교수노동조합이 대학교육연구소에 의뢰하여 발간한 《사학비리백서》와 열린우리당 교육위원들이 대학교육연구소에 의뢰하여 작성한 《사립대학의 실태와 개선방안》에서 다루고 있다. 그러나 이 시기의 사학 문제는 정부가 사학비리를 통제하던 상황에서 발생한 제한적인 수준이었다. 참여정부가 끝나고 박근혜, 이명박 정부가 들어선 이후의 사학 상황은 이전의 실태와 비교할 수 없는 수준으로 악화되었다.

3. 사학 문제의 전진과 후퇴

1970~80년대를 거쳐 내연해오던 사학 분규가 분출된 것은 6월민주항쟁 이후이다. 이 시기에 영남대, 조선대, 상지대, 대구대 등에서 사학비리가 사회적인 문제로 강하게 분출했다. 6월민주항쟁 직후인 1987년 가을에 조선대에서 박철웅 족벌체제에 대한 저항이 일어나 1988년 1.8 항쟁으로 발전하면서 박철웅 체제가 퇴진하고 임시이사 파견되었으며 이어서 영남대에서 박근혜 체제가 퇴진하고 1989년에 임시이사가 파견되었다. 그후 1993년에는 상지대에서, 1994년에는 대구대에서 구재단이 퇴진하고 임시이사가 파견되었다. 대구대에 임시이사가 파견되기 직전인 1994년 3월에는 선인재단이 공립화되었다.

선인재단의 경우에는 다른 대학들과 다른 경로를 거쳤다. 인천대를 포함해 2개의 대학, 11개의 중고등학교, 초등학교와 유치원 각 1개 등 15개의 학교를 운영하던 거대한 사학 왕국인 선인재단 문제는 일찍이 1980년에 시작되었다. 전두환이 권력을 장악해가던 초기에 선인재단의 문제가 불거지자 백인엽은 구속되어 퇴진하면서 선인재단을 국가에 헌납하기로 하였다. 그러나 백인엽의 형 백선엽이 선인재단의 임시이사로 파견되면서 백인엽이 다시 복귀하였고 결국 1986년의 재단 정상화 투쟁을 유발하여 백인엽은 다시 퇴진하였다. 그러다가 노태우 정권 말기인 1992년 봄에 교육부 감사를 통해 비리가 드러나 재차 임시이사가 파견되면서 세 번째로 퇴출된 백인엽은 선인재단의 공립화를 조건으로 1993년에 설립자의 권한 일체를 인천시에 헌납함으로써 다른 대학들과는 달리 공립화되는 길을 걸었다.

선인재단, 조선대, 영남대, 상지대, 대구대 사태 이후 수많은 대학, 전문대학, 초중등학교에서 사학비리가 드러나거나 분규가 발생하여 사회 문제로 비화되면서 임시이사가 파견되었다. 이 시기에 사학비리에 대한 대응은 비리를 저지른 구재단을 퇴진시키고 임시이사를 파견하는 방법과 재단의 비리를 근절하기 위하여 사립학교법을 개정하는 방법이 적용되었다. 그 이후 대략 100여 개의 학교에 임시이사가 파견되었고 문민정부가 출범한 이후 사립학교법 개정이 사학의 핵심적인 현안으로 부각되었다. 사립학교법 개정을 둘러싸고 이사회에서 이사장의 친인척 등 특수관계인의 비율, 이사의 해임 요건, 임시이사의 임기 등이 논쟁의 대상이 되어 일진일퇴를 거듭하는 가운데 임시이사의 파견은 계속 증가했다.

〈표 6〉에서 연도별로 정리되어 있는 것처럼 선인재단을 제외하면 본격적인 임시이사 파견은 1988년 조선대부터 시작되었다. 그 후 영남대, 상지대, 대구대를 거쳐 수많은 대학에 임시이사가 파견되었으며 대학뿐만 아니라 전문대학과 초중등학교에도 임시이사가 파견되었다. 그 결과 2007년까지 20년 동안 우리나라 전체 대학의 약 10%에 해당하는 대학이 임시이사체제로 바뀌었다. 이 수치는 임시이사가 파견된 상황만을 집계한 것인데 사학비리가 발생한다고 반드시 임시이사가 파견되는 것은 아니라는 사실을 감안해야 한다. 소소한 사학비리, 드러나지 않은 사학비리, 교육부와 결탁하여 은폐되거나 무마된 사학비리를 합하면 대한민국을 사학비리의 천국이라고 부르는 말이 결코 과장이 아니라는 것을 알 수 있다.

〈표 6〉 임시이사 파견 현황

연도	대학교	전문대학
1981	선인재단	
1992	선인재단(2)	
1988	조선대	
1989	영남대	
1991	성균관대	
1992	서원대	
1993	상지대	
1994	대구대	
1997	광운대, 한국외대, 한성대	나주대

1998	단국대	
1999	서원대	
2000	탐라대	경인여대, 대구미래대, 서일대
2001	덕성여대	
2002	목원대	강원관광대
2003	고신대, 극동대	
2004	경기대, 대구외대, 동해대, 대구예술대	김포대
2005	세종대	영남외대
2006	목원대	오산대
2007	상지대(2), 대한신학대학원대	동주대
합계	26개 대학	9개 전문대

그러다가 2003년 노무현 정부가 출현하면서 사립학교법과 국가보안법 등 4대 악법을 개정하기 위한 사회적 투쟁이 전개되면서 2005년에 사립학교법이 전향적으로 개정되었다. 이 개정에서 이사장과 특수관계에 있는 이사의 비율은 1/4로 제한되고, 구성원들이 학교 운영에 참여하도록 대학평의원회와 학교운영위원회가 설치되고, 여기서 이사회 운영의 투명성을 확보하기 위한 장치로 이사 정수의 1/4을 공익이사로 추천할 수 있는 조항이 신설되고, 이사회를 해임할 수 있는 요건이 확대되는 등 전반적인 개정이 이루어졌다.

〈표 7〉 2005년과 2007년 사립학교법 개정 비교

조항	제 목	2005년 개정	2007년 재개정
제10조의2	출연자 정관기재	출연자의 정관 기재	(유지)
제14조	임원	공익이사 1/4 이상 대평/학운위 추천	개방이사 1/4 이상 **개방이사추천위 추천** **개추위에 이사 참여**
제18조의2	회의록	이사회 회의록 공개	(유지)

제20조	임원 임기	감사는 1회 중임	(유지)
제20조의2	임원취임승인취소	위법사항 방조 추가	**위법사항 방조 삭제**
제20조의3	임원직무집행정지	신설	(유지)
제21조	임원선임 제한	친족관계 1/4 이내	(유지)
제22조	임원 결격사유	임원취임승인취소시 5년 해임요구에 의한 해임시 3년 파면시 5년 퇴직 교육공무원 2년	(유지)
제23조	겸직금지	다른 학교의 이사장이나 학교장 겸직 금지	**겸직금지 삭제**
제24조의2	사분위 설치	–	**사분위 설치 및 기능**
제24조의3	사분위 구성	–	**사분위 구성 등**
제24조의4	사분위원 자격	–	**사분위원 자격 규정**
제25조	임시이사 선임 임시이사 선임	선임사유 구체화	(유지)
		–	**사분위 심의 추가 임기 3년 제한**
제25조의2	임시이사 해임 임시이사 해임	해임사유 구체화	(유지)
		–	**사분위 심의 추가**
제25조의3	정상화 정상화	대평/학운위 의견청취 이사 1/3 대평/학운위 추천	**대평/학운위 의견청취 삭제 대평/학운위 추천 삭제**
		–	**사분위 심의**
제26조의2	대학평의원회 대학평의원회	설치 강행규정	(유지)
		–	**심의, 자문 사항 제한**
제45조	정관 변경	인가 사항	보고 사항
제53조	학교장 임면	임기 4년 이내, 1회 중임	**초중등 학교장만 1회 중임**
제54조의3	학교장 임명제한	제22조 임원 선임 제한 적용 재적이사 2/3 찬성 조건	(유지)
		이사장의 배우자, 직계존비속과 그 배우자의 학교장 임명 금지	**이사 2/3 찬성과 관할청 승인으로 완화**

그러나 이 개정안에 대해서 한나라당과 박근혜 대표가 보수세력과 종교집단의 지원을 받아 전면적인 반대를 선언하면서 재개정 논의가 시작되었다. 한나라당이 사립학교법 재개정안을 제출하였지만 개정이 이루어지지 않자 국회를 거부하고 장외투쟁을 시작하였고 결국 노무현 정부 말기인 2007년에 집권여당인 열린우리당과 야당인 한나라당이 합의개정을 추진하기에 이르렀다. 노무현 정부와 열린우리당은 한나라당이 로스쿨법을 수용하는 것을 조건으로 한나라당이 제안한 사립학교법 개정을 수용하기로 한 후 국회 교육위원회와 법사위원회를 우회해서 직권 상정의 방식으로 사립학교법 개정안을 통과시켰다. 이 개정으로 학교 구성원으로 구성된 대학평의원회와 학교운영위원회가 추천하는 공익이사는 학교 구성원과 이사들이 함께 구성하는 개방이사추천위원회에서 추천하는 개방이사로 바뀌었고 이사 해임의 요건은 대폭 완화되었으며, 임시이사 파견과 임시이사가 파견된 학교의 정상화 문제를 다루는 사학분쟁조정위원회가 신설되었다. 이 개정은 두 가지 본질적인 쟁점을 안고 있다.

하나는, 사학비리가 발생하는 근본적인 원인이 되는 족벌체제를 타파하고 이사회 운영의 민주성과 투명성을 확보하기 위한 장치로 도입된 공익이사 제도가 무력화된 것이다. 2005년 개정에서 대학평의원회나 학교운영위원회에서 이사 정수의 1/4에 해당하는 공익이사를 추천하도록 한 것을 2007년 개정에서 개방이사추천회위원회에서 추천하도록 변경하였는데, 개방이사추천위원회에는 구성원뿐만 아니라 이사회에서도 참여하도록 구성 방법이 바뀜으로써 사실상 무력화되었다. 이사회는 개방이사추천위원회에 절반 이하의 지분으로 참여하지만 대학의 교수와 학생과 직원, 혹은 전문대학과 초중등학교에서 참여하는 추천위원을 통제함으로써 사실상 대부분의 학교에서는 개방이사추천위원회가 구성원의 뜻을 대표하는 것이 아니라 이사회의 의사를 대변하는 조직으로 변질되어버렸다. 그 결과 2005년 개정에서 추구했던 이사회에 대한 구성원의 민주적인 통제와 이사회 투명성의 확보는 2007년 개정으로 불가능하게 되었다.

또 하나는, 사학분쟁조정위원회를 설치한 것인데, 이것은 개방이사추천위원회보다 중요한 쟁점일뿐만 아니라 2005년 개정에 대한 방어에서 한 걸음 더 나아가 임시이사 파견과 정이사 선임을 통제하도록 설계되었다. 개방이사추천위원회가 대학평의원회의 공익이사 선임을 무력화하는 방어적인 장치라면 사학분쟁조정위위원회는 임시이사 파견을 통제하고 임시이사가 파견된 학교의 정상화를 추진할 수 있는 공격적인 장치로 도입되었다. 한나라당은 사학분쟁조정위원회를 설치함으로써 임시이사 파견 권한을 교육부에서 박탈하는 효과를 거두었다. 교육부가 국회와 여론의 통제를 받는다는 점을 감안할 때 임시이사 파견에서 국회와 여론의 영향을 차단하는 효과도 갖게 되었다. 또한 1980년대 이후 임시이사가 파견된 이후 임시이사체제를 정상화하는 경로를 갖지 못했는데 사학분쟁조정위원회를 통해서 임시이사체제의 정상화를 도모할 수 있게 되었다. 물론, 이것은 그후 비리재단의 복귀로 현실화되었다.

2005년 사립학교법 개정에 대한 반동으로 등장한 2007년 개정의 효과는 정권교체와 동시에 바로 드러났다. 노무현 정부를 대체해서 출범한 이명박 정권이 사학재단을 비호하는 정권이라는 사실이 확인되면서 지금까지 추진되었던 사학 민주화의 흐름이 중단되었다. 주요 사립대학에서는 대학평의원회 구성 자체를 기피했다. 대학평의원회를 대체해서 개방이사를 추천하도록 구성된 개방이사추천위원회는 이사회의 수중으로 떨어졌다. 정권이 사학재단을 비호하고 사학비리를 두둔한다는 신호가 주어지자 다시금 사학비리가 창궐했다. 특히, 발족 초기에 드러나지 않았던 사학분쟁조정위원회의 성격이 2009년부터 비리재단 복귀로 방향을 설정하여 모든 대학과 초중등학교에서 비리재단의 예외없는 복귀가 이루어지면서 사학비리는 더욱 기승을 부렸다.

2007년 사학분쟁조정위원회가 발족할 시점에서 사학비리나 분규로 임시이사가 파견된 학교는 50개를 넘지 않았다. 그러나 사학분쟁조정위원회가 발족하여 비리재단 복귀를 추진하던 이명박 정권과 박근혜 정권을 거치면서 지난 10년 사이에 60개 이상의 학교가 임시이사체제에서 벗어나 정상화되면서 예외없이 비리재단이 복귀했고 40여 개의 학교가 임시이사

체제를 유지하는 등 100여 개 학교에서 임시이사체제를 거쳤다. 1980년대 이후 30년 동안 50개 수준이었던 임시이사체제가 10년 사이에 두 배로 증가한 셈이다. 더구나 청주대, 수원대, 수원여대, 청암대, 경주대와 같이 분규가 심각한 상태임에도 불구하고 임시이사가 파견되지 않고 있다는 사실을 감안하면 사학 문제 정도는 더욱 심각한 실정임을 알 수 있다.

4. 사학분쟁조정위원회의 문제

사학분쟁조정위원회는 지난 10년간 사학 문제의 가장 핵심적인 쟁점이었다. 사학분쟁조정위원회가 쟁점이 된 이유는 이 기구가 사학분쟁을 조정하면서 사학의 정상화를 추진하는 중요한 기구이기 때문이 아니라 사학분쟁을 제대로 조정하지 못하면서 오로지 비리재단을 복귀시키는 데 혈안이 되었기 때문이다. 우리가 정부를 이야기할 때 정부의 중립성이나 공익성을 가정하게 되는데 정부기구인 사학분쟁조정위원회는 중립적이지도 않고 공익적인지도 않은 기구로 작동했다.

사학분쟁조정위원회가 중립적이지도 않고 공익적이지도 않다는 수많은 증거는 2007년 이후 지금까지 10년 동안 무수히 드러났지만 특히 상지대 정상화를 둘러싼 소송을 통해서 법률적으로 확인되었다. 사학분쟁조정위원회는 2010년 8월 9일 상지대 정상화를 결정했는데 이 결정이 불법이었음이 2016년 10월 27일 대법원 판결로 확정되었다. 당시 상지대 정상화를 둘러싸고 상지대 구성원은 물론 국회, 언론, 교육단체, 법조계의 수많은 비판과 문제제기가 있었지만 교육부와 사학분쟁조정위원회는 안하무인의 태도로 상지대 정상화를 강행했고, 결국 6년만에 사법부의 판결로 그 불법성이 백일하에 드러났다.

그러나 중요한 것은 불법 정상화가 확인된 것이 아니라 불법 정상화로 지난 7년간 상지대와 상지대 구성원들이 막대한 피해를 강요당했다는 사실이다. 상지대는 사학분쟁조정위원회의 불법 정상화로 인해서 그 이후 모든 대학평가와 대학입시에서 실패하여 대학의 존립이 위태로울 지경이 되었고 대학의 본령인 교육과 연구는 극단적인 파행 상태로 빠져들었다. 상지대는 국가가 지원하는 모든 지원사업에서 실패하거나 취소 혹은 반납되었고 수많은 구성원들이 파면, 해고, 재임용 탈락, 징계 등 신분상 피해를 당했으며 대학의 자치활동은 극도의 탄압을 받았다. 상지대와 상지대 구성원들이 불법 정상화로 입은 피해는 물질적인 것과 정신적인 것을 포함해서 막대한 규모이며, 이것을 금액으로 환산한다면 수백억 내지는 수천억 원을 상회하는 것이다.

그럼에도 불구하고 민주국가의 기본원리를 무시하고 국민 위에 군림해온 사학분쟁조정위원회와 여기에 부화뇌동한 교육부는 한 번도 반성하지 않았으며 단 한 마디의 사과도 하지 않았다. 대법원 판결을 통해서 국민을 무시하는 국가기구의 불법성과 반민주성과 반교육성이 명백하게 드러났음에도 불구하고 교육부와 사학분쟁조정위원회는 불법 정상화의 내용이 별것 아니므로 다시 정상화를 추진하면 된다는 적반하장의 무책임한 태도로 일관하고 있는 것이 현실이다. 사학분쟁조정위원회가 강행한 상지대 정상화는 국민을 개와 돼지로 보는 교육부 나향욱 정책기획관의 시각을 정확하게 반영한 것이며, 최순실 국정농단에 앞서 발생한 "최순실 없는 교육농단" 그 자체였다. 사학비리가 창궐하든 말든 대학을 학교 운영자의 고귀한 사유재산으로 간주하여 비리주범에게 대학을 돌려주는 것을 역사적 사명으로 삼아 온갖 범죄적 행위를 자행한 것이 사학분쟁조정위원회의 상지대 정상화였던 것이다.

사학분쟁조정위원회의 문제점은 이 기구를 발족하게 된 배경, 이 기구의 구성과 운영, 이 기구의 운영 결과에서 낱낱이 드러났다. 그리고 상지대 정상화에 대한 대법원의 2016년 판결로 드러난 정상화의 불법성은 이러한 문제점의 종합이라고 할 수 있다. 이러한 문제점은 우연한 결과이거나 운영상의 불가피한 결과가 아니라 처음부터 의도된 것이었다. 사학분쟁조정위원회는 임시이사체제를 거부하고 사립학교법 개정을 거부한 한나라당과 사학재단의 요구에서 비롯된 기구이며, 그런 만큼 사학분쟁을 조정하기 위한 기구가 아니라 비리재단의 복귀를 추진하기 위한 기구로 출발한 기구이다.

이런 점 때문에 사학분쟁조정위원회는 발족과 동시에 논쟁을 야기했다. 특히, 2010년 상지대 정상화 과정에서 수많은 논란이 제기되었다. 여기에는 2007년 상지대 대법원 판결(일명 김황식 판결)의 해석을 둘러싼 논란, 구재단에게 이사 정수의 과반수를 주도록 되어 있는 사분위 정상화 심의 원칙의 문제점을 둘러싼 논란, 종전이사의 범위와 자격을 둘러싼 논란, 사학비리로 쫓겨난 이사들의 추천권 문제, 정상화 시점에 대한 논란, 개방이사 적용 문제 등 구체적인 쟁점을 둘러싸고 논란이 야기되었다. 또한 이러한 구체적인 논란은 법조계와 학계의 학문적 논쟁과 더불어 헌법재판소 판결을 통해서 사학에서 공공성과 자율성의 관계, 사학의 정체성을 승계하는 문제 등 추상적이지만 본질적인 쟁점으로 확대되었다.

그러나 이 모든 쟁점들은 정상화 과정에서 단 한 가지도 제대로 해결되지 않았고 사학분쟁조정위원회는 무수한 문제제기와 들끓는 비판여론을 묵살한 채 쫓겨난 비리재단에게 학교를 돌려준다는 목표에 집착하여 비정상적인 정상화를 강행했다. 사학분쟁조정위원회의 이러한 정상화는 임시이사 파견 이후 민주화되고 안정된 멀쩡한 대학을 비리재단에게 돌려주어 분규대학으로 만드는 과정이었으며 이것 때문에 사학분쟁조정위원회는 '비리재단복귀추진위원회' 혹은 '사학분쟁조장위원회'라는 씻을 수 없는 오명을 뒤집어썼다.

따라서 이 모든 쟁점들 중에서 가장 문제가 되는 것이 무조건 구재단에게 이사 정수의 과반수를 주도록 되어 있는 이른바 '사분위 정상화 심의 원칙'이라 할 수 있다. 아래 대비표로 정리되어 있는 것처럼, 사학분쟁조정위원회가 정상화 과정에서 금과옥조로 삼고 있는 이 원칙은 2009년 9월 10일에 만들어졌다가 2012년 국회 교과위 국정감사에서 지적을 받아 2013년 7월 11일자로 수정되었다. 그러나 수정에도 불구하고 구재단에 학교를 돌려준다는 기본 원칙에는 아무런 변화가 없다. 사학분쟁조정위원회가 국회를 속이고 국민을 기망한 것이다.

〈표 8〉 '정상화 심의 원칙' 수정 전후 대비표

수정 전 (2009.9.10.)	수정 후 (2013.7.11)
① 합의 또는 합의에 준하는 이해관계자(구성원) 2/3이상의 찬성이 있는 경우 합의를 존중하여 합의안대로 처리	① 합의 또는 합의에 준하는 이해관계자(구성원) 2/3 이상의 찬성과 종전이사 과반수의 찬성이 있는 경우, 합의를 존중하여 합의안대로 처리
② 합의가 이루어지지 아니하거나, 2/3 이상의 구성원 사이의 찬성이 없는 경우 – 종전이사 측에 지배구조의 큰 틀을 변경시키지 않는 최소한(과반수)의 정이사 추천권을 부여 – 다만, 사회상규와 국민의 법감정 등에 비추어 도저히 용납될 수 없는 경우는 제외 * 제외조항 적용 예시 : 파렴치범, 반인륜범, 강력범법 행위자 등 – 나머지(과반수 미만) 정이사는 중립적인 인사를 추천하여 사분위 검증과정을 거쳐 선임	② 합의가 이루어지거나 합의에 준하는 경우가 아닌 경우, 종전이사 측에 지배구조의 큰 틀을 변경시키지 않는 최소한(과반수)의 정이사 추천권을 부여하고, 나머지(과반수 미만) 정이사는 중립적인 인사를 추천하여 사분위 검증과정을 거쳐 선임 ③ 비리 등으로 학교 경영에 중대·명백한 장애를 발생하게 하거나 파렴치 범죄, 반인륜 범죄, 강력 범죄 등의 범죄를 범한 종전이사는 비리의 정도 및 정상화를 위한 노력 등을 고려하여 정이사 추천권을 전부 또는 일부 제한
○ 위의 원칙을 준수하되, 대학별 사정 등을 종합, "대학별 구체적 선임 방안" 마련	④ 위의 원칙을 준수하되, 학교별 사정 등을 종합하여 구체적 정이사 선임 방안 마련

사학분쟁조정위원회에서 2013년에 정상화 심의 원칙을 수정하였음에도 불구하고 1년 후에 다시 내부 논란이 제기되었다. 여기서 정상화 심의 원칙의 수정에 대한 사분위원들의 태도를 보면 이 수정이 무의미한 수정이었다는 사실을 확인할 수 있다. 논란 과정에서 K위원은 정상화 심의 원칙의 수정 과정에서 "비리 등으로 학교 경영에 중대·명백한 장애를 발생하게 하거나 파렴치 범죄, 반인륜 범죄, 강력 범죄 등의 범죄를 범한 종전이사는 비리의 정도 및 정상화를 위한 노력 등을 고려하여 정이사 추천권을 전부

또는 일부 제한"하도록 한 것은 본질적인 변화이며 정상화 방식을 변경해야 할 사정변경이라고 주장했지만 D위원은 이 수정을 단순한 자구수정에 불과한 것으로 간주했고, 실제로 사학분쟁조정위원회는 D위원의 의견을 받아들였다.

〈표 9〉 정상화 심의 원칙 변경에 대한 논란 (제102차 회의, 2014.8.25.)

K위원 :	제90차 사분위 회의(2013.7.11.)에서 종전의 정상화 심의원칙을 변경했다는 사실이 사정변경이라 할 수 있음
D위원 :	단순히 자구만 수정되었을 뿐, 정상화 심의 원칙 전후로 본질적인 것이 달라진 것이 없음
K위원 :	(수정 당시 법률특위 위원으로 수정 작업에 참여하였던 입장에서) 수정 전 원칙은 파렴치범, 반인륜범, 강력범 등을 예시하면서 사실상 여기에 해당하지 않는 한 추천권이 제한되지 않는다는 국회의 문제제기가 있어 추천권을 제한하는 범위를 좀 넓히자는 의미에서 "비리 등으로 학교 경영에 중대.명백한 장애를 발생하게 하거나"를 추가한 것으로 본질적인 변경이 있었다는 것이 본인의 생각이고, 법률특위의 논의결과였음

※ 사분위 회의록 정리

더욱 문제가 되는 것은 사학분쟁조정위원회의 불법 정상화가 비단 상지대만의 문제가 아니라는 데 있다. 아래 표로 정리되어 있는 것처럼 2007년 12월 27일에 출범하여 9년을 경과하는 동안 사학분쟁조정위원회는 17개 대학과 12개 전문대학을 포함하여 63개 학교에 대한 정상화 작업을 진행하였는데, 그 중에서 2008년에 정상화가 이루어진 김포대, 영남외대, 철성고, 신성중고, 부산동암학교, 선덕고 등 6개 학교를 제외한 57개 학교의 정상화가 상지대와 마찬가지로 개방이사제를 적용하지 않아 불법이라는 데 있다. 이들 학교들에서는 상지대처럼 행정소송을 제기하지 않아 사법부를 통해서 불법 정상화를 확인받지 못했지만, 그럼에도 불구하고 불법 정상화라는 사실 자체에는 아무런 변화가 없는 것이다.

〈표 10〉 사학분쟁조정위원회의 정상화 추진 현황

연도	대학교	전문대학	초중등학교	비고
2008		김포대(12) 영남외대(15)*	서울영일고(2) 광문고(10), 진명고(10), 간디고(10), 창녕고(10) 대명중(11) 철성고(12) 부산동암학교(14) 신성중고(19) 선덕고(21)	12
2009	영남대(40) 대구예술대(45)* 조선대(47)	나주대(41) 서일대(45)	세종고(37)	6
2010	세종대(49) 상지대(54) 광운대(58) 탐라대(58)	강원관광대(53)	이화예술학원(52)* 울산홍명고(55) 경기영석고(56) 여양중고(58)	9
2011	대한신학대학원대(61) 대구대(65) 동덕여대(65)	대구미래대(65) 오산대(67) 동주대(68)	영덕여고(60) 안용중(64)	8
2012	서원대(75)* 목원대(78) 덕성여대(79) 경기대(79)		브니엘고(71) 동산중고(75) 상문고(75) 오천중고(77) 시종중(82) 대전동명중(83)	10
2013		김포대(85) 충청대(88)	서종중(87) 부산성우학교(88) 오천중고(90) 광주진흥고(91)	6
2014		서해대(96) 경북과학대(101)	유성여고(100)	3
2015			건국중고(113) 마산중앙고(113) 용강중(115) 인천외고(118)	4

2016	서울불교대학원대(121) 수성대(121)* 제주국제대(124)		영훈국제중(119) 장유중(127)	5
합계	17	12	33	63

※ 사분위 회의록 정리. 괄호 속의 숫자는 사분위 회의 차수
광문고, 진명고, 간디고, 창녕고, 대명중 : 임시이사 1명 파견 학교로 이사회에서 자체 정상화
김포대, 오천중고는 2번 정상화
* 는 제3자 인수

〈표 11〉 2008년 이후 대학 정상화 시 정이사 추천 현황

대학명	연도	추 천 자					비 고
		구재단	학내	관할청	기타	계	
김포대	2008	3	0	2	0	5	전신용(설립자)2, 전홍근(아들)1
영남외대	2008	0	0	1	5	6	장영아5(제3자 인수)
영남대	2009	4	2	0	1	7	박근혜4
나주대	2009	4	2	1	0	7	설립자측3
대구예술대	2009	0	0	0	7	7	이희영7(제3자 인수)
서일대	2009	4	1	2	0	7	이용곤4
조선대	2009	5	2	2	0	9	정애리시3, 강형룡1, 이원구1
세종대	2010	7	0	0	0	7	주영하(설립자)2, 주명건(아들)5
강원관광대	2010	4	0	2	1	7	설립자측4, 교지기부자1
상지대	2010	4	2	2	1	9	김문기4, 임시이사1(김문기몫)
	원안	5	2	2	0	9	정이사 추천비율
광운대	2010	4	2	1	0	7	종전이사4(조무성 포함)
탐라대	2010	3	2	3	0	8	종전이사3
대한신학 대학원대	2011	8	1	2	0	11	황만재(설립자)6, 안태준2

대구대	2011	3	2	1	1	7	고은애3, 임시이사1
	원안	4	2	1	0	7	정이사 추천비율
동덕여대	2011	5	2	2	0	9	조원영5
대구미래대	2011	4	2	1	0	7	이애숙4
오산대	2011	7	2	0	0	9	신명수측4, 오산지역측3
동주대	2011	4	1	2	0	7	종전이사4
서원대	2012	0	0	2	6	8	손용기6(제3자 인수)
덕성여대	2012	4	2	1	0	7	박원국
경기대	2012	3	2	1	1	7	손종국3, 임시이사1(손종국몫)
	원안	4	2	1	0	7	정이사 추천비율
목원대	2012	0	0	0	21	21	정상화추진위21(구성원 포함)
김포대	2013	4	2	1	0	7	전홍건측4(전홍덕은 거부)
충청대	2013	2	1	4	0	7	
경북과학대	2014	5	2	1	0	8	종전이사측5
서울불교 대학원대	2016	4	3	0	1	8	불교안양원4
수성대	2016	0	2	0	5	7	김성현5(제3자 인수)
	원안	1	2	0	5	8	양도인 미추천
제주국제대	2016	3	2	3	0	8	
합 계		102	39	37	47	225	제3자 인수 포함
비 율		**45.33**	17.33	16.44	**20.90**	100	
(합 계)		101	37	34	3	175	목원대와 제3자 인수 4개 대학 제외
(비 율)		**57.71**	21.14	19.43	1.71	100	

※ 사분위 회의록 정리

사학분쟁조정위원회의 정상화가 불법성과 반교육성을 벗어나지 못하는 이유는 사학분쟁조정위원회의 출발 자체가 반교육적인 것이었고, 사학분쟁조정위원회의 구성과 운영이 반헌법적인 것이며, 사학분쟁조정위원회에 참여하는 사람들 또한 반교육적이기 때문이다. 한 마디로 사학분쟁조정위원회는 태어나서는 안 될 기구이며 우리 교육을 나락으로 떨어뜨리는 괴물조직인 것이다. 아래 표에서 정리한 것처럼 사분위원들이 학교와 교육을 바라보는 관점과 정상화를 추진하는 관점은 교육부 나향욱 정책비서관의 '개돼지' 관점과 조금도 다르지 않다는 것이 문제의 원인이다.

〈표 12〉 사학 문제에 대한 사분위원들의 저급한 인식

회차	사분위원들 발언 내용
23	새로운 주인 선임은 우리가 하는 것임
39	주인이 자기가 좋아하는 사람 선택하는 것인데 거기에 복수일 필요가 뭐가 있느냐 (강민구 부장판사)
39	종전이사를 임시이사 파견 직전의 임기 만료된 사람으로 한정하면, 법인의 주축이었던 분들은 죄를 지은 것이 많아서 임원 취소를 당해버리고 속된 말로 주변에 계신 분들은 죄를 안 지어 임기를 채우게 되니 결과적으로 학교 설립자의 의견에 반하는 것임
47	여기는 구성원이 없다고 보아야 한다 (세종대 상황)
48	학내 구성원의 의견을 너무 들어주면 목소리만 더 커진다 (정재량)
50	600억 얼마 내놓고 조 단위 되는 재산을 날로 먹으려는 의사가 보이기 때문에 기분이 나쁘다는 것이다 (광운대 제3자 인수 관련)
56	여러번 말씀 드리지만 그런 사람들(국회의원)이 그렇게 합리적이지는 않음 (국회의 회의록 제출 요구, 국정감사 증인 출석 요구에 대한 반응)
56	치열한 논쟁의 상당 부분이 빠지게 되면 책임도 없어지고, 공개시 갈등이 있는 것처럼 비쳐질 수도 있어 (회의록 조작)
62	상지대나 세종대는 특히 절대 다수를 주면서 종전 설립자를 이사로 임명하지 않은 것은 다음 임기 때 이사진에 합류하면 되는 것 아니냐는 취지 (기만적 결정)
62	일단 구재단 조원영 측에서 추천한 사람 5명을 주면 한 텀 지나서 학교가 어느 정도 정돈된 후 들어가면 자연스럽게 됨 (동덕여대 조원영 배려)

80	상지대는 사실은 정상화시키지 않았어야 되는 것인데 정상화를 시켜주면서 임시이사를 선임한 것임 (상지대 정상화의 실체)
102	정상화 심의 원칙이 수정된 것은 맞지만, 단순히 자구만 수정되었을 뿐, 정상화 심의 원칙 수정 전후로 본질적인 것은 달라진 것이 없음 (정상화 심의 원칙 수정 문제)

※ 사분위 회의록 정리

교육기관인 학교를 특정인의 재산으로 간주하면서 비리재단 복귀의 방식으로 사학의 정상화가 추진되면서 쫓겨났던 비리재단이 복귀하는 것은 말할 것도 없고 오히려 사학비리와 사학분규가 급증하면서 신흥사학비리가 창궐하는 비정상적인 상황이 연출되었다. 〈표 13〉에 의하면 사학분쟁조정위원회 발족 이후 대학교 27개교, 전문대학 16개교, 초중등 학교 48개교 등 91개 학교에 임시이사가 파견되었다. 이 중에서 2008년 이전에 이미 임시이사체제였던 학교를 감안하더라도 전체 대상의 절반 가량이 2008년 이후 신규로 임시이사가 파견된 신흥사학비리 학교라는 것을 알 수 있다. 최초로 임시이사가 파견된 것이 1981년 선인재단이고 그 후 2007년까지 27년간 파견된 임시이사 학교의 규모에 비해서 2008년 이후 지난 10년간 파견된 임시이사 학교의 규모와 같다는 것은 사학분생조정위원회 발족 이후 사학비리가 더욱 극심해졌다는 것을 의미한다. 이것은 박근혜, 이명박 정권 하에서 권력이 사학재단을 비호한다는 신호를 보내고 사학분쟁조정위원회가 비리재단을 복귀시킨 결과이다.

〈표 13〉 사학분쟁조정위원회 발족 이후 임시이사 파견 상황

구 분	대학교	전문대학	초중등학교	소계
2008	경기대(10), 한중대(10) 대한신학대학원대(10) 대구외대(14) 탐라대(15) 영남대(15) 목원대(17) 대구대(17) 덕성여대(18)	대구미래대(6) 동주대(14) 강원관광대(14) 나주대(15) 오산대(17) 서일대(25)	진흥고(8) 상문고(9), 여양중고(9) 홍명고(10), 세종고(10) 영석고(12), 영덕여중고(12) 용강중(13) 동명중(18)	24
2009	광운대(35) 조선대(37) 상지대(38) 세종대(39) 서원대(46)	서해대(40)	이화예술학원(39) 동산중고(41) 마산중앙고(45)	9
2010	동덕여대(49) 서울불교대학원대(49) 아세아연합신학대(51)*	경북과학대(53) 충청대(53)	사천여고(49) 안용중(49) 건국중고(50) 한국조리과학고(55)	9
2011	덕성여대(66)	강릉영동대(60)유보	브니엘고(67) 양천고, 진명여고, 숭실중고, 서울외고(67): 보류 -〉 철회 유성여고(70), 장유중(70)	9
2012		김포대(72)	서종중(72), 인천외고(72) 부산성우학교(76) 광일중, 파주여고(77)	5
2013	서남대(90) 제주국제대(92)	광양보건대(92) 세계사이버대(94)	오천중고(84) 목포성신고(85) 영훈국제중(93)	7
2014	수성대(95) 대구대(98)		시온고(100) 브니엘고(104)	4
2015	성신여대(108) 신경대(110) 한려대(113)		홍복학원(112):대광, 서진 한마음고(113) 창녕공고(115) 수원중고(116) 세종중고(118), 대성고(118)	9

2016	순복음대학원대(120) 상지대(128)	대덕대(120) 서해대(120)	숭실중고(120) 한국게임과학고(125) 동아여중고(125)	7
2017		동부산대(135)	경암중, 경화여고(129) 동구마케팅고(129) 안청중(130) 유신고, 창현고(131) 광일중, 파주여고(133) 상우고(133) 충암초중고(135)	6
합 계	27	16	48	91

※ 사분위 회의록 정리. 아세아연합신학대, 강릉영동대, 양천고, 진명여고, 서울외고 등은 임시이사 선임 후 재판 결과에 따라 선임이 취소되거나 철회된 경우임

현재 임시이사가 파견되어 있는 36개 학교나 앞으로 임시이사가 파견될 학교들의 운명 또한 비리재단의 복귀라는 악순환을 벗어나지 못할 것이고, 그 결과는 분규의 연속으로 나타날 것이 명백하다. 그리므로 사학분쟁조정위원회가 존속하는 한, 사학분쟁조정위원회의 정상화 심의 원칙이 그대로 유지되는 한, 정상화를 바라보는 사분위원들의 인식에 변화가 없는 한 사학비리와 사학분규를 해결하는 것은 가능하지 않을 것이다.

〈표 14〉 2017년 현재 임시이사 파견 현황

구 분	대학교	전문대	초중등학교	
임시이사	대구대 대구외대 서남대 상지대 성신여대 순복음대학원대 신경대 한려대 한중대	광양보건대 대덕대 동부산대 서해대 세계사이버대	경안(여)중고 경암중, 경화여고 광일중, 파주여고 대성고 동구마케팅고 동아여중고 목포성신고 브니엘고 사천여고 상우고 세종중고	수원중고 숭실중고 시온고 안청중 유신고, 창현고 창녕공고 충암초중고 한국게임과학고 한국조리과학고 한마음고 홍복학원(서진, 대광)
36	9	5	22	

※ 사분위 회의록 정리

사실, 사학분쟁조정위원회 발족 이전에도 일부 대학의 경우 정상화를 추진한 바 있다. 한성대와 한국외국어대의 경우 교육부 주관 하에 쫓겨난 구재단과 대학 구성원들이 합의하여 대학을 정상화하였으며 상지대의 경우에는 구성원들이 중심이 되어 구재단을 배제하고 정상화를 실현하는 등 각 대학이 처한 상황에 맞게 정상화를 추진하였으며 정상화 결과 대학이 안정되고 발전하는 성과를 거두었다. 그러므로 정상화란 교육의 관점에서 각 학교가 처한 상황을 감안하여 학교의 안정과 발전을 가능하게 하는 방향으로 추진하는 것이지 무조건 구재단에게 돌려주는 방식으로 추진해서안 안 되는 것이다.

〈표 15〉 사학분쟁조정위원회 발족 이전의 대학 정상화 사례

정상화 연도	대 학	임시이사 파견 연도	임시이사 파견 사유	정상화 방식
1996	성균관대	1991		
2004	상지대	1993	회계부정	임시이사가 정이사 선임, 구재단 배제
	한국외대	1997	임원간 분쟁	교육부 주관, 구재단과 협의
	단국대	1998	회계부정	
	서원대	1999	회계부정	교육부 주관, 제3자 인수 방식
	극동대	2003	회계부정	
2006	한성대	1997	임원간 분쟁	교육부 주관, 구재단과 협의
2007	경인여대	2000	회계부정	
	고신대	2003	회계부정	

사학분쟁조정위원회가 발족한지 이제 10년이 되었다. 역사적 평가에는 한 세대의 시간이 필요하지만 정책에 대한 평가는 10년이면 족하다. 지난 10년간 사학분쟁조정위원회가 무엇을 했는지 평가할 때가 되었다. 10년 동안의 행적을 돌아볼 때 과연 사학분쟁조정위원회가 사학분쟁을 조정했는지 냉정하게 되돌아볼 때이다. 그러나 유감스럽게도 사학분쟁조정위원

회는 단 하나의 사학분쟁도 해결하지 못했다. 사학분쟁조정위원회가 한 일은 사학분쟁에 대한 조정이 아니라 '조장'이며 비리재단을 '복귀'시키는 것이 주된 임무였다. 정상인 것을 비정상으로 만들어 우리 사학을 황폐화시키고 역사적으로 후퇴시킨 것이 사학분쟁조정위원회의 역할이었다. 그런 사학분쟁조정위원회가 여전히 '준사법기관' 운운하면서 사학을 망치는 악행을 지속하는 것이 우리의 현실이다.

그러므로 이제 결단할 때가 되었다. 우리 교육을 위해서라도 더 이상 사학분쟁조정위원회를 방치하거나 방관해서는 안 될 것이다. 사립학교법을 개정하여 사학분쟁조정위원회를 폐지하거나 교육부장관의 자문기구로 격하하는 결정이 시급하다. 만약 단기적으로 이것이 어렵다면 사학분쟁조정위원회에 부여된 무제한의 재량권을 축소하여 정상화의 방향, 종전이사의 범위와 자격, 정상화 심의 원칙 등 논란이 되는 대목을 사립학교법이나 시행령에 구체적으로 담아 사학분쟁조정위원회의 자의적인 전횡을 방지하는 제도적 장치를 강구해야 할 때이다.

5. 문재인 정부의 사학정책과 향후 과제

사학개혁의 방향은 상식적인 주제에 대한 가장 상식적인 해법을 모색하는 것이다. 사학비리를 근절해야 한다는 명제를 부정하는 사람은 없을 것이다. 사학분쟁조정위원회가 제대로 된 정상화 작업을 진행해야 한다는 것도 마찬가지이다. 사학비리 등 중대 비리를 저지른 사람들이 사학 운영에 참여해서는 안 된다는 사실과 사학이 민주적으로 운영되어야 한다는 사실에도 모두 동의할 것이다. 헌법재판소 판결에 의하면 사학은 국가 공교육 체제의 일환이고 대학대란으로 재정위기가 가속화되는 상황인 만큼 국가의 재정지원이 필요하다는 주장에 대해서도 폭넓은 공감대가 형성되어 있다. 그러므로 우리 사회가 추구해야 할 사학개혁은 이렇듯 명백한 쟁점에 대해서 사회적 공감대를 형성하여 학교를 학교답게, 교육을 교육답게 하자는 것이다.

우리가 교육을 말할 때 국가백년대계라는 말을 자주 사용한다. 그러나 우리 사회가 과연 국가백년대계에 걸맞는 방식으로 교육 문제를 다루고 있는지에 대해서는 회의가 든다. 교육을 정권 유지의 보조수단으로 간주하지 않았나 하는 생각도 하게 된다. 최근 사학비리가 더욱 크게 창궐하는 비정상적인 상황이 그렇고, 사학분쟁조정위원회가 사학의 정상화 문제를 다루는 비정상적인 방식이 그렇고, 사학에 만연된 비민주적인 운영 상황이 이러한 판단을 가능하게 한다. 교육 전반을 보더라도 국민들의 의견을 거슬러 무리하게 강행하다가 결국 폐지되고만 역사교과서 국정화 문제, 전국 대학들을 대상으로 외형적 줄서기를 강요하는 대학구조개혁 평가 방식, 대학에 대한 정부의 지나치게 관료주의적인 개입과 통제는 교육을 국가백년대계로 보는 것이 아니라 대학을 정권의 전리품으로 간주하는 데서 비롯된 구시대적인 적폐가 아닐 수 없다. 이러한 교육 적폐는 당연히 청산해야 한다.

대학의 중요성을 말할 때 좋은 대학을 만드는 것은 좋은 국가를 만드는 것보다 어렵다는 말이 있다. 이 말은 좋은 대학을 만드는 것이 '어렵다'는 뜻이 아니라 좋은 대학을 만드는 것이 그만큼 '중요하다'는 뜻이다. 국가와 사회가 발전하기 위해서는 반드시 좋은 대학이 필요하다. 이 역사적 명제는 이미 천년 전부터 유럽에서 확립되어 실천되었던 것이고 지금에 이르기까지 누누이 검증되고 확인된 명제라 할 수 있다. 더구나 후기 산업사회, 지식기반사회, 지식정보화 사회를 훌쩍 뛰어 넘어서 지식과 정보의 최고도의 발양과 융합이 현실화될 제4차 산업혁명의 시대에 이르러서 교육은 경제발전의 원천이자 국가안보의 토대로 그 위상이 비약적으로 높아지고 있는 상황이다. 그럼에도 불구하고 교육을 바라보는 관점과 교육을 대하는 우리의 관점은 100년 전 서당 수준을 벗어나지 못하고 있는 것이 현실이다.

교육은 국가가 담당해야 할 여러 책무 중의 일부가 아니라 국가의 근간이자 국가발전의 원천이다. 이렇게 되기 위해서는 우리 사회가 교육을 국가 최고의 과제로 받아들여 중장기적인 계획을 수립하고 초당적인 관점에서 교육혁신을 추진해야 한다는 것을 의미한다. 특히 대학의 85%, 고등학교의 42%가 사학으로 구성된 우리의 특별한 공교육 상황을 감안할 때 사학의 민주적 발전과 안정 없이는 교육혁신을 기대하기 어렵다. 이러한 사학의 이상 비대화 상황은 단계적으로 개선되어야 할 과제이지만, 사학이 공교육의 제1축이 되어 있는 현 상황에서는 사학의 발전이 교육 발전의 출발점이자 토대라는 사실을 인정하는 데서 교육정책과 사학정책이 시작되어야 할 것이다. 이런 점에서 사학 설립의 숭고한 뜻을 살리고 기리는 일은 의당 중요한 일이지만, 다른 한편으로는 그러한 숭고한 뜻이 사학비리와 전횡으로 훼손되는 것을 막아내기 위한 조치 역시 시급한 상황이다. 전체 사학을 살리고 교육을 살리기 위해서라도 비리를 자행하고 교육을 훼손하는 일부 사학에 대해서는 단호한 처리가 선행되어야 한다. 사학이 국가발전의 원천이라는 관점에서 사학에 대한 국가의 재정 지원 또한 지극히 당연한 결론일 것이다.

그러나 돌이켜보면 1960년대 이후 산업화의 긴급한 요구에 부응하여 사학이 급속도로 팽창하는 과정에서 사학은 권력과 권학유착의 구조를 형성하여 국가의 통제로부터 차단되어 비리와 전횡의 온상으로 전락했다. 이 과정에서 나온'사학비리종합선물세트'라는 표현이 허언은 아닐 것이다. 사학비리가 창궐하는 상황에서 우여곡절 끝에 사학 민주화를 위한 일련의 조치들이 취해졌지만 사학을 개인의 재산권으로 강변하는 일부 구시대 인사들과 이에 부화뇌동한 부패권력의 야합에 의해 사학 민주화가 무의미한 정치적 논쟁의 대상으로 전락하였다가 결국 무산되어버림으로써 다시금 사학비리 천국의 상황으로 전락하여 사학 교육이 전반적으로 퇴행해버린 것이 지금의 현실이다.

이런 상황에서 문재인 정부가 출범했고 김상곤 사회부총리 겸 교육부장관이 취임했다. 문재인 대통령은 선거 과정에서 고등학교 무상교육, 누리과정 국가책임 확대, 반값등록금, 공영형 사학 등을 통해 공교육에 대한 국가의 책임을 확대하는 교육혁신을 추진하겠다고 공약했고 이것을 대통령 직속의 국가교육회의 설립을 통해 추진하겠다고 약속했다. 공교육에 대한 국가의 책임이 확대된다는 것은 단순한 재정지원의 확대로 끝나는 것이 아니라 사학의 책임성을 확대하여 사학비리를 근절함으로써 교육이 교육답게, 학교가 학교답게, 대학이 대학답게 운영되어야 한다는 것을 의미한다.

국가교육회의는 국가백년대계의 관점에서 교육개혁의 큰 틀을 짜고 교육개혁의 방향을 정립하는 역할을 수행할 것으로 예상된다. 이런 점에서 문재인 정부의 국가교육회의는 문민정부의 교육개혁위원회와 같이 새로운 교육의 패러다임을 설정하는 역할을 담당하겠지만, 문민정부의 교육개혁위원회가 5.31 교육개혁을 통해서 사학의 자율성을 강조한 것과는 정반대로 헌법재판소의 판결을 토대로 교육의 공공성을 실현하는 방향으로 교육의제를 설정해 나가야 할 것이다. 또한 교육의 공공성을 실현하는 과정에서 교육에 대한 국가의 재정지원을 더욱 확대해 나가는 정책방향을 수립해야 할 것이다. 특히, 저출산에 의한 인구절벽으로 학령인구가 급감하는 대학대란 상황에서 학생수가 감소하고 등록금 인상이 억제되는 등 사립대학의 재정 여건이 악화되고 있는 만큼 사립대학에 대한 재정지원이 불가피한 상황이다.

정부가 추진할 100대 국정과제의 세부실천과제로 제시된 사학비리를 근절하는 것은 문재인 정부가 반드시 추진해야 할 역사적인 책무이다. 사학비리를 근절하기 위해서는 사학에서 비리의 온상이 되고 있는 이사회의 족벌체제를 혁파하여 이사회의 민주성과 투명성을 확보하여야 한다. 이를 위해서는 사학에 대한 교육부의 감독권과 감사권을 강화하는 동시에 대학 운영에 대한 구성원의 참여권을 정교하게 법제화하여 내부 견제를 활성화하여야 한다. 이 문제는 사학비리를 엄단하겠다는 정부의 정책 의지의 문제인 동시에 궁극적으로는 사학을 규율하는 사립학교법의 개정을 통해서 가능한 것인 만큼 대학평의원회와 학교운영위원회의 실질화, 유명무실한 개방이사추천위원회의 개선, 개방이사의 실질화 등을 통해서 해결해야 한다. 이렇게 사학비리의 발생을 근원적으로 차단하고 예방하는 조치를 취하되 일단 비리가 발생할 경우 다시는 교육 영역으로 복귀하지 못하도록 사립학교법을 엄격하게 개정해야 한다.

사립학교법 개정의 일부이지만 특별히 중요한 것은 사학분쟁조정위원회 문제이다. 사학비리를 해결하기 위해서는 지난 10년간 비리재단이 다시 학교로 복귀하는 통로가 되어 다시금 사학분규를 유발함으로써 수많은 논란을 야기하고 있는 사학분쟁조정위원회를 반드시 폐지하는 것이 필요하다. 사학분쟁조정위원회는 발족 당시부터 논란이 많았던 잘못된 정부기구이지만 지난 10년 동안의 운영으로 그 실체가 백일하에 드러났다. 사학분쟁조정위원회는 사학비리를 근절할 수도 없고, 사학분쟁을 조정할 수도 없고, 사학 문제를 해결할 수도 없는 기구이므로 더 이상 존속할 이유가 없다. 따라서 입법 취지를 달성할 수 없는 것이 확인된 이상 사학분쟁조정위원회를 폐지하는 것은 지극히 당연하다. 그러나 국회에서 사립학교법 개정을 통해서 사학분쟁조정위원회를 폐지하기 전에라도 사립학교법 시행령을 개정하거나 정부가 사학분쟁조정위원회의 운영에 적극 개입하여 사학분쟁조정위원회의 파행적인 운영을 개선하는 것이 시급한 상황이다

이명박, 박근혜 정권을 거치면서 자의적으로 시행되고 있는 대학구조개혁 정책을 근본적으로 개선할 필요가 있다. 이명박, 박근혜 정권은 대학대란에 대응한다는 미명하에 대학을 줄세우고 지방대학을 고사시키는 대학구조개혁을 추진하였다. 형식적인 지표를 토대로 대학정원을 감축하는 대학구조개혁으로는 대학의 특성화와 활성화 및 대학 운영의 민주화를 기대할 수 없고 반대로 지방대학의 고사로 교육의 불균형만 더욱 심화시킨다는 주장은 이미 입증된 상태이다. 따라서 대학의 교육 수준을 높이면서 서울과 지방의 교육 격차를 해소하는 방향으로 대학구조개혁이 추진되어야 하며, 이 과정에서 거점국립대학을 육성하는 동시에 공영형 사립대학을 강화함으로써 국공립과 사학이 병행 발전하는 전략을 추진하여야

한다.

특히, 고등교육에서 압도적인 비중을 차지하고 있지만 비리와 비민주적인 운영으로 교육 발전을 저해하는 국가적인 문제가 되고 있는 구조화된 사학 문제를 해결하기 위해서는 공영형 사립대학을 적극적으로 육성할 필요가 있다. 본질적으로 사학이 국가 공교육 체제의 일환으로서 공공적 성격을 갖는다는 점에서는 공영형 사립대학이라는 표현이 일견 형용모순적이지만, 공공성을 확보하지 못한 우리 사학의 현실을 감안할 때 공영형 사립대학은 사학의 공공성 실현과 사학에 대한 국가의 재정지원이라는 두 가지 요구사항이 맞아떨어지는 지점에 위치한다. 국가로서는 사학에 대한 재정지원의 확대를 공영형 사립대학을 통해서 집행하면서 사학의 공공성을 확보할 수 있고 사학으로는 부족한 재정을 충당하여 대학발전을 도모할 수 있게 된다는 점에서 공영형 사립대학은 국가의 요구와 사학의 요구가 합치되는 정책 과제라 할 수 있다.

여기서 공영형 사립대학이란 사립대학이 공공성을 유지하면서 대학답게 운영되는 것을 본질적인 내용으로 하는 것이므로 이사회 문제는 부차적이고 결과론적인 것이다. 대학교육의 본령인 교육과 연구가 정상적으로 이루어지고 사학의 민주적 운영이 보장되는 한에서는 정이사 체제인든 임시이사체제이든 구분없이 공영형 사립대학의 범주에 포함될 수 있는 것이며, 사립대학 내부의 합의를 통해서 이러한 조건이 구체적으로 마련되고 정관과 제규정으로 보장되고 구체적으로 실천된다면 이사회 등 지배구조의 개선 문제는 얼마든지 탄력적으로 처리할 수 있는 것이다. 이사회의 개방성과 민주성과 투명성이 보장되느냐가 중요한 문제이지 이사회 구성의 몫 자체가 중요한 것은 아니기 때문이다. 그러므로 사립대학에서 이사회, 대학 본부, 대학 구성원, 지역사회가 합의를 통해서 개방적이고 민주적인 운영체제를 구축한다면 일단 공영형 사립대학의 범주에 포함된다고 볼 수 있을 것이다.

국가교육회의를 통해서 교육개혁의 방향이 설정되고 정부의 노력으로 사학이 안고 있는 문제를 포함해서 우리 교육의 문제들이 하나하나 해결되어 나가는 과정에서 독임제 정부기구인 교육부를 합의제 정부기구인 국가교육위원회로 전환하는 것이 필요하다. 교육 문제는 국가의 백년대계를 좌우하는 문제일 뿐만 아니라 사회적 논란이 많은 영역이므로 국민적 합의를 바탕으로 국가적 차원에서 운영되는 것이 불가피한 상황이며, 교육의 이러한 특성을 가장 효과적으로 집행할 수 있는 것이 합의제 정부기구인 국가교육위원회라 할 수 있다. 사학 문제를 교육부가 해결하는 것이 불가능하다고 판단되어 사학분쟁조정위원회를 발족한 것도 이러한 문제의식 때문이다. 합의제 정부기구에서는 역사교과서 국정화를 둘러싼 소모적인 논란도 발생하지 않게 될 것이다. 따라서 국가교육회의를 기반으로 교육개혁을 추진한 연후에 국가교육위원회를 통해서 교육의 안정과 발전을 도모한다는 전략적 구상이 가능할 것이다.

마지막으로 강조할 것은 교육을 바라보는 관점에 관한 것이다. 문재인 대통령의 교육공약이 실천되고 우리 교육이 발전하기 위해서는 교육에 대한 관점이 바뀌어야 한다. 학교는 단순히 공무원을 양성하거나 산업인력을 공급하는 수단적 기관이 아니라 나라의 현재를 운영하고 미래를 이끌어갈 동량을 양성하는 국가의 핵심기관이자 자치와 혁신을 바탕으로 한 교육과 연구와 학문의 특수공동체라는 사실이다. 교육의 이러한 특성이 전제되어야 교육에 대한 올바른 처방과 지원이 가능해진다. 사학은 국가 공교육 체제의 일부로서 국공립과 같은 목적을 추구하는 공교육 기관이므로 사학을 개인의 사유재산으로 간주하거나 사학의 운영을 운영자의 사적 처분권으로 간주하여 전횡을 저지르는 것도 부족해서 불법과 편법을 동원하여 비리를 저지르는 것은 국가의 미래를 위태롭게 만드는 국가 반역적 범죄행위에 해당하는 행위이다. 교육과 사학에 대한 이러한 패러다임 수준의 전환이 이루어져야 우리 교육이 정상화될 수 있고 미래를 향해 나아갈 수 있을 것이다.

II

사학개혁의 과제

사학법인의 비리관련자 퇴출[01]

양 승 규
서울대 법대 / 전 세종대 총장

1. 들어가면서

교육은 앞날을 내다보며 사람을 가르치고 기르는 일이다. 국가의 백년대계(百年大計)를 짊어지고 꾸려나가는 귀한 사업이다. 물질문명이 판을 치고 첨단과학의 발달로 하루가 멀게 달라지는 세상에서도 사람이 그 중심을 이룬다. 사람을 잘 가르치고 기르는 교육의 중요성은 어느 것보다 값지다. 그러나 우리의 교육환경은 참으로 부끄럽고 암담하다. 이성을 갖춘 인간이 사회공동체에서 더불어 살아야 한다는 기본인식을 버리고, 자신의 이익을 앞세워 물질적인 삶에 치우치고 있는 현상에서

01 이 글은 2016.10.26. 교육현안 국회토론회(우리 교육의 주요쟁점과 해결방안을 위한 토론회)에서 발표한 기조강연을 발췌하여 "기쁨과 희망" 18(2016 겨울)에 게재한 것을 다시 수정을 가한 것이다.

박근혜, 최순실의 국정농단으로 탄핵이 이뤄졌고 문재인 정부의 출범으로 적폐청산의 과제를 진행하고 있다.

정의와 공정과 정직을 바탕으로 시행되어야 할 교육이 거짓과 위선으로 얼룩져 학교폭력을 비롯한 성폭력, 아동학대 등 심각한 사회문제가 드러나고, 특히 사립대학의 재단비리로 인한 학원의 소요가 30여년이나 이어지고 있다. 사학재단의 비리가 드러나도 그 비리관련자들이 학원에서 뻔뻔스럽게 활동할 수 있는 것은 권력과의 유착없이는 상상할 수 없는 일이다. 이러한 사학비리를 하루속히 척결하여 교육풍토를 바로잡는 것은 어떠한 적폐청산보다도 앞서야 할 일이다.

2. 정치권력의 타락과 사회병리

1592년 임진왜란 당시 선조는 한양을 버리고 의주까지 피신했다. 1950년 6.25 전쟁이 일어나자 서울을 사수하겠다고 거짓방송을 틀어놓고 이승만은 서울을 버리고 떠났다. 선조와 이승만은 백성을 섬기겠다는 의지가 없는 것은 마찬가지였다고 생각된다.

로버트 케네디는 '내부의 적'(The Enemy Within, 1960)이라는 보고서에서 권력을 이용하여 부정을 저지른 자를 내부의 적이라 하고, 이들을 척결하지 않고는 자유국가를 지탱할 수 없다고 강조했다. 조선시대의 권력구조로부터 일제의 강점을 벗어나 해방 이후 70년이 넘는 현재에 이르기까지 정치권력의 타락으로 인한 사회부조리현상이 그대로 이어지고, 비리사학의 문제도 정치권력의 부패와 깊숙이 관련되어 있다.

1905년 일본의 강압으로 이루어진 을사조(늑)약이 체결되고, 황성신문 주필 장지연(張志淵)이 시일야방성대곡(是日也放聲大哭)이란 사설로 '**슬프도다. 저 개, 돼지만도 못한 소위 우리 정부의 대신(大臣)이란 자들은**

자기 일신의 영달과 이익이나 바라면서 위협에 겁먹어 머뭇대거나 벌벌 떨며 나라를 팔아먹는 도적이 되기를 감수했던 것이다'라고 일갈했다.

정치권력은 국민의 권리를 보호하고 공동선의 실현에 그 목표를 두어야 한다. 그러나 불행히도 우리는 1948년 민주공화국으로 출범하면서 오늘에 이르기까지 정치권력의 타락으로 국민적 존경을 받는 대통령을 모시지 못하고 있다. 이승만의 장기집권야욕으로 4.19 학생혁명이 일어났고, 구테타로 정권을 잡은 박정희는 정경유착으로 사회적 병리를 키웠으며, 유신정변까지 일으키고 종래에는 정보부장 김재규의 총격으로 쓰러졌다. 전두환이나 노태우는 청와대에서 거두어들인 엄청난 비자금으로 망신당하였다. 김영삼, 김대중, 노무현은 측근이나 가족의 비리로 얼룩졌고, 이명박은 4대강 사업 등 각종 비리를 털고 가야 한다. 게다가 박근혜는 최순실과의 국정농단으로 나라의 격을 한없이 추락시켰고, 탄핵·구속되어 재판을 받고 있다. 국가적으로도 슬프고도 부끄러운 일이다.

이러한 권력의 부패는 권력형 비리로 이어지고 사회병리현상을 부채질한다. 남북의 분단으로 이념적 갈등을 교묘히 이용하여 진실을 밝히려는 목소리를 잠재우고 권력형 비리는 꼬리를 잘라 감추는 것이 부패권력의 속성이다. 지금까지 권력형 비리를 제대로 밝힌 적이 없고, 게다가 사람들이 인간의 정신적 가치인 도덕과 윤리의식을 저버리고, 권력이나 돈만 있으면 된다는 그릇된 유혹에 빠져들어 사회적 병리를 올바로 다스리지 못하거나 상식이 통하지 않는 사회로 전락하여 오늘에 이르고 있다.

해방 이후 오늘에 이르기까지 벌어진 권력남용이나 뇌물을 주고받는 공직자의 비리를 비롯한 총체적인 사회적 부조리현상은 열거하자면 한이 없다. "주님, 저희의 임금들과 고관들과 조상들을 비롯하여 저희는 모두 얼굴에 부끄러움만 가득합니다. 저희가 당신께 죄를 지었기 때문입니다."(다니 9, 8). 우리의 부끄러운 자화상은 다니엘 예언자의 외침을 뼈속 깊이 간직하고 참회하여야 할 일이다.

사람이 자기 잘못을 인정하고 책임을 지는 모습은 그래도 값지다. 우리나라에서 공직자의 부패현상이 만연해도 스스로 책임을 지겠다고 나서는 이가 별로 없고 다른 사람에게 그 책임을 떠넘기는 현상이 더욱 문제이다. 그러나 나는 여기서 그 동안 저질러진 갖가지 비리를 들어 비판하기보다는 우리가 꼭 짚고 넘어가야 할 적폐를 두 가지만 들어보고자 한다.

첫째, 헌법 제39조는 국민의 국방의무를 규정하고, 적어도 성인이 된 남자는 병역의무를 진다. 우리는 남북 분단으로 민족전쟁을 치르고, 지금도 긴장관계를 유지하고 있다. 그러나 6.25 전쟁 당시 외국군대까지 목숨을 바쳤지만 병무행정의 부정으로 돈이나 힘있는 사람의 자식들이 군대를 기피할 수 있게 하였고, 병역의무를 다하지 않은 자들이 좋은 자리를 차지하고, 역대 정권에서 총리나 장관 등 고위직을 맡아 뻔뻔스럽게 사는 모습을 보여주었다. 국민으로서 의무를 다하지 아니한 자가 높은 자리에 앉아 대접을 받도록 하는 것이 과연 옳은지 깊이 생각해 보아야 한다. 끊임없이 이어지는 방산비리, 군납비리의 관련자들이 과연 누구인가?

둘째, 역대 정권에서 각종 공기업 등의 임원을 낙하산 인사로 충당하여 그 기업의 부실화로 국민의 혈세를 낭비한 것을 들 수 있다. 1997년 외환위기를 맞아 국민의 혈세로 공적자금을 투입하여 기업을 회생시키고자 안간 힘을 쏟은 아픈 상처도 잊고 있다. 정치권력이 개입하여 전문성이 없는 사람을 낙하산으로 내려보내는 것은 국민을 배신하고 자기 패거리의 이익을 챙기는 씻지 못할 중대한 범죄행위이다.

비정상을 정상으로 돌리겠다고 공약한 박근혜 정권에서도 그 현상은 두드러졌고, 특히 구조조정을 해야 할 대우조선에 4조원 이상의 자금을 조달하도록 결정하였다는 이른바 청와대 서별관회의의 당사자들, 한진해운의 파산을 이끈 당사자에 대한 책임도 묻지 않는 현상을 연출하고 있다.

국가의 안보는 힘으로만 유지할 수 있는 것이 아니고 국민의 신뢰와 단합을 전제로 한다. 그리하여 정부가 안보를 강조하기에 앞서 스스로 정직하게 그 잘못을 국민에게 사죄하고, 국민의 협조를 구하는 것이 선행되어야 한다. 거짓과 위선은 오히려 국가를 파멸로 이끄는 암적인 요소이고, 진실을 감추어도 그 감추어진 진실은 언젠가 드러나게 마련이다. 국민의 희망을 살리기 위해서도 적폐청산은 철저히 이뤄져야 한다.

우리나라는 역사적으로 위기를 맞은 때에 권좌에 있는 자들이 아니라 착한 백성들의 희생으로 나라를 구했음을 보여준다. 성경에 소돔과 고모라의 멸망이 의인 열 명도 없어 유황불로 멸망하였다(창세 18, 19)는 기록을 깊이 음미해야 한다. 그래도 이 나라에는 묵묵히 자기 직무에 성실하고 정직하게 사는 분들이 있어 그런대로 질서를 유지하고 살아가고 있음을 기억하고 부정과 불의에 몸담고 있는 자들의 각성을 촉구한다.

3. 사학법인의 자주성과 공공성

사립학교법인은 민간인 설립자가 재산을 출연하여 학교교육을 위하여 설립한 법인이다. 사립학교법 제2조제2항은 '학교법인'을 사립학교만을 설치·경영함을 목적으로 이 법에 의하여 설립되는 법인을 말한다고 규정하고 있다. 1963년 사립학교법 시행 전에는 사학재단은 학교를 설치하여 교육을 목적으로 하는 공익재단법인으로 출범했다(민법 32조).

사립학교도 국공립학교와 마찬가지로 학생을 모집하여 공교육을 담당하는 교육의 전당이다. 이에 따라 1963년 6월 26일 사립학교법(법률1362호)을 제정시행하여 학교법인에 관하여 규율하였다. 동법 제1조는 사립학교의 자주성과 공공성을 드러내고 있다.

학교법인은 교육이라는 공익을 목적으로 하는 특수법인으로서 공공성은 기본적 특성의 하나이다. 오늘날 영리를 목적으로 하는 기업(회사)도 그 기업의 사회적 기능으로 말미암아 영리성과 함께 공공성을 강조하여 사회적 책임을 인정하고 있다. 하물며 국가와 인류의 미래를 내다보며 학교를 설치하여 교육을 시행하는 사학법인에 대하여는 교육의 공공성을 바탕으로 하는 사회적 책임을 더욱 강화하여야 함은 당연한 요청이다. 사립학교설립자가 재산을 출연하고 정관을 작성하여 주무관청의 허가를 받아 설립등기를 마치면 그 재산은 학교법인에게 귀속하고, 설립자는 그 재산을 개인의 사유재산으로 다룰 수 없을 뿐아니라 자녀에게 상속되지도 않는다.

사립대학의 학교법인은 7인 이상의 이사와 2인 이상의 감사를 두어야 하고(사학법 14조1항), 이사로써 구성된 이사회가 대학의 경영에도 깊이 관여하게 된다(사학법 16조 참조). 이로써 사학법인은 정관에 따라 계속 이어지는 이사회가 그 대학의 장 및 교원의 임면에 관한 사항 또는 경영에 관한 중요사항(16조1항 5호, 6호)까지도 심의의결하는 경영의 주체로서 자리매김하고 있다.

4. 사학재단의 비리와 대응방안

1) 문제의 제기

사립대학재단은 그 대학의 창학이념에 따라 시설, 설비를 갖추어 인재를 양성하고 학문연구에 매진할 수 있도록 교육환경을 조성하는 것이 무엇보다 중요하다. 그러나 해방 이후 국민의 교육열이 높아지고, 대학을 설립하는 사학재단의 수가 늘면서 일부 사립대학의 설립자 또는 운영자들이 교육이념을 저버리고 각종 비리에 휘말려 학원의 소요 등 사회적 문제를 일으켜 왔다.

사학비리의 원인은 어디에 있는가? 이는 재단운영자 가운데 자신의 이익을 챙기기 위하여 비리를 저지르고 악용한 데서 온 것이나, 그에 대한 궁극적인 책임은 감독관청인 교육부(고등교육법 5조1항, 사학법 4조3항 1호)의 묵인 내지는 유착관계로 이루어진 서글픈 현상이다. 정부가 좀더 투명하고 공정한 감독권을 행사하고 원칙을 지켰으면 사학비리의 온상이 자랄 수 없다고 보기 때문이다.

상지대학을 비롯한 광운대, 세종대, 덕성여대, 수원대, 조선대 등 수많은 대학의 분규와 이에 대한 교육부 당국의 처분이 사학비리를 응징하기보다는 호도하는 데 그쳤다는 인상을 덮을 수 없다. 정부는 지난날 부패한 정권에서부터 비리사학의 경영자와 뒷거래가 없었는지를 먼저 살피고 사학비리문제를 다스리면서 사학의 자율권도 보장해야 한다. 교육부의 고위공직자들이 비리사학에서 자리를 차지하고 로비를 벌이는 것도 꼴불견이다.

사학비리의 실태와 그 관련문제들에 대하여는 2012년에 실천문학사에서 발간한 "사학문제의 해법을 모색한다--한국사학의 역사현실전망"에서 상세히 다루고 있어 이를 다시 논하지 않기로 한다. 다만 나는 임시이사체제 하에서 2006년부터 3년 동안 세종대 총장으로 있으면서 직접 듣고 보고 경험한 바를 토대로 설립자인 부모를 배반하고 비리를 저지른 아들의 편을 들어주는 교육부와 이른바 사분위의 행태를 고발하고, 이에 따라 벌어진 소송에서 법원이 내린 판결을 비판하면서 최소한의 윤리의식을 저버린 자들에게 교육현장을 맡기는 것이 관연 옳은지를 살펴 사학개혁의 단초를 마련하는 데 뜻을 두고자 한다.

2) 대양학원(세종대)의 비리와 사분위의 대응

학교법인 대양학원은 1946년 고 주영하, 최옥자 부부에 의하여 설립되어 현재는 세종대를 비롯한 고등학교와 초등학교를 운영하고, 수익사업으로서 세종호텔 등을 소유하고 있다.

1) 설립자 내외분은 장남 주명건의 요청에 따라 재단이사장 자리를 물려주었으나, 재단운영에서 비리를 저지르는 것을 인지하고 아들을 타일렀으나 오히려 행패를 부려 교육부에 특별감사를 요청했고, 2004년 10월 교육부의 특별감사결과 불법과 비리(교비 113억원 횡령혐의)가 밝혀져 2005년 5월 임시이사를 파견한 후 2기에 걸

친 임시이사회는 개정사학법에 의하여 2008년 6월 30일로 그 임기를 마쳤다.

2) 세종대학교는 2006년 4월 13일자 당시 교육인적자원부로부터 임시이사파견사유가 해소되었음을 통보받고, 정상화방안을 제출하였으며, 2008년 4월 25일에는 사학법 규정의 절차에 따라 설립자와 학내구성원의 합의로 선정된 정이사 후보를 제2기 임시이사회의 심의를 거쳐 사학분쟁조정위원회에 제출하였다.[02]

3) 2007년, 2008년 2월 두 차례에 걸친 세종대학교 졸업식 축사를 통해서 설립자는 '전임이사장의 비리와 학교에 끼친 잘못'을 사과하고 '앞으로 주명건과 그 가족이 대양학원에 관여하는 일이 없도록 하겠다'는 약속을 한 바 있다. 그리고 2008년 6월 5일과 2008년 10월 15일 사분위의 이해관계인 의견청취시 설립자는 "해임된 전임이사장 주명건은 절대로 안된다"라고 증언했고, 설립자 내외분은 대통령께 드리는 호소문(스포츠서울 2008.9.25)에서 "주명건은 패륜아"로서 대양학원에 전적으로 개입할 수 없다고 호소했다.

4) 그럼에도 불구하고 이명박 정권에서 교과부장관은 설립자의 기본권보다 종전이사의 권리행사를 우선적으로 존중한다는 사분위의 위헌적인 결정에 따라 그 아들이 추천한 5명과 설립자가 추천한 2명을 정이사로 선임하였고, 그 이사회에서 주명건은 명예이사장으로 추대되어 대양학원을 장악하게 되었으며, 그 후 그는 정이사로 선임되어 오늘에 이른다.

5) 여기서 사분위의 결정이 설립자가 대학을 설립하여 운영할 수 있는 헌법상의 권리(헌법 37조)를 침해하고, 비리를 저지르고 부모에게 행패를 부려 '패륜아'로 지목된 자의 편을 드는 것은 인륜에 반하는 것으로 이는 이명박 정권의 부패에서 기인한다.

---

02 당시 교과부는 대양학원의 정상화조치를 취하지 않고 다시 임시이사를 파견한 것은 사학법 제25조를 어긴 위법한 처분이라고 할 것이다.

3) 이사선임취소의 소와 판결에 대한 비판

대양학원의 공동설립자인 부모(주영하, 최옥자)는 "... 학교 법인의 정상화는 임시이사의 선임에 의해 강제적으로 정지되어 있던 학교 법인의 사립학교 설립 및 운영의 자유를 설립 당시 설립자의 의사를 존중하여 회복해야 하는 행정처분이다"라는 대법원 판례(2006다19054 전원합의체 판결)에 근거하여, 당시 교육과학부장관을 상대로 대양학원의 정이사 후보로 선임된 5명의 이사선임처분을 취소하라는 행정소송을 제기했다.

1) 행정법원은 설립자에게는 사학설립의 자유만이 있고, 운영의 자유는 인정되지 않는다는 논리로 그 아들의 신뢰관계가 상실된 것이 아니라는 이유로 원고의 청구를 기각하였다(2011.3.4.선고).[03]
2) 이에 설립자 최옥자가 행정법원의 판결에 불복하여 항소하였으나 항소법원인 서울고등법원은 '설립자라는 이유만으로 학교법인의 자주성을 대변할 수 없다는 궤변으로 공동설립자인 어머니가 올린 항소를 당사자 적격이 없다고 각하했다(2022.11.30.선고).

이러한 행정법원과 서울고법의 판결은 법리적으로 보나 사회윤리적인 측면에서도 납득이 가지 않는다. 과연 이러한 판결이 '법관은 헌법과 법률에 의하여 그 양심에 따라 독립하여 심판한다.'(헌법 103조)는 법관에 의하여 이루어진 것으로 볼 수 있는지 의문이고, 이러한 판결은 설립자의 권리를 짓밟고 각종 비리에 연루되어 설립자가 배척하는 아들의 편을 들어줌으로써 선량한 사회질서를 무시하고 사회윤리를 무너뜨린 참으로 부끄러운 판결이다.

---

03 여기서 특기할 것은 공동설립자이시고 원고인 주영하 박사가 2011년4월8일에 99세로 소천하시고, 세브란스 병원 영안실에 모셔 장례를 치루었으나, 그 아들 주명건은 세종대학교에 별도로 빈소를 차리고 조문객을 그쪽으로 유도하고 어머니도 찾아오지 않았다는 점을 든다.

3) 원고는 이에 불복하여 상고하였고, 대법원(주심 김용덕 대법관)은 원고 최옥자가 설립자로서 그 재단의 기본재산 3분의1 이상을 출연하였으면 당사자 자격이 있다고 파기환송했고(2013.9.12.선고), 환송심인 서울고법은 설립자 최옥자가 재산을 출연한 증거가 없다고 다시 각하했다(2014.6.13.선고). 이에 재상고하였으나 대법원 제3부(주심 박보영 대법관)는 심리불속행사유로 기각했다(2014.10.16.선고).

참으로 어처구니없는 판결이다. 1946년 설립된 학교법인 대양학원은 재단법인으로 출범했다. 민법상 재단법인의 설립자는 일정한 재산을 출연하는 것이 필수적 요건이다(민법 43조). 그러므로 원고 최옥자가 공동설립자임을 확인한 이상 당연히 재산출연자로서 당사자 자격을 인정하는 것이 법리라 할 것이다. 그런데 상고심에서 대법원이 '기본재산 3분의 1 이상을 출연하였으면'이라는 조건을 붙인 것은 납득이 가지 않는다.

게다가 환송심인 서울고법이 6·25 전쟁을 통해 설립당시의 문서가 소실되어 존재하지 않는 상황에서 원고 최옥자의 명의로 된 재산출연자료가 없다는 이유로 당사자 자격이 없다고 각하한 것이 법리적으로나 법관의 양심에 따라 내려진 판결로 보기도 어렵다. 실제로 대양학원의 출연재산은 거의 모두가 최옥자의 선친의 재정적 도움으로 이루어진 것임을 입증하였음에도 설립자의 당사자 자격을 부인한 판결의 정당성을 찾을 수 없다. 그리고 원고가 재상고한 사건에서 원심의 적용법리의 잘잘못을 판단하여야 할 대법원이 심리불속행사유로 기각하여 설립자에게 본안소송에서 항변마저 봉쇄한 것을 어떻게 이해할 수 있을까?

대양학원의 이사선임취소의 소와 관련된 일련의 판결은 사법부의 일부 판사들이 사법정의를 받들지 않고 억대의 수임료를 받고 비리사학을 변호하는 변호사들과 더불어 사학비리를 부추기고 교육환경을 어지럽히는데 일조하였고, 교육환경을 파괴하여 수단과 방법을 가리지 않고 제몫을 챙기면 된다는 그릇된 가치관을 심어주는 최악의 사태를 연출한 것이다.

법은 정의의 척도이다. '하늘이 무너져도 정의를 세워라.' 이것이 법률가에게 주어진 소명이다. '어느 민족이나 정의를 받들면 높아지고, 어느 나라나 죄를 지으면 수치를 당한다.'(잠언 14,34)는 가르침을 깊이 새겨보자. 부모를 버린 패륜적인 사람이 학교법인에 관여하여 뒤흔드는 현상을 방임하는 것은 법과 상식 그리고 정의에 어긋나는 중대한 죄악이다.

사회적 부패가 만연한 사회라 하더라도 최소한 법관만이라도 한줄기 빛을 밝혀 정의가 이긴다는 확신을 심어 주어야 한다. 법관에게 윤리의식이 결여되고 정의감이 없다면 그는 법관으로서 자격을 상실하는 것이고, 더 이상 법원에 머물러서는 안된다고 생각한다.

5. 맺는말(비리관련자의 퇴출)

사학재단은 공익법인이다. 법인의 운영이 교육의 이념에 따라 투명하게 이뤄져야 하는 것은 당연하다. 대다수의 사학재단은 건전하게 운영되고 있으나 일부 사학재단의 비리는 그 출연재산을 미끼로 학생의 등록금이나 국가의 지원(고등교육법 7조1항)으로 축적되는 학교재산을 마치 자기 것인양 빼돌리거나 남용한 데서 비롯된 것이고, 이러한 탐욕스럽고 비양심적인 비리관련자는 교육부를 비롯한 부패한 권력자의 방조 내지는 비호를 받으며 독버섯처럼 자랐음을 부인할 수 없다.

국가의 백년대계를 내다보며 교육을 담당하는 교육의 현장에서는 무엇보다도 정의와 공정 그리고 정직이 우선되어야 한다. 거짓과 위선으로 교육자의 탈을 쓰고 교비의 횡령 등 비리에 관여하거나 부모에게 행패를 부려 패륜을 저지른 자는 이사자격이 없음을 밝혀 학원에서 영구히 퇴출시키는 것이 마땅하다. 이것은 입법으로 해결할 문제이기도 하다.

교육의 현장에서까지 정의와 공정 그리고 정직을 잃으면 앞날을 기약

할 수도 없다. 우리 후손에게 그래도 좀 나은 나라를 물려주기 위해서도 비리재단을 하루 속히 정화시켜 윤리적으로 도덕적으로 타락한 인간은 그가 누구이든 학교법인에서 물러나도록 서둘러야 한다. 사학재단의 자주성과 공익성을 바탕으로 대학의 자치를 최대한 보장하고, 도덕성과 윤리적인 가치를 존중하여 맑은 물이 솟아나 사회를 정화할 수 있도록 학교재단의 비리관련자를 하루 속히 퇴출시켜 더 이상 비리로 인한 학원의 소요가 없기를 기원한다.

여기서 **서울고법 2016.6.23. 선고, 2015누1535, 2015누1542(병합)제7 행정부판결**과 관련하여 한 가지 첨언하고자 한다. 이 판결은 상지대 교수협의회와 총학생회가 원고로 참여하여 교육부장관을 상대로 이사선임처분취소의 소를 제기하여 30여년을 이어온 상지대학의 분규에 종지부를 찍는 계기를 마련한 참으로 뜻있는 판결이다. 교협이나 학생회가 당사자 자격이 있느냐의 여부를 놓고, 대법원 2015.7.23. 선고 2011누40402, 2011누40419(병합) 판결이 원심을 깨고 파기환송하여 당사자 자격을 인정하고, 이 사건 환송심판결은 피고 즉 교육부가 정식이사를 선임함에 있어서 사학법에 따른 개방이사의 선임을 전혀 고려하지 않은 것은 위법하다는 이유로 **"이사선임처분을 모두 취소한다."**고 판결했다.

이로써 사분위와 교육부를 거쳐 선임한 상지학원의 정식이사선임이 무효로 되어 새로운 절차를 밟아 상지학원의 정상화의 길이 열렸다. 교육부장관은 비리사학의 척결을 위하여 상지학원에 대한 이사선임취소의 판결이 회사법상의 소와 같이 대세적인 효력(상법 190조 본문)을 가지는 것은 아니지만 사분위에서 똑같은 절차를 거쳐 정식이사를 선임한 대양학원 등 비리사학의 경우에도 이 판결의 논리를 원용하여 신속히 정상화절차를 밟을 수 있도록 행정력을 보여 주시기를 기원한다. 교육부장관의 결단을 촉구한다.

사학비리의 척결이 문재인 정부 개혁의 출발점이다

조 승 래
청주대 교수, 민교협 공동의장

1. 머리말

오늘날 우리 사회의 치부 중의 치부가 바로 비리 사학들이다. 비리 사학들이 민주화 이후에도 계속 발흥하는 것은 그 비리가 우리 사회의 구조적 모순에서 기인하는 것이기 때문이다. 오랜 정치적 압제와 압축 성장 과정에서 심화된 천민자본주의와 권위주의가 청산되지 않는 한 사학비리 또한 근절되지 않을 것이다. 특히 신자유주의가 그 모순을 강화시키면서 사학비리는 마치 자본주의 사회의 정상적인 현상이 불순 세력들의 음모에 의해 왜곡된 것처럼 호도되고 있다.

아무리 소유권이 철저히 보장되는 자본주의 사회라고 해도 사립대학을 공공재가 아니라 한 집안과 개인의 사유물로 여기는 나라가 대한민국 말고 또 있을까? 재벌 그룹이 대학 재단을 인수했다고 좋아하고 부러워하는 나라가 또 있을까? 그리하여 소위 교주, 오너라는 말이 공공연히 사용되는 나라가 또 있을까? 학교 안에서 그들의 패악질이 횡횡해도 사립학교의 자율성이라는 명목으로 교육 당국과 사법 당국은 수수방관하고, 설령 제재가 내려졌다고 해도 시간이 경과하면 원래 주인이었다고 기득권을 인정해 주는 나라가 또 있을까? 입법자들이 소위 '먹튀법'을 발의하는 나라가 또 있을까? 그리하여 '비리 사립학교 개혁 국민운동본부'라는 단체가 존재하는 나라가 또 있을까?

사정이 이러한데도 과거 정부와 여당의 비리사학에 대한 정책은 한 마디로 말해 두둔과 옹호를 그 기본으로 하고 있었다. 비리사학에 대한 이명박 박근혜 정부 정책의 특징과 문제점을 정대화 사학개혁국민운동본부 공동대표는 다음과 같이 잘 요약하고 있다.

1. 정부는 기본적으로 친 사학의 입장을 견지하면서 사학재단을 두둔하고 있기 때문에 사학에 만연된 사학비리를 근절하지 못하고 있고 필요한 정책을 추진하지도 않았다. 우선 사학비리와 관련된 문제를 정부나 여당에서 공론화하지 않으려고 하고 사학비리가 발생하면 최대한 덮어주거나 은폐하고자 노력했다. 단지 도저히 넘어술 수 없을 경우 특정인을 표적 제거하는 방법으로 접근하여 문제를 최소화하며 임시이사를 파견하는 등의 방식으로 이사회 구조에 손을 대는 일은 가급적 회피했다.
2. 사학에 대한 정부와 여당의 기본입장은 2007년 상지대 대법원 판결과 사립학교법 개악에 반영되어 있는 것처럼 교육의 관점이 아니라 사학 옹호의 관점을 견지하고 있었다. 2007년 대법원 판결의 핵심은 임시이사들이 이사회 지배구조를 변경하는 것을 용납하지 않는다는 것이었다. 이것은 사학을 개인의 사유재산으로 보는 입장에서 비롯된 것이었다. (그러나 이 대법원 판결의 입장은 앞서 지적했듯이 2013년 11월 28일 헌법재판소 판결에서 뒤집어졌다. 사학도 국가 공교육 체제의 일부이기 때문에 사학의 공공성이 사학의 자율성에 우선한다는 것이다.) 그리하여 2007년에 개악된 사

립학교법은 2005년 개정된 사립학교법이 강조하는 이사회의 투명성을 해체해버렸다. 동시에 주로 법조계 인사들로 구성된 사학분쟁조정위원회를 설치하여 사학에 임시이사를 파견하는 일과 임시이사가 파견된 사학의 정상화를 그들의 손에 맡겨 버렸는데, 이것은 사학 재단의 재산권을 유지시켜주는 동시에 이미 임시이사가 파견된 사학의 경우 쫓겨난 비리재단의 복귀를 용이하게 하기 위한 제도적 장치였다.

3. 대학 입학을 지원하는 대입적령인구가 급격하게 감소하게 되자 정부는 대학구조개혁이라는 이름으로 추진하고 있는 구조조정 정책을 통해 지방의 일부 소규모 사립대학이나 경영이 부실한 대학을 폐교하는 방식으로 접근하였다. 그러면서 사학재단의 이익을 보호하기 위하여 김희정법(안)이나 안홍준법(안)을 통해 위기에 직면한 사학 운영자들이 사학에 대한 재산권을 행사하는 방식으로 사학을 정리할 수 있도록 보장해주려고 하였다. 사학에 대한 매매가 불가능한 현실에서도 암묵적인 매매가 이루어지고 있는 상황인데 김희정/안홍준법(안)이 통과되었다면 사학을 사유재산으로 간주하여 수많은 비리부실대학의 재단들이 교육 목적을 버리고 재산권 차원에서 사학을 처리하는 일이 발생했을 것이다.
4. 현행 사립학교법에서 사학의 투명성을 확보하기 위한 방안으로 대학평의원회, 학교운영위원회, 개방이사추천위원회가 법제화되어 있고 반값등록금이 변형된 국가장학금 제도가 실시되고 있지만 이러한 제도들이 사학의 민주적 투명성을 확보하는 방향으로 운영되지 않고 있다는 사실을 잘 알고 있으면서도 교육부는 아무런 조치를 취하지 않고 수수방관하고 있었다.

이 부끄러운 우리 사회의 자화상을 이대로 후대에 물려 줘서는 안 된다. 비리 사학의 악덕 교주를 심판하는 정의의 사도들이 주인공으로 나오는 영화들이, 예를 들어 '공공의 적2' '두사부일체' 와 같은 영화들이,

그 소재가 사라져 제작될 수 없는 사회가 빨리 도래해야 한다. 그리하여 순수해야 할 교육의 장이 더 이상 사회 비판과 풍자의 대상이 되고 코미디 폭력물의 소재가 되는 일은 없어야 하지 않겠는가?

2. 2015년 교수신문의 여론조사에 나타난 대학 교수들의 시각

2015년 11월 둘째 주에 실시된 교수신문의 여론조사를 통해 교수들이 이러한 비리사학의 문제들을 얼마나 심각하게 생각하고 있는지가 여실히 드러났다. 우선 교수들은 비리사학에 대한 교육부의 정책을 불신하고 질타하고 있다. 국공립과 사립을 막론하고 교수들의 90퍼센트 이상이 교육부가 비리분규 사학 문제를 올바르게 처리하지 못 하고 있다고 응답한 것이다. 이것은 교수들이 한결같이 교육부가 사학재단에 경도된 태도로 일관하기 때문에 사학비리가 근절되지 않고 있다고 확신하고 있음을 웅변으로 보여 준다. 그런데 교육부가 그럴 수밖에 없는 이유는 주지하다시피 정부나 여당은 사학비리 문제가 공론화되는 것 자체를 꺼려하기 때문이다.

일례로 교육부의 감사로 분명히 귀책 사유가 밝혀진 수원대 이인수 총장은 국회 교문위의 국정감사 대상에서 늘 여당의 반대로 증인으로 채택되지 않았다. 또한 수원대 해직 교수들에 의하면 이인수 총장을 고발한지 일 년이 넘어 여론이 악화되기 전까지는 검찰은 아무런 반응도 보이지 않았다고 한다. 사정이 이렇다 보니 몸을 사려야 하는 교육부 관료들로서는 비리분규사학에 대해 소위 사학의 자율성이라는 허울 좋은 원칙을 강조할 뿐 적극적인 문제해결을 시도하는 것은 꿈도 꿀 수 없는 것이 현실이다. 상지대 이사회가 김문기를 다시 총장으로 선출했을 때에도 교육부의 처음 반응은 유감이지만 어쩔 도리가 없다는 것이었다. 보수언론들조차 나서서 이를 비판하고 여론이 악화되어 정부 여당의 고위층도 이를 무시하지 못하게 되자 비로소 교육부는 행동에 나섰다. 이렇듯 도저히 더 이상 두둔할 수 없는 경우에만 특정인을 표적 제거하여 문제를 최소화하려는 것이 비리사학에 대한 정부·여당과 교육부의 확고한 방침이다. 교수들은 이 여론조사에서 이러한 미봉책을 격렬하게 규탄하고 더 근본적인 대책을 촉구하고 있다.

다음으로 이 여론조사에서 학교법인이 소위 경영권이라는 이름으로 대학 운영에 개입하는 것에 대해서도 국립과 사립을 평균하여 교수 90 퍼센트 이상이 거부감을 표출하고 있다. 특히 교수 과반수가 이러한 재단의 개입을 전횡이라고 규정하고 있어 그 문제가 학교 현장에서 얼마나 심각한 것인지를 단적으로 보여주고 있다. 아쉽게도 이 여론조사에서 이를 근절시킬 방안에 대한 교수들의 생각을 묻지는 않았지만, 근본적인 대책은 사학의 공공성을 제고할 수 있는 입법과 정책을 시행하는 것임은 명약관화하다. 즉 대학의 의사결정 과정에 재단이 개입할 여지를 최소화하고 대학 구성원들의 자기 결정권이 최대한으로 보장될 수 있는 제도적 장치들이 사립학교법과 그 시행령에 명확하게 규정되어야 한다. 또한 정부는 비리사학에 대한 엄격한 감사와 처벌을 통해 일벌백계의 비관용 정책을 시행해야 한다.

이미 2013년 헌법재판소는 사학도 국가 공교육 체제의 일부이기 때문에 사학 운영자들의 자율성보다 사학의 공공성이 우선한다는 판결을 내린 바 있다. 그럼에도 불구하고 사학을 마치 자신의 사유물인양 착각하면서 소위 교주를 자처하는 인사들과 그 추종자들은 현행 사립학교법의 미비점과 맹점을 악용하고 있다. 그리고 보수세력들은 이들의 이러한 일탈적 행위를 자본주의 사회가 마땅히 인정해야 하는 사유재산권의 행사로 둔갑시키고 있다. 그 대표적인 예로 들 수 있는 것이 과거 새누리당 의원 몇몇이 발의한 소위 '먹튀법'이라고 할 수 있다. 이는 사학의 공공성을 철저히 부정하는 폭거로서 이 여론조사는 이에 대한 교수들의 불쾌감과 반대를 단호하게 보여주고 있다. 그렇다면 이제 무엇을 해야 할 것인가?

3. 비리사립대학 문제와 헌법 제31조 제4항

물론 우리 사회의 구조적 모순이 하루아침에 다 해체될 수 있다면 비리사학의 문제도 저절로 해결되겠지만 이것이 현실적으로 불가능하다고 할 때 우선적으로 시도해야 할 일들은 무엇인가? 아무리 심각하게 고민하면서 그 해답을 모색해 보아도 그저 답답할 뿐이라는 것이 비리 사학에서 일하면서 맞서 싸우는 사람들의 솔직한 심정이다. 비리사학의 피해자들의 절규에 가까운 목소리는 사회적 경청의 대상에서 우선순위가 밀린지 오래 되었다. 그러나 비리사학의 문제는 사회가 더 발전하면 저절로 없어질 문제라고 안이하게 생각하지 말고 우리의 기획과 투쟁으로 지금 여기서 해결해야 할 문제라고 규정해야 한다.

사학비리를 진정 우리 사회의 부끄러운 맨얼굴이라고 생각한다면 교수사회뿐만 아니라 시민사회와 정치권의 진지한 관심과 개입이 절실히 필요하다. 특히 시민들의 대표인 입법자들은 이 문제에 대해 더 심각하게 고민하고 그 입법적 해결을 모색해야 한다. 우리 헌법 제31조 제4항에 의하면 "대학의 자율성은 법률이 정하는 바에 의하여 보장된다"고 되어 있다. 여기서 자율성은 어떤 단체나 기구의 구성원들이 자기 결정권을 행사하는 것을 의미한다. 그것이 보장되지 않는 단체나 기구를 자율적이라고 말 할 수는 없을 것이다. 즉 그 구성원들이 정하거나 적어도 그 의사가 반영된 민주적 규범과 규칙에 의해 대학이 운영되지 않을 때 대학이 자율성을 확보했다고 말한다면 어불성설이다. 이 말은 대학이 그 구성원의 일부 혹은 타 단체의 지배적 의지에 따라 운영되어서는 안 되는 공적 단체라는 것을 의미한다. 따라서 대학 구성원들의 대학 공공성 확보를 위한 투쟁은 헌법이 보장한 권리이다.

혹자는 법률이 정하는 바에 의하여 자율성이 보장된다고 규정했으니 현행 고등교육법과 사립학교법이 허용하는 한에서만 자율성을 확보하는 것이므로 자율성을 소극적으로 해석해야 한다고도 한다. 이러한 해석은 현실적으로 사립대학 재단이 비리를 저지를 수 있는 자유를 허용하는 것을 자율성으로 인식하는 결과를 초래했다. 현행 사립학교법이 재단의 학교에 대한 우월적 지배를 허용하고 있기 때문이다. 그러나 자율성이라는 용어의 철학적, 사회과학적, 일상 언어적 의미는 그 자체가 적극적이다. 타인 혹은 타 단체의 자의적 지배는 아무리 제한적으로 허용된다고 해도 개인이나 단체의 자율성을 침해하기기 때문이다. 자신의 의지를 공익과 공동선의 원칙에 따라 제어하는 것도 자신의 도덕적 의지에 따르는 것이 자율이지 타인의 강제나 지도에 따르는 것은 자율이 아니다.

우리 헌법이 우리나라의 수많은 기관과 단체 가운데 유독 대학을 특정하여 그 자율성을 보장한 것은 그 구성원들의 지적 도덕적 능력을 인정했기 때문일 수도 있지만 대학이 그 목적을 실현하기 위해서는 자율성의 확보가 필수적이라는 사실을 우리 공동체가 인지했기 때문일 것이다. 따라서 우리 헌법의 이 조항의 의미는 입법자들이 대학이 위와 같은 의미의 자율성을 확보할 수 있는 법률을 제정하라는 것이라고 해석되어야 한다. 그렇다면 입법자들은 현행 법률들이 과연 대학의 자율성을 보장하고 있는지를 진지하게 검토하고 그 결과를 입법에 반영해야 한다.

4. 사립학교법 개정의 방향

특히 사립학교법의 경우 누차 사회적 담론을 통해 지적되어 온 독소 조항들은 개정되어야 하고 미비한 점들은 새로 규정되어야 한다. 이러한 작업을 할 때 그 규준이 되는 원칙이 바로 헌법 제31조 제4항이 말하는 대학의 자율성이다. 가장 우선적으로, 사립대학 재단의 이사회는 과연 대학의 자율성이라는 원칙에 맞게 구성되도록 사립학교법이 규정하고 있는지를 따져 보아야 한다.

다행스럽게도 참여정부 시절이던 2005년에 헌법 정신에 부합하려는 입법자들의 노력이 있었다. 당시 여당이던 열린 우리당의 주도로 개방형 이사제와 대학평의원회를 명문화한 사립학교법 개정이 이루어졌던 것이다. 그러나 당시 야당이던 한나라당과 보수 세력의 끈질긴 방해로 2007년에 사립학교법이 재개정되어 시행됨으로써 현실적으로 그 제도는 헌법 정신과 법률의 취지에 맞지 않게 작동하기 시작했다. 대학을 사유물로 여기고 그 잘못된 기득권을 놓지 않으려는 세력들은 사립학교법의 맹점과 미비점을 백분 이용하여 자신들의 호위 세력들을 개방형 이사로 둔갑시키고 있는 실정이다.

사립대학의 공공성을 확보하기 위해 마련된 대학평의원회는 강제 조항의 미비로 구성되기까지 몇 년이 허비되었고 그 구성에 관한 방법을 재단 정관에 규정하도록 위임함으로써 거수기로 전락한 경우가 허다하다. 이러한 대학평의원회에 개방형이사추천위원회 구성권을 부여하고 재단 이사회가 여기서 배수로 추천된 자들 가운데 개방형 이사를 뽑도록 했으니 위와 같은 결과가 나타나는 것이다. 입법자들은 이와 같은 문제점을 분명 인식하고 있을 터인데도 이 문제에 대해 그 어떤 해결책도 시도하지 않고 있다. 이것은 분명 직무유기이다.

다행스럽게도 최근 대법원은 상지대학교 학생회와 교수협의회가 교육부 장관을 상대로 제기한 이사선임취소 소송에서 원고적격을 부정한 하급심 판결을 뒤집고 학생과 교수들이 이러한 소송의 주체가 될 수 있다는 취지로 판결하였다. 1심과 2심 재판부는 교수협의회와 총학생회가 상지대 운영에 관여할 법률상 이익이 없으므로 원고 자격이 없다고 판단해 청구를 각하했다. 그러나 대법원은 "사립학교 법령과 그에 따른 상지학원 정관이 개방이사의 선임에 관한 규정을 두고 있는 것은 교직원과 학생 등이 갖는 학교운영에 참여할 권리를 보장하려는 데 그 취지가 있다"며 "학생과 교원의 법률상 이익을 보호하기 위한 위 법령 규정들은 학생회나 교수회의 법률상 이익을 보호하는 역할도 함께 한다고 봐야 한다"고 밝혔다. 그러면서 "교수협의회와 학생회에 법률상 이익이 없는 것으로 본 원심은 법리 오해의 잘못이 있어 이 부분을 다시 심리하라"며 사건을 서울고등법원으로 파기환송했다. 이러한 대법원의 진일보한 판결은 헌법이 보장한 대학의 자율성을 적극적으로 해석한 것이라고 볼 수 있다.

이제 현행 사립학교법의 맹점과 미비점을 세심하게 손질해 헌법정신이 충분하고도 명확하게 구현된 법률로 탈바꿈시키는 것은 오롯이 입법자들의 몫이 되었다. 만약 대법원의 이번 판결이 현행 사립학교법으로도 대학의 자율성과 공공성을 충분히 확보할 수 있음을 증명한 것으로 보고 그 개정 노력을 게을리 한다면 입법자로서의 임무를 방기하는 것일 뿐이다. 이번 대법원의 판결이 확고한 기속력을 갖기 위해서는 입법자들이 입법적 뒷받침을 확실하게 해 주어야 하기 때문이다.

그 방안으로서 사립대학의 교수협의회나 교수회의 학칙기구화를 명문화하고, 또한 대학평의원회의 구성 방법을 재단 정관에 규정하도록 위임하지 말고 본 법률이나 시행령에서 구체적으로 적시해야 하며, 대학평의원회가 추천한 인사들은 기존 이사회의 선별 없이 이사회에 들어가도록 해야 한다. 즉 대학 구성원의 자기 결정권을 최대한 보장해 사립대학이 개인이나 특정 가문의 사유물이 아니라 그 구성원의 공적 의사가 반영되는 공적 단체임을 명백히 해야 한다.

또한 사립학교법에 사학비리 혹은 교육비리에 대한 명확한 규정과 더불어 이에 대한 처벌규정이 명문화되어야 할 것이다. 이러한 규정이 부재하거나 모호하기 때문에 사학비리와 관련된 검찰의 수사, 법원의 판결, 정부의 행정처분이 신속하게 이루어지지 않을 뿐만 아니라 늘 지루한 법정 문제로 비화하는 것이 현실이기 때문이다. 아울러 사학비리를 저지른 이사장, 이사, 총장 등 사학 운영자들이 일정한 기간을 거쳐 다시 교육현장으로 복귀하는 것을 원천적으로 차단해야 할 것이다. 그리고 무엇보다도 교육부가 사학비리의 유형을 명시하고 사학비리에 대해서는 일벌백계로 엄단한다는 정책적 입장을 공개적으로 표방해야 한다. 이러한 입법을 통해 사립대학의 공공성이 보장될 때 비로소 우리 사회도 선진 사회의 지표 가운데 하나를 확보하게 될 것이다.

5. 맺음말

이제 촛불혁명을 통해서 들어선 문재인 정부는 사학비리의 척결을 위해 무엇을 해야 하는가? 물론 최선책은 우선 사립학교법을 본질적으로 개정하는 것이다. 또한 더 나아가 사립대학법을 별도로 만들어 헌법이 보장한 대학의 자율성과 학문의 자유 그리고 교육의 공공성이라는 보편적 원리가 침해받지 않도록 해야 한다. 그러나 현실적으로 우리 정치지형 상 이것은 단기간에는 불가능해 보인다. 그렇다면 차선책으로 요구되는 것은 문재인 대통령이 후보 시절 사학개혁국민운동본부와 사회적 교육위원회의 사학 문제에 대한 질의에 대해 지난 5월 2일과 4월 20일에 각각 내놓은 답변을 착실히 최소한 단계적으로나마 이행하는 것이다.

그 답변 내용을 정리하면 다음과 같다. 우선 사학의 공공성을 강화하고 민주적 운영을 위해 그 법적 취지를 실현하지 못하고 있는 유명무실한 대학평의원회와 개방이사추천위원회 관련 규정을 정비하고 자치 기구에 대한 법적 근거를 마련하여 대학자치를 강화하겠다는 것이다. 그리고 사학비리를 척결하기 위해 교육부의 감사 기능을 강화하고 부정 비리 공시시스템을 구축하며 감사결과 미이행에 대한 제재를 강화하겠다는 것이다. 아울러 중대한 비리가 발견될 때 교육부가 취할 수 있는 임원취임승인취소 결정 절차를 간소화하고 그 당사자의 복귀를 금지시키며 임시이사의 파견 요건도 확대시키겠다는 것이다.

문재인 정부는 이러한 약속을 지켜 우리 현대사의 적폐를 척결해야 한다는 시대적 사명을 완수해야 한다. 검찰 개혁, 국방 개혁도 중요하지만 비리사학에 대한 개혁이 곧 사회개혁의 출발점이라는 점을 깊이 인식해야 한다. 왜냐하면 사학비리는 우리 사회의 모순이 응축되어 있는 결정체이기 때문이다. 우리 사회가 선진화되기 위해서는 반드시 극복해야 하는 천민자본주의의 비윤리성과 봉건적 권력 관계의 반민주성을 가장 잘 보여 주는 것이 사학비리이기 때문이다. 문재인 정부는 우리 사회의 모든 민주세력과 연대해 대한민국의 주류로 둔갑해 있는 비리사학 세력을 반드시 응징해야 한다.

사학비리의 원인과 척결 방안

김 동 국
전국교직원노동조합 부위원장

1. 들어가며

해방 이후 교육 수요가 늘어나며 점차 늘어나던 사립학교가 50년대 후반기에 이르면 해방 직전에 비해 2배 이상으로 급증한다. 이후 현재까지 일부 시도에서는 국공립 학교 수를 뛰어 넘으며 교육에서 사립학교 시대를 열었다. 이는 70년대 산업화로 인한 경제 성장이 교육열 상승을 이끌었는데, 교육 기회 확대 수요를 국가가 책임지지 못하고 개별 자본에 의탁하여 무분별한 사립학교 설립으로 충당한 결과였다. 또한 학교 설립에 대한 반사이익을 보장해주는 정책이 연속되고 현대사회로 넘어오는 과정에서 초기에 자본을 가진 자들이 교육에 대한 철학적 토대 없이 자본 증식과 대물림 수단으로 사립학교들을 우후죽순으로 설립한 결과이기도 하다.

■ 전국 사학 비중 (2013년 기준)

초등학교	중학교	고등학교	전문대학	대학
1.3%	20.3%	40.8%	93.6%	82.4%

이렇게 늘어나기 시작한 많은 사학들은 부패와 비리를 수반하며 반교육적 비리의 온상이 되어갔다. 정치권력, 교육관료들, 부패사학이 결탁하며 각종 인사 비리, 회계 비리를 비롯하여 교권 침해는 물론이고, 학생·학부모에 대한 인권유린조차 버젓이 벌이는 등 사학법인의 권력은 아무런 견제 장치 없이 법 이상의 권력을 제멋대로 행사하는 부패비리 집단의 아성이 되어갔다. 그런 과정에서 사학비리 문제가 터질 때마다 사립학교법으로 적정한 규제를 실행하여 사립학교들도 사회공공성을 갖도록 해야 한다는 여론이 점차 비등해졌다.

특히 사립학교법 역사를 보면, 전두환 정권에서조차도 사학비리 임단 정책의 일환으로 학교 법인 설립자와 친인척 등의 당해 학교장 취임을 금지하거나 교직원 임면권을 법인에서 학교장으로 이양하는 등 권력 독점을 다소 분산시키는 정책을 펼칠 정도로 사학비리에 대한 사회적 관심사가 컸다. 그러나 노태우 정권이 들어선 직후인 1990년에 사학 자율성을 높인다는 명목으로 다시 사립학교법을 개악하였다. 학교 법인 이사장이 타 학교 법인 이사장을 겸직할 수 있도록 완화함은 물론, 학교장 임명 시 관할청 승인 조건 삭제, 교원임면 권한을 학교장에서 다시 학교 법인으로 환원, 학교법인 이사장 친인척의 학교장 취임 금지 삭제, 학교 법인 재산 임대시 교육청 허가 조항 삭제 등 다시 사학 재단에 무소불위의 권한을 넘겨주는 방식으로 사립학교법을 개악하고 말았다.

국가가 교육 수요에 대한 전적인 책임을 다하지 못하는 가운데, 늘어난 사학은 교육의 공공성을 채워가기보다는 자주성을 빌미삼아 국가 통제로부터 벗어나며 점차 비리의 온상으로 변질되어 갔다. 또한 교육부에서, 사학의 분쟁을 조정하고 임시 이사 파견 업무 등을 위해 마련된 사학분쟁조정위원회가 업무량 폭주로 인해, 초중등 사학 분쟁을 시·도교육청으로 위임하려고 시도교육청 의견 조사를 진행한 바가 있을 정도로 사학의 문제는 매우 심각한 상태이다. 이처럼 사학이 끊임없이 비리가 불거지고 있는 원인과 현상을 진단하고 이에 대한 대책을 살펴보고자 한다.

2. 사학 비리 유형

사립학교는 학교를 설립하기 위해 세운 학교법인과 학교법인이 운영하는 학교로 나눠 운영된다. 법리적으로 회계도 구분되어 있고, 운영 주체도 구분되어 있지만 실제 내면을 들여다보면 법인이 학사운영 전반을 장악하고 있고, 독점적이고 권위적인 운영이 결과적으로 온갖 부조리를 양산할 토대가 되고 있다.

▣ 사학 비리 유형

법인 운영상의 비리 유형	학교 운영상의 비리 유형
– 보복성 징계(내부고발자 배제 징계) – 이사장(이사회) 전횡(학사 운영 개입) – 족벌 사학 운영 – 개방이사제도 무력화 – 재정 비리(법인 회계)	– 재정 비리(학교 회계) – 인사 비리(신규 채용, 승진, 불법 파견) – 교권 침해 – 교육청 지도 감독 무시(시정 요구 거부, 징계 수위 완화) – 종합 비리

유형을 구분하였지만, 사실상 비리의 몸통은 학교법인(이사회나 이사장)이고 학교는 종속적인 관계인 경우가 대부분이다. 법인은 학교 구성원들을 주종관계로 바라보기도 하고, 때로는 구성원들에게 비리를 종용하기도 한다. 이와 같은 학교운영에 문제를 제기하며 반발하는 경우 징계나 각종 수단을 동원하여 국가로부터 부여된 구성원의 자격을 박탈하기도 한다.

3. 사학 비리 발생의 핵심 요인

1) 사학의 구조적 문제

(1) 법인 운영상의 특징과 문제점

사립중학교에 부부가 이사장과 교장을 나누어서 맡거나, 아들, 딸, 며느리가 주요 보직을 독점하고 있는 경우는 너무나 흔한 일이다. 돈 한푼 안내고 운영하는 공교육기관을 자신의 개인 소유물처럼 자식에게 대물림하는 광경은 사립학교의 일상이 되었다. 이사장의 수족과 친인척이 독차지하는 학교법인 이사회는 형식적일 수밖에 없고, 학교의 중요한 전권은 온통 이사장의 가족이 장악하고 있으니, 부패 문제와 파행적 학교 경영은 당연한 귀결일 것이다.

현행법은 학교 법인의 운영과 구성에 대해 매우 구체적으로 명시하고 있는 것처럼 보이지만, 실제 운영은 이사장을 정점으로 한 독점적이고 폐쇄적인 운영이 가능한 구조이다. 굳이 친인척이 아니더라도 주변의 측근들을 동원하여 이름만 빌려 등재하는 소위 '유령이사회'를 구성해놓고 열리지도 않은 이사회 회의록이 버젓이 있기도 하다.

퇴임한 학교의 장 등은 명예를 얻는 대가로 이사회에 이름을 올려놓는 경우가 허다하다. 특히, 개방이사제도 도입 이후 개방이사 1순위이다. 개방이사 제도 도입의 취지는 이사회 구성의 폐쇄성을 보완하고 학교 구성원들에게 이사회 참여의 기회를 보장한 것이지만, 추천위원회 구성을 포함하여 외부 인사가 개방형 이사로 진입하기에는 장벽이 너무 높다.

임원 구성 시에 친인척 비율 제한을 높였더니, 통상 홀수로 구성되는 이사회를 짝수로 구성하여 친인척이 최소 2명 이상이 들어갈 수 있도록 이사회 인원을 변경하는 경우도 부지기수이다. 명색이 학교법인 이사회지만, 교육 경험을 가진 이는 1/3만 채우면 된다. 그것도 최소 3년 이상의 경력만 있으면 가능하다. 이 역시 퇴직한 교장·교감이나 법인에 협력적인 교사들로 채우기 십상이다. 비리를 저질러 쫓겨난 자에 대해서는 최대 5년까지 복귀를 제한하고 이사회 2/3 이상의 찬성을 단서로 적시했지만, 오직 시간만이 문제일 뿐 복귀하는데 특별한 걸림돌은 없다.

(2) 교직원 인사상의 특징과 문제점

부패 문제와 더불어 사립학교의 대표적 문제 중의 하나가 교권 탄압, 부당한 학사 개입, 족벌 경영 등 비민주적 학교 운영의 문제이다. 특히 교권 탄압은 인권 탄압에 가까울 정도이고, 학교법인이 독점하고 있는 교수 재임용 제도를 비롯한 교직원 임면권, 징계권 등은 거의 학교 운영의 문제점을 제기하는 비판에 대한 진압용으로 악용되고 있는 형편이다. 부패 문제가 내부 폭로에 의해 드러났던 사립학교치고 교직원에 대한 대량 징계, 재임용 탈락 등이 진행되지 않은 학교는 없다는 점을 주목해야 한다.

이 모든 문제의 원인이 학교법인 이사장을 중심으로 하는 독점적 운영 구조에 있다. 불법적인 행위가 적발되면 간혹 학교 밖으로 내몰리기도 하지만, 인사의 전권을 학교 법인이 가지고 있고, 법인 운영의 중심은 이사장이다 보니 이사장을 정점으로 하는 피라밋 구조처럼 인적 구성을 이루고 있는 경우가 많다.

물론, 사립학교 교원의 자격은 국공립학교 교원의 자격과 동일하다. 하지만 공개적인 임용시험을 수차례 까다롭게 거쳐야 하는 국공립의 임용 절차와 달리 개별 학교법인별로 채용이 이루어지다 보니, 채용 과정에서 온갖 비리가 난무한다. 하지만, 철저하게 당사자 간에 이뤄지는 거래이다 보니 둘 사이의 관계가 틀어져 한쪽에서 들춰내지 않으면 비리가 세상 밖으로 잘 드러나지 않는다.

임용과 관련 학교의 장의 경우, 초중등은 1회만 중임하도록 하고 있어 최대 8년까지만 가능하지만 대학은 무한 중임이 가능하다. 학교의 장이 아닌 교원의 임용은, 대학은 교육공무원법을 준용하고 초중등은 인사위원회 등의 심의 과정을 거치도록 하고 있지만 최종 이사회 결정의 과정에서 반전이 일어나는 경우도 상당히 있다.

직원의 경우, 임용이나 보수 및 신분 보장 등을 학교 정관으로 정하도록 하고 있어, 구성원 사이의 역학 관계에 따라 수준이 달라질 가능성이 매우 높다. 금고 이상의 형사 처벌된 직원의 경우, 법인에 우호적인 직원은 학교에서 보호할 수 있었으나 최근 법이 개정되어 교원과 마찬가지로 당연 퇴직 대상이 된다.

비정규직(또는 기간제) 교원의 경우, 중고등학교는 비정규직(또는 기간제) 교원을 채용할 수 있는 기준이 법에 명시되어 있고, 대학의 경우도 상식적인 기준이 있음에도 불구하고 마치 인턴 사원 채용하듯이 정규직 교원을 채용해야 할 자리에 비정규직 교원을 늘려가고 있다. 비정규직(또는 기간제) 교원은 신분 보장의 문제뿐 아니라, 보수에서도 차별받는 등 '동일노동 동일임금' 원칙에 위배되는 나쁜 일자리이다.

(3) 재정상의 특징과 문제점

사학의 비리하면 재정 비리를 연상시킬 정도로 대표적인 사립학교의 문제이다. 더군다나 사립학교는 설립 초기에 건물만 지어 놓고 그 이후로는 거의 학교법인의 투자 없이 전적으로 학생등록금, 국가지원금에 의존해 운영되고 있는 형편이다. 이런 상황에서 문제의 심각성은 2세 교육을 위해 사용되어야 할 국민의 소중한 세금이 오히려 부패한 사립학교 이사장의 주머니 속을 채우는 데에 사용되고 있어 가뜩이나 어려운 사립학교 교육 여건을 더욱 어렵게 만들고 있다.

사립학교 부패 문제가 그동안 내부의 비리 폭로에 의해 드러났던 특징을 감안한다면, 이는 사립학교 전반에 만연한 현상이다. 그럼에도 교육부는 사립학교 부패문제를 척결하기 위한 특단의 조치는커녕, 경쟁 교육을 바탕으로 하는 신자유주의 교육정책 방향 하에 사학의 자율성을 더욱 확대하여 사학비리가 끊이지 않는 현실에 이르게 하였다.

현행법에는 법인과 학교의 회계를 명확히 구분하도록 함은 물론이고, 교비 회계 전출이나 대여를 금지하고 있지만 실제 현장에서는 잘 지켜지지 않을 여지가 많다. 결산 처리 과정에서는 외부의 감사증명서와 부속

서류 첨부를 의무화하고 있지만, 제도가 현실을 따라오지 못하는 경우가 많기도 하다.

학교 회계는 1년 단위로 결산을 하도록 하고 있고, 구성원이 졸업한 이후에는 예결산에 관여하는 것이 어렵지만 당해연도 예산을 적립하거나 이월할 수 있도록 하고 있어 재정 기여자와 재정 수혜자가 불일치하기도 한다. 학교를 해산하는 경우에 해산장려금을 지정한 자에게 귀속할 수 있는 제도는 학생 수 감소로 인한 사학의 현실을 반영한 듯해 보이지만 현실에서 또 다른 축재의 수단으로 사용되기도 한다.

(4) 지도·감독상의 특징과 문제점

국가(또는 지자체)는 사학에서 보조를 신청하면 보조금을 비롯하여 각종 재정적 지원을 한다. 특히 초중등의 경우에는 외고 등 특목고나 자율형사립고를 제외하고는 대부분 교직원 인건비 지원을 받아 운영되고 있다. 대학의 경우도 각종 프로젝트 사업을 통해 정부의 각종 지원을 받고 있다.

반면에 국가(또는 지자체)는 재정적 지원을 근거로 학교에 각종 요구를 할 권한을 갖는다. 업무 또는 회계 보고를 요구하거나 지원 목적 부적당시 변경조치를 권고하기도 하고, 지원성과가 저조하고 계속 지원이 부적당하다고 인정되고 권고 요구를 거부할 시에는 지원 중단도 가능하다. 하지만, 실제 초중등의 경우에는 인건비 지원을 중단했을 경우에 발생하는 제반 문제가 복잡하여 쉽지 않은 일이다.

이 외에도 필요에 따른 수익사업 정지 명령, 해산 명령이나 경우에 따라 필요한 조치를 명할 수 있지만 관할청에서 국공립보다 몇 배나 많은 사립 대학들을 일일이 관장하기에는 인력이 턱없이 부족하기도 하고 의지도 많지 않다. 초중등도 대학에 비해 사학의 비율이 상대적으로 낮긴 하지만, 사사건건 사학을 감시하고 통제하기에는 물리적으로 불가능해 보인다.

그럼에도 사립학교의 모든 문제는 사실 교육 당국의 적극적인 의지만 있으면 웬만큼은 고쳐지거나, 사전에 예방할 수도 있다. 그러나 사립학교에 부패 또는 파행적 학사 운영 등의 문제가 있어 문제 제기를 하게 되는 경우 교육 당국은 사회 현안으로 여론화되기 전까지는 대체로 꿈쩍도 하지 않는다. 그런 과정 끝에 마지못해 문제에 개입을 하게 되더라도 솜방망이 감사로 그치게 되고, 이런 상황에서 또다시 문제가 불거져 더욱 큰 사회적 파장을 일으키게 되고, 이것이 사립학교 문제 진행과정의 일반적인 흐름도이다.

결국 교육당국이 '사학의 자율성'이란 미명하에 의도적 방치를 하는 것인데, 문제는 학생, 학부모, 교직원 등 사립학교 구성원 전체의 자율성이 아닌 사학법인만의 자율성만을 의미하고, 나머지 구성원은 결과적으로 피해자로 남게 되는 것이다.

(5) 부실 사학 현황

▣ 법인 전입금 현황(서울, 2013년 결산 기준)

초중등 법인전입금 전무한 학교 비율

법인전입금	초등학교(40)		중학교(109)		고등학교(200)		총 학교수(349)	
	학교수	비율	학교수	비율	학교수	비율	학교수	비율
0원	17	42.50%	15	13.76%	8	4.00%	40	11.46%

학교 수입 총액 중 법인전입금 비율 (초등학교)

법인전입금 비율	0.5% 미만	1% 미만	5% 미만	5% 이상
초등학교수(40)	29	32	38	2
비율(100%)	72.50%	80.00%	95.00%	5.00%

학교 수입 총액 중 법인전입금 비율 (중학교)

법인전입금 비율	0.5% 미만	1% 미만	5% 미만	5% 이상
중학교수(109)	51	68	104	5
비율(100%)	46.79%	62.39%	95.41%	4.59%

학교 수입 총액 중 법인전입금 비율 (고등학교)

법인전입금 비율	0.5% 미만	1% 미만	5% 미만	5% 이상
고등학교수(200)	85	116	172	28
비율(100%)	42.50%	58.00%	86.00%	14.00%

※ 5% 이상 고등학교 28개교 중 자사고, 특목고가 18개교가 있음.

2) 사학의 제도적 문제

사학을 제도적으로 지도·감독하고 필요한 경우 학교법인 임원을 승인 취소하거나 임원 승인을 제한하기도 하고, 비리를 저지른 경우에 처벌할 수 있는 조항이 법과 시행령에 마련되어 있다. 사학분쟁조정위원회는 교육부 산하에 위치해 있으면서 사실상 사학에서 발생하는 문제를 직접적으로 결정할 수 있지만, 그동안 사학분쟁조정위원회가 해온 역할을 돌이켜보면 사학을 정상화하기보다는 비리를 저질러 물러난 구 재단에 학교를 돌려주는데 더 충실하지 않았느냐는 의혹이 많이 있다.

이사장과 학교의 장 사이의 친인척 제한 조치, 비리를 저질렀을 경우에 임원 복귀 제한 조치 등 법률적 제재가 있지만 결과적으로 복귀 자체를 막지는 못하는 한계 때문에 복귀 이후에 또다시 전횡을 일삼는 경우가 다수 발생하고 있다. 최근에는 재정적으로 학교를 운영할 능력과 재력이 없음에도 제도적으로 부실한 법인에게 특혜를 주는 것이 아닌가 의심되는 시행령 개정 추진이 있었다. 또한 수익용 재산을 통한 수익금의 법인 전입금 보전 완화 추진이나 각종 소송에 학교회계 비용을 지출할 수 있도록 하겠다는 취지의 시행령 개정 추진도 있었다.

학교 운영상에 문제를 야기한 경우에 처벌할 수 있는 조항이 있기는 하지만 매우 취약하고 제한적으로만 시행되고 있다. 부실 사학에 대한 근본적인 대책 마련이 시급하다.

4. 사학 비리 척결 방안

근본적으로 사학 비리는 현행 교육 제도의 근본적 처방이 필요하겠지만, 당장 벌어지고 있는 사학의 문제를 척결하기 위해서는 우선 사립학교법 개정이 반드시 필요하다. 각종 비리를 사전에 차단하고, 그럼에도 비리가 발생할 경우 재발 방지를 위한 제도 정비가 절실하다.

또한 우리나라처럼 사립학교의 분포가 비대한 경우 사학의 교육공공성 확보 필요성은 더욱 강조될 수밖에 없다. 정부(지자체)나 관할청의 지도 감독권을 강화하고, 한 발 더 나아가 공영형 사립학교 운영의 방식도 모색이 필요하다. 법인의 간섭은 최소화하고 구성원들과 사회가 학교운영의 공공성을 담보할 수 있도록 해야 한다.

현행 법 제도 하에서 사학의 비리를 예방하고 차단할 수 있는 방안을 강구하는 것도 필요하다. 사립학교에 대한 사회 구성원들 전반의 의식 전환을 위한 목적의식적인 정책 제안과 배치, 사학의 투명성과 민주적 운영을 위한 각종 조치의 현실화, 모범적인 사학운영 사례 발굴 및 여론화, 사학 비리 척결을 위한 중·단기적 방안 모색을 위한 특별위원회 구성 및 운영 등 다양한 시도가 필요하다.

1) 사립학교법 개정(부패 사전 방지 및 사후 복귀 금지 방안 제도화) 주요 내용

1. 족벌적 운영에 대한 제재 방안
2. 설립자와 구분하여 법인이사회의 독립적 운영
3. 법인 이사회 운영의 투명성 제고 - 개방이사 등
4. 법정의무분담금 미납 부실 사학 제재 방안
5. 신규 채용 비리 근절 방안 - 교육청 위탁 등

6. 비리 법인 영구아웃제 - 학교 회계 부정 사용시 우선 국공립화 전환 추진
(전국적으로 사립학교 비율 축소하며 국공립화 추진)
7. 교육청 지도 감독 권한 강화 방안
8. 사학분쟁조정위원회 폐지
9. 대학평의원회(학교운영위원회)의 심의·의결기구화
10. 사립학교 인사위원회의 조직·기능과 운영, 심의절차를 법령화

2) 사학의 교육공공성 강화

사립학교의 소유권에 대하여는 법과 제도상으로 그 상황, 이해관계, 주의 주장에 따라 공공성과 사적 소유를 이중적으로 규정하고 있는 것이 현실이다. 따라서 정부, 법원 등의 정책과 감독 및 판단도 이원성을 탈피하지 못함에 따라 사회적 혼란과 사학 설립자(경영자)의 학교 경영의 전횡으로 인한 부패의 여지를 제공하고 있다. 따라서 사학비리를 척결하기 위해서는 사립학교가 담당하는 공적 역할의 특성 및 국가와 학부모가 교육비 부담 주체인 입장에 따라 사학의 공공성 규정이 사립학교법에 반드시 명문화되어야 한다.

또한 사립학교 운영의 공공성을 강화하기 위해서 국공립 선발 기준에 입각한 교원의 임면 시스템의 투명성과 공정성이 제고되어야 한다. 나아가 학교법인 운영과 관련해서는 법인 운영만을 중심으로 하고, 학교에 대해서는 '지원 기구'로 운영하는 학교운영 간섭 최소화 방안이 마련되어야 한다.

3) 사립학교의 설립기준 강화

교육부가 사립학교 설립의 구체적인 기준을 제시하지 않고 준칙주의에 의거하고, 준칙조차도 계속 완화한 결과 사학설립이 일반회사 설립과 다름없게 되어 교육자로서 자격과 소양이 없는 자들이 대거 사학을 설립, 경영하도록 방치하여 교육의 질 하락과 부패가 만연하는 근본 원인이 되고 있다. 따라서 사립학교에 사립학교 설립 및 설립·경영자에 대한 구체적 기준의 명시와 그 요건의 강화가 이루어져야 한다.

전과자, 교육법 위반자, 파렴치한, 도덕적 문제가 있는 자 또는 치부목적으로 학교를 경영하려는 자들의 학교 설립과 경영 참가의 금지, 1인이 수 개 학교를 설립하고 비교육적, 상행위적, 불법적인 학교 경영의 금지, 학교의 이사와 감사 등에 대한 자격 조건, 의무와 권리 등을 구체적으로 명시하여 사립학교의 설립 기준을 강화해 나가야 한다.

4) 사학 통제 기능의 강화

사립학교의 감독 관청인 교육부와 교육청의 통제와 지도 감독과 관련하여 사립학교는 거의 치외법권 지대이다. 소위 '사학의 자율성'이라는 미명하에, 문제가 있어도 거의 감독권 행사가 이루어지지 않을 뿐 아니라 내부 비리 폭로가 있어도 솜방망이 감사에 그치고 있는 형편이다. 교육부와 교육청의 감사 기능에 대한 불신이 크며, 특히 사학재단과 교육 관료의 유착 관계로 교육 당국의 사학에 대한 감사를 전반적으로 강하게 불신하고 있는 것이 현실이다.

이러한 통제 불능의 사학을 정상화하기 위해서는,

1. 개방형 임원 확대를 통한 정부 책임 강화
2. 법인과 학교 분리를 통한 준공립화

3. 사립학교에 대한 사회 구성원들 전반의 의식 전환을 목적의식적인 정책 제안과 배치
4. 사학의 투명성과 민주적 운영을 위한 각종 조치의 현실화
5. 학부모, 교직원, 학생 단체의 법적 기구화
6. 학교법인의 학사업무 개입 금지 강화
7. 모범 사례 발굴 및 여론화
8. 관할청 산하에 사학 비리 척결을 위한 중·단기적 방안 모색을 위한 특별위원회 구성 및 운영
9. 관할청 산하에 사립학교 시민 감시단 구성 운영 등의 방안이 추진되어야 한다.

5. 나가며

기본적으로 우리나라는 OECD 국가들에 비해 사학의 비중이 지나치게 높다. 1995년 5.31 교육개혁안이 나온 이후 정권이 수차례 바뀌는 과정에서도 신자유주의 경쟁 교육의 큰 흐름이 지속적으로 교육정책의 근간을 이루는 있다. 교육에 대한 국가 책임 강화보다는 다양성과 자율성을 우선적으로 강조하며 평등한 교육 기회를 제공을 통한 교육 공공성 확보는 점차 자리를 잃어가고 있다. 사립학교는 현행 입시 위주의 교육제도에서 가장 꼭짓점에 위치해 있다. 외고나 자사고(자율형 사립고) 진학이 서열화된 대학 진학에 유리한 고지를 먼저 선점한다는 의식으로 유치원과 초등과정에서부터 특수한 학교로의 진학 경쟁이 시작되며, 자본을 중심으로 재편되고 있는 대학의 경우는 오직 취업과 더 좋은 직장을 얻기 위한 수단으로 전락하고 있다. 이런 교육제도 하에서 사학의 비리는 충분히 예견된 일일 수 있다. 학교와 교육의 본래의 목적을 상실

하고 기능적으로 작동할 때 그 속에서 비리는 양산될 수밖에 없다.

처벌보다는 예방이 당연히 우선이다. 미봉책에 불과한 정책 양산으로 현장을 혼란스럽게 하는 경우가 많다. 지금도 전국에서는 사학비리로 몸살을 앓고 있다. 근본적인 처방을 위한 대책 마련이 필요하다. 정부 차원에서의 해결 노력도 필요하지만, 입법을 담당하고 있는 국회 차원에서 사학의 교육 공공성을 담보할 수 있는 방안을 마련하기 위한 '특별위원회' 구성 등을 적극 추진하기를 바란다.

사학분쟁조정위원회 개편방안

김 명 연
상지대 법학과 교수

1. 서 론

사학분쟁조정위원회(이하 '사분위'라고 한다)가 예외 없이 비리재단을 복귀시키며 1987년 민주화 운동 이후 사학비리 척결과 교육개혁의 성과를 무위로 되돌리고, 학교법인주의에 반하여 사립학교를 설립자 또는 종전이사들의 사유재산으로 공인하며, 근절과 청산의 대상인 사학비리를 사학분쟁으로 둔갑시켜 사학비리와 부패를 비호하고 사립학교의 공공성을 형해화한 교육적패 1호라는 사실의 측면에서 뿐만 아니라 행정조직과 책임원리에 반하는 사분위의 지위와 구성, 정상화 심의 기준 등의 법률명확성의 결여 등의 법적 측면에서도 개편의 당위성과 필요성은 그 동안 충분한 지적과 비판이 있어 왔다.

여기서는 사학분쟁조장위원회, 사학분규조장위원회, 사학비리사면위원회, 사학비리세탁위원회 등의 오명을 받아 온 사분위 개편의 필요성 내지 당위성에 관한 그 동안의 논의를 전제로 사분위의 구체적인 개편 방안에 관하여 살펴본다. 이를 위해 먼저 사분위 개편과 관련한 기본적 법리와 헌법재판소 등에 의해 형성된 정상화 법리를 확인한다. 사실 사립학교의 정상화는 정치적 중립성을 요하는 정치적 성격의 사안이 아님에도 고도로 정치화되어 있는 것이 현실이다. 따라서 종래의 방식으로 회귀하는 방식의 개편방안은 사분위 입법배경에 비추어 볼 때 현실적이지 못하다. 법적 허용성을 떠나 입법과정에서 실현 가능한 새로운 정상화 방안과 기관 구성이 모색될 필요가 있다. 이 글에서는 이러한 관점에서 대만의 구 사립학교법(2006년 개정되기 전 사립학교법)을 입법 모델로 하여 사립학교의 존재의의와 사립학교법의 목적에 보다 충실할 수 있는 새로운 정상화 방안과 이에 관한 심의기구의 설치를 제안한다.

2. 개편방향과 관련한 기본법리

사립학교 정상화 기준 등에 관한 입법자의 형성범위와 한계 등에 관한 법리를 확인하는 것이 필요하다.

1) 사학의 자유와 입법자의 규율범위

사립학교의 정상화와 관련한 법적 규율의 한계로 사학의 자유에 대한 침해가 우선 법적 쟁점이 된다. 헌법재판소에 의하면 사립학교를 자유롭게 설립하고 운영하는 것을 내용으로 하는 사학의 자유에 대한 법적 규율의 정도는 그 본질적 영역을 침해하지 한 궁극적으로 입법자의 형성의 자유에 속하고, 위헌 여부는 본질 영역의 침해에 대한 자의금지의 합리성 심사기준에 의하여 판단되어야 한다고 한다(헌재 2013. 11. 28. 2009헌바206 등, 판례집 25-2하, 352, 360). 사학의 자유의 법적 성질을 자유권적 기본권으로 이해하면서도 제한과 위헌 심사기준에 관하여 제도적 보장에 접근하는 헌법재판소 결정의 모순이 사립학교제도의 형성, 사립학교법의 해석과 적용에 대한 법적 대립과 갈등을 초래하는 원인이 되고 있다.

사립학교에 대한 법제도의 형성은 공교육제도에서 사립학교가 차지하는 비중과 역할 등 각 국가의 사정에 따라 다를 수밖에 없다. 한국의 경우 공교육제도 하에서도 사립학교가 압도적 비중을 차지하여 공교육제도의 중추적 기능을 수행하고 있다. 이러한 공교육제도의 현실을 반영하여 헌법 제31조의 헌법적 위임에 따라 학교 및 교육의 거의 모든 영역에서 사립학교를 공립학교와 동일하게 규율하고 있어 법제상 우리나라 사립학교는 공교육제도의 체계에 철저히 편입되어 태생적으로 그 공공성이 강조되는 양상이 뚜렷할 수밖에 없다고 한다면(헌재 2013. 11. 28. 2007헌마1189 등, 판례집 25-2하, 398, 424 참고) 사학의 자유를 전(前) 국가의 자연적 자유권로 파악하기 보다는 제도적 보장으로 이해하는 것이 법적 현실에 부합하는 헌법 해석이다.

즉, 사학의 자유를 자연적 자유권이 아니라 헌법이 공교육제도를 형성함에 있어 역사적으로 존재해 왔던 사립학교가 교육의 다양성과 다원성의 보장을 위해 여전히 중요한 헌법적 가치가 있으므로 국가의 학교 독점을 부정하고 공교육제도로 사립학교의 설립·운영을 객관적 제도로 보장함으로써 인정되는 기본권으로 이해하는 것이다. 사학의 자유를 제도적 보장으로 이해할 경우 입법자는 사립학교제도의 핵심 영역을 침해하지 않는 범위 안에서 주변 영역에 대한 광범위한 입법형성권을 갖게 된다. 따라서 제도적 보장으로서 사학의 자유의 내용과 범위는 객관적 제도보장의 내용을 초과할 수 없으며 제도적 보장에 종속적이다. 또한 제도적 보장으로서 사학의 자유는 사립학교 설립자의 개인적 이익을 보호하기 위하여 인정되는 것이 아니라 제도적 보장이 담고 있는 사립학교제도의 유효성을 보장하기 위하여 제도의 주체 내지 그 향유자에게 인정되는 것이다.

이와 같이 사학의 자유를 자연적 자유권으로 규정하기 보다는 사립학교에 대한 제도적 보장으로 이해하는 것이 헌법상 학교제도 법률주의와 이에 따른 사립학교관련 법제를 정합적으로 해석하는 것이며, 헌법재판소의 논증 모순으로 발생하는 법적 문제를 헌법 정합적으로 해소할 수 있다. 헌법재판소와 같이 사학의 자유를 자연법상의 자유권으로 이해하는 한 헌법 제37조 제2항의 기본권 제한의 법리에 반하여 본질적 내용을 침해하지 않는 한 그 제한이 입법자의 형성의 자유라거나 과잉입법금지원칙(비례의 원칙)이 아닌 자의성 심사 척도를 위헌심사기준으로 적용하는 것을 설명하기 곤란하기 때문이다. 그리고 사립학교에 관한 입법자의 형성권과 사학의 자유의 긴장과 대립이 존속할 수밖에 없다.

다만 사학의 자유를 제도적 보장으로서 이해하던 자유권적 기본권으로 이해하던 헌법재판소의 판례이론에 의할 경우 입법자의 형성의 범위에는 큰 차이가 없다. 위에서 보는 것과 같이 헌법재판소는 사학의 자유를 자유권적 기본권으로 이해하면서도 사립학교가 압도적 비중을 차지하는 한국 교육의 구체적 현실을 고려하여 사립학교도 국·공립학교와 본질적 차이가 있을 수 없다고 하여 사실상 제도적 보장에 접근함으로써 입법자에게 광범위한 형성의 자유를 인정하고 이에 관한 위헌성 심사기준으로 자의금지의 합리성 심사척도를 적용하여 사립학교법 규정에 대한 현상 유지적 결정을 하고 있기 때문이다. 이와 같이 사립학교의 정상화와 관련해서도 입법자의 형성범위는 매우 광범위하여 특별히 자의적·비합리적인 것으로 판단되지 않는 한 위헌 판단을 받을 가능성이 낮다.

2) 사립학교의 특수성 · 자주성 · 공공성의 관계

사립학교법은 '사립학교의 특수성에 비추어 그 자주성을 확보하고 공공성을 앙양함으로써 사립학교의 건전한 발달을 도모함을 목적'으로 한다고 규정하고 있다(동법 제1조). 사립학교법의 해석과 적용 그리고 사립학교의 정상화에 있어 사립학교의 특수성·자주성 및 공공성의 상호 관계를 정합적으로 이해할 것이 요청된다. 사분위는 사립학교를 정상화함에 있어 '사립학교의 공공성을 해치지 않는 범위 안에서 그 자주성은 최대한 존중'되어야 한다는 전제 하에 사립학교의 자주성을 종전이사의 학교경영의 자율권으로 이해하여 종전이사 측에 지배구조의 큰 틀을 변경시키지 않는 최소한(과반수)의 정이사 추천권을 부여하는 정상화 심의원칙을 도출하였다. 그러나 사립학교의 자주성과 공공성은 충돌하고 대립하여 조화롭게 조정되어야 할 성질이 아니다.

사립학교 설립 목적의 특수성은 학교법인 이사회의 사립학교 운영에 대한 자율적 지배와 관여(운영의 자율권)를 통해 실현되는 것이 아니다. 이는 설립 목적이 객관적으로 화체된 정관의 기속 하에 헌법 제31조 제4항의 교육헌법원칙(교육의 자주성·전문성·정치적 중립성, 대학의 자율성)에 따른 사립학교의 자주성인 교육 주체의 자율적 학교운영(교육자치)과 교육활동 과정에서 구현(교육기본법 제5조 제2항 참고)되어 정체성과 학풍으로 형성된다. 교육기본법이 교육의 주체를 학교법인이 아니라 학교를 설정하고, 이에 따라 사립학교법이 학교법인의 자주성이 아니라 사립학교의 자주성을 규정하고 있는 이유이다.

사립학교의 공공성도 사립학교의 자주성 또는 사학의 자유를 침해 내지 제한하는 단순한 정당화의 근거가 아니라 국·공립학교와 설립 주체가 다를 뿐 본질적인 차이가 있을 수 없는 공교육기관으로서의 사립학교의 공공성이다(교육기본법 제9조 제2항). 공공성은 그 성질상 어느 특정인이나 기관의 일방적 지배를 허용하지 않는 바, 사립학교법은 사립학교의 경영과 운영의 분리원칙(교육기본법 제16조)에 따라 사립학교가 사적 지배의 대상으로 전락하는 것을 방지하고 그 조직과 운영에 있어 공교육의 특성을 반영하기 위하여 학교법인주의를 채택하고 있다(동법 제3조).

사립학교의 특수성인 설립 목적의 독자성은 이와 같이 학교구성원에 의한 사립학교의 자율적 운영이라는 자주성을 통해 실현되는 것으로 교육의 다양성·다원성을 확보하여 다양한 신념과 사상과 지식에 기반한 민주적 시민을 양성한다는 측면에서 교육의 공공성의 또 다른 표현일 뿐이다. 사립학교법상 사립학교의 특수성·자주성은 공공성과 대립·갈등의 관계에 있거나 또는 상호 보완적 관계에 있는 것이 아니라 사립학교의 공공성의 이념 하에 통일적으로 실현된다.

사립학교의 특수성·자주성·공공성의 관계는 사립학교의 정상화와 관련해서도 그대로 타당하다. 사립학교의 정상화는 사학비리 등으로 그 실현이 일시적으로 단절된 설립 목적(사립학교의 특수성)을 감독청인 관할청이 후견의 입장에서 임시이사를 통해 회복(사실상 정상화)하고 학교법인의 설립 목적에 부합하는 새로운 신뢰인을 정이사로 선임(법적 정상화)하여 줌으로써 사립학교의 안정적 운영을 통해 장래를 향하여 지속적으로 설립 목적을 구현(학교의 자율적 교육과정을 통한 특수성 실현)할 수 있도록 하여 사립학교의 제도적 보장의 목적인 교육의 다양성·다원성을 확보하여 국민의 교육을 받을 권리를 보장(사립학교의 공공성)하는 일련의 과정이다. 이와 같이 사립학교의 정상화는 인적 요소가 결여된 재난법인인 학교법인에 관할청이 새로운 신뢰인을 정이사로 선임하여 사립학교의 특수성과 자주성이 장래를 향하여 계속적으로 실현될 수 있도록 함으로써 사립학교의 공공성을 확보하는 것이다(공법상 대리). 따라서 사립학교의 정상화는 학교법인과의 신뢰를 배반하여 설립 목적의 실현에 중대한 장애를 야기한 종전이사의 배제를 그 본질로서 요청한다.

3) 사학분규와 사학분쟁의 구별

사학비리로 인한 사학분규는 당사자들의 법적 이해관계의 다툼인 사학분쟁이 아니다. 따라서 사분위도 대체적 분쟁해결기관인 준사법기관이 아니다. 사학분규는 교육주체인 학교구성원들의 사학비리 반대, 책임자 처벌, 학교의 정상화, 사립학교의 공공성·민주성 회복과 실현에 대한 정당한 요구와 주장이며 시위이다. 관할청은 많은 경우 사학비리 등으로 인한 사학분규가 있는 경우 임시이사를 선임하지만, 설사 사학분규가 없거나 또는 사학분규가 원만하게 해소된 경우에도 직권으로 사립학교법상 임원취임승인의 취소 사유가 있으며 이를 취소하여 임시이사를 선임하고, 임시이사 선임사유가 해소된 때에는 지체 없이 정이사를 선임하여 사립학교를 정상화하여야 한다.

이와 같이 사학비리와 부패는 근절과 청산의 대상이지 양보와 합의에 의한 조정 대상이 아니다. 사학비리와 부정 등으로 인한 사학분규를 사학분쟁으로 이해하는 것은 사립학교 정상화의 본질을 분쟁조정으로 왜곡하여 사학비리를 행하여 사학분규의 직접적 원인을 초래한 당사자를 이사 선임이나 추천에 일정한 지분권이 있는 정당한 권리자로 승인하는 위험한 결과를 초래한다. 이런 점에서 사학분쟁조정위원회의 명칭은 사립학교 정상화의 본질을 왜곡하는 착시 현상을 초래하는 부적절한 명칭이다.

4) 새로운 사립학교 정상화 법리의 수용

헌법재판소는 사분위가 정상화 심의원칙의 정립에 있어 핵심적 법리로 제시한 내용들을 모두 부정하고 새로운 정상화 법리를 제시하였으며, 대법원도 이를 수용하고 있다. 정상화 심의 기준 등의 법제화에 있어서 고려하여야 할 법리의 내용을 살펴보면 아래와 같다.

(1) 이사제도의 본질과 정상화의 의미

학교법인의 설립 목적은 설립자로부터 최초의 이사 그리고 후임 이사로 이어지는 인적 영속성이 아니라 설립 목적이 화체된 정관에 의하여 객관적으로 유지·승계되는 것이다. 따라서 이사의 정당성의 근거도 설립자나 종전이사와의 인적·재산적 연관성이 아니라 위임관계의 본지(本旨)라 할 수 있는 정관에 기속된다는 기능적 연관성에 있다. 또한 학교법인 정상화란 이사로서의 모든 권한을 행사할 수 있는 정식이사가 선임된다는 것이지 학교법인의 지배구조나 이사회의 구성이 학교법인 설립 당시나 임시이사 선임 전의 상태로 회귀하는 것을 의미하는 것은 아니다(헌재 2013. 11. 28. 2009헌바206 등, 판례집 25-2하, 352, 361)

(2) 사학의 자유의 본질적 내용의 침해 금지

사학의 자유의 원천은 설립행위에서 구체적으로 확인되는 설립 목적에 있고 이러한 설립 목적이 유지·계승될 수 있도록 제도적으로 보장하는 것은 사학의 자유의 본질적 내용에 해당한다. 따라서 정상화를 위한 정이사를 선임함에 있어서도 정관의 규정을 준수하여야 하며, 정관에 나타나 있는 설립 목적을 구현하는데 합당한 인사를 선임하여야 하고, 정관에서 이사의 자격을 규정하고 있을 경우 당연히 여기에도 기속된다(헌재 2013. 11. 28. 2009헌바206 등, 판례집 25-2하, 352, 365).

(3) 종전이사의 배제와 그 한계

임시이사들로 구성된 학교법인의 이사회가 학교법인의 설립 목적이나 정체성에 대한 수호자로서의 역할을 할 것을 기대할 수 없는 없는 경우에 예외적·보충적으로 종전이사에게도 사학의 자유를 인정하여 학교법인의 설립 목적이나 정체성을 수호할 기회를 가질 수 있도록 하는 것이 필요하다. 그러나 예외적·보충적 지위에서 제한적으로 인정되는 종전이사의 사학의 자유는 이사회 구성에 있어 일정한 지분을 보장하여야 할 정도로까지 확장될 수 없다. 종전이사가 회계부정이나 비리 등 이사취임승인 취소사유에 해당하는 행위를 하고 그로 인하여 학교법인의 정상적인 운영에 장애를 야기하였다면 이는 학교법인의 설립 목적을 위반하는 행위를 한 것으로 이들이 설립 목적을 가장 잘 실현할 수 있을 것이라는 전제요건이 상실되었음을 의미한다(헌재 2013. 11. 28. 2009헌바206 등, 판례집 25-2하, 352, 364). 다만 종전이사 중에 학교비리 등 임시이사 선임사유에 연루되지 않고 설립 목적 구현에 노력한 인사들이 있을 경우 이들의 참여를 배제할 이유가 없을 뿐만 아니라 정이사 선임에 관한 이들의 의견을 적극 수용하거나 나아가 이들을 정이사로 선임할 수도 있을 것이고 이렇게 하는 것이 사분위 본연의 임무라고 할 수 있다(헌재 2013. 11. 28. 2009헌바206 등, 판례집 25-2하, 352, 365).

3. 사학분쟁조정위원회 개편방안

1) 개편방안에 관한 기본 관점

입법자는 위에서 본 것과 같이 사분위의 개편과 정상화 원칙과 기준에 관한 광범위한 입법형성권을 갖는다. 그러나 법적 허용성과 입법적 실현은 또 다른 문제이다. 사립학교의 정상화가 사학의 자유에 대한 본질적 내용과 무관하게 강고한 정치 카르텔이 형성되어 고도로 정치화되어 있는 현실로서 인정하는 바탕 위에 그 개편방안이 마련될 필요가 있다. 그 동안 교육 단체에서 사분위를 폐지하고 자문기관화하는 것에 대체적인 합의가 있는 것으로 보인다. 그러나 사분위 입법배경을 볼 때 사분위를 단순히 자문기관화하여 관할청이 정이사를 선임하도록 하는 것은 그 실현 가능성이 높아 보이지 않는다. 또한 2005년 당시 개혁 사립학교법의 정상화 방안으로 회귀하거나 또는 종래와 같이 임시이사가 정이사를 선임하는 방안 역시 설득력이 있는 현실적 방안이 될 수 있는지 의문이다. 미국과 같은 사법형(司法型)은 공사법 이원체계 및 행정국가인 한국의 실정에 맞지 않다.

이런 점에서 헌법재판소에 의하여 형성된 사학의 자유의 본질적 내용을 제도적으로 보장하면서도 사립학교법상 학교법인주의의 입법취지에 충실한 정상화 방안을 제시하여 국민적 지지와 동의를 획득할 필요가 있다.

또한 종래와 달리 대법원과 헌법재판소의 판례에 의하여 임시이사에게 권한의 내재적 한계가 인정됨에 따라 임시이사에 의한 사립학교의 실질적 정상화에 한계가 있고 교육 환경의 변화와 임사이사 체제의 장기화로 인한 폐해도 고려할 필요가 있다. 이러한 관점에서 사분위 개편 방안으로 정상화 심의기관으로 「대학/초·중등학교정상화심의회」를 설치하고, 임시이사제도를 폐지하여 임원취임승인의 취소와 함께 신속하게 정이사를 선임하여 정상화하되, 최종적으로 정상화된 학교법인의 경영책무성도 확보하는 방안을 제시한다.

2) 「(대학/초 · 중등학교)정상화심의회」의 설치

교육부장관 소속의 사분위를 폐지하고, 교육부장관 소속의 「대학정상화심의회」와 교육감 소속의 「초·중등학교정상화심의회」를 각각 설치한다.

(1) '사학'정상화, '학교법인'정상화, '사립학교'정상화

법적·관용적으로 '학교법인 정상화'라는 용어가 널리 사용되고 있다(사립학교법 제25조의3 참고). 언어가 사고를 지배하듯 정상화의 본질 내지 목적과 관련하여 학교법인 정상화 개념의 적절성에 대한 검토가 필요하다. 사학은 학교법인과 그가 설치·경영하는 사립학교를 통합하여 지칭하는 개념이다(한국사학진흥재단법 제2조 제1호, 사학기관 재무·회계 규칙 제1조 참고). 정상화가 통상의 정이사를 선임하는 것이라는 점에서 '학교법인' 정상화, 학교법인 운영의 장애는 궁극적으로 그가 설치·경영하는 교육기관인 사립학교의 정상적 운영에의 장애를 야기하여 국민의 교육을 받을 권리를 침해한다는 점에서 학교법인 정상화의 목적으로서 '사립학교' 정상화, 학교법인 운영의 장애와 사립학교 운영의 장애로 인한 국민의 교육을 받을 권리의 침해는 인과관계에 있다는 점에서 통합적인 '사학' 정상화도 각각 개념적 타당성이 없지 않다.

그러나 종래 '사학'의 용어례는 사립학교 경영의 주체인 학교법인을 중심으로 사립학교를 그의 시설로 인식하게 하는 부정적 측면이 없지 않다. 또한 학교법인은 사립학교의 안정적 운영을 위한 재정적 경영책임의 주체로서 존재의의가 있는바, 학교법인 정상화의 궁극적 목적으로서 교육기관인 사립학교의 안정이 보다 강조될 필요가 있다. 따라서 학교법인의 정상화도 학생들의 학습권 침해의 방지와 안정적교육 환경의 조성의 관점에서 이루어져야 한다는 목적론적 관점에서 '사립학교' 정상화가 정상화의 본질과 목적에 보다 부합하는 적확한 개념으로 판단된다. 이러한 관점에서 정상화 심의기관의 명칭을 「대학정상화심의회」와 「초·중등학교정상화심의회」로 한다.

(2) 법적 지위

자문기관으로 설치할 것인가 심의기관으로 설치할 것도 중요한 쟁점이다. '자문'과 '심의'는 특별한 법률의 규정이 없는 한 그 결과가 관할청을 기속하지 않는다는 점에서 다르지 않다. 따라서 관할청은 심의결과와 다른 결정을 할 수 있다. 다만 법률이 필요적 심의기관으로 설치하는 경우 심의절차를 거치지 않은 결정은 원칙적으로 절차상 하자로 취소사유에 해당한다는 점에서 자문과 다른 점이다(헌재 2013. 11. 28. 2007헌마1189 등, 판례집 25-2하, 398, 443; 대법원 2007. 3. 15. 선고 2006두15806 판결).

사분위 정상화 심의과정에서 보는 것과 같이 사립학교 정상화와 관련한 심각한 갈등, 관할청에 대한 불신이 해소되지 않고 있어 정상화 과정의 투명성과 합리성을 제고할 필요성은 여전히 있다는 점, 의결기관인 사학분쟁조정위원회를 단순한 자문기구로 즉시 전환하는 것은 사분위 설치의 배경에 비추어 합의의 가능성이 현실적으로 낮아 보인다는 점 등을 고려하여 자문기구와 의결기구의 중간 정도의 기속력을 갖는 필요적 심의 기관으로 「(대학/초·중등학교)정상화심의회」를 설치하는 것이 타당할 것으로 판단된다. 입법과정에서 필요한 경우 관할청의 심의 결과 '존중의

무’의 규정도 고려할 수 있을 것이다. 존중의무를 규정할 경우 관할청은 합리적 이유가 없는 한 심의 결과에 기속되며, 합리적 이유가 있는 경우에 한하여 심의 결과와 다른 결정을 할 수 있으며 이에 대한 입증의무가 부담하게 된다.

(3) 관할청 소속으로 설치

현재 사분위는 교육부장관 소속으로 설치되어 있는 바, 정상화 심의 업무과중의 해소를 통한 정상화 심의의 신중성과 신속한 심의 촉진, 임원취임승인 및 그 취소권과의 정합성 확보(사립학교법 제20조 제2항, 제20조의2 제1항 참고), 초·중등학교 정상화에 있어 지역적 특성 반영과 교육분권 개혁 등을 고려하여 대학의 경우 교육부장관 소속의 「대학정상화심의회」, 초·중등학교의 경우 교육감 소속의 「초·중등학교정상화심의회」를 각각 설치한다.

3) 「(대학/초 · 중등학교)정상화심의회」의 기능

(1) 임시이사제도의 한계

종래 임시이사는 정이사와 동일한 권한을 갖는다는 것이 판례의 이론이었다. 그러나 상지대 전원합의체 판결 이후 임시이사는 한시적 위기관리자로 통상적 학교법인 행위에 한하여 정이사와 동일한 권한을 갖는 내재적 한계가 판례법적으로 정립되어 있다(대법원 2007. 5. 17. 선고 2006다19054 전원합의체 판결; 헌재 2013. 11. 28. 2007헌마1189 등, 판례집 25-2하, 398, 433)). 그리고 임시이사 권한의 내재적 한계에 관한 판례는 당분간 변경되지 않을 것으로 예상된다.

이와 같은 임시이사 권한의 한계, 관할청의 권한지도, 이른 바 종전이사들의 임시이사의 권한행사에 대한 법적 대응의 우려 등으로 종래와 달리 임시이사 체제에서 실질적 정상화의 한계가 현실로 나타나고 있다. 종래와 같이 임시이사 체제가 장기간 지속되는 것 자체도 비정상적인 학교 운영일 뿐만 아니라 권한에 내재적 한계가 있는 임시이사 체제가 상당 기간 지속되는 경우 급변하는 교육환경 변화에 적시에 대응하지 못하여 학교의 안정과 발전에 장애를 야기할 수 있다. 뿐만 아니라 사학비리 등으로 임원취임승인이 취소된 이후 임시이사 체제에서 상당한 기간이 경과하여 사회 여론에서 벗어난 비리사학운영자들이 임시이사 체제의 해소를 요구하며 다시 복귀하는 빌미와 기회를 제공한다.

(2) 임시이사제도의 폐지와 신속한 정상화

현재 임원취임승인을 취소하고 임시이사를 선임하여 실질적 정상화를 하고 정이사 선임의 법적 정상화를 하는 단계적 정상화 절차에서 관할청이 임원취임승인 취소를 하는 경우 정상화심의회의 심의를 거쳐 즉시 정이사를 선임하는 방법으로 신속한 정상화를 한다. 선임된 정이사가 통상의 정이사와 동일한 지위와 권한으로 사립학교의 정상화와 안정을 추진할 수 있도록 하는 것이다. 다만 즉시 정이사 선임이 곤란한 특별한 사정이 있는 경우 관할청이 5인 내지 7인 이내의 공익적 인사로 관리운영위원회를 구성하여 일시적으로 이사회의 권한을 대행하도록 한다. 관리운영위원회에 의한 사립학교의 관리는 신속한 정상화의 입법취지에 부합하도록 3개월 이내로 제한하되, 1회에 한하여 2개월의 범위 안에서 연장할 수 있도록 한다. 관리위원회의 명칭을 사용한 것은 사학비리 등으로 인하여 임원취임승인이 취소된 사립학교를 관리청에 의한 관리의 대상으로 규정하여 공적 개입을 강화하고자 하는 취지이다.

이와 같이 임시이사제도를 폐지하는 경우 정상화심의회의 심의권은 정상화를 위한 이사 선임의 심의로 한정된다. 임사이사제도를 폐지하고 즉시 정이사를 선임하여 정상화하는 방안은 임원취임승인이 취소된 자의 이사 선임이나 이사 추천의 당연 배재를 전제로 하는 것이다. 이런 점에서 임원취임승인의 취소를 종래 보다 다소 신중하게 제도화할 필요가 있으므로 임원취임승인의 취소에 정상화심의회의 심의를 거치도록 하는 방안도 고려할 수 있을 것이다. 이 경우 신속한 정상화의 촉진을 위해 관할청으로 하여금 임원취임승인 취소의 심의와 정이사 선임의 심의를 함께 요청할 수 있도록 제도화하여야 한다.

(3) 「종전이사」 개념의 근거 상실

상지대 사건에 관한 대법원 전원합의체 판결에서 말하는 종전이사이란 임시이사가 선임되기 전에 적법하게 선임되었다가 퇴임한 최후의 정식이사를 말한다. 이와 같이 종전이사는 임시이사제도를 전제로 한 것으로 임시이사제도를 폐지하는 경우 종전이사의 개념은 성립의 여지가 없다. 또한 임시이사제도를 폐지하고 즉시 정이사를 선임하는 것은 임원취임승인이 취소된 자의 이사 선임이나 이사 추천권을 당연 배제하는 것을 전제하는 것이다(One Strike Out 법제화). 새로운 정상화 법리에서 헌법재판소와 대법원 판례도 임원취임승인이 취소된 자는 학교법인과의 신뢰관계를 상실한 자로서 적어도 '정상화 단계'에서는 이사추천권을 배제하는 것이 법적으로 정당하다는 것에 일치한다. 따라서 임원취임승인이 취소된 자를 정상화 단계에서 당연 배제하더라도 법적으로 문제될 여지는 없다.

4) 정상화심의회의 구성과 위원자격

(1) 정이사 선임 절차의 투명성·합리성 확보

임시이사제도를 폐지하고 사학비리 등으로 임원취임승인이 취소된 학교법인에 대하여 정이사를 즉시 선임하여 정상화하는 경우 공정한 정상화심의회의 구성과 위원의 자격 기준이 요구된다. 정상화심의회의 기능과 법적 지위를 고려할 때 법률유보에 관한 본질성 이론에 따라 구성방법과 위원의 자격은 법률로 규정하여야 하고, 이를 시행령에 위임할 사항이 아니다.

(2) 심의회의 구성

사립학교와 교육에 관하여 전문적 식견이 있는 사람으로서 사립학교 정상화에 관한 공정한 심의를 할 수 있는 전문가, 사립학교 교수·교사대표, 학교법인 대표, 학부모, 사회(지역)인사 등으로 관할청이 위촉하는 15명의 내외의 위원으로 구성한다. 다만 교육의 주도적 주체인 교수·교사와 학교법인 경영자의 의견이 심의회에서 대변될 수 있도록 교수·교사 위원과 학교법인 위원은 관련 단체가 추천하는 자로 위촉을 하되, 심의회 위원 정수의 3분의 1이상으로 한다. 특히 학교법인 경영자를 대표하는 자를 상당수 심의회 위원으로 참여하게 하는 것은 학교법인 경영자의 심의에 의하여 사립학교를 공공적으로 정상화하는 것에 동의를 얻음으로써 학교법인 경영자 스스로 사학비리 근절과 학교법인의 경영에 대한 자정 노력을 기대할 수 있을 것이다.

(3) 위원의 자격 기준

현재 사분위 위원의 자격 기준은 감사원 감사위원 보다 엄격하고(감사원법 제7조 참고), 중앙행정기관인 공정거래위원회 위원(공정거래법 제37조), 방송통신위원회 위원(방통위법 제5조 참고) 등과 같다(사립학교법 제24조의4 참고). 위원의 자격 기준을 지나치게 엄격하고 제한적으로 규정할 경우 심의회 구성의 다양성을 확보하지 못할 우려가 있다. 따라서 심의회 위원의 자격 기준은 현재 사분위 위원의 자격 기준 중 하나인 총장·학장·교장 경력 제한은 삭제하고 심의회의 기능과 법적 지위를 고려하여 심의회 위원의 전문성과 다양성을 조화하는 관점에서 사립학교와 교육에 관하여 전문적 지식과 경험을 가진 7년 내외의 경력자로 규정하면 충분할 것으로 생각된다.

5) 정이사선임의 심의 기준과 연임제한

(1) 정이사선임의 적극적 기준

학교가 처해 있는 사정이 각각 다르기 때문에 종래 사분위 정상화 심의 원칙과 같이 재량준칙인 행정규칙으로 정상화 심의원칙을 정립하고 이를 획일적으로 적용하여 사립학교를 정상화하는 것은 정상화의 성격에 부합하지 않는다. 사립학교의 정상화는 정상화의 본질 내지 목적에 비추어 학생의 학습권 보장과 학교의 안정을 최우선적으로 고려하여 정이사를 선임하도록 하되, 학교별 사정 등을 종합하여 개별·구체적 맞춤형 정상화를 하도록 하여야 한다. 이렇게 되면 종래 사분위 심의 원칙은 그 근거를 상실하여 폐지되고 일률적인 정이사 선임 원칙은 정립될 수 없다. 개별·맞춤형 정상화를 하는 경우에도 헌법재판소의 결정에 의하여 사학의 자유의 본질적 내용인 설립 목적이 유지 계승되도록 제도화하여 하여야 하는 한계가 있다. 따라서 모든 정이사는 학교법인의 정관에 규정된 설립 목적을 구현할 수 있고, 정관에 자격 기준이 있는 경우 그 기준에도 적합한 자로 선임하도록 하여야 한다.

이와 같이 학교법인의 설립 목적에 부합하면서도 학교법인의 경영능력과 그 운영에 적합한 사회적 신뢰성과 도덕성 그리고 자질을 가진 사람을 이사로 선임하도록 하여 정상화 단계에서 국민의 통상적 법감정에 비추어 학교법인의 이사로서 부적절하다고 인정되는 자가 이사로 선임되는 것을 제한하기 위한 이사 선임에 관한 일반규정을 두어야 한다. 관할청은 일반규정에 의하여 이사의 자격에 관한 적격성 심사의무가 있으며, 일반적 경험법칙에 의하여 이사의 적격성 여부의 판단이 가능하지만, 경계상황 내지 한계상황에서 관할청의 판단여지 내지 요건재량이 인정된다.

(2) 이사 후보 추천자 법정

개방이사는 상지대 이사선임처분 취소판결(대법원 2015. 7. 23. 선고 2012헌바300판결)에 따라 개방이사추천위원회의 추천을 받아 정상화심의회의 심의를 거쳐 관할청이 선임하도록 한다. 개방이사의 몫을 제외한 이사는 학교운영위원회 또는 대학평의원회, 상당한 재산을 출연하거나 기부한 자, 학교발전에 기여한 자, 당해 학교법인이 소재하는 지방자치단체의 장과 관할청의 추천을 받아 정상화심의회의 심의를 거쳐 관할청이 선임한다. 종전이사의 개념이 없어지게 됨에 따라 '종전이사 가운데 학교비리 등에 연루되지 않고 당해 학교법인의 설립 목적의 구현에 노력한 이사'의 의견청취 또는 이사 추천에 관해서는 특별히 규정할 필요가 없다.

한편 이사 후보 추천자의 규정과 관련하여 2005년 개혁 사립학교법에서도 '상당한 재산을 출연한 자'의 의견을 들어 이사를 선임하도록 규정하였다(동법 제25조의3 제2항). 이사의 학교법인경영권은 재산권의 산물이 아니며, 설립자나 종전이사도 학교법인의 재산에 관해서 사실상의 이해관계인에 불과하다는 것이 판례의 이론임에도 불구하고 상당한 재산을 출연하거나 기부한 자를 이사 후보 추천자로 법정하는 것은 이들의 사실상 지위를 법적 지위로 보장한다는 것을 의미한다. 이런 점에서 '상당한 재산을 출연한 자'를 의견청취 또는 이사 후보 추천자로 특별히 규정할 필요가 있는지에 대한 검토가 요청된다. 이들은 경우에 따라 학교발전에 기여한 자에 포섭될 수 있을 것이다.

(3) 이사 추천권 부여의 금지

위에서 규정한 상당한 재산을 출연하거나 학교발전에 기여한 자와 같이 이사를 추천할 수 있는 자라고 하더라도 사립학교법 제20조의제1항의 규정에 의하여 임원취임승인이 취소된 자, 사립학교법 제54조의3의 규정에 의하여 임명이 제한되는 학교의 장, 사립학교법 제61조의 규정에 의하여 해임 또는 파면된 교원, 학교의 장 또는 이사의 직무권한을 이용하여 범죄를 행한 사람, 그 밖에 고의 또는 중대한 과실로 학교에 손해를 발생하게 한 경우 등 이사를 추천하게 하는 것이 적합하지 않다고 인정되는 자에게는 이사 추천권의 부여를 제한하는 규정을 두어야 한다.

(4) 이사의 연임제한

임원취임승인이 취소되고 정상화심의회의 심의를 거쳐 선임된 이사들은 기본적으로 관선이사이므로 이들이 항구적으로 학교법인을 경영하게 하는 것은 적절하지 않을 수 있다. 따라서 이들은 1회에 한하여 이사를 연임할 수 있도록 연임제한 규정을 두는 것이 필요한 것으로 생각된다.

6) 정상화의 특례: 공영형 사학으로서의 전환 등

정상화의 특례로 사학비리 등으로 임원취임승인이 취소되어 정상화하는 사립학교 중 학교구성원과 지역사회 등의 노력에 의해 장기적으로 발전 가능성이 있고 지역 교육의 특성상 정부의 지원에 의하여 적극적인 육성이 필요한 사립학교의 경우 대학의 경우 50% 이상의 학교운영비의 지원을 요건으로, 초·중등학교의 경우 학교법인법정부담금 기타 지원시책을 조건으로 관할청의 요청에 의하여 학교평의원회 또는 학교운영위원회의 동의와 정상화심의회의 심의를 거쳐 공영형 사학으로 전환할 수 있도록 할 필요가 있다.

임원취임승인의 취소와 함께 정이사 선임을 예정하는 법제도의 설계에서는 정상화의 특례로 공영형 사학으로의 전환에 있어 이사회의 동의는 요구되지 않는다. 다만 공영형 사학으로의 전환 역시 정상화의 한 방식으로 사학의 자유의 본질적 침해 금지의 한계는 준수되어야 한다. 따라서 공영형 사학으로의 전환 방식의 정상화에 있어서도 설립 목적이 유지·계승될 수 있도록 이에 부합하는 인사를 정이사로 선임하도록 하여야 한다.

한편 임원취임승인이 취소되었지만 회생 가능성이 없다고 인정되는 한계 사립학교의 경우에도 이를 폐교할 것이 아니라 지역 거점의 공영형 사립학교 등에 경영 위탁을 하여 특성화를 유도하여 당해 공영형 사학에 합병하는 방식으로 정상화 특례를 규정하는 것도 적극 고려하여야 한다(사립학교법 제35조 제1항 참고).

4. 정상화된 학교법인의 경영책무성 확보

1) 정상화된 학교법인의 경영책무성 확보의 의의

학교법인은 그가 설치하는 사립학교의 교육을 위한 시설·설비·재정 및 교원 등을 확보하고 운용·관리할 경영책임이 있으며, 사립학교의 운영을 위한 재정의 안정성 확보가 학교법인주의의 중요한 입법취지이다(교육기본법 제16조 제1항, 사립학교법 제5조 참고). 사립학교 정상화의 궁극적 목적은 단순히 비리사학운영자를 배제하는 것에 있는 것이 아니라 종국적으로 사립학교의 안정적 운영을 보장하는 것에 있다. 따라서 사립학교를 정상화한 이후 재정적 장애가 야기되어 사립학교의 정상적 운영과 발전에 지장이 초래된다면 사립학교 정상화의 의의는 크게 상실한다.

한국의 많은 학교법인이 학교법인주의의 입법취지와는 달리 등록금 수입에 의존하고 법정부담금도 부담하지 못하여 재정적 책임을 다하지 못하고 있는 현실이다. 이러한 현실에도 불구하고 관할청에 의하여 공적으로 사립학교를 정상화하는 경우 학교법인주의의 입법취지에 충실하게 정상화된 학교법인이 사립학교의 안정적 운영에 대한 경영 책무를 충실히 이행하도록 하는 것이 사립학교의 존립의의와 사립학교법의 정상화 취지에 부합한다. 학령인구의 격감 등 급변하는 교육환경 가운데 정상화한 사립학교가 종래 보다 재정의 안정성까지 충실하게 확보한다면 비리사학운영자를 배제하고 사립학교를 정상화에 대한 보다 큰 국민적 동의와 함께 비리사학 운영자들의 복귀 주장의 명분도 현저히 상실하게 될 것이다. 그 동안 사립학교 정상화와 관련하여 이 점이 상대적으로 간과되어 왔다. 사립학교 정상화의 최종 단계는 정상화된 사립학교에 대한 학교법인의 경영 책무성의 이행을 확보하는 것이다.

2) 임원간 분쟁으로 임원취임승인의 취소된 사립학교

임원간 분쟁으로 인하여 임원취임승이 취소된 사립학교의 경우 분쟁이 원만하게 해결되어 학교를 안정적으로 운영할 수 있다고 인정되는 경우 학교법인의 경영권을 환원하는 것을 입법정책으로 고려할 필요가 있다. 사립학교 정상화는 종래 경영자의 경영권을 박탈하는 것이 아니라 사립학교의 안정적 운영의 보호를 목적으로 하기 때문에 임원간 분쟁을 원만하게 해소하여 학교를 안정적으로 운영할 수 있는 경우 다시 한 번 학교법인 경영권을 인정하는 것이 반드시 불합리하다고 할 수 없기 때문이다. 이와 같이 임원간 분쟁으로 인한 임원취임승인 취소와 사학비리 등으로 인한 임원취임승인의 취소를 구분하여 학교법인 경영권 회복 가능성에 대한 원칙과 예외를 규율하는 것이 사학비리 등으로 인한 사립학교 정상화에 대한 보다 엄격한 법적 규율을 정당화할 수 있다.

임원간 분쟁으로 임원취임승이 취소된 경우 일정한 기간 안에 종래 이사들이 합의에 의하여 분쟁을 해결하여 이사회에 새로운 이사회의 구성을 청구하는 경우, 이사회는 학교구성원(대학평의원회 또는 학교운영위원회)의 동의를 얻어 이사를 선임하여 관할청에 임원취임승인을 요청하는 것이다. 임원취임승인을 요청받은 관할청은 정상화심의회의 심의를 거쳐 임원취임을 승인하는 경우 학교경영권이 환원된다. 다만 새로 구성되는 이사회의 안정적 운영을 위하여 1회에 한하여 관할청이 이사 정수의 3분의 1의 이사를 선임하고, 이후 통상적인 이사회 체제로 전환하도록 한다.

한편 일정한 기간 안에 종래 이사들의 임원간 분쟁이 해결되지 않아 학교운영계획서를 제출하지 못하는 경우에는 사학비리 등으로 인한 임원취임승인 취소에 의한 학교법인 정상화의 예에 따라 학교법인의 경영책무성을 확보하는 절차로 이행한다.

3) 사학비리 등으로 임원취임승인이 취소된 사립학교

사학비리 등으로 임원취임승인이 취소된 사립학교의 경우 관할청에 의하여 선임된 이사회가 일정한 기간 안에 상당한 재산을 출연하고 당해 사립학교를 경영할 의사가 있는 자를 공모하고, 공모한 자가 제출한 학교운영계획서를 학교구성원(대학평의원회 또는 학교운영위원회)이 동의하는 경우 후임 이사를 선임하여 관할청에 임원취임승인을 신청하고, 관할청은 정상화심의회의 심의를 거쳐 임원취임승인을 하여 관선이사체제를 종료하고 경영책무성을 충실히 이행할 수 있는 이사회를 최종적으로 구성하는 것이다. 한편 공모의 방식에 의한 새로운 이사회 구성이 되지 않거나 곤란하다고 인정되는 경우 학교 구성원 등의 노력에 의해 발전 가능성이 있고 지역 교육상 필요하다고 인정되는 사립학교에 대해서는 관할청이 대학의 경우 학교운영 경비의 50% 이상 지원, 초·중등학교의 경우 법정부담금 기타 지원시책을 존건으로 공영형 사학으로서 전환을 요청하고 학교구성원이 동의가 있는 경우 정상화심의회의 심의를 거쳐 공영형 사학으로 전환할 수 있도록 할 필요가 있다.

5. 결론

사학비리와 부패는 교육의 본질과 관련된 근본문제이며, 한국 사회의 미래를 선택하고 디자인함에 있어 우선적으로 해결되어야 할 선결과제이다. 몽테스키외가 일찍이 「법의 정신」에서 말한 것과 같이 교육은 반듯이 정체원리와 관련되어 있다. 공화정체에서 교육은 시민의 덕성(civic virtue)을 목표로 한다. 시민적 덕성은 민주공화국의 존속과 번영의 토대(몽테스키외의 표현을 쓰자면 공화정부의 정신)이며 원동력이다. 이와 같이 민주공화국에서의 교육은 모든 국민으로 하여금 시민적 덕성을 겸비한 시민이 되도록 준비하고 인도하고 양성하여 민주국가발전에 기여함을 목적으로 한다. 이는 대한민국 정부수립 이후 일관된 교육이념으로(교육기본법 제2조) 교육의 공공성이 여기에 근거한다(동법 제9조 제1항).

시민의 덕성을 타락시키는 제1의 공적이 공적 영역을 사유화하여 이익을 추구하는 부패이다. 비리재단이 운영하는 사립학교에서 학생들은 비리에 거부감을 가지면서도 자연스럽게 부정과 비리를 내면화하고 교육자를 불신한다. 이러한 상황에서는 공동체의 공공선을 위해 헌신하고 노력하는 민주시민의 양성은 불가능하다. 교육 자체가 불가능한 것이다. 특히 학교교육에 있어 사립학교가 압도적 비중을 차지하며 중추적 역할을 하고 있는 현실에서 사학의 비리와 부패는 전체 공교육체계의 붕괴로 귀결될 수 있다. 사학비리와 부패를 단호하고 엄중하게 처리하여야 하는 이유가 바로 여기에 있다. 그리고 이는 해방 이후 한국 사학 형성의 특이성과 압축적 근대화 과정에서 형성된 한국 사학의 비정상성의 적폐를 청산하고 정상화하는 것이다.

사분위 개편의 필요성 내지 당위성에는 이론의 여지가 있을 수 없다. 다만 그 개편방안과 관련해서 사분위를 자문기관화하여 관할청이 정이사를 선임하는 방안, 2005년 당시 사립학교법으로 회귀하거나 또는 종래와 같이 임시이사가 정이사를 선임하는 방안 등이 사립학교의 정상화가 이미 정치화된 상황에서 입법화가 가능한 현실적인 방안인지에 대해서는 회의적이다. 여기서는 이러한 점을 고려하여 사립학교의 제도적 보장의 취지에 충실하면서도 입법과정에서 실현 가능한 새로운 정상화 방법으로 심의기관으로 관할청 소속의 사학정상화심의회를 설치하고, 최근 판례에 의하여 권한에 내재적 한계가 있는 임시이사제도를 폐지하고 임원취임승인의 취소와 함께 즉시 정이사를 선임하는 정상화 방안을 제시하였다. 이는 사회적 동의를 바탕으로 임원취임승인이 취소된 사학비리운영자를 배제하는 취지를 동시에 함의하고 있다. 또한 사립학교 정상화의 궁극적 목적은 사립학교의 안정적 발전에 있음을 강조하고 정상화된 사립학교에 대한 학교법인의 경영책무성의 이행을 확보하는 최종적 정상화 방안을 제안하였다. 이러한 정상화 방안은 아직 공론화되지 않은 개인의 의견에 불과하다. 이에 대한 검토와 비판을 기대한다.

사학의 공공성과 투명성 확보, 어떻게 이뤄낼 것인가?

김 형 태
교육을바꾸는새힘 대표, 전 서울시 교육의원

1. 들어가며

교육은 국가의 기본책무이다. 교육이 엄연히 공적인 것임에도 여전히 많은 사학이 교사채용, 입학부정, 성적조작, 공사시설비리, 공익제보자 탄압 등 부정부패로부터 자유롭지 못하고 일부 비리사학은 마치 조폭집단처럼, 이사장의 왕국처럼 운영되고 있으며 온갖 파렴치한 전횡, 위법, 탈법을 자행하여 국민적 공분을 사고 있다. 지난해 대구 ㄱ학교법인, ㄴ학교법인 이사장과 관계자 등 7명이 교사 채용을 대가로 1억 원에서 많게는 2억 원의 돈을 받은 혐의로 재판에 넘겨졌다. 또한 대전과 세종에서 5개 중·고교를 운영하는 학교법인 대성학원에서도 대규모 교사채용비리가 드러나 이사장과 관련 교사 등 25명이 재판에 넘겨진 바 있고, 광주 낭암학원과 서울 상록학원에서도 교사채용 비리가 드러나 국민들의 질타가 쏟아졌다. 사학의 교사 채용비리는 이제 어느 한 지역의 문제가 아니라 전국적인 상황이 됐다. '국영수 교사는 1억원, 예체능 교사는 1억5천만 원에 매관매직된다'는 풍설은 이미 공공연한 비밀이 됐다. 어디 교사 채용비리뿐이랴? 시설비리, 급식비리 등 온갖 파렴치한 비리는 물론이고, 이재용 삼성 부회장 아들의 영훈국제중 부정입학과 최순실 딸 정유라의 이대 부정입학에서 보듯 하루가 멀다 하고 터져 나오는 사학비리에 국민들의 분노는 임계점을 넘어서고 있다.

그러나 새로운 정부가 촛불민심을 바탕으로 탄생한 마당에, 사학도 이제는 시대적 변화와 세계적 흐름에 발맞추어 성역의식, 특권의식을 버리고, 건전하고 투명하고 민주적으로 운영되도록 탈바꿈해야 한다. 문 대통령은 사학비리 당사자의 학교 복귀 금지, 비리 발견 시 임원취소 절차 간소화 등을 공약했다. 그런 만큼 문재인 정부는 사학비리 척결과 사학의 공공성 확보, 투명성 강화를 위해 보다 적극적으로 나서야 할 것이다. 사학비리는 학생들의 꿈을 훔치는 도둑질이다. 비리·부패사학에서는 여전히 많은 교직원들이 영혼 없는 삶을 강요당하고 있다. 사학비리로 고통 받고 있는 사람들은 한결같이 사학법 개정을 절박하게 요구하고 있다. 그런데 2005년 트라우마 때문인지 정치권에서는 머뭇거리기만 할 뿐 선뜻 나서려 하지 않는다. 이미 치외법권적 성역이 된 사학법인들의 반발과 그들을 비호하고 있는 기득권 세력들(일부 언론사, 정치권, 기업 등)의 저항이 만만치 않을 것이라며 지레 겁을 내고 있다. 그러나 사학비리를 근절하기 위해서는 교육주체뿐만 아니라 교육당국과 정치권이 앞장서 주어야 한다. 또한 민주적인 사학법 개정 등 제도적 장치 마련에는 국민들의 힘이 절대적으로 필요하다. 부디 비리사학으로 고통 받는 학생들과 관련자들의 아픔과 눈물을 생각해서라도 사학비리 근절과 척결에 동참해 주기 바란다.

2. 사학비리, 이제는 성범죄자 수준으로 일벌백계해야 한다”

1) 문재인 대통령 사학비리 척결 공약

앞서 언급한 것처럼 문 대통령은 후보시절, ① 사학비리 방지(감사 및 회계 감리 강화 정책)와 ② 비리사학 정상화 방안(사학분쟁조정위 역할 조정, 비리당사자 복귀금지, 임시이사 파견 확대)을 약속했다. 다만 세부적인 내용이 결여되어 있기에, 입법 과정에서는 이에 대한 구체적인 보완작업이 필요해 보인다. 특히 이미 실종되어버린 사학의 공공성을 확보하고, 투명성을 확보·강화하기 위한 몇 가지 방안을 제시하고자 한다.

2) 몇 가지 보완방안의 제시

교육은 국가의 기본 책무(공공재 성격)이다. 그러나 정부는 재정이 열악하다는 이유로 돈만 있으면 누구나 학교 설립이나 인수가 가능하게 함으로써 염불에는 관심 없고 잿밥에만 눈독들인 사람들이 사학을 운영할 수 있는 상황을 조장하였다. 그리하여 결국 우리나라 대학사회에서 사학이 차지하는 비중은 세계에서도 유례없을 정도의 기형적인 형태가 되고 말았다.

* 사립학교의 설립기준 강화 및 이사장 이사 등의 자격요건의 명확화

이러한 문제를 해결하기 위해 사립학교의 설립기준을 강화할 필요가 있다. 우선 전과자, 교육법 위반자, 파렴치한, 도덕적으로 문제가 있는 자, 또는 치부목적으로 학교를 경영하려는 자들의 학교 설립과 경영 참가를

금지해야 한다. 또한 한 사람이 여러 개 학교를 설립, 인수하여 비교육적, 상행위적, 불법적으로 운영하는 것도 금지해야 한다. 그리고 설립자 및 법인 이사장 자격 기준도 강화해야 한다. 왜냐하면 교사 및 교장보다 영향력이 막대함에도 불구하고 아무 자격 요건이 없다는 것은 말이 안되기 때문이다. 아울러 학교의 이사와 감사 등에 대한 자격 요건, 권리와 의무 등을 구체적으로 명시하여 거수기 역할을 하고 있는 등과 같은 이사회 형해화를 방지할 필요가 있다.

* '비리전력자 학교 참여 배제'등 비리연루자 영구퇴출제 적용

일부 이사장들은 급여가 없어 위법·탈법행위를 할 수밖에 없다고 주장하고 있다. 이러한 점을 감안하여 상근이사 제도 활용 및 업무추진비 성격의 일정 정도 급여를 지급하는 것을 고려할 필요성이 있다. 그 대신 위법·탈법이 드러나면 엄정하게 영구퇴출제(원스트라이크 아웃제)를 적용하여야 한다.

* 비리·부실사학의 국공립화 및 비리전력자 배제장치의 마련

반복적으로 고질적인 비리를 범하는 부패사학은 과감하게 국공립화할 필요가 있다고 생각한다. 그리고 부실사학(또는 희망하는 사학)도 적절한 보상과 함께 국가가 인수하여 공립화 한다. 현행법상 학교는 매매할 수 없다. 그러나 음성적, 불법적으로 거래되고 있는 것이 사실이다. 법인 관계자들이 매매는 드러날까 두렵고, 기증은 아까워서 못하고 있으므로 국가에 기증하면 일정 정도 보상하는 출구전략이 필요해 보인다.(서울 강남의 한 이사장은 "나는 교육을 잘 모르는데 장남이라는 이유로 부친으로부터 학교를 물려받았다. 팔 수도 없고 그렇다고 국가에 기증하자니 솔직히 아깝다는 생각이 든다."며 "국가에 기증하면 일정 정도 포상해주는 제도가 있으면 좋겠다."고 말한 바 있다.) 아울러 학교법인의 부실한 운영이 해결 불가능하거나 근본적으로 정상화가 어렵다고 판단되는 경우에는 국공립에 준하여 운영할 수 있는 방안을 모색하거나 관할청의 지도

감독을 대폭 강화하는 방안에 대해서도 검토가 필요하다.

문대통령 공약처럼 '비리전력자의 학교 참여를 배제'하기 위해 사학비리 및 사학분규와 관련하여 아래와 같은 벌칙조항을 신설해야 한다. 예컨대 비리에 연루되어 '이사취임승인취소'를 받은 자는 영구 퇴출하고 학교를 '공립화'할 필요가 있다

- 사학비리로 금고 이상의 형을 받은 경우에는 사학의 임원이나 교원에 임명될 수 없다.
- 사학비리로 해임된 경우에는 10년간 사학의 임원이나 교원에 임명될 수 없다.
- 사학분규로 해임된 경우에는 5년간 사학의 임원이나 교원에 임명될 수 없다.

필자가 교육의원 시절 2013년 국제중 부정입학 등 비리를 다룰 때, 호주 교민으로부터 연락을 받은 적이 있다. 그 분 말의 요지는 만약 영훈국제중 비리의 1/10이 호주에서 발생했다면 학생은 인근학교로 모두 전학가고 그 학교는 폐교 조치된다는 것이다. 그래도 학생, 교사, 학부모 아무도 문제제기를 하지 않는다는 것이다. 그런 학교는 교육기관으로서의 자격을 잃었기에 폐교하는 게 마땅하다는 것이다. 그런데 한국은 폐교도 아니고 지정취소도 못하냐며 쓴 소리를 아끼지 않았다. 이러한 취지를 반영하여 대만처럼 우리나라도 사학법을 개정하여, 비리 연루자의 복귀를 영구적으로 막는 조항을 두어야 한다. 현행 사학법은 취임승인이 취소가 된 임원과 파면된 교원은 5년, 해임된 학교장은 3년이 지나면 복귀할 수 있도록 사실상 허용하고 있다. 예컨대 세종대, 상지대 사례에서 보듯 사학비리를 저질러도 그 비리자들은 당당히 복귀하고 있으며 복귀 이후 보복성 징계를 남발하거나 더 지능적인 비리를 저지르는 경우가 많다. 따라서 사학 부정·비리 근절 차원에서 비리연루자의 복귀를 영구적으로 금지하는 조항을 명시할 필요가 있다. 그리고 더 나아가서는 대만 사학법의

'학교법인이 법령이나 정관을 위반해 손실을 끼친 경우 이사회 결정에 참여한 이사들은 그 손실에 대해 책임을 져야 한다'는 조항과 같은 규정을 통해 이사들이 '거수기'로 전락하는 것을 막아야만 한다. 또한 법인이사회에 과도하게 집중된 권한을 분산시켜야 한다.

* 사학의 공공서 회복 및 민주적 운영

현재 대부분의 사립학교는 사실상 국민 세금으로 운영되고 있다. 국민 세금이 들어간 만큼 '학교운영 및 징계'등에 교육당국이 함께 참여하고 책임지는 태도가 필요하다. 공영형 사학으로 탈바꿈할 때가 된 것이다. 서울시교육청이 시도하고 있는 '공영형 유치원'제도를 도입할 필요가 있다. 교육청은 국공립 유치원에 준하는 재정적, 행정적 지원을 하고, 사립유치원은 공립유치원에 준하는 투명성을 담보하게 하여 서로 윈윈하게 만드는 모델이다. 다시 말해, 학교 재정의 50%를 국고에서 지원하고 법인이 50%를 내면 이사의 50%를 공영형 이사로 교육청이 추천한다. 교육청에서 국고 지원하는 비율에 맞게 이사 추천 권한을 교육감이 행사하는 것이다. 사학의 공공성과 투명성 강화를 위해 이 제도를 모든 사학에 적용할 필요가 있다.

그리고 학사운영은 법인 운영과 구별하여 실질적으로 학교 구성원들이 학교 운영에 참여하거나 결정할 수 있는 권한을 강화하여 민주적이고 투명한 운영이 가능하도록 제도적으로 보완할 필요가 있다.

- 학교법인 운영 : 법인 운영만을 중심으로 하고, 학교에 대해서는 '지원 기구'로 운영, 학교운영에 대한 간섭을 최소화하는 등 학교법인의 학사업무 개입 금지를 강화해야 한다.
- 법인 이사회 구성 : 책무성, 투명성, 민주성이 확보돼야 하고, 특히 개방형 임원 확대를 통한 정부 책임을 강화해 나가야 한다.

3) 매관매직 수준의 '교사 채용 비리' 어떻게 방지할까?

교사 채용비리 등 사학비리가 드러날 때마다 교육청들은 해당 사학에 대한 감사에 착수하고 행·재정적 제재와 함께 재발 방지를 위한 노력을 다하겠다고 목소리를 높인다. 그러나 교육청 차원에서 사학비리 근절에는 한계가 있다. 인사권이 사학법인에 있기 때문에 교육청이 교사 채용 등 인사에 개입할 권리나 강제력이 없기 때문이다

이에 대한 대안으로 몇몇 교육청들은 사학의 교사채용 과정의 투명성을 높이기 위해 '교원임용 교육청 위탁 채용 제도'를 도입, 운영하고 있다. 특히 전북의 경우, 모든 사학법인들이 교사 임용시험 일부를 공동으로 진행하고 있다. 이에 대하여 처음에는 '인사권 침해'라며 거부반응을 보이던 법인협의회는 '사립학교 교사들의 인건비도 국고로 지원되는 만큼 최소한의 공정성은 확보돼야 한다'는 전북교육청의 설득과 요구를 수용했다. 대신 임용시험 관련 비용은 전북교육청은 전액 부담한다. 전북교육청은 관계자는 "지난 1월 첫 공동 전형의 최종 합격자 47명을 분석한 결과 법인 이사장 등의 친인척은 한 명도 없는 것으로 나타났다"며 "시험의 투명성과 객관성이 획기적으로 높아졌다"고 평가했다.

그러나 필기시험 합격자가 최대 7배수인 것은 공립과 비교할 때 그 차이가 너무 크고, 2차 수업 시연과 3차 면접 등 나머지 시험 과정은 여전히 사학법인에 맡겨져 있다는 점 등은 여전히 해결해야 할 과제다. 투명성과 공정성을 좀 더 높이기 위해서는 사학도 국민 혈세로 운영되고 있는 셈이니 마땅히 개방형 이사처럼 인사위원회에 교육청 공무원 등이 당연직으로 참여하는 것도 한 방안이 될 것이다.

그런데 다른 지역의 많은 사학들은 여전히 사학의 자율성을 주장하며 공동전형에 참여하지 않고 있다. 이에 대해 일부 교육전문가들은 "사학의 자율성은 허울 좋은 핑계일 뿐 실상은 교사 채용하면서 뒷돈을 받겠다는 심사아니냐" 꼬집고 있다. 학생들과 교직원을 볼모로 국고 지원받으면서 어떤 곳보다 깨끗하고 공정해야 할 교사채용 등 인사에서는 교육청

의 관리·감독을 받지 않겠다는 것 자체가 말이 안 된다는 것이다.

교육청 감사관실은 수사권과 계좌추적권이 없기에, 솔직히 교사채용 비리를 적발하려 해도 비리를 저지른 사학법인이 서류를 조작, 은폐하거나 핵심자료를 내놓지 않으면 적발이 쉽지 않고 검찰에 고발해도 증거 부족 등으로 처벌하기 쉽지 않다. 따라서 사학법을 개정하여 제도적 장치를 마련해야 한다는 목소리가 커지고 있는 것이다. 나인환 광주교육희망넷 집행위원장은 현행 사학법 16조의 인사권을 어느 정도 교육청으로 이관하는 것이 필요하다고 말한다. 또한 그는 "부패사학 및 재정건전성이 열악한 사학이 국가에 기부채납하면 그 법인의 명예와 소정의 재산을 일정 정도 환원해주어 전체적으로 사학의 숫자를 줄여나가자"고 제안했다.[04]

4) 사학 징계위원회의 이중적 잣대

학교법인과 가까운 사람은 면죄부 또는 솜방망이 처분하고, 바른 소리 쓴 소리하는 공익제보자에게는 치졸하고 잔인한 보복성 징계를 하는 것이 일부 사학의 현주소이다. 따라서 사학의 징계권을 교육청에 아예 위탁하거나, 교육청과 시민사회가 추천하는 인사가 각각 1/3 징계위에 들어가야 한다. 또한 징계를 통해 일단 괴롭히고 보자는 못된 심보를 바로잡기 위해서라도 부당징계, 보복징계에 대한 관할 교육당국의 구상권 청구법안도 함께 마련되어야 한다. 수많은 사례 중 대표적인 사례들을 살펴보면 다음과 같다.

---

04 2017.04.26. 새 정부에선 '민주적 사학법 개정' 꼭 이뤄져야
- 사학의 투명성 강화 및 공공성 확보 위해서는 '공영형 사학'으로 나아가야
필자가 쓴 오마이뉴스 기사 참고 인용함

[#사례1]

동구마케팅고 이아무개 행정실장은 학교 공금을 빼돌렸다가 2011년 실형을 선고받았음에도 퇴직하지 않고 계속 근무했다. 교직원이 항소심에서 금고 이상의 형을 받으면 당연 퇴직시켜야 하고 급여도 지급해서는 안 된다는 규정을 어긴 것이다. 이에 안종훈 교사는 이실장이 인건비를 부당 지급받고 있다며 서울시교육청에 공익제보 했다.

시교육청은 동구학원에 대한 두 차례 감사를 통해, 제보 내용을 포함해 17건의 비위사실을 적발했으며 배임수재, 업무상 횡령으로 법원판결을 받은 행정실장에 대해서는 당연퇴직 처분을 요청했고 이사장의 임원 승인 취소와 학교장에 대한 파면, 교감에 대한 강등 처분을 명령했다. 그러나 동구학원은 교육청의 요구를 보란 듯이 무시했다. 교장, 교감은 건재했고, 퇴직시키라는 행정실장도 퇴직시키지 않고 오히려 안교사를 내부고발자로 지목해 파면했다. 안교사는 지난 2014년과 2015년 두 차례 파면과, 직위해제 9개월, 수업과 업무배제 10개월 등 온갖 고초를 겪었다.

[#사례2]

하니고 전경원 교사는 지난 2015년 서울시의회에 출석해 하나금융이 설립한 하나고가 신입생 선발 시 남학생을 더 많이 뽑기 위해 입학 지원자 성적을 고의로 조작했다고 증언했다. 서울시교육청은 감사를 통해, 하나고가 약 90명의 학생을 부정한 심사로 합격시킨 것과 고위공직자 자녀의 학교폭력 은폐 등을 확인했다.

시교육청은 감사결과를 바탕으로 교장과 교감의 파면을 요구했다. 그러나 하나학원은 '비위 조사를 받고 있는 교원은 조사가 완료된 이후 퇴임시켜야 한다'는 교육청 공문에도 아랑곳하지 않고 이아무개 교장을 징계 없이 퇴임할 수 있도록 친절을 베풀었고, 정아무개 교감은 오히려 교장 직무대행으로 승진시켰다. 반대로 교육자적 양심으로 성적비리를 알린 전 교사에 대해서는 담임배제, 수업사찰 등 교권을 심각하게 침해하던 중, 끝내 징계위원회를 열어 지난해 10월 해임했다. 누가 봐도 보복성 징계였다.

[#사례3]

전북 김제 한 사립고의 유아무개 행정실장은 설립자 겸 이사장의 아들이다. 그는 과거 4차례의 음주운전 전과가 있었다. 그런데도 지난해 5월 만취 상태로 운전하다 적발돼 재판에 넘겨졌고 1심에서 징역 6개월을 선고받고 법정 구속됐다. 그러나 학교 측은 행정실장을 병가 및 질병휴직 처리하고, 조직적인 은폐와 허위보고로 1400만원에 가까운 급여를 부당 수령했다.

이에 전북교육청은 감사를 통해 허위 질병휴직 은폐 및 성실의무 위반으로 서아무개 교장에 대해 해임을 요구하는 등 관계자들에 대한 중징계를 요청했다. 그러나 법인은 교장에게는 견책, 정직이 요구된 행정6급 주아무개씨와 법인과장 김아무개씨에게는 불문경고, 감봉이 요구된 법인이사회 업무담당 정아무개씨에게 불문경고 등의 '솜방망이' 처분을 했다. 이에 도교육청은 징계의결 재심의를 요구했지만 해당 학교법인은 이전과 동일한 재심의 결과를 교육청에 제출했다.

이와 같은 기가 막힌 일이 21세기 대한민국 대명천지, 이른바 교육기관인 '학교라는 공간'에서 버젓이 일어나고 있다는 점에서 충격이 아닐 수 없다. 공립학교라면 상상도 할 수 없는 비상식적인 일이기 때문이다. 일부 사학들이 '징계위원회'를 악용해, 사학법인 관계자나 학교 측 사람에게는 '제 식구 감싸기' 차원의 면죄부 또는 솜방망이 처분하고, 그러나 바른말 쓴 소리하는 교사나 공익제보자에게는 보복성 징계를 남발하고 있어 국민적 비난의 목소리가 높아지고 있다.

사립교사인 권종현 교육희망넷 운영위원은 "사학법상 징계의결 요구권은 이사회가 갖는다. 쉽게 말해 기소 독점권을 이사장이 행사하는 것인데, 판결을 할 징계위원회를 법인 이사회가 구성한다. 즉 이사장이 징계를 요구하고 판결도 하는 셈"이라며 현 사학법의 맹점을 지적했다. 이어 "아무리 큰 부정을 저질러도 이사장에게 충성한 사람은 징계당할 일이 없고, 반대로 정의로운 행동을 했어도 이사장에게 밉보이면 살아남기가 불가능하다. 우리는 이런 사례를 수없이 보았다"며 "이런 구조를 묵인하면서 어떻게 사립학교 민주화가 가능한가?"라고 혀를 끌끌 찼다.

교육은 국가의 기본 책무이고 공공재이며 따라서 사학도 치외법권적 성역이 아니다. 엄연히 3권이 분립 국가임에도 '사학 징계위는 엿장수 맘대로'라는 말처럼 사학법인에게는 자율성이라는 이름 아래 사실상 '고무줄 징계' 할 수 있는 사법적 권한까지 부여하고 있기에 이런 악행이 가능하다. 이를 바로 잡기 위한 제도적 장치가 절실하다는 여론이 커지고 있다. 일부 부패사학들이 보복성 징계를 남발하거나 교육청의 정당한 처분을 무시하는 것은 사학운영자들의 도덕적 해이도 문제겠지만, '사립학교법' 자체에도 문제가 있다는 것이다. 현행법 상 사학법인들의 보복성 징계를 막을 뾰족한 방법도 없고, 교육청의 정당한 징계 요구를 거부해도 교육청은 별 압박 수단이나 강제할 방법이 없다. 물론 재정지원을 끊거나 학급 수 감축 등의 행재정적 불이익 조치를 취할 수는 있지만, 그러나 이것도 학생들의 피해로 이어지기에 쉽게 쓸 수 없다는 결정적 맹점이 있다. 결국 일부 사학들은 학생과 교육을 볼모로, 또한 이런 '사립학교법'의 맹점을 교묘히 이용해 교육청의 정당한 요구를 무시하거나 거부하고 있는 것이다. 이미 이런 사례는 전국적으로 부지기수다.

사학 징계위에 내부 교원 및 법인 이사만 임명이 가능토록 돼 있어 '고양이에게 생선을 맡긴 꼴'이라는 지적과, 사학 징계의 공정성과 타당성을 높여달라는 요구에 교육부는 2015년 사학의 '제 식구 감싸기' 논란을 방지한다는 명분으로 사립학교 징계위원회에 외부위원을 포함시키는 사학법 개정안을 내놓았다. 이 개정안에 따라 사학 징계위는 전체 위원의 3분의 1을 초과하지 않는 범위 내에서 최소 1명 이상의 외부위원을 반드시 위촉하도록 바뀌었다. 당시 교육부는 "이번 법률 개정으로 사학에서도 엄정하고 투명한 징계가 이루어질 수 있는 법적 기반이 갖춰져 무관용 원칙을 확립되는 계기가 될 것"이라고 큰 소리쳤으나, 큰 성과가 없었다. 한발 후퇴한 법률개정이었기 때문이다. 교육부는 지난 2007년 징계위원회에 외부인사를 3분의 1이상 위촉하는 내용의 사학법 개정을 추진하려다 사학들이 "징계권은 학교법인에 있는데, 사학 길들이기 하는 것이냐"며 반발하는 바람에 무산됐다. 따라서 2015년의 법제화는 '실효성 없는 꼼수 개정'이라는 비판에서 자유롭지 못하다.

따라서 당연히 이후에도 사학들의 징계위 남용 및 악용 사례는 잇따랐다. '외부위원은 학교법인이나 사립학교 경영자가 설치·경영하는 학교에 소속된 사람이 아니어야 한다'고 규정했지만 사실상 학교법인 입맛에 맞는 사람이 외부위원으로 들어가 제 역할을 못하고 여전히 거수기 역할을 하고 있기 때문이다. 사학의 징계권 악용은 어제 오늘의 이야기가 아닌 고질적인 문제이고 비정상을 정상화하는 작업이며, 해당자에게는 그 사람의 생존과 인생이 걸린 문제이기에, 전문가들은 새 정부에서는 징계위 악용을 막는 실효성 있는 방안이 나와야 한다고 말한다. 개방형 이사처럼 보다 공공성을 담보할 수 있는 외부위원이 들어가야 한다는 주장부터, 법인과 시민단체, 교육청이 추천하는 인사가 1/3씩 들어가는 방식, 의약 분업하는 세상에 사학법인에 징계권까지 주는 것은 구시대적이라며 징계의 공정성을 위해 교육청 공무원이 당연직으로 참여하거나 교육청에 위탁하는 방법, 더 나아가 아예 사학의 징계권을 회수해야 한다는 주장까지 나오고 있다.

안종훈 교사는 "학생에게는 공사립 구분이 없다. 사립학교 학생도 공립학교 학생과 마찬가지로 학교에서 받은 징계가 부당하다 여겨지면 교육청에 재심을 요구한다"며 "그러나 사립학교 교사는 교육청에 재심을 요구할 수 없다"고 답답함을 토로했다. 이어 "사립 교원도 교육청에 재심을 요구할 수 있는 중간 장치를 마련하거나 사학의 징계위 결과가 올라오면 교육감이 최종 승인하는 제도를 마련할 필요가 있다. 그래야 징계의 공정성이 확보될 수 있을 것"이라고 힘주어 말했다. 아울러 "새 정부에서는 사학법 개정을 통해 사립학교가 더 이상 특정 개인의 전유물이 아니라, 우리 사회 모두를 위한 공익적인 교육기관이라는 정의를 반드시 실현시켜 주길 바란다"고 희망을 피력했다.

2015년 교육부의 개정안으로는 사학의 징계위 악용을 막을 수 없다. 개방형 이사처럼 보다 공정성을 발휘할 수 있는 외부위원이 들어가도록 바뀌어야 하고, 더 나아가 김영란법과 부패방지법에서 공사립을 구별하지 않는 것처럼 이제는 시대적 추세에 맞춰 사학법을 개정하여 아예 사실상 독소조항인 사학의 징계권을 회수해 공공기관에 위임해야 할 것이다.

교육청 관계자들도 "현행 법률 체계에서는 사학의 징계위 악용을 막을 마땅한 방법이 없다"며 "교육청의 정당한 지시와 명령을 거부할 수 없도록 사학법을 개정해야 한다"고 한 목소리로 말했다. 실효성 있는 사학법 개정을 통해 투명하고 건실하게 운영하는 사학에 대해서는 지원을 확대하고, 개인영업장으로 여겨 장삿속으로 운영하고 배째라 식으로 전횡을 일삼는 비리사학에 대해서는 철퇴를 가하고 엄중하게 책임을 묻는 체계를 갖춰야 한다는 것이다. 한 교육청 감사관실 관계자는 "비리 사학들이 보복성 징계를 일삼거나, 비교육적인 범죄를 저지르고도 반성하거나 자숙하기는커녕 교육청의 정당한 처분에 모르쇠 식으로 나오거나 적반하장식 태도를 보이면 참으로 답답함을 넘어 무기력함과 허탈함을 감출 수 없다"고 토로했다.

사립학교 역시 국민의 혈세인 국가 예산이 투입되는 사실상 공교육기관인 만큼 이제 새로운 정부에서는 사학의 투명성과 강화와 공공성 확대를 위해 사립학교법을 개정해야 한다는 목소리가 점점 커지고 있다. 권종현 운영위원은 "우리나라 사립 초·중·고는 교직원 임금을 포함한 학교 운영비의 99%를 국민세금 및 학부모 부담에 의존해 왔다. 사학법인이 부담하는 법인전입금은 1% 이내인 상황이 수십 년 동안 이어져 오고 있다"고 지적한 뒤 "그럼에도 인사 재정 학교운영에 관한 권한을 폐쇄적인 이사회가 행사한다. 공적 견제 장치와 구성원의 참여 장치가 턱없이 부족하다"고 일갈했다. 이어 "그러다보니 사립학교는 미래지향적 학교혁신 등은 늘 소극적이고, 오히려 시대착오적 국정교과서 등에 앞장서는 역할을 해왔다"며 "공교육의 절반을 담당하는 사립학교의 이러한 모순을 방치하고는 우리 교육이 미래로 나가지 못한다"고 역설했다.

이제라도 사립학교 인사위원회 및 징계위원회를 개별 학교법인으로부터 독립시켜 공공적 성격을 강화하는 등 사학의 책임 행사에 맞게 권한을 재조정해야 한다. 사학의 공공성 확보와 투명성 강화가 따르지 못하면 공교육살리기는 반쪽짜리가 되고 학교혁신과 교육개혁은 불가능하기 때문이다.[05]

5) 공익신고법에도 사학이 포함되는 등 공공성 더욱 확대해야

이른바 김영란법(청탁금지법)은 사학의 공공성을 강화(공적 개념 도입)하는 획기적 계기가 됐다. 김영란법에 대해 2016년 7월 헌재의 합헌결정에 이어, 올해 4월 18일 사학도 부패방지법에 포함됐다. 그러나 여기서 멈춰서는 안된다. 앞으로 공익신고법에도 사학이 포함되도록 개정해야 한다. 더 나아가 '공익제보자를 위한 특별법'이 제정돼야 한다.(현재 '내부제보실천운동본부'가 추진 중이다)

그밖에도 족벌사학 예방, 방지 차원에서 친인척이 법인과 학교에 교직원으로 근무하지 못하도록 해야 한다. 또한 학교의 투명한 운영과 내부견제(감시) 장치 작동을 위해, '학생회, 교사회, 학부모회 법제화' 및 학교운영위 등에 학생도 참여할 수 있게 해야 하고, 학교장의 선출보직제 시행도 도입해야 한다.

아울러 감독청과 수사기관의 협조 아래, 고강도 대책으로, 비리와 부패가 발붙이지 못하도록 하는 노력 필요하다. 비리 사학에 대해서는 행정적, 재정적 불이익을 주어야 한다. 예컨대 비리 발생 시 환경개선 지원 예산 등을 중단하고 이사장 직무집행정지 및 이사 취임승인 취소, 학급 감축 등 강력한 제재 조치가 필요하다. 또한 정규교원비율, 법인전입금 비율, 교육청 감사결과 이행 여부, 학생인권 존중지수 등을 포함한 학급 수

---

05 2017.05.15. 사학의 징계권은 '엿장수 맘대로'?
- 현행 사학법으로는 '사학비리 예방과 근절' 어려워
필자가 쓴 오마이뉴스 기사 참고, 인용

감축에 관한 객관적인 기준을 만들어 하나씩 적용하면 좋을 듯하다.

사학의 공공성 확보와 투명성 확대를 위해서는 결국 '민주적인 사학법 개정'이 정답이다. 그러나 전면적 개정이 현실적으로 어렵다고 한다면 독소조항을 제거하는 방식으로 법 개정을 추진하는 것도 하나의 전략일 것이다.

3. 나가며

학교는 누구를 위해서 존재해야 할까? 당연히 학생을 위해 존재해야 한다. 그러나 이 지극히 당연한 사실이 일부 사학에서는 지켜지지 않고 있다. 학교를 설립했다는 이유 하나만으로, 학교를 개인소유물로 여기고 장삿속으로 학교를 운영하며 전횡을 휘두르는 사학들이 적지 않다. 우리나라에서 사학은 치외법권적 특권을 누리고 있다고 보아도 과언이 아닐 것이다. 그로인해 얼마나 많은 사람들이 피해를 보고 있는가는 사립학교에 다녀보았거나 사립학교에 근무했던 사람이면 잘 알 것이다. 하루라도 빨리 사학법이 개정되어 학생들의 꿈을 훔치는 '사학비리'가 근절되기를 간절하게 바란다. 그래야만 사립학교 교직원들도 당당히 영혼 있는 삶을 영위할 수 있을 것이기 때문이다.

사학의 민주적 운영에 대하여

류 석 준
한국사립대학교수회연합회 이사

1. 서론

이 글의 주제가 "사학의 민주적 운영"이다. 모든 논의가 그러하듯 논의를 통하여 우리가 최종적으로 얻고자 하는 것은 그 논의의 대상이 무엇인가에 대한 이해이다. 사회과학자인 필자의 관점에서 이것이 인류의 위대한 발명인 실증적 방법론을 통해서이어야 함은 당연하다. 그러나 이러한 방법론은 불가해한 이유로 인해 너무 자주 우리의 결론을 이해가 아닌 오해의 늪으로 인도하고 만다. 그러나 이러한 한계에도 불구하고 우리 인간에게 보다 나은 수단이 부여되지 않고 있는 현실에서 실증적 경험을 통한 세계에 대한 이해는 불가피하다. 따라서 본 주제에 대한 객관적 이해도 발제자의 경험이라는 실증적 데이터에 의존할 수밖에 없다. 그러므로 발제자가 재직했던 영산대의 사례를 소개하는 것은 이러한 인간적 한계에 기인하는 것임을 널리 양해하여 주기 바란다. 뿐만 아니라 이러한 소개는 비민주적 대학교육 현장을 민주화하기 위한 치열한 노력이라는 점도 미리 밝혀둔다.

반증원리는 인간의 일천한 인식능력을 극복하기 위해 특히 과학적 실험과 같은 합리적 검증과정에서 널리 활용되고 있다. 이러한 반증원리에 따라 발제자는 비민주적 사학운영의 극명한 사례가 될 수 있는 영산대의 경우를 소개함으로써 사학의 민주적 운영의 최소한도의 개략을 제시하고자 한다. 이처럼 영산대 사례를 소개하는 데에는 그것이 최대한의 객관성을 담보할 수 있는 실증적 데이터라는 필자의 확고한 믿음뿐만 아니라 그것이 본 주제에 대한 최소한을 반증하기 위함이라는 목적성도 내포되어 있는 것이다.

또한 필자는 교육현장에서의 사학의 비민주적 몰상식이 실정법과 제도의 비호 하에 너무나 당연한 듯이 현실화되고 있다는 점을 통탄하며 이를 고발하고자 한다. 따라서 이와 관련한 「사립학교법」 상의 문제점과 「교원의 지위 향상 및 교육활동 보호를 위한 특별법」 상의 문제점도 함께 살펴볼 것이다.

2. 족벌사학의 상징 영산대

영산대 부구욱 총장은 영산대의 소위 운영자로서 대학운영에 있어 별다른 성과도 없으면서 단 한 번의 객관적 중간평가도 없이 2017년 현재 강산이 거의 두 번 변할 수 있는 기간인 무려 17년 동안 연속하여 5번째 총장직(이사이기도 함)을 수행하고 있다. 그리고 현재 영산대 이사장은 부구욱 총장의 배우자인데 그녀는 부구욱 총장의 모친인 전 이사장 생존시부터 상임이사였고, 전이사장 사망 후에 이사장으로 취임하였으므로 개교이래로 실질적인 이사장직을 지속적으로 수행하였다고 할 수 있다. 또한 법률시장의 열악한 상황 속에서 법조경력이 전무함에도 불구하고 부구욱 총장의 딸은 2016년 초 영산대 산학협력단 자문변호사로 위촉되었다. 이러한 사실은 특혜라는 의혹 하에 언론에 크게 보도되었다.

이러한 시스템 속에서 부구욱 총장은 이사회에 구속받지 않는 독자적 의사결정을 할 수 있는 지위에 있게 되었다. 그 최종적인 결과는 학교법인과 학교의 사유화이며 이후 상속세 한 푼 없이 대학의 소유권과 지배권을 왕위를 승계하듯 상속할 수 있게 되었다. 영산대는 이와 같은 과정들을 거쳐 족벌체제를 완비하였다. 그 구체적 증거 중 극히 일부만을 살펴보기로 하자.

1) 일반인의 윤리관을 의식할 필요 없는 거침없는 부구욱 총장의 제왕적 발언과 유서대필 판사의 경력

부구욱 영산대 총장은 2016년 6월 29일 수많은 교수들과 자신의 배우자인 이사장이 함께 모인 자리에서 "초임판사 시절 주 1회 이상 요정 또는 룸싸롱에서 접대를 받았고 그것이 당시 법원의 관행이었으며, 당시 (부구욱 초임판사 자신은) 그것이 범죄행위임을 몰랐다"는 취지로 말하였다. 이러한 발언 내용은 2017년 7월 21일 뉴스타파에서 보도하기도 하였다.

이러한 부구축 총장의 판사시절의 접대와 그러한 사실을 거침없이 밝힐 수 있는 윤리관이 자신이 내린 판결에는 아무 영향을 주지 않았을까? 부구욱 총장은 대표적인 증거조작 사건인 강기훈씨의 유서대필 재판의 2심 배석판사였다. 언론에서는 이와 관련하여 「'피해자'인 강기훈씨는 2심 재판 당시 부 총장의 책임을 직접 거론한 바 있다. 그는 지난해 1월 재심 결심 공판 당시 최후진술에서 "배석판사였던 부씨는 재심 전의 2심 판결 후에 법원에 '강기훈은 틀림없는 범인이고 필적감정이 아닌 정황증거로도 그렇다, 그는 선량한 사람을 기망해 온 악마다'는 내용의 회람문서를 작성해 돌렸다"며 "판사의 생각이 이 정도면 가히 압권이다, 이것은 편견이고 몰이성이며 법의 원칙과도 너무나 거리가 멀다"고 비판했다.」라는 내용을 보도한 바 있다.

2) 폐과와 학과부활을 자유자재로

2014년 초 부구욱 총장 마음대로 법률학과를 폐지하고, 공직인재학부를 만들었으나 2016년에 공직인재학부를 다시 폐과하고 법학과를 다시 만들었으며, 2017년 법학과를 다시 없애려다 학생들과 교수들의 반대에 부딪혀 일단 폐지는 하지 못했다. 그러나 2018년 입시에서 법학과 입시가 미달될 경우 교수 전원이 사직한다는 문서에 서명케 하였다. 그리고 이사회에서는 2018년 법학과 입시미달의 경우 교수들의 사직을 받고 법학과를 폐지하기로 의결하였다. 이러한 이사회의 의결 내용에 대해 법학과 재학생들은 대부분 모르고 있다. 2017년 현재 총장, 법학과 교수들, 입학처, 교무처, 이사회가 공모하여 이러한 사실을 숨기고 학생모집을 하고 있으니 범죄행위를 하고 있는 셈이다.

그리고 2014년 법률학과 폐지 시 학생들의 동의를 받았는데 그 방법이 매우 악랄했다. 교수의 수업시간에 교수가 학생들에게 동의서를 제시하면서 동의를 강요했고, 학과장이 동의를 할 때까지 같은 학생에게 수회 전화를 걸어 동의할 것을 요구했으며, 입학한지 한 달도 안된 신입생을 엠티에 데리고 가서 동의서를 받았다. 자기 자식들에게도 그렇게 할까? 이것이 우리나라 사립대 교육현장의 단면이다.

3. 민주주의의 최소한을 담보할 수 없는 법제

이상의 영산대의 상황을 종합해 보면 영산대는 구체제의 절대왕권과 같은 독점권력에 의해 지배되고 있다고 볼 수 있다. 그러나 역사적 반성은 왕의 지배를 더 이상 용납하지 않으며 왕정은 민주주의일 수 없음을 명확하게 확인 하고 있다. 그러므로 왕권을 옹호하는 법제는 최소한 민주사회에서 절대 용납될 수 없는 것이다.

민주사회에서 그 주권은 양도될 수 없다. 주권 양도의 가능성은 노예제의 부활을 의미하기 때문이다. 그러나 대의제를 채택하는 현대 민주국가에서 권력의 위임은 불가피하다. 그렇지만 위임된 권력은 철저히 분할되어 서로 견제해야만 한다. 혁명을 통하여 일인권력 통치를 종식시키고 성립된 민주사회에서 이러한 권력분할은 논리필연의 결과이다. 그런데 현행 사립학교법 등은 권력독점을 통하여 학교를 사유화하고 개인회사화 할 수 있는 근거를 마련함으로써 학교에 대한 제왕적 일인통치가 가능하게 하고 있다. 그것이 공교육과 관련된 것이라는 점에서 이러한 실정법제는 민주주의의 토대를 근본적으로 파괴하는 것이다. 이와 관련하여 사립학교법과 교원지위 향상을 위한 특별법의 내용을 살펴본다.

1) 사립학교법의 구조와 본질은 개인회사로서의 사학법인법

사립학교법은 제1장 총칙(제1조부터 제4조까지), 제2장 학교법인(제5조부터 제48조까지), 제3장 사립학교경영자(제49조부터 제51조까지), 제4장 사립학교교원(제52조부터 제67조까지), 제5장 보칙(제70조부터 제72조의2까지), 제6장 벌칙(제73조부터 제74조까지)으로 구성되어 있다. 이러한 본문에 관한 3 개장 중에서 2개장은 학교경영자에 대하여 규정하고 있다.

이처럼 동법은 학교의 경영에 대해 규정하고 있으면서도, 학교와 대학에 대해서는 전혀 규정하고 있지 않다. 예컨대 학교 혹은 대학이 무엇인지(정의) 혹은 학교(대학)는 무엇으로 구성(예컨대 인적 물적 구성요소 등)되고 성립될 수 있는지, 그 주체는 누구인지, 학교(대학)의 구성원은 각기 무슨 역할을 하는 것인지(예컨대 교원, 학생, 직원 등의 역할), 교육의 체계 속에서 등급별 학교에서는 무엇을 하는지(학교의 사회적 기능) 등에 대한 내용이 전혀 없다. 특히 대학교육은 초중등 교육 체계의 후행과정이라는 점에서, 중복체계가 되지 않기 위해 초중등교육과정과 차별화될 수 있는 명확한 규정을 필요로 한다. 이러한 구조에서는 헌법에서 선언하고 있는 대학자율에 관한 이념은 소위 사학의 운영자들에게 그 권리자의 지위를 부여하게 된다.

2) 개별규정들의 문제

사립학교법에는 대학이 사학법인의 권리의 객체로 되어 있는 규정, 대학평의원회 무력화 규정, 기이한 구성의 사학분쟁조정위원회 규정, 사학법인 사유화 규정(친인척 족벌경영 규정, 인사·징계위 규정, 정관개정자율화규정, 잔여재산귀속특례규정, 개방이사규정) 등의 사학운영의 비민주성을 조장할 수 있는 심각한 내용들이 규정되어 있다.

동법 제2조 제1호에서는 사립학교는 "사인이 설치...학교"라고 규정되어 있다. 이에 의하면 사립학교는 설치되는 수동적 존재에 불과할 뿐이다. 또한 동조 제2호는 학교법인은 "사립학교만을 ...설치, 경영할... 법인"이라고 규정하고 있다. 결국 사립학교는 주체가 아니라 그 설립의 주체인 학교법인의 경영의 객체로 해석되어야 한다.

대학평의원회는 동법 제3절 기관에 규정되어 있고 제3절은 제2장 학교법인에 위치하고 있다. 따라서 제3절의 기관은 학교법인의 기관이다. 그런데 대학평의원회(제26조의2)는 제3조 기관에 규정되어 있다. 이에 의하면 대학평의원회는 학교법인에 예속된 기관인 것으로 해석된다.

사분위의 법적 근거는 사립학교법 제24조의2이다. 본조는 학교법인(제2장)의 장, 기관(제3절)의 절에 규정되어 있다. 문리적으로만 해석한다면, 사분위는 학교법인의 하위개념적 조직으로 해석될 수도 있다. 물론 현실적으로 사분위가 학교법인의 예하 조직으로 해석될 수는 없다. 그러나 사분위가 우리나라에서 현재 사적 소유권이 인정되고 있는 학교법인의 의사에 반하지 않는 기관으로 작동해야 한다는 의미로 이해될 여지는 충분할 것으로 생각된다. 이에 의하면 사분위의 판단은 최소한 학교법인 운영자의 이익에 반하지 않는 방향으로 나아가야 한다.

사분위는 대통령 추천 3인, 국회의장 추천 3인, 대법원장이 추천하는 자5인으로 구성된다. 그리고 위원장은 대법원장이 추천한 5인 중 호선하게 되어 있다. 사분위에서 사법 권력이 상대적으로 우월한 지위에 있다고 볼 수 있다. 이것은 사학분쟁이 법적 분쟁임을 전제한 것으로 이해된다. 법적 분쟁해결은 원칙적으로 법원의 관할이다. 그러나 예외는 언제나 고려될 필요가 있으므로 반드시 원칙을 따라야 하는 것은 아니다. 그러나 민주체제의 존립 토대인 삼권분립의 정신을 고려할 때, 행정조직에서의 법적 분쟁에 대한 해결은 어디까지나 행정 조치로 그쳐야 하며, 그것이 사법 판단으로 이행되어서는 안된다.

그러나 사분위원 11명 중 대법원장이 추천하는5인과 그 중에서 호선되는 위원장은 위원회의 절차와 실체를 실질적으로 지배하게 될 가능성이 매우 농후하다. 이것은 행정에 대한 실질적 사법 우위의 상당한 위험을 초래하게 된다. 더 나아가 분쟁이 사분위에서 그치지 않고 사법절차로 진행되었을 경우, 대법원장의 영향 하에 심의된 사분위의 심의결과에 반한 사법판단이 가능한가에 대해서는 심각한 의문을 제기하지 않을 수 없다. 이러한 우려는 상지대 재판과정에서 여실히 드러났다고 할 수 있다. 사법권력으로 장악된 행정부(사분위)의 잘못된 사법적 판단은 삼권분립의 정신에 치명상을 입힌 전형적 사례로서 역사에 기록되어야 할 것이다.

뿐만 아니라 우리나라에서는 전통적으로 대통령과 국회의장이 여당 출신으로 선출된다는 점, 대법관을 대통령이 임명한다는 점에서 위원회의 구성과 위원회의 심의결과는 정치적으로 편향될 우려가 매우 크다. 반면에 그러한 여건 하에서 당사자인 대학 내의 구성원과 같은 입장에 처한 관점의 반영은 매우 취약할 것이다.

동법 제24조의4 제1항 제3호는 교수가 위원으로 위촉될 가능성을 열어 두고 있다. 그러나 대학의 구성원인 학생과 직원들의 위원으로서의 참여가능성은 원천적으로 차단되어 있다. 사립학교법이 학생과 직원에 대한 규정을 두고 있지 않은 점이 반영되었을 것 생각된다. 또한 위원 후보군의 구성을 보면 사립학교에서 사립학교의 구성원은 유의미한 존재가 아님을 잘 알 수 있다. 이러한 점에서 학교법에는 반드시 교원, 학생, 직원에 대한 규정이 다른 어떤 규정보다 우선적으로 선행되어야만 한다.

더 나아가 사립학교법 제24조의2 제1항에 의하면 사분위는 교육부장관 소속으로 두게 되어 있다. 그런데 본 규정은 학교법인의 기관의 절에 규정되어 있다. 따라서 본 조항은 법적으로 학교법인과 교육부가 서로 다른 기관이 아님을 규정하고 있다고 해석할 수도 있다. 사분위와 교육부, 사학법인이 한 몸통이거나 아니면 너무 친한 조직과 기관임을 자인하는 규정이라는 의문을 제기하지 않을 수 없는 대목이다

학교 사유화 방지의 최소한의 장치로 2005년 신설되었던 사립학교법 제54조의3 제3항을 2007년 실질적으로 폐지함으로써 학교사유화 합법화의 길을 열었다. 소위 운영자로 불리는 자는 총장직을 차지하고 배우자를 이사장에 앉힘으로써, 학교와 학교법인의 운영을 독점하여 온갖 불법과 전횡을 일삼고 있음에도 견제하거나 통제할 방법이 없게 되었다. 그리고 교원인사위원회의 존재 근거에 대해서는 동법 제53조의4에 규정하고 있으나 그 조직, 기능, 운영에 관해서는 학교법인의 정관 등에 규정하게 함으로써 이를 모두 학교법인의 운영자에게 맡기고 있는 셈이다. 사립학교법은 정관의 변경에 대해 교육부장관 보고사항으로 규정하고 있다. 따라서 동법은 학교법인의 운영자에게 인사에 관한 모든 권한을 부여하

고 있다고 해도 과언이 아니다.

동법 제14조 제3, 4, 5, 6항에서는 개방이사에 관하여 규정하고 있다. 2005년 개정 당시에 개방이사는 대학평의원회에서 추천하도록 규정되어 있었다. 그러나 2007년 개정을 통하여 대학평의원회에 개방이사추천위원회를 별도로 두게 되었다. 그리하여 이 규정의 개방이사는 그 의미를 상실하게 되었다. 왜냐하면 개방이사추천위원 정수 1/2(5명인 경우 3명)만을 대학평의원회 등이 추천할 수 있도록 하고, 2배수 추천(개방이사 정원이 2명이면 4명 추천)된 후보 중에서 학교법인이 정하게 함으로써, 결국 운영자가 원하는 자를 개방이사로 정할 수 있게 규정하고 있기 때문이다. 이러한 규정들은 학교사유화의 효율적 장치로 작동하고 있다.

3) 교원의 지위 향상 및 교육활동 보호를 위한 특별법 제10조 제3항에서의 학교법인 등에게 부여된 행정소송 제기 권한의 문제

2007년 법개정을 통하여 제10조 제3항에서의 행정소송 제기의 권한을 학교법인 등에 부여하였다. 이것은 2006년 동 규정에 대한 위헌 결정에 의한 것이었다. 그런데 동규정에 대한 이러한 헌재의 관점은 그 판단의 전제인 사립학교의 법적 지위에 있어서 98년 헌재의 관점과 완전히 정반대 관점을 취하고 있다. 사립학교를 법적으로 공교육기관으로 볼 것인가 아니면 회사(사인)로 볼 것인가의 문제이다.

(1) 사립학교를 공교육기관으로 보는 98년 헌재의 결정(1998. 7. 16. 95헌바19)

본 헌재의 결정 요지에 "사립학교 및 그 교원이나 국·공립학교 및 그 교원은 국가의 공교육을 담당한다는 점에서 본질적으로 차이가 없음을 전제로"라고 판시하고 있다. 당시 헌재는 이를 전제로 하여 교원소청심사를 행정심판과 유사한 제도라고 설시하였고, 이에 따라 특별법 제10조 제3항에서 학교법인 등에게 행정소송 제기 권한을 부여하지 않은 것을 위헌이 아니라고 하였다.

(2) 사립학교를 회사로 보는 2006년 헌재 결정(2006. 2. 23. 2005헌가7, 2005헌마1163(병합) 전원재판부)

그러나 95헌바19의 반대의견에서는 "사립학교 교원에 대한 재심위원회의 결정은 행정처분이고, 사법인(私法人)인 학교법인과 교원과의 법률관계는 사법(私法)적 관계이지 공법상의 권력관계로 볼 수 없으므로"라는 주장을 하고 있다. 2006년 헌재는 위 반대의견을 그대로 수용하고 있다. 이에 따라 2007년 5월 특별법 제10조 제3항의 주체에 사립학교 등이 포함되었다. 뿐만 아니라 불복기간도 60일에서 90일로 개정되었다. 입법자의 악의가 너무나 노골적으로 보인다.

교원지위향상 특별법은 왜 존재하는가? 헌재는 "재심결정은 특정한 법률관계에 대하여 의문이 있거나 다툼이 있는 경우에 행정청이 공적 권위를 가지고 판단·확정하는 행정처분에 해당한다"고 판시하고 있다. 사인간의 법률분쟁에 교육부가 관여할 수 있는 법적 근거가 무엇인가? 즉 교육부가 법률문제에 대해 판단·확정할 수 있는 근거는 무엇인가? 법률문제에 대한 판단·확정은 재판이 아닌가? 교육부는 무슨 권한으로 사인의 법률문제를 재판할 수 있는가? 헌재는 삼권분립의 원칙의 예외가 허용될 수 있는 이유가 무엇인가에 대해서는 판시하고 있지 않다. 예외인정사유가 없다면 이러한 헌재의 관점에서 교원소청제도는 위헌적 제도이다. 그렇다면 2006년 이후, 최소한 2007년 법개정시에 교원소청제도를 폐지했어야 한다. 그러나 교원소청 절차는 그 이후에도 여전히 존재하고 있었고, 이후에도 수많은 결정을 하여왔다. 이것을 어떻게 해명할 것인가?

(3) 권리구제 수단의 적절성 판단의 선결요건인 교원의 신분보장과 권리구제

2006년도 헌재는 권리구제 수단의 적절성(아마도 비례의 원칙)과 관련하여 “재심절차에서 교원의 청구가 인용되는 경우 교원은 확정적·최종적으로 징계 등 불리한 처분에서 벗어나게 되므로 그 수단의 적절성도 인정”된다고 판시하고 있다. 그리고 이러한 취지는 “학교법인에게 재심결정에 불복할 제소권한을 부여한다고 하여 이 사건 법률조항이 추구하는 사립학교 교원의 신분보장에 특별한 장애사유가 생긴다든가 그 권리구제에 공백이 발생하는 것도 아니므로”라는 표현으로 재차 강조 되고 있다.

이러한 헌재의 판시에는 자기 불신의 의미가 내포되어 있다. 예컨대 학교법인이 공교육을 부담하고 있으면서도 학교법인이 교원에게 임금을 지급하기 때문에 사법인일 뿐이라는 대전제의 자체모순에 대한 근본적 회의 그리고 이러한 권한부여로 인하여 교원에게 어떠한 신분상의 불이익 등이 발생할 개연성이 상당할 것이라는 우려 등이 그것이다. 이러한 우려 때문에 헌재는 "확정적 최종으로...불리한 처분에서 벗어나게“된다거나 "신분상의 특별한 장애사유...권리구제에 공백“이라는 표현을 반복적으로 강조하여 명시한 것으로 이해된다.

더욱이 2006년 헌재는 “재심결정(교원소청결정)은 특정한 법률관계에 대하여 의문이 있거나 다툼이 있는 경우에 행정청이 공적 권위를 가지고 판단·확정하는 행정처분에 해당한다.”고 명확하게 정의하고 있다. 즉 재심결정은 확정적 행정처분이므로 확정적 법적 효력이 발생한다는 점을 명시하고 있는 것이다. 이에 의하면 이러한 재심 인용결정의 최종적 확정적 법적 효력에 따라 교원은 학교로 바로 복직이 되는 것이 2006년 헌재의 관점에서의 합헌적 상태이다. 그러나 현실은 이와 정반대의 양상으로 전개되었다. 현재 교원소청의 인용결정에도 불구하고 학교법인이 행정소송을 제기함과 동시에 해당 교원들은 대부분 학교로 돌아가지 못하고, 임금도 지급받지 못하는 엄청난 불이익을 감수하면서 행정소송뿐만 아니라 별도의 민사소송에 얽매이게 된다. 이것은 2006년 헌재의 관점에서도 당장 해결되었어야 할 위헌적 상황이었다. 그러나 이러한 상황은 현재에도 지속되고 있다.

따라서 본 특별법 상의 학교법인 등의 행정소송제기권 부여 규정은 이 규정의 입법 근거가 되고 있는 2005헌마1163의 관점에서도 위헌이다. 이러한 위헌적 규정은 사립학교 운영자들의 인사전횡을 통한 사립학교 교원의 실효적 지배를 합법화 하고 있다는 점에서 사학 민주화 있어 암적 요소로 작용하고 있는 것이다.

4. 결론

사립학교가 회사라는 2006년 헌재의 관점을 수용한다면 우리의 선택은 교수노조 설립을 요구하는 방법밖에는 없지 않은가? 아니라면 위 헌재의 결정의 내용을 바꾸는 노력이 필요할 것이다. 그러한 헌재 결정의 변경 없는 다른 노력들은 임시방편에 불과할 것이다. 아니면 현재의 사립학교법 시스템을 그대로 두고, 현 정부가 지향하고 있는 국공립-공영형 사립-자율형 사립으로 재편하면서, 국공립과 공영형사립학교에 대해 국가가 국고를 지원하고 자율형의 경우에는 회사이므로 스스로 자립하도록 하는 정책추진이 하나의 대안이 될 것으로 생각된다. 회사에 국가가 특별하게 국고를 지원할 이유는 없기 때문이다.

왕은 민주사회에서 절대 용납될 수 없다. 따라서 사학의 제왕적 지배 상황은 청산되어야할 적폐임이 분명하다. 그러나 그러한 적폐를 법과 제도가 옹호하고 있다. 법제도의 개혁이 시급하다. 그러나 사학의 민주적 운영의 가장 큰 걸림돌은 이해 당사자의 관심과 인식이 문제이다.

바람직한 대학재정지원 방안

박 정 원
상지대 경제학과

1. 들어가는 말

어느 부문이든, 정책의 방향을 확실히 알려면 예산투입 방향을 살펴보면 된다. 예산이 정책방향을 실질적으로 나타내고 있기 때문이다. 고등교육정책 역시 마찬가지다. 1995년 김영삼정부에 의해 소위 「5.31 교육개혁안」이 발표된 이후 정권이 여러 차례 바뀌었어도 한국의 고등교육은 언제나 신자유주주의 정책의 틀을 벗어나지 못했다. 감독기관인 교육부의 대학통제, 승자독식의 교육재정배분, 대학의 취업기관화 등의 정책이 20년간 지속되었음을 의미한다.

한국정부의 대학에 대한 일방적 통제와 규제는 대학운영 전 분야에 걸쳐서 이루어졌는데, 중세 이후 세계대학사에서 유례를 찾아볼 수 없을 정도로 심각했다. 이명박정권 이후 신자유주의 성격이 더욱 강화되어 과거 엄청난 교육 비리를 자행하여 퇴출되었던 비리 사학재단들을 대거 복귀시키고, 사학재단들에 대해 거의 무제한한 사학 통치권을 보장했다.

신자유주의 고등교육정책이 초래한 성과는 대학교육의 낙후, 대학의 서열화의 심화, 사학재단의 전횡과 부패, 학습권 및 교권과 노동권의 추락 등으로 나타났다. 이로써 한국의 고등교육은 계층이동을 보장하는 사다리가 아니라 오히려 이를 가로막는 장벽이 되었다.

교육재정의 문제는 재정규모가 적정한가의 문제와 함께 공정하게 배분되고 있느냐의 관점에서 봐야 한다. 이를 위해 우리나라 고등교육재정 규모가 과연 작은지 다시 한 번 확인해 보고, OECD회원국들과 비교해 볼 것이다. 다음으로 배분방식에 대해서도 살펴볼 것이다. 고등교육재정이 각 대학들에 공정하게 분배되는가, 그리고 대학의 자치와 자율을 강화할 수 있는 방식으로 배분되었는지를 파악하고자 한다.

'교육의 공공성 강화'와 '고등교육의 질 제고' 및 '교육민주주의 회복'을 국정과제로 내건 문재인 정부는 이런 난맥상을 극복하고 대학의 자율과 자치를 보장함과 동시에 대학교육이 공공성을 회복하고 정상적 발전을 할 수 있도록 재정지원방식을 개선해야 한다. 이 개선을 통해 낙후한 고등교육부문을 경쟁력 있는 부문으로 발전시킬 수 있을 것이다. 이와 관련 결론부분에서 몇 가지 정책적 대안을 제시할 예정이다.

2. 고등교육재정 규모의 문제

1)초등학생 수준의 학생 1인당 교육비

대학교육은 (준)공공재 또는 가치재로서 국가의 지원이 필요한 분야이다. 대학의 주된 기능인 교육과 연구 및 학생복지는 모두 돈이 드는 일로서 상당한 수준의 재정투입을 필요로 한다. 특히 국가간 학생교류(유학)가 증가하면서 외화유출 방지와 외국 유학생 유치를 위해 대학의 경쟁력 측면이 중요하며 이에 따라 과감한 투자가 필요하다.

현재 한국의 학생 1인당 교육비는 참담한 수준이다. 〈표 1〉에서 보듯이 초등학생에 비교한 대학생의 1인당 교육비가 아이슬란드와 더불어 세계 최저 수준이다. 한국의 대학생은 초등학생 교육비의 1.2배에 불과한 교육비로 공부하고 있다. 참고로, OECD 평균은 1.9배이며, 터키는 3.7배, 미국은 2.5배에 이르고 있다.

〈표 1〉 초등학생 대비 중고등학생 및 대학생1인당 교육비 크기 비교
(2013, 초등=100)

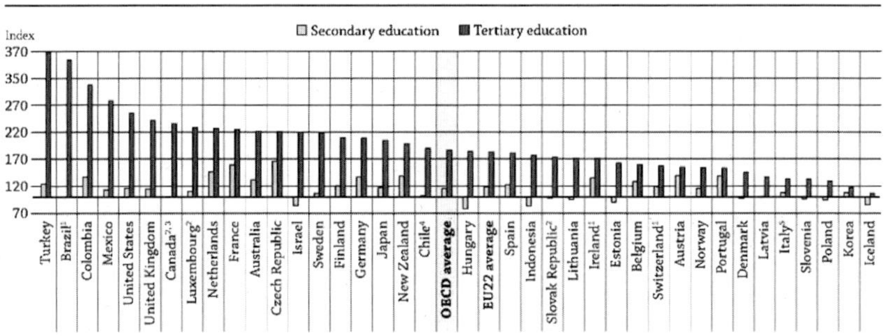

자료: Education at a Glance 2016. OECD.

실제 지출된 교육비 액수로 확인해 보자. 〈표 2〉에서 보면 한국의 대학생은 1인당 연간 9,323불의 빈약한 교육비로 학습하고 있다. 어처구니없게도 한국의 초등학생(7,958불)이나 중고등학생(9,801불)과 비교해 큰 차이가 없다. 자녀의 초중고교시절 교육여건에 큰 관심을 쏟았던 학부모들이 대학교육재정에 대해 그다지 관심을 표명하지 않는 점이 그 원인의 하나가 아닌가 한다.

참고로, OECD 회원국들의 대학생 1인당 평균교육비는 15,772불로서 룩셈부르크 40,933불, 미국 27,924불, 영국 25,774불, 스위스 25,126불, 스웨덴 23,219불, 프랑스 16,194불, 독일 16,895불 등의 수준을 보이고

있다. 우리나라 대학생들이 모두 특별한 영재가 아닌 이상 교육선진국들의 교육성과를 뛰어넘기 어려운 구조임을 알 수 있을 것이다.

〈표 2〉 대학생 1인당 연간 교육비 지출액 비교(2013, USD, PPP)

Table B1.1. Annual expenditure per student by educational institutions for all services (2013)

In equivalent USD converted using PPPs for GDP, by level of education, based on full-time equivalents

		Secondary						Tertiary (including R&D activities)			
			Upper secondary								
OECD	Primary	Lower secondary	General programmes	Vocational programmes	All programmes	All secondary	Post-secondary non-tertiary	Short-cycle tertiary	Bachelor's, master's and doctoral degrees	All tertiary	Primary to tertiary
	(1)	(2)	(3)	(4)	(5)	(6)	(7)	(8)	(9)	(10)	(11)
Australia	8 289	11 431	12 113	6 631	10 203	10 932	6 631	10 008	19 916	18 337	**11 169**
Austria	10 780	14 831	13 260	16 554	15 255	15 024	5 322	16 453	16 742	16 695	**14 361**
Belgium	9 957	12 267	13 158[d]	12 927[d]	13 020[d]	12 763[d]	x(5)	9 366	16 148	15 911	**12 407**
Canada[1, 2]	9 130[d]	x(1)	x(5)	x(5)	12 086	m	m	14 764	25 083	21 458	**12 967**
Chile[3]	4 021	4 099	4 128	4 171	4 141	4 127	a	4 079	9 084	7 642	**5 092**
Czech Republic	4 730	8 061	6 560	8 073	7 682	7 861	2 221	16 478	10 417	10 432	**7 493**
Denmark	11 355	11 906	x(5)	x(5)	10 165	10 933	a	x(10)	x(10)	16 460	**12 294**
Estonia	7 138	7 009	4 778	7 987	5 909	6 417	7 039	a	11 607	11 607	**8 107**
Finland	8 519	13 312	7 788	9 172[d]	8 786[d]	10 237[d]	x(4)	a	17 868	17 868	**11 221**
France	7 201	9 947	13 120	14 504	13 643	11 482	9 549	13 784	16 998	16 194	**10 907**
Germany	8 103	9 967	10 854	15 343	13 093	11 106	10 465	9 626	16 896	16 895	**11 545**
Greece	m	m	m	m	m	m	m	m	m	m	**m**
Hungary	5 435	3 994	4 513	4 233	4 439	4 236	4 154	7 795	10 221	9 980	**5 591**
Iceland	10 569	11 276	6 548	10 458	7 743	9 041	13 029	8 494	11 314	11 256	**10 067**
Ireland[4]	8 002	10 773	10 840	a	10 840	10 001	12 000	x(10)	x(10)	13 663	**10 065**
Israel	6 941	x(5)	5 067	8 727	5 831[d]	5 831	2 672	5 904	17 446	15 185	**7 840**
Italy[5]	8 392	8 797	x(5)	x(5)	9 174	9 023	m	7 962	11 177	11 172	**9 238**
Japan	8 748	10 084	x(5)	x(5)	10 459[d]	10 273[d]	x(5, 10)	11 339[d]	19 641[d]	17 883[d]	**11 309**
Korea	7 957	7 324	x(5)	x(5)	9 801	8 592	m	5 370	10 491	9 323	**8 658**
Latvia	5 974	6 016	6 280	5 608	6 005	6 010	6 135	8 814	8 088	8 193	**6 526**
Luxembourg[2]	17 959	20 076	20 742	18 571	19 473	19 762	1 403	22 173	42 435	40 933	**21 320**
Mexico	2 717	2 473	4 669	3 273	4 126	3 065	a	x(10)	x(10)	7 568	**3 387**
Netherlands	8 371	12 334	10 244	13 118	12 200	12 269	11 016	11 381	18 987	18 947	**12 247**
New Zealand	7 354	9 191	10 709	13 152	11 328	10 198	9 852	10 960	15 419	14 585	**10 045**
Norway	13 274	14 103	x(5)	x(5)	16 153[d]	15 283[d]	x(5)	x(5)	20 370	20 370	**15 400**
Poland	6 919	6 900	5 381	6 865[d]	6 178[d]	6 505	4 699	11 800	8 918	8 929	**7 195**
Portugal	7 258	9 667	x(5)	x(5)	10 503[d]	10 074[d]	x(5, 10)	a	11 106	11 106	**9 218**
Slovak Republic[2]	5 942	5 755	4 693	6 464	5 839	5 795	6 453	6 254	10 370	10 321	**6 735**
Slovenia	9 121	10 085	8 832	7 342	7 872	8 739	a	4 092	13 360	12 064	**9 597**
Spain	6 956	8 303	8 348	9 467[d]	8 729[d]	8 520[d]	x(4)	9 086	10 611	12 004	**8 733**
Sweden	10 664	11 306	8 949	14 126	11 389	11 354	4 117	6 478	24 818	23 219	**13 072**
Switzerland[4]	15 930	19 698	17 530[d]	18 855[d]	18 479[d]	18 994[d]	x(5)	x(5)	25 126	25 126	**19 052**
Turkey	2 894	3 337	3 580	4 217	3 914	3 590	a	x(10)	x(10)	10 637	**4 482**
United Kingdom	10 669	13 092	13 022	9 041	11 627	12 200	a	x(10)	x(10)	25 744	**13 613**
United States	10 959	11 947	x(5)	x(5)	13 587	12 740	x(10)	x(10)	x(10)	27 924[d]	**15 720**
OECD average	8 477	9 980	9 066	9 955	9 990	9 811	6 905	10 107	16 199	15 772	**10 493**
EU22 average	8 545	10 210	9 520	10 553	10 087	10 053	6 554	10 769	15 537	15 664	**10 548**

자료: Education at a Glance 2016, OECD.

〈표 3〉은 교육비 지출의 구성-핵심교육비용, 부대비용 및 R&D-을 보여주고 있다. 표에서 보면, 한국은 보조비용(교통비, 음식비, 주거비 등) 지출이 낮아(연간 81불 vs. OECD 평균 713불) 학생복지가 대단히 빈약함을 알 수 있다. 절대액이 작기 때문에 교육비의 거의 대부분을 핵심교육비로 사용하고 있음을 알 수 있다. 한국은 R&D 지출액 역시 1인당

1,770불에 불과해 OECD평균 4,837불에 크게 미치지 못하고 있다.

〈표 3〉 학생 1인당 연간 교육비지출 구성(2013, USD, PPP)

In equivalent USD converted using PPPs for GDP, by level of education and type of service, based on full-time equivalents

		Primary, secondary and post-secondary non-tertiary			Tertiary				Primary to tertiary			
		Educational core services	Ancillary services (transport, meals, housing provided by institutions)	Total	Educational core services	Ancillary services (transport, meals, housing provided by institutions)	R&D	Total	Educational core services	Ancillary services (transport, meals, housing provided by institutions)	R&D	Total
		(1)	(2)	(3)	(4)	(5)	(6)	(7)	(8)	(9)	(10)	(11)
OECD	Australia	9 315	131	**9 446**	10 588	561	7 188	**18 337**	9 562	214	1 393	**11 169**
	Austria	12 735	611	**13 346**	12 245	153	4 297	**16 695**	12 587	472	1 303	**14 361**
	Belgium	11 280	305	**11 585**	9 877	362	5 672	**15 911**	11 013	316	1 078	**12 407**
	Canada[1, 2]	9 740	484	**10 224**	13 790	1 124	6 544	**21 458**	10 729	640	1 598	**12 967**
	Chile[3]	m	m	**4 076**	m	m	366	**7 642**	m	m	104	**5 092**
	Czech Republic	6 160	417	**6 578**	6 644	77	3 711	**10 432**	6 275	336	882	**7 493**
	Denmark	m	m	**11 127**	m	m	9 144	**16 460**	m	m	2 001	**12 294**
	Estonia	6 687	99	**6 786**	7 456	1	4 150	**11 607**	6 897	72	1 137	**8 107**
	Finland	8 551	1 028	**9 579**	10 883	0	6 986	**17 868**	9 013	824	1 384	**11 221**
	France	8 419	1 251	**9 670**	10 217	860	5 118	**16 194**	8 760	1 177	970	**10 907**
	Germany	9 994	273	**10 267**	9 085	795	7 015	**16 895**	9 819	373	1 353	**11 545**
	Greece	m	m	**m**	m	m	m	**m**	m	m	m	**m**
	Hungary	4 077	512	**4 589**	7 108	1 265	1 607	**9 980**	4 641	652	299	**5 591**
	Iceland	m	m	**9 773**	m	m	m	**11 256**	m	m	m	**10 067**
	Ireland[4]	9 302	0	**9 302**	10 206	0	3 458	**13 663**	9 460	0	605	**10 065**
	Israel	6 216	166	**6 382**	10 841	50	4 293	**15 185**	6 982	147	711	**7 840**
	Italy[5]	8 386	398	**8 784**	6 766	404	4 001	**11 172**	8 023	397	817	**9 238**
	Japan[6]	m	m	**9 537**	m	m	m	**17 883[d]**	m	m	m	**11 309[d]**
	Korea	7 489	831	**8 320**	7 472	81	1 770	**9 323**	7 483	578	596	**8 658**
	Latvia	m	m	**5 995**	m	m	1 575	**8 193**	m	m	381	**6 526**
	Luxembourg[2]	18 260	1 219	**19 479**	26 657	862	13 414	**40 933**	18 981	1 188	1 151	**21 320**
	Mexico	m	m	**2 877**	m	m	1 640	**7 568**	m	m	178	**3 387**
	Netherlands	10 552	a	**10 552**	11 856	a	7 091	**18 947**	10 815	a	1 431	**12 247**
	New Zealand	m	m	**8 986**	m	m	2 956	**14 585**	m	m	555	**10 045**
	Norway[6]	14 300[d]	0[d]	**14 300[d]**	11 683	173	8 522	**20 379**	13798	33	1 636	**15 466**
	Poland[4]	6 474	170	**6 644**	7 159	208	1 562	**8 929**	6 639	179	376	**7 195**
	Portugal[6]	7 976	766	**8 741**	5 747	634	4 725	**11 106**	7 526	739	953	**9 218**
	Slovak Republic[2]	4 987	866	**5 852**	5 633	1 625	3 062	**10 321**	5 115	1 012	607	**6 735**
	Slovenia	8 252	657	**8 910**	9 494	307	2 263	**12 064**	8 523	581	494	**9 597**
	Spain	7 151	612	**7 764**	8 623	568	3 412	**12 604**	7 453	603	699	**8 755**
	Sweden	9 741	1 173	**10 914**	10 814	0	12 405	**23 219**	9 929	968	2 176	**13 072**
	Switzerland[4]	m	m	**17 679**	m	m	14 121	**25 126**	m	m	2 604	**19 052**
	Turkey	m	m	**3 327**	m	m	2 077	**10 637**	m	m	328	**4 482**
	United Kingdom	10 897	646	**11 545**	15 825	4 895	5 024	**25 744**	11 615	1 265	733	**13 613**
	United States[6]	10 842	1 001	**11 843**	21 170[d]	3 679[d]	3 075[d]	**27 924[d]**	13 332	1 646	741	**15 720**
	OECD average	8 736	522	**9 258**	10 222	713	4 837	**15 772**	9 004	552	936	**10 493**
	EU22 average	8 855	574	**9 429**	9 890	669	5 104	**15 664**	8 990	579	979	**10 548**

자료: Education at a Glance 2016, OECD.

2) 학생/학부모의 지출에 의존하는 대학교육

〈표 4〉는 학교급별 공사 교육비 지출 구성을 보여 주고 있다. 한국은 초중등교육이나 고등교육 모두 공적 지출보다 사적 지출이 크다. 특히 한국은 고등교육비 공적부담이 가장 작은 나라로서 국가부담은 40%에도 미달하고 있다. 그 결과, 가계가 교육비의 상당부분을 부

담하지 않을 수 없는 상황이다. 높은 교육비 부담은 가계의 지출에 상당한 압박요인이 되고 있다. 이에 비해 오스트리아, 덴마크, 핀란드, 아이슬란드, 노르웨이 등 서유럽 복지국가들은 오히려 사적부담이 10%미만이다. 국가가 교육을 책임지고 있는 것으로서, 교육이 (준)공공재임을 이들 국가의 국민들이 인정하고 있어 가능하다고 할 수 있다.

〈표 4〉 OECD 회원국 학교 급별 공사 교육비 구성(2013)

Figure B3.2. **Distribution of public and private expenditure on educational institutions (2013)**
***By level of education*[1]**

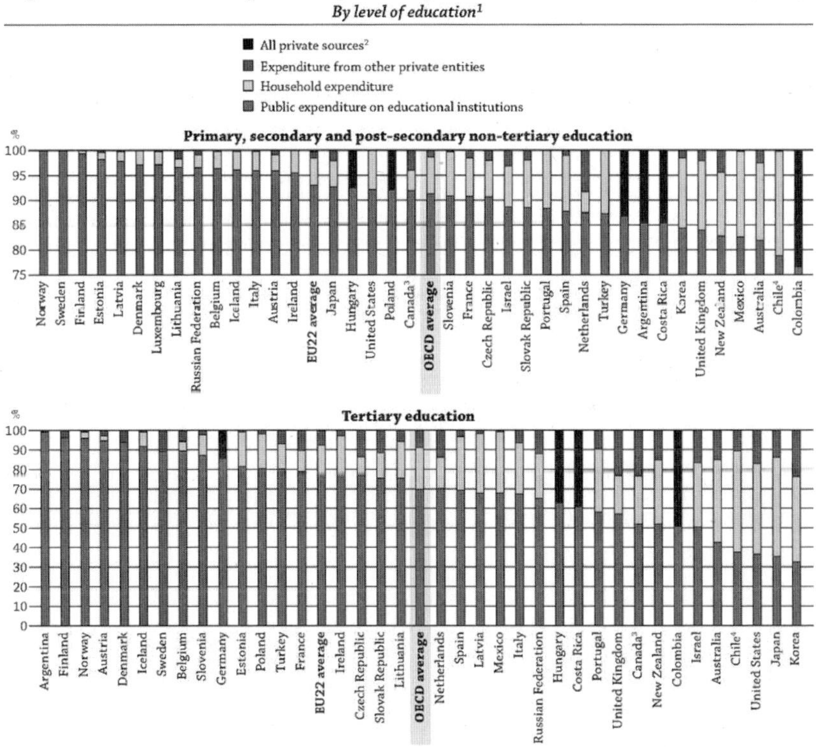

자료: Education at a Glance 2016, OECD.

3) OECD 평균의 38%에 불과한 예산지원액

〈표 5〉 각 급 학교 공사립별 학생 1인당 공적 예산(2013, USD, PPP)

Table B3.3. Annual public expenditure on educational institutions per student, by type of institution (2013)

In equivalent USD converted using PPPs for GDP, by level of education and type of institution

	Primary			Lower secondary			Upper secondary			Tertiary			Primary to tertiary		
	Public	Private	Total	Public	Private	Total	Public	Private	Total	Public	Private	Total	Public	Private	Total
	(1)	(2)	(3)	(4)	(5)	(6)	(7)	(8)	(9)	(10)	(11)	(12)	(13)	(14)	(15)
OECD															
Australia	8 418	7 402	8 102	10 764	6 871	9 239	10 552	5 021	8 470	8 426	382	7 740	9 178	6 199	8 299
Austria	10 735	5 326	10 413	14 993	8 394	14 372	15 309	9 688	14 511	17 288	8 215	15 794	14 480	7 990	13 704
Belgium	11 011	8 497	9 656	12 464	11 316	11 754	13 682[d]	11 803[d]	12 495[d]	15 101	12 869	13 808	12 759	10 890	11 660
Canada[1]	8 841[d]	2 228[d]	8 392[d]	x(1)	x(2)	x(3)	11 715	2 913	11 109	12 145	m	m	10 449	m	m
Chile[2]	4 509	2 301	3 151	4 529	2 343	3 286	4 370	2 615	3 264	6 514	2 195	2 866	4 749	2 339	3 114
Czech Republic	4 384	4 010	4 377	7 493	5 255	7 424	7 168	4 439	6 775	7 651	493	6 753	6 425	2 917	6 153
Denmark	11 996	10 354	11 745	11 572	13 834	12 190	10 158	8 422	10 118	14 338	0	14 047	12 019	11 398	11 947
Estonia	7 086	4 440	6 999	6 960	4 442	6 890	5 832	4 153	5 787	10 287	6 427	7 068	6 957	6 194	6 765
Finland	8 463	9 717	8 485	13 342	11 590	13 258	8 567[d]	9 163[d]	8 678[d]	20 591	9 390	17 168	11 281	9 420	11 027
France	7 144	3 966	6 708	10 114	5 460	9 120	13 750	7 526	12 044	14 347	4 299	12 479	10 468	5 439	9 492
Germany	x(3)	x(3)	7 913	x(6)	x(6)	9 647	x(9)	x(9)	9 866	x(12)	x(12)	14 140	x(15)	x(15)	9 920
Greece	m	m	m	m	m	m	m	m	m	m	m	m	m	m	m
Hungary	5 411	3 307	5 111	3 779	3 167	3 687	3 487	5 836	4 049	7 008	2 481	6 275	4 729	4 157	4 621
Iceland	10 606	5 505	10 445	11 064	18 249	11 132	7 126	5 887	6 877	10 333	7 541	9 775	9 834	6 484	9 459
Ireland	7 845	0	7 807	10 064	a	10 064	10 216	0	10 054	10 321	0	9 994	9 201	0	9 106
Israel	8 044	4 727	7 285	x(7)	x(8)	x(9)	3 663[d]	13 994[d]	5 152[d]	1 775	7 660	6 892	5 722	7 701	6 330
Italy	8 062	579	7 562	8 455	901	8 157	8 522	4 348	8 212	7 815	1 888	7 264	8 408	2 413	7 994
Japan	x(3)	x(3)	8 664	x(6)	x(6)	9 571	x(9)	x(9)	8 888	x(12)	x(12)	6 855	x(15)	x(15)	8 510
Korea	7 974	1 496	7 871	7 443	7 043	7 371	8 344	6 432	7 510	11 079	1 889	3 684	8 245	3 298	6 298
Latvia	5 816	5 491	5 811	5 840	6 315	5 847	5 849	1 901	5 733	3 696	5 223	5 104	5 779	5 144	5 628
Luxembourg	18 386	2 860	16 838	21 281	9 017	18 909	20 406	9 355	18 435	40 369	m	m	21 273	m	m
Mexico	2 560	8	2 340	2 338	16	2 092	3 676	0	3 006	7 426	0	5 129	3 073	6	2 676
Netherlands	8 475	0	8 450	12 247	0	11 983	9 116	0	8 557	14 565	0	13 209	10 652	0	10 246
New Zealand	6 841	1 606	6 746	8 213	1 750	7 898	8 963	5 728	8 522	8 218	2 823	7 570	7 763	3 759	7 464
Norway	13 542	5 229	13 274	14 452	4 906	14 103	15 939[d]	17 845[d]	16 153[d]	22 355	5 628	19 873	15 810	9 882	15 369
Poland	6 364	5 293	6 315	6 364	4 686	6 269	5 609	5 235	5 574	8 149	972	6 544	6 590	2 531	6 122
Portugal	7 212	1 309	6 503	9 758	3 128	8 920	9 874[d]	2 036[d]	8 274[d]	6 668[d]	2 308[d]	5 883[d]	8 182	2 081	7 263
Slovak Republic	5 136	6 320	5 215	5 113	5 612	5 145	5 395	3 856	5 162	7 630	165	6 824	5 696	3 790	5 514
Slovenia	8 261	5 168	8 240	9 100	12 279	9 110	6 971	6 494	6 958	8 861	4 008	8 434	8 190	4 877	8 092
Spain	7 107	3 324	5 889	9 001	4 496	7 564	9 195[d]	3 761[d]	7 825[d]	10 190	964	8 685	8 644	3 396	7 204
Sweden	10 668	10 627	10 664	11 445	10 558	11 306	11 739	10 040	11 389	20 782	14 928	20 167	12 873	10 528	12 537
Switzerland	14 707	m	m	18 206	m	m	11 563[d]	m	m	25 974	m	m	16 666	31 950	17 424
Turkey	2 531	0	2 452	2 947	0	2 849	3 565	0	3 409	7 867	0	6 935	3 675	0	3 497
United Kingdom	9 114	10 991	9 350	12 037	10 129	11 003	12 428	8 109	9 260	a	14 209	14 209	10 200	10 489	10 437
United States	11 010	898	10 176	11 857	1 159	11 000	13 324	1 529	12 360	12 374	5 051	10 134	11 897	3 253	10 724
OECD average	8 383	4 290	7 847	9 774	6 176	9 070	9 252	5 743	8 620	12 263	4 207	9 719	9 433	5 951	8 578
EU22 average	8 434	5 079	8 098	10 071	6 873	9 649	9 664	5 804	9 036	12 929	4 676	10 693	9 740	5 455	8 767

자료: Education at a Glance 2016, OECD.

〈표 5〉는 공립대학과 사립대학 재학생 1인당 공적 지출액(2013)을 비교한 것이다. 한국은 공립대학 학생 1인당 11,079불을 지원하는데 비해 사립대학은 1,889불에 불과하며, 전체 학생 평균은 3,684불을 지원하고 있는 셈이어서 OECD 평균의 38%에 불과하다. 특히, 사립대학에 대한 지원이 OECD 평균에 비해 엄청나게 작음을 알 수 있다.

OECD평균은 공립대학 12,263불, 사립대학 4,279불 평균 9,719불에 이른다. 미국은 공립대학 12,374불, 사립대학 5,051불로서 평균 10,134불이다. 영국 사립대학은 14,209불(영국은 대부분의 대학이 정부책임형 사립대학 = 공영형 사립대학임)을 지원받고 있다.

〈표 6〉 교육 급별 교육비 공사부담 비율

Table B3.1b. Relative proportions of disaggregated public and private expenditure on educational institutions, by level of education (2013)

Distribution of disaggregated public and private sources of funds for educational institutions after transfers from public sources[1]

	Primary, secondary and post-secondary non-tertiary education				Tertiary education				Primary to tertiary education			
		Private sources				Private sources				Private sources		
	Public sources	Household expenditure	Expenditure of other private entities	All private sources[2]	Public sources	Household expenditure	Expenditure of other private entities	All private sources[2]	Public sources	Household expenditure	Expenditure of other private entities	All private sources[2]
	(1)	(2)	(3)	(4)	(5)	(6)	(7)	(8)	(9)	(10)	(11)	(12)
OECD Australia	82	16	3	18	42	42	15	58	70	23	6	30
Austria	96	3	1	4	95	3	3	5	95	3	2	5
Belgium	96	4	0	4	89	5	6	11	95	4	1	5
Canada[3]	92	4	4	8	52	25	23	48	76	12	12	24
Chile[4]	79	21	0	21	38	52	11	62	61	34	5	39
Czech Republic	91	7	2	9	77	9	14	23	87	8	5	13
Denmark	97	3	0	3	94	0	6	6	96	2	2	4
Estonia	98	1	0	2	82	18	1	18	93	7	0	7
Finland	99	1	0	1	96	0	4	4	98	0	1	2
France	91	8	2	9	79	11	10	21	87	9	4	13
Germany	87	x(4)	x(4)	13	86	x(8)	x(8)	14	86	x(12)	x(12)	14
Greece	m	m	m	m	m	m	m	m	m	m	m	m
Hungary	92	x(4)	x(4)	8	63	x(8)	x(8)	37	83	x(12)	x(12)	17
Iceland	96	4	0	4	91	8	1	8	95	5	0	5
Ireland	95	5	a	5	78	19	3	22	91	8	1	9
Israel	89	8	3	11	50	33	17	50	78	15	7	22
Italy	96	4	0	4	67	26	7	33	89	9	2	11
Japan	93	5	2	7	35[d]	51[d]	14[d]	65[d]	72	21	6	28
Korea	84	14	2	16	32	44	24	68	64	26	10	36
Latvia	98	2	0	2	68	31	2	32	89	10	1	11
Luxembourg	97	3	0	3	m	m	m	m	m	m	m	m
Mexico	83	17	0	17	68	32	0	32	79	21	0	21
Netherlands	87	4	8	13	70	16	14	30	82	8	10	18
New Zealand	83	13	4	17	52	33	15	48	74	18	7	26
Norway	100	0	0	0	96	3	1	4	99	1	0	1
Poland	92	x(4)	x(4)	8	80	18	2	20	89	x(12)	x(12)	11
Portugal	88	12	0	12	58	32	10	42	81	16	2	19
Slovak Republic	89	9	2	11	76	13	11	24	85	10	5	15
Slovenia	91	9	0	9	87	11	2	13	90	9	1	10
Spain	88	11	1	12	69	27	3	31	82	16	2	18
Sweden	100	0	0	0	90	1	10	10	97	0	3	3
Switzerland	m	m	m	m	m	m	m	m	m	m	m	m
Turkey	87	13	0	13	80	13	7	20	85	13	2	15
United Kingdom	84	14	2	16	57	19	23	43	77	15	8	23
United States	92	8	0	8	36	47	17	64	68	24	7	32
OECD average	91	7	1	9	70	21	9	30	84	12	4	16
EU22 average	93	6	1	7	78	14	7	22	89	8	3	11

자료: Education at a Glance 2016. OECD.

〈표 6〉은 고등교육비의 공사 부담 비율을 보여주고 있다. 한국은 공적부담 대 사적부담의 비율이 32:68로서 고등교육비 대부분을 사부문이 담당하고 있다. 학부모/학생 부담과 각종 기금 및 재단 등 사부문의 부담이 공적부담의 두 배를 넘고 있다. 실제 사학재단의 전입금 부담내용

이 대부분 과장된 점을 감안한다면, 한국의 고등교육비는 학부모/학생이 부담하고 있는 셈이다. 고등교육 이수로 인한 수익이 교육받은 개인뿐만 아니라 사회와 국가도 막대한 수익을 얻는 현실에서 수익자부담원칙에도 어긋나는 일이다. 전체 OECD회원국들의 평균 비율은 70:30이며, EU22개국은 78:22, 미국 36:64, 영국 57:43, 덴마크 94:6 등으로 나타나고 있다.

〈표 7〉 초중등 및 고등교육 공교육비 지출 GDP대비 비중(2013)

		Public expenditure[1] on education as a percentage of total public expenditure										Public expenditure[1] on education as a percentage of GDP			
			Secondary				Tertiary education (including R&D activities)								
		Primary	Lower secondary	Upper secondary	All secondary	Post-secondary non-tertiary	Short-cycle tertiary	Bachelor's, master's and doctoral degrees	All tertiary	All tertiary excluding R&D activities	Primary to tertiary (including R&D activities)	Primary, secondary and post-secondary non-tertiary	All tertiary	Primary to tertiary	Share of total public expenditure as a percentage of GDP
		(1)	(2)	(3)	(4)	(5)	(6)	(7)	(8)	(9)	(10)	(11)	(12)	(13)	(14)
OECD	Australia	4.8	3.0	1.9	4.9	0.3	0.5	3.3	3.8	2.1	13.8	3.4	1.3	4.7	34.5
	Austria	1.8	2.4	2.1	4.5	0.0	0.6	3.0	3.5	2.7	9.9	3.2	1.8	5.0	50.9
	Belgium	2.8	1.6	3.4[d]	5.0[d]	x(4)	0.1	2.6	2.6	1.9	10.4	4.3	1.4	5.8	55.6
	Canada[2]	5.2[d]	x(1)	x(4)	3.6	m	1.1	2.4	3.5	2.3	12.4	3.3	1.3	4.6	37.2
	Chile[3]	4.9	1.9	3.7	5.6	a	0.7	4.2	4.9	4.5	15.4	2.5	1.2	3.7	24.0
	Czech Republic	1.7	2.1	2.2	4.2	0.0	0.0	2.1	2.1	m	8.0	2.5	0.9	3.4	42.6
	Denmark	3.8	2.0	2.9	4.9	a	x(8)	x(8)	4.1	m	12.8	4.9	2.3	7.2	56.5
	Estonia	3.9	1.9	1.9	3.7	0.6	a	3.6	3.6	2.0	11.7	3.1	1.4	4.5	38.3
	Finland	2.3	1.9	2.8[d]	4.7[d]	x(3)	a	3.5	3.5	2.5	10.5	4.0	2.0	6.0	57.5
	France	2.0	2.2	2.0	4.2	0.0	0.5	1.7	2.2	1.5	8.4	3.6	1.2	4.8	57.0
	Germany	1.4	2.8	1.9	4.7	0.4	0.0	2.9	2.9	2.0	9.5	2.9	1.3	4.2	44.5
	Greece	m	m	m	m	m	m	m	m	m	m	m	m	m	m
	Hungary	1.8	1.3	1.7	3.0	0.2	0.2	1.7	1.8	1.5	6.8	2.4	0.9	3.3	49.4
	Iceland	5.1	2.3	2.6	4.9	0.1	0.1	3.4	3.4	m	13.5	4.5	1.5	6.0	44.2
	Ireland	4.9	2.3	2.3	4.5	0.9	x(8)	x(8)	2.9	2.3	13.2	4.1	1.1	5.2	39.5
	Israel	5.6	x(4)	x(4)	3.6	0.0	0.6	1.6	2.2	m	11.5	3.8	0.9	4.8	41.5
	Italy	2.0	1.4	2.1	3.5	0.2	0.0	1.6	1.6	1.0	7.3	2.9	0.8	3.7	51.1
	Japan	2.9	1.7	1.6[d]	3.4[d]	x(3, 8)	0.2[d]	1.7[d]	1.8[d]	m	8.1	2.7	0.8[d]	3.5	42.7
	Korea	4.3	2.6	2.8	5.4	m	0.3	2.7	3.1	2.2	12.8	3.1	1.0	4.1	31.8
	Latvia	4.0	1.9	2.5	4.4	0.1	0.4	2.2	2.6	2.0	11.1	3.1	1.0	4.1	36.9
	Luxembourg	2.7	1.8	2.0	3.8	0.0	m	m	m	m	m	2.9	m	m	m
	Mexico	6.9	3.4	3.0	6.4	a	x(8)	x(8)	4.0	3.0	17.3	3.5	1.0	4.5	26.2
	Netherlands	2.8	2.7	2.3	4.9	0.0	0.0	3.5	3.5	2.5	11.3	3.6	1.6	5.2	46.4
	New Zealand	4.8	3.8	4.1	7.9	0.5	0.7	4.5	5.2	4.5	18.4	4.1	1.6	5.7	31.1
	Norway	3.8	1.8	3.1[d]	4.9[d]	x(3)	x(3)	4.3	4.3	3.3	13.0	4.8	2.4	7.3	55.9
	Poland	3.5	1.9	1.9[d]	3.8	0.1	0.0	2.8	2.9	2.4	10.3	3.1	1.2	4.4	42.4
	Portugal	3.1	2.5	2.2[d]	4.6[d]	x(3, 8)	a	1.8[d]	1.8[d]	0.8	9.6	3.9	0.9	4.8	49.9
	Slovak Republic	2.0	2.2	2.1	4.3	0.1	0.0	2.3	2.4	1.6	8.7	2.6	1.0	3.6	41.0
	Slovenia	2.5	1.4	1.7	3.1	a	0.1	1.8	1.9	1.6	7.5	3.4	1.1	4.5	60.3
	Spain	2.5	1.7	1.9[d]	3.5[d]	x(3)	0.4	1.8	2.1	1.5	8.2	2.7	1.0	3.7	45.1
	Sweden	3.3	1.6	2.5	4.1	0.1	0.2	3.6	3.7	2.4	11.2	3.9	2.0	5.9	52.4
	Switzerland	4.7	3.2	2.9[d]	6.1[d]	x(3)	x(3)	4.1	4.1	2.4	14.9	3.5	1.3	4.8	32.3
	Turkey	m	m	m	m	m	m	m	m	m	m	3.0	1.6	4.6	m
	United Kingdom	3.7	2.3	3.0	5.3	a	0.1	3.0	3.1	2.5	12.1	4.1	1.4	5.5	45.4
	United States	3.8	2.1	2.2	4.3	x(8)	x(8)	x(8)	4.0[d]	m	12.2	3.2	1.6[d]	4.8	39.6
	OECD average	3.5	2.2	2.4	4.5	0.2	0.3	2.8	3.1	2.3	11.3	3.4	1.3	4.8	43.9
	EU22 average	2.8	2.0	2.2	4.2	0.2	0.1	2.5	2.7	1.9	9.9	3.4	1.3	4.7	48.1

자료: Education at a Glance 2016. OECD.

〈표 7〉은 초중등 및 고등교육 공교육비 지출 GDP대비 비중(2013)이다. 여기서 한국의 GDP 대비 고등교육 예산의 비중은 2013년 현재 1.0%

로 나타나 있으며, OECD 평균 1.3%보다 0.3% 부족한 것으로 보고되어 있다. 그러나 이 통계수치에 대해 의문이 제기되고 있다. 2013년 한국의 GDP는 1,258조 원가량이었고, 당해년도 GDP의 1.0%면 고등교육예산이 12조를 상회했어야 했지만, 2013년 고등교육예산은 5조 5,928억 원에 불과했다.[06]

한편, 2013년의 정부예산은 342조 원이었는데 〈표 7〉에서는 고등교육예산이 정부예산의 3.1% (R&D 예산을 제외하면 2.2%)에 달하여 OECD 평균과 비슷한 수준으로 제시되어 있는데 어떤 수치로 계산해 봐도 들어맞지 않는다. 문재인정부에서 공식적으로 확인해야 할 것이다.

4) 세계 최고 수준의 등록금

〈표 8〉 학사학위 과정 공사립대학 등록금 수준
(국적학생 기준, 2013/2014, USD, PPP)

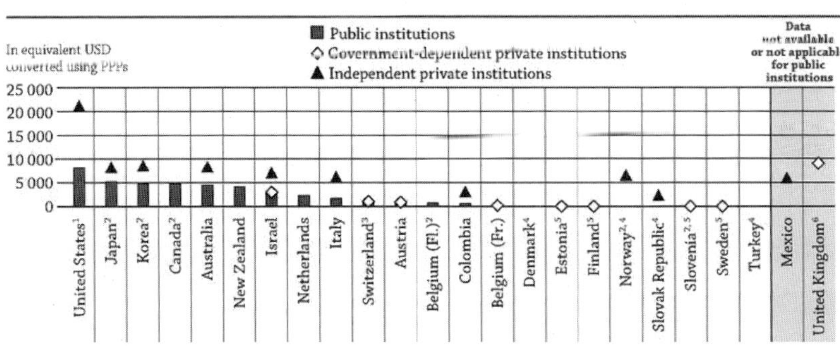

자료: Education at a Glance 2016, OECD.

〈표 8〉은 학사학위과정 대학생들의 수업료를 비교한 것이다. 한국학생

06 타부처의 2013년 고등교육 지원예산을 모두 합쳐도 이 해의 고등교육 지원예산은 총10조5천억 원에 지나지 않았다.

들은 공립 6,281불, 사립 8,554불을 등록금으로 내고 있어 영국과 미국 다음으로 높은 수업료를 부담하고 있다. 공립대학 기준으로 비교하면 미국-일본-한국 순이며, 사립대학 기준으로는 영국-미국-한국-일본이다. 단, 영국-호주-뉴질랜드 등은 등록금후불제 국가라서 재학 중에는 수업료를 납부하지 않고, 졸업 후 직장을 얻게 되면 세금을 내듯이 조금씩 상환하는 방식을 시행하고 있다.

〈표 9〉 공립 일반대학 최초입학생 진학률과 수업료(2013/2014, USD, PPP)

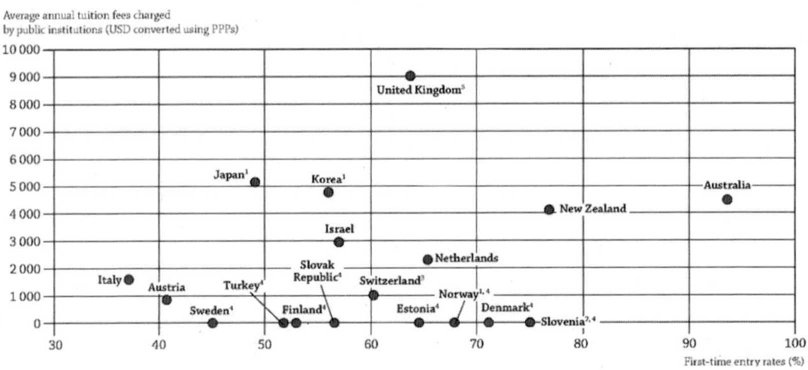

자료: Education at a Glance 2016, OECD.

〈표 9〉는 수업료와 진학률을 함께 보여주고 있는데, 한국은 학부 입학생 기준으로 이제 세계 제1의 대학진학률을 자랑하는 국가가 아니다. 선진 여러 국가들이 진학률을 높이기 위해 노력한 결과, 일부 국가들이 우리를 추월해 갔다. 우리의 진학률이 높게 나오는 것은 외국에는 흔치않은 전문대 입학생이 많기 때문이다.

〈표 10〉은 각국의 수업료를 직접 비교하고 있다(US$, PPP기준). 한국은 공립대학 학부생 기준으로 4,773불, 사립대학 학부생 기준으로 8,554불을 기록하여 OECD회원국 가운데 수업료 수준이 단연 높다. 대학생을 둔 가계의 고통이 얼마나 클 것인지 미루어 짐작할 수 있다. 덴마크, 에스토니아, 핀란드, 노르웨이, 슬로바키아, 슬로베니아, 스웨덴, 터키 등은 수업료

가 없다.

이상으로 한국은 국가가 부담하는 대학교육비가 너무 작다는 것이 여러 가지 기준으로 확인된 바, 이러한 국가 저부담 정책이 유지되는 것이 대표적인 신자유주의 교육정책이라 할 수 있다.

〈표 10〉 공사립별 학부 석사과정별 수업료 비교(2013/2014)

Table B5.1. [1/2] Estimated annual average tuition fees charged by educational institutions (short-cycle tertiary, bachelor's and master's or equivalent levels)[1] (2013/14)

National students, in equivalent USD converted using PPPs, by type of institutions and degree structure, based on full-time students, academic year 2013/14

Note: Tuition fees should be interpreted with caution as they result from the weighted average of the main tertiary programmes and do not cover all educational institutions. However, the figures reported can be considered as good proxies and show the difference among countries in tuition fees charged by main educational institutions and for the majority of students. Proportions of students reported in Columns 1, 2 and 3 are based on the data collection used for other indicators (UOE data collection), and refer to school year 2013/14.

	Percentage of full-time students enrolled in:			Annual average tuition fees *in USD charged by institutions (for full-time students)*								
	Short-cycle tertiary programmes, bachelor's and master's or equivalent level			Public institutions			Government-dependent private institutions			Independent private institutions		
	Public institutions	Government-dependent private institutions	Independent private institutions	Short-cycle tertiary programmes	Bachelor's or equivalent level	Master's or equivalent level	Short-cycle tertiary programmes	Bachelor's or equivalent level	Master's or equivalent level	Short-cycle tertiary programmes	Bachelor's or equivalent level	Master's or equivalent level
	(1)	(2)	(3)	(4)	(5)	(6)	(7)	(8)	(9)	(10)	(11)	(12)
Australia	92	2	6	m	4 473	7 334	a	a	a	m	8 322	7 537
Austria	83	m	m	m	861	861	m	861	861	m	m	m
Belgium (Fl.)[2]	41	59	1	0 to 676	729	729	x(4)	x(5)	x(6)	m	m	m
Belgium (Fr.)	m	m	m	0	155	710	0	151	721	a	a	a
Canada[2]	m	m	m	m	4 761	4 961	m	m	m	m	m	m
Chile	m	m	m	m	m	m	m	m	m	m	m	m
Czech Republic	87	2	11	m	m	m	m	m	m	m	m	m
Denmark	98	2	0	No tuition fees	No tuition fees	No tuition fees	m	m	m	m	m	m
Estonia	19	73	8	a	No tuition fees	No tuition fees	a	No tuition fees	No tuition fees	a	m	m
Finland	65	35	a	No tuition fees	No tuition fees	No tuition fees	No tuition fees	No tuition fees	No tuition fees	a	a	a
France	m	m	m	0 to 1 019	0 to 8 313	300 to 2 166	x(12)	x(10)	x(11)	3 009 to 10 245	1 808 to 7 598	1 098 to 12 994
Germany	93	m	m	m	m	m	m	m	m	m	m	m
Greece				m	m	m	m	m	m	m	m	m
Hungary	88	6	7	m	m	m	m	m	m	m	m	m
Iceland				m	m	m	m	m	m	m	m	m
Ireland	98	2	0	m	m	m	m	m	m	m	m	m
Israel	17	66	17	m	2 957	m	m	2 934	m	m	7 028	m
Italy	90	a	10	m	1 602	x(5)	a	a	a	m	6 168	x(11)
Japan[2]	21	a	79	3 728	5 152	5 150	a	a	a	6 690	8 263	6 926
Korea	19	a	81	2 747	4 773	6 281	a	a	a	6 948	8 554	11 510
Latvia	9	71	21	m	m	m	m	m	m	m	m	m
Luxembourg	m	m	m	m	m	m	m	m	m	m	m	m
Mexico	69	a	31	m	m	m	a	a	a	m	5 970	m
Netherlands	m	m	m	2 300	2 300	2 300	m	m	m	m	m	m
New Zealand	88	9	3	m	4 113	m	m	m	m	m	m	m
Norway[2]	84	6	10	No tuition fees	No tuition fees	No tuition fees	m	m	m	6 552	6 552	8 263
Poland	87	a	13	m	m	m	m	m	m	m	m	m
Portugal	82	0	18	m	m	m	m	m	m	m	m	m
Slovak Republic	93	a	6	m	No tuition fees	No tuition fees	a	a	a	m	2 300	1 700
Slovenia[2]	94	5	a	No tuition fees	No tuition fees	No tuition fees	No tuition fees	No tuition fees	No tuition fees	a	a	a
Spain	83	3	14	m	m	m	m	m	m	m	m	m
Sweden	87	13	a	No tuition fees	No tuition fees	No tuition fees	No tuition fees	No tuition fees	No tuition fees	a	a	a
Switzerland[3]	91	5	4	m	1 015	1 015	m	1 015	1 015	m	m	m
Turkey	93	a	7	No tuition fees	No tuition fees	No tuition fees	a	a	a	m	m	m
United Kingdom[2]	a	100	a	a	a	a	m	9 019	9 019	m	m	m
United States[4]	68	a	32	2 276	8 202	10 818	a	a	a	10 612	21 189	16 932

자료: Education at a Glance 2016. OECD.

3. 고등교육재정 배분방식의 문제점

1) 대학의 취업기관화

이명박/박근혜정부 기간 동안 대학구조개혁 평가와 재정지원 사업을 통해서 국가(교육부)의 대학통제가 이루어졌다. 대학운영비의 상당부분을 (수년째 동결된) 학생등록금에 의존하고 있는 대학들은 교육부의 재정지원 사업에 선정되기 위해 앞뒤 가리지 않는 구조조정을 해야만 하였고, 학생과 교수들을 상대로 싸워야 하였으며, 국립대학에서는 총장선임권을 포기해야 하는 굴욕을 당하기도 했다. 취업률과 충원율 등 교육성과에 따라 기금이 배분되었기에 대학은 벽돌공장에서 벽돌을 찍어내듯이 학생들을 교육하고 산업계로 내보내는 경쟁을 해야 했다.

〈그림 1〉 교육부 일반지원금과 특수목적지원금 비교

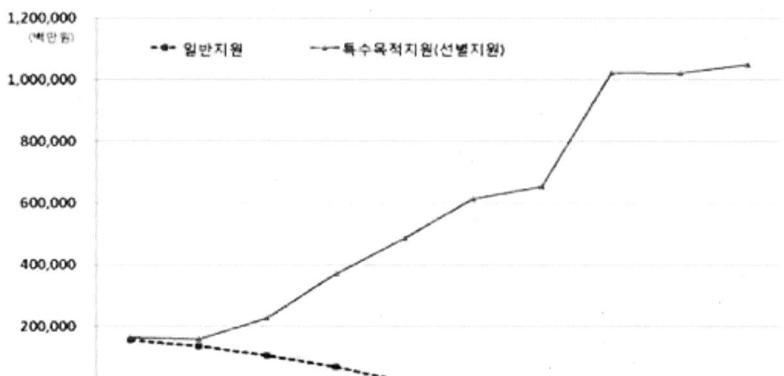

출처: 대학재정지원 정책과 대학의 재정구조 분석(김훈호) · 사교육걱정없는세상(2016)

교육부의 재정지원금 지원방식은 2000년대 들어 변화한다. 대학에 대한 일반지원금이 거의 사라지고 대학 간 경쟁에 의해 자원이 배분되는 특수목적지원금의 비중이 급격히 늘어나는 것을 알 수 있다(〈그림 1〉 참조). 이 특수목적지원금의 배분으로 한국대학은 세계 대학교육사에서 유례없는 통제와 규제를 받게 되는 비극을 맞이하게 되었다. 2010년 이후에는 일반지원금이 거의 사라졌다.

2016년 교육부의 주요재정지원 사업이 〈표 11〉에 제시되어 있다. 2016년의 경우 총 2조 9천억 원 남짓한 지원액을 대학 간 경쟁구도에 따라 배분함으로써, 한국의 대학들은 이들 지원 사업에 선정되기 위해 온갖 공식·비공식 경쟁을 하여야만 했다. 한국의 대학들은 해마다 마라 강(Mara River)가에서 얼룩말떼가 지나가길 기다리는 악어와 같은 모습을 하고 있었다. 2016년 교육부의 고등교육 예산 9조 2,673억 원 가운데 국가장학금 3조 9,450억 원과 국립대 운영비 보조금 등을 제외하고 일반대학들에 지원된 주요 대학재정지원사업액은 약 1.5조 원 규모였다.

〈표 11〉 2016년 교육부 주요 대학재정 지원 사업 현황

(단위 : 억원, %)

사업명		예산액	비율	사업기간
학부교육 선도대학 육성사업(ACE)		594	4.1	4년('10~)
BK21 플러스 사업		2,725	18.8	7년('13~'20)
산학협력 선도대학 육성사업(LINC)		2,240	15.4	5년('12~'16)
사회 수요 맞춤형 인재 양성 사업	대학 특성화 사업(CK)	2,467	17.0	5년('14~'18)
	산업연계 교육활성화 선도대학 사업(PRIME)	2,012	13.9	3년('16~'18)
	대학 인문역량 강화 사업(CORE)	600	4.1	3년('16~'18)
	평생교육 단과대학 지원사업(평단)	300	2.1	1년('16)21
	이공계 여성인재 양성사업(WE-UP)	50	0.3	3년('16~'18)
	소계	5,429	37.4	
특성화 전문대학 육성사업(SCK)		2,972	20.5	5년('14~'18)
고교교육 정상화 기여대학 지원사업		459	3.2	2년*('14~)

국립대학 혁신지원사업 (PoINT)	86	0.6	1년('14~)
합계	14,505	100.0	

1) 예산액 : 2016년 예산 기준. 억원 미만 반올림.
2) * : 고교교육 정상화 기여대학 지원 사업은 1년 단위 계속 사업에서 2016년부터 2년 단위 사업으로 개편
※ 자료 : 교육부. "대학재정지원사업 개편 방향(시안)" 발표. 보도자료. 2016.7.15. 〈붙임〉 수정. 한국대학교육연구소(2017)에서 재인용

이 외에도 학술연구역량강화사업에 약 6,700억 원, 그리고 산학협력활성화 사업에 3,100억 원 정도가 재정지원사업으로 더 있으니까 총 2조 4천억 원 정도가 되지만, 앞의 그 기금만으로 교육부는 대학을 좌지우지하는 무소불위의 권력을 쥐게 된다. 교육부는 대학재정지원에서 포뮬러 방식을 적용하면서 전국의 모든 대학을 이 공식에 맞추어 교육하는 기관으로 변모시켰다. 서울에서 지방까지 특성화된 대학은 사라지고, 국공사립 모두 차별성이 없어졌다.

2) 교육부관리들의 대학 농단

이화여대 정유라 사태에서 보듯 재정지원 사업을 둘러싸고 교육부 관리와 사학운영자 사이의 유착이 자리 잡았다. 〈표 12〉에서 보듯이 일부대학들은 재정지원 사업에 선정되기 위해 교육부 전직관리를 총장 등으로 영입하여 교육부의 대학지배가 더욱 공고해져 갔다.[07]

---

07 일부 언론보도에 의하면, "실제로 구조개혁평가에서 '하위 15%'에 지정된 대학이 수 년 만에 A등급으로 수직상승한 결과에 대해 대학가에선 의혹의 시선을 보내기도 했다. 이번 평가에서 A등급을 받은 세종대와 우석대가 대표적이다. 세종대는 2012년 재정지원제한대학에 지정돼 2013년 한 해 동안 정부 지원사업에 참여하지 못했다. 세종대에는 교원소청심사위원장을 지낸 곽모씨가 교수로 재직하고 있다. 특히 2013년 재정지원제한대학에 지정된 우석대는 지난해 모든 정부지원사업에 참여자격을 박탈당했지만, 단 1년 만인 올해 A등급을 받았다. 우석대는 재정지원제한대학에 지정된 직후인 지난해 2월, 교육부 대학지원실장과 제1차관을 역임한 김모씨를 총장으로 영입했다. 같은 평가에서 1년 만에 최하위 성적을 최상위로 끌어올린 것이다." Daily U's Line(2016.02.04.)
http://www.usline.kr/news/articleView.html?idxno=6622

〈표 12〉 교육부 4급 이상 퇴직자 재취업 대학(법인포함) 등급 현황

등급	구 분	이 름	대 학	현재직위	교육부 퇴직 시 직책		교육부 주요 보직
A	일반대학	구OO	선문대	객원교수	고위공무원	대학지원 실장	인천부 교육감
A	일반대학	곽OO	세종대	교수	위원장	위원장	소청심사 위원장
A	일반대학	김OO	우석대	총장	차관	제1차관	대학지원 실장
A	일반대학	김OO	포항공대	총장	장관	교육부장관	교육부 장관
A	전문대학	송OO	경인여대	감사실장	서기관	공주교대 총무과장	평생학습 정책과 서기관
A	전문대학	이OO	재능대	총장	차관	교육부차관	기획관리 실장
A	전문대학	이OO	영남대	이사장	차관		기획관리 실장
A	전문대학	유OO	충청대	이사장	고위공무원	소청심사 위원장	충북부 교육감
A	전문대학	김OO		이사	이사관	기획예산 담당관	경상대 사무국장
A	전문대학	변OO		이사	부이사관	평생교육국 정책과장	감사관실
A	전문대학	전OO		이사	부이사관	서울산업대 사무국장	충북교육청 기획 관리국장
A	전문대학	조OO		이사	부이사관	충주대 사무국장	지방교육 재정과장
B	일반대학	설OO	동명대	총장	차관	제1차관	제1차관
B	일반대학	이OO	순천향대	교수	고위공무원	광주부 교육감	광주부 교육감
B	일반대학	김OO		법인임원	고위공무원	충북부 교육감	충북부 교육감

B	일반대학	오OO	인제대	교수	서기관	사학정책과	지방교육 재정과장
B	일반대학	이OO	홍익대	조교수	서기관	팀장	기초연구 정책관
B	전문대학	모OO	대전과기대	법인이사	차관	교육평가 원장	대학 정책실장
B	전문대학	정OO		총장	관리관	정책홍보 관리실장	기획홍보 관리관

자료: 배재정 의원실(2015. 9. 10)

이러한 가운데 대학의 자율과 자치가 무너지고 학생·교수·직원들의 학습권·교권·노동권이 붕괴되어 많은 대학에서 해직자와 부당 피징계자가 발생했다.

3) 승자독식 - 대학서열화의 심화

교육재정 배분과 관련하여 또 하나의 주요한 관점은 배분의 공정성이다. 부모로부터 물려받은 것이 없는 사람이라도 교육을 통해 자신의 타고난 재능을 개발하고 당당한 시민으로 살아가게 되기 때문에 교육은 기본적으로 평등을 추구해야 옳다. 교육의 정점에 서있는 대학은 교육과 연구에서 자율과 자치를 기본이념으로 한다. 그래서 불평등을 강화하거나 자율과 자치를 훼손하는 정책은 반(反)교육적 정책이 된다고 필자는 생각한다.

신자유주의 정책이 지속되면서 소위 서울대·고대·연대 등 소수 엘리트대학에 재정을 집중 지원함으로써 대학의 서열화를 더욱 확고하게 만들었다(박정원(2017) 참조). 정진후의원실에서 낸 자료(2014)에 따르면, 2013년 기준으로 정부 재정지원을 받는 대학은 일반대·전문대·기능대 등을 포함하여 모두 442개였다. 서울대·고대·연대 소위 SKY 3개 대학 재학생수는 56,043명으로 이는 우리나라 전체 대학생의 2.44%에 해당하지만, 여기에 교육부 지원액의 10%가 집중되고 있었다. 즉, 3개 대학이 총국고지원액 10조 5천억 원[08]의 10%인 1조 5천억 원을 쓰고, 나머지를 439개 대학에 분배하는 셈이었다. 〈표 13〉에서 이를 확인할 수 있다. 이러한 가운데 10억원 미만 지원 대학이 60개에 달했고, 한 푼도 지원받지 못하는 대학도 27개나 됐다.

〈표 13〉 2013년 서울대 · 고려대 · 연세대 국비지원액 (단위: 천원)

학교명	학생 수	지원 총액	국립대경상운영비 제외 지원 총액
서울대학교	16,712 (0.73%)	715,523,284 (6.8%)	345,785,284 (4.5%)
연세대학교	19,226 (0.83%)	175,558,548 (1.7%)	175,558,548 (2.3%)
고려대학교	20,105 (0.87%)	155,113,252 (1.5%)	155,113,252 (2.0%)
'SKY'대학 합계	56,043 (2.44%)	1,046,195,084 (10%)	676,457,084 (8.7%)
442개 대학 전체	2,292,858 (100%)	10,507,432,485 (100%)	7,739,911,913 (100%)

자료: 정진후 의원실, 「2013년 대학별 고등교육재정 지원 분석」 (2014).

국비지원금 독식으로 이들 3개 대학 재학생들은 남들보다 우월한 교육 여건을 누렸음에 틀림없다. 국비 집중지원으로 우월한 여건에서 교육을 받은 이들 3개 대학출신들의 사회적 진출은 〈표 14〉를 통해 알 수 있다.

이들은 3급 이상 고위공무원의 55.2%, 2010-2014년간 신규 임용된 법관의 79.8%, 2012~2014년에 신규 임용된 검사의 68.7%(로스쿨 출신 검사는 77.3%), 2007~2012년 외무고시 합격자의 81.3%, 19대 국회의원의 43%, 500대 기업 CEO의 50.5%, 언론계 간부의 75%를 차지하고

08 정부가 발표한 2013년 고등교육 총예산 10조 500억원을 부처별로 보면 2조6천억원의 국가장학금이 포함된 교육부 예산이 7조 4천억원, 연구기금 등을 집행하는 미래창조과학부예산은 1조 5,195억원, 산업통상부 3,233억원, 고용노동부 3,181억원 등의 순서임.

있었다.

이렇듯 이들 3개 대학출신 중심의 사회지배 구조가 확립되어 있어 사회 각 분야에서 건전한 경쟁과 활력을 찾아보기 어려운 것이 현실이다. 이들 소수 대학 중심의 지배구조 강화와 함께 대학서열화 역시 고착되었다.

〈표 14〉 'SKY' 대학 졸업자의 한국사회 지배 상황

지배 항목	서울대 · 고려대 · 연세대 출신 비중
3급 이상 고위 공무원 1,411명(2016)	780명 (55.2%)
2010–2014년간 신규 임용된 법관 660명	527명 (79.8%)
2012~2014년에 신규 임용된 검사 348명 (로스쿨 출신자 119명)	239명 (68.7%) (92명; 77.3%)
2007–2012 외무고시 합격자 203명	165명 (81.3%)
제19대 국회의원 300명	128명 (43.0%)
500대 기업 CEO 586명	296명 (50.5%)
25개 신문 · 방송 · 통신사의 편집 · 보도국장 및 정치 · 경제 · 사회부장 104명	78명 (74.9%)

자료: 인사혁신처, 「고위공무원단 출신학교 순위비율 현황」 및 대학교육연구소, 「통계로 본 학벌사회」, 필자 정리

물론, 일부 대학의 한국사회 전 영역 지배가 교육자원 배분과 직접 관련이 없다는 주장도 있을 수 있다. 과연 그럴까? 상위권 대학에 입학한 학생들이 타 대학 입학생들과 타고난 자질이 같다고 해도, 이런 집중지원을 받으면 졸업 시점에서 더 높은 경쟁력을 가지게 될 것이다. 만약 수능 점수의 차이가 학습능력의 차이를 반영한 것이라면, 여기에 더해지는 대학재학 시의 국비 집중지원은 졸업 후 이들이 노동시장에서 독점적 지위를 누리는 데 큰 도움이 될 것이란 추론은 결코 무리가 아니다.[09]

---

09 교육예산도 국민의 혈세이기에 효율성 문제가 제기될 수도 있다. 효율성 기준으로만 자원을 배분하는 방법은 '하나를 가르치면 열을 아는'사람을 골라 지원하면 가장 적은 투입으로 가장 큰 성과를 거둘 수 있다. 정책입안자들은 이런 유혹에 쉽게 빠지게 되며, 그

4. 고등교육재정 개편방안

고등교육재정을 통해 한국 고등교육을 혁신하기 위해서는 재정규모를 대폭 확충하고 배분방식을 공정하게 바꾸어야 할 것이다.

1) 고등교육재정 규모를 확충해야

2013년 기준 OECD평균 수준의 고등교육 재정을 확보하는 것이 전제되어야 한다. 2016년 GDP 기준으로 OECD평균인 1.3%를 달성하기 위해선 21조2,810억원이 되어야 하며, 최소 12조원의 예산이 더 필요함을 의미한다. 2016년 기준 GDP 대비 1.1%가 되려면 필요한 고등교육 예산이 18조 116억이므로 2016년 기준 8조 7,631억원이 더 필요하고 이를 확보할 경우 재정문제는 해결된다. 고등교육 재정의 안정적 확보를 위해서는 고등교육재정교부금법을 통과시켜야 한다.

2) 대학재정 지원사업 구조를 2Track으로 개편해야

그동안 대학교육을 망쳐온 주범으로 지목돼온 특수목적지원 사업의 비중을 축소하고, 교육과 연구를 지원하는 일반지원사업의 비중을 높여야 한다.[10] 대학구조개혁 평가를 중단하고 미국처럼 기관인증평

래서 선택과 집중 방식이 도입되지만 그로 인한 사회적 불평등은 더욱 커지게 됨

10 송기창 등은 미국, 영국, 일본 등의 고등교육재정지원제도 분석 결과를 다음과 같이 요약하고 있다.
미국정부의 고등교육에 대한 지원은 주정부의 주립대학에 대한 경상비·시설비 지원, 학생에 대한 장학금과 장학금 융자 그리고 연구활동에 대한 지원으로 이루어져 있다. 국·공

가로 대체하여 대학으로서 기본요건을 갖춘 대학들에게 일정 수준의 재정을 지원해 주어야 한다. 사업별로 약간의 경쟁을 유도하는 지원방식을 일부 유지하여 2Track이 되게 할 필요가 있다.

3) 사학의 공익성 강화해야 = 공영형 사립대의 건설

한국의 대학교육부문은 사립대학과 사립대 재학생들의 비율이 높아 OECD회원국들 가운데 사립대 의존율이 가장 높다. 학생 수 기준으로 국공립대학의 비중은 23.1%에 불과하여 이를 최소 40%수준까지 높여야 한다는 여론이 대두되고 있다.

거점국립대를 중심으로 한 국립대연합체제 구축에 대응하여 사립대학 중 구성원들과 법인 및 지역사회가 동의하는 경우, 이들 대학에 대해 정부책임형 사립대학(공영형 사립대학)으로서 지원을 시행해야 한다. 정부의 특별지원을 받게 되는 이들 대학은 법인이사들의 절반 이상을 국가에서 파견하는 이사들로 구성함으로써 공익성 확보를 담보해야 한다.

공영형 사립대는 정부의 지원으로 독립형 사립대보다 훨씬 낮은 등록금 수준을 유지할 수 있으므로 대학입학 지원자 대폭 감소시대에 경쟁력

립대학들은 전체재원의 절반을 정부의 재정지원으로 조달하고 있는데 그중 주정부의 주립대학에 대한 교부금 성격의 전용 배정금이 33% 정도를 차지하고 있다. 연방정부에서는 연구비 지원의 형태로 평균 대학재정의 14% 정도 지원하고 있다.

영국에서 고등교육재정 지원을 담당하는 HEFCE는 일정한 배분공식에 의해 대학별 배분액을 결정하고, 지원금 총액이 결정되면 포괄보조금 형태로 지원하여 대학들이 자유롭게 지출할 수 있도록 한다. 보조금은 크게 교육보조금과 연구 인프라 확충을 위한 연구보조금으로 구분되며, 교육보조금은 학생 수, 과목 관련 요인, 학생 관련 요인, 기관 관련 요인을 고려한 표준재원과 전년도 교육보조금, 인플레이션과 같은 요소, 학생 수업료 수입 등을 고려한 추정재원의 차액을 기준으로 지원된다. 연구보조금은 연구의 양과 질적 평가를 바탕으로 기관별·학과별로 배분된다.

일본의 사립대학에 대한 재정지원은 일반 경상비 지원 성격의 사립대학 경상비 보조와 사업별 지원 성격이 강한 사립대학 교육연구 고도화 추진 특별보조로 구분된다. 사립대학 경상비 보조는 전임교원과 전임직원 인건비의 50%와 시간강사 인건비의 40%, 교직원 복리 후생비의 40%, 교육연구경상비와 후생지도비와 연구여비의 50%를 기준으로 이뤄진다.(송기창외, 2007)

을 확보할 수 있다. 공영형 사립대는 거점 국립대 중심의 국립대 네트워크와 연대함으로써 고질적인 고등교육 서열해소 및 대학교육 정상화에 기여하게 될 것이다. 공영형 사립대를 30개 정도 운영한다 하더라도 그에 소요되는 재원은 총 1조 1,889억 원 정도로 추정되므로 크게 부담스런 일이 아니다(반상진, 2017).

5. 결론

지난 20년간 지속된 신자유주의 고등교육정책에 따라 한국의 고등교육은 더욱 사유화되고, 취업준비기구화 되었으며 교육부의 노예와 같은 존재가 되었다. 교육이 계층이동을 가로막고 불평등을 고착화하기 때문에 사실상 반(反)교육이 되었고 재정지원 사업을 둘러싸고 교육부관료에 의한 지배가 노골화 되었다. 교육부의 비리사학 옹호가 사학에서의 학습권·교권·노동권을 크게 훼손시켰다. 이런 문제들을 해소할 수 있는 교육혁명이 꼭 필요하다.

한국의 대학이 다시 공공성을 확보하기 위해서는 잘못된 구조개혁 사업을 중단하고 대학재정지원 사업을 개편하여야 한다. 공영형 사립대학(영국식 정부책임형 사립대학)을 많이 건설하여 대학교육의 공공성을 확대해야 할 것이다. 공영형 사립대학 건설을 통해 대학서열화를 해소하는 효과도 기대할 수 있다. 한국대학을 한 단계 발전시킬 수 있는 마지막 기회를 놓치지 말아야 할 것이다.

참고문헌

대학교육연구소(2017),「대학 재정지원 정책 평가와 대안」, http://khei-khei.tistory.com/2055

박정원(2017). "교육재정과 한국 대학재정지원의 불평등구조". 한국대학학회 편,『대학정책, 어떻게 바꿀 것인가』. 소명출판사.

박정원(2016), "돈도 실력이야!, 정유라가 우리를 깨웠다." [좋은나라 이슈페이퍼] 한국 사회 불평등 시리즈 ③

http://www.pressian.com/news/article.html?no=145031&ref=daumnews

반상진(2017),「대학체제의 대전환을 위한 고등교육재정 지원체제 혁신」,『좋은나라 연구원 제15회 정책심포지엄자료집』. 지식협동조합 좋은나라.

배성근(2016), "대학혁신 지원을 위한 대학 재정지원사업 개편방향," 2016 AUTUMN,「정책과 현장」, 교육개발원.

http://edzine.kedi.re.kr/2016/autumn/article/policy_01.jsp

송기창외(2007),『고등교육재정사업 재구조화 방안 연구 - 정책연구개발사업 2007-위탁-29』, 교육인적자원부.

전규안(2014), "재정지원사업의 문제점과 개선방안,"『대학교육』제 185호, 7-8월.

홍성학(2016),「박근혜정부 대학 재정지원사업의 실태와 과제」,『교육부 재정지원사업 이대로 괜찮은가?, 교육부의 재정지원사업 문제에 대한 대학구성원 토론회 자료집』.

OECD(2016), Education at a Glance 2016. OECD.

http://www.oecd.org/edu/education-at-a-glance-19991487.htm

사교육 걱정 없는 세상,「교육부 대학 재정지원 사업에 대한 대학교수들 대상 설문조사」(2016.06.21.) http://cafe.daum.net/no-worry

참여연대 행정감시센터(2001),「BK21 선정과정의혹 감사청구」(2001. 02. 20). http://www.peoplepower21.org/Government/546245

사립학교법의 쟁점과 개정 방향

이 영 기
변호사

1. 사립학교의 자주성과 공공성의 관계

헌법재판소는, '헌법 제31조는 국민의 교육을 받을 권리를 실질적으로 보장하기 위하여 국가나 공공단체가 적극적·능동적으로 주도하고 관여하는 교육체계, 즉 공교육제도를 전제하고 있음(헌재 1992. 11. 12. 89헌마88, 판례집 4, 739, 751-752 참조)에 따라 학교 교육의 제도와 그 운영에 관해서 법률에 위임하고 있으며, 이러한 헌법의 위임에 따라 교육기본법, 초·중등교육법 등의 교육관련 법률들도 학교, 교원, 학생선발, 교육내용, 학교에 대한 공적 지도·감독 등 학교 및 교육의 거의 모든 영역에 걸쳐 사립학교를 공립학교와 동일하게 규율하고 있으므로, 법제상 우리나라 사립학교는 공교육제도의 체계에 철저히 편입되어 있다고 할 수 있다'고 판시하였다(헌재2013. 11. 28. 2007헌마1189).

이와 관련하여 사립학교의 자주성이란 무엇이고 공공성과는 어떤 관계에 있는지에 대한 해석 여하에 따라 사립학교법의 개정방향이 좌우될 수 있다. 대법원 2007. 5. 17. 선고 2006다19054 전원합의체 판결의 다수의견은 '사립학교는 설립자의 의사와 재산으로 독자적인 교육목적을 구현하기 위해 설립되는 것이므로 사립학교 설립의 자유와 운영의 독자성을 보장하는 것은 그 무엇과도 바꿀 수 없는 본질적 요체이기 때문에, 이와 같은 헌법 정신은 학교법인과 관련된 법률을 해석할 때의 기본 원칙이 되어야 할 것이다. 또한, 구 사립학교법 제1조는 "이 법은 사립학교의 특수성에 비추어 그 자주성을 확보하고 공공성을 앙양함으로써 사립학교의 건전한 발달을 도모함을 목적으로 한다"라고 규정하여 사립학교의 특수성·자주성·공공성을 선언하고 있는데, 위 헌법 정신에 충실하자면 학교법인의 공공성을 해치지 않는 범위 내에서 그 자주성은 최대한 존중되어야 할 것이다'라고 선언하였다.

그러나, 위 다수의견은 본질적으로 사립학교를 설립자의 사유재산으로 보는 인식에 기초한 것이 아닌지 의구심이 든다. 위 판결의 소수의견이 우리나라 사립학교의 현실에 대한 올바른 이해로 보인다. 소수의견을 소개하면 아래와 같다.

'우리 헌법 제31조 제4항은 "교육의 자주성·전문성·정치적 중립성 및 대학의 자율성은 법률이 정하는 바에 의하여 보장한다"라고 규정하고, 교육기본법 제5조 제1항은 "국가 및 지방자치단체는 교육의 자주성 및 전문성을 보장하여야 하며, 지역의 실정에 맞는 교육의 실시를 위한 시책을 수립·실시하여야 한다"라고 규정하는 한편, 사립학교법 제1조는 "이 법은 사립학교의 특수성에 비추어 그 자주성을 확보하고 공공성을 앙양함으로써 사립학교의 건전한 발달을 도모함을 목적으로 한다"라고 규정하여, 교육의 자주성이 보장됨을 선언하고 있다.

그리고 앞서 본 바와 같이 헌법 제31조 제4항은 '대학의 자율성'이 보장된다고 규정하고, 교육기본법 제5조 제2항은 "학교운영의 자율성은 존중되며, 교직원·학생·학부모 및 지역주민 등은 법령이 정하는 바에 의하여 학교운영에 참여할 수 있다"라고 규정하여, 대학 및 학교운영의 자율성 보장에 관하여 규정하고 있다.

위와 같은 교육의 자주성 및 학교운영의 자율성 보장의 원칙은 이른바 교육자치의 보장을 의미하는 것인데, 위 헌법 및 법률의 관련 규정을 종합하면, 교육자치란 교육공동체인 학교에서 교육 및 학교생활에 관련된 사항이 교육의 주체인 교직원, 학생, 학부모 및 지역주민 등의 참여하에 외부의 부당한 간섭이 없이 자치적으로 결정되고 수행되도록 하는 것을 말하며, 이는 최대한 존중되어야 마땅할 것이다.

그러나 다른 한편으로 헌법은 제31조 제1항에서 "모든 국민은 능력에 따라 균등하게 교육을 받을 권리를 가진다"라고 규정하고, 같은 조 제3항, 제5항, 제6항에서 "의무교육은 무상으로 한다", "국가는 평생교육을 진흥하여야 한다", "학교교육 및 평생교육을 포함한 교육제도와 그 운영, 교육재정 및 교원의 지위에 관한 기본적인 사항은 법률로 정한다"라고 규정하며, 교육기본법 제9조 제2항은 학교는 공공성을 가진다고 규정하고, 같은 법 제11조 제1항은 국가 및 지방자치단체에게 학교를 설립·경영할 의무를 부과하는 한편, 사립학교법 제1조는 사립학교의 공공성을 앙양함으로써 그 건전한 발달을 도모하여야 한다고 규정하고 있다. 위 규정들을 통하여 우리 헌법 및 법률은 국민에게는 천부적으로 교육을 받을 권리가 있고, 국가는 이를 위하여 교육제도를 운영할 책임이 있으며, 교육에는 공공성이 있음을 분명히 밝히고 있다.

이에 따라 교육 및 사립학교 관계 법령은, 교육의 다양성과 창의성을 지향하는 사립학교의 특수성을 존중하면서도, 사립학교는 국가나 지방자치단체의 위임을 받아 공교육의 일익을 담당하는 교육기관으로서 공공성이 있으므로 그 운영 주체에 대하여 교육목적에 적합하게 사립학교를 설치·경영할 의무를 부과하고 그에 따라 엄격한 통제를 하고 있다. 정규의 사립학교는 원칙적으로 학교법인만이 설치·경영할 수 있도록 규정하여(사립학교법 제3조) 사립학교와 그 설립자의 연관성을 단절시킴으로써 사립학교가 사적 지배의 대상으로 전락하는 것을 방지하는 한편, 학교법인의 설치·운영에 있어 민법상의 재단법인보다 높은 공익적 통제를 가하여 학교

교육이라는 그 본래의 설립목적에 적합한 형태로 운영되는 것을 확보하기 위하여 필요한 여러 가지 제도적 장치를 마련하고 있다. 학교법인의 이사는 엄격한 자격요건을 구비하여야 하고, 이사의 취임에는 민법상 재단법인의 이사취임과 달리 관할청의 취임승인이 필요하며 취임승인을 받은 이후라도 일정한 사유가 발생하면 관할청이 취임승인을 취소할 수 있도록 규정되어 있다. 이는 학교법인의 이사에게 국가공무원에 준하는 청렴성과 함께 관련 법률과 정관에서 정한 의무의 준수를 요구하고, 그러한 의무를 준수하지 아니할 경우 엄격한 통제를 가하여 학교법인이 설립목적에 적합하게 운영되도록 제도적으로 보장하려는 것이다. 따라서 사립학교에서의 교육의 자주성 및 학교운영의 자율성은 교육의 공공성에 저촉되지 아니하는 한도 내에서만 존중될 수 있는 것이라고 보아야 한다.'

다수의견과 소수의견은 미묘한 관점 차이를 보이고 있는 바, 결국 관점의 차이에 따라 사립학교법의 해석이 달라질 수밖에 없고, 나아가 사립학교법의 개정방향도 좌우될 수밖에 없다. 사립학교의 자주성은 학교의 자치, 즉 교육공동체 구성원의 자치를 의미하는 것이지 설립자나 학교법인의 축재 수단이나 족벌 지배 및 경영권 세습으로 이해되어서는 안 되며, 그런 측면에서 보면 사립학교의 자주성과 공공성을 대립하는 개념으로 보아서는 안 될 것이다.

2. 사립학교법 관련 쟁점

1) 사학 비리의 주요 내용

사학비리는 주로 회계 부정, 계약 비리, 인사 비리의 3대 유형을 통해 저질러지는데, 이를 정리하면 아래 표와 같다.

〈사립학교 비리의 유형〉

유형별	사 례
회계 부정	– 회계장부의 조작에 의한 불법 전용 – 국가지원금 미사용 착복 – 학교재산의 불법 전용 – 특수관계인과의 부당거래 – 불법 찬조금 모금 – 입시 및 편입학 부정을 통한 금품 수수
계약 비리	– 공사, 물품 구매 시 리베이트 수수 – 급식 시설 등 각종 계약시 금품수수 – 각종 공사비 과다 계상 – 허위 계약서 작성에 의한 지출
인사 비리	– 교직원 채용과정의 금품 수수 – 기간제 교원 정교사 불법 채용 대가 요구 – 유령직원을 이용한 인건비 횡령

2) 학교 재산의 사유화로 인한 비리 상존

사립학교의 경우 학교재산을 사유재산으로 인식함으로써 횡령 등의 비리가 상존할 수밖에 없는 구조적 문제가 내재되어 있다. 그 결과 교비회계의 예산 편성 및 집행권이 학교장에게 있음에도 불구하고 이사장 등이 사실상 학교회계 예산집행권을 장악하여 회계 부정을 자행하고, 법인회계와 학교회계를 엄격히 분리해야 하나 법인 사무국장이 학교 행정실장을 겸직함으로써 법인회계와 학교회계가 혼동됨으로써 횡령이 일상적으로 자행되고 있다.

특히, 현행 사립학교법은 학교의 장의 경우 이사장의 친인척에 한하여 임명을 제한하고 있는데, 그에 따라 이사장이 이사로 내려앉아 명목상 이사장을 내세워 실권을 장악할 경우 그에 대한 규제책은 미비하고, 이사 및 학교장의 배우자, 직계존비속의 회계직원 임명 제한에 관한 규정이 없다. 결국 사립학교의 경우 경영권 세습과 족벌 지배가 심화되고 있으며 심지어 경영권의 매매가 이루어지고 있다. 또한 기간제 교원의 채용을 통한 금품수수 비리가 상존하는 바, 이 또한 학교재산의 사유화와 맞물려 심각한 폐해를 낳고 있다.

3) 규제의 형해화

사립학교의 비리가 갈수록 심각해지고 있음에도 불구하고 이에 대한 규제는 형해화됨으로써 사립학교의 비리가 상존할 수밖에 없는 구조적 결함을 가지고 있다.

첫째, 특별감사 진행 중 또는 특별감사 결과 임원 과반수에 대하여 임원취임승인 취소 처분이 예정되어 있는 상태에서, 기존 비리 관련 이사가 사임하거나 기타 결원 이사의 후임으로 새로운 이사가 선임되고, 새로 선임된 이사들로 이사 정수의 과반수를 채움으로써 관할청의 임시이사 파견을 회피하는 방법을 사용하는데, 이를 규제할 수단이 없다.

둘째, 허위의 이사회 회의록 작성을 통한 이사장의 전횡에 대하여 특별한 제재 수단이 없다.

셋째, 학교장과 비리 교직원 등에 대한 징계 요구에도 불구하고 지연 또는 회피 및 감경 처분 시 관할청의 특별한 제재 방법이 없다.

넷째, 사학 비리에 대한 내부 감시 및 견제 장치가 미흡하다. 현행 사립학교법에는 교원인사위원회의 조직 및 구성과 운영 및 기능에 관하여 추상적인 규정만 존재하고, 현행 사립학교법상 학교운영위원회는 권한이 미미한 자문기구에 불과하다.

다섯째, 이사장이 직접 학사행정에 개입하여 회계부정을 저지르거나 법인 사무국장 또는 학교 행정실장이 회계부정을 저질렀을 경우, 다른 임원들이 이를 묵인 방치하는 등 그 직무를 해태하였음에도 제재할 방법이 명확하지 않다.

3. 사립학교법의 개정 방향

문재인 정부 출범 이후 사립학교법의 개정 방향에 대해서는 국회와 정부는 물론 많은 교육단체에서 다각도로 논의하고 있다. 아래 내용은 최근의 논의 중에서 공통적으로 강조되고 있는 주요 사항들을 요약 정리한 것이다. 사학분쟁조정위원회에 관한 사항은 사립학교법 개정에서 매우 중요한 대목이지만 다른 글에서 다루고 있으므로 여기서는 생략하기로 한다.

1) 사학족벌 지배체제에 대한 통제

이사장뿐만 아니라 이사의 배우자 및 직계존비속의 학교장 임명 제한, 이사 및 학교장의 배우자와 직계존비속의 회계직원 임명 제한, 법인회계 직원과 학교회계 직원의 겸직 금지 등을 통해 사학의 족벌지배체제에 대한 규제가 필요하다.

2) 사학비리에 대한 내부 감시, 견제장치 마련

학교운영위원회, 대학평의원회, 교원 및 교직원 인사위원회, 개방이사추천위원회의 구성과 기능을 명확히 규정하여 이사회의 관여를 엄격하게 금지할 필요가 있다. 즉, 교원인사위원회의 조직·기능과 운영, 심의절차를 법령으로 규정하고, 초·중등교육법의 학교운영위원회에 대한 공사립 구별 조항을 삭제하고 사립학교 학교운영위원회를 심의기구화 할 필요가 있다.

한편 '개방이사제도는 학교법인의 이사 정수 중 4분의 1 이상을 이사회 외부에서 추천한 인사 중에서 선임하도록 하여 사립학교운영의 투명성과 공정성을 제고하고, 추천위원회에 다양한 학교구성원들이 참여하도록 함으로써 이들에게 학교운영에 참여할 기회를 부여하는 데 그 입법취지가 있다고 할 수 있다.

입법자가 개방이사제도를 통하여 이사회의 투명성과 공공성을 제고하고자 한 것은 사립학교가 전체 학교 교육에서 차지하는 비중이나 공교육체계에 편입되어 있는 정도가 유례가 없을 정도로 높은 우리나라 교육현실에서, 그동안 학교법인이 보여 온 사립학교 운영의 양상이 국민의 교육을 받을 권리를 실질적으로 보장하는 방향으로 작동하지 않았다는 비판적인 현실인식에 근거하고 있는 것이다.

즉, 입법자는 설립자나 이사장 및 그 친족들에 의해 학교법인이 폐쇄적으로 운영되는 등 투명한 학교운영을 통한 학교의 건전한 발전이라는 이상적인 모습과는 거리를 보여 온 우리 사학의 현실을 개선하기 위하여 학교법인의 설립자나 이사장으로부터 독립한 인사를 이사회에 참여하게 하고, 이들이 다른 관점에서 학교법인의 운영을 평가, 감시, 조언함으로써 학교운영의 투명성을 제고하고자 한 것이다'(헌재2013. 11. 28. 2007헌마1189).

현행 사립학교법상 개방이사는 개방이사추천위원회가 이사 정수의 4분의 1의 2배수를 추천하는 자 중에서 이사회가 선임하도록 되어 있다. 그리고 개방이사추천위원회 위원 정수는 5인 이상의 홀수로 하고 대학평의원회 또는 학교운영위원회에서 위원의 2분의 1을 추천하도록 되어 있다(동법 제14조 제2항·제3항). 즉 개방이사추천위원회 위원의 나머지는 이사회에서 추천하는 자로 구성되게 된다. 그러다보니 개방이사추천위원회는 이사회 측에서 추천한 위원(이사가 직접 위원이 되는 경우도 많음)의 간여로 이사회 측과 친한 개방이사 후보를 추천하는 경우가 다반사이고 이사회는 개방이사 후보 중에서 이사회 측과 친한 개방이사를 선임할 수 있는 구조로 되어 있다. 결국 이사회에 추천과 선임의 권한을 모두 보장하고 있는 것과 다름없는 것이다. 이러한 개방이사추천위원회의 구성은 개방이사제도의 취지에 부합하지 않는다. 따라서 개방이사추천위원회의 구성에 이사회가 간여하지 못하도록 금지할 필요가 있다.

3) 임원의 책임 강화

회계부정 액수가 비교적 소액이라 하더라도 교비횡령, 배임 등의 범죄행위에 이를 정도라면 해당 임원의 승인을 취소하는 것은 물론, 이를 방조하거나 묵인, 방치한 이사들에 대해서도 연대책임을 물어야 한다.

4) 사학 비리당사자에 대한 통제 강화

첫째, 이사 재직기간 중 회계부정, 횡령, 금품수수 등으로 임원취임 승인이 취소되고 그 사실이 법원의 판결로 확정된 자 및 비리 등으로 임원취임승인 취소가 반복된 자는 당해 학교법인에의 복귀를 금지해야 한다.

둘째, 관할청의 요구에 의하여 해임된 사립학교 교직원도 임원의 결격사유에 포함시킬 필요가 있다.

셋째, 임시이사 선임 후 학교 정상화에 따른 정이사 선임 과정에서 학교운영위원회, 대학평의원회, 학생회 또는 학부모회, 교직원회 등 학교 이해당사자들의 의견을 청취할 필요가 있다. 그리고 사학분쟁조정위원회는 자문기구로 개편한다.

넷째, 사학비리나 재단 분규가 발생하거나 이로 인한 사학분규로 학교운영에 장애가 발생할 때 관할청이 즉시 임원취임승인 취소 및 임시이사 선임을 해야 한다.

다섯째, 사립학교법 20조의2(임원취임의 승인 취소) 제1항에 제1호 내지 제3호의 규정에 의한 행위를 방조한 때, 학교의 장의 위법을 방조한 때,

취임승인이 취소된 자가 학교의 운영에 간여하는 것을 방조한 때를 포함시킬 필요가 있다.

5) 학교의 장 및 교원 임면 등에서 학교의 자치 보장

학교의 장 임명 시 교원인사위원회 또는 대학평의원회의 추천권 내지 심사권을 보장하고, 교직원 임용 시 교직원인사위원회의 심의권을 보장할 필요가 있다.

6) 임원의 학사행정 개입 차단 및 회계관계 직원에 대한 해임 요구 등

기간제 교원의 채용 사유를 법적으로 명확히 규정하고 위반 시 처벌 규정을 신설하고, 사립학교법을 위반한 교직원 또는 회계부정을 저지른 직원에 대해서도 관할청이 해임 요구를 할 수 있도록 규정할 필요가 있다.

7) 법정전입금 제도와 공영형 사립학교

수익용 기본재산이 거의 없는 학교가 태반이고, 부동산 투기와 시세차익을 위한 부동산 보유가 대부분이므로 수익이 거의 발생하지 않는 실정이다. 이로 인해 법정전입금 제도가 사문화되고 있다. 보조금을 지원받는 공영형 사립학교에 대하여는 관할청이 공익이사 파견을 가능하도록 규정할 필요가 있다.

8) 보조금 지원 중단 및 학생 정원 감축, 폐교, 폐과 등

학교법인이 보조금을 허위로 신청하거나 목적 외로 사용한 경우 보조금을 회수하도록 규정하고, 나아가 학생정원의 감축, 학과나 학급의 감축, 폐지 등 조치가 가능하도록 규정할 필요가 있다.

9) 교원소청심사위원회 결정의 기속력 강화

교원소청은 사립학교법 규정이 아니지만 사립학교 교원들의 지위와 관련하여 상당히 중요한 부분이므로 함께 언급할 필요가 있다. 현재 교원소청심사위원회와 관련된 규정은 '교원의 지위 향상 및 교육활동 보호를 위한 특별법'에 규정되어 있다. 사립학교의 경우 설립자나 이사회의 비리를 고발한 교원을 해임하는 일이 빈번하게 발생하고 있다. 그런데 교원소청심사위원회에서 교원의 해임을 취소하는 결정을 하더라도 그 결정이 실질적인 기속력을 발휘하지 못하고 있다. 그에 따라 사학법인들은 교원소청심사위원회의 결정에 대하여 행정소송을 제기하면서 해임 교원을 복직시키지 아니한 채 버티는 경우가 대부분이다. 따라서 교원소청심사위원회 결정에 대한 불복과 무관하게 결정서를 접수한 날로부터 일정 기일 이내에 복직 등 필요한 조치를 취하도록 강제하고, 불이행시 이행강제금 부과 또는 임원 고발이나 임원취임승인취소를 가능하게 규정할 필요가 있다.

4. 사립학교법 개정을 위한 사회적 합의

사립학교를 사유재산으로 간주하는 인식과 제도 하에서는 진정한 교육의 자주성과 공공성을 기대할 수 없다. 교육의 자주성과 공공성을 회복하려면 최소한 위에서 지적한 사립학교법 개정이 필수적이다. 그러나 사학재단 측의 반발도 만만치 않을 것이다. 이를 극복하려면 사립학교법 개정을 위한 사회적 합의를 이끌어내는 것이 중요하다. 광범위한 공론화를 통해 사립학교의 문제점을 전면적으로 드러내고 사립학교를 공교육의 장으로 포섭하는 과정이 지금 즉시 시작되어야 한다.

대학구조개혁 정책의 문제점과 대안 정책 방향

노 중 기
한신대, 교수노조

1. '이게 나라냐?', 교육은 촛불혁명에 답해야 한다

한국 고등교육의 현실은 처참하다. 이는 2016년 촛불혁명의 주요한 계기들이 대학과 연관되어 있었던 것에서도 잘 드러났다. 국민적 공분을 불러온 교육부 정책기획관의 '민중은 개돼지'라는 발언에 이어 박근혜-최순실게이트의 주요 무대는 '명문' 사립대학이었다. 또 많은 국립대에서는 교수들이 뽑은 총장이 수년 간 취임하지 못하는 사태가 발생해 있었고 그 일로 부산대의 한 교수가 투신 사망하는 일까지 벌어졌다. 그 밖에 수십 년 된 적폐인 비리사학문제들은 말할 것도 없다.

우리가 한 교육 관료의 '개돼지' 발언을 주목해야 하는 이유는 그것이 단순한 개인적 실수 혹은 일탈이 아니라는 추론 때문이다. 그것은 20년 이상 지속된 수월성, 경쟁력 추구 신자유주의 교육정책의 결론이었으며 우리 대학의 익숙한 현실이다. 지금 한국의 대학사회를 지배하는 갑중의 갑은 비리사학과 함께 억압적 교육부, 부패한 교육 관료인 것을 부인할 수 없다.

그리고 촛불혁명을 불러온 직접적 원인 중 하나인 '이대사태'는 그 배경과 맥락이 복잡하다. 그러나 교육부의 평생교육단과대학 재정지원사업과 여타 구조개혁사업(프라임, 코어사업 등)이 사건의 전제이자 배경이었음은 분명하다. 또 비리로 구속된 총장 교수들은 구조조정과 수월성 경쟁의 압박 하에서 비리의 주역으로 나서는 데 전혀 거리낌이 없었다. '부모 잘 만난 것도 실력'이라는 정유라의 철없는 생각이 바로 우리대학의 진실이었던 것이다.

이 글은 국가가 주도해온 '대학구조개혁정책'[11]의 문제점을 정리하고 교육주체들이 준비하고 있는 대안을 간략히 소개하고자 한다.[12]

2. 현재의 대학구조조정 정책은 전면 폐기되어야 한다

오랫동안 계속되어온 국가의 대학구조조정정책은 박근혜정부에서 만개(滿開)하였다. 1995년 김영삼정부의 5.31교육개혁방안에서 시작된 교육의 시장화는 학령인구의 급감을 앞둔 박근혜정부에서 크게 심

11 주지하듯이 현재의 대학구조개혁 정책은 박근혜정부만의 일이 아니다. 김영삼정부 이래 모든 정부의 일관된 정책방향이었고 민주정부도 예외는 아니었다. 이 글의 문제의식은 신자유주의 경쟁력 중심 교육'개혁'정책에 대한 비판적 검토이다. 정부가 이를 '개혁'으로 부르는 것은 그 자체가 이데올로기이며 그 본질이 '구조조정'(structural adjustment)이므로 이하에서는 구조조정정책으로 표기한다.

12 자세한 내용은 '교육혁명공동행동 연구위원회(2016), [대한민국 교육혁명], 살림터.' 참고.

화되었을 뿐인 것이다. 3주기 10년에 걸쳐 16만 명 대학 입학정원을 줄이는 구조조정이었다. 구체적으로 1주기(2014-2016년) 4만 명, 2주기(2017-2019년) 5만 명, 3주기(2020-2023년) 7만 명으로 계획되었고 이 과정에서 상당수의 대학을 폐교조치하려는 것이었다.

재정을 학부모와 정부의 지원금에 의존하고 있는 한국의 대학, 그중에서도 사립대들은 등록금이 동결된 상황에서 존폐의 기로에 놓이게 되었다. 이런 조건 속에서 교육부는 각종 재정지원 사업을 동원해서 대학을 압박하였고 무소불위의 갑질을 할 수 있었다. 그러나 갑질 그 자체가 문제는 아니다. 진정한 문제는 이런 시장주의 대학정책이 우리 고등교육의 본질을 크게 훼손하고 교육의 질을 황폐화시킨다는 것에 있다. 건강한 시민적 교양을 양성하는 고등교육의 기본기능이 폐기되며 청년 미래세대를 더 격심한 고통에 빠트린다는 점이다. 나아가 이는 미래 한국사회의 사회적 경제적 발전을 결정적으로 가로막는 구조적 모순이 될 것이기 때문이다. 이를 좀더 자세히 분석해보자.

먼저 현재의 대학구조조정 정책은 고등교육의 기초를 붕괴시켜 21세기 지식기반사회에 필요한 교육서비스를 공급할 수 없게 만든다. 21세기 형 교육이 가능하기 위해서는 사유로운 토론과 창의적 활동이 가능할 수 있는 대학체제가 필수이고 그 핵심 지표는 교수 1인당 학생 수이다. 경제협력개발기구(OECD) 평균(1대 14)의 두 배나 되는 교수 당 학생비율(1대 26)을 유지하고 학생과 학부모에게 교육비 대부분을 감당하게 하는 교육환경 속에서 21세기 형 창의교육과 지식생산은 불가능하다. 야간 아르바이트로 아침부터 졸고 있는 학생이 콩나물 대형 강의실에서 19세기 주입식교육을 받는 현실을 그대로 방치하고서는 우리사회의 미래가 없다는 것이다.

현재 재정이 악화된 수많은 대학들이 그 부담을 모두 교직원과 학생들에게 전가하고 있는 것도 심각한 문제이다. 대형 강의는 늘어가고 학습환경은 더욱 열악해지고 있다. 또 강의시수와 비정규노동 증가 등 교수들의 노동조건 악화도 심각한 수준이다. 이런 문제들은 대학교육의 80%

이상을 담당하면서도 학생 등록금에만 의존하고 있는 사립대에서 특히 심화되고 있다.

둘째, 학문 재생산구조의 붕괴문제이다. 모두가 알듯이 구조조정의 조정 대상은 문학 사학 철학의 인문학, 순수자연과학과 순수 사회과학, 예체능전공이다. 이 학문들은 대학교육과 연구의 근간이며 핵심이나 구조조정정책은 당장 일자리나 생산성과 연관이 없다고 몰아세우고 있다. 대부분의 학과-전공통폐합, 정원 감축이 이들 학문 분야에 집중되는 현실이 그렇다. 결국 단기적인 취업이나 생산성을 앞세우는 대학교육 체제를 구축하려는 것인데 선진 지식기반사회로의 백년대계와는 정면 배치된다. 순수과학 연구역량의 증대 없이 창의적, 시대 선도적 지식생산은 불가능하기 때문이다. 더불어 대학원 교육의 기반이 무너져 학문후속세대의 재생산이 어려운 현재의 위기를 더욱 심화시키는 졸속방안이다.

셋째, 지방대학과 전문대학의 몰락을 초래하는 무대책 구조조정이다. 교육부의 구조조정은 이미 서열화된 대학체제에서 지방 사립대와 전문대를 구조조정하는 정책에 불과하다. 현재 우리사회의 양극화, 특히 수도권과 지방의 사회경제적 양극화를 뒷받침하는 중요한 기제는 고등교육의 지역 간 불평등문제이다. '지잡대'(地雜大)문제가 현실적 고통이 된 지 오랜 지금은 그것이 다시 취업불평등, 경제적 불평등으로 확산되고 있다. 한 줄로 서열화된 대학구조에서 취업률 위주, 수월성 위주로 등급 평가하는 현행의 구조조정방식은 그자체가 매우 반교육적일 뿐만 아니라 서열화를 더욱 고착화 공식화한다. 이 문제에 대해 다시 지방대학재정지원을 미끼로 지방대 간의 경쟁을 부추기는 교육당국의 행태는 심지어 야만적이기도 하다. 또 지방교육의 몰락은 더불어 지방 경제에 심각한 타격을 주어 다시 지역 간 불평등을 심화시킬 것이 분명하다.

넷째, 대학서열체제가 제도화되고 공식화된다. 현재 우리 고등교육은 SKY-서울명문사립대-지방국립대-수도권대규모대학-수도권중소규모대학-지방대규모사립대-지방소규모사립대 및 전문대로 극단적인 서열체제를 이루고 있다. 대학의 서열화는 입시과열, 사교육열풍, 중등교육 파행

불러오고 있으며 졸업이후에도 취업불평등과 학벌지배사회를 낳는 등 한국사회의 가장 중요한 모순구조이다. 이 서열체제 아래서 우리 청소년과 청년들, 그 학부모들의 고통은 극심하다. 현재 정부의 구조조정정책은 오랫동안 공식적으로 부인하던 서열체제를 교육당국이 이제 이를 하나의 제도로 공인하는 반교육적 행태에 다름 아니다.

다섯째, 비정규직 교수와 직원이 확대되는 문제도 심각하다. 전체 사회의 비정규직 증가흐름에 더해 대학사회는 최근 10여 년간 비정규직을 크게 늘려왔다. 만성적 재정 부족 상황에서 80% 사립대학에게 다른 선택지는 없었기 때문이다. 직원의 비정규 채용은 물론 교수의 경우에도 기존의 강사를 비롯한 각종 비정규직 교원들에 대한 의존도가 크게 높아졌다. 교직원의 비정규직화는 교육의 질 측면에서 장기적으로 매우 우려할만한 결과를 낳을 것이 분명하다. 대학의 기능이 교육과 함께 연구 곧 지식의 생산에 있다고 할 때 비정규직 증가는 양자 모두에 매우 부정적인 영향을 미칠 것이기 때문이다.

여섯째, 교수와 직원의 대량 실직사태가 발생하는 문제이다. 구조조정 정책의 계획대로 학생정원이 28% 감축(16만 명)되면 약 30%의 정규직 비정규직교수(3-4만 명)와 반여 명 이상의 직원이 실직할 것으로 예상된다. 충분히 예견되는 일이지만 현재 구조조정은 이 문제에 대한 아무런 대책이 없는 채로 진행되고 있다. 이 문제는 단순히 개인 실직 노동자의 문제만은 아니다. 수만 명에 이르는 대학교원들은 최소 10년 이상 전문적인 교육을 받은 박사급 인력자원이다. 이 인력들을 육성하는 과정에서 엄청난 사회적 자원이 투입되었음을 감안하면 그자체가 경제적으로 막대한 손실을 발생시키는 일일 것이다. 또 지식중심의 창조경제를 만들겠다는 국가의 경제정책과 정면으로 배치된다.

일곱째, 현행 구조조정은 대학 내외에서 각종 사회적 갈등을 유발하고 있다. 위로부터 강제된 관료적 구조조정은 대학 간의 경쟁만으로 그치지 않는다. 전국의 수많은 대학들에서 교수와 학생, 직원과 학생, 그리고 학생과 학생이 구조조정의 비용을 처리하는 과정에서 서로 대립하도록 조장하는 방안인 것이다. 이화여대사태를 필두로 중앙대, 동국대, 인하대, 상지대, 수원대, 청주대 등 사립대뿐만 아니라 국립대의 총장직선제 갈등 과정에서 구조조정은 가장 중요한 원인이었다. 결과적으로 대학의 자치와 학문공동체는 큰 타격을 받았고 스승과 제자 간의 전인격적 교류, 민주와 참여자치의 공동체 정신은 파괴되었다.

3. 대안적 대학구조개혁방안은 이미 준비되어 있다

이제 대학문제에 관한 보다 중요한 물음은 '대안이 있는가?'이다. 쉽지 않지만 대안이 없는 것은 아니다. 대학관련 단체들(정규 비정규 교수단체, 대학노조, 학생회, 학부모단체 및 교육시민사회단체)은 이미 10여 년 전부터 대안적 고등교육체제의 구상을 구체화하여 제안해왔다. 그리고 지난 2012년 대선과 2017년 대선에서 몇몇 후보가 그 기조를 수용하였고 문재인대통령도 그 중 한 사람이었다.

촛불혁명과 2017년 대선은 한국 고등교육의 전면적 혁신을 위한 역사적 계기이다. 촛불의 출발이 교육문제였고 교육문제 해결 없이 새로운 민주공화국은 불가하기 때문이다. 모든 국민을 고통에 빠트리는 헬조선의 핵심 모순, 적폐 중의 적폐, 교육모순을 해소하지 않고서 21세기 새로운 민주공화국 건설은 불가하기 때문이다.

고등교육 교육혁명 방안의 기조는 시장주의 경쟁주의 교육의 극복, 교육공공성 확대에 두어야 한다. 시장주의 20년 교육체제는 교육의 공적 기능을 파괴하는 결과를 가져왔으므로 이를 새롭게 복원하자는 것이다. 그리고 그 정책의 구체적 전략방안은 공영형 사립대 및 대학연합체제의 구성에 터한 대학서열체제 타파, 대학입학 자격고사 실시, 고등교육 예산

확충과 교육부 해체로 정리해볼 수 있다. 이를 더 자세히 정리해보자.

먼저 국공립대의 확대, 강화가 필요하다. 학령인구 감소에 대응하는 구조개혁과정은 국공립 비율을 확대하여 고등교육의 공공성을 높일 수 있는 절호의 기회이다. 학생 학부모 부담으로 사립학교에서 고등교육의 80%를 담당하는 OECD국가는 우리나라 외에는 없다. 우선 국공립 비율을 50% 이상으로 늘리고 교육비의 사회적 부담률을 높여야 한다. 국공립은 서울시립대처럼 무상교육 방향으로 가야하며 사립대는 국가장학금제도를 폐지하는 등 실질적인 반값 등록금체제를 도입해야 한다. 또 교육당국의 국공립대 지배를 근절하고 대학자치원칙을 제도화해야 한다.

둘째, '공영(형) 사립대학' 제도 도입이 긴요하다. 대학연합체제에 가입하는 사립대에 재정지원을 확대하여 교육 공공성을 높여야 한다. 조건이 맞는 비리사학은 정부가 공영형 사립대로 강제 편입할 필요가 있다. 공영형 사립대에는 초중등교육과 마찬가지로 교직원의 인건비를 국가가 부담하는 방안이 적용될 수 있다. 이 경우 학내 주체와 시민사회의 이사회 참가를 제도화할 수 있고 비리사학 문제를 원천적으로 제거할 수 있을 것이다.

셋째, 대입자격고사제도를 도입해 대학연합체제에 속한 대학들의 입학생을 공동으로 선발한다. 또 대학연합체제 대학들은 학생 공동선발 뿐만 아니라 공동학위제도 운영하고 교양과정을 공동 운영하며 권역별 학점교류, 연구 협력체제를 구축하는 것이 가능하다.

넷째, 법대 사범대 의대 약대 경영대의 학부과정을 폐지하는 방안을 도입한다. 직업교육에 방점이 있는 이 전공들은 대학 입시경쟁의 주요 원인 중 하나이므로 서열화의 제도적 기반을 약화시키는 의미를 갖는다. 그리고 지식기반사회로 전환하기 위해 보다 전문적인 기능교육이 가능하도록 전문대학원 체제를 다시 도입하거나 강화한다.

다섯째, 이 모든 개혁방안의 기초는 고등교육 인프라 확충에 있다. 우선 교수 학생 비율을 OECD 평균에 맞추어 높여가야 한다. 이를 위해서 고등교육에 대한 적극적 재정 투입이 필요하다. 지난 20년 간 대통령들이 약속했던 OECD 평균(GDP 1.1%)으로 고등교육 국가예산 증액을 이번에는 실현해야 한다. 이 재원은 정규직 교직원 충원을 중심으로 국공립대와 공영형 사립대에 중점적으로 투입될 필요가 있다.

여섯째, '비정규직 없는 대학'의 실현이 필요하다. 국가(연구)교수제로 시간강사제도 전면 혁신하고 계약임용제 등 각종 비정규교직원제도를 혁파해서 교직원의 안정된 연구 교육환경을 마련해야 한다. 더불어 교수, 대학직원에 노동기본권을 보장하고 학생에 대해 대학자치 참여권을 제도화해야 한다.

일곱째, 시대에 뒤떨어진 관료주의 교육지배의 아성인 교육부를 해체하고 교육정책기능과 지원기능을 주로 담당할 국가교육위원회를 설치한다. 이는 부패한 정치권력이 지배하는 관료적 억압적 교육체제를 타파하고 교육의 탈정치화를 제도화하는 의미를 갖는다. 초당파적 기구인 '국가교육위원회'는 정치나 행정 권력으로부터 자유로운 민주적 운영체제를 갖도록 설계해야 한다.

4. 더 이상 머뭇거릴 이유, 여유는 없다

많은 이들이 대학구조개혁방안에 대해 공감할 것이지만 그래도 의문은 남는다. '과연 가능하냐?'라는 의문이다. 아무도 예상치 못했던 촛불혁명이 가능했듯이 대학의 혁신도 가능하다. 서구 선진국들은 68혁명을 전환점으로 해서 이미 50년 전에 낡은 대학체제를 부수고 대학 공공성의 기초를 놓았다. 우리의 경제력, 시민사회 성숙도에 비추어보면 이미 충분하다. 시민적 의지를 모아가면서 구체적인 방안은 더 정밀하게 다듬고 수정하면 될 것이다. 그러므로 이제는 첫 발걸음을 뗄 때이다.

마지막으로 몇 가지 비관론에 대해 답해보자. 먼저 대학이 하향 평준화

될 것이라는 우려이다. 그렇지 않다. 대학 공공성체제를 갖추고 있는 서구대학이 경쟁력이 없는가? 수월성교육을 하지 못하는가? 수월성은 오히려 민주적 공공적 대학, 자유로운 학문정신에서 나온다는 것은 이제 하나의 상식에 불과하다. 공공성 확대로 교육인프라 개선하고 경쟁압력을 낮춰 창의적 지식생산의 가능성을 제고하는 길 외에는 없다. 또 투자 없는 지식생산은 불가하다. 기업처럼 운영되는 대학, 비정규직 천지의 대학에서 창의적 지식생산은 연목구어일 것이다.

둘째, '대학 주체들 내부의 개혁은?[13]' 주체 개혁 없이 대학혁신이 가능하겠느냐는 정당한 비판이다. 당연히 필요하고 준비 실행되어야 한다. 최근 인분교수 옥시교수 수많은 성희롱교수문제나 이대사태 등에서 보듯이 교수 주체들의 개혁이 긴요하다. 그 방향은 일방적 통제나 제재보다 대학내부의 지배구조 민주화를 통한 자정이 바람직하다. 또 노동기본권(노조), 교권(교수협의회 지배구조 법적 참가), 학생자치권(학생기구 지배구조 참여 등) 등을 보장하고 이 조직들이 스스로 민주적 대학을 마련하도록 지원할 필요가 있다. 이는 대학개혁의 중요한 전제조건이 된다.

셋째, 재정 부담이 가능할 것인지에 대한 의문이다. 김영삼정부 이래 각 정부들의 고등교육 재정확충약속 이행하면 충분하다. 약속의 내용인 OECD 평균(GDP의 1.1%) 고등교육 국가재정 부담을 실현하면 공영형 사립대와 반값등록금, 국립대 무상교육을 곧바로 실행할 수 있다. 물론 기존의 정부 대학재정지원사업, 국가장학금 사업을 폐기한 것에서 발생하는 재원도 투입되어야 한다. 교육이 중요하다면 투자를 회피해선 안될 것이다.

마지막으로 '혁명적 변화이므로 그냥 현실성이 없다'는 비판도 있다. 아니면 '사학재단과 보수정치권, 교육관료의 반대가 필연적이므로 불가능하다'는 생각도 마찬가지이다. 이런 논의들은 더 이상 견딜 수 없는 대학-

---

13 이 문제에 대한 자세한 논의는 노중기(2016), '박근혜정부 대학구조조정의 정치사회학: 무디어진 대학에 대한 연구', 비판사회학회 편, [경제와 사회], 111호(가을호)를 참고할 것.

한국사회의 현실을 그냥 두자는 비관주의이거나 교육모순의 혜택을 받는 일부 사회세력의 저항일 뿐이다. 모두가 불가능하다며 꿈꾸지도 못했던 무상급식과 (준)반값등록금을 우리는 만들었고 정착시켰다. 대통령을 탄핵하고 정치변혁을 이룬 우리 시민들이라면 충분히 실현할 수 있는 방안이다. 더 나아가 헬조선 타파, 지식기반사회를 창출하기 위한 경제혁신의 가장 중요한 전제조건이 교육개혁이라는 점을 감안해야 한다. 고등교육 혁신은 할 수 있으므로 하는 과제가 아니라 우리가 반드시 해야 할 역사적 과업인 것이다.

사립학교법상 사학분쟁조정위원회의 위헌성

송 상 교
변호사, 민변 공익인권변론센터 소장

1. 상지대와 사학분쟁조정위원회

1) 2007년 상지대 대법원 판결

상지학원 이사장 김문기는 부정입학, 용공조작 등 비리를 저질렀고 1992년 학내분규가 발생한 이래 교육부 감사 결과 학교경영에서 친인척 임용, 교수채용 시 봉급포기각서 요구, 한약재료학과의 폐지 및 전임강사 임용 탈락 등 비위사실이 적발되었다. 1993년경 입시부정과 관련된 금품수수 혐의로 김문기가 구속되어 유죄판결을 받는 등 비위가 확인되었고, 1993년 이래 임시이사가 파견되었다. 상지학원의 임시이사로 선임된 9인의 임시이사들은 2003. 12. 18. 이사회를 개최하여 9인의 정식 이사(통상 "정이사"라고 한다)를 선임하고 교육인적자원부(이하 "교육부"로 통일한다) 장관에게 이사취임 승인신청을 하여 승인을 받았다. 위 임시이사의 정이사 선임에 대하여 김문기 등(구 재단측)은 이사회결의 무효 확인 소송을 제기하였다. 이 소송 1심은 원고 패소, 2심은 원고 승소 후, 대법원은 전원합의체 판결로 항소를 기각하였다(대법원 2007. 5. 17. 선고 2006다19054 전원합의체 판결, 이하 "2007년 상지대 대법원 판결"이라 한다).

2007년 상지대 대법원 판결은 크게 두 가지 쟁점에 대하여 판단하였다. 첫째는 임시이사가 정식이사를 선임한 경우 임시이사 선임 전에 선임되었다가 퇴임한 이사들에게 이사회 결의의 하자를 다툴 자격이 있는지 여부였다. 대법원은 '임시이사가 선임되기 전에 적법하게 선임되었다가 퇴임한 최후의 정식이사'를 '종전이사'라고 칭하면서 이 종전이사에게 임시이사들의 정식이사 선임의 무효 확인을 구할 법률상 이익이 있다고 인정하였다. 둘째는 임시이사에게 정식이사를 선임할 법적 권한이 있느냐 여부였는데 대법원은 임시이사는 종전이사를 선임할 권한이 없다고 하면서 이사회 결의가 무효라고 판단하였다. 이어 대법원은 정상화 방법에 대해서는 "정상화가 이루어지는 시점에 유효한 사립학교법, 민법 등을 종합적으로 고려한 일반 원칙"에 따라야 할 것이라고 하였다. 이 판결은 전원합의체에 참여한 대법관 5명이 반대했지만 8명의 다수의견으로 채택되었다.

2) 사립학교법 개정과 사학분쟁조정위원회

위 2007년 상지대 대법원 판결 직후 2007. 7. 27. 사립학교법이 개정되어 임시이사의 선임·해임과 임시이사가 선임된 학교법인의 정상화 방안 등을 심의하기 위하여 사학분쟁조정위원회(이하 '사분위'라 한다)가 설치되었다. 이때 형성된 사분위에 관한 규정은 이후 현재까지 유지되고 있다. 위 개정법에 따라 2007. 12. 27. 1기 사분위가 출범하여 2년 임기로 2009. 12. 26까지 활동하였고. 이후 2기부터 5기까지 사분위가 활동 중이다.

3) 2기 사분위의 종전이사 측 과반수 추천권 인정 결정

2기 사분위는 상지대 정상화를 다루면서, 출범한지 4개월 만인 2010. 4. 29. 상지학원에 대한 현장조사나 청문 등 의견청취 절차도 거치지 아니한 채, 정이사 선임 비율을 결정했다. 이에 따라 종전이사 측(김문기 측) 5/9, 학교구성원 2/9, 관할청 2/9의 추천권을 주기로 결정하였다. 이 비율은 2009. 9. 10. 회의에서 사분위가 종전이사에게 정이사의 과반수를 부여하기로 한 '정상화 심의 원칙'에 따른 것이다.

사분위는 자신이 정한 '정상화 심의 원칙'이 2007년 상지대 대법원 판결에 따른 것이라는 논리를 폈다. 그러나 2007년 상지대 대법원 판결은 임시이사 선임사유가 해소된 경우의 정상화 방법에 대하여 '임시이사가 정이사를 선임할 수 없다'고 확인하면서 동시에 종전이사도 긴급처리권이 없어 정이사 선임권이 없다고 판단하였으며 이 경우 정상화 방법은 "정상화가 이루어지는 시점에 유효한 사립학교법과 민법 등을 고려한 일반원칙에 따를 것"이라고 한 것 그 이상 이하도 아니있다. 위 대법원 판결 어디를 보더라도 사분위가 주장한 것처럼 종전이사에게 과반수의 지위를 인정하여야 할 근거를 찾을 수 없다. 그러나 사분위가 이후 자신의 '정상화 심의 원칙'을 계속 적용해나가면서 사분위의 구재단 돌려주기 원칙은 법이 되었다

4) 사분위 심의에 따른 교육부의 상지대 정이사 선임 처분

결국 사분위는 2010. 8. 9. 김문기 측 추천인사 4명, 학교구성원 추천인사 2명, 피고 추천인사 2명 및 임시이사 1명을 선임하기로 의결하였다(그 후 김문기 측이 추천한 후보자 중 1명이 후보를 사퇴했다). 교육부는 사분위 심의 결과를 그대로 수용하여 2010. 8. 30. 이사정수 9인 중 김문기 측이 추천한 3명, 학교구성원들이 복수 추천한 후보자 중 2명, 관할청이 추천한 2명을 정식이사로 선임하고, 김문기 측이 추천권을

가지는 1명의 정식이사에 대해서는 임시이사를 선임하였다. 그 직후 사퇴한 김문기 측 이사를 대신해서 1명이 추가로 선임되었다.

5) 정이사 선임 취소소송 및 위헌제청 신청

이에 대하여 학교 측(이사장, 개방이사추천위원회, 상지대 교수협의회, 전국대학노동조합 상지대학교지부, 상지대 총학생회, 상지대 총동문회)이 교육부의 정이사 선임 처분의 취소를 구하는 행정소송을 제기하였다.

원고들은 소송에서 종전이사에게 과반수 추천권을 보장하는 사분위의 '정상화 심의 원칙'은 학교 정상화의 원칙에 반하는 것이고, 학내 구성원들의 의견을 제대로 청취하고 반영하지 않은 것이라고 주장하였다. 그러나 1심 법원은 위와 같은 주장 내용의 정당성 여부에 대해 판단하지 않은 채 소송을 각하하였다(서울행정법원 2011. 10. 21. 선고 2010구합 44085, 2011구합 11891(병합) 판결). 원고들은 정식이사 선임의 직접 상대방이 아니고 간접적인 이해관계인이기 때문에 소송을 제기할 자격이 없다는 것이었다. 원고들이 항소하였으나 2심 법원도 본안판단 없이 항소를 기각하였다(서울고등법원 2012. 7. 11. 선고 2011누40402 판결).

원고들은 대법원에 상고하였고 그 후 대법원은 3년 만인 2015. 7. 23. 항소심을 파기하는 선고를 하였다(대법원 2015. 7. 23. 선고 2012두19496, 19502 병합). 대법원은 교직원과 학생이 헌법상 대학자치의 주체로서 개방이사 제도 등을 통한 학교운영참여권을 가짐을 확인하고 이를 보장한 취지가 정상화 과정에서도 훼손되어서는 안 된다면서 사분위 심의에 따른 교육부의 정이사 선임처분의 위법성을 학내구성원들이 소송으로 다툴 법률상 이익이 있다고 판단하였다. 그 후 위 소송은 재환송심을 거쳐 대법원에서 원고 승소판결로 종결되었다(대법원 2016. 10. 27. 선고 2016두803, 810(병합)).

2. 사립학교법상 사분위의 위헌성

1) 사분위의 판단이 아닌, 사분의 자체의 위헌성

위 행정소송 사건에서 원고들은 2심 법원에 사분위에 관한 사립학교법 조항이 위헌이라며 위헌법률심판 제청 신청을 하였으나 기각되었고, 이에 대법원에 상고하면서 별도로 헌법재판소에 사분위에 관한 법률조항의 헌법소원을 제기하였다. 헌법재판소는 위 2015년 대법원 파기환송 판결이 있은 4개월 후에 사분위에 관한 사립학교법 조항에 대해 합헌 결정을 내렸다(헌재 2015. 11. 26. 선고 2012헌바300).

결국 상지대 정이사 선임 관련 행정소송은 사분위가 개방이사에 관한 사립학교법 조항 취지를 잘못 해석·적용하였다는 이유로 승소했지만, 대법원은 사분위 자체의 문제점에 대해서는 건드리지 않았다. 한편 헌재는 대법원 판결을 통해 학내구성원의 소송 권한이 인정된 것을 주요한 근거로 내세워 사분위 조항이 합헌이라고 판단하였다. 결국 근본적 문제는 여전히 남게 되었다. 돌아보면 사분위의 막상한 권한과 재량은 변함이 없고, 사분위가 구재단 복귀의 구실로 삼은 '정상화 심의 원칙'은 여전히 살아 있다.

사분위의 '정상화 심의 원칙'은 종전이사 측에 과반수 지위를 주어야만 법인의 의사결정이 안정되고 사학이 정상화된다는 논리라고 할 수 있다. 그러나 현실의 결과는 정반대였다. 사분위에 의해 진행되고 있는 비리재단의 대학 복귀가 전면화되면서 이후에도 많은 대학에서 이를 반대하는 학내 구성원의 항의와 구재단 측의 분규가 끊이지 않았다. 경기대, 대구대, 덕성여대, 동덕여대, 상지대, 서일대, 성결대, 세종대, 수원여대, 영남대, 조선대, 경북과학대 등에서 분규가 발생하였다. 임시이사를 통해 그나마 자리를 잡아가던 학교들은 구재단 복귀로 오히려 다시 혼란과 분규의 수렁에 빠져들었다. 그 대표적인 사례가 사분위의 '정상화 심의 원칙'이 적용된 첫 번째 사례였던 상지대였다. 구재단 복귀에 대부분 학내구성원이 반대하여 분규와 소송이 재연되었고, 몇 년간 이사회는 제대로 운영되지도 못했으며, 그 와중에 김문기는 아들을 이사장으로 내세우고 급기야 스스로 총장이 되고 많은 교수 학생을 징계로 내몰면서 학교를 아수라장으로 만들었다. 학교의 위상은 추락하고 수많은 학생들이 피해를 입었음은 물론이다. 사분위는 2013년 7월에 '정상화 심의 원칙' 일부를 수정하였으나 구재단에게 과반수 지위를 보장하는 큰 줄기는 변함이 없었다.

이처럼 현 사분위 체제 하에서 구재단 복귀는 계속될 수밖에 없으며, 학내구성원의 소송 적격을 인정하는 것만으로 사분위의 자의적 월권을 근본적으로 막을 수는 없었다. 근원에 있는 문제점, 즉 사분위 자체의 위헌성, 체제 부적합성은 여전히 숙고해야 할 문제이다.

사립학교법상 사분위에 관한 조항의 핵심은, ①교육부장관 소속 기관으로 사분위를 설치하여 ②임시이사의 선임·해임은 물론 '임시이사가 선임된 학교법인의 정상화 추진을 위한 이사 선임'에 관한 사항까지를 사분위의 전속 심의사항으로 하고(제24조의2 제1항, 제2항, 제25조의3 제1항), ③사분위의 지위와 심의의 효력과 관련하여 관할청에게 사분위 심의결과에 따라야 할 의무 및 재심 요청시에도 재심 결과를 수용하여야 할 의무를 지움으로써 사분위가 관할청을 전적으로 기속할 수 있도록 하고(제24조의2 제4항), ④사분위의 구성을 대통령 추천 3인, 국회의장 추천 3인, 대법원장 추천 5인 총11인으로 하고, 위원장을 대법원장이 추천하는 인사 중에서 호선하도록 하여 법원에 사분위 구성 및 운영의 주도권을 부여한 것이다.(제24조의3 제1항)

2) 전제 : 사분위는 '준사법적 기구'가 아닌 '행정기관 내부의 행정위원회'에 불과함

설립 초기부터 사분위의 법적 지위가 문제되었다. 이는 사분위의 권한과 역할을 어떻게 인정할 것인가와 직접 관련된 문제였다. 사분위는 자신의 법적 지위를 이해관계가 첨예하게 대립하는 분쟁을 조정하는 것을 목적으로 하는 '준사법기관적 독립위원회'이며, 조정위원회의 결정은 창설적·준사법적 성격의 '강제조정결정'이라고 규정하였다.

> "사분위는 사립학교법에 따라 대통령·국회의장·대법원장 등 3부 요인의 제청으로 임명된 11인 위원으로 구성되는 준사법기관적 독립위원회이며, 사분위의 조정결정은 재판절차에 준하는 합법적 절차에 따라 내려지는 창설적·준사법적 성격의 "강제조정결정"이다"(사학분쟁조정위원회, "상지학원 정상화 결정에 대한 참고자료"(2010. 8), 11쪽, "사학분쟁조정위원회 성명서"(2010. 9. 9.)).

즉, 스스로를 사법기관의 업무를 합의체로 운영하는 준사법적인 대체적 분쟁해결기관으로 이해하였다. 사분위가 스스로의 해석대로 준사법기관적 권한을 갖는 분쟁해결기구라고 한다면, 그 기능이 특별행정심판절차이거나 아니면 대체적 분쟁해결기구에 해당되어야 할 것이었다. 그러나 사분위는 교육부장관 소속의 행정위원회로서, 교육부장관의 권한인 임시이사의 선임, 해임, 임시이사가 신임된 법인의 정상화조치에 대하여 심의·의결하는 기구에 불과하다. 따라서 그 지위와 위원 구성, 권한, 관할청과의 관계에 대한 입법형성은 사분위의 성격이 행정기관의 전형적 행정행위를 보좌하는 내부 심의기구이고, 그 업무가 관할청이 전속적으로 수행하는 전형적인 행정행위라는 것에 따른 헌법적 제약을 받아야 하며, 재량 역시 그 제한 범위 내에서만 합헌적일 수 있다는 전제를 벗어날 수 없는 것이다. 헌법재판소 역시 사분위가 행정기관이라는 점을 분명히 했다(헌재 2013. 5. 30. 선고 2010헌바 292). 이를 전제로 사분위에 관한 사립학교법 조항의 위헌성을 살펴본다.

3) 사분위 구성과 설치 및 기능 조항의 위헌성(사립학교법 제24조의2 제1, 2, 4항, 제24조의3 제1항)

사립학교법

제24조의2 (사학분쟁조정위원회의 설치 및 기능) ① 제25조에 따른 임시이사의 선임과 제25조의2에 따른 임시이사의 해임 및 제25조의3에 따른 임시이사가 선임된 학교법인의 정상화 등에 관한 중요 사항을 심의하기 위하여 교육과학기술부장관 소속으로 사학분쟁조정위원회(이하 "조정위원회"라 한다)를 둔다. 〈개정 2008.2.29〉

② 조정위원회는 다음 각 호의 사항을 심의한다.

1. 임시이사의 선임에 관한 사항
2. 임시이사의 해임에 관한 사항
3. 임시이사가 선임된 학교법인의 정상화 추진에 관한 사항
4. 그 밖에 관할청이 조정위원회에 심의를 요청한 사항

③ 조정위원회는 제2항 각 호의 사항에 대한 심의결과를 지체 없이 관할청에 통보하여야 한다.

④ 관할청은 제3항에 따른 심의결과에 따라야 한다. 다만, 심의결과에 이의가 있는 경우에는 조정위원회에 재심을 요청할 수 있고, 그 재심 결과를 수용하여야 한다.

[본조신설 2007.7.27]

제24조의3 (조정위원회의 구성 등) ① 조정위원회는 대통령이 위촉하는 다음 각 호의 위원으로 구성하며, 위원장은 대법원장이 추천하는 인사 중에서 호선한다.

1. 대통령이 추천하는 자 3인
2. 국회의장이 추천하는 자 3인
3. 대법원장이 추천하는 자 5인

(1) 사분위 구성 방식 자체가 권력분립 원칙 및 통치체제의 체계 정당성 위배

사립학교법 제24조의3 제1항은 대법원장이 5인의 사분위원 추천권을 행사하고, 대법원장이 추천하는 인사 중에서 위원장을 맡도록 규정하고 있다. 사분위가 위에 보듯이 관할청의 전형적인 행정행위를 수행하기 위하여 행정부 내에 설치되는 행정형 의결기관에 불과한 점을 고려할 때, 사분위의 구성 권한을 관할청장(교육부장관 등)이 전혀 행사할 수 없도록 하고, 3부가 외부인사 추천권을 행사하도록 하는 것은 권력분립의 원칙 내지 통치체제의 체계 정당성에 어긋난다. 사분위 기능의 성질이 전형적인 행정행위인데도 대법원장이 추천권을 가지는 것은 물론이고, 전체 11인의 위원 중 압도적 다수인 5인의 추천권을 행사하게 하는 것은 그 입법례를 전혀 찾아볼 수 없다.

권력분립 원칙은 기능적 관점에 따라 입법·집행·사법부를 분리 독립시키고, 이들 기관이 자신에게 귀속된 통치작용 만을 행사하고 다른 기관에게 귀속된 통치작용은 행사할 수 없도록 함을 그 주된 내용으로 한다. 이는 운영에 있어서도 권력분립의 원칙을 침해하는 것이다. 권력분립의 정신상 원칙적으로 법원은 행정행위에 직접 관여할 수 없고, 사후적인 법적 통제를 하여야 한다. 그런데 위에 본 바와 같이 사립학교법은 법원이 사분위라는 우회로를 통하여 행정행위에 단계에 관여하여 형성적 권한을 행사하는 편법적인 결과를 초래하였다. 이는 교육 관련 교육부의 행정기능과 사법부의 사법기능을 혼합함으로써 헌법상 통치구조의 주요 원칙인 권력분립의 원칙을 훼손한 것이다.

또한 합의제 의결기관에서 대법원장이 대통령이나 국회의장보다 훨씬 큰 추천권을 갖도록 하는 것은 민주적 정당성에 문제가 있고 합의제 의결기관의 구성 원리에도 맞지 않다.

(2) 관할청이 사분위 심의 결과에 전적으로 종속되도록 한 것의 위헌성

- 실정법상 구체적 처분에 관한 행정청의 의사나 판단을 기속하는 내부 의결기관의 예를 찾아볼 수 없음

사립학교법 제24조의2 제4항은 "관할청은 제3항에 따른 심의결과에 따라야 한다. 다만, 심의결과에 이의가 있는 경우에는 조정위원회에 재심을 요청할 수 있고, 그 재심 결과를 수용하여야 한다"고 규정한다. 즉 관할청이 사분위의 심의결과에 전적으로 구속될 뿐더러 재심을 요청할 경우에도 재심 결과를 수용할 의무를 지우고 있다. 이처럼 관할청이 사분위 심의에 구속되도록 하는 것은 그 예를 찾아볼 수 없으며 심각한 문제점을 야기한다.

행정청은 자신의 처분에 대하여 책임을 져야 함에도 불구하고 처분에 관한 독자적인 판단권을 갖지 못하고, 특히 사분위의 심의결과가 명백히 위법하거나 부당한 경우에조차도 이를 바로 잡을 수 있는 방법이 없게 된다. 공공성을 담보하여야 하는 관할청이 사분위의 결정에 기속될 수밖에 없도록 함으로써 사분위와 관할청의 견해가 다를 경우에도 관할청은 사분위를 법률상, 재판상 대변해야 하는 입장이 되도록 하고 있는 바, 이 역시 행정권을 근거 없이 제한함으로써 권력분립 원칙에 반하는 것이다. 한편 이처럼 사분위의 심의결과는 관할청의 처분과 다름이 없음에도 불구하고 사분위의 심의결과에 대해서 이해관계인이 독자적으로 이의를 제기할 수 있는 절차는 존재하지 않는다. 관할청의 처분에 대해서 학교 구성원들이 행정소송을 제기한다 하더라도 사분위는 관할청 뒤에 숨어서 사분위 자체에 대해서는 문제를 제기할 방법이 없게 된다.

(3) 직업공무원제도 원칙 침해

사분위의 구성은 대법원장 추천 5인, 대통령 추천 3인, 국회 추천 3인으로 구성되는 바, 인적 구성의 성격상 대통령과 국회 추천 인사는 정치적 고려에 의한 인사로 구성될 가능성이 높고, 대법원장 추천 인사는 법률전

문가로서 사학과 교육 문제에 대하여 전문성이 결여된 채 오로지 형식적 법논리를 근거로 정상화 조치를 판단할 수밖에 없다. 게다가 사립학교법 제24조의4에서 정한 엄격한 사분위원의 자격기준은 사분위 구성의 다양성을 원천적으로 봉쇄하고 학교법인 친화적인 인사들로 구성될 가능성이 높은 구조로 되어 있는 점, 이들의 임기가 2년에 불과한 점까지 고려하면 이러한 양상은 더욱 강화될 수밖에 없다.

결국 사분위를 구성하는 모든 사분위원들이 사학과 교육에 대한 전문성을 결여한 외부 인사들로서 2년 임기로 구성된 사분위가 사학 정상화 조치에 관한 행정적 전문성과 일관성을 가지고 심의의결을 하는 것 자체가 불가능한 구조가 되어 버린다. 그 결과 사분위는 행정행위에 대한 책임과 권한의 분리를 야기하였다. 정이사 선임 등에 대해서 권한은 대법원장이 추천한 법조인들이 주로 행사하나, 책임은 행정청인 교육부가 부담하는 구조를 취함으로써 무책임한 결정의 위험과 책임을 물을 수 있는 구조가 없게 되었다.

이는 행정행위에 대하여 공무원이 국민에게 책임을 지도록 만들어진 직업공무원제도의 취지에 배치되는 것이 아닐 수 없다. 헌법이 직업공무원제도를 택하고 있는 취지가 바로 "공무원이 집권세력의 논공행상의 제물이 되는 엽관제도를 지양하고 정권교체에 따른 국가작용의 중단과 혼란을 예방하고 일관성 있는 공무수행의 독자성을 유지"하기 위한 것이기 때문이다(헌법재판소 1989. 12. 18. 선고 89헌마32).

(4) 헌법 제27조 재판청구권(공정한 재판을 받을 권리) 침해

사분위의 인적 구성, 사분위의 기준 설정에 법원이 깊이 관여한 상황에서 현직 고위 법관이 작성한 기준과 그 기준에 따라 기계적으로 이루어진 결정은 그 실질이 법원의 의사결정이라고 볼 수 있게 된다. 이에 따른 처분에 대하여 법적 쟁송이 이루어진 경우에 하급심 법원이 현직 고위법관이 주도한 기준과 의결을 위법하다고 판단할 가능성이 낮을 수밖에 없는 것이다. 즉 현직 법관이 교육부 소관 행정행위를 하는 사분위에 소속되어 핵

심적 역할을 수행함으로써 사분위 결정을 좌우하고 교육부의 처분이 그에 기계적으로 기속되는 이상, 사분위의 결정은 행정청의 의사결정의 외관을 띠나 그 실제는 법원의 의사결정과 다름없게 된다. 결국 행정에 대한 사후통제권을 갖는 법원의 통제가 형해화되고 국민이 공정한 재판을 받을 권리가 부정되어 버리는 결과를 필연적으로 예정하고 있으며, 현실이 또한 그러한 것이다. 그렇다면, 사분위 심의결과에 관할청이 기속되도록 한 사립학교법 제24조의2 제4항, 사분위 구성에 있어 법원에 구성 및 운영에 있어 주도권을 부여한 사립학교법 제24조의3 제1항은 재판청구권(공정한 재판을 받을 권리)을 침해하였다고 볼 수 있다. 그러나 헌재는 이 부분에 대해서 판단하지 않았다.

(5) 법치주의의 원칙 및 체계 정당성에 위배됨

주무관청이 자신의 소속기관임에도 불구하고 기관의 구성뿐만 아니라 심의과정에 관여의 여지가 전혀 없는 상황에서 그 의결에 기속을 받고 그에 관한 법적·행정적 책임 역시 부담하도록 하는 것은 일반적인 행정기관의 구성원리에 반할 뿐만 아니라 현행법상 이러한 입법례도 없다는 점에서 이를 정당화할 특별한 합리적인 이유가 없는 한 체계 정당성의 헌법원리에 반하는 것이다.

사분위는 임시이사가 선임된 사학의 정상화 조치와 관련하여 그 권한을 사분위가 전속적으로 행사하도록 하고, 사분위가 이에 따라 사실상 부령의 법적 효력을 갖는 사분위 '정상화 심의 원칙'을 만들고 다른 모든 사립학교에 대해서도 이 기준을 적용하고 있다. 이는 교육부장관의 관할권에 따른 인사권을 침해하고, 처분에 대한 재량권을 박탈하며, 나아가 헌법 제95조에 정한 부령을 발할 권리를 침해하는 것으로써, 행정각부의 체계에 관한 체계 정당성을 상실한 것이다.

이처럼 사분위의 심의결과가 교육부를 기속하여 관할청의 처분과 다름이 없는 효력을 부여하면서도, 사분위 심의결과에 대해서 이해관계인이 독자적으로 이의를 제기할 수 있는 절차는 전혀 존재하지 않고 있는 바,

일반적으로 위법부당한 행정처분에 대해서는 당연히 행정심판과 행정소송 등의 불복절차가 마련되어 있어야 하는 것이 법치행정의 기본원칙임에도 불구하고, 위의 규정에 의하여 이러한 원칙은 형해화되고 있다. 이는 사분위가 권한만을 가지고 어떤 책임도 지지 않는 무소불위의 기관임을 의미하는 것으로 권한과 책임의 비례성을 요구하는 법치국가 원리의 핵심을 부정하는 것이다.

(6) 헌재의 판단

헌재는 이 쟁점에 대해 오로지 권력분립 원칙 위배 여부만 판단하면서 "조정위원회는 행정·입법·사법부에서 추천한 인사들로 구성되고, 임기제를 취함으로써 고도의 정치적 중립성을 가지며, 위원의 자격을 법률과 회계, 그리고 교육에 전문적 지식을 갖추고 일정한 경력을 가진 자로 제한함으로써 그 인적 구성의 면에서 공정성 및 전문성을 갖추고 있다고 볼 수 있다. 또한 정치적 중립성을 엄격하게 지켜야 할 대법원장의 지위에 비추어 대법원장이 더 많은 위원을 추천하고, 대법원장이 추천한 위원 중에서 위원장을 호선하도록 한 것은 오히려 중립성이 강조되는 조정위원회의 성격을 반영한 것이다"(헌재 2015. 11. 26. 선고 2012헌바300)고 판단하였다. 사분위의 공정성과 전문성에 대한 헌재의 평가가 과연 사학의 현실을 정확하게 반영한 것인지 의문이다. 실제 사분위가 지난 몇 년간 보여준 교육적 전문성의 부재와 분쟁 해결 능력의 부재에 비추어보면 이는 법률가에 대한 맹신의 한계를 보여주는 것이 아닌가 싶다.

4) 대학의 자치 및 교육제도 법률주의 원칙 위반(사립학교법 제24조의2 제1항, 제2항, 제25조의3)

제24조의2 (사학분쟁조정위원회의 설치 및 기능) ① 제25조에 따른 임시이사의 선임과 제25조의2에 따른 임시이사의 해임 및

제25조의3에 따른 임시이사가 선임된 학교법인의 정상화 등에 관한 중요 사항을 심의하기 위하여 교육과학기술부장관 소속으로 사학분쟁조정위원회(이하 "조정위원회"라 한다)를 둔다. 〈개정 2008.2.29〉

②조정위원회는 다음 각 호의 사항을 심의한다.

1. 임시이사의 선임에 관한 사항
2. 임시이사의 해임에 관한 사항
3. 임시이사가 선임된 학교법인의 정상화 추진에 관한 사항
4. 그 밖에 관할청이 조정위원회에 심의를 요청한 사항

제25조의3 (임시이사가 선임된 학교법인의 정상화) ① 관할청은 제20조에도 불구하고 제25조에 따라 선임된 임시이사의 선임사유가 해소되었다고 인정한 때에는 조정위원회의 심의를 거쳐 지체 없이 임시이사를 해임하고 이사를 선임하여야 한다. 〈개정 2007.7.27〉

(1) 대학의 자치 위반(헌법 제31조 제4항)

헌법 제31조 제4항은 '교육의 자주성·전문성·정치적 중립성 및 대학의 자율성은 법률이 정하는 바에 의하여 보장된다'고 정한다. 헌법 제31조 제4항이 정하는 대학의 자치(자율권)라는 기본권의 핵심 내용은 '대학인 스스로 자주적으로' 대학을 운영하는 것을 의미한다. 그리고, 이러한 대학 자치에는 사립학교의 이사회 임원을 선임하는 것에 대하여 대학 구성원이 자주적으로 참여할 수 있는 것을 포함한다.

그러나 사립학교법은 임시이사 해임과 이사 선임시에 학교 구성원 등 이해관계자에 대한 통지, 의견진술 기회에 관한 규정을 법률에 전혀 두고 있지 않다. 다만 대통령령인 시행령 제9조의6 제3항에 "심의에 필요하다고 인정하는 때에는 해당 학교법인 및 학교의 임직원, 그 밖의 이해관계인 등으로부터 의견을 청취할 수 있다"는 임의규정만을 두고 있을 뿐이다. 이해관계자인 학교 구성원들이 사분위 결정을 직접 다툴 아무런 방법도

규정하고 있지 아니하며, 사분위 결정에 따른 교육부의 이사선임처분에 대하여 학교 구성원 등 이해관계인이 어떤 범위에서 처분을 다툴 수 있는지에 대해서도 아무런 규정을 두지 않아 학교의 장래를 정하는 가장 중요한 절차에서 대학 자치의 기본권자인 학내 구성원들의 헌법상 권리를 보장하고 있지 않다. 헌재는 사후적으로 직전에 선고된 대법원 판결에서 학내 구성원의 원고 적격이 인정된 점을 내세워 "학교 구성원 등에게 조정위원회의 심의결과나 심의과정 중 절차상 하자에 대하여 다툴 수 있는 별도의 이의제기절차를 마련할 필요성은 그다지 크지 않다"고 하였다(헌재 2015. 11. 26. 선고 2012헌바300). 뒤집어보면 만약 대법원에서 1심, 2심과 같이 학내 구성원의 소송적격을 인정하지 않았다면, 헌재는 이를 근거로 대학의 자치 침해를 인정할 가능성이 있었다고 볼 수도 있다. 그러나 정상화 이후에 사후적으로 소송을 통해 문제제기하는 것은 우회적인 방법인 바, 정상화 과정에서 학내 구성원의 참여권이 대통령령에서 임의규정으로 인정되어 사분위의 재량에 맡겨진 상황을 두고 대학자치가 보장되고 있는 것으로 판단한 것은 설득력이 부족하다.

(2) 사분위 정상화의 본질적 내용을 법률에 규정하지 아니하여 교육제도 법정주의에 위배됨(헌법 제31조 제6항)

사립학교법은 사분위의 구성, 심의 사항에 대해서만 규정하고 있을 뿐이고, 특히 학교 정상화 조치와 관련한 수권조항인 사립학교법 제25조의3 제1항에서 "관할청은 제20조에도 불구하고 제25조에 따라 선임된 임시이사의 선임사유가 해소되었다고 인정한 때에는 조정위원회의 심의를 거쳐 지체 없이 임시이사를 해임하고 이사를 선임하여야 한다"(사립학교법 제25조의3 제1항)고만 규정하고 있을 뿐이다. 대학 구성원의 참여권과 절차보장에 관한 규정을 전혀 두고 있지 않다.

위 조항은 사분위가 정이사 선임에 관한 심의권한을 행사함에 있어서 그 실체적 요건인 '임시사의 선임사유가 해소되었다고 인정한 때'의 판단기준과 위 요건에 해당할 경우 '정상화 심의 원칙'에 관하여 아무런 예측

가능하고 구체적인 심의 기준을 정하고 있지 않다. 나아가 세부기준을 하위법령에 위임하고 있지도 않아서 결국 사분위가 심사기준을 아무런 제약 없이 임의로 판단할 수 있는 전면적인 재량을 부여하였다.

절차적으로도 임시이사 해임과 이사 선임 절차에서 학교 구성원 등 이해관계자에 대한 통지, 의견진술 기회 부여 등 대학 구성원의 참여권에 관한 규정을 전혀 두고 있지 않다(법률에는 아무런 규정을 두지 않고, 시행령 제9조의6 제3항에 "심의에 필요하다고 인정하는 때에는 해당 학교법인 및 학교의 임직원, 그 밖의 이해관계인 등으로부터 의견을 청취할 수 있다"는 규정만을 두고 있을 뿐이다). 구 사립학교법 제25조의3 제2항에서는 '의견청취'규정을 두고 있었으나 법률 개정 시 이러한 의견청취 조항 자체가 삭제되었음에 주목할 필요가 있다.

구 사립학교법(법률 제8545호, 2007.7.27, 일부개정되기 전의 것)

제25조의3 (임시이사가 선임된 학교법인의 정상화) ① 관할청은 제20조의 규정에도 불구하고 제25조의 규정에 따라 선임된 임시이사의 선임사유가 해소되었다고 인정한 때에는 지체없이 임시이사를 해임하고 이사를 선임하여야 한다.

② 제1항의 규정에 따른 이사의 선임은 상당한 재산을 출연하거나 학교 발전에 기여한 자 및 학교운영위원회 또는 대학평의원회의 의견을 들어 관할청이 선임한다.

③ 제2항의 규정에 따라 이사를 선임하는 경우 이사의 3분의 1이상은 초·중등학교는 학교운영위원회가, 대학은 대학평의원회가 추천하는 자로 선임한다.

④ 2 이상의 학교를 설치·경영하는 학교법인의 경우 제3항의 규정에 따른 이사의 추천은 제14조제4항의 규정을 준용한다.

[본조신설 2005.12.29]

학교 구성원들이 사분위 결정을 직접 다툴 아무런 방법도 규정하고 있지 아니하고, 나아가 사분위 결정에 따른 교육부의 이사선임처분에 대하여 대학자치의 주체인 교수 등 학교 구성원이 어떤 범위에서 처분을 다툴 수 있는지에 대해서도 아무런 규정을 두지 않고 있다.

사분위는 사학법인의 이사 선임 기타 학교법인 정상화에 관한 사항을 심의하기 위하여 설치된 법률상의 기관인 점, 학교법인의 정상화는 헌법 제31조 제4항의 대학의 자율과 관련된 헌법적 사항이라는 점, 대학의 자율은 헌법 제22조 제1항이 보장하고 있는 학문의 자유의 확실한 보장수단으로서 대학 구성원 자신이 대학을 자주적으로 운영할 수 있도록 하기 위해 대학에게 부여된 헌법상의 기본권이라는 점, 사분위의 결정은 행정청인 교육부장관을 기속하는 의결권을 보유한다는 점 등을 고려할 때, 이와 같은 사분위의 설치 및 운영에 관한 사항은 대학 구성원의 기본권인 대학의 자율성과 관련한 교육제도의 본질적인 사항에 관련된 것이라고 할 수 있다.

따라서 ①정상화 조치의 실체적 요건인 '임시이사의 선임 사유가 해소되었다고 인정한 때'의 기준과 이때 '정상화 심의 원칙'에 관한 판단기준 ②임시이사 해임과 이사 선임 시에 학교 구성원 등 이해관계자에 대한 통지, 의견신술 기회 능 참여권 규정 ③행정청을 기속하는 사분위 결정이나 절차상의 하자에 대한 대학 구성원의 이의제기 절차, ④사분위 위원이 공정한 심의를 하기 어려운 경우 기피, 제척, 회피 등 공정한 심의를 위한 절차 등은 학교법인의 존립 형태나 운영의 기본원칙에 대한 근본적인 변화를 초래하는 것으로서 대학 구성원의 자율권을 확보하기 위해 필수적인 사항이다. 사립학교법은 정이사 선임을 규율하는 규정에서, 헌법상 기본권에서 도출되는 대학 구성원의 참여권을 보장하는 실체적·절차적 규정을 두어야 하고 이러한 규정을 두지 않는 것은 법률유보원칙에 위배되어 대학의 자치와 교육제도 법정주의를 위반하는 것이다.

이에 대하여 헌재는 "정상화 조항에서 임시이사의 선임 사유가 해소되었다고 인정할 수 있는 기준과 정식이사 선임의 기준에 대하여는 구체적으로 규정하고 있지 않는 바, 이는 정식이사 선임을 둘러싼 학교법인 구성원들 사이의 갈등 양상이 매우 다양하고, 누구로 하여금 학교법인의 업무를 수행하게 하는 것이 적절한지 여부 등은 일률적인 기준에 따를 수 없어, 이를 구체적으로 법률에 규정하는 것이 곤란하기 때문"(헌재 2015. 11. 26. 선고 2012헌바300)이라고 판단하였으나 헌재의 판시와 달리 정상화 상황의 도래 여부나 정식이사의 편향된 선임으로 분쟁이 끝없이 발생하고 있는 바, 이는 위 요소들이 법률에서 규율해야만 할 정상화의 본질적 요소임을 간과한 것이다.

(3) 행정의 대원칙인 적법절차의 원칙 위반

또한 사립학교법은 사학법인 정상화와 관련하여 임시이사의 해임과 정이사의 선임에 관한 강력한 권한을 사분위에 부여하고, 사분위의 위 권한은 학교의 미래와 학교 구성원들의 자치에 중대한 영향을 미치는 공권적 행위이다. 따라서 대학의 자치를 보장하기 위해서는 헌법 제31조 제4항 규정과 사분위의 임시이사 해임 및 정이사 선임 행위의 성격에 비추어 사분위의 임시이사 해임 및 정이사 선임 행위에 대해서는 적법절차 원칙이 지켜져야 한다. 헌법재판소는 "적법절차원칙이란, 국가공권력이 국민에 대하여 불이익한 결정을 하기에 앞서 국민은 자신의 견해를 진술할 기회를 가짐으로써 절차의 진행과 그 결과에 영향을 미칠 수 있어야 한다는 법원리를 말한다. 국민은 국가공권력의 단순한 대상이 아니라 절차의 주체로서, 자신의 권리와 관계되는 결정에 앞서서 자신의 견해를 진술할 수 있어야만 객관적이고 공정한 절차가 보장될 수 있고 당사자간의 절차적 지위의 대등성이 실현될 수 있다는 것이다"(2004. 5. 14. 선고 2004헌나1)라고 판시한 바 있다. 적법절차원칙은 형사절차 뿐 아니라 행정절차에서도 보편적으로 적용되는 헌법상 원칙이며, 나아가 행정절차에서의 적법절차원리는 행정법상 처분성이 인정되는 행위에 한하여 적용되는 것이 아니라, 국민에게 불이익할 수 있는 국가공권력의 고권적 행사이면 국민에게 대등한 지위를 부여하기 위해 적용되는 것으로 적극적으로 이해되어야 한다.

사립학교법은 사분위가 위와 같은 권한을 행사함에 있어서, 실체적 절차적 보장에 필요한 기본적 요건을 전혀 규정하고 있지 아니하다. 그렇다면, 사립학교법 제25조의3 제1항은 사분위의 임시이사 해임 및 정이사 선임 행위의 고권적 성격에 비추어 필요한 최소한의 제도적 장치를 규정하고 있지 아니하여 헌법 제31조 제4항 규정과 적법절차원칙에 부합하지 아니한 것이다. 또한 포괄위임금지 원칙에도 반하는 것이다.

3. 사분위 정이사 선임 기준의 위헌성

사분위의 위헌성과 함께 사분위가 정한 '정상화 심의 원칙' 역시 위헌성을 가진다. 사분위는 2007년 대법원 상지대 판결을 자의적으로 해석하여 구재단의 복귀를 정당화하는 '정상화 심의 원칙'을 만들었다. 이러한 사분위의 판례 왜곡이 야기된 근원은 위와 같은 법률 규정의 입법적 미비 때문이라고 할 수 있다. 사립학교의 정상화의 의미, 정상화를 위한 사분위 심의의 기준, 한계 등에 대한 규정이 전무하기 때문이다. 또한 사분위 운영에 관한 규정이 대통령령이나 부령으로 되어 있는 것도 아니고 단지 사분위의 내부규정으로서 그 존재와 내용 등을 알기도 어렵게 되어 있어, 국무회의의 심의를 받거나 국회의 입법통제의 대상이 되지도 않아 이에 대한 적절한 통제의 기회도 갖기 어렵다.

> "행정규칙은 법규명령과 같은 엄격한 제정 및 개정절차를 요하지 않으므로 기본권을 제한하는 작용을 하는 법률이 입법위임을 할 때는 대통령령, 총리령, 부령 등 법규명령에 위임함이 바람직하고, '고시'와 같은 형식으로 입법위임을 할 때는 적어도 행정규제기본법 제4조 제2항 단서에서 정한 바와 같이 "법령이 전문적·기술적 사항이거나 경미한 사항으로서 업무의 성질상 위임이 불가피한 사항에 한정'되어야

> 하며, 그러한 사항이라도 포괄위임금지의 원칙상 법률의 위임은 반드시 구체적·개별적으로 한정된 사항에 대해 행하여져야 한다"는 것이 헌법재판소의 판례이다(헌재 2004. 10. 28. 선고, 99헌바91 결정).

'정이사 선임 기준'이라는 사분위 규정은 행정규칙의 성격을 가지며 재량준칙으로서 대외적 구속력까지 가지는 것으로 보인다. 사학 정상화를 위한 정이사 선임기준은 학교법인 관계자의 권리에 중대한 영향을 미치는 것으로서 법률에서 구체적·개별적으로 범위를 정한 사항에 대해 입법위임을 하고 그 형식은 적어도 대통령령, 총리령, 부령 등 법규명령에 의하여야 하며 행정규칙의 형식으로 해서는 안되는 것이 원칙이다. 사학 정상화를 위한 정이사 선임을 사분위 내부규정으로 정하는 것은 "법령이 전문적·기술적 사항이거나 경미한 사항으로서 업무의 성질상 위임이 불가피한 사항"이라고도 보기 어려워 행정입법위임의 기본적 법리에 반한다.

사립학교법이나 시행령상 사분위가 국민의 권리에 직접 영향을 미치는 '정이사 선임 기준'을 정할 수 있도록 위 법령에서 위임을 하였다고 보기도 어렵다. 또한 설령 행정규칙에 의한 입법을 위임했다 해도 그에 관한 어떠한 범위, 기준, 한계 등에 대한 아무런 규정을 두지 않음으로써 사분위에 포괄적인 입법권을 위임한 결과를 낳아 포괄적 위임입법금지원칙에 위반되는 것이다.

나아가 위에 살펴본 바와 같이 종전의 사분위 심의 원칙에 따르는 것을 전제로 정상화 과정에서 종전이사의 과반수 추천권을 보장하는 것 자체가 이미 헌재와 대법원 판결로 위헌성이 확인되어 논리적 근거를 상실하였다. 헌재는 이미 아래와 같이 판시하였다.

> "위기사태를 야기한 종전이사 등에게 정식이사 선임권을 부여하는 것은 학교법인의 정상화라는 취지에 배치될 우려가 있고, 다른 학교 구성원들과 사이에 새로운 분쟁의 빌미를 제공할 수도 있다는 점에서 문제의 소지가 크다"(2013. 11. 28. 선고 2009헌바206, 2010헌바101(병합)등).

즉 헌재는 종전이사의 지위는 절대적인 것이 아니며, 특히 법인의 위기 사태를 야기한 종전이사는 사학 정상화 과정에서 예외적, 보충적 지위를 가질 뿐이라는 점을 명시적으로 판단하였다. 그렇다면, 정상화 과정에서는 종전이사의 지위는 제약되어야 하고, 반면 대학 구성원의 참여권은 정상화 과정에서는 통상적인 시기에 비하여 더욱 강하게 보장하여야만 한다. 즉 정상화 과정에서 비리 등으로 임시이사 파견의 빌미를 제공한 종전이사는 전면 배제하는 것이 원칙임을 분명히 해야 한다. 종전이사에게 과반수든 아니면 일정 비율이든 일정한 지위를 보장하는 방식은 헌재와 대법원 판결에 위반된다. 다만, 종전이사 중 그러한 책임에서 자유로운 사람이 있다면 그러한 종전이사에 대해서는 참여 지위를 줄 필요가 있다는 점은 원칙을 보완하는 예외적인 기준이 될 뿐이다.

4. 결론

이상 본 것처럼 사분위에 의한 사학 정상화가 오히려 다시 분쟁을 일으키는 것은 사분위 자체가 위헌성을 가지기 때문이다. 2015년 대법원 판결과 헌재 결정에도 불구하고 사분위 자체의 문제점에 대해 개선 논의는 여전히 중요하고 시급히 시작되어야 한다.

대학 교원의 교권 보호를 위한 과제

홍성학
충북보건과학대, 전국교수노조위원장

1. 머리말

현재 우리나라의 대학에서 교권 피해는 대학 구조조정, 대학의 부정·비리, 대학 교원의 신분 보호제도 미비 등 다양한 요인이 융·복합적으로 작용하여 발생하고 있다. 대학의 부정·비리와 구조조정이 일상화되었지만 대학 교원의 신분 보호 제도가 제대로 정비되어 있지 않아 대학 교원의 신분이 더욱 위협받고 있는 것이다.

교육부를 중심으로 이루어지고 있는 대학 구조조정 정책은 전임교원확보율을 강조하여 전임교원확보율을 높였다. 하지만 비정년트랙 전임교원과 같은 단기 저임금 대학 교원의 신규 임용이 증가하고 정년트랙 전임교원의 계약기간이 단축되는 등, 사실상 전임교원의 비정규직화 현상이 심화되었다. 또한 책임 강의시수가 늘어나면서 대학 교원의 노동조건이 열악화되고, 신분과 급여에서 불이익 처분을 받는 사례들이 늘어나고 있다.

대학의 부정·비리가 일상화되면서 어느 정도 부정과 비리에 연계되어 행동하는 것이 처세이고 조직의 발전을 위해 필요한 것처럼 되어버렸다. 그리고 조직의 부패와 비리를 들쳐내는 양심적인 구성원은 조직의 명예를 실추시키고 발전을 저해시키는 대상자로 몰려 인권을 탄압받기 일쑤이다. 대학의 부정과 비리 행위를 지적하는 양심 교수들에 대한 보복적 교권탄압과 이로 인한 학생들의 학습권 침해가 계속되고 있다. 진리를 추구해야 할 대학에서 옳음과 그름, 진실과 허위, 교육과 반교육에 대한 가치전도가 증대되면서 나타나는 현상인 것이다.

이러한 교권 피해는 불완전한 신분 보호 제도와도 관련이 있다. 1975년에 도입된 재임용제, 2002년부터 도입된 계약임용제 등은 그자체로 이미 대학 교원을 비정규직화 시키는 특성을 가지고 있을 뿐만 아니라 악용의 소지가 많다. 대학 당국은 재임용제도와 계약임용제, 교수업적평가제를 악용하여 단기 저임금 전임교원을 늘리고, 연구실적, 교육능력, 학생지도와는 별도로 경영자 평가에 가중치를 많이 두고 대학 교원의 근무태도에 대해 자의적인 평섬을 부여하기도 하였다.

불완전한 신분 보호 제도로는 학내 민주화를 뒷받침하고 교원의 노동인권을 보장할 수 있는 제도의 미비, 교원소청심사위원회의 실질적인 기속력을 확보할 수 있는 제도의 미비 등도 들 수 있다 이러한 제도 미비 상황에서 대학의 반민주화, 영리기관화, 사적 소유물화가 이뤄지고 있고 부당한 사적 소유와 영리 추구, 그리고 구조조정에 걸림돌이 되는 교원들에 대한 탄압이 지속되고 있다.

대학의 교육과 학문의 질적 향상은 대학 교원의 신분 보장 그리고 노동조건의 개선과 밀접한 만큼 대학 교원의 교권보호는 중요하다. 일상화된 대학 교원의 교권 피해 현황과 그 원인을 살펴보고, 대응 과제를 모색하는 것이 절실하다.

2. 교원소청심사위원회 청구 건수 증가와 역할 미흡

1) 교원소청심사위원회 청구 건수 증가

2014년 10월 교원소청심사위 국정감사 업무보고 자료에 따르면 〈표 1〉에서 보듯이 대학 교원의 소청심사 청구 건수는 2010년에는 189건으로 2009년 218건에 비해 줄어들었다가 2011년 205건, 2012년 241건, 2013년 249건, 2014년 9월 기준 295건으로 계속 증가하고 있다. 초중등 교원의 경우 2010년 389건에서 매년 감소하여 2014년 9월 기준 225건으로 줄어든 것과 비교된다.

〈표 1〉 최근 5년간 교원소청심사위원회 청구 현황

연도	2010년	2011년	2012년	2013년	2014년
초 · 중등 교원	389(67.3%)	279(57.6%)	260(51.9%)	245(49.6%)	225(43.3%)
대학 교원	189(32.7%)	205(42.4%)	241(48.1%)	249(50.4%)	295(56.2%)
합계	578	484	501	494	520

또한 처분유형별 심사청구 건수에서 대학 교원에게만 해당하는 재임용거부처분이 급증하였다. 〈표 2〉에서 보면 2010년 51건, 2011년 47건에 불과했는데, 2012년과 2013년 각각 66건으로 늘어나더니 2014년 9월 155건으로 대폭 증가하였다.

재임용거부 처분이 증가한 것은 대학 구조조정과 2002년 계약임용제가 도입된 이후 단기·저임금 계약임용 교원이 늘어난 것, 그리고 부당한 업적평가의 적용에 따른 것으로 보인다. 교원소청심사위원회 관계자도 "학령 인구가 감소하고 정원을 못 채우는 지방대가 늘면서 폐과 등 구조조정의 영향이 큰 것으로 보인다. 산학협력중점교수 등 비정년트랙 전임교원이 늘어난 것도 한 원인"이라고 말했다.

〈표 2〉 재임용거부처분에 대한 청구 건수

연도	2010년	2011년	2012년	2013년	2014년
재임용거부	51	47	66	66	155
대학 교원 전체 청구	189	205	241	249	295
비율	27%	23%	27%	26.5%	52.5%

2) 교원소청심사위원회의 역할 미흡

2015년 강은희 의원실의 보도자료에서 교원소청심사위원회의 역할이 교원들의 기대에 못미치고 있음이 드러나고 있다. 가장 아쉬운 점은 기속력 문제이다. 강은희 의원실 보도자료에 따르면 2012년 이후 선고된 대법원 판결 중 학교법인이 소송을 제기하고 위원회가 승소한 사건 총 30건 중 8건이 판결의 취지와 무관하게 2015년 현재 이행되지 않고 있다. 결국 민사소송을 제기하면서 시간과 비용을 소비해야하는 경우가 발생하고 있다.

기속력이 발휘되지 못하고 있는 점에 대해 먼저 미흡한 법적 근거를 들 수 있다. 교원소청위위원회는 국정감사 답변자료에서 "사립학교 등은 위원회 결정에 대해 행정소송을 제기할 수 있어 소송 계류중임을 이유로 교원에 대해 복직 등 후속 조치를 지연하고 있는 사례가 발생하고 있으며, 위원회 결정의 기속력 위반에 대한 제재 등 불이익의 법적 근거가 미흡하여 현실적으로 결정의 기속력이 약하게 작용하고 있다" 면서 한계를 인정하였다.

미흡한 법적 근거도 문제지만 교원소청심사위원회가 소청심사를 한 후 사후 모니터링이 제대로 되지 않고 있다는 점도 지적되고 있다. 즉, 교원소청심사위원회는 학교법인이 행정소송을 제기한 사건 외에는 결정의 이행 여부를 확인하지 못하고 있다는 것이다.

교원소청심사위원회의 신뢰도도 문제이다. 〈표 3〉에서 보듯이 2015년 들어 교원소청심사위원회의 결정에 대해 제기된 61건 행정소송 결과, 교원소청심사위원회 결정의 패소 건수는 15건으로 패소율 24.6%로 비교적 높게 나타났다. 교원소청심사위원회의 패소 건수 중 초·중등의 경우 12건 중 6건으로 패소율 50%에 이르고, 고등의 경우 49건 중 9건으로 패소율 18.3%에 이른다. 교원소청심사위원회의 전문성, 독립성을 높이는 방안이 필요하다.

〈표 3〉 교원소청심사위원회 관련 행정소송(종결) 현황

구분	승소	패소	계	패소율(%)
초중등	6	6	12	50
고등	40	9	49	18.3
2015 누계	46	15	61	24.6

※ 2015.1 ~ 2015.8.31 기준

3. 대학 구조조정에 따른 교권 피해

1) 대학 교원의 비정규직화 현황

교육부의 일방적인 대학 구조조정 정책으로 인해 비정년트랙, 정년트랙 가릴 것 없이 단기·저임금의 대학 교원이 급격히 늘어나고 노동조건이 악화되어 대학 전임교원의 비정규직화 현상이 급속히 이루어지고 있다. 이로 인해 대학 교육과 학문의 질적 향상을 기대하기 어려운 상황이다.

(1) 비정년트랙 전임교원 임용 현황과 계약조건

2002년 계약임용제가 시행된 바로 다음 해인 2003년 연세대학에서 처음 도입된 비정년트랙 전임교원은 당초 계약기간 동안만 교원이었다가 당연 퇴직되는 것으로 알려져 정년이 보장되지 않는 교원이라는 의미로 사용되었다. 하지만 법원에서는 전임교원에게 재임용심사절차는 강행규정이어서 사적 계약으로 재임용심사절차를 제한할 수 있는 것이 아니라는 여러 대학의 1심, 2심 판례가 계속해서 나오고, 2012년 대법원 판결이 나오면서 계약기간 동안만 교원이라는 의미의 '비정년트랙' 개념은 의미를 잃게 되었다. 그러나 여전히 단기·저임금 교원으로서의 의미를 담고 있고, 실제 여러 대학에서 단기·저임금의 계약 조건으로 계약임용하는데 적용하여 계속해서 늘어나고 있는 실정이다.

① 비정년트랙 전임교원 임용 현황

새정치민주연합 김태년 의원실이 교육부로부터 제출받아 4년제 사립대학 78교의 '2011~2015년 대학 비정년트랙 전임교원 현황' 자료를 분석하여 보도한 2015년 보도자료에 따르면 2015년 4월 1일 기준으로 비정년트랙 전임교원이 재직하고 있는 대학은 84.6%(66교)에 이르는 것으로 나타났다. 10개 대학 가운데 8개 대학은 비정년트랙 전임교원 제도를 운영하고 있는 셈이다. 2011년 대상대학(76교)의 72.4%(55교)에서 비정년트랙 전임교원이 재직했던 것에 비해 비정년트랙 제도 운영 대학은 갈수록 확산되는 추세이다.

〈표 4〉에서 보듯이 2011년 전임교원의 12.0%(2,179명)를 차지했던 비정년트랙 교원은 매년 증가하여 2015년에는 그 수가 2배 이상 늘면서 비중이 20.6%(4,379명)까지 확대되었다. 사립대학 전임교원이 2011년에 비해 2015년 총 3,167명 증가했는데, 이 중 정년트랙 전임교원이 967명(30.5%) 증가하였고, 비정년트랙 전임교원이 2,200명(69.5%) 증가하여 비정년트랙 전임교원의 증가가 압도적임을 보여주고 있다.

〈표 4〉 최근 5년 사립대학전임교원 현황–정년트랙 VS 비정년트랙

구분	정년트랙 전임교원		비정년트랙 전임교원		계 (C=A+B)
	인원(A)	비율(A/C)	인원(B)	비율(B/C)	
2011(D)	15,930	88.0	2,179	12.0	18,109
2012	16,354	84.9	2,919	15.1	19,273
2013	16,552	82.9	3,422	17.1	19,974
2014	16,686	81.0	3,916	19.0	20,602
2015(E)	16,897	79.4	4,379	20.6	21,276
증감(E–D)	967	–8.5	2,200	8.5	3,167
증가율((E–D)/D)	6.1		101.0		17.5

(단위 : 명, %)

주1) 대상대학 : 4년제 사립대학 78교

주2) 연도별 4월 1일, 재직(휴직 포함) 중인 전임교원 현원 기준

〈표 5〉 전임교원 신규임용 현황을 보면, 2011년에는 사립대학 전임교원 신규임용 인원 중 45.7%가 비정년트랙이었으나 2012년부터 역전되기 시작해 2015년 1학기에는 그 비율이 56.6%에 달하였다. 2015년은 1학기 인원인 관계로 2011년 대비 2014년 전임교원 신규임용 인원을 비교해보면, 정년트랙 신규임용은 81명(8.3%) 줄어든 반면, 비정년트랙 신규임용은 337명(41.0%) 증가하였다.

〈표 5〉 최근 5년 사립대학 전임교원 신규임용 현황–
정년트랙 VS 비정년트랙

구분	정년트랙 전임교원		비정년트랙 전임교원		계 (C=A+B)
	인원(A)	비율(A/C)	인원(B)	비율(B/C)	
2011(D)	976	54.3	822	45.7	1,798
2012	851	45.7	1,011	54.3	1,862
2013	921	47.9	1,002	52.1	1,923
2014(E)	895	43.6	1,159	56.4	2,054

2015	669	43.4	874	56.6	1,543
증감(E-D)	-81	-10.7	337	10.7	256
증가율((E-D)/D)	-8.3		101.0		14.2

(단위 : 명, %)

주1) 대상대학 : 4년제 사립대학 77교(자료미비로 1교 제외)

주2) 2015년은 1학기 신규임용 인원 기준

<표 6>에서 보듯이 김태년 의원실에서 분석한 「2015년 비정년트랙 전임교원이 재직 중인 대학을 대상(65교)으로 2015년 1학기 신규임용 전임교원 중 비정년트랙 비율」을 살펴보면, 전체 신규임용 전임교원의 80~100%를 비정년트랙으로 임용한 대학이 24.6%(16교)로 가장 많았다. 신규임용 전임교원 모두를 비정년트랙으로 임용한 대학(12교, 18.5%)까지 포함하면, 사립대학 10곳 중 4곳이 신규임용 전임교원의 80% 이상을 비정년트랙으로 임용하였다.

<표 6> 2015년 1학기 사립대학 신규임용 전임교원 중 비정년트랙 교원 비율 분포

구분	없음	~40%	40~60%	60~80%	80~100%	100%	합계
대학수	9	13	7	8	16	12	65
비율	13.8	20.0	10.8	12.3	24.6	18.5	100.0

주1) 대상대학 : 2015년 4월 1일 기준 비정년트랙 전임교원이 재직 중인 사립대학 65교(자료미비로 1교 제외)

주2) 비정년트랙 전임교원 신규임용이 없는 대학(9교) 가운데 5교는 정년트랙 전임교원 신규임용도 없는 대학

2013년 새정치민주연합 유은혜 의원실의 보도자료에 따르면 2013년 비정년트랙 교원을 가장 많이 임용한 대학은 <표 7>에서 보듯이 국민대학으로 정년트랙 교원 36명의 3배인 96명을 임용하였다. 동아대는 정년트랙 교원(15명)의 5배에 해당하는 71명을 임용하였고, 관동대와 광주대는 전임교원 신규임용 전원을 비정년트랙 교원으로 임용하였다.

<표 7> 2013년 비정년트랙 전임교원을 가장 많이 임용한 대학 20개교

대학명	정년트랙	비정년트랙	대학명	정년트랙	비정년트랙
국민대	36	96	중부대	1	27
동아대	15	71	경일대	3	25
경희대	69	58	계명대	31	24
경성대	4	51	대구대	16	23
영남대	24	43	광주대	0	22
광운대	10	38	나사렛대	3	20
관동대	0	34	세한대	3	20
고려대	40	31	용인대	2	20
배재대	5	30	경동대	6	18
세명대	13	28	동명대	7	18

(단위 : 명, %)

또한 교수신문에 따르면 2014년 1학기 신임교수를 뽑은 77개 대학에서 신임교수 중 비정년트랙 전임교원이 차지한 비율은 38.2%를 차지했다. 각 대학에서 신임교수 프로필을 제출할 때 비정년트랙 여부를 밝히지 않은 경우가 많아 실제 비정년트랙 비율은 훨씬 높을 것으로 보았다.

〈표 8〉에서 보듯이 교수신문의 2014년 1학기 비정년트랙 신임교원 임용 현황에 따르면, 119명의 신임교원을 뽑은 단국대가 64명(53.8%)을, 상명대 천안 캠퍼스는 32명 전원을, 상명대 서울캠퍼스도 신임교원 27명 중 25명(92.6%)를 비정년트랙으로 뽑았다.

〈표 8〉 2014년 1학기 신임 비정년트랙 전임교원 임용 현황

대학명	전체 임용수	비정년 트랙	비율	대학명	전체 임용수	비정년 트랙	비율
단국대	119	64	53.8	계명대	40	19	47.5
관동대	128	54	42.2	경기대	27	18	66.7
동아대	73	43	58.9	한성대	14	12	85.7
경성대	39	34	87.2	동명대	18	10	55.6
상명대(천안)	32	32	100.0	숭실대	16	10	62.5
동신대	43	31	72.1	중부대	11	10	90.9
남서울대	30	27	90.0	평택대	13	9	69.2
배재대	28	27	96.4	울산대	37	8	21.6
상명대(서울)	27	25	92.6	전주대	20	8	40.0
홍익대	31	25	80.6				

(단위 : 명, %)

② 비정년트랙 전임교원의 계약조건

김태년 의원실에서 비정년트랙 전임교원의 급여 수준을 직급별로 구분해 조사한 결과, 〈표 9〉와 같이 교수, 부교수, 조교수 모두 동일직급 정년트랙 전임교원의 평균 급여의 40~60% 수준을 받는 대학이 가장 많은 것으로 나타났다.

대다수 대학들이 비정년트랙 교원의 재임용(재계약) 횟수 제한 등 일부 불합리한 규정은 개정했지만, 급여는 여전히 동일직급 정년트랙 교원의 절반 수준에 불과한 차별적 처우를 유지하고 있음을 알 수 있다.

〈표 9〉 직급별 정년트랙 전임교원 평균 급여 대비
비정년트랙 급여수준 분포(2015년 1학기 기준)

구분		~40%	40~60%	60~80%	80~100%	100%	합계
교수	대학수	2	4	1	1	1	9
	비율	22.2	44.4	11.1	11.1	11.1	100.0
부교수	대학수	4	7	6	3	4	29
	비율	16.7	29.2	25.0	12.5	16.7	100.0
조교수	대학수	2	22	15	9	5	70
	비율	3.8	41.5	28.3	17.0	9.4	100.0

(단위 : 교, %)
주1) 대상대학 : 4년제 사립대학 64교 중 직급별로 해당없음 또는 자료미비 대학 제외
주2) ~40% : 40% 미만 / ㅇㅇ~ㅁㅁ% : ㅇㅇ%이상 ㅁㅁ% 미만

유은혜 의원실 자료에 따르면 서울 주요대학의 비정년트랙 전임교원의 임금 및 재계약조건은 〈표 10〉과 같다. 고려대 외에 동일 직급의 급여와 같은 수준으로 임금을 지급하는 대학은 없다. 많은 대학에서 승진을 보장받지 못한 채 1~2년 단위로 재계약하면서 동일직급 정년트랙에 비해 현저히 낮은 급여를 받는 차별적 대우를 받고 있다.

〈표 10〉 2013년 주요대학 비정년트랙 전임교원 임금 및 재계약조건 현황

대학명	직급	임금수준	재계약 조건
경희대	교수	40.9%	1년 단위로 재계약, 횟수 제한 없음
	부교수	91.4%	산학협력중점교수 : 1년 단위, 2번 재계약
	조교수	73.9%	조교수 A : 2년+2년+2년+1년+1년(총8년) 조교수 B : 2년+2년(총4년) 조교수 C : 1년+2년+2년(총5년)
고려대	교수	100%	2년 단위 재계약, 횟수 제한 없음
	부교수	100%	2년 단위 재계약, 횟수 제한 없음
	조교수	90%~100%	2년 단위 재계약, 횟수 제한 없음

성균관대	교수	–	–
	부교수	–	–
	조교수	약4,500만원	1년 단위 재계약, 횟수 제한 없음
중앙대	교수	–	–
	부교수	48.2%	2년 단위 재계약, 횟수 제한 없음
	조교수	60.1%	2년 단위 재계약, 횟수 제한 없음
한국외국어대	교수	–	–
	부교수	–	–
	조교수	80~90%	2년 단위 재계약, 횟수 제한 없음

※ 임금수준 : 동일직급 정년트랙 전임교원 평균급여 기준
※ 경희대 조교수 A,B,C : 연구전담, 강의전담 교수 등의 구분을 의미함
※ '–' : 해당없음

또한 새누리당 박인숙 의원실이 2013년 12월 25일 발표한 '대학별 비정년트랙(계약직) 전임교원 운영 현황(2013년 4월 기준)' 자료에 따르면, 전국 71개 사립대학의 비정년트랙 전임교원 평균 연봉은 3,655만 원으로 2012년 4년제 대학 교수 평균 연봉 7,426만 원의 49%에 불과하다. 직급별로 비교하면 조교수(5,941만 원)의 61.5%, 부교수(7,323만 원)의 49.9%, 교수 직급(9,014만 원)의 40% 수준 정도이다.

〈표 11〉에서 보듯이 조사된 71개교 중 평균 연봉이 3,000~3,500만 원 수준의 구간에 24개교가 분포하여 가장 많고, 3,500만 원 이하에 40개교(56.34%)가, 4,000만원 이하에 52개교(73.24%)가 차지하고 있어 열악한 임금 수준을 보여주고 있다. 대구 A대학교의 비정년트랙 전임교원의 경우 연봉 2,000만 원이 안되면서 1년 단위로 계약하는 열악한 노동조건하에서 근무하고 있다.

〈표 11〉 연봉 구간별 대학수

연봉	~2000	2000 ~2500	2500 ~3000	3000 ~3500	3500 ~4000	4000 ~4500
대학수	1	8	7	24	12	8
연봉	4500 ~5000	5000 ~5500	5500 ~6000	6000 ~7000	7000 ~8000	8000~
대학수	5	0	2	3	0	1

(단위 : 만원)

③ 강의전담교원과 산학협력전담교원 임용 현황

김태년 의원실 분석에 따라 비정년트랙 전임교원을 유형별로 살펴보면, 〈표 12〉에서 보듯이 산학협력전담 교원이 2011년 107명에서 2015년 705명(6.6배)으로 가장 많이 증가했고, 다음으로 강의전담 교원이 648명에서 1,781명으로 2.7배 증가하였다. 산학협력 및 학부교육 관련 평가가 강화됨에 따라 대학들이 산학협력전담(산학중점), 강의(교육)전담 교원을 중심으로 비정년트랙 채용을 확대하고 있는 것으로 보인다.

그 결과 2011년에는 외국인교수 비중(50.5%)이 가장 높고, 다음으로 강의전담(29.7%), 기타(14.8%), 산학협력전담(4.9%) 순이었으나, 2015년에는 강의전담교원(40.9%)이 가장 많고, 다음으로 외국인교수(28.5%), 산학협력전담(16.2%), 기타(14.4%) 순으로 바뀌었다.

〈표 12〉 최근 4년간 비정년트랙 전임교원 유형별 현황

구분		강의전담	산학협력전담	외국인교수	기타	합계
2011년	인원(A)	648	107	1,101	323	2,179
	비율	29.7	4.9	50.5	14.8	100.0
2012년	인원	949	274	1,292	404	2,919
	비율	32.5	9.4	44.3	13.8	100.0

2013년	인원	1,274	413	1,297	438	3,422
	비율	37.2	12.1	37.9	12.8	100.0
2014년	인원	1,537	557	1,264	539	3,897
	비율	39.4	14.3	32.4	13.8	100.0
2015년	인원(B)	1,781	705	1,240	629	4,355
	비율	40.9	16.2	28.5	14.4	100.0
증가인원(B-A)		1,133	598	139	306	2,176
배수(B/A)		2.7	6.6	1.1	1.9	2.0

(단위 :명, %)

주1) 대상대학 : 4년제 사립대학 77교(자료미비로 1교 제외)

주2) 연도별 4월 1일, 재직(휴직 포함) 중인 비정년트랙 전임교원 현원 기준

(2) 정년트랙 전임교원의 비정규직화 현황

그동안 대학 교원의 비정규직화의 초점은 비정년트랙 전임교원의 임용 현황과 계약조건이었다. 최근에는 정년트랙 전임교원의 비정규직화도 늘어나고 있다. 아직 비정년트랙 전임교원 만큼 관심의 대상이 아니어서 정확한 실태 파악이 안되고 있지만 실상은 매우 심각하다. 계약임용제를 악용하면서 학내 구조조정시 신분 차별이 늘어나고 있는 몇 개 대학의 사례를 제시하고자 한다.

경북 경산의 A대학의 경우 부교수 6년, 조교수 4년으로 임용기간을 정하여 재임용하던 것을 2013년 2월 27일 교원인사규정 제25조(임기) 제1항을 개정하여 부교수 이하의 전임교원은 2년으로 바꿨다. 그리고 제2항을 "부교수 이하의 교원은 제1항의 기간에도 불구하고 임용기간 내 학교 발전에 뚜렷한 공로가 있거나 탁월한 근무업적 평가를 받은 자는 계약기간을 가산할 수 있으며, 폐과(예정포함) 및 소속 학과가 없는 교원의 경우는 계약기간을 감할 수 있다."로 개정하였다. 이렇게 개정한 이후 재임용 대상 교원 중 일부 교원에 대해 해당 교원이 동의하지 않았음에도 6개월로 계약기간을 정하여 일방적으로 재임용하였다.

제25조 제3항에는 "제1항 및 제2항의 재임용기간 산정 기준에도 불구

하고, 이사장이 필요하다고 인정하는 경우 대학발전기여도에 따라 계약조건을 변경할 수 있다." 라고 규정하여 이사장 의지에 따라 임용기간이 달라질 수 있도록 해두었다.

경북 경주의 B대학은 2015년 정관을 개정하여 기존 부교수, 조교수 및 전임강사를 부교수, 조교수로 고치고 '계약으로 정하는 기간'을 '계약으로 정하는 기간. 단, 계약기간은 교원인사규정에 의한다'로 바꾸었다. 관련하여 교원인사규정에서 기존 부교수 6년을 조교수와 동일한 2년으로 바꾸어 임용기간을 대폭 줄였다. 그리고 '강의실적과 연구업적만을 평가하기로 약정한 교원과 모집중지학과 소속교원의 경우 계약기간을 1년으로 정한다'는 내용을 신설하였다.

수원의 C대학의 경우 교원인사규정에 비정년트랙 전임교원의 임용기간은 '2년 이내의 계약기간'으로 되어 있는 반면, 계약제 교원의 임용기간은 '1년으로 할 수 있다.'로 규정하여 계약제 일반 전임교원이 비정년트랙 전임교원보다 임용기간이 더 짧게 되어 있다. 그리고'급여, 근무조건, 교원의 의무조건, 기타 필요하다고 인정하는 사항'을 계약에 의하여 정하도록 하였다. 2015년 전체교원 중 계약제 교원이 3분의 1, 비정년트랙 전임교원이 3분의 1을 차지하고, 나머지 3분의 1을 기간임용제 교원이 차지하고 있는데, 기간임용제 교원이 정년퇴직하면 계약제 교원과 비정년트랙 전임교원으로 충원하여 계약제 교원과 비정년트랙 전임교원의 비율이 점차 높아지고 있다.

전남의 D대학은 2012년 3월 16일 교원의 신분을 위협하는 「폐과 교원에 대한 인사규정」(규칙 제331호)을 제정하였다.

제3조(폐과 교원에 대한 인사)는 "폐과의 경우 해당학과 소속 교원은 직권면직하는 것을 원칙으로 한다."라고, 제4조(폐과 교원의 소속 변경절차)제1항은 "폐과 교원의 소속변경은 1회에 한하며, 소속변경 신청은 2회까지 가능하다."라고, 제6조(폐과교원의 직권면직)제1항제1호에는 소속변경 미 신청 교원의 경우 직권면직한다고 하여 교원을 압박하고 있다.

제7조(폐과 교원의 신분 및 처우 등)제1호에서는 "학과폐지 결정일 이

후에는 정년을 보장하지 않는다."라고 하여 신분을 차별하는가 하면, 제2호 가.목에서 "......매년 연봉은 직전연도 총연봉의 80%로 조정한다.", 제2호 나.목에서 "폐과교원의 연봉은 학과폐지가 결정된 다음 학년도 개시일부터 적용한다."고 하여 임금을 차별하면서, 징벌적이고 우회적인 면직을 강요하고 있다.

안성의 G대학은 「구조조정에 관한 규정」 제5조(구조조정의 방법)에 통·폐합 학과나 정원 조정이 있는 학과의 일반전임교원을 강의만 전담하는 '강의전담전환교원'으로 신분 변동할 수 있도록 규정하였다. 그리고 「강의전담전환교원에 관한 규정」제4조(임용기간 및 재임용)에서 "강의전담전환교원의 임용기간은 최초 2년으로 하고, 이후 재임용 기간은 1년으로 한다."로 되어 있어 일반 전임이었을 때보다 임용기간이 줄어든다. 제3조(직위 및 보수)에서 "보수는 총장이 따로 정한다."로 규정하고 기존의 보수보다 낮게 책정하였다.

이 규정을 적용 받아 실제로 강의전담교원으로 전환된 교원들이 법적 대응을 하여 규정의 제정 과정과 내용 상의 위법성을 밝히는 판단을 얻었다.

2) 신입생 모집에 연계된 임금 차별

경북 경산의 A대학의 경우 입시율에 따라 급여를 차등하는 방법으로 2006년 2월경부터 학과별독립채산제와 학생모집실적제를 도입하였는데, 사실상 대학 구조조정 정책과 연계하여 학교측이 도입한 방법이라고 할 수 있다.

학과별독립채산제는 기준기간 동안 학과별로 수지를 산출하여, 적자인 경우 적자금액 중 10%를 당해 학과 배정교원 인원수로 나눈 금액을 각 교원의 급여에서 공제하고, 흑자인 경우 흑자금액의 2%를 당해 학과 배정교원 인원수로 나눈 금액을 각 교원에게 성과급으로 지급하되, 공제액 및 성과급액의 상한을 각 50만 원으로 하였다.

그리고 학생모집제는 교원별로 인원수를 정하여 모집실적이 기준에 미달할 경우 미달한 1인당 일정금액을 급여에서 공제하고, 모집실적이 기준을 초과할 경우 초과한 1인당 일정금액을 성과급으로 지급하는 것을 주된 내용으로 하는 것이다.

이들 제도 도입으로 일부 교원을 제외하고는 대부분의 교원이 실질적으로 급여가 감액되어 최대 월 92만 원까지 급여가 공제되었다.

감사원에서는 2011년 12월경 교수의 급여를 신입생충원율과 연계하여 지급하는 부당사례가 발생하지 않도록 사립대학에 대한 지도·감독을 강화할 것을 교육과학기술부장관에게 통보한 바 있다. 그리고 대구지방법원에서는 2012년 6월 1일자 판결문에서 사립대학 교원의 본질상, 소속 학과의 수지관리 및 학생모집은, 교원 본연의 업무로 볼 수 없으며, 그 수행을 위해 반드시 필요한 부수업무라고도 볼 수 없다고 하였다. (대구지방법원 2012.6.1. 선고 2011가단65843, 대구지방법원 2013.5.24 선고 2012나13055)

경북 경주의 B대학은 2012년 교원수당규칙을 개정해 '교원 보수를 등록금 수입 대비 32% 이하 범위 내에서 지급한다'는 조항을 신설하여, 신입생 충원율과 교수 급여를 연동시켰다. 이에 따라 2013년 교원 급여를 8.8% 삭감했고, 2014년에는 28% 삭감된 급여를 지급했다. 2013년의 경우 당초 11% 삭감했다가 지급한 급여의 총액이 등록금 수입의 32%에 미치지 못하자 차액만큼 일률적으로 돌려주었다.

신입생충원율과 급여를 연동시키는 것은 신입생충원율에 따른 등록금 수입 감소를 전적으로 교수의 귀책사유로 보는 것으로 부당하다. 하지만 학령인구 감소와 구조조정 정책에 따라 정원이 감축되어 대학의 등록금 수입이 감소하는 다른 대학에서도 모방하여 도입할 가능성이 높아 우려하게 된다.

충북의 F대학은 2012년 12월 28일자 개정된 교원 보수 규정 제5장 보칙 제32조(폐과 교원보수)에 "폐과된 교원의 보수는 폐과결정 연도를 기준으로 2년제 학과는 2년, 3년제 학과는 3년 이후부터 1차년도 80%, 2

차년 이후에는 64%를 지급한다."고 규정하여 폐과된 교원이 다른 학과 소속이 되지 않은 경우 2차년 이후에는 무려 36% 삭감한 64%를 지급하겠다고 하였다. 이는 동일한 노동에 대해 80%, 64%로 차등 지급하여 동일노동 동일임금 원칙에 위배되고 있다. 징벌적이고 우회적인 면직규정이라고 할 수 있다.

이 보수규정을 적용받은 교수들이 2016년 민사소송을 제기하여 2017년 85%로 합의 조정이 되었다.

경북의 G대학의 경우 홈페이지와 대학발전 구조조정에 관한 규정에 따르면 2015년 8월 1일자 개정된 대학발전 구조조정에 관한 규정 제8조(폐과의 절차) 1호 나목에서 "폐과된......., 해당 소속 교원은 본부소속으로 한다."라고 규정하고, 제11조(폐과로 인한 교원의 신분 및 처우) 제2항에서 " ......본부소속교원은 H대학 교직원보수규정에 따른 수당을 제외한 기본급여만 지급하며,......."라고 규정하여 시행하였다.

취업규칙 불이익 변경에 해당함에도 구성원의 집단적 동의절차를 거치지 않고, 학교측이 일방적으로 개성하였다. 2017년 검찰에서 조정이 이루어져 미지급 급여를 모두 지급 받았다.

3) 강의 담당 비율 증가

대학교육연구소 2015년 4월 통계에 따르면 〈표 13〉과 같이 전임교원 강의담당비율이 증가하고 있다. 전임교원 강의 담당 비율은 2010년 53.7%에서 2014년 60.7%로 7.0% 상승하였고, 비전임교원 강의 담당비율은 2010년 46.1%에서 2014년 38.6%로 7.5% 하락했다.

비전임교원보다 전임교원 강의담당 비율이 증가하는 것은 바람직하지만, 앞에서도 살펴보았듯이 저임금·단기계약의 비정년트랙 전임교원을 많이 임용하고, 전임교원의 책임시수를 늘려서 나타난 결과라는 비판이 일고 있다. 이러한 상황은 전임교원은 물론 시간강사를 포함한 비전임교원을 포함한 대학 교원 사회 모두에게 바람직하지 않다.

〈표 13〉 2010~2014년 전임교원 강의 담당 비율

구분	총개설 강의학점	전임교원		비전임교원			
		강의담당 학점	비율	전체		시간강사	
				강의담당 학점	비율	강의담당 학점	비율
2010년	1,090,038	585,296	53.7	502,878	46.1	391,441	35.9
2011년	1,063,822	590,021	55.5	469,590	44.1	364,526	34.3
2012년	1,518,540	829,522	54.6	672,678	44.3	516,734	34.0
2013년	1,532,322	881,414	57.5	640,219	41.8	465,040	30.3
2014년	1,537,988	933,024	60.7	593,734	38.6	429,006	27.9
증감 ('14-'10)	447,950	347,728	7.0	90,857	-7.5	37,565	-8.0

(단위 : 학점, %)

대구대학교 2015학년도 1학기의 경우 비정년트랙 전임교원 중 교육중점교원 27명, 연구중점교원 2명, 산학 31명, 외국인 93명 등 153명었다. 대구대학교의 비정년트랙 전임교원 중 교육중점교원의 책임시수는 12시간으로 일반전임교원 책임시수 9학점보다 많았다. 전임교원의 9학점 중에는 상담 1학점이 포함되어 있어서 실제 강의 책임 학점은 8학점이다. 대구대학교는 교원충원율이 55% 이상인 학과는 정년트랙 전임교원 초빙을 본부가 제한하고 있다고 한다.

4. 부정·비리와 분규 대학의 교권피해

심각한 부정·비리와 부당함이 있었던 대학에서는 이를 지적하고 바로잡으려는 교원들에 대한 탄압이 반복적으로 이루어지고 있다. 충북의 H대학의 경우도 이러한 사례에 해당한다.

설립자 류○○씨는 2002년 H대학 교비 70억여 원을 횡령하여 이사장을 사임(대법원 징역 2년 6개월 형 선고)한 후 2004년 H학원(I대학)에서 분리·설립된 I학원(I대학교) 이사로 취임하였다. 교육부(당시 교과부)가 2003년 당시 류 이사장의 횡령사실을 적발하였을 때 류 이사장과 그 배우자(이사)의 임원취임을 취소했어야 함에도 자진 사임하도록 방치한 것이라고 할 수 있다. 그리고 대법원은 임원을 자진 사임하더라도 임원취임승인 취소의 실익이 있다고 판시하였지만 이를 따르지 않은 것이다. 또한 2004년 교육과학기술부 전문대학 담당과에서는 류 이사장이 횡령액을 H대학교에 변제하지도 않았음에도 변제한 것으로 임의로 인정하였다. 그리고 당시 파견 중이던 해당 I학원의 관선이사를 해임하고, 횡령 전력자인 류 이사장이 추천한 인사 등을 정이사로 선임하였다.

그 후 이사장 류○○씨는 2008년 9월부터 2010년 7월 사이 3개 학교 교비 150억 여원을 횡령하는 등 부당 집행하였고, 횡령사실을 은폐하기 위해 각 학교의 횡령액으로 다른 학교의 횡령액을 변제하는 등 속칭 "돌려막기"를 하였다. 또한 건설회사를 경영하면서 딸이 총장인 학교에서 시설공사를 수의 계약으로 발주받은 후 전액 하도급하여 40억 원의 차액을 편취하였는가하면, 아들이 총장으로 있는 I대학교에서는 명예총장으로 재직하면서 보수 10억 원을 부당 수령하였다. 2012년 7월 충주지검에 구속되었다.

전○○ 교수, 오○○ 교수, 이○○ 교수는 2002년 분규시 교수협의회 활동을 하였고, 2006년 2월 28일 학과 폐과에 의한 직권면직처분을 받아 2010년 6월 24일 대법원까지 승소하였지만, 학교측은 복직을 시키지 않고 임용기간 만료 이후 재임용거부처분을 단행하였다. 재임용거부처분 역시 대법원까지의 판결에서 승소하였지만 재임용절차를 이행하지 않아 전○○ 교수가 재임용심사절차를 이행하라는 가처분을 신청하여 인용결정을 받아내자 재임용심사절차를 밟아 재차 재임용거부처분하였다. 전○○ 교수는 다시 법적으로 대응하여 1심, 2심에서 승소하여 확정되었다.

5. 교권 보호를 위한 과제

1) 교원소청심사위원회 기능 강화와 소송비용 감사

(1) 교원소청심사위원회의 기속력과 신뢰성 강화

소송비용을 들지 않게 하면서 신속한 결정을 한다는 교원소청심사위원회의 본래적 취지를 살리기 위해서는 교원소청심사위원회의 기속력을 강화하는 방안이 마련되어야 한다.

먼저 감독청인 교육부가 소청심사위의 결정을 이행하지 않는 학교측에게 '행정적 불이익을 받을 수 있다'는 메시지를 제시하여야 한다. 더욱이 대법원의 결정을 이행하지 않는 경우에는 임면권을 갖은 임원의 승인을 취소할 있도록 사립학교법 제20조의2(임원취임의 승인취소)에 포함시켜야 한다. 교원지위향상을위한특별법 제10조 제2항에는 "심사위원회의 결정은 처분권자를 기속한다" 고 분명히 규정되어 있고, 소청심사위의 홈페이지에는 "만일 소청결정을 이행하지 않을 경우 민사상 위법성을 구성하게 되어 손해배상청구의 원인이 되고, 이행의 지연과 관련하여 감독청으로부터 그에 상응하는 행정적인 불이익을 받을 수 있습니다"라고 적혀있는데, 소청심사위의 결정을 이행하지 않은 채 행정소송을 제기하는 사립대학에 대하여 이에 대한 강력한 메시지를 전달해야 한다.

근로기준법 제30조(구제명령 등)와 제33조(이행강제금)를 준용하는 법안을 마련하여 학교법인 및 사립학교 경영자가 행정소송을 제기 하더라도 이행강제금을 부과할 수 있도록하는 것도 필요하다.

그리고 근로기준법 제31조에서는 사용자나 근로자는 재심판정서를 송달받은 날로부터 15일 이내에 소를 제기할 수 있다고 되어 있는데, 심사위원회의 결정에 대하여 90일 이내에 행정소송을 제기할 수 있도록 한 것을 대폭 축소하는 것도 검토해야 한다. 학교법인과 학교 경영자가 90일에 다달은 시점에 행정소송을 제기하며 특별한 사정없이 시간을 끄는 것을 방지할 필요가 있다.

소청심사위의 신뢰성을 높이는 것도 기속력을 높이는데 중요한데, 이를 위해서는 교원소청심사위원회를 교육부로부터 독립시켜 독립성과 객관성을 확보하고, 심사위원과 심사계를 대학 교원과 초중등 교원 담당으로 나누어 전문성을 높여야 할 것이다.

(2) 학교측 소송비용 감사

사립학교법 제29조(회계의 구분) 제6항은 "교비회계에 속하는 수입이나 재산은 다른 회계에 전출하거나 대여할 수 없다." 라고 규정하고 있어 교비를 소송비용으로 사용하는 것은 횡령에 해당한다. 실제 2015년 3월 11일 대법원은 순천제일대학교 총장이 학교법인이 교원의 임면에 관한 소송을 진행하면서 소송비용을 교비로 지출한 것을 횡령으로 판결했다. 이전에도 여러 대학에서 교원의 임면에 관한 소송에 교비를 사용하여 형사건으로 불법하다는 결정을 받았다.

앞에서 살펴보았듯이 2014년 대학 교원의 교원소청심사위원회 청구 건수는 295건이나 된다. 교원소청심사위원회 결정 이후 대법원까지의 행정소송과 민사소송 등이 진행된다고 한다면 막대한 소송비용이 들게 된다.

따라서 교원의 임면에 관련된 소송에 대부분 학생들의 등록금으로 이루어지는 교비가 사용되지 않도록 해야 하는데, 이를 위해서 교원의 임면과 관련된 소송을 하는 대학에 대해서는 철저한 감사가 필수적으로 이루어져야 한다.

2) 대학 구조조정에 따른 대학 교원의 비정규직화 방지

(1) 계약임용제에 대한 근본적 재검토

최근 낮은 임금과 1~2년의 단기계약으로 임용하는 대학교원 임용 방식의 확산은 원천적으로 2002년 1월 1일부터 도입된 계약임용제에서 비롯되었다고 할 수 있다. 2003년 법적 용어도 아닌 비정년트랙 전임교원을 연세대학교에서 처음 도입한 것도 이러한 계약임용제와 관련이 있다고 할 수 있다. 앞에서도 언급했듯이 최근에는 정년트랙 교원의 계약기간도 짧아지고 있고, 계약임용제 도입시 연봉제도 함께 적용하고 있어 계약임용제가 대학 교원의 신분을 열악화시키는 주 요인으로 작용하고 있다.

도입 당시 정부는 우수한 인재를 대학 교원으로 유치하고 이들의 업적에 상응하는 보상체계를 구축하는 것이 대학 교육의 질 향상을 위해서 매우 중요한 일이라 보았다. 그리고 대학에 능력과 실적에 따른 보상 시스템과 경쟁체제를 도입하여 교육·연구에 집중하는 분위기를 조성한다는 명분으로 계약임용제를 선택한다고 하였다.

그러나 계약임용제를 도입하면서 단순히 '계약으로 정하는 기간'으로 규정하였을 뿐 계약기간에 대하여 명확히 정하고 있지 않았다. 따라서 법적으로는 계약기간이 1년이든 1.5년이든 문제되지 않고, 대학자치라는 미명하에 경영진에게 힘을 실어주게 되면서 실제 2년 미만으로 계약임용하는 경우는 물론 1년으로 계약임용하는 경우가 많고 1년 이하 계약도 나타나고 있다. 우수한 교원에 대한 보상체계 구축이 아니라 교원의 근로조건을 열악화시키면서 전임교원을 많이 뽑아 형식적인 전임교원확보율을 높이는데 계약임용제가 악용되고 있는 것이다.

이제 대학 교원의 신분보호를 위해 계약임용제를 근본적으로 검토해야 한다. 먼저 계약임용제의 본래의 취지를 살리고 대학 교원이 소신을 가지고 업적을 쌓을 수 있도록 하기 위해서 계약임용제를 도입하기 이전의 교육공무원임용령에서 규정하고 있는 근로기간 이상은 보장되어야 한다. 신임 교원 임용시에는 적어도 2년 이상으로 하고, 두 번째 이상 재임용시에는 적어도 4년 이상으로 하되, 직급에 따라 차등을 둘 수 있게 하는 것이 보상체계 측면에서도 맞다고 할 수 있다.

다음으로 임금에 대한 안정성을 기하여야 한다. 교육기본법 제14조(교원) 제1항 "학교교육에서 교원의 전문성은 존중되며, 교원의 경제적·사회적 지위는 우대되고 그 신분은 보장된다."라는 규정과 교원지위향상을위한특별법 제2조(교원에 대한 예우) 제1항 " 국가, 지방자치단체, 그 밖의 공공단체는 교원이 사회적으로 존경받고 높은 긍지와 사명감을 가지고 교육활동을 할 수 있는 여건을 조성하도록 노력하여야 한다.", 그리고 동법 제3조 제1항 "국가와 지방자치단체는 교원의 보수를 특별히 우대하여야 한다", 동법 제3조 제2항 "「사립학교법」제2조에 다른 학교법인과 사립학교 경영자는 그가 설치·경영하는 학교 교원의 보수를 국공립학교 교원의 보수 수준으로 유지하여야 한다."라는 규정의 취지가 제대로 지켜지도록 해야 한다. 적어도 기본 생활은 할 수 있도록 관련 법에 분명한 내용을 넣어 훈시조항으로서의 선언적 의미가 되지 않도록 개정하여야 한다.

(2) 재임용제에 대한 검토

교원을 임용한 후 일정 임용기간이 지나면 재임용하는 재임용제도는 1975년 7월 23일 사립학교법을 개정하면서 도입되었다. 이 재임용제는 그 자체만으로도 대학 교원을 비정규직화시키는 성격을 갖고 있는데, 앞에서 언급했듯이 2002년부터 시행된 계약임용제로 인해 재임용제는 더욱 대학 교원의 비정규직화를 촉진시키는 성격을 갖게 되었다.

재임용제는 문자 그대로 일정 임용기간(근로기간)이 지나면 재임용여부를 판단하여 결정하는 것으로 그 자체로 비정규직 요소를 담고 있는 특성적인 한계를 가지고 있다. 더욱이 대법원은 "기간을 정하여 임용된 사립대학 교원에 관하여 학교법인의 정관이나 인사규정 또는 임용계약에 재임용 강제조항이 있거나 그 외 임용계약이 반복 갱신되는 등 특별한 사정이 없는 이상 임용기간이 만료된 해당 교원은 그 임용기간 만료로 교원의 신분을 당연히 상실한다고 보아야 한다.(대법원 2010.7.29. 선고 2007

다42433 판결)"고 판결하였다.

그래서 부당하게 재임용거부처분을 받은 교원이 법적 소송을 통해 처분에 대한 무효확인 판결을 받은 후 다시 재임용되는 시점까지는 교원의 지위를 갖지 못한다. 사학연금과 급여 상승분에 대한 연계성이 끊어지고 단지 재임용거부처분 무효 판결 받은 시점까지의 임금상당손해배상액과 재차 재임용심사절차를 완료할 때 까지 매월 임금상당액을 받게 된다. 최근에는 임금상당손해배상액도 학교측의 고의·과실 인정 여부를 판단하여 고의·과실이 없어 지급할 의무가 없다고 판결하는 사례가 나오고 있어 승소하여도 재산상 손해가 보존되지 않는 경우가 나타나고 있다. 이러한 것은 면직이나 징계처분과 같이 처분이 무효가 되면 복직여부와 상관없이 법률상 교원의 지위가 회복되고, 처분을 받은 날자로 돌아가 원직복직이 되어 신분이 회복되면서 사학연금이 연계되는 것과 비교된다.

이러한 재임용제가 갖고 있는 성격으로 인해 학교측이 합리적인 교수업적 평가를 거치지 않으면서 부당한 인사권을 행사하고, 재임용거부처분이 부당하다는 법원 판결 이후에도 재임용절차를 이행하지 않는 사례가 있어 교권을 보호하기 힘들어졌다. 더욱이 계약임용제를 악용하여 단기·저임금 계약으로 임용하다보니 임용기간보다 소송기간이 상대적으로 훨씬 더 길어지는 사례들이 나타나고 있다.

재임용제가 가지고 있는 특성적 한계를 개선하기 위해 먼저 각 대학에서 남발되고 있는 교원 업적 평가의 신뢰성 확보가 필요하고, 이를 위해서 교원의 업적평가의 공익적 기능을 담보하면서 고등교육법상 각 대학의 목적에 맞는 공통 교원 업적평가 항목을 개발하는 국가차원의 위원회 설치를 검토해야 한다. 교원의 업적평가 항목과 기준은 교원의 근로의 양과 질에 막대한 영향을 미치는 만큼 합법화된 교수노조를 통한 협상도 필요하다.

재임용제에 대한 사후 구제절차를 강화하여 학교측의 재임용거부처분에 대한 무효 판결이 확정되었을 때는 확정된 날로부터 30일 내에 재임용절차이행에 들어가도록 규정하여 시간을 허비하지 않도록 해야 한다. 더욱이 "적법한 심사절차를 거쳤다면 충분히 재임용될 수 있었다."는 판결이 확정되었을 때는 재차 재임용심사절차 없이 재임용하도록 하여, 재임용심사절차를 통해 재차 부당하게 재임용거부처분을 하지 못하게 하여야 한다. 아니면 사법부의 결정에도 불구하고 재차 재임용거부처분 결정을 내렸다가 사법부에서 다시 "적법한 심사절차를 거쳤다면 충분히 재임용될 수 있었다."는 판결을 하게 되는 경우 학교측에 징벌적 손해배상을 부과한다는 것을 분명히 규정하여야 할 것이다.

(3) 바람직한 전임교원 확보율 강화

① 전임교원 확보율 평가 방식의 개선

현재 전임교원 확보율에서 문제가 되는 것은 상당수 사립대학이 낮은 임금과 단기계약으로 임용하는 비정년트랙 전임교원, 강의전담교원, 산학협력중점교원을 많이 뽑아 전임교원 확보율을 높였고, 대학 평가를 높게 받았다는 것이다. 그리고 대학간 보수 수준에 많은 격차가 있는 것이 현실이다.

이러한 문제를 해결하기 위해서는 전임교원 확보율 산성에 따라 점수를 부여하여 대학의 등급을 매기는데 적용하는 것을 지양하고, 대학설립·운영규정에 따른 최소 교원산출기준, 즉 교원 1인당 학생수 인문사회계열 25명, 자연과학계열 20명, 공학계열 20명, 예·체능계열 20명, 의학계열 8명에 대한 이행여부를 판단하고 고등교육법 제60조(시정 또는 변경 명령 등)과 동시행령 제71조의2(행정처분의 기준)에 책임을 묻는 규정을 분명히 해두어야 한다. 교원지위향상특별법 취지를 살리는 전임교원의 최저보수 수준의 일정 가이드라인을 제시하고 지키도록 해야 한다. 그리고 전임교원의 근로기간을 최하 2년 이상 근무하도록 하여 단기 계약임용을 막아야 한다.

② 대학설립 · 운영 규정 강화

전임교원 확보율을 OECD수준으로 높일 필요가 있고, 이를 위해서는 현재 '대학설립·운영 규정'에 제시된 계열별 교원확보기준을 강화하여야 한다. 2013년 OECD 국가 평균은 15.6명인데 이 수준으로 교원확보율을 높이기 위해서는 '대학설립·운영 규정'에 제시된 계열별 교원확보기준을 교원 1인당 학생수 인문사회계열 20명, 자연과학계열 15명, 공학계열 15명, 예·체능계열 15명, 의학계열 5명으로 강화해야 할 것이다.

③ 전임교원의 책임강의시수 완화

전임교원이 지나치게 강의하지 않도록 하기 위해서는 먼저 책임강의시수를 규정하고 있는 고등교육법시행령을 개정해야 한다. 현재 고등교육법 시행령 제6조(교원의 교수시간)는 "대학·산업대학·교육대학 및 전문대학의 교원(학교의 장을 제외한다)의 교수시간은 매학년도 30주를 기준으로 매주 9시간을 원칙으로 한다. 다만, 학교의 장이 필요하다고 인정하는 경우에는 학칙으로 다르게 정할 수 있다."라고 규정하고 있어서 학교의 장이 얼마든지 책임강의시간을 늘릴 수 있도록 되어 있다. 따라서 단서 조항을 삭제하고 필요성이 인정되는 경우를 분명하게 규정하는 것이 바람직하다. 초과강의는 5시간을 넘지 않도록 하여 교원의 근로의 질을 높여야 한다.

(4) 비정년트랙 전임교원, 강의전담교원, 산학협력중점교원 임용 개선

① 비정년트랙 전임교원

비정년트랙 전임교원을 임용하는 대학들은 비정년트랙 전임교원이 전임교원임에도 낮은 보수를 지급하면서 전임교원확보율을 높이고 짧은 계약기간을 정해 해고와 고용을 쉽게 할 수 있다고 판단하였던 것이다. 낮은 보수와 짧은 계약기간에 대해서 앞에서 많이 논하였으므로 여기서는 계약기간 만료에 따른 퇴직 문제를 언급하고자 한다.

먼저 계약기간이 만료됐다는 이유로 재임용심사절차를 이행하지 않고 당연 퇴직하도록 하는 대학들의 행태를 통제하고 책임을 물어야 한다. 계약기간이 만료됐다는 이유로 재임용심사절차를 이행하지 않는 것은 사립학교법을 위반한 것이라는 판결이 계속 나오고, 마침내 대법원은 2012년 판결(대법원2011두22686., 2012.04.12. 판결선고)에서 "당사자의 합의에 의하여 재임용심사신청권을 배제할 수 있도록 한다면 사립학교법 제53조 2의 제4항 내지 제8항의 규정 취지를 잠탈할 우려가 큰 점등을 고려하면 사립대학 교육기관의 교원에 대하여 재임용심사권을 보장한 사립학교법 제53조의2 제4항 내지 제8항은 강행규정으로 봄이 상당하다."라고 판시하였다. 하지만 이런 가운데서도 재임용심사절차를 이행하지 않는 대학이 속출하여 교원에게 소송부담을 부가하였다.

교육부는 2006년에 "사립학교법 제53조의2 규정에 따라 재임용 심의 신청 기회는 계약으로 제한할 수 없는 것이므로 재임용 심의 신청 기회를 제한하거나 불합리하게 차별하는 일이 없도록 교원인사 관련 업무에 철저를 기해주기 바란다"라는 내용의 공문을 보냈다. 2014년 초 행정예고를 통해 2013년 4월 1일자 대학정보공시부터 재임용 횟수를 제한하는 대학에 대해서는 비정년트랙 전임교원을 전임교원 확보율에서 제외한다고 하였다. 2014년 12월 '2015년 대학구조개혁 평가 편람'에서도 '재임용심사자격이 부여되지 않은 교원 및 재임용 횟수 제한 교원'을 전임교원에서 제외한다고 하였다. 재임용 횟수를 제한하는 것 자체가 위법한 것이므로 위법성 자체를 지적하고, 법률 위반에 따른 책임을 엄하게 물어야 할 것이다.

끝으로 비정년트랙 전임교원이라는 명칭을 사용하지 못하도록 하여야 한다. 계약임용제하에서 정년트랙교원이든 비정년트랙교원이든 계약기간을 정하여 근무하다가 재임용심사를 거쳐 재임용여부가 결정되고, 재임용이 계속되면 정년까지 이를 수 있는 것이다. 정년까지 이를 수 없다는 의미를 담고 있는 비정년트랙 전임교원이라는 명칭은 재임용심사권을 보장한 사립학교법 제53조의2의 취지를 위반하고 있음으로 사용하지 않는 것이 바람직하다.

② 강의전담교원과 산학협력중점(전담)교원

강의전담교원과 산학협력중점교원을 비정년트랙 전임교원으로 임용하는 경우가 많은데, 최근 강의전담교원과 산학협력중점교원을 비정년트랙 전임교원으로 임용하게 된 것은 2011년 7월 21일 고등교육법 제15조(교직원임무) 제2항의 개정과 깊은 연관이 있다.

〈표 14〉에서 보듯 개정전과 달리 개정후에는 강의전담교원과 산학협력중점교원이 전임교원 신분이 되었다. 대학측에서는 기존의 일반 전임교원보다 저임금과 단기 계약으로 전임교원을 확보하는 수단으로 이용할 수 있게 되었고, 결과적으로 고등교육법 개정안을 제출한 당시 교육부는 대학측이 이용할 수 있는 조건을 만들어준 셈이다.

〈표 14〉 고등교육법 제15조(교직원의 임무) 제2항의 개정전과 2011.7.21. 개정 내용

개정전	2011.7.21 개정
교원은 학생을 교육 · 지도하고 학문을 연구하되, 학문연구만을 전담할 수 있다.	교원은 학생을 교육 · 지도하고 학문을 연구하되, 필요한 경우 학칙 또는 정관으로 정하는 바에 따라 교육 · 지도하고 학문연구 또는 「산업교육진흥 및 산학협력촉진에 관한 법률」 제2조 제5호에 따른 산학협력만을 전담할 수 있다.

논란이 일자 교육부는 2014년 12월 '2015년 대학구조개혁 평가 편람'에서 '대우·강의전담교원을 전임교원에서 제외한다.'고 하였는데, 강의전담교원을 전임교원 신분이 되도록 고등교육법을 개정하여 놓고, 전임교원에서 제외한다고 하는 것은 모순될 뿐이다. 고등교육법 개정의 잘못을 솔직하게 인정하고 고등교육법 제15조 제2항을 개정전으로 되돌려 놓아야 한다.

3) 대학 민주화와 교수노조 합법화 실현

대학의 반민주성에 대한 근본 해결과 교수노조 합법화 실현 없이는 사립대학의 부정·비리와 교권보호의 문제는 풀리지 않는다. 해직되지 않은 교수라 하더라도 신분불안을 느끼고 있고, 신념있는 교육자로서의 자세를 견지할 수 없는 것이 현실이다. 열악화되는 근로조건을 해결할 수 없고, 해직교수가 설령 복귀하였다 하더라도 감시대상의 상태에 있어야 하거나 제2, 제3의 부당 해직을 당할 수 있다.

따라서 대학의 민주성과 동시에 노동권이 보장되는 교수노조 합법화 실현이 절실하다.

(1) 대학 민주화 실현

① 사립대학의 의사결정 구조 전환

사립대학의 반민주적 행태는 법인 설립자나 이사장의 교육과 학문에 대한 사명감의 부재에 근본적 원인이 있다 하겠다. 대학은 겉으로는 교육을 통해 인재를 양성하고 학문을 통해 삶의 근본 지향성을 탐구한다는 대학의 이념가치를 표방하지만 실제는 자본추구의 수단화로 변질되어 버렸다. 목적과 수단이 전도되어 버렸다고 할 수 있다.

학교법인이라는 제도는 사립대학의 공공성을 확보하기 위해 마련된 제도이고 민법 제48조 제1항에서도 개인의 출연재산은 법인이 성립된 때로부터 개인의 소유가 아닌 법인의 재산이 된다고 밝히고 있다. 소유권을 인정한다 하더라도 소유와 경영은 분리되어야 한다.

그럼에도 사립대학의 이사장들은 대학을 개인 소유물화하고 막강한 인사권과 경영권을 독점하면서 견제받지 않는 권력을 구가하고 있다. 독점한 인사권과 경영권을 바탕으로 자신의 친인척들과 측근들 중심으로 모든 의사결정권을 행사하고 있다. 대학의 자율화를 '이사장에게 주어지는 자유'로 해석하고, 대학 구성원의 자유로운 의사결정권을 억압하고 있다.

사립대학 법인 이사회에 집중되어 있는 의사결정권의 독점 구조를 바꾸기 위해서는 대학의 3주체인 학생, 교수, 직원 등 구성원의 의견이 충분히 반영될 수 있어야 한다.

먼저 사립학교법 제16조(이사회의 기능)에 적혀있는 이사회의 기능, 즉 1) 학교법인의 예산·결산·차입금 및 재산의 취득·처분과 관리에 관한 사항, 2) 정관의 변경에 관한 사항, 3) 학교법인의 합병 또는 해산에 관한 사항, 4) 임원의 임면에 관한 사항, 5) 학교법인이 설치한 사립학교의 장 및 교원의 임면에 관한사항, 6) 학교법인이 설치한 사립학교의 경영에 관한 중요사항, 7) 수익사업에 관한 사항, 7) 기타 법령이나 정관에 의하여 그 권한에 속하는 사항 등에 대해 구성원들의 의견이 반영될 수 있도록 제도화되어야 한다. 전체 교직원뿐만 아니라 필요하다면 해당 대학에 관심있는 지역민, 학부모, 동문 등 이해관계자들이 한자리에 모인 장소에서 예·결산과 함께 대학의 현황과 계획을 설명하도록 제도화해야 한다.

임원의 교체시에도 구성원의 의견이 수렴되도록 제도화하여 친인척과 측근들로 구성되는 것을 막을 수 있어야 한다. 뒷돈과 함께 매각이 이루어지고 형식적으로는 임원의 교체 승인을 얻는 경우가 있는데, 구성원의 의견을 반영하는 절차를 통해 이를 차단시켜야 한다.

최근 개정된 사립학교법에서는 개방형이사제와 감사제 도입, 개방형이사를 추천할 수 있는 대학평의원회 설치, 이사회회의록의 의무기재사항 및 공개, 예·결산자료 공개 등을 가능하게 하는 등 공공성을 강화하였지만, 대학평의원회 의원 선정 과정이 여전히 비민주적으로 이루어지는 문제를 안고 있어 이에 대한 개선도 필요하다.

② 임원의 결격사유 강화

사립학교법 제22조(임원의 결격사유)를 강화하여 교육기관의 임원으로서의 엄격한 도덕적 책무성을 부여하여야 한다.

사립학교법 제22조 2호에는 "제20조의2의 규정에 의하여 임원취임의 승인이 취소된 자로서 5년이 경과하지 아니한 자", 3호에는 "제54조의2

의 규정에 의한 해임요구에 의하여 해임된 자로서 3년이 경과하지 아니한 자", 4호에는 "제61조의 규정에 따라 파면된 자로서 5년이 경과하지 아니한 자"라고 규정하고 있는데, 3년~5년 경과 뒤에도 다시는 임원이 될 수 없도록 해야 한다.

앞에서 소개했듯이 충북 H대학의 경우, 과거에 비리를 저질러 임원을 그만 두었다가 다시 복귀하여 재차 비리를 행하였을 뿐만 아니라, 자신의 비리를 비판하는 구성원들을 탄압하는 행태를 보였다. 교도소 수감 중에도 다시 학교 경영에 복귀할 것을 염두에 둔 교원들이 눈치를 보는 상황이었다.

③ 견제구조 확립 및 강화

'지배구조'는 이사회와 전문 경영인 간에 견제구조로 작동하고, 이사회 임원 구성이 다양한 의견을 제시할 수 있는 구조로 이루어질 때 의미를 갖는다.

먼저 이사회와 전문 경영인 간에 견제구조가 작동하기 위해서는 사립학교법 제54조의3(임명의 제한) 제3항 "학교법인의 이사장과 다음 각 호의 어느 하나의 관계에 있는 자는 당해 학교법인이 설치·경영하는 학교의 장에 임명될 수 없다. 다만, 이사정수의 3분의 2 이상의 찬성과 관할청의 승인을 받은 자는 그러하지 아니하다."에서 단서 조항을 삭제하는 것이 바람직하다. 그리고 제3항 1호 배우자, 2호 직계존속 및 직계비속과 그 배우자로 한정한 범위를 실질적인 친족(예로 삼촌과 조카 사이, 고모부 등) 으로 넓혀 친족간의 지배구조를 타파할 수 있도록 해야 한다.

이사회와 총장간의 견제구조와 함께 교수회(교수협의회)와 직원회가 법적 기구화 되어 경영진(이사회, 총장, 보직자 등)을 견제할 수 있어 소신있는 구성원의 목소리를 낼 수 있도록 해야 한다. 사립대학 경영진들에 대한 구성원의 평가를 제도화하고 이러한 평가를 바탕으로 경영진의 책임경영과 임원교체를 할 수 있어야 한다.

임원을 다양하게 구성하여 친인척과 측근들로 구성되는 것을 방지하기 위해서는 현재 7인 이상으로 구성하도록 되어 있는 사립학교법 제14조(임원)을 개정하여 대폭 늘리도록 할 필요가 있다. 임원 선임시에는 교수회와 직원회의 의견을 수렴하고, 공익형 이사를 비롯하여 다양하게 구성될 수 있도록 해야 한다.

(2) 교수노동조합의 합법화 실현

교원의 신분 보호를 위해서는 대학의 민주화와 더불어 교원의 노동권 보장을 위한 전국단위 교수노동조합의 합법화 실현이 필요하다. 대학 민주화가 이루어졌다고 하더라도 노동조건 개선을 목적으로 하는 노동 3권은 그 보호영역이 다른 기본권에 해당되기 때문이다.

6. 맺음말

현재 대학 교원의 교권 피해는 대학 구조조정, 대학의 부정·비리, 대학 교원의 신분 보호 제도 미비 등 다양한 요인이 복합적으로 작용하여 발생하고 있다. 대학의 구조조정과 부정·비리가 일상화되면서 교권 피해 역시 일상화되어 가고 있어 심각성을 더하고 있다.

징계처분, 재임용거부처분, 직권면직처분, 노동조건의 악화 등과 같은 드러난 교권 피해는 물론이고 교수로서의 정체성 상실 등 드러나지 않은 교권 피해 등이 대학 현장에 만연화되어 있음을 부인할 수 없다.

대학마저 자본의 수단이 되어버린 상황에서 대학의 민주화와 교수노조 합법화를 실현하고, 교권을 보호하면서 고등교육의 본질을 찾아가야 한다. 대학 민주화와 교수노조 합법화 실현 없이 대학 교원의 교권 보장 없고, 교권 보장없이 고등 교육의 질적 발전은 없다.

시급한 문제로 2002년부터 도입된 대학 교원의 계약임용제의 폐해, 현재의 재임용제가 가지고 있는 특성적 한계 등을 더 이상 방치하지 않아야 한다. 대학 교원의 보수에 대한 국가적 책임을 강화해 가야 한다. 교원소청심사위원회의 전문성과 독립성을 높이고 결정에 대한 기속력을 확보해야 한다. 전임교원 확보율을 OECD 수준으로 높이되, 단기·저임금 전임교원을 줄여가고, 전임교원의 강의 책임시수를 낮추어 노동의 질을 향상시켜야 한다.

전국 대학생·대학원생들의 등록금·학자금 문제 현황과 해결방안

안 진 걸
참여연대 사무처장/반값등록금실현및교육공공성강화국민본부 공동집행위원장

1. 이제는 등록금·입학금 문제 완전히 해결할 때

"아픈 만큼 치료 받을 것인가? 아니면 돈 낸 만큼만 치료받을 것인가?" 이러한 질문에 백이면 백, 아픈 만큼 치료받아야 한다고 답할 것이다. 똑같이 교육에 대해서도 묻는 다면, 역시 많은 국민들이 돈 낸 만큼만 치료받는 것이 아니라 원하는 만큼-필요한 만큼 교육 받을 수 있어야 한다고 답할 것이다. 지금 당장 유럽처럼 대학까지 무상교육을 실시하고 대학생들에게 학생수당을 지원하는 것은 못하더라도 대한민국도 본격적으로 공정하게 교육받을 권리가 보장되는 나라로 가자는 합의나

14 이 글은 참여연대 민생희망본부와 등록금 문제 해결을 위한 대학생·교육·시민단체들의 연대기구인 반값등록금국민본부 활동 자료를 바탕으로 필자가 정리한 내용이다.

공감대가 해마다 성숙하고 있는 것이다.

이제 대한민국도 본격적으로 공정하게 교육받을 권리가 보장되는 나라로 가자는 합의나 공감대가 해마다 성숙하고 있는 것이다. 불과 2011년까지만 해도 대학생 국가장학금이라는 제도 자체가 없었지만, 이제는 대학생 국가장학금 제도는 복지제도의 상징 중의 하나로 되어 있고, 교육에 대한 국가책임의 상징으로 성숙한 제대로 나아가고 있다. 2011년 반값등록금 투쟁을 통해서 2012년부터 보편적인 성격의 대학 국가장학금 제도가 도입되었고, 이후 반값등록금을 실현하기에는 많이 부족하긴 하지만 해마다 관련 예산이 증액되고, 제도적 결함도 하나씩 하나씩 보완해 가고 있는 상황이다.

그러나, 여전히 반값등록금 실현은 제대로 되고 있지 않고, 여러 제약과 까다로운 조건으로 인해서 310만이 넘는 대학생 중 절반이 넘는 대학생들이 한 푼의 국가장학금 지원을 받지 못하고 있다.[15] 또 32만여 명으로 추산되는 대학원생들은 전체가 한 푼의 국가장학금도 받지 못하고 있고, 취업후 학자금 상환제(ICL : Income Contingent Loan, 든든학자금 제도)도 아예 이용하지 못하고 있다. 황당하게 100만원까지 치솟아 있는 대학과 대학원 입학금 문제 역시 우리 국민들을 더욱 고달프게 만들고 있다. 그렇게 고등교육에 있어서 반값등록금 실현과 교육비 부담 해소의 과제가 많이 남아 있다. 설령 반값등록금이 실현되었다 해도, 여전히 나머지 반은 개개인이 내야 해서 유럽식 무상교육과는 거리가 너무나 멀고, 각 가계의 대학교육비 고통과 부담은 여전한 문제가 남게 된다.

교육이 백년지대계이고, 어느 나라다 국가가 기본적으로 책임지고 있는 가장 공공적인 영역이라면 이제는 국가가 나서서 고등교육비로 인한 국민들의 고통과 부담 문제를 해소해야 할 것이다. 자본주의 경제에서 태어

---

15 "전체 대학 학부생은 약 311만명, 국가장학금 수혜자는 약 114.6만명(2015년 기준. 2016.07.25. 〈'대학생 10명 중 4명만 국가장학금...., 반값등록금 무색'관련〉 교육부 설명자료. 대학원생까지 포함하면 그 규모가 더 커진다.

났을 때의 불평등은 어쩔 수 없다 해도, 교육 과정을 거쳐서 사회로 나아가는 출발선만큼은 이제는 실로 공평하게 보장해야 하지 않겠는가. 사회에서 일정한 선의의 경쟁은 불가피하더라도, 자신의 경제력이 없는 학생들, 청소년들에게만큼은 국가가 전면적으로 교육 기회와 비용을, 공정한 사회 진출을 보장해야 한다는 얘기이다.

UN 세계인권규약이나 우리나라 헌법과 법률에서도 교육에 대한 국가의 공적 책임과 교육기회에 대한 국민의 공평한 권리 보장을 거듭 강조하고 있다. 이러한 점을 봤을 때 문재인 정부는 등록금 문제 해결 예산을 포함해 고등교육 발전을 위한 국가의 재정책임을 대폭 확대해야 할 것이다.

1) 헌법 제31조

① 모든 국민은 능력에 따라 균등하게 교육을 받을 권리를 가진다.
② 모든 국민은 그 보호하는 자녀에게 적어도 초등교육과 법률이 정하는 교육을 받게 할 의무를 진다.
③ 의무교육은 무상으로 한다.

2) 유엔 인권A규약(경제적, 사회적 및 문화적 권리에 관한 국제규약)[16] 제13조

① 이 규약의 당사국은 모든 사람이 교육에 대한 권리를 가지는 것을 인정한다. 당사국은 교육이 인격과 인격의 존엄성에 대한 의식이 완

---

16 또 시민적·정치적 권리에 관한 규약 안은 B규약이라고 한다.
1966년 12월 16일 국제연합 제21회 총회에서 채택, 1976년 1월 3일 발효되었다. 한국은 1990년 7월 10일 발효.

전히 발전되는 방향으로 나아가야 하며, 교육이 인권과 기본적 자유를 더욱 존중하여야 한다는 것에 동의한다. 당사국은 나아가서 교육에 의하여 모든 사람이 자유사회에 효율적으로 참여하며, 민족간에 있어서나 모든 인종적, 종족적 또는 종교적 집단간에 있어서 이해, 관용 및 친선을 증진시키고, 평화유지를 위한 국제연합의 활동을 증진시킬 수 있도록 하는 것에 동의한다.

② 이 규약의 당사국은 동 권리의 완전한 실현을 달성하기 위하여 다음 사항을 인정한다.

(a) 초등교육은 모든 사람에게 무상 의무교육으로 실시된다.

(b) 기술 및 직업 중등교육을 포함하여 여러가지 형태의 중등 교육은, 모든 적당한 수단에 의하여, 특히 무상교육의 점진적 도입에 의하여 모든 사람이 일반적으로 이용할 수 있도록 하고, 또한 모든 사람에게 개방된다.

(c) 고등교육은, 모든 적당한 수단에 의하여, 특히 무상교육의 점진적 도입에 의하여, 능력에 기초하여 모든 사람에게 동등하게 개방된다.

(d) 기본교육은 초등교육을 받지 못하였거나 또는 초등교육의 전기간을 이수하지 못한 사람들을 위하여 가능한 한 장려되고 강화된다.

(c) 모든 단계에 있어서 학교제도의 발전이 적극적으로 추구되고, 적당한 연구·장학제도가 수립되며, 교직원의 물질적 처우는 계속적으로 개선된다.

3) 교육기본법

제2조(교육이념) 교육은 홍익인간(弘益人間)의 이념 아래 모든 국민으로 하여금 인격을 도야(陶冶)하고 자주적 생활능력과 민주시민으로서 필요한 자질을 갖추게 함으로써 인간다운 삶을 영위하게 하고 민주국가의 발전과 인류공영(人類共榮)의 이상을 실현하는 데에 이바지하게 함을 목

적으로 한다.

제3조(학습권) 모든 국민은 평생에 걸쳐 학습하고, 능력과 적성에 따라 교육 받을 권리를 가진다.

제4조(교육의 기회균등) ① 모든 국민은 성별, 종교, 신념, 인종, 사회적 신분, 경제적 지위 또는 신체적 조건 등을 이유로 교육에서 차별을 받지 아니한다.

2. 현행 국가장학금 제도의 현황과 문제점 : 반값등록금 실현도 아직 멀었다.

1) 반값등록금이냐, 국가장학금이냐? 정답은 반값등록금의 완전한 실현과 함께 저소득층 · 서민계층 학생들에게 국가장학금 추가 지급

현재 전국의 대학 중에 강원도립대학은 무상교육에 가깝게 등록금 제도를 운영하고 있고, 서울시립대는 완벽한 반값등록금(소득수준이나 성적기준 관계없이 모든 학생들이 고지서 상 반값등록금만 납부)제도를 운용하고 있지만, 전국의 대부분 대학은 반값등록금과는 거리가 먼 국가장학금 제도만 적용받고 있다. 서울시립대 학생들은 현재 반값등록금 실현 하에 소득 수준에 따라 국가장학금도 받고 있기에(등록금 범위 내에서) 서민, 중산층 가계 상당수가 사실상 무상교육을 적용받고 있다고 해도 과언이 아닐 것이다. 문제는 위에서 지적한 것처럼 전국의 대부분 대학생들이 반값등록금도 적용을 받지 못하고 있을 뿐만 아니라, 국가장학금마저도 대학생 절반 이상이 아예 한 푼도 못 받고 있다는 것이다.

물론, 이제는 반값등록금을 넘어 대학 무상교육화를 실현하자는 호소도 곳곳에서 터져 나오고 있다. 세계의 많은 나라들이 이미 무상교육을 실시하고 있고, 우리나라에서도 경찰대, 육사, 카이스트 등이 무상교육을 실시하고 있는 것에 비추어보면 그 역시 무리한 주장은 아닐 것이지만, 전국의 대학생들은 일단은 서울시립대형 반값등록금 실현이라도 하루빨리 이루어져야한다고 한 목소리로 외치고 있다. 좀 더 현실적으로는 서울시립대처럼 고지서상의 반값등록금을 이루어 내기 위해 국가장학금 제도를 대학생 모두가 현 등록금의 절반만 납부하는 것으로 관련 제도를 대폭 개선해야 한다고 당부하고 있다.

한편, 지방정부도 손 놓고 있을 일이 아니다. 서울시가 이명박 정부, 박근혜 정부가 외면한 반값등록금 실현을 위해 서울시 산하 서울시립대에 2012년부터 전격적으로 반값등록금을 실현한 것처럼, 또 강원도가 강원도립대에 사실상 무상교육에 가까운 등록금 제도를 운용하는 것처럼 지자체 산하 공립대학들에서부터 반값등록금이나 무상교육을 실현하는 게 충분히 가능하기에 중앙정부의 조치를 기다리지 말고 선도적으로 고등교육에 대한 공적 책임을 구현하는 데 나서야 할 것이다. 또, 서울시 등 여러 지자체에서 실시하고 있는 학자금 이자 지원 제도도 주목할 만한 내용인데(최근 도입된 등록금 인상율 상한제, 국가장학금 제도, 취업후 학자금 상환제, 한국장학재단제도와 함께 가장 주목할 만한 고등교육비 관련 제도가 학자금이자지원 제도일 것이다), 이 역시 전국의 지자체가 모두 관련 조례를 제정하고 실시해야 할 제도 일 것이다.

2) 현행 국가장학금 제도의 현황

① 국가장학금 지원자격[17]

- I, II유형 : 대한민국 국적을 소지한 국내 대학의 소득 8분위 이하 대학생으로 최소한의 성적기준을 충족하는 경우에 지원(단, II유형은 대학 자체기준으로 선발)
- 다만, 대학 구조개혁 평가결과 E등급 신입 및 편입생은 I유형 및 다자녀(셋째아이 이상) 국가장학금 지원 대상에서 제외하고, 연속 지정된 경우는 계속 지원을 배제함
- II유형은 '16학년도 대학 구조개혁 평가결과 D등급 및 대학 구조개혁 평가 미 참여 대학의 신·편입생은 지원 대상에서 제외
- '16년 대학 구조개혁 평가결과 D등급 대학에 입학한 신·편입생은 당해 연도에 지원 배제하고, 연속 지정된 경우는 계속 지원을 배제함.

② 국가장학금 성적기준

- 재학생(복학생)
- 직전학기 12학점이상 이수자로 100점 만점의 80점 이상 성적을 획득한 자
- 기초~2분위 이하에 대해서는 C학점(70점) 경고제 적용(직전학기 성적기준으로 최대지원 횟수 내에서 70점 이상~80점 미만인 경우도 2회에 한해 경고 후 수혜가능)

  단, II유형 수혜 가능 여부는 대학별 지원 기준에 따라 다를 수 있음
- 소속대학의 최저이수학점 규정이 12학점 미만이면 소속대학 기준에 따름
- 장애인은 이수학점 제한 없이 100점 만점의 70점 이상
- 신입생·편입생·재입학생 : 신입생, 편입생의 경우 첫 학기에 한하여 성

17 한국장학재단 홈페이지 내용을 요약 수록했다. 국가장학금 지원금액은 해마다 관련 예산이 확대되는 대로 그 금액이 증액되고 있다.

적 및 이수학점 기준 미적용. 재입학생은 대학성적이 있는 경우 재학생 기준 적용

〈표1〉 한국장학재단이 밝히고 있는 국가장학금 지급 자격과 기준

구분	심사기준		유의사항
성적기준	신입생, 편입생, 재입학생	첫 학기에 한해 성적기준 미적용	
	재학생	직전학기 12학점 이수하여 80점 이상 취득(100점 만점 기준)	※ 성적은 학기별 국가장학금 대학 업무처리기준에 따라 대학이 산출 ※ C학점 경고제 적용여부 학생 선택 불가
		• C학점 경고제 : 기초~2구간(분위)는 직전학기 70~80점 미만이라도 2회에 한해 경고 후 수혜 가능 • 장애인 : 이수학점 기준 없이 직전학기 70점 이싱 취득(100점 만점 기준)	

③ 국가장학금 지원금액(2017년 기준) 〈표2〉

- 소득 분위별로 학기당 등록금을 초과하지 않는 범위 내에서 일정액을 지원
- 국가장학금 관련 2017년 예산 총액은 3.6조 원대

	소득분위	학기별 최대지원금액	연간 최대지원금액
I 유형	기초생활수급자	260만원	520만원
	1분위, 차상위계층	260만원	520만원
	2분위	260만원	520만원
	3분위	195만원	390만원
	4분위	143만원	286만원
	5분위	84만원	168만원
	6분위	60만원	120만원
	7분위	33.75만원	67.5만원
	8분위	33.75만원	67.5만원

• 다자녀 가구(셋째 아이 이상인 경우)는 셋째 아이부터는 소득분위에 따라 최소 450만원에서 최대 520만원까지 장학금 지원 〈표3〉

구분	소득구간(분위)	학기별 최대지원금액	연간 최대지원금액
다자녀	기초생활수급자	260만원	520만원
	1구간(분위), 차상위계층	260만원	520만원
	2구간(분위)	260만원	520만원
	3구간(분위)	225만원	450만원
	4구간(분위)	225만원	450만원
	5구간(분위)	225만원	450만원
	6구간(분위)	225만원	450만원
	7구간(분위)	225만원	450만원
	8구간(분위)	225만원	450만원

4) 박근혜 정권의 '반값등록금 완성'운운에 대한 반박

① 박근혜 정권과 교육부가 지난 2015년 11.26일(목) 보도자료를 발행하며 반값등록금 정책을 완성했다고 주장하였으나[18], 대학생들과 학부모들은 전혀 이를 수긍하지 못하고 있다. 국가장학금액의 양과 수혜 학생 수를 고려해볼 때 반값등록금이 실현되었다고 말하는 것은 사실이 아니기 때문이다.

② 현재 사립대학 평균등록금은 연간 734만원에 이르고, 수도권 주요 대학에서는 입학금만 100만 가까이에, 등록금이 천만 원을 넘는 경우도 허다하다. 제대로 된 반값등록금이 되려면 평균 등록금액에 비추어 봐도 적어도 367만원의 국가장학금이 지급되어야 하는데 그 정도 국가장학금

---

18 http://www.korea.kr/policy/pressReleaseView.do?newsId=156087187 정부 정책브리핑 자료

을 지급 받는 대상은 소득 1분위(기초생활수급권자 포함)~3분위 계층 학생들뿐이고, 4분위 이상은 반값등록금에 현저히 모자라는 금액만 지급 받고 있는 실정이다. 교육부도 2015년 국가장학금 지원 계획[19]에서 1인당 연간 평균 지원액으로 288만원을 추정한 바 있다. 박근혜 전 대통령은 2012년 대선에서 국가장학금 예산을 4조원까지 늘리겠다고 공약했지만, 2017년까지 국가장학금 예산은 3.6조원대에 불과해 공약을 이행하지도 않았다. 박근혜 정권과 교육부는 반값등록금 완성을 주장하기 전에 공약을 이행하지 못한 것에 대한 반성과 사과부터 했어야 했다.

③ 2015년 전체 고등교육기관 재적학생 숫자는 대학원생까지 포함하여 총 343만여 명으로 추산되고 있다. 그 중에서 교육부로부터 국가장학금 지원을 받는 학생은 114.6만 명 수준인데(2015년 기준), 이는 전체 고등교육기관 재적 학생 수에 비하면 1/3에도 미치지 못하는 수치이고, 실제 매 학기 등록하는 학생 수인 230만여 명 에 비해서도 1/2 수준에 그치고 있는 것이다. 대학원, 특수대학원 학생들은 국가장학금 지원을 단 한 푼도 받지 못하고 있다. 반값등록금이 우리나라의 미래 인재인 고등교육 재적학생을 지원하기 위한 정책임을 고려해볼 때, 국가장학금 수혜 학생이 턱없이 부족한 것이다. 민주당 도종환 의원과 대학교육연구소가 함께 분석한 '반값등록금 시행 방안 연구'를 보면 2014년 2학기에 국가장학금 수혜자는 전체 등록 대학생(재적 중인 대학생에서 실제 재학 중인 대학생) 232만 명 중 41.7%밖에 되지 않아 10명 중 6명은 국가장학금를 받지 못하고 있는 것으로 드러나기도 했다. 거기에 위에서 지적한 대로 대학 등록금의 절반을 국가장학금으로 지급 받고 있는 학생이 소득 1분위~3분위 계층 학생뿐이라는 것을 감안하면 지금의 국가장학금은 결코 반값등록금이 아니고, 다수가 배제되어 있는 결정적 문제가 있음을 쉽게 알 수 있다.

---

19 〈국가장학금 지원으로 저소득층 등록금 부담 더 줄어든다.〉 2015.1.6. 교육부

④ 현행 국가장학금 제도는 소득1분위~2분위 학생들에게 2회에 한해 c학점 경고제를 운영하고 있지만(평점 b미만인 경우는 국가장학금을 못 받지만, 소득 1~2분위 학생에 한해서 b미만인 경우 2차례 구제해주는 제도), 소득 3분위계층 이상 학생들에게는 b학점 미만의 학점을 받을 때에는 국가장학금을 한 푼도 받을 수 없다. 현재 대학가는 엄격한 상대평가를 적용하고 있어서 b학점 미만의 비율을 최소 25%에서 최대 35%까지 강제 배정하고 있다. 전체 학생 중에서 그만큼의 학생들이 국가장학금에서 원천 배제되고 있는 것이다. 특히 저소득층 학생들은 등록금과 주거비·생활비 마련을 위해서 부득이 알바 노동 및 부업, 휴학 등을 반복할 수밖에 없는 상황인데, 그러다보니 자칫하면 b학점 미만을 취득하게 되어 국가장학금도 못 받게 되는 상황에 놓이게 됨을 감안하면 현행 성적기준은 반드시 폐지하거나 완화되어야 할 것이다. 이런 상황은 소득분위별 학자금 대출 증감현황 표에서도 확인할 수 있다.〈표4 참조〉 기초생활수급권자~1분위 학생들의 학자금 대출 건수와 금액이 크게 늘고 있는데, 이는 소득분위에 따라 국가장학금을 차등 지급하여 저소득층에게 더 큰 혜택을 주려는 정책적 목표가 실패했음을 나타내는 것이라 할 수 있다.

〈표4〉 2014년 2학기 대비 2015년 1학기 소득분위별 학자금대출 증감현황

구분	14-1학기(A)		14-2학기(B)		15-1학기(C)		증감 (D=C-B)	
	건수	금액	건수	금액	건수	금액	건수	금액
기초	30,292	41,049	25,361	31,917	30,217	37,239	4,856	5,322
1분위	118,405	164,977	115,371	139,772	125,959	150,983	10,588	11,211
2분위	91,013	129,698	91,559	130,298	93,921	112,132	2,362	-18,166
3분위	58,138	92,189	56,716	86,841	55,853	83,381	-863	-3,460
4분위	41,529	72,482	39,299	65,560	36,443	60,537	-2,856	-5,023
5분위	34,654	66,656	34,635	63,232	27,300	50,665	-7,335	-12,567
6분위	30,518	62,928	31,943	62,160	21,934	44,000	-10,009	-18,160

7분위	29,032	63,573	27,373	56,530	19,878	42,692	-7,495	-13,838
8분위	23,943	51,337	25,154	50,936	17,541	38,235	-7,613	-12,701
9분위	21,617	51,455	22,162	50,959	14,253	34,177	-7,909	-16,782
10분위	23,580	55,938	26,010	59,813	14,128	33,876	-11,882	-25,937
기타*	15,591	28,180	3,766	5,423	16,771	34,746	13,005	29,323
대학원생	77,514	234,626	74,167	222,003	77,222	239,687	3,055	17,684
합계	595,826	1,115,089	573,516	1,025,441	551,420	962,351	-22,096	-63,090

* 출처 : 〈올해 1학기 학자금대출 전체적으로 줄었으나, 기초 소득1분위 저소득층과 대학원생 대출은 늘어〉 2015.10.01. 정의당 정진후 의원 보도자료

* 자료 : 교육부, 한국장학재단

5) 국가 지원을 넘어 등록금을 낮출 여력이 충분한 대학들

사립대학들은 반값등록금 정책으로 등록금이 동결되자, 그 동안의 행태에 대한 반성은커녕 재정 악화를 이유로 반값등록금 정책 폐지를 주장하고 있다[20]. 그러나 등록금이 인하·동결된 3년간 전체 대학의 절반 이상 적립금이 증가한 점[21]을 보면 대학들의 재정악화 운운은 선혀 설득력이 없다. 2014년 전국의 사립대학 적립금은 8조 855억 원으로, 2011년 대비 2,744억 원이나 증가했고, 재단 적립금까지 합하면 2013년 기준으로도 전국의 사립대학들은 총 11조원이 넘는 적립금을 보유하고 있다. 재정이 악화되는 것이 아니라 해마다 비교육적으로 부를 늘려나가고 있는 것이다. 그리고 2014년 대학 결산 결과를 보면, 전국의 사립대학들이 7,532억 원이나 집행하지 않고 이월금으로 남겼는데, 이것만 봐도 사립대학들은 등록금을 낮출 수 있는 여력이 충분하다는 것을 알 수 있다. 물론, 아주 가난한 사립대학들도 있는 것이 사실이지만, 대부분의 사

20 〈반값등록금으로 인해 재정위기? 서울총장포럼 열려〉 2015.03.28. 21세기대학뉴스

21 〈등록금 인하·동결한 최근 3년간 전체 대학의 절반이상 적립금 증가〉 2015.09.01. 새정치민주연합 유기홍 의원 보도자료

립대학들이 엄청난 금액의 적립금과 이월금으로 돈을 쌓아놓고 있으면서도 반값등록금 탓을 하며 엄살을 부리고 있는 것이다.

교육부는 이런 대학들에게 국가장학금 유형2를 활용하여 대학 차원의 등록금 인하 및 장학금 확충을 독려해야 할 텐데, 국가장학금 유형2 예산은 계속 5천억 원에 머물러 있다. 교육부는 국가장학금 유형2 예산을 확대하여 등록금 인하를 추가로 유도할 수 있고, 대학 지원 사업에 등록금인하 노력을 반영하여 대학들이 더욱 등록금 인하를 할 수 있도록 정책 노력을 계속 기울어야 할 것이다. 그런, 의미에서 등록금 인상율 상한제를 넘어 등록금액 상한제도 반드시 제도화할 것을 고민해야 할 것이다. 현재는 등록금 인상율만 직전 3개년 동안의 물가인상율의 1.5배 이상은 등록금을 인상할 수 없게 제한되어 있지만, 더 나아가 전국의 서민 가계들이 감당할 수 있는 수준으로 등록금액을 상한하는 등록금액 상한제가 필요하다는 것이다. 물론, 등록금액 상한제로 인한 대학들의 등록금 손실분은 지금의 국가장학금과 같은 형태이든, 다른 형태이든 국가가 각 대학에 교부하여 손실을 메워줄 것이지만, 분명한 것은 대학들이 적립금과 이월금을 통해서 스스로 등록금을 인하하거나 대학재정의 건실화를 꾀해나가는 것도 병행해야 할 것이다.

위에서 살펴본 바와 같이 반값등록금은 아직 멀었고, 대학들은 그 사회적 책임을 다하지 않고 있다. 그럼에도 2015년 말, 박근혜 정권과 한국장학재단이 반값등록금 완성이라고 선언하자 큰 논란이 일어난 것이다. 심지어 사립대학들은 이제 반값등록금 정책 폐지와 등록금 자율 책정을 부르짖고 있는 상황이다. 어쩌면 박근혜 정권이 아직 학생과 학부모들이 체감하는 실질적인 반값등록금 정책이 실현되지도 않았는데 사립대학들에게 불필요한 빌미를 제공한 면도 있다. 문재인 대통령과 교육부는 공약대로 반값등록금 완성을 위해 국가장학금 예산을 대폭 확대하고, 서울시립대형 반값등록금(전체 대학생들에게 조건 없이 고지서 상의 등록금 절반을 실현하고, 그 이후 저소득층 대학생들에게는 추가로 장학금을 지원하는 형태)을 우선적으로 완수해야 할 것이다. 사립대학들도 비양심적이고 반교육적인 주장을 중단하고 자체적인 등록금 인하, 장학금 확충, 재정확대 계획을 수립하고 사회적인 책임을 다하기 위해 진심으로 노력해야 할 것이다.

〈표5〉 우리나라 사립대학들의 적립금 현황 : 2015년 현재, 사립대학(대학+법인) 누적 이월 · 적립금 현황을 살펴보면, 이화여대가 7,577억원으로 가장 많은 이월 · 적립금을 보유하고 있었고, 이어 홍익대 7,203억원, 연세대 6,898억원, 수원대 4,305억원이었다. 이외에 고려대, 청주대, 성균관대 등 23개 대학, 총 26개 대학이 1천억원 이상의 이월 · 적립금을 보유하고 있었다

순위	대학	대학교비+법인회계 적립금 총액(억원)
1	이화여대	7,577
2	홍익대	7,203
3	연세대	6,898
4	수원대	4,305
5	고려대	3,771

출처: http://khei-khei.tistory.com/2128 한국대학교육연구소

3. 2017년 등록금 지원 예산도 매우 부족했고, 2018년 등록금 지원 예산도 여전히 부족하다.

1) 2017년 등록금 관련 예산안에 대한 비평[22]

교육부는 정말 반값등록금이 완성됐다고 생각하는가? 교육부는 2017년 교육 예산안으로 60조 7,572억 원을 편성했다고 발표했다. 교육부는 국가장학금 예산을 3.9조 원(근로장학금 등을 제외하면 실질적으로는 3.6조 원 수준)으로 2016년 예산에 이어 내년에도 동결을 예고했다. 반값등록금국민본부와 참여연대 민생희망본부는 2017년 예산안을 반값등록금 실현 의지를 보여주지 못한 교육부와 정부 당국을 규탄한다.

국가장학금은 소득수준과 연계되어 있고, 성적제한 조건이 있기 때문에 전체 약 230만 명(매학기 실제 등록학생) 대학생 중에서 167만 명만 국가장학금을 신청하고 있고, 이중 114.6만 명만 수혜를 받고 있다[23]. 전체 대학생의 절반만 국가장학금 혜택을 받고 있는 것이다. 국가장학금 지원금 최대 액(520만 원, 기초~2분위)을 받아야 그나마 1천만 원에 육박하는 등록금의 절반 수준에 겨우 이를 수 있다. 수혜 인원과 수혜 액을 고려한다면 반값등록금이 실현되려면 아직 먼 것이다.

그런데 교육부는 이러한 현실을 외면하면서 2015년에 반값등록금을 완성했다고 선언했다. 정부의 완성 주장을 수차례 반박한 바 있으나, 여전히 정부는 2016년 예산안에 이어 2017년에도 국가장학금 예산을 3.9조

---

22 2016년에 이어 2017년에도 국가장학금 예산 동결한 박근혜 정부를 비판하는 2016년 말 참여연대와 반값등록금국민본부가 발표한 논평.

23 2016.08.16. 교육부. 〈비싼 등록금에 문턱 높은 장학금, 결국 빚더미 앉는 대학생들'보도 관련〉

원에서 증액을 하지 않고 있다. 여전히 상당한 등록금 부담 때문에 대학생의 55.3%가 2학기 등록금을 학자금 대출로 마련할 계획이라고 밝혔고, 학자금 대출로 인한 채무자 및 연체자도 꾸준히 증가하고 있다. 교육부가 반값등록금 실현의지를 보이지 않는 동안 "학생들은 빚이 있어야 파이팅 한다"라는 망언이 현실이 되고 있는 것 같다.

교육부는 지금이라도 국가장학금 예산 확대와 성적제한 철폐, 소득분위 기준 폐지, 대학원생에세도 국가장학금 및 든든학자금대출 지원 자격 부여를 실시하여 모든 학생이 등록금 절반 수준의 부담으로 배움의 길을 이어나갈 수 있는 진정한 반값등록금을 완성해야 할 것이다. 그리고 궁극적으로 등록금 상한제를 실시하여 등록금이 가계소득이 감당할 수 있는 수준으로 책정될 수 있도록 해야 할 것이다.

2) 2018년 등록금 관련 예산안에 대한 비평

2017년 5.9일 촛불시민혁명을 통해 문재인 정부가 들어섰다. 문재인 정부가 국회에 보고한 교육 예산 중에서 국가장학금 금액은 올해 3조 6300억 원에서 499억원 증액된 3조 6800억원으로 배정됐다. 교육부는 등록금의 절반 이상 지원하는 범위가 기초~소득3분위에서 소득4분위까지 확대되며, 향후 5년간 총 1조 원을 추가 투입하여 가구 소득이 낮은 대학생부터 단계적 반값을 실현하겠다고 밝혔다. 국가장학금 예산을 거의 늘리지 않았던 박근혜 정부에 비해서는 전향적이지만, 이 역시 충분하지는 않다.

전국의 대학들의 등록금 총액은 14조 원쯤으로 추산되고 있는데, 대학들이 자체적으로 지급하는 장학금 3조를 감안한 등록금 총액이 11조 쯤이라고 했을 때 서울시립대형 반값등록금 위래서는 총 5.5조의 예산이 배정되어야 실질적인 반값등록금 실현이 가능하기 때문이다. 그래서 국가장학금 예산이 2018년에도 3조 6800억 원에 그치고 있고, 대학의 자발적인 등록금 인하를 유도하는 국가장학금 유형Ⅱ(대학자체노력 연계 지원)도 전혀 증액되지 않은 문제점을 지적하지 않을 수 없다. 정부는 등록금 부담을 완화하겠다고 거듭 밝히고는 있지만, 지금의 예산으로는 등록금 부담 완화의 효과는 매우 미미할 수밖에 없다는 점에서 예산안 심의 과정에서 큰 폭의 보완이나 증액이 이루어져야 할 것이다.

당연히 고등교육 예산이 등록금 문제 해결 예산만 있는 것은 아닐 것이지만, 2018년 예산안, 그리고 앞으로의 정부 예산안에서도 등록금 문제 해결을 위한 예산 확대와, 고등교육 전반에 대한 국가의 재정투입 확대가 지속적으로 이루어져야 한다. 국가와 사회의 발전을 위한 고등교육은 날로 그 중요성이 더해가고 있고, 개개인의 배움과 공정한 사회 진출을 최대한 보장하는 것도 국가의 가장 기본적인 의무로 강조되고 있는 것이 세계적인 추세이다.

4. 부당한 입학금 및 졸업유예 시 등록금 징수도 즉시 폐지해야 한다.

1) 대학 입학금은 등록금과 함께 신입생과 학부모들에게 적지 않은 부담으로 작용해왔다. 적게는 한 학기 등록금의 1/5, 많게는 1/3에 달하는 금액도 문제지만 더 큰 문제는 각 대학에서 입학금을 그렇게 산정하게 된 구체적인 비용 추계자료나 산정근거를 제대로 가지고 있지 않다는 데 있다. 그렇다보니 각 대학들이 거둬들이는 입학금도 0원에서부터 100만 원대까지 학교 별로 천차만별이다. 이러한 문제가 발생된 이유는 그동안 교육부가 입학금의 과다 책정을 묵인하고 있고, 대학이 신입생을 상대로 거래상 또는 관계상의 우월한 지위를 남용하고 있기 때문이다.

2) 입학금 문제점이 발생한 원인으로는 ① 적절한 세부지침을 내려야할

교육부가 질의·회신집을 통해 오히려 대학들이 임의적으로 입학금을 산정·집행하도록 묵인·방조한 점 ② 여기에 따라 대학들은 입학 행정 사무 비용보다 더 많은 입학금을 책정하고 일반 등록금 회계에 산입하여 용처도 모르고 징수한 점을 꼽을 수 있다.

[2010.12. 교육과학기술부 질의·회신 사례집 /
과학기술 및 고등교육분야]

〈대학 입학금 부과기준 및 용처가 있는지 궁금합니다〉

질의

○ 대학 입학금은 등록금은 동결하더라도 편법적으로 신입생 입학금은 슬그머니 올려 사립대학 경우 무려 100만원이 넘기기도 한다.

○ 문제는 입학금의 용처가 분명하지 않고 학교별로 책정기준도 없이 그지 관례적으로 수업료와 구별 없이 사용하고 있는데 도대체 입학금은 어떤 용도로 사용되어야 하는지, 부과기준 어떠한지, 부과근거는 무엇인지 알고 싶습니다.

회신 2010. 4. 7. [대학장학지원과]

○ 학교의 설립·경영자는 "수업료와 그 밖의 납부금"을 받을 수 있도록 고등교육법 에 규정하고 있으며, 입학금은 동 조항의 "그 밖의 납부금"에 해당하는 등록금의 구성요소 중하나입니다.

○ **입학금은 신입생 입학에 소요되는 경비뿐만 아니라, 다른 항목의 수입과 합산되어 교직원 인건비, 학생복리비, 시설비, 장학금 등 학교운영 전반에 사용됩니다.**

○ 정부는 2010년도부터 등록금 및 학생 1인당 교육비 산정근거를 공시하고 있으며, 등록금을 "수업료와 그 밖의 납부금"으로 명확히 규정하여 등록금 인상 관리 체계 하에서 입학금을 관리하고 있습니다.

○ 특히, 각 대학에 교직원·학생·관련 전문가로 구성된 등록금 심의

위원회를 설치하여 등록금 및 1인당 교육비 산정근거, 도시근로자 평균 가계소득, 등록금 의존율 등을 감안하여 적정 등록금을 산정토록 하고, 등록금의 인상률을 직전 3개 연도 평균 물가상승률의 1.5배를 초과하지 못하도록 하고 있습니다.

3) 실제로 대학들은 입학금 산정자료 및 기준이 없다고 밝히고 있다. 청년참여연대가 34개 대학을 상대로 입학금 산정 자료와 집행 내역을 정보 공개 청구한 결과 정보공개에 응답한 28개 학교 중 26개 학교가 입학금 산정 자료 및 기준이 없다고 회신한 것이다. 그리고 28개 학교 중 20개 학교는 입학금 지출 내역을 갖고 있지 않다고 밝히기도 했다.

4) 그나마 입학금 지출 내역을 공개한 한신대 사례를 보면, 입학금의 과다 책정은 엄청난 수준이다. 한신대는 2015년 학생 1인당 92.6만 원씩 입학금을 징수하고 있고, 정원 내 입학자 수가 2015년 1,186명이므로 109,823.6만 원의 입학금 수익을 걷고 있다. 그런데 한신대는 2015년 입학 행정 사무 결산으로 학생증 발급에 177.7만 원, 입학식 개최에 210.1만 원을 지출했을 뿐이다. 입학 사무에 387.8만 원만을 지출하여 무려 109,435.8만원(99.6%)을 과다 징수한 것이다.

5) 이러한 상황이다 보니, 대학 측은 오히려 입학금을 입학사무 비용을 넘어서 그릇된 시각으로 바라보고 있는 실정이다. 홍익대학교 2015년 등록금심의위원회에서 입학금 산정 근거를 묻는 학생대표의 질문에 홍익대 대학본부 측은 "관련 법규는 없다"라고 하면서 "신입생들은 과거 선배들이 이룩해 놓은 여러 가지 유무형의 혜택을 받는 것이므로 입학금을 내는 것"이라고까지 말하기도 했다고 한다.

「대학 등록금에 관한 규칙」

제4조(징수방법) ① 대학·교육대학·전문대학, 방송대학·통신대학·방송통신대학 및 기술대학의 등록금(입학금은 제외한다. 이하 이 조에서 같다)은 학칙이 정하는 바에 따라 학점별·학기별 또는 월별로

징수할 수 있다.

④ **입학금은 학생의 입학 시에 전액을 징수**한다.

[별표]

등록금의 반환기준(제6조 제2항 관련)

1. 해당 학기 개시일(입학생의 경우에는 **입학일**을 말한다. 이하 같다) 전일까지 반환사유가 발생한 때에는 이미 납부한 등록금의 전액을 반환한다.
2. 해당 학기 개시일 이후에 반환 사유가 발생한 경우에는 **입학금은 반환하지 않되**, 등록금(입학금은 제외한다. 이하 이 호에서는 같다)은 다음 표의 기준에 따라 반환한다.

반환사유 발생일	반환금액
학기 개시일부터 30일까지	등록금의 6분의 5 해당액
학기 개시일에서 30일이 지난 날부터 60일까지	등록금의 3분의 2 해당액
학기 개시일에서 60일이 지난 날부터 90일까지	등록금의 2분의 1 해당액
학기 개시일에서 90일이 지난 날	반환하지 아니함

6) 이와 같은 현상이 벌어지고 있는 것은 교육부가 제대로 된 행정지도를 하고 있지 않기 때문이고, 국회도 입학금 관련 규정을 개혁하지 않은 것이 그 원인이 되고 있다. 「대학 등록금에 관한 규칙」을 보면 입학금은 수업료(입학금을 제외한 등록금)와 별개의 금원으로 취급하고 있다. 입학금은 징수시기·방법, 학기 개시(신입생은 입학일) 전 반환사유가 발생한 경우에만 반환이 가능한 점 등에 비추어 '수업료'와는 분명하게 구분되고 있다. 그리고 입학금이 무엇인지 법률이나 행정규칙에 정의 규정이 아예 없다. 그렇다면 교육부가 입학금(入學金)이라는 문언 해석과 일반인의 합리적인 상식으로 비추어 보아 입학 사무에 필요한 금원으로 판단하여 각 대학에 행정지도를 해야 하는데도 불구하고 위에서 본대로 교육부 입학 사무뿐만 아니라 대학의 일반 재원으로까지 사용하는 것으로 오도되고 있는 것이다. 이 때문에 입학금은 천정부지로 올라 현재 고려대가

103.1만원까지 오르게 된 것이고, 입학금 90만원을 초과하는 학교도 34개 대학에 이르게 된 것이다.

7) 이미 국민권익위도 이와 같은 입학금의 불합리성을 지적한 바 있다. 국민권익위는 2013년 '대학 등록금 책정의 합리성 제고 방안'에서 '입학금 산정근거 및 사용기준의 불명확성'을 개선하라고 교육부에 권고한바 있다. 그런데 4년이 지나도록 교육부는 개선안을 마련하지 않고 있다가, 문재인 정부가 입학금 폐지를 공약으로 내세우자 최근에서야 입학금을 폐지하거나 인하하려는 움직임을 보이고 있다. 우리나라 대학들의 입학금 수준은 미국, 중국 대학과 비교를 통해 더욱 그 부당성이 잘 드러난다. 수업료가 상당히 비싸다고 알려진 미국의 IVY 리그 명문대라 하더라도 입학금이 연간 수업료 대비 2%를 넘지 않고, 중국의 명문 대학들도 3% 내외를 넘지 않는데, 우리나라의 일부 대학은 14%에 도달하고 있는 것이다.

〈표6〉 국가별 주요 대학 입학금 비교

국가명	대학명	구분	수업료(연간)	입학금	수업료 대비 입학금 비중
미국	Chicago	사립	$ 45,324	$ 250	0.6%
	Columbia	사립	$ 46,846	$ 416	0.9%
	Cornell	사립	$ 28,900	$ 400	1.4%
	Northwestern	사립	$ 28,990	$ 400	0.9%
	Duke	사립	$ 45,620	$ 925	2.0%
중국	북경	국립	27,200RMB	400RMB	1.5%
	칭화	국립	26,000RMB	600RMB	2.3%
	상해교통	국립	24,800RMB	800RMB	3.2%

한국	고려대(본교)	사립	819.9만원	103.1만원	12.6%
	동국대	사립	793.6만원	102.4만원	12.9%
	한국외국어대	사립	711.7만원	99.8만원	14%
	홍익대	사립	818.3만원	99.6	12.2%
	인천대	국립대법인	475.4만원	39.2만원	8.2%
	한국과학기술원	특별법법인	686.6만원	35.3만원	5.1%

출처 : 국회 입법조사처(미국,중국) 2015.2., 대학알리미(한국)

8) 입학금 총액은 매년 약 6,320억 원에 달하는 것으로 추정되고 있다. 입학금을 전면 폐지하더라도 사립대학 적립금 81,872억 원(2014년)과 예산을 집행하지 않은 이월금 7,530억 원(2014년)만으로도 충분히 감당할 수 있는 수준이다. 입학금 문제는 돈 문제가 아니라 정부 당국이 가져야 할 의지의 문제이며, 교육의 기회를 능력과 재능에 따라 부여할 것인가 아니면 입학금과 등록금을 지불할 수 있는 경제적인 조건으로 부여할 것인가를 결정하는 우리 사회의 가치판단에 대한 문제이기도 하다.

9) 또 입학금은 각 대학이 신입생을 상대로 우월한 지위를 이용하여 입학금을 납부하지 않으면 입학을 불허하는 시장지배력을 남용하는 행위이기도 하다. 대학들의 입학금 징수행위는 입학실무 내지 입학금 거래와 무관한 사실상의 기부금 또는 협찬금을 강요하는 행위로서, 공정거래법 제23조 제1항 제4호 소정의 거래상 우월적 지위를 이용하여 이익을 제공하도록 강요하는 행위에 해당한다. 이 때문에 학생들은 과도한 입학금 납부의 고통을 호소하며 공정위에 신고하기에 이른 것이다. 현재 대학생들과 청년·학부모·시민단체는 공정위 신고 뿐만 아니라 입학금 환불소송도 제기해 진행 중이다.

10) 현재 입학금을 폐지·경감 하는 내용으로 다수의 법안이 국회에 제출돼있다. 더불어민주당 김병욱 의원은 입학금을 단계적으로 인하하여 2017년에는 등록금 대비 15%, 2018년에는 10%, 2019년부터는 5% 이하로 책정되는 방안을 제시했고, 노웅래 의원은 입학금을 폐지하되, 입학금

폐지로 인한 손실을 국가 및 지자체가 보전할 수 있도록 했다. 향후 국회에서는 입학금 폐지를 통해 학생·학부모들의 부담을 완화하고 합리적인 등록금이 책정될 수 있도록 제도 개선을 해야 할 것이다.

〈표7〉 2015년 입학금 현황 (상위 15개 대학)

〈사립대학〉

(단위 : 만원)

순위	학교	입학금
1	고려대학교	103.1
2	고려대학교(세종)(분교)	102.8
3	동국대학교	102.4
4	한국외국어대학교	99.8
5	홍익대학교	99.6
6	홍익대학교(세종)(분교)	99.6
7	인하대학교	99.2
8	세종대학교	99
9	연세대학교	98.5
10	연세대학교(원주)(분교)	98.5
11	중앙대학교	98
12	중앙대학교(제2캠퍼스)	98
13	금강대학교	97.8
14	한양대학교	97.7
15	한양대학교(ERICA)(분교)	97.7

〈국공립대학〉

(단위 : 만원)

순위	학교	입학금
1	인천대학교	39.2
2	한국과학기술원	35.3
3	울산과학기술대학교	30
4	충남대학교	18.1
5	공주교육대학교	17.9
6	청주교육대학교	17.9
7	춘천교육대학교	17.9
8	광주교육대학교	17.8
9	부산교육대학교	17.8
10	대구교육대학교	17.7
11	진주교육대학교	17.7
12	경인교육대학교	17.5
13	서울교육대학교	17.1
14	창원대학교	17.1
15	금오공과대학교	17

자료출처 : 대학교육연구소

11) 대학생 학자금 대출 및 학자금 지원제도도 대폭 개선되어야 한다. 학자금 대출 채무자가 330만이나 되고, 부채로 시달리는 청년 개인, 청

년 가계가 급증하고 있다면[24], 대학생 또는 청년실업자, 청년 빈곤층 채무자의 부채를 감면하거나 탕감해주는 정책, 그리고 경우에 따라서는 회생 및 파산을 돕는 정책들도 당연히 필요하지만, 좀 더 근본적이고 입체적인 대책이 절실한 상황이다. 현재 학자금 대출 이자율은 2.25%로서 기준금리나 물가상승율에 비해서 상당히 높은 수준일 뿐만 아니라 취업난에 허덕이고 있는 청년·대학생들에게 과도한 빚을 안고 사회에 진입하게 만들고 있다. 따라서 학자금 대출 이자율은 더욱 낮춰야 하고, 나중에 원금+이자로 갚는데도 불구하고 성적제한을 두는 규정도 삭제해야 하며, 대학원생들에게도 취업후 학자금 상환제(ICL, 든든학자금 제도)을 적용하게 하는 등 더 많은 학생들에게, 더 부담 없는 학자금 대출이 될 수 있도록 제도가 반드시 보완되어야 할 것이다. 청년·대학생들은 우리 사회의 미래이다. 나라 전체가 양극화와 민생고가 심화되고 있는 이럴 때일수록 청년·대학생들에게 더욱 많은 사회적 배려와 지원이 절실하다.

한국장학재단의 학자금 대출 규모는 2015년 1학기에만 551,420건 9,623억 51,00만원에 달하고 있고, 대학생들은 1인당 175만원씩 빚을 지고 있다. 그런데 더욱 더 심각한 문제는 취업난·비정규직 취업으로 인하여 안정된 수입을 얻고 있는 졸업생이 적어서 학자금대출 상환에 어려움을 겪고 있는 졸업생들이 많다는 것이다.

24 최근, 교육부는 한국장학재단이 설립된 2009년도부터 2015년도까지 총 326만 8853명의 학생들이 학자금 대출 지원을 받았고, 이중 2만여명이 신용유의자로 등재되어 있다고 밝혔다.

〈표8〉 2014년 1학기 ~ 2015년 1학기 학자금 대출 현황

구 분	14-1학기			14-2학기			15-1학기		
	건수	금액	1인 평균 (만원)	건수	금액	1인 평균 (만원)	건수	금액	1인 평균 (만원)
든든 등록금	230,842	442,181	192	213,685	379,493	178	192,746	311,737	162
든든 생활비	208,846	275,820	132	218,480	288,919	132	193,620	255,632	132
일반 등록금	93,913	337,298	359	83,502	301,436	361	99,731	332,465	333
일반 생활비	62,225	59,790	96	57,849	55,593	96	65,323	62,517	96
합 계	595,826	1,115,089	187	573,516	1,025,441	179	551,420	962,351	175

* 자료 : 교육부, 한국장학재단[25]

2010학년도~2013학년도 졸업자(졸업후 1년 ~ 4년)의 2014년말 기준 취업후 학자금 대출을 미상환하고 있는 인원 비율은 31.7%(금액 기준 79.2%)이나 되는 것으로 드러났다. 미상환 인원은 84,061명이고, 미상환 금액은 1조 6,126억이나 되는 수준이다. 졸업 후 4년이 경과한 2010학년도 졸업자 중에서도 39.6%나 되는 학생들은 2014년말 기준 학자금 대출을 상환하지 못하고 있는 실정이다.[26] 현재 우리 청년들은 대학을 나온다 하더라도 졸업 후 4년이 되도록 최저생계비도 못 버는 청년들이 이렇게 많은 상황이다. 통계청이 최근(2015년 4월 기준) 발표한 고용동향에 따르면 청년(15~29세) 실업률은 10.2%로 관련 통계가 처음 작성된 2000년 이후 4월 기준으로 역대 최고치를 보였주기도 했다. 또 한국경제연구원은 최근 보고서[27]에서 청년(15~29세) 체감 실업률을 27.9%로 추정한다고 발

25 〈15년 1학기 학자금대출저소득층대학원생 늘어〉 2015.10.1. 정의당 정진후 의원실

26 출처 : 2015.10.06. 이한구 의원실

27 〈고학력 청년층 체감실업률 추정과 노동시장개혁의 필요성〉 2015.10.25. 한국경제연구원

표하기도 했다.

이처럼 어려운 상황에 내몰리고 있는 청년·대학생들을 사회가 더욱 잘 지원해야 할 것이다. 청년 대학생들이 적절한 교육을 받지 못하고, 안정된 직장을 얻지 못한다면 출산을 통하여 다음 세대를 이어나갈 수도 없을 뿐더러, 숙련된 기술을 연마하여 새로운 경제 활동을 이끌어갈 역량을 갖출 기회를 잃어버리기 때문이다. 학자금 대출은 현재의 예산 상황을 보고 난색을 표할 것이 아니라 미래를 위한 과감한 결단과 배려가 수반되어야 한다. 지금 당장 유럽의 나라들처럼 대학까지 무상교육을 하자는 것도 아니고, 일본처럼 무이자 학자금 대출을 하자는 것도 아니고(궁극적으로는 둘 다 그렇게 가야하겠지만) 학자금 이자율을 인하하고, 나중에 원금 및 이자로 갚을 테니 적용 대상을 확대하라는 것이 어떻게 무리한 요구가 될 수 있겠는가.

12) 마지막으로 졸업유예 시 등록금 징수도 완전 금지해야 한다.

취업이 안 되어 어쩔 수 없이 대학에 적을 두고자 졸업유예 제도를 이용하는 학생들에게 매 학기 마다 60만원 안팎의 추가 등록금액을 징수하거나, 강제로 학점 이수를 하게 해 관련 비용을 징수하는 것은 매우 반교육적이고 무책임한 처사라고 비난하지 않을 수 없다. 이미 졸업 요건을 다 갖추었지만, 단지 취업 문제로 졸업을 유예하고 있는 경우에는 어떠한 경우도 추가 등록금을 징수할 수 없게 해야 할 것이다.

7. 글을 마치며 : 이제는 반값등록금 완전을 실현하고, 나아가 무상 고등교육으로 나아갈 때

지금 당장은 서울시립대형 반값등록금 실현과 학자금과 대학 생활비의 무이자 대출, 그리고 국가장학금 확대를 위해 노력해야 할 때이지만, 나아가 무상 고등교육이라는 결단을 우리 사회가 내려야 할 때가 다가오고 있다. 무상 고등교육 문제를 대학가를 중심으로 공론화하고 이를 추진해야할 상황이라는 것이다. 다만, 대학가와 학생사회, 그리고 국민들의 공론장에서 그러한 합의와 공감대를 일궈나가는 것이 시급히 선행되어야할 과제일 것이다.

등록금 투쟁의 역사는 등록금 인상률 인하에서 시작해서, 이후 등록금 동결->등록금 인하->반값등록금 실현 촉구->국가장학금 제도 개선->반값등록금의 완전한 실현과 함께 학자금 무이자 및 국가장학금 확대 요구로 이어지고 있고, 그것은 향후 무상 고등교육 요구로, 나아가 선진국들이 실현한 것처럼 무상교육+대학생 생활비 무상 지원(학생수당)으로 나아가야 할 것이다

동시에 대학 등록금 문제를 해결하는 데 커다란 장애요인이고, 고등교육의 공공성을 핵심적으로 파괴하고 있는 사학비리를 척결하는 운동도 병행되어야 할 것이다. 대학 자체적으로도 무상교육 또는 그것에 준하는 교육이 가능함에도 천정부지로 쌓아놓기만 하고 있는 적립금을 통한 등록금 추가 인하 및 장학금 확충 운동, 대학 예·결산의 투명성 제고와 학생들의 대학 예·결산 운용 및 대학 운영에 대한 전면적인 참여도 보장되어야 할 것이다.

좀 더 구체적으로는, 서울시립대형 반값등록금(고지서상의 반값등록금 실현. 박원순 서울시장과 서울시의 정책적 결단으로 고지서상에 모든 서

울시립대생들에게 정말 반값등록금으로 찍혀 나왔는데 인문계열 등록금이 100만원대임)을 목표로 하고, 거기에다가 대학들이 적립금이나 국가장학금 유형 2를 활용하여 자체적으로 10~20%를 인하하고, 이후 서민, 저소득층 대학생들에게는 추가로 국가장학금 및 대학장학금을 지급한다면 등록금 문제가 상당히 해결될 것이고, 그렇게 한 후에도 납부해야할 등록금과 생활비·주거비 등 여타 고등교육비용에 대해서는 취업 후 상환 무이자(현행 학자금 대출 금리 2.5%) 대출을 실시한다면 등록금 문제는 대부분 해결될 것이다.

물론, 위에서도 계속 언급한 것처럼 프랑스·독일·덴마크 등처럼 아예 대학교육을 무상교육으로 하고 생활비를 지원하는 것이 가장 최적의 해법일 것이나, 대한민국의 재정 여건을 감안하여 단계적인 해법을 제시하는 것이다. 또한 불필요한 입학금은 아예 받을 수 없게 하거나 최소한의 입학식 및 입학관련 실비 비용만 징수할 수 있게 법제도의 개정이 시급하다. 대학생·학부모, 관련 교육·시민단체들이 줄기차게 촉구하고 있는 이 방안에 대해 문재인 정부가 책임있게 정책적 결단을 내리고, 국회도 민의를 제대로 대변해야 할 것이다. 고등교육의 공공성, 고등교육이 차지하고 있는 사회발전·국가 발전의 기여 몫을 감안한다면 고등교육은 복지의 차원이든, 사회공공성의 차원이든, 사회와 국가 발전의 차원이든 지금보다 훨씬 더 획기적인 지원과 국가책임성이 제고되어야 할 것이다.

III

사학분규의 현황과 특성

건국대학교 사학비리와 정상화를 위한 과제

건국대학교 정상화를 위한 비상대책협의회

1. 이사장과 총장의 사학비리 동업관계

건국대 사학비리는 김경희 전 이사장과 김진규 전 총장 간의 사학비리의 동업관계와 수익사업의 부실화로 인한 재정파탄 위기가 그 본질이다. 김경희 이사장은 허위학력이 언론에 대서특필된 바 있고 학교법인 재산의 횡령 등을 이유로 임원승인의 취소처분을 받고 검찰로부터 기소되어 건국대 위상을 한없이 추락시켰다. 또한 이사장은 총장에게 클래식500의 객실 2실을 관사로 제공하고 그 관리비는 교비로 지출하게 하고, 의료부원장 및 골프장개발위원장 등을 겸하게 하여 4억 원 이상의 급여를 지급하는 등 각종의 특혜를 부여함으로써 학내 구성원의 총장 및 이사장 퇴진운동을 촉발시키는 계기가 되었다. 김진규 총장은 이사장과의 관계를 이용하여 업무추진비를 횡령하고 각종 이권에 개입하는 등 전횡을 휘둘렀다. 이처럼 김경희 이사장과 김진규 총장은 건국대 사학비리의 동업자일 뿐만 아니라 교육 현장에서 상상하기 어려운 특별한 관계였다. 결국 김경희는 업무상횡령이 대법원에서 유죄로 확정되어 학교법인의 임원자격을 상실하였고, 김진규는 공과대학 신축과 관련하여 건설업자의 자금수수가 문제되어 사기죄로 복역 중에 있다.

2. 관학유착과 이사장의 귀환

교육부(장관 서남수)는 2013년 건국대 구성원의 요청에 따라 법인의 재산관리 및 회계운영에 대한 회계감사를 실시하여 27개 항목에 약 990억 원에 상당하는 비위행위를 적발하고 이사장에 대한 형사고발과 임원취임승인 취소처분을 내렸다(2014년 교육부회계감사 결과). 한편 2014년 8월 교육부 장관이 교체된 후 교육부(장관 황우여)의 김경희에 대한 대응 방향에 급격한 변화가 생긴다. 김경희가 제기하였던 임원승인 취소처분의 취소소송에서 교육부의 부실 대응으로 법원은 2014년 7월 17일부터 9월 30일까지 위 처분이 효력을 정지하는 결정을 하였다.

이사장으로 복귀한 김경희는 8월 20일 자신의 임기(2014. 10. 12. 만료)를 4년 더 연임하는 안건을 의결한 후 승인을 요청하였고, 교육부는 10. 6. 김경희의 취임을 승인하였다. 교육부가 감사결과에 따라 내린 임원취임승인 취소처분은 그 자체의 공정력에 의하여 유효한 행정처분으로서 처분청 자체를 기속하는 구속력을 가지는데, 이 처분에 대한 취소 또는 무효의 확정판결이 이루어지지 않은 상태에서 내려진 교육부 장관의 취임승인은 행정행위의 공정력과 구속력에 반하는 위법한 처분이다.

더구나 위 처분에 대한 취소소송이 고등법인에 계류 중이고, 또한 전임 장관이 고발한 사건으로 기소되어 공판이 진행 중임에도 불구하고 김경희에 대한 승인을 하여주고 말았다. 그리고 1년 후에 선고된 고등법원 판결에 대하여 건국대 구성원들의 강력한 상소제기 요청에도 불구하고 끝내 대법원에 대한 상고를 포기함으로써, 교육부 자신이 처분하였던 감사결과가 적법하거나 정당한지 여부에 대한 법률심을 받을 기회를 상실하도록 만들었다. 이러한 교육부의 태도는 관학유착으로 인한 국정농단이 이루어졌음을 보여 주고 있다.

3. 수익용 기본재산의 부실화

김경희와 김진규의 관계 또는 학교법인과 교육부 장관의 유착은 모두 금전을 매개로 하여 이루어질 수밖에 없고, 이는 필연적으로 학교법인 재산의 부실화를 초래하게 된다. 건국대 법인은 병원신축을 명분으로 남측 부지(3만 평)에 스타시티개발을 실행하였다. 법인은 스타시티개발과 관련하여 약 1조 703억 원의 자금을 운용하였다.

이 자금 중 건설공사비로 사용한 금액은 8,908억 원이 지출되었지만, 서울병원신축과 관련하여 병원회계에서 자체적으로 시설자금으로 금융기관(신한은행)으로부터 795억 8천만 원을 장기차입하였으므로 법인이 건설공사비로 지출한 실질 금액은 8,112억 2천만 원이다. 그렇다면 법인은 총 운용자금 1조 703억 원에서 건설비로 지출한 실질 금액 8,112억 2천만 원을 차감한 약 2,590억 원 정도를 예금 등 자산으로 보유하고 있어야 한다. 그러나 법인은 2,590억 원 정도의 자산을 보유하고 있어야 함에도, 오히려 2016회계연도 법인 및 수익사업의 차입금 부채액이 1,288억 원에 이르고 있다. 현재 법인이 보유하고 있어야 하는 자금의 소재는 알 수 없다.

건대 법인의 재무구조의 악화는 2014년, 2017년 감사원의 지적에서도 명백히 나타나 있다. 감사원은 2014년에 교육부가 학교법인에 대해 사립학교법 제28조에 따라 수익용 기본재산의 임대보증금은 금융기관에 반드시 예치하고 임의사용을 금하는 지침을 내렸음에도, 건대 법인이 골프장 건설자금 용도로 850억 원의 기채허가를 신청하면서 임대보증금을 그 상환재원으로 하고 있는 데도 교육부가 기채허가를 한 점에 대해, 2012년 당시 건대 법인 수익사업 회계의 기본금에 대한 부채비율이 529%로 그 재무구조가 열악하여 상환여력이 충분하다고 볼 수 없는데도, 교육부에서는 이에 대한 검토도 하지 않은 체 기채를 허가하였다고 지적하였다(감사원, 대학 교육역량 강화시책 추진실태, 2014. 4.). 또한 감사원은 2017년 3월에 건대 법인의 임대보증금 총액은 7,566억 원이고, 금융기관에 미예치하고 있는 임대보증금액이 7,071억 원이며, 미예치 임대보증금 임의사용액이 392억 8천만 원이다. 이 법인운영비와 기타 목적으로 사용한 임대보증금은 수익용 기본재산이 실질적으로 감소하게 되므로 학교법인이 교육부의 허가 없이 임의로 사용한 금액은 그 보선소치가 필요하다고 지적하였다(감사원, 교육부 기관운영감사, 2017. 3.).

위와 같이, 건대 법인의 임원들은 1조 703억 원을 운용하였으면서도 법인 및 수익사업의 차입금부채가 1,288억 원에 이를 정도로 재무구조가 악화되어 있으며, 또 위 금액에서 실질 건설비를 차감하고 약 2,500억 원 정도의 예금 등 자산을 보유하고 있어야 하는 데, 오히려 임대보증금을 임의로 사용하여 학교법인에 392억 8천만 원을 보전하여야 하는 책임을 부담시키고 있다. 이 임의사용액 중 330억 원을 법인운영비로 사용한 것으로 되어 있으나, 법인 일반회계에서 법인운영비를 별도로 계정하고 있으므로 위 임의사용액은 횡령의 의혹 짙은 자금이다.

4. 족벌세습체제 구축

김경희 이사장은 금년 4월 18일에 이사회 소집통지(회의일: 4월 26일 12시)를 하고 있던 중 4월 26일 10시 대법원에서 법인의 기본재산 횡령죄가 확정되어 임원자격을 상실함으로써 이사장 궐위상태가 발생하였다. 4월 26일 12시부터 개최된 법인 이사회는 김경희 이사장이 궐위되었음을 선언하면서 이사 1인을 임시의장으로 선출하여 전 이사장의 딸을 후임 이사장으로 선임한 후 폐회하였다.

이사회의 결의 요건을 충족했는지 여부는 결의 당시(개회선언부터 폐회선언까지)를 기준으로 하므로(대법원 2003. 1. 24. 선고 2000다20670 판결), 4월 26일 12시에 개최된 이사회는 이사장이 소집은 하였으나 이사회 결의 전(前)에 이사장이 임원자격을 상실함으로써 소집권이 소멸하고 그 이사회 의장이 될 수 없게 되었다. 이사에게는 대리가 허용되지 아니하므로 이사회는 그 이사장을 대리하는 임시의장을 선출할 수 없다(대법원 1982. 7. 13. 선고 80다2441 판결).

사립학교법 제15조 제3항은 이사회는 이사장이 소집하고 이사장이 의장이 된다고 규정하고, 정관 제28조 제2항은 이사장이 궐위된 때에는 이사회에서 지명하는 이사가 이사장의 직무를 대행한다고 규정하고 있다. 따라서 4월 26일 12시에 개최된 이사회 결의는 결의 당시 이사장이 자격상실로 궐위된 경우로서 이사장 직무대행 이사를 지정하는 절차 없이 이루어졌고, 이미 이사회 소집권 및 의장 권한을 상실한 전임 이사장이 소집한 이사회, 즉 권한이 없는 자가 소집한 이사회라는 하자가 있어 무효이다.

5. 정상화를 위한 과제

김경희는 법률과 정관의 절차를 위반하면서까지 족벌체제를 구축하여 비리를 은폐하고 개인적 지배력을 유지하기 위해서 딸을 자신의 분신으로 이용하고 있다. 다시 말하면 사람은 바뀌었으나 체제와 권력이 그대로 유지되고 있는 것이다. 사학비리의 대부분은 학교법인의 재산을 교육목적 자금으로 보는 것이 아니라 사금고로 보는 경영자들의 탐욕에서 비롯되므로 학교법인의 기본재산에 대한 공공성을 강화하는 입법이 필요하다. 이와 더불어 이사장의 비리를 방조한 이사들을 임원취임승인취소 요건으로 인정하였던 구 사립학교법 규정을 복원할 필요가 있다. 사립학교법에서 사학비리형 족벌체제를 차단할 수 있는 독자적 규제를 강화하는 입법도 필요하다.

경주대학교, 대학을 망치는 김일윤 족벌체제

신 희 영
경주대 교수협의회 공동회장

1. 경주대학교의 파행적 출발

학교법인 원석학원(설립자 김일윤)은 1987년 12월 한국관광대학을 설립하고 1988년에 개교하였다. 1993년 3월 1일 경주대학교로 교명을 변경하였다. 1988년부터 1994년까지 학내분규가 끊이지 않았다. 1988년 개교하면서 89년까지 짓겠다고 한 본관, 도서관, 학생회관, 기숙사 등등을 짓지 않았으며, 무허가 건물에서 교육이 이루어지고 있는 등 당초 약속한 시설확보나 투자계획을 이행하지 않음으로써 교육환경이 열악한 것에 대한 학생들의 항의집회 및 시위가 지속되어 학생들의 교육적 피해는 이만 저만이 아니었다. 1992년 11월 22일 MBC 카메라출동에서 밝히고 있듯이 한국관광대학의 교육 현실은 처참할 정도였다. 1993~1994년 김일윤의 교비횡령 사건, 2006년 30억 교비횡령 사건, 2006년 8억 7천만 원 건설비리 사건 등 경주대학교는 설립 당시부터 2017년 현재까지 사학비리로 몸살을 앓고 있다.

재단이사회는 김일윤의 친지나 및 일족으로 구성되어 운영되어 왔고 2017년 현재 법인 이사회 이사장은 김성호(김일윤의 지인)이고, 이사는 이순자(김일윤의 처), 김재홍(이순자의 아들), 김일윤의 지인인 김석구, 정영택, 김태술 이사와 법인이 추천한 김홍규, 엄기홍(김재홍의 동문) 등 8인으로 구성되어 있으며, 재단이사회는 족벌체제로 운영되고 있다. 이러한 재단이사회의 족벌체제는 학교를 정상적으로 운영하고자 했던 최양식 총장을 2009년 3월 임기가 3년이나 남은 상황에서 직위해제 및 해임 징계하고 유령교수로 교비횡령에 가담했던 이순자 이사를 총장직무대행으로 임명하는 폭거를 자행하였다. 그 단초는 최양식 총장이 외식조리동 건축과 관련한 계약을 재단이 요구한대로 가계약 하지 않고 정상적으로 계약한 것에 있다. 공학관, 외국어학관 건설과 관련해 업체로부터 8억 7천만 원 리베이트 받은 전력이 있다. 이순자 총장은 2009년 3월부터 2017년 5월까지 재임하는 동안 학교를 파행적으로 운영하여 경주대학교를 폐교 수준까지 몰락시켰다.

2. 경주대학교의 끝도 없는 사학비리

경주대학교 사학비리의 특징은 전방위적인 성격을 가지고 있다. 경주대학교는 교육을 위한 기본시설이 전혀 없는 상황에서 개교하였다. 기본적인 교육시설을 재단이 출연해서 건립해야 함에도 불구하고 공학관, 외국어학관, 본관, 무도관 등등 모든 교육시설을 학생들의 등록금으로 건립하였다. 건설과정에서도 건설비 리베이트 방식으로 교비를 횡령하였다.

1993년 김일윤은 53억 원 교비횡령 혐의로 구속 수감되었고, 1994년 교육부 감사결과 김일윤이 1991년부터 1993년까지 102억 원을 인출해 임의로 사용한 뒤 이자 부담 없이 상환하는 등 파행적으로 학교를 운영해온 재단 비리가 드러났으며, 11인의 유령교수(이순자 총장 포함)에 대한 불법적인 급여 지급, 교수인원 허위보고로 인한 신설 학과 신입생 모집과 관련한 입학비리 등이 드러났다. 1997년부터 2002년까지 국고보조금사업인 문화관광특성화사업을 하면서 대응자금을 마련한다는 명목으로 교수들에게 연구비를 주고 연구비 일부(1/2)를 강제 환수하였다. 2005년 12월에는 교수들에게 연구비를 500만원 주고 현금으로 400만 원을 강제 환수하였다.

2006년에는 원석학원 산하 대학인 서라벌대학과 경주대학의 120억 원 교비횡령 사건이 발생하였다. 그러나 두 학교의 경리 담당자만 형사처벌을 받았으며, 이들은 그 이후 대신 처벌받은 대가로 김일윤으로 부터 수억 원의 보상을 받았다. 법인사무처장은 외국어학관, 공학관 건설과 관련해 8억 7천만원 교비횡령으로 형사처벌을 받았다. 당시 경주지청장도 주범이 누구라는 것을 알고 있었다.

경주대학교는 2017년 현재 교육용으로 활용하지 않는 200여 필지를 보유하고 있으며, 미등록된 토지도 30여 필지 보유하고 있다. 직접적인 교육 용도로 지출하지 않은 교비는 교비횡령에 속한다는 대법원의 판결에 비추어 볼 때 학생들 등록금을 교육 여건을 개선하는 데 지출하지 않고 교육용으로 활용하지 않는 부동산을 구입한 것은 교비횡령이라고 볼 수 있다. 학생들은 이러한 재정운영으로 인해 크나큰 교육적 피해를 입었다.

2010년 이순자 총장은 교원 소송과 관련한 법무비용 9천만 원을 교비로 지출하여 교비횡령으로 형사처벌을 받았다. 2009년에서 2010년 2월까지 법무비용을 교비로 지출한 금액은 2억 4천만 원에 이른다. 검찰의 소극적인 수사로 이순자 총장은 벌금 200만 원에 불과한 형사처벌을 받았다.

이외에도 형사처벌을 받고 수감된 직원에게 불법적으로 교비를 지출하고, 토지보상금, 임차보증금 등을 횡령하였다. 또한 사무처장이 횡령한 3억 5천만 원도 회수하지 않고 있다.

2011년 감사원과 교육부 공동감사 결과 무자격자 외국인 교원 43명을 채용하여 교비를 낭비하고 입학부정 사례와 근거 없는 입학홍보비 지출이 밝혀졌다(교비횡령으로 볼 수 있음).

3. 내학의 공공성과 민주화를 위한 교수협의회의 활동

지방대학의 입학사정이 점점 어려워지는 가운데, 2011년부터 학령인구가 줄어들면서 2013년부터는 급속하게 감소한다는 인구통계는 경주대학교 교직원들의 위기의식을 불러일으키기에 충분하였다. 학교를 독단적이고 파행적인 방식으로 운영하는 김일윤 1인 중심적 권위주의 체제를 극복하고 대학의 민주화와 대학운영의 투명성 제고를 위해서 대다수의 교원들이 김일윤의 회유와 압박에도 불구하고 2006년 4월 13일 교수협의회를 창립하였다. 독재적인 학교운영, 파행적이고 불투명한 재정운영, 열악한 교육환경, 불공정한 인사, 낮은 수준의 복지후생, 불합리한 학칙 및 규정, 교원의 비인격적 대우 등등을 그대로 두고서는 우리 대학이 경쟁력을 갖기 어렵다고 보았기 때문이다.

2006년 5월 교수협의회는 원석학원 산하 경주대학교와 서라벌대 120억 원 교비횡령 사건에 대해 성명서를 발표하고 당시 김일윤 총장에게 2006년 1월, 2월 체불임금 20억 원을 부동산 구입하는 데 사용한 이유, 현금으로 강제 환수한 연구비의 사용 용도, 무도관과 한국광고영상박물관 건설 관련 자료 제출 등을 요구하였으나 김일윤 총장은 이를 거절하였다.

2006년 6월 국비지원금 6억 5천만 원의 비리 의혹, 교비구입 부동산 매매 시 횡령 의혹, 건설비 횡령 의혹, 인건비 횡령 의혹, 도서구입비 횡령 의혹, 실험실습비 전용 사례, 연구비 강제 환수 등에 관해 교육부에 감사청구를 하였으나 검찰이 130억 원 교비횡령 사건을 수사하고 있다는 이유로 감사를 실시하지 않았다. 검찰에서 조사하는 사건과 전혀 다른 비리 의혹임에도 불구하고 교육부는 감사청구에 소극적으로 대응하였다.

교수협의회는 2006년 8월부터 12월까지 교비횡령 사건에 대한 책임을 묻는 차원에서 재단과 총장의 퇴진을 촉구하면서 교비환수를 위한 교내 농성을 하였을 뿐만 아니라 검찰의 엄정한 수사 촉구와 교육부 감사를 촉구하는 기자회견을 열었으며, 경주지청을 방문하여 당시 조사 내용과 다른 교비횡령 의혹을 제기하였다.

2006년 12월 정문화 총장과 교수협의회는 교비환원 문제 해결, 재단전입금 연차적 계획 제시, 적자재정 보전, 총장 직선제, 비합리적 규정 개폐, 개방이사 및 감사 추천 등에 합의하였고 이에 따라 교수협의회는 농성을 풀었다. 그러나 재단의 무성의로 지켜진 것이 하나도 없었다. 식물 총장으로서 한계를 느낀 정문화 총장이 2007년 12월에 사임하고 2008년 3월에 최양식 총장이 부임하였다. 교수협의회와 협력적 관계를 유지하며 학교를 정상화하고 발전시키고자 했던 최양식 총장은 재임기간 3년을 남겨 놓고 직위해제 및 해임 징계를 당하였다. 재단은 김일윤의 처이지 재단이사인 이순자를 총장직무대행으로 임명하였다. 교수협의회는 부당한 총장 해임에 맞서 항의하는 침묵시위를 전개하였다. 2009년 3월 이순자 총장과 교수협의회 회장단과의 면담에서 이순자 총장은 '중간 마진을 없애기 위해 자신이 총장으로 나섰다'고 언급하며 교수협의회 집행부를 겁박하는 발언을 서슴지 않았다. 이미 그는 총장직무대행이 되기 전에 교원의 뒤를 비밀리 조사한 후 그 결과를 가지고 교원들을 개별적으로 만나 교수협의회를 탈퇴하라고 회유, 협박하는 치졸한 행위를 하고 있었다.

교수협의회는 2009년 3월에 ① 국고지원금 기자재 구입비 6억 3천만 원 횡령 의혹, ② 교직원 급여 20여억 원 횡령 의혹, ③ 2005년 강제 환수한 연구비 횡령 의혹, ④ 경주 충효-광명간 도로건설 편입 토지보상금 횡령 의혹, ⑤ 경주관광호텔 임차보증금 1억 5천만 원 미반환 횡령 의혹(대표이사 이순자 총장), ⑥ 실형 확정 판결을 받은 직원에 대해 부당하게 급여지급, ⑦ 무도관, 한국광고영상박물관 건설 리베이트 의혹, ⑧ 김일윤 가족 또는 재단이 부담해야 할 비용을 교비로 충당한 사례, ⑨ 교비횡령 사건 횡령금 3억 5천만 원 미환수, ⑩ 원석학원 명의 미등기 토지와 원석학원 소유 토지 및 건물 매입과 관련한 교비횡령 의혹 등에 관해 교육부, 감사원, 검찰청에 진정을 제기하였다. 검찰은 소극적으로 수사하여 제기한 의혹에 대해 의심을 하면서도 기소를 하지 않고 내사종결을 하였으며, 교육부는 검찰의 조사가 진행되고 있다는 이유로 감사를 진행하지 않았다. 2009년 4월 이후 경주대 교수협의회는 최양식 총장과 박기태 부총장의 부당해임에 대한 항의와 비리 의혹에 대한 사정기관의 엄정한 조사를 촉구하는 기자회견뿐만 아니라 규탄대회 및 침묵시위를 전개하였다.

또한 안병만 교과부 장관에게 감사 촉구 서안을 전달하기도 하였다. 2009년 12월 교수협의회는 이순자 총장의 파행적인 학교 운영과 교원의 부당해임과 같은 교권침해를 이유로 경주지원에 총장직무집행 가처분의 소를 제기하였다. 이순자 총장을 교비횡령과 명예훼손으로 고발하기도 하였다. 이 고발로 이순자 총장은 벌금 200만 원의 형사처벌을 받았다. 2010년 2월 경주대, 세한대, 경북과학대, 창신대, 전주기전대, 성화대 등 6개 대학 공동으로 사립대학비리척결 교직원연대(공동회장 신희영, 안연순)를 구성하여 대검찰청 민원접수 및 기자회견, 그리고 사학비리 의혹에 대한 엄정한 수사를 촉구하며 1인 시위를 전개하였다. 2010년 3월 조전혁 의원의 주최로 사립대학비리 척결방안 모색이라는 주제로 간담회를 개최하였다. 2010년 4월 교육부에 ① 법정부담금로 인한 사립학교법 위반과 교비횡령 의혹, ② 변호사비 지출로 인한 교비 횡령 의혹, ③ 토비매입(차명으로 구입한 토지 포함)과 관련한 횡령 의혹, ④ 도서관 부지 매입과 관련한 교비횡령 의혹, ⑤ 경주관광호텔 임차보증금 1억 5천만 원 미반환금 횡령 의혹, ⑤ 실형 확정판결을 받은 직원에 대한 부당한 급여 지급, ⑥ 국고지원금 횡령 의혹, ⑦ 광고영상박물관 건설, ⑧ 사립학교법 위반 상항, ⑨ 각종 시설공사와 관련한 비리 의혹 등의 내용으로 감사청구를 하였다. 그러나 교과부는 주요한 사안에 대해서는 묵묵부답이었고 학교의 답변을 그대로 인용하는 조치를 취했다.

2010년 7월 사립대학비리척결 교직원연대는 감사원 앞에서 기자회견을 하고 국민감사청구를 하였다. 국민감사의 청구가 받아 들여져 2011년 8월 교육부와 감사원 공동으로 감사를 진행하였으나 교수협의회가 자료를 제공한 무자격자 외국인 교원채용, 입학비리 등에 관한 조사결과만 발표하였다. 시설공사, 토지구입 등에 관한 감사는 진행하지 않았다. 2010년 국정감사 기간에 국회에 국정감사자료를 제출하고 질의를 요청했으나 기대한 만큼의 효과는 얻지 못했다.

2009년 7월 이후 교수협의회 집행부 교수 13명이 해임되면서 교내의 교수협의회 활동이 마비되었고, 그 틈을 타서 이순자 총장은 공정하지도 합리적이지도 않은 연봉제 규정, 업적평가 규정, 재임용 규정, 보수 규정, 교직원 수당 규칙, 구조조정 규정 등의 제 규정을 개악하여 교원들의 교권을 무력화시켰다. 이순자 총장이 재임하는 기간 동안(2009. 3 ~ 2017. 5), 학교는 2017년 현재 경주대 교원들 중 정년트랙 교원은 28명이고 강의연구 및 계약제 교수는 80여 명이며, 교원 보수는 평균 월 200만 원 정도이며, 재정적자가 44억 원 정도여서 경상운영비도 조달하지 못하고 있는 지경에 이르렀다. 2014년을 제외하고 2011년부터 2017년까지 교육부로부터 부실대학으로 지정되어서 학교재정은 파산상태이고 학교운영은 파탄난 상태이다. 경주대학교는 교비를 학생들의 교육에 투자하지 않고 주로 건설, 리모델링, 토지 구입, 비상식적인 해외여행(이순자 총장은 년 30회 해외여행을 다녔음)에 지출하였다. 교비횡령에 대해 합리적인 의심을 할 수 밖에 없는 상황이다. 경주대학교는 실명으로 토지 230필지, 차명으로 30필지 정도를 보유하고 있어서 교육부문에 투자할 여력이 있는 대학이다. 그럼에도 불구하고 2017년 현재 김일윤(실질적인 경주대학교 경영)은 자신이 설립한 학교에 대한 관심보다는 국립신재생에너지대학을 만드는 단체의 대표로 적극적인 활동을 하는 기이한 행동을 하고 있다.

4. 족벌체제의 부당한 교권침해

2009년 3월 5일 김일윤의 부인이면서 원석학원 이사인 이순자가 3년 임기가 남아 있는 최양식 총장을 부당하게 직위해제와 해임 징계를 하고 총장직무대행으로 임명되었다. 이때부터 이순자 총장의 교권침해는 경주대학교에서 일상화되었다. 교수협의회와 협력적 관계를 유지하면서 학교를 정상화하고 발전시키려 노력했던 총장과 부총장은 물론이고, 이순자 총장의 학교 비리에 항의하고 바로 잡으려 했던 교수협의회 회장, 부회장, 총무 등 교수협의회 교수 14명을 반복적으로 해임 징계하고, 재임용 거부 처분을 하였으며, 교협 교수들의 수업 및 연구 방해는 말할 것도 없고, 인격적 모독에 가까운 폭언도 일상적이었다. 부수적으로는 명예훼손 및 업무방해로 13명의 교수를 고발하기도 하였다. 교비로 변호사 수임료(교비횡령)를 지출하면서 경주지검과 고검에 고발 및 항고, 대구고등법원에 재정신청까지 하는 등 지속적으로 교수협의회 교수들에게 정신적 폭력을 가했다.

이순자 총장은 교수협의회 집행부 5명의 교수, 교협 일반회원 2명을 해임 징계하여 공포분위기를 조성한 후, 2009년 12월 개악된 연봉제 규정을 기명식 투표 방식으로 통과시키고 뒤이어 등록금 수입의 32% 범위내에서 교원보수를 책정한다는 교직원 수당규칙을 개정하고(2017년 현재 실 수령액은 170만원에서 250만원임), 업적평가규정을 불공정하고 불합리적인 내용으로 가득찬 규정으로 개정하거나(이순자 총장에 충성하는 보직교수만 유리함), 재임용 심사기준도 턱없이 상향조정하거나 재임용기간을 단축하는 등 도저히 교육기관이라면 있을 수 없는 규정의 제·개정을 수없이 하였다. 잠자고 일어나면 규정이 바뀌는 학교운영시스템이 되었다. 또한 이순자 총장 눈을 들지 않는 교수들은 대학원 수업에서 배제되고, 일정 시간 한 공간에서 업무를 수행하는 정서적 폭력을 당하는가 하면, 연봉제 실적 평가에서도 불이익을 받았다. 또한 명예퇴직이나 희망퇴직을 강요당하여 자의반 타의반으로 60여명의 교수들이 퇴직하였다(많은 경우 퇴직권고 시 협박과 모욕주기가 동반됨). 2017년 현재 110여 명 교수 중에서 정년트랙 교원에 해당하는 교원은 28명에 불과하고 나머지 교수는 신분이 불안정한 강의연구 전담교수 및 계약교수들이다. 그 결과 학생들의 교육적 피해는 이루 말할 수 없을 지경이다.

2009년 7월 이후부터 해임된 12명의 교수들은 해임무효확인 소송, 재임용 거부처분 무효확인소송, 임용절차 이행청구소송 등을 통해서 2015년 5월에는 2명의 교수가 복직하고, 2016년 3월 1일에는 8명의 교수가 복직하였다. 교수 두 분은 안타깝게도 복직하지 못하고 고인이 되었다. 5년에서 7년 동안 학교의 부당한 처분과 법정소송의 스트레스로 인해 두 분은 회복할 수 없는 병을 얻었다. 열정을 가지고 교육과 연구에 힘썼던 두 분의 영면은 학생들뿐만 아니라 학계의 큰 손실이 아닐 수 없다.

재단은 6년 만에 복직한 교협 교수를 6개월 만에 과원 면직시켰다. 2016년 3월 1일자로 복직한 교수들은 각종위원회나 보직을 맡지 못할 뿐만 아니라(학교운영에 대한 참여 배제), 학부 및 대학원 수업에서도 배제되고, 교원업적 평가와 교원실적 평가도 불공정하게 받고 있다. 뿐만 아니라 학교 당국은 복직한 교협교수 전원을 불법적으로 2016년 12월 말 구조조정대상 교수로 선정하는 폭압을 행사했다. 이 교수들은 2017년 1학기 수업준비와 연구를 해야 할 겨울방학에 이의신청을 제기하고 법정소송을 준비하는 데 보내야 했다. 구조적인 사학비리가 일상화되고 설립자 일가가 전횡하는 사립대학에서는 교육의 공공성이 담보되지 않기 때문에 교수들은 수월성 있는 교육과 정상적인 연구를 할 수가 없다. 그 피해가 그대로 학생과 학부모들에게 돌아간다. 그래서 공정한 사회를 만드는 첫걸음은 사학개혁과 사학비리의 추방일 수밖에 없다.

5. 교육부의 엄정한 감사를 촉구한다

이순자 총장은 학교재정을 파산상태로 만들어 놓고 2017년 5월 12일자로 사직하였다. 그는 2009년 3월부터 사직하는 날까지 상식적으로 이해할 수 없는 방식으로 학교재정을 운영하여 2017년 6~8월분 교직원의 급여를 지급하지 못할 만큼 학교 재정을 파산지경에 처하도록 만들었다. 재단과 이순자 총장의 사학비리 의혹은 차고도 넘칠 정도이다. 아래와 같은 사안은 족벌체제 사학의 무능함과 무책임의 극치를 보여주는 것이다.

1) 경주대학교 보유 미등록(45필지) 및 등록 토지 거래에 대한 의혹 : 토지거래로 2012년부터 2016년까지 토지매각 대금 130억원 전액이 교비회계 통장에 입금되었는지 의문이다. 토지매각은 교육부의 허가를 받아야 하는 사안이나 대부분을 허가 절차를 생략하였다(불법적임).
2) 이순자 총장의 딸이 운영하는 경주관광호텔의 시설보수비 3억 3천만 원을 교비로 지출하였다(교비횡령).
3) 만학도 입학과 관련하여, 회계부정과 수업결손이 있는 만학도가 국가장학금을 받는 국조보조금 비리의혹이 있다(2017년 4월 검찰에 고발함).
4) 2012~2015년 가지급금이 130억 원이다. 교육기관에서 가지급금(지출근거가 불명확한 것)이 이렇게 많은 것은 이례적인 일이고 대부분 교비횡령 사건으로 비화되기도 한다.
5) 건설가계정이 23억 원으로 처리 되었다.
6) 2009년 3월 이순자 총장이 부임한 이후 교육 용도와 무관한 140억 원에 가까운 리모델링 공사로 학교가 공사판이 되었다. 리모델링은 사학비리로 몸살을 앓고 있는 대학들이 교비를 횡령하는 전형적 수법으로 알려져 있다. 경주대학교는 이러한 수법으로 교

비횡령을 하여 형사처벌을 받은 전력이 있다.

7) 과다한 해외여행경비 지출 의혹이 있다. 이순자 총장은 대학의 국제화를 명분으로 2010년 이후 1년에 해외여행을 30회(120) 정도 하고, 해외문화체험프로그램 명목으로 2,500여 명 학생들에게 해외여행을 알선하였다(학교당국이 여행사 손님 모집책을 자처함). 리베이트 의혹에 대해 합리적 의심을 할 수 밖에 없다.

8) 교직원 희망퇴직금, 명예퇴직금의 과다 지출로 인한 교비횡령의혹이 있다. 희망퇴직 교원에게 지급되는 희망퇴직금의 두 배를 지급하며 반은 돌려줄 것을 이순자 총장이 요구한 증거가 있다(탈이 없는 교원에게만 요구하는 것 같음). 또한 2017년 4월 희망퇴직 자격이 없는 교원(전 기획처장)이 퇴직금을 요구하자, 보직교수들이 반대했으나 1억 5천만 원을 지급하라고 이순자 총장이 지시하고 교무처장이 처리했다(교비횡령임).

9) 학교 직영사업과 관련한 비리의혹이 있다.

10) 2012년 3월 교직원 수당규칙을 개정하여 교원보수는 등록금 수입의 32% 범위 내에서 책정한다는 조항을 신설하여 교원들의 급여를 2013년 3월부터 30~40% 삭감하여 지급하였으나 ,이순자 총장은 자신이 교원이 아니라는 이유로 자신의 급여를 전액다 받았다(1억3천만원 교비횡령 의혹).

11) 2016년 결산에 대한 외부회계 감사보고서를 보면, 교비회계 담당 직원이 18억 7천만 원을 대위변제하고 그 담당자에게 18억 7천만 원을 지급해야 한다는 내용이 있다. 학교당국은 손승민에게 입금한 금액을 교직원들로부터 차입했다는 증거가 없는데도 교직원들에게 교비로 지급하였다(손승민은 교비에 입금하지 않았고 학교 당국은 교비로 교직원들에게 지급하는 이상한 거래임). 교비횡령을 의심하지 않을 수 없다.

12) 이순자 총장은 교육부의 허가를 받지 않고 수십억 원의 사채를 차입하여 학교운영비로 지출하였다.

이와 같은 사안을 중심으로 2017년 5월 2일 감사원에 감사청구를 하였다. 감사원은 경주대학교 감사청구서를 교육부에 이관하였고 2017년 7월 현재 교육부 사립대학 제도과가 이 업무를 담당하고 있다. 경주대학교 교수협의회는 감사기관과 사정기관에 경주대학교 비리의혹에 대해 수없이 진정, 감사청구, 고발 등을 하였으나 사정기관이 소극적으로 대응하고 재단에 면죄부를 줌으로써 2017년 7월 현재 경주대학교는 존폐위기에 처해 있다.

2017년 5월 초에 경주대학교 교수협의회가 감사 청구한 것에 대해, 사학비리를 추방하여 학생들의 교육적 피해를 최소화하고 교육의 공공성을 제고한다는 차원에서 엄정한 감사를 해주기를 교육부에 촉구한다. 교육부는 지방사립대학이 고등교육의 공공성을 확립하여 지역균형발전과 지역과 연계한 지역인재를 양성할 수 있는 교육기관으로 거듭날 수 있도록 경주대학교에 대한 감사를 철저하고 공정하게 진행해야 할 것이다. 교육부는 경주대학교 실태조사와 종합감사를 실시해야 한다.

족벌경영과 사학비리로 얼룩진 광주여자대학교

광주여대 교수협의회

1. 족벌체제와 경영권 다툼

1) 설립연혁

광주여자대학교는 한국사회에 부실대학을 양산시킨 주범으로 평가되고 있는 '대학설립 준칙주의' 제도가 시행된 이후에 설립인가를 받은 약 60여 개 대학 중 하나다. 위 대학을 운영하는 학교법인 송강학원(설립자 오치석)은 1992년 설립자가 경영하던 목장에 터를 닦아 광주여자전문대학으로 대학의 문을 열었다가 대학설립·운영규정이 공포되자 1997년 전문대학을 폐교하고 4년제 일반대학(준칙대학)으로 전환하였으며 현재 학생정원은 약 4,000명이다.

2) 민망한 족벌체제

재단 설립자는 1991년부터 2011년경까지 약 20년 동안 이사장으로 재직하면서 큰아들을 총장, 둘째아들을 사무처장 또는 도서관장, 막내아들을 산학협력단장으로 임명하였고 작은며느리와 막내며느리를 교수로, 큰사위를 법인 사무국장, 둘째사위를 직업훈련센터장으로 임용하는 등 대학을 가속회사로 착각할 정도로 매우 민망한 족벌체제를 구축하였다. 돌이켜보면 대학정원의 자율화라는 명분아래 도입된 '대학설립·운영규정'과 수차례 개악으로 변질된 '사립학교법'이 요술방망이가 되어 수백 마리에 불과했던 소떼가 매년 수백만 원씩 등록금까지 갖다 바치는 대학생 수천 명으로 대체되는 결과를 빚게 된 것이다. 그뿐만 아니라 법인세나 상속세 한 푼 부담하지 않고서도 국민들의 세금과 학생들이 낸 등록금으로 키운 막대한 학교재산을 비롯하여 수백 명에 달하는 교수와 직원에 대한 임용권과 대학 총장이라는 명예까지 고스란히 자식들에게 대물림할 수 있는 길이 열리게 된 것이다. 설립자 가족들의 횡재를 탓하고 싶은 마음은 추호도 없다. 다만 그들이 학생들을 소떼로 착각하는 일 없이 설립자가 처음 내세웠던 건학이념과 교육목표를 실현하는 일에 진력하길 간절히 바랄 뿐이다.

3) 경영권을 둘러싼 진흙탕 싸움

2010년 3월경 이사장이 갑자기 뇌졸중으로 쓰러져 사실상 이사장 유고 상황이 발생하였으나 이사회는 새 이사장을 선출하지 않은 채 임시의장 체제로 운영되었다. 2011년 8월경 총장형제가 비리에 연루되어 경찰의 수사가 시작되자 총장은 전체 교직원들 앞에서 사의를 표명하였다. 그런데 이사회는 엉뚱하게 총장 해임 안을 부결시키고 그의 부인을 이사로 선임하였다. 당시 설립자의 부인은 자신이 이사장으로 추대되길

희망하였으나 이사로 선임되지 못하였고 결국 설립자와 그의 부인이 학교법인을 상대로 '이사회결의 무효 확인' 소송을 제기하게 되었다. 관련소송의 제1심 재판장은 "원고의 주장이 법률적으로 옳고 그른지를 떠나 대학을 소유물로 생각한 채 자신들의 의사와 다르다는 이유로 이사회 결의의 하자를 주장한 사건"이다. "설립자나 이사장으로서 본분과 책임에나 충실하라"라고 일침을 놓으면서 설립자 등의 청구를 기각하였고 이후 대법원에서 확정되어 법정 다툼은 일단락되었다.

경영권 다툼이 진행되던 과정에서 설립자는 와병으로 고인이 되셨고 큰아들과 둘째아들은 실형의 선고로, 셋째아들은 교수임용이 취소됨으로써 설립자와 그의 아들들은 모두 대학경영에서 물러나게 되었지만 그 대신 며느리들이 총장과 교수로 재직하면서 여전히 족벌체제를 이어가고 있다. 현재의 총장은 전업주부로 생활하다가 비리로 물러난 남편의 뒤를 이어 뒤늦게 대학경영에 뛰어 들었지만 설립자의 부인인 시어머니를 제치고 약 2년 만에 이사장을 거쳐 총장의 자리에 올랐으며 법인 이사까지 겸직함으로써 사실상 대학운영의 전권을 거머쥐게 되었다.

2. 반복되는 사학비리의 얼룩

광주여대는 2003년경 교육부 감사에서 대학 시설공사와 관련된 업체 선정 비리, 학교법인 또는 이사장이 부담해야할 원리금 및 추징금 등을 교비에서 불법 지출한 비리 등이 무더기로 적발되었다. 당시 교육부는 총장에 대한 파면 요구를 포함하여 징계 11명, 경고 22명 등 총 51명에 대한 신분상 조치를 요구하고 학교법인이 교비에서 불법으로 지출한 돈 20억 7천만 원에 대한 회수명령을 시달하였다. 대학경영진은 교수들에게 신용대출을 받게 하여 교비회계에서 불법으로 지출한 돈을 상환하는데 보태기도 하였는데 교수들로부터 차용한 돈을 갚기 위해 다시 교비를 불법으로 지출한 의혹이 제기되었다. 그러나 검찰은 증거 불충분을 이유로 무혐의 처분을 내린 것으로 확인되었다.

2011년경에는 총장형제가 대학의 시설공사비를 부풀려 약 25억 원의 리베이트를 받은 혐의, 청소업체로부터 뒷돈을 받은 혐의, 가사도우미 급여를 교비에서 집행한 혐의 등이 드러나 특정경제범죄가중처벌법상 횡령 등 혐의로 기소되어 실형을 선고받았다. 당시 위 사건을 수사했던 경찰은 "광주여대의 사학비리는 총장과 도서관장이 대학 설립자 아들들로, 대학 구성원이 이들의 지시를 듣지 않으면 불이익을 당할 수 있고 감사시스템이 사실상 없어 손쉽게 이뤄질 수 있었다"고 지적하였고, 언론은 교비를 마치 쌈짓돈 꺼내 쓰듯 사용한 부도덕성에 대해 신랄하게 비판하였다.

2015년경에는 총장과 교직원 9명이 평생교육원 운영비를 변호사 비용으로 전용하거나 총장 개인 명의로 가입한 생명보험료 수억 원을 교비예산에서 집행한 혐의 등으로 기소되었다. 언론보도에 따르면 "광주여대는 학내 비리를 비판한 교수를 인사 조치했다가 소송 전을 벌이는 과정에서 유력 변호사와 법무법인을 선임하며 많은 비용을 쏟아 붓고 있으며 횡령한 운영비를 학교 관련 소송비용으로 사용한 것으로 알려졌다"고 보도되었으나 어찌된 영문인지 총장은 제1심에서 무죄를 선고받았고 교직원 1명만 유죄를 선고받은 것으로 알려졌다.

2016년경에는 총장이 교비회계에서 소송비용 및 변호사 선임료, 법률자문료 등 약 1억 6천만 원을 지출한 의혹이 제기되어 업무상횡령 혐의로 고발되었으나 검찰은 벌금 2백만 원을 부과하는 약식기소 처분을 내린 것으로 확인되었다. 현 총장은 이사장으로 재직할 때는 정관을 변경하여 억대의 연봉과 별도의 판공비까지 지급받았고 총장으로 취임한 후에는 보수규정을 원 포인트 개정하여 국립대학 총장의 최고 호봉과 동일한 급여를 지급받고 있는 것으로 알려졌는데 같은 대학에 재직하는 교수 수십 명이 연봉 3천만 원도 채 안 되는 박봉에 허덕이고 있는 실정과 비교하면 할 말을 잃게 한다.

무소불위의 사학권력과 족벌경영에 따른 대학의 폐해가 날이 갈수록 심각해지고 있음에도 교수들은 대부분 족벌경영진의 위세에 눌려 교육자로서의 책무를 팽개치고 재단의 눈치나 살피는 비겁한 지식인으로 전락해 버렸으니 부도덕한 경영진만 탓할 수도 없는 노릇이다. 몹시 부끄러운 교수들의 민낯이고 안타까운 현실로서 교수들의 처절한 반성이 요구되는 지점이다.

3. '대학의 자율성 보장을 위한 특별법'을 제정해야 한다.

국민이 정상적으로 교육받을 수 있는 권리를 침해당하고 희망을 잃게 되면 망국으로 가는 지름길이다. 정치권력 등의 개입에 의해 대학의 교육이 균형을 잃고 직업교육으로 변질되어 가고 있는 현상은 올바른 방향이 아니고 정상적인 대학교육이라고 볼 수도 없다. 국가의 미래를 생각하면 매우 불행한 일이다. 대학은 단순히 학생들에게 전문지식을 전달하는 장소가 아니며 후속세대가 비판적 사고와 창의력, 민주시민의식 등을 고루 갖춘 지성인으로 성장하도록 견인할 사회적 책무를 수행해야 한다. 우리 헌법에 대학의 자율성을 법률에 의해 보장하도록 규정한 점 역시 교수와 학생이 외부세력의 간섭을 받지 않고 자유롭게 학문을 연구하고 인류와 국가의 미래를 설계하여 그 지향점을 사회에 제시할 수 있도록 배려하는 취지일 것이다.

그럼에도 아직까지 대학의 자율성을 보장하는 법률은 입법되지 않은 반면에 대학의 자치와 자율성을 훼손하는 법률과 법령들의 조항은 지나치게 많다. 국회는 국가의 미래를 위해서 교수들이 학자로서의 양심에 따라 교육과 연구를 주도할 수 있도록 '대학의 자율성 보장을 위한 특별법'을 제정하여 대학의 자율성을 심각하게 침해하고 있는 법률 및 법령, 판례 등의 수렁으로부터 대학을 구출해 내야 한다. 사립학교법 및 교원지위법 등의 일부 조항을 개정하는 것만으로는 사립대학의 자치와 자율성을 제대로 담보하기 어렵다. 대학교육의 8할 이상을 담당하고 있는 사립대학의 교육이 정상화되어야만 교육개혁이 성공할 수 있을 것이므로 교육개혁의 출발점은 비리사학재단의 적폐를 청산하는 일이 되어야 할 것이다. 나아가 비리를 저지른 사학재단의 이사장이나 대학의 총장이 다시는 대학경영에 관여하지 못하도록 제한하는 방안을 적극적으로 검토할 필요가 있다. 단언컨대 비리 관련자들에 대한 영구 퇴출방안이 마련된다면 사학비리는 한순간에 사라질 것이고 사립대학의 교육은 정상화될 수 있을 것이다.

대구대학교 정상화, 그 희망의 기록

영광학원정상화를위한범대책위원회

1. 대학을 대학답게

학교법인 영광학원이 유지·경영하는 대구대학교는 2016년에 개교 60주년을 맞이한 대구·경북의 대표적인 사립대학이다. 2016학년도에 대구대학교는 13개 단과대학, 1개 학부, 85개 학과에서 총 4,149명의 학생을 모집했다. 규모로 말하자면 대구대학교는 지방대형사립대학에 해당한다. 사람의 삶에 비유하자면, 대구대학교는 2016년에 환갑을 맞이한 셈이다. 수도권 경제력 집중, 학령인구 감소 등 지역 사학이 당면한 여러 어려움에도 불구하고 대구대학교가 개교 60주년을 맞이했으니 축하할 일이다.

대략 우리나라 고등교육의 약 85%를 사학이 담당한다고 한다. 그만큼 우리나라에 사학이 양적으로 많다는 말이다. 사학이 이렇게 많다 보니 문제도 많다. 오죽하면 '사학비리'라는 말이 한국 대학의 어두운 현실을 가리키는 관행적인 표현이 되었을까. 이 관행적 표현이 믿기지 않는 괴력을 발휘한 때가 있다. 이명박, 박근혜 통치 기간 중에 그랬다. 이 시기에 사학비리는 힘을 주체할 수 없는 괴력을 지닌 괴물처럼 대학가에 시시때때로 출몰했다. 그래서일까, 대구대학교의 60주년이 더 반가웠다. 대구대학교 역시 탈도 많고 말도 많은 우리나라 사학 중의 하나일 수 있지만 그 역사가 비상한 까닭이다.

대구대학교는 특수교육, 사회복지, 재활교육의 메카로 유명한 사립대학이다. 이 학문들을 대구대학교가 기초해서도 그렇지만 학교법인 영광학원과 대구대학교의 역사를 이끈 학원 설립자 이영식 목사의 남다른 민족의식과 교육의식 때문에 그렇다. 이영식 목사는 대구 지역의 미션계 학교인 계성학교 재학 시에 대구 지역 교계 지도자들과 협력하여 대구 3·1 만세 시위를 적극적으로 주도한 열혈 학생이다. 그리고 그에 그치지 않고 인근 칠곡 지역의 만세 시위를 계획하고 실행할 정도로 정의로운 열혈 학생이었다. 일제의 대구복심법원 결정에 따라 2년 가깝게 징역살이를 할 만큼 개인적인 수난도 만만치 않았다.

식민지 시절, 목사 안수를 받은 이영식 목사는 대구 지역 한센병 환자들의 시설인 애락원에서 환우들과 함께 7년간 동고동락하며 목회 활동을 할 정도로 실천적인 신앙인이었다. 말로만 찬양하는 이영식 목사가 아니었다. 인간으로서의 본원적인 권리를 부정당한 한센병 환우, 전쟁고아, 장애아의 친구가 되고자 한 이영식 목사였고 실제 그렇게 행동한 이영식 목사였다. 그래서 대구대학교가 개교하면서 특수교육, 사회복지 분야의 학과를 먼저 만들게 되었다. 이영식 목사가 개인적인 재산이 많아 학교를 연 게 아니다. 당시 경상북도청과 대구시청, 그리고 대구 지역의 뜻 있는 인사들의 지원과 성원이 없었다면 대구대학교의 개교는 가능하지 않았다. 그래서일까, 이영식 목사는 대구대학교를 미션계 대학으로 운영하지 않았다. 비전과 통이 큰 어른이었다. 이렇게 대구대학교는 해방 이후 저 가난한 시절, 이영식 목사의 개인적 소신과 지역 사회의 지원으로 문을 열게 되었고 지금까지 존속할 수 있었다.

이런 배경 때문에 필자는 대학의 개교 60주년을 진심으로 축하했다. 만인 경쟁이 미덕이 되어버린 오늘날의 한국 대학은 지나친 경쟁으로 몸살을 앓고 있다. 지난 이명박, 박근혜 통치 기간 중 더 변질되었지만, 오늘날의 한국 대학들은 어느새 '사업대학'이 되어버렸다. 각종 국책사업이 대학의 존재 이유가 되어버렸다는 말이다. 그래서 필자는 대구대학교 개교 60주년을 진심으로 축하했다. 왜냐하면 대구대학교의 60년 역사에서 대학의 존재 의미를 되새길 수 있기 때문이다. 그렇지만 다른 한편으로는 마음이 개운할 수 없었다.

겉만 보자면, 대구대학교가 정상화된 사학 같지만 그렇지 않기 때문이다. 대구대학교의 개교 60주년을 축하만 할 수 없는 이유가 있다. 학교법인 영광학원의 정상화 문제 때문이다. 그 문제가 도대체 어떤 문제일까? 이 글은 바로 대구대학교 정상화 문제를 복기하는 짧은 기록이다.

2. 잘 나가는 우리대학, 비리재단 거부한다

대구대학교는 2011년 11월 1일자로 16년의 임시이사 체제를 마무리하고 정이사 체제로 전환되었다. 그런데 이 전환을 계기로 대구대학교는 심한 분규를 앓게 된다. 아이러니한 일이다. 정이사 체제로의 전환 때문에 왜 대구대학교가 분규를 앓게 되었을까? 이 시기에 대구대학교만 정이사 체제로의 전환을 반대한 게 아니다. 대구대학교를 비롯해 상지대학교, 덕성여자대학교, 동덕여자대학교 등등이 당시 사학분쟁조정위원회(사분위)가 주도한 정이사 체제로의 전환을 '구재단 복귀 반대'의 명분으로 반대했다.

그러나 이 반대를 누르고 당시 사분위와 교육부는 임시이사 체제 대학들의 정이사 체제로의 전환을 강행한다. 이 강행의 결과, 과거 사학비리

세력들이 원 대학으로 복귀하게 된다. 이때 대구대학교 구성원들의 대응을 담은 기사를 하나 인용하기로 하겠다.

> 대구대학교정상화범대책위원회 및 학교법인 영광학원 정상화추진위원회는 8일 대명동캠퍼스에서 구재단 학원운영 복귀 저지 기자회견을 가졌다.
> 이날 기자회견은 경과보고에 이이 기자회견문 및 결의문 낭독, 담화문 및 법인입장 발표, 질의 및 응답으로 진행됐다.
> 기자회견은 17일에 예정된 사학분쟁조정위원회 전체회의에 앞서 입장 발표차원에서 마련됐다.
> 범대위는 사학분쟁조정위원회가 최근 17년 임시이사체제의 직접 원인제공자이면서도 단 한 번도 반성한 적 없는 구재단에게 이사 정수 과반수를 줘야 한다며 구 재단관계자의 이사진 진입을 승인하려는 것과 관련 반대 입장을 분명히 했다.
> 대책위 측은 "구성원들의 노력과 인내로 만들어낸 학원 정상화 안이 원안대로 통과되기를 촉구한다. 학원 구성원은 물론 지역사회의 전폭적인 지지를 받는 현재의 안이 통과되는 것이 영광학원과 대구대의 조속한 안정을 이루고 발전을 앞당길 수 있는 선택임을 사학분쟁조정위원회는 인지해야 한다"고 강조했다.
> 또 "종전이사측에게 경영을 맡기겠다는 것은 학원 정상화와 근본적으로 상치될 뿐 아니라 제2의 분규와 파국을 낳게 될 뿐"이라면서 "사학분쟁조정위원회가 영광학원과 대구대학교의 안정을 약속하는 현명한 판단을 해주시기를 바란다"고 촉구했다 (『뉴시스』, 2011.03.08)

2006년 당시 교육부는 학교법인 영광학원을 임시이사 체제 해소 대학으로 결정하여 영광학원 법인사무국에 정이사 체제로의 전환을 준비하라고 지시한다. 그런데 이것이 화근이었다. 당시 영광학원 법인 사무국은 영광학원정상화추진위원회를 구성하여 이 주제에 대한 여론을 수렴해 나갔다. 그런데 이게 무슨 일인가. 퇴출된 구재단과 연계된 설립자 일부 유족들이 별도의 위원회를 구성하여 자기들만의 위원회 활동을 해나갔다. 당시 사분위는 일부 유족들이 구성한 불법 위원회의 일방적 주장을 배척하지 않았다. 반면 임시이사들이 주도하여 계획하고 집행한 영광학원 정상화 안은 사분위에서 배척되었다.

사분위는 과거 한나라당의 요구로 만들어졌다. 2005년 당시 여당인 열린우리당이 사학법 개정을 처리하자 이에 반발한 한나라당이 3개월간 장외투쟁을 강행했다. 그리고 그 과정에서 한나라당이 개방이사제를 사실상 무력화하는 사학법 재개정을 이끌어냈고 더불어 열린우리당에 사분위 설치를 요구하게 되었다. 이런 정치적 배경에서 2007년 12월 사분위가 만들어졌다.

이명박 정권 하의 사분위는 수구적인 인사들로 위원이 선임되었다. 게다가 이 시기에, 그러니까 2007년에 대법원에서 상지학원의 설립자를 자처하는 김문기 손을 들어주는 판결이 나온다. 그 유명한 김황식 판결이다. 김황식 판결의 요지는 임시이사들이 정이사를 선임할 수 없다는 것이다. 임시이사가 학교법인 지배구조에 중대한 영향을 끼치지 말라는 게 김황식 판결의 요지이다. 이명박 정권의 사분위 위원들은 이 판결을 심각하게 왜곡하여 소위 '정상화 심의 원칙'을 만들게 된다. 종전이사들에게 사학의 경영권을 되돌려준다는 정상화 심의 원칙 말이다.

이 정상화 심의 원칙은 엄밀히 말하자면, 학교법인과 소속 대학을 살리는 정상화 심의 원칙이 아니다. 반대로 학교를 공공적으로 살리는 정상화를 왜곡하는 심의 원칙이라고 해야 옳다. 사분위가 만든 정상화 심의 원칙은 사학을 특정인들의 재산으로 간주하는 재산 원칙에 다름 아니다. 사학이 공공재가 아니라 특정인의 재산이라는 게 사분위의 기조였다. 그런데 정말 그럴까? 사학은 학교법인으로 존재한다. 사학이 법인으로 존재한다는 말은 사학이 특정인들의 소유 재산이 아니라는 말이다. 그런데 언감생심, 당시 사분위는 종전이사에게 대학 경영권을 되돌려 준다는 논리로 임시이사 파견 직전의 이사들과 그 세력들에게 대학 장악의 기회를 제공해버린다. 이 종전이사들이 전횡과 비리의 당사자들임에도 불구하고, 당시 사분위는 사실상 이들의 책임을 사면했다.

이 심의 원칙에 맞춰 임시이사 체제의 대학들에 구재단 세력들이 복귀하게 된다. 임시이사 체제로 운영되며 상전벽해의 발전을 거듭하던 대구대학교의 구성원들은 구재단 세력의 전횡을 우려하며 구재단 복귀를 반대하는 상경 시위를 거듭 진행한다. 2011년 11월 1일 이전의 일들이다. 대구대학교 구재단 세력은 어떤 반성과 전향적인 입장 표명이 없었다. 점령군의 분위기였다. 대구대학교 경산캠퍼스에서 광화문 정부종합청사까지의 거리는 수백 킬로미터이다. 교내에는 농성 천막이 차려졌으며 투쟁기금이 모아졌다. 구성원들은 상경 버스를 대절, 상경하여 광화문 정부종합청사 인근에서 주기적으로 집회를 이어갔다. 사분위가 회의 장소를 서울 양재동 소재 한국연구재단으로 바꾸자 한국연구재단 앞에서 시위를 벌이기도 했다.

〈사진 1〉 2011년 6월 23일 한국연구재단 앞에서 시위하는 대구대학교 구성원

그러나 이 투쟁에도 불구하고 구재단을 대리하는 양승두, 함귀용, 박영선 3인이 구성원 추천에 의한 이상희, 이근용 2인과 교육부가 추천한 이사 1인, 임시이사 1인 등 7인이 정이사로 선임되었다. 그리고 구성원들의 우려처럼 2011년 11월 1일부터 대구대학교에서는 크고 작은 분규가 계속

되었다. 우선은 이사장을 선출하는 과정에 구재단을 대리하는 3인이 그들 가운데 이사장을 선출하기 위해 이사 7인 전원의 합의 없이 불법적인 별도의 이사회 개최를 꾀하는 과정에서 분규들이 벌어졌다. 우여곡절 끝에 이상희 이사가 2012년 5월 25일 이사장으로 선임된 다음에는 이사회를 계속 보이콧함으로써 이사회 기능을 마비시켜 갔다.

여기서 꼭 남기고 싶은 말이 있다. 특정 법무법인의 대구대학교 정상화 개입이다. 대구대학교의 분규도 분규지만 사분위의 눈에 띄는 결정이 있었다. 바로 사분위원이 대표변호사로 있는 특정 법무법인 소속의 변호사를 구재단을 대리하는 정이사로 선임한 일이다. 그 특정 법무법인이 KCL이다. KCL 소속의 함귀용 변호사가 구재단을 대리하는 대구대학교 정이사로 선임되었다. 사분위의 결정은 상식과 거리가 멀었다. 결론부터 말하자면, 법무법인 KCL은 대구대학교 구재단을 대리하는 소송을 지금도 전담하고 있다. KCL 소속의 변호사를 구재단을 대리하는 정이사로 선임하고, 관련 대학에 법적 분쟁이 일자 KCL이 다시 구재단의 이익을 대리하는 소송을 전담하는 이 현실은 상식에 부합하지 않는다.

KCL은 현재 임원승인이 취소된 구재단 이사들을 대리하여 교육부 및 교육부장관을 상대로 온갖 법적 소송을 진행 중에 있다. 그 사례가 워낙 많다보니 일일이 예를 들기도 어렵다. 이 공생 관계는 과거에는 볼 수 없는 사학 비리의 진화적 양태이다. 사분위가 특정 법무법인에 소속된 변호사를 정이사로 파견한 조치는 사실상 그 법무법인으로 하여금 관련된 대학의 소송을 맡으라는 조치였다. 그런데 이런 소송 전담이 KCL만의 일일까. 교육부는 과거 사분위 10년 동안 공고화된 구재단 세력과 특정법무법인의 공생 관계를 조사해야 한다.

사립학교법이 명시한 이사의 역할은 선량한 관리자의 역할이다. 그 선량한 관리의 본질은 추천 배경에 구애받지 않고 공평무사하게 정이사 역할을 수행하는 것에 있다. 그러나 당시 사분위가 선임한 구재단 대리 정이사들은 전혀 그렇지 않았다. 2011년 11월 1일 이래 대구대학교에 크고 작은 분규가 있었다. 임원분규로 2012년 12월 30일 이후 15개월 간 개방이사 미선임, 2013년 10월 이후 6개월 간 대구대학교 총장 공석, 8개월 간 대구사이버대학교 총장과 특수학교인 보명학교와 광명학교의 교장 공석 등 사상 초유의 파행을 거듭함에 따라 결국 2014년 3월 14일 교육부의 조치에 의해 이사의 승인이 취소되었다.

이 기간 동안 영광학원 산하의 대구대학교를 비롯하여 대구사이버대학교, 특수학교(보명학교·광명학교) 등은 그 어느 하루도 편한 날이 없었다. 구재단 추천 3인 이사들은 2013년 10월부터 아예 이사회 출석을 거부하여, 2014학년도 교원의 신규임용, 재임용, 승진임용, 2013년도 법인전입금, 2014년 본예산 등이 전혀 다뤄지지 못하였다. 이에 따른 피해는 고스란히 학생들의 몫으로 돌아갔고, 보다 못한 교육부가 이사회 정상화를 이사들에게 명령해서, 교육부 청문 현장에서 이사회를 개최할 것도 종용해 보았다. 하지만 구재단 추천 이사들은 이를 거부했고 결국 영광학원 이사 전원은 교육부에 의해 승인취소되었다.

특히 위 분규들 중 하나를 예로 들면 구재단 대리 이사들의 고의적인 총장 임명 기피 사건이 있다. 대구대학교는 2013년 11월 1일부터 2014년 7월 20일까지 총장이 부존재하는 분규 사학이 되어버렸다. 2013년 9월에 대구대학교에는 제11대 총장 후보 선거가 실시되었다. 대구대학교는 총장 후보자를 학칙에 따라 직선으로 선출하고 있다. 구재단 대리 이사들은 직선제를 용인하지 않으려 했다. 총장 선거를 위한 선관위 활동을 하는 교수들에게 구재단 대리 이사들이 경위서를 요구하는 일이 벌어졌다. 공포 분위기 조성이었다. 대학 민주주의에 대한 중대한 훼손이었다. 이들은 나아가 학칙을 위반하면서까지 자기들을 추종하는 학내 교수를 총장으로 임명하려고도 했다.

다행스럽게 직선제를 지켜야 한다는 구성원들의 합심으로 총장 선거는 이뤄졌고, 당시 홍덕률 총장이 당선되었다. 대학 유권자들은 법인 정상화에 의지가 있는 홍덕률 총장을 차기 총장으로 지지했다. 이에 구재단 대리 이사들이 총장 임명 안건으로 상정된 이사회를 수시로 기피했다. 대구대학교의 정상적인 학사행정이 가능하지 않았다. 임시이사 체제 기간 중

비약적인 발전을 거듭하던 대구대학교가 졸지에 분규 사학의 오명을 받게 되었다.

오명도 오명이지만 대구대학교 분규가 장기화되자 그 피해를 학생들이 고스란히 입게 되었다. 학습권 침해를 직접적으로 받게 되었다는 말이다. 교수, 직원이라고 해서 왜 피해를 입지 않았을까. 그러나 학생이야말로 분규의 최대 피해자라 해도 과언이 아니다. 사학분규와 비리가 이 땅에서 엄단되어야 하는 이유이다. 대구대학교 학생들의 피해도 여간 큰 게 아니었다. 총장대행 명의의 졸업장을 받고 졸업해야 하는 대구대학교 학생들은 분통을 터뜨렸다. 중국 유학생들은 이런 졸업장을 중국 당국이 인정하지 않는다고 걱정을 이어갔다. 학사행정을 뒷받침하는 예산안을 대학본부가 확정할 수 없었고 교원 인사가 정상적으로 이뤄지지 않았다. 모든 게 엉망이고 꼬였다. 대학의 공적 기능에 중대한 침해가 반복되었다.

다행스럽게도 교육부가 이들과 함께 당시 정이사 전원의 임원취임승인을 취소했다. 물론 저절로 된 일은 아니다. 대구대학교와 대구사이버대학교의 교수, 직원, 학생, 동문들, 또 특수학교 교장들의 공석으로 교육권을 침해당한 학부모들이 광화문 정부종합청사를 수시로 방문해 임시이사 파견을 요청했다. 교육부도 더는 방법이 없다고 판단하였는지 대구대학교에 임시이사를 파견했다. 학교는 재차 안정을 회복하게 되었다.

〈사진 2〉 2014년 3월 2일 영광학원 산하 학교 구성원들의 임시이사 선임 촉구 결의대회

임시이사 재파견은 교육부 스스로 2011년 11월 1일의 정상화 조치에 문제가 있었음을 자인하는 것이다. 관할청으로서는 부끄러운 결정일 수밖에 없다. 정상화 명목으로 정이사 선임을 주도한 관할청이 그 결정을 번복하게 되었으니 말이다. 도대체 어디에서부터 문제가 꼬인 것일까? 그 문제의 본질은 반성하지 않고 책임지지 않는, 사학을 자기 소유 재산으로 여기는 구재단의 복귀이며 이를 허용한 사분위에 있다.

대구대학교에 임시이사가 최초로 파견된 것은 1994년 2월의 일이다. 임시이사들이 파견되기 이전에 이태영 총장이 신병 치료를 이유로 1988년부터 학교를 비우게 된다. 이태영 총장이 장시간 자리를 비우자 대학은 급속도로 혼란에 빠진다. 교수협의회를 중심으로 직선제로 새로운 총장을 선출하여 학교를 안정시키자는 여론이 인다. 당시 재단과 대학본부는 이런 여론을 인정하지 않으면서 교수협의회가 주관하여 총장 후보로 선출된 조기섭 총장 후보자와 교협 소속 교수들의 재임용을 불허한다. 이에 교수와 학생 중심으로 재단퇴진운동이 본격적으로 전개된다. 재단 역시 이를 방치하지 않았다. 그러나 학교와 지역사회의 여론은 재단에 우호적이지 않았다. 1993년 8월 3일자 『한겨레신문』은 이렇게 재단비리를 보도하고 있다.

> 교육부는 2일 경북 경산의 대구대학교와 학교법인 영광학원에 대한 종합감사 결과 재단직원과 교직원들이 재단산하 대구대학과 경북실업전문대학의 시설공사를 수주할 목적으로 영광건설(주)을 설립하는 등 운영 전반에 걸쳐 모두 36건의 위법 비리를 저지른 사실을 적발하고 이 대학 시설부장 등 10명을 중징계하는 등 모두 1백 79명에 대해 징계조치했다고 밝혔다.
>
> 교육부에 따르면 영광학원은 88년 10월 증권회사에 예탁한 수익증권과 90년 6월 매입한 주식 등 증자총책 2억 7천만 원 상당을 교육부에 보고하지 않고 증자했으며 대학 교비회계에서 발생한 이자수익에 대한 법인세 환급금을 재단에 전용하는가 하면 전임교원 확보율

을 높이기 위해 20여 명의 교원을 허위임용하거나 사전보고 방식으로 늘리고 92학년도 사회개발대학원 석사과정 신입생 선발에서 합격자 발표 이후 전형절차 없이 1명을 부당입학시켰다는 것이다 (『한겨레신문』, 1993.08.03)

이태영 총장이 갑작스런 신병 치료를 위해 1988년 2월 미국으로 출국하고 5년 간 연락이 끊겼다. 대학의 학사행정이 엉망일 수밖에 없었다. 교수들은 더는 재단의 총장 임명을 반대했다. 학생들도 마찬가지였다. 1993년 당시 대구대학교 총학생회는 "이태영 총장이 지난 88년 신병치료차 미국으로 간 후 지금까지 생사조차 확인되지 않은 채 부인 고은애 씨와 측근인 이상춘 부총장이 사실상 학교업무를 맡는 등 학교 운영이 파행적으로 이뤄지고 있다"며 청와대에 대구대학교 사태의 정확한 진상조사를 촉구하는 탄원서를 제출하기도 했다. 이에 임시이사가 1994년 2월에 파견되기에 이르렀고 16년 간 대구대학교는 임시이사 체제로 운영된다.

그런데 참으로 아이러니한 일이다. 이 기간 중 대구대학교는 괄목상대할 만한 발전을 거듭한다. 더는 재단비리가 나타나지 않았다. 그런데 재단비리로 물러난 이들과 연계된 이들이 2011년 11월 1일 부활했다. 사분위가 아니었다면 불가능한 부활이었다. 그런데 이 부활은 대구대학교를 다시 파행으로 몰고 가는 결과를 낳는다. 이 세력들이 또다시 복귀하게 되면, 대구대학교는 안정을 뒤로 접고 또다시 혼란에 빠질 수밖에 없다.

현재 대구대학교는 대법원에 계류 중인 임원승인취소처분취소 사건이 어떻게 결정되느냐에 따라 안정과 혼란 중 하나의 길을 걷게 된다. 임원승인취소된 일부 이사들이 원고가 되어 교육부장관을 상대로 자신들에 대한 임원승인취소를 취소하라는 소송을 청구한 상태이다. 이 일부 이사들이 바로 함귀용 등 구재단을 대리하는 직전 이사들이다. 이 사건의 1심은 교육부가, 2심은 원고들이 승소한 바 대법원의 결정에 따라 대구대학교의 운명이 갈리게 되었다.

4. 대구대학교 정상화, 사분위 폐지에서

지난 5월 문재인 정부가 출범했다. 전국민이 지난해 겨울과 봄 사이에 촛불을 들어 적폐정부 박근혜 정부를 퇴출시켜 가능한 일이었다. 문재인 정부의 출범은 대구대학교를 비롯한 분쟁 사학의 정상화를 이루는 긍정적인 계기가 될 수 있을까? 촛불 정신에 반하는 정치세력이 현존하지만, 문재인 정부의 성공을 성원하는 국민들이 절대 다수인 만큼 분쟁 사학의 정상화가 전적으로 요원한 것은 아니다. 분쟁 사학을 정상화하는 첩경은 준사법기구를 자임해온 사분위의 폐지이다.

사분위는 구재단 세력 복귀의 물꼬를 튼 사실상의 구재단 위원회였다. 이명박, 박근혜 통치 기간 중 교육적폐 세력을 복귀시키거나 양산한 위원회가 바로 사분위이다. 이 위원회를 빌려 비리를 저지르고 불러난 이들이 종전이사라는 미명 하에 자기 편을 드는 과반수의 이사를 선임할 수 있었다. 사분위가 설치되고 지난 10년 동안 60여 개 대학이 소위 정상화되었으나 그 중 절대다수 대학에 비리 인사들이 복귀하는 일이 벌어졌다. 이 위원회의 존속을 방치할 이유가 없다. 이 위원회의 폐지가 교육정의를 바로 세우는 첩경이다. 혹여 자유한국당 등의 반대로 사분위 폐지가 현실화되기 어렵다면 그 권한을 대폭 축소시켜야 한다. 그 권한을 자문에 국한해야 한다.

오늘날 사분위가 비판받는 결정적인 이유는 이 위원회가 앞장서서 사학의 공공성을 극도로 부정해버린 까닭이다. 다시 한 번 강조하지만, 사학은 특정 개인의 사유재산이 아니다. 국립대학이든 사립대학이든 다 같이 교육이라는 공공재를 실현하는 공적 자산이다. 그런데 사분위는 공적 자산으로서의 사학을 특정인들의 재산으로 비호해버렸다. 그 결과 2017년 오늘도 믿기지 않는 사학비리가 터지고 있다. 정말 믿기지 않는 사건이다. 예를 들자면 이렇다.

> 족벌 사학비리 실체가 드러나 파문이 일고 있다. 법인 이사장인 아버지와 대학 총장인 아들이 법인과 대학을 사유화하며 회계 부정, 교비 유용, 불법학습장 운영, 무자격 교원 임명, 직원 허위 채용 등 각종 부정을 일삼은 것. 이에 교육부는 임원 취임 승인 취소, 총장 해임·중징계, 검찰 고발 등의 조치를 취할 방침이다. 특히 문재인 대통령이 대선후보 시절 사학비리 척결을 공약했다는 점에서 교육부가 족벌 사학을 시작으로 사학비리 척결에 본격 나설 것이라는 전망이 나오고 있다.
>
> 교육부(부총리 겸 장관 김상곤)는 사립대 1곳을 대상으로 실시한 종합감사 결과를 지난 27일 발표했다. 단 교육부는 "재심의 등 절차에 따라 감사처분 요구일로부터 통상 3~4개월 이후 감사처분이 확정되므로 법인과 대학 명칭은 공개하지 못한다"고 설명했다. 현재 해당 대학은 지방에 소재한 사립 전문대학(이하 A 전문대학으로 명칭)으로 알려졌다.
>
> 교육부에 따르면 A 전문대학은 설립자인 아버지가 법인 이사장(이하 B 이사장)을, 아들이 법인 이사 겸 대학 총장(이하 C 총장)을 각각 맡고 있다. 그러나 교육부 종합감사 결과 B 이사장과 C 총장은 폐쇄적으로 법인과 학교를 운영하면서, 각종 비리를 일삼았다 (『대학저널』 2017년 7월 26일)

사학이 자기 재산이라는 사학 족벌들의 이상한 믿음이 사학비리를 낳는 이유이다. 내 돈 내가 쓰는데 무슨 문제냐는 천박한 인식이 사학비리의 이유이다. 상기 보도를 끝까지 읽기가 겁난다. 이런 족벌사학이 아직도 우리나라에 있다니, 자괴감이 여간 큰 게 아니다. 사학이 더는 치외법권 지역으로 존재해서는 안 된다. 문재인 정부는 사학비리 세력을 추상같이 엄단해야 한다. 또한 이 세력들의 원 대학 복귀를 원천적으로 막아야 한다. 사립학교법 개정이 필요한 이유이다.

구재단을 비호하는 사분위의 그 무소불위의 권한이 사라지지 않는다면 이 사건의 관계자들도 언젠가는 종전이사라는 미명 하에 해당 대학으로 복귀할 것이다. 정말 그래도 되는 걸까? 이 기사에 등장하는 비리 주범들이 펑펑 쓴 그 돈이 과연 그들의 돈일까? 학생들의 등록금일 공산이 크다. 엄중한 법적 책임을 물을 일이다. 그러나 더 중요한 건 이 세력들의 대학 복귀를 원천적으로 막아야 한다는 데 있다.

사학은 결코 특정인의 사적 재산이 아니다. 사학이 특정인의 사적 재산이라는 믿음은 기괴한 허구에 불과하다. 설령 어떤 특정인이 자신의 재산을 출연하여 사학을 만들었다고 하더라도 그 재산은 그렇게 출연되는 순간 공공화되었다고 봐야 한다. 그리고 그렇게 공공화된 공공재로서의 학교를 운영할 목적으로 학교법인이 만들어진 것이다. 우리나라 사학의 공공성 회복, 이 전제가 바로 사분위 폐지에서 시작된다.

대구대학교의 진정한 정상화 역시 사분위 폐지에서 시작될 수 있다. 대구대학교는 현재 대법원에 계류 중인 임원승인취소처분취소 사건의 결과를 바탕으로 사분위에서 재정상화를 논의하기로 되어 있다. 사분위에서 2011년 11월 1일의 정상화 조치처럼 구재단측에게 과반의 이사를 배정한다면 대구대학교는 또 다시 끝 모를 분규에 빠지게 된다. 임시이사 체제 기간에 지역명문사학으로 입지를 굳힌 대구대학교는 이제 더는 분규를 겪지 않아야 한다. 인구절벽 시대에 더 이상의 분규는 곧 학교의 중대한 위기로 이어진다. 분규를 원천적으로 제거하는 대구대학교의 재정상화를 기대한다.

대덕대학교
학교 법인의 공익적 경영과
공영형 사립대학의 출발을 위하여

대덕대 교수협의회

1. 들어가며

학교법인 창성학원(대덕대학교)의 문제를 다루면서 대덕대학교가 전국에서 대표적인 비리와 불법의 분규대학인가하는 점을 먼저 생각하였다. 대덕대학교는 그동안 교육부의 특성화사업에서 두각을 나타내기도 하였으며, 법인 이사회의 문제가 발생하여 임시이사가 파견된 상황에서도 교육부 대학구조개혁평가에서 B등급 우수평가를 받기도 하였다. 이러한 점에서 대덕대학교는 대학 자체 역량에서는 문제가 없는 대학으로 자부할 수 있다.

그러나 우리가 학교법인 창성학원(대덕대학교)의 문제를 다루는 것은 사립학교법의 맹점을 이용하여 학원과 대학의 운영권을 둘러싸고 벌어지는 이사회의 불법적 운영, 이와 연관된 행정 행위에 사적 판단과 불합리한 결정을 막고자 함이다. 즉 대학과 학교 법인은 공공성을 추구해야 하며 경영과 운영에도 특정한 개인의 영달이나 사적 이익 추구를 배제하여야 한다. 이것은 대학의 운영과 경영은 기업에서 오직 이윤을 추구하고 소유권과 재산권도 사고파는 시장의 원리와는 전혀 다르기 때문이다. 대학과 학교 법인은 공공성을 추구해야 하며 경영과 운영에도 특정한 개인의 영달, 사적 이익 추구를 배제되어야 하기 때문이다.

이러한 문제를 다루는 것은 학교 법인의 공익적 운영과 최근 논의되고 있는 공영형 사립대학의 성공적 출발을 위하여 하나의 사례로 들기 위함이기도 하다.

2. 학교법인 창성학원과 대덕대학교 연혁

대덕대학교를 운영하고 있는 학교법인 창성학원은 1955년 1월 14일 설립자 정곡 성주련 선생의 '자활, 자립, 자주'의 건학정신과 교육철학으로 대전지역에 일찍이 뿌리 내려온 건실한 명문사학이다. 학교법인 창성학원은 대덕대학교와 대전중앙고등학교, 대전여자상업고등학교, 대전중앙중학교의 3개 중·고등학교와 대덕대학교부설유치원 등을 운영하고 있다. 대덕대학교는 대덕연구단지 한 가운데인 대전시 유성구 장동에 1981년 3월 2년제로 개교하여 2018학년도 현재 모집정원은 1,984명이고, 재학생수는 4,300여명이며, 2017년 현재 전임교원은 105명이고, 직원 수는 73명이다.

3. 비공익적·불법적 학원 운영과 교권 침해

학교법인의 운영에는 공익적 측면에서 이루어져야 한다. 과거 한국사회의 낡은 관습으로 인하여 많은 학원과 학교법인이 부의 축적 수단으로 악용되고 이를 유지하기 위하여 주변 가족과 친인척으로 세습화하여 많은 비리와 불법적인 경영이 이루어져 왔었다.

정상적인 학교법인의 운영에서는 교육적 철학과 소신을 갖는 이사들로 학원의 이사회를 구성하여 모든 결정과 법적 행위에 정당한 집행이 이루어져야 한다. 따라서 이사회 구성에서도 객관성과 타당성을 유지하고 학교 경영에도 친인척을 배제하고 보직 임명에도 유의해야 할 것으로 판단된다. 수많은 한국의 비리 대학들은 여기에서 출발되었다고 판단된다.

1) 대덕대학교의 경영권 다툼

대덕대학교의 경우 학원 설립자는 초기부터 투명하고 정확하며, 깨끗한 학원 경영을 표방하였다. 그리하여 타 대학들에서 비밀리에 행하여졌던 수많은 부정·불법적인 채용 비리, 비합법적 금전 거래 등은 없었던 것으로 여겨지며, 이러한 경영 철학은 유지되었다고 판단된다.

그러나 그 후 후속 경영자 즉 이사, 사무국장, 총·학장 등의 선임에서 친인척이 참여하게 됨으로써 학원과 대학의 경영에 많은 문제와 갈등이 야기된 것으로 여겨진다.

설립자인 성주련 선생이 직계 자손이 없이 1984년 3월 작고하고, 84년 이후 설립자의 셋째 동생 당시 미네소타대학교 신경병리학과 성주호 교수가 이사장으로 28년간 학원을 운영하게 된다. 정곡 성주련 선생에게는 성주열, 성주관, 성주호, 성주활 등 4명의 남동생이 있었는데, 성주호 이사장은 초기에는 미국에 거주하면서 다른 형제들의 아들들에게 1995년 6

월 미네소타대학에서 조기 은퇴하고 귀국할 때까지 학원과 대학의 실질적인 경영을 맡겨왔다.

1991년에는 조카 성인용(성주관의 장남)을 상임이사, 그리고 학장으로 임용, 2006년 8월 성◇◇(성주활의 장남, 전 교수 겸 법인 서무과장)을 상임이사로 2009년 9월부터는 법인 사무국장으로 임명 근무 중에 있었으며, 2009년 3월에는 성□□(성주관의 차남)을 대덕대학교 총장으로 임명하였다.

2009년 3월 두 명의 조카 들을 학원의 운영에 함께 참여시키면서 경영권 다툼의 문제가 생기기 시작하였다. 새로 부임한 총장은 비리 혐의로 사촌 동생인 사무국장과 관련자들의 퇴진 및 징계를 강력하게 요구하고, 이사장이 이를 수용하지 않자 총장은 다시 관련자들을 검찰에 고발하고, 이사장 퇴진 운동을 벌이며, 이에 이사회에서는 총장을 해임하는 등 경영권에 관련된 문제가 법적인 갈등으로 상당한 기간 동안 지속되었다.

이러한 과정에서 총장은 후에 민사소송으로 해임 무효 판결을 받았으나 임기 만료로 자동으로 총장직을 마치게 되었고, 이사장은 감사원 감사 결과로 임원 취임 승인이 취소되어 이사장직을 사임하고, 사무국장은 신분상 책임을 묻게 된다.

이후 조카인 대학 총장과 법인 사무국장의 다툼에 이사장의 사퇴까지 이르게 된 후 폭풍은 심각하게 나타났다. 당시 전 총장 아래에서 보직을 하였던 교직원과 전 총장에 동조하였던 교직원을 대량 징계하게 된다.

이처럼 학원의 경영에 친인척이 직·간접적으로 참여함으로써 공공 교육기관이 소유 문제를 포함한 여러 사적 다툼의 대상으로 전락하고, 학원 분규의 가장 큰 원인으로 작용하는 하나의 대표적인 사례로 들 수 있다.

2) 불법적인 이사회 운영

학교법인의 이사회는 학원과 대학에 매우 중요한 역할을 담당한다. 따라서 법과 규정에 엄격히 운영과 자격 요건을 규정하여 놓았다. 그러나 일부 대학들에서는 이사회를 통하여 학원과 대학 경영에 실질적인 영향과 권력을 행사할 수 있도록 이사회를 거수기화, 무력화 혹은 담합시켜왔던 사례가 수없이 많았고 특히 실질적인 경영 책임자가 유고 시에는 이를 차지하고자하는 시도가 더욱 심하였다. 학교법인 창성학원의 경우도 하나의 사례가 된다.

학교법인의 이사회는 재적이사가 이사 정수의 과반을 넘으면 이사회를 개최할 수 있고, 임기가 만료된 이사는 이사회에 참석할 수 없다. 그러나 후임 이사의 교육부 임원 취임 승인이 늦어져 이사가 결원인 상태에서는 의결정족수인 이사정수의 과반수까지만 가장 최근에 임기가 만료된 순서대로 '긴급처리권'에 의하여 이사회에 참석 의결할 수 있다.

교육부는 학교법인 창성학원의 대덕대학교 교수·직원에 대한 대량 징계 등에 관하여 법인과 대학에 민원 실태 조사를 실시하였고, 법인 사무국과 대학 당사자들에 대하여 징계처분할 것을 요구하였다.

그러나 학교법인 창성학원은 이를 무시하고 이행하지 않고 있었다. 그 때문에 그동안 후임 이사를 선임하여 교육부에 임원취임을 승인 요청하여도 승인되지 않고 1년 여 간 이사직이 공석이었다.

학교법인 창성학원의 이사정수는 8명이었는데, 이사회가 오랫동안 열리지 못하자 교육부는 이사 4명을 2015년 2월 취임 승인하였고, 기존의 임기 중인 이사 2명을 합쳐 6명이 이사회를 운영할 수 있었다.

한편, 2011년 8월 전 총장이 해임되고, 전 보직자가 보직 해임되었던 사태 이후 학원의 실질적 운영자로서 대량 징계를 주도하고, 학원의 운영권을 장악하려던 성◇◇ 법인 사무국장이 갑작스런 가족 간의 사건에 휘말리게 된다. 2015년 2월 법인 사무국장 성◇◇은 가족 간 형사사건에서 '무고' 혐의로 대법원에서 징역1년 집행유예 2년이 확정되어 법인 정관에 의해 당연퇴직되었고, 외국인이기에 대전지방출입국사무소로부터 강제 추방되었다.

그런데 법인 사무국에서는 임기가 만료되어 이사자격이 없는 두 명의 이사를 포함한 이사 전원에게 이사회 소집 통보를 하여 2015학년도 제1

회 이사회(2015. 3. 11.)를 개최 하였다.

여기에는 이사회를 장악하기 위한 과반수 전략이 내제하고 있었다. 후임이사 선출 과정에서 이사들 간에 틈이 벌어졌고, 당시 재적이사 6명 중에는 4명의 이사가 법인 전 사무국장 측에 호의적인 인사이고, 두 명은 그 반대측 인사였기 때문이다. 따라서 4명만으로는 과반수 이상의 의결정족수가 부족하기에 임기가 끝난 이사까지 포함하여 측근 인사들로 과반수를 만들기 위함이었다.

임기가 끝난 자격 없는 이사가 참여한 이사회에서는 자기 측의 임기가 만료되는 개방이사를 이사장직무대행자로 지명하고 이사를 연임하도록 의결하였으며, 이를 언론에 공표까지 하였다. 그러나 의결정족수 미달로 이사회 결의를 스스로 무효 선언하는 어처구니없는 일이 발생하였다.

그러나 법인 사무국은 똑같은 방법으로 2015학년도 제2회 이사회(2015. 3. 31.)를 또다시 소집하였다. 당시 이사회는 결국 한 쪽이 무리하게 경영권을 차지하려고 안○○ 이사장직무대행을 선출하였으나, 법원으로부터 직무집행정지 가처분이 인용되고 이사회 의결 자체가 판결로 무효가 선언되었다.

그러나 불법으로 선출된 이사장직무대행은 형사 사건으로 당연 퇴직되어 자리가 비어있던 법인 사무국장 자리에, 이사회 당일 개방이사이었다가 연임이 불발되기도 하였고, 이사장으로 선출되었다가 무효가 되었던 개방이사 정△△를 갑자기 특별 채용이라는 형식으로 임명하였다.

임기가 끝난 자격 없는 이사가 참여하는 이러한 불법이사회는 그 후로도 계속 반복되었고, 2016년 3월 교육부에 의한 임시 이사가 파견될 때까지 지속된다.

이렇게 불법 임명된 정△△ 법인 사무국장은 그 후 대전지방검찰청에 '자격 모용 사문서 작성 및 행사죄'로 피고소 되어, 법원으로부터 "벌금 500만원"이 확정(2017. 7. 4.)되었다.

사립학교법 및 법인 정관에 의하면 "형사사건으로 기소된 자는 직위를 부여하지 아니할 수 있다."고 되어 있으며, 사무직원의 경우에도 "교원에게 적용하는 규정을 준용한다."고 규정하고 있다. 또 사립학교법 제61조 ①항에는 '사립학교의 교원이 사립학교법을 위반하거나, 직무상의 의무에 위반하거나 직무를 태만히 한 때에는 당해 교원의 임면권자는 징계의결의 요구를 하여야 하고, 징계의결의 결과에 따라 징계처분을 하여야 한다.'고 되어 있다.

사립학교법 제55조는 '사립학교 교원의 직무에 관하여는 국.공립학교의 교원에 관한 규정을 준용한다'고 규정하고 있는데, 교육공무원법 제51조(징계의결의 요구) ①항에도 '교육기관의 장은 그 소속 교육공무원이 「국가공무원법」 제78조제1항 각 호의 징계사유에 해당한다고 인정하는 경우에는 지체 없이 해당 징계사건을 관할하는 징계위원회에 징계의결을 요구하여야 한다.'고 되어 있다.

사립학교법 제64조(징계의결의 요구)에는 사립학교의 교원의 임용권자는 그 소속교원 중에 제61조제1항의 징계사유에 해당하는 자가 있을 때에는 미리 충분한 조사를 한 후 당해 징계사건을 관할하는 교원징계위원회에 그 징계의결을 요구하여야 한다.고 되어 있다.

그런데도 교육부가 파견한 임시 이사인 현재 이사장은 법인 사무국장을 직위해제할 수 있음에도 불구하고 오히려 그를 두둔하였고, 현재도 법인 사무국장은 아무런 제약도 없이 법인 사무국에 출근하며 법인 업무를 거침없이 장악하고 있고, 이사장은 이를 묵인함으로써 학원의 정상화에 역행하고 있다.

당시의 불법 이사회는 임원 선임, 이사장 직무대행 지명, 이사 연임, 사무국장 임용 등 모두 이사회 구성과 직·간접 관련된 안건들로써 상기한 경영권 다툼과 연결되는 사안이었다. 이러한 불법 이사회는 법원의 판결로 모두 불법으로 판결이 났고, 그로 인하여 이사회 파행의 책임을 물어 당시 재적이사는 모두 임원취임승인이 취소되었다.

한편, 2014. 2. 21. 교육부에 임원 취임 승인 신청을 하였으나, 교육부는 2011년부터 발생한 대덕대학교 사태와 관련하여 민원실태조사 결과 책임을 물어 임원취임승인을 보류하고 있었던 대덕대학교 전 총장 겸 이사 홍

▽▽는 교육부를 상대로 행정소송을 하기도 하였다. 그는 그 후에도 임원취임승인이 나지 않자, 2017년 국회 국정감사에 자유한국당 모 국회의원을 동원 증인으로 채택되기까지 하여 아직도 학원의 경영에 참여하려는 의지를 강하게 보이고 있다. 다행히 교육부는 임기만료된 후 이사회 파행에 참여하여 사립학교법을 위반하고 임원간 분쟁을 일으켜 학교운영에 중대한 장애를 야기한 사유로 2017. 9. 29. 홍▽▽의 임원취임승인 신청을 정식으로 반려 처분하였다.

3) 교권 침해 사례

이사회에서의 경영권 다툼은 해당 이사들 간의 문제로 끝나지 않는 경우가 많다. 대학도 조직체이니 이러한 문제에 교직원의 자유의지에 반하여 강제적 혹은 타의적으로 관련되어 보복성 징계와 법적 다툼이라는 어려운 과정을 겪는 경우가 상당 수 있다.

대덕대학교의 경우는 30 여명의 교직원이 징계되는 피해를 보게 되었다. 사촌 동생인 사무국장을 몰아내려다 이사장과 총장이 물러나게 되어 오히려 사무국장이 법인과 대학에 전권을 행사하게 되는 상황이 벌어졌다. 학원 이사회의 당시 이사진도 모두 사무국장과 같은 의도를 갖고, 전 총장 아래에서 보직을 하였던 교직원을 비롯한 다수의 구성원을 대량 징계하였다.

당시 이 사태로 의원면직 및 명예퇴직을 한 교직원이 5명, 파면 4명, 해임 2명, 정직 7명, 감봉 15명 등 대상자가 30여명이 넘는다. 파면 해임된 교직원들은 이후 민사소송을 통하여 1심 재판에서 징계무효 판결을 받고, 2심 재판을 진행하는 중 1년 만에 모두 복직명령을 받고 밀린 급여를 받았으며, 이후 조정을 통하여 모두 소를 취하하게 된다.

한편 법인 사무국장은 일부 전 보직교수들을 상대로 명예훼손으로 고소를 하는 한편 손해배상을 청구하기도 하고, 학교법인도 일부 전 보직

교수들을 상대로 손해배상을 청구하기도 하였다. 물론 모두 무혐의처리 되었고, 손해배상은 복직 후 조정을 통하여 모두 소를 취하하게 되었다.

그러나 이후에도 법인 사무국장은 징계 받은 교수가 교원소청심사를 제기하고 행정법원에 소송을 계속하자 괘씸죄가 되었는지 강원랜드에 출입했다는 이유만으로 감봉2월의 추가 징계(이후 모두 무죄 판결 확정)를 하고, 급기야 2014년 4월에는 해당 교수를 23년 전 교수 임용 시 제출한 28년 전 미국에서 받은 학위가 허위라는 이유로 파면하기까지 한다.

해당 교수는 교육부에 민원을 제기하는 한편 민사소송을 통하여 법원의 판결로 학교를 떠난 지 2년 만에 1심, 2심, 3심까지 거친 재판 끝에 지난 2016년 1월 대법원으로부터 학교법인 창성학원이 해당교수에게 내렸던 파면처분은 무효라는 최종 판결을 받았고, 2016년 5월 복직하게 되었다.

한편, 파면된 교수가 복직하자 통합된 원래의 학과로 소속변경을 해주지 않고 교양과로 발령 내어 소송에 휘말리게 하기도 하고, 재직 시 전공분야 학과 교수로 22년 동안 근무했던 교수를 같은 학과 교수들과 사이가 좋지 않았다는 이유로 타과로 강제 소속 변경 조치하는 일도 있었다.

다행이 법원으로부터 "이는 정당한 인사권의 행사범위를 넘은 권리 남용에 해당하며, 합리적인 사유 없는 소속변경으로 인하여 해당 교수가 상당한 기간 동안 전공분야와 관련 없는 과목을 배정 받아 강의를 제대로 하지 못하게 됨으로써 대학으로부터 그의 인격적 법익을 침해받았으므로 해당 교수의 정신적 고통에 대한 위자료 500만원과 지연 손해금"을 물도록 판결 받았다.

위와 같이 학교법인 창성학원 및 대덕대학은 불법 이사회 및 불법 징계 등으로 소송에 휘말리었고, 그 기간 동안 50여건의 소송이 있었으며, 2012년도에서 2016년도까지 법인의 결산서에 의하면 소송비 지출 추정액은 12억여 억 원에 이르렀다. 그런데 위와 같은 법정 다툼에는 법인 회계에서 지출하여야 할 법률비용을 학생들의 교육에 사용하여야 할 교비 회계에서 지출하는 불법을 저지르기도 하였다.

법원의 판단으로 해당교수들은 교원의 신분과 학과의 소속은 원상회복할 수 있었으나, 교수들의 보이지 않는 여러 가지 교육적 손실과 개인적 삶의 피해는 회복하기 어려운 면이 있는 것이고, 그리고 소송비로 인한 법률 비용의 지출은 법인 및 대학의 운영을 어렵게 하는 것이다. 따라서 학원 경영에서의 민주적 절차와 합목적적 운영은 매우 중요한 점이라고 여겨진다.

4. 대덕대학교의 상황과 제언

대덕대학교 교수들은 학원 이사회의 파행, 대학 구성원의 대량 징계, 학원의 독단적 경영을 등 학원의 비정상 상황을 겪으면서, 교권의 확립과 대학의 민주화를 위하여 교수협의회를 대학 측의 집요한 방해를 무릅쓰고 창립하여 지속적으로 활동하고 있다. 이러한 활동을 통하여 불법 이사회를 고발하고 교육부가 임시이사를 파견하는데 큰 역할을 하였다. 또한 합법적 대학 행정과 경영을 위하여 교수협의회에서는 전 총장과 전 총장직무대리를 대전지방검찰청에 고발하였다. 이 사건과 관련하여 대전지검은 2016년 12월 업무상 횡령 및 사립학교법 위반으로 벌금 100만원으로 약식 기소하였고, 그 후 정식 재판에서 1심 법원은 벌금 100만원을 선고하였다. 그러나 이 건은 항고 중에 있다.

대덕대학교 교수협의회는 지속적으로 현안으로 떠오르는 학원과 학교의 제 문제에 대하여 관심을 갖고 합리적 해결과 방안을 이끌어 내기 위하여 최선을 다 할 것이다.

법인 이사회를 불법적으로 주도하였던 대부분의 이사가 임원취임이 취소되고, 법원에서도 이들의 불법이 확인됨에 따라, 현재 학교법인 창성학원은 상당히 안정을 찾고 있다. 그러나 아직도 학원의 경영권을 둘러싸고 전 총장과 전 이사들이 교육부를 상대로 임원취임승인 관련 소송을 진행중에 있는 가운데 교육부가 파견한 임시이사인 현 이사장이 불법을 자행한 법인 사무국장을 비호하고 있어 대덕대학교 정상화에 걸림돌이 되고 있다.

현재 임시이사인 이사장은 불법으로 법인을 장악하고 있는 법인 사무국장을 즉각 해임 조치하지 않을 뿐 아니라, 교비를 횡령하여 정관에 의거 징계 사유가 발생한 자를 징계 요구조차 하지 않고 있다. 이는 교육부가 파견한 임시이사인 이사장이 불법 운영되었던 학교 법인의 정상화를 오히려 방해하는 것에 해당되므로, 교육부는'사립학교법 제25조의2(임시이사의 해임) 2. 임시이사가 그 직무를 현저히 태만한 때'에 해당한 것으로 보여 해임을 하여야 한다고 교수협의회는 주장한다.

위에서 기술한 여러 문제의 궁극적 해결 방법은 우선 허술한 사립학교법의 개정이다. 먼저 임시이사를 선임할 때 자격 요건을 엄격하게 검증하여야 한다. 또한 비리 재단의 전횡 등 문제 사학을 해결하기 위해서는 현행 사립학교법의 임원승인취소 조항 및 임시이사의 해임 조항을 대폭 강화하여야 한다. 현행 사립학교법의 임원취임 승인취소 사유에서 불법을 방조한 때에도 포함시켜야 한다.

사립대학 법인 이사회의 투명한 운영을 감시하기 위해 도입된 개방이사 제도는 현실적으로는 개방이사추천위원회의 추천위원 구성 가운데 3분의 1을 사학법인에서 추천하도록 해 선임과정에서부터 사학 법인의 입김을 배제할 수 없는 구조이다.

따라서 사학법인의 투명성과 공공성을 강화하기 위해서는 개방이사의 구체적인 자격요건을 법령화하는 등의 제도개선이 절실하다

아울러 교권보호를 위하여 교수회 등 대학구성원에 의한 자치 기구를 법제화하여 정식 기구로 두도록 정관에 명시하여야 하고, 대학평의원회는 보직자는 제외시켜 학사를 비롯한 대학운영 및 예·결산 자문 기능도 심의기능으로 변경하여야 한다.

대덕대학교의 경우 보직자를 대학평의원회에 포함시켜 부총장이 대학평의원회 의장을 맡고, 부총장이 총장직무대리를 하는 동안에는 총장직무대리가 대학평의원회 의장을 맡아 예·결산을 자문해달라고 하는 당사자

가 스스로 자문을 하게 되는 어처구니없는 일까지 버젓이 벌어지기도 하였다. 또한 현재에도 과거 보직자 상태에서 평의원이 된 자가 그대로 평의원에 있기도 하다.

사립학교법 위반 시 벌칙 강화하여 회계부정 뿐만 아니라, 학교 법인 운영 등 사립학교법 위반에 대한 세부사항도 처벌 조항을 법에 명시하고 강화하여야 한다.

마지막으로 대덕대학교 교수협의회는 학교법인의 관리 감독기관인 교육부가 학교 법인의 운영을 철저히 관리·감독하여, 학교 법인의 공익적 경영을 선도하기를 바라며, 이러한 과정에서 대덕대학교가 정상화되어 모범적인 공영형 사립대학으로 다시 태어나길 기대한다.

덕성학원 사학분규 현황

덕성여대 교수협의회

1. 학교의 설립과 연혁

1920년 4월 19일, 근대 민족교육운동의 선구자인 차미리사 선생(1879-1955)은 교육을 통한 구국운동의 필요성을 자각하고, 특히 여성교육의 시급성을 해결하기 위해 3·1 운동의 독립정신을 이어받아 '여자야학회'를 설치하였다. 이것이 덕성학원의 시작이었으며, 한국 최초의 야간 여성교육기관의 탄생이었다. 차미리사 선생은 1921년 10월 근화여학교를 설립하고 교장으로 취임하였다.

1934년 재단법인 근화학원이 설립되었고, 1935년 9월 근화여학교는 근화여자실업학교로 개명하였다. 무궁화를 뜻하는 '근화'는 이후 일제에 의해 폐교의 압력을 받는 원인이 되었고, 1938년 10월 재단법인과 교명을 '덕성'으로 바꾸게 되었다. 부당한 압력에 의해 명칭을 바꾸게 되었으나 교표 만큼은 무궁화 모양을 그대로 고수하여 숭고한 전통을 오늘날까지 잇고 있다.

2. 덕성여자실업학교 교장 퇴진 압력과 교체

일제의 탄압이 절정으로 치닫게 된 1940년에 이르자, 일본어 사용, 신사참배 등을 끝내 거부한 차미리사 선생은 끈질긴 퇴진 압력을 받았고, 결국 이화여전 교수였던 송금선 박사가 덕성여자실업학교 교장으로 선임되었다. 1952년 3월, 4년제 대학인 덕성여자대학으로 개편되었고, 송금선 박사의 부군인 박준섭 이사장이 세상을 떠난 1970년 이후 송금선 이사장이, 이어 그 아들인 박원국 학장이 덕성학원의 전권을 장악하기에 이르렀다. 차미리사 선생은 덕성학원의 초대 이사장을 역임하였고, 박원국 전이사장은 1977년부터 제5대 이사장직을 맡았다.

3. 사학비리의 발생과 특징

1977년 송금선의 아들 박원국이 이사장에 취임해 이후 20여년간 이사장으로 군림하게 되었고, 이 과정에서 점차 그에게 모든 권한이 집중되는 전근대적, 독재적 지배형태로 변해가면서 분규가 수시로 발생하였고, 덕성여대는 대표적인 분규사학 가운데 하나가 되었다.

1) 분규 발생의 근본 원인 : 심각한 교권탄압 및 전횡으로 인한 대학의 피폐화

박원국 전 이사장의 20년에 걸친 전횡의 결과, 덕성여대는

'동토의 왕국', '동물농장', '정신병동' 등으로까지 비유될 정도로 비정상적이고 억압적인 분위기에서 극도로 위축되었고 파행을 거듭하였다. 그 사례를 좀 더 구체적으로 살펴보면 다음과 같다.

(1) 연속적 교수 재임용 탈락

재임용 요건을 충족했음에도 재단의 눈 밖에 난 교수들을 "개전의 정이 없다" 등의 이유를 내세워 본보기로 재임용 탈락시킴으로써 교수들의 신분을 불안하게 하고 협박하여 통제하는 수단으로 삼았다.

(2) 부당한 승진 통제 및 봉급 동결

재단은 승진 제도를 교수를 통제하는 수단으로 악용하였다. 승진 요건을 채웠음에도 재단의 뜻에 맞는 소수만 선별적으로 승진시킴으로써 승진을 포상처럼 사용하였고, 그 결과 분규 전 승진 요건 충족자 중 승진자 비율이 4분의 1에 불과하였다. 구체적으로 1994-1997년까지 승진 요건 충족자 90명 가운데 28명만 승진하였다. 결과적으로 덕성여대에는 재직 10년 이상 조교수인 교수들이 많아, 덕성여대 조교수(助教授)는 '조(祖)'교수라는 비하의 말이 성행하였다. 정해진 기간 동안 승진하지 못한 교원에게 직급별 한계호봉제도를 적용, 호봉과 월급을 동시에 동결하는 조치를 취하였다.

(3) 보직 편중 장기 지배 및 교수 통제

박원국 전 이사장은 학장, 처장 등 주요 보직뿐 아니라 인사위원회, 징계위원회 등 각종 위원회의 인선은 물론이고, 심지어 각 학과의 학과장까지도 친재단파로 구성했다. 학과장의 경우 때로는 10년씩 장기 연임하게 함으로써 학과 풍토를 억압적으로 만들고, 친재단파 중심으로 구성한 인사위원회를 통해 구재단의 뜻에 맞는 온갖 인사를 자행하였다. 이들 친재단파 학과장, 학장 등 보직교수들에게 교수들의 근무 실적을 매학기 평가하게 하여 인사평가의 근거로 삼고 이를 교수 통제의 수단으로 활용하였다. 가령 1997년 분규를 촉발한 교수 재임용 탈락도 학과장 및 학장의 근무평점을 근거로 내세운 것이었지만, 이 평가 자체가 사실은 이사장의 지시였음이 드러난 바 있다. 측근을 보직교수로 앉히고 뒤에서 이들을 조종함으로써 전횡을 휘두르는 도구로 삼았다.

(4) 심각한 학사 간섭

박원국 전 이사장은 온갖 수단을 동원하여 교수를 통제하는 것에 그치지 않고, 교수의 수업내용에 대해서도 깊이 간섭하였다. 심지어 교수가 가르칠 내용까지 팩스로 지시하고 결과를 보고받기도 하였다. 가령 교양 한문 과목에서 담당교수에게 "한문이 아닌 한자만" 가르치라고 지시하고 "지시한대로 한자만 가르치겠습니다"라는 이행보고서를 제출하게 한 사례도 드러난 바 있다(1997년 교육부 감사결과). 이처럼 분규 이전의 구재단 체제에서 교수들은 극도의 억압으로 불안한 가운데 울분이 쌓여가고 있었으며, 재단 및 이에 충성하는 교수와 직원들의 득세로 대학분위기는 불신과 비굴함, 그리고 냉소가 지배하는 죽은 사회가 되어가고 있었다.

(5) 기타 구재단의 부당한 개입과 통제의 사례

박원국 전 이사장은 극도의 신분상 불안감을 조성하여 사소한 행정업무 소홀에도 시말서 제출이 일상화된 대학사회를 만들었다. 바른 말 하는 교수들을 위험분자로 지정하여 보직교수들이 이들과 접촉하지 말 것을 다른 교수들에게 요구하는 사례도 있었다. 가령 교내 테니스장을 이용하는 교수들 가운데 위험분자가 있다는 이유로 신임교수들에게 테니스를 치지 말도록 경고한 사례가 있다.

한편, 직원들에게 교수들의 동향을 감시하고 보고하도록 하는 매우 비열한 행위도 마다하지 않았다. 이에 교수들이 몇 명이라도 모이기만 하면 재단에 보고된다는 소문이 돌았고, 교수사회에는 모임 자체를 꺼리는 분위기가 형성되었다. 또한, 연구실에 도청장치가 있을 것이라는 공포감으로 당시 교수들은 연구실에서 전화나 대화를 조심하는 상황이 빚어지기도 하였다.

일반 보직만이 아니라 심지어 학과의 조교 임명까지 이사장이 간섭하여 교수들의 자율권은 거의 무시되었다고 해도 과언이 아니다. 이사장은 자택에 머물지 않고 고급호텔에 장기투숙 하였는데, 보직자나 일반교수를 필요에 따라 수시로 불러들여 학사 관련 사항을 지시하는 일이 많았으며, 심지어 자정 넘어 교수 자택으로 전화하여 지시하는 것도 일상화 되었다.

2) 분규 발생의 결과 : 파행적 대학운영으로 인한 덕성여대의 위상 추락

(1) 분규 발생의 결과는 매우 참혹하였다. 잦은 학내 분규로 대학 정원 동결 등의 조치를 당하였고, 이로 인해 대학발전이 저해되고, 교수들의 활동 위축으로 대학 분위기는 침체되었다. 당시 덕성여대의 위상은 서울 시내 여자대학 중 최하위로 떨어질 정도였다.

(2) 구재단의 전횡은 특히 재정과 관련된 부분에서 매우 심각하였다. 등록금을 교육투자에 사용하지 않고 '특별사업적립금'이란 명목으로 13년간 312억 원을 적립하였다(교육부 감사 지적사항). 이는 당시 대학규모로 보아 과다 적립이며, 반면 교수 정원을 학과당 3명으로 제한해 교육여건을 극도로 악화시켰다. 당시 교수확보율은 전국 최저 수준에 그쳤다.

(3) 이처럼 교육에 필요한 인건비, 장학금, 기자재구입비 등을 제대로 집행하지 않은 결과 적립금은 과다하게 축적된 반면 교육 여건은 매우 부실하게 되어 전반적으로 덕성여대의 위상이 추락하는 결과를 초래하였다.

4. 사학비리에 대한 구성원의 저항과 학내 민주화 운동

1990년 초 사회 전반에 분 민주화의 열풍에 힘입어 덕성여대에 평교수협의회(이하 교협)가 설립되었다. 교협은 대학의 민주적 운영을 요구하였고, 재단은 이에 맞서 이들 교수들을 재임용 탈락 등으로 탄압하면서 분규가 발생하여 전국적인 문제사학으로 알려지게 되었다. 당시 교수, 학생의 무기한 단식농성 등 격렬한 분규를 치른 끝에 사태가 종식되었으나 교수 징계, 평교수협의회 강제 해산 등의 보복조치를 당하였다.

1996년에 이어 1997년에 또다시 교수 재임용 탈락 사건이 잇달아 일어나자 교수, 학생, 직원, 동문 등 대학의 모든 구성원들이 항의하며 박원국 체제의 종식을 요구하였다. 결국 1997년 10월 대학자율권 침해와 지나친 학사간여로 인해 박원국 이사장의 임원취임 승인이 취소되었다. 이후 5년에 걸친 격렬한 분규(내부적으로 교수들의 무기한 농성, 학생들의 무기한 전면 수업거부, 노조파업 및 전국적인 교수들의 동참 등) 끝에 2001년 관선이사진이 파견됨으로써 덕성여대의 분규는 종식되었다.

관선이사 파견 이후 대학은 안정을 찾아 구재단 측의 명예훼손 소송(무혐의로 끝남) 등을 제외하고는 대학이 정상화되어 이후 9년 간 대학발전의 기반을 다지게 되었다.

5. 구재단 퇴진 후 민주화 전개과정

1) 대학운영의 민주화

(1) 대학평의원회 구성

사립학교법에서 규정하기 전부터 자율적으로 대학 구성원들의 뜻을 반영하는 대학평의원회를 구성하여 운영하였다. 현재는 교수, 학생, 직원, 동문 대표들로 구성된 평의원회를 모범적으로 운영하는 대학으로 꼽힌다.

(2) 직선 인사위원회 설치 및 활동

전국 최초로 인사위원을 평교수 가운데 직선으로 선출하여 이들을 중심으로 인사위원회를 구성하여 민주적으로 운영하고 있다. 각 단과대 교수회의에서 선출된 7인의 평교수와 보직교수 2인(대학원장, 교무처장)으로 구성하여 공정한 인사를 제도화하였으며, 이를 성공적으로 안착시켜 학내 민주화의 저변을 다진 바 있다.

(3) 한계호봉제 등 악법 폐지

한계호봉제 등 교수들을 부당하게 통제하던 도구로 사용되던 독소조항들을 폐지하고 교수들이 이에 얽매이지 않고 자유롭게 연구하고 교육할 수 있는 여건을 마련하였다.

(4) 학과장 순환제 실시

학과장을 일부 교수가 독점하지 못하게 순서에 따라 순환하게 함으로써 독점과 장기연임으로 인한 폐해를 원천적으로 막을 수 있게 하였다.

2) 대학 발전의 기틀 마련

(1) 학내 분규가 종식되고 대학이 정상화되어 교수와 학생들의 활기가 살아나면서 대학 위상도 높아져 2010년도 종합평가에서 서울 시내 여자대학 가운데 이대, 숙대에 이어 3위로 부상하기에 이르렀다.

(2) 교수충원을 꾸준히 계속하여 철학과 등 소수인원 학과라도 교수정원을 최소 3명으로 확보케 하여 교육의 질을 보장함으로써 학생교육 수준을 높이고자 노력하고 있다.

(3) 등록금을 과도하게 인상하지 않고 서울 시내 대학 가운데 거의 최저 수준으로 유지하면서도 장학금 등 환원율은 여타 대학에 비해 높여서, 학생 중심의 교육을 실현하고 있다.

결론적으로, 현재 덕성여대는 과거 분규대학의 오명을 씻고, 민주화된 총장선출 제도(교수 및 전 구성원들의 참여 보장)와 평교수 중심의 인사위원회 제도 등을 통해 민주대학의 이름을 얻고 있으며, 학생들과의 협의에 의한 등록금 조정 등을 통해서 낮은 등록금을 유지하면서도 인상부분은 장학금 등으로 되돌려주는 체제를 갖추었다. 이상의 변화들은 과거 구재단 지배체제 하에서의 일방적이고 억압적인 대학운영과는 현격히 달라진 대학의 모습을 보여주는 것이며, 이 때문에 교수, 학생, 동문, 직원 등 전 구성원들은 이 모두를 과거로 되돌릴 위험이 큰 구재단의 전횡에 대해 절대적으로 반대하고 있다.

6. 정상화 과정에서의 정이사 선임을 둘러싼 새로운 갈등 양상

2010년 덕성여대가 사학분쟁조정위원회의 정상화(관선이사에서 정이사 체제로의 전환) 대상 대학이 되면서, 구재단이 다시 발호하고 복귀를 기도하였다. 이에 대학이 다시 불안해지고, 특히 사분위가 구재단 복귀를 '정상화'로 해석하면서 강행하려는 조짐에 대해 이를 반대하는 대학 구성원들과의 갈등이 되살아났다.

1) 대학구성원들과 구재단 사이의 갈등

교수들은 2009년 전체교수회의를 통해 비리 당사자의 복귀는 불가하며 구재단 추천 1인을 정이사에 포함하여 대학발전에 기여하게 한다는 결정을 내렸고, 학생들은 2010년 봄 전체 투표를 통해 94%의 찬성으로 구재단 복귀 반대를 결의하였다. 교수협의회, 총학생회, 직원노조, 총동창회 등 학내 4단체는 2010년 6월 22일 "덕성의 전구성원은 부도덕한 구재단의 복귀를 반대한다"는 제목의 5단 광고를 일간신문(한겨레)에 게재하고, "만약 사분위가 무리한 구재단 복귀를 강행하여 또 다시 덕성여대를 고통과 절규에 빠뜨린다면 우리 덕성여대 전 구성원들은 분연히 떨쳐 일어나 결코 이를 용납하지 않을 것"임을 천명하였다.

2) 구재단 내부의 갈등

구재단은 박원국(전 이사장)과 박상진(박원국의 조카, 전 상임이사) 사이의 갈등양상을 보여왔고, 의사표현이 자유롭지 않은 박원국(2016년 작고)을 대리한 부인 최미리(덕성여대 교수)와 박상진 측 사이에 형사 민사소송이 진행되는 등 분쟁이 극심하였다.

3) 사분위의 태도와 구성원들의 반발

사분위는 구재단이 중심이 된 종전이사(분규해결 직전의 이사진)들이 다수를 차지해야 한다는 주장에 기초해서, 종전이사 중심의 정이사 구성을 강행하여 구성원들의 반발과 분노를 불러일으켰다(종전이사는 박원국, 김기주, 인요한, 박인제이며, 이 가운데 김기주, 인요한은 박상진을 지지).

7. 현황과 문제

1) 이사회 구성 및 운영

2012년 7월 사분위 결정에 의거 정이사 7인이 선임되었다. 구재단 측 이사가 이사회 과반수(4명)를 차지하면서 박토마스상진 이사가 상임이사가 되었고, 김목민 이사를 이사장으로 선출하였다. 이는 차기에 박토마스상진 이사로 이사장을 넘겨주기 위한 수순으로 여겨졌다.

2) 구재단측 인사의 비리

(1) 2015년 11월 교육부 감사 : 박토마스상진 상임이사 경고

2015년 실시된 교육부 감사에 의해 박토마스상진 이사의 비리가 적발되어 경고 조치를 받았다. 비리의 내용은 해외 출장비 집행 부적정(32,098,000원), 수익사업체 계약직원 연봉 등 책정 및 지급 부적정(56,628,705원), 상임이사 대학원 학비 지원 부적정(24,320,000원) 등 1억

을 훨씬 넘어선다.

(2) 2015년 11월 박토마스상진 상임이사 업무상 횡령, 사기, 배임수재, 배임 등으로 고발됨

2016년 2월 박토마스상진 상임이사는 서울지방경찰청 지능범죄 수사대에 의해 기소의견으로 검찰에 송치되었다가, 2016년 8월 서울중앙지검에서 증거불충분으로 기소유예 처분되었다. 이 사건은 현재 대법원 판결을 기다리는 중이다.

(3) 2016년 7월 교육부 감사 : 김목민 이사장 임원취임 승인취소 처분, 소송 후 가처분 결정

2016년 7월 교육부 감사에서 김목민 이사장은 업무추진비 횡령(74,000,000원)으로 적발되어 임원취임 승인취소 처분을 받았다. 현재는 이사직을 유지하고 있으며, 이 사건 역시 최종 판결을 기다리는 중이다.

3) 개방이사 선임을 둘러싼 파행

(1) 2016년 8월 덕성학원 정이사 임기 만료가 도래하게 되어, 개방이사추천위원회에서 4인 추천 후 이사회에서 2인(염홍경, 안병우)을 선임하였다(2016.06.17). 그러나 교육부는 이사회의 개방이사 승인 신청을 반려하고 이사장 직무정지 조치를 결정하였다. 이는 박토마스상진 이사의 거부 사유서 제출(개방이사 선출의 절차적 하자 및 이사장의 개입으로 인한 공정성 훼손 문제 제기)에 반응한 것으로 추정된다.

(2) 덕성 구성원은 교육부의 승인 반려 사유에 동의하지 않았으나, 이사회의 파행과 행정공백을 우려하여 개방이사추천 절차를 다시 밟았고, 이사회에서 2인을 선임하였다(2016.09.27). 또한 이사회에서는 개방이사 2인의 승인 요청 후 5인의 이사를 재선임하였다. 이로써 정이사 7명의 재

선임을 완료하였다(2016.10.28).

(3) 그러나 교육부에서는 소송 중인 사안인데다 간서명자 누락 등의 이유를 들어 개방이사의 승인을 보류하였다. 소송 취하, 회의록 제출 등 하자를 보완했음에도 불구하고 승인을 보류한 것이다. 교육부는 개방이사 추천위원회 위원 구성 관련 민원이 제기된 점, 이사 선임 결의와 관련한 효력상의 다툼이 존재하는 점 등을 들어 아직도 이 사안을 보류 중이다.

(4) 덕성학원은 교육부의 개방이사 승인 보류 처분으로 인한 개방이사의 결원으로 이사회 운영에 심대한 어려움을 겪고 있다. 이에 학교법인 덕성학원은 교육부에 '임원취임승인보류처분취소'를 요구하는 행정소송을 제기하였다(2017구합53385). 교육부의 개방이사 승인 보류 처분이 아무런 근거가 없음을 밝히고 선출된 개방이사의 조속한 승인을 촉구하는 이 소송은 현재 진행 중이다.

8. 2017년 현 상황과 정부에 대한 요구 사항

1) 교육부가 보류 중인 개방이사의 조속한 승인

이미 언론에 보도되었듯이(한겨레21, 1165호) 교육부가 덕성학원의 박토마스상진 이사와 밀월관계를 유지하고 있음이 드러난 바 있다. 교육부는 덕성학원 이사회의 파행에 관한 스스로의 책임을 명확하게 인지하고, 이를 조속히 해결할 것을 요구한다.

2) 정원감축을 전제로 한 대학평가와 대학구조조정안 폐지

일관성 없는 자의적 지표들을 근거로 대학을 평가하고 구조조정을 강요하며, 이에 대한 벌칙으로 재정지원을 제한하거나 정원을 감축하는 교육부의 기존 대학평가 방식은 정치적인 동시에 비교육적이다. 교육부는 이러한 평가방식과 구조조정안을 전면 폐기할 것을 요구한다.

3) 중소규모 수도권 대학의 상황을 배려한 대학평가와 발전 방안 수립 촉구

주지하는 바와 같이 규모가 작은 사립대학의 경우 등록금이 재정의 상당 부분을 차지하고 있다. 현재 9년째 동결되고 있는 등록금으로 인해, 많은 중소규모 사립대학이 재정고갈의 위험에 직면해 있다. 정부와 교육부는 재정지원제한과 같은 벌칙에 의존하는 기존의 평가 방식이 아닌, 최근 논의되고 있는 공영형 사립학교 안이나 인센티브와 연계된 평가 등 새로운 방식의 대학평가와 발전 방안을 수립할 것을 요구한다.

동국대 사태, 사립대라고 사유화할 수는 없다

한 만 수
동국대 교수, 교수협의회 전 회장

1. 사태의 발단

동국대 사태는 3년째다. 상지대나 수원대만큼 오래된 분규는 아니지만, 구성원들은 꽤 심각한 자존감의 상처를 입었으며 대학 정상화를 위해 헌신했던 구성원들의 피해는 아직도 지속되고 있다. 특히 무려 50일 동안 목숨을 걸고 단식했던 김건중 부총학생회장이 무기정학이라는 보복성 조치를 받고 아직도 대학으로 돌아오지 못하고 있음은 그 대표적 사례이다.

2014년 12월 총장후보추천위원회(총추위)에서 1위를 한 김희옥 당시 총장이 조계종 유력인사들과 점심식사를 가진 뒤에 돌연 사퇴하자, 3위였던 조의연교수가 항의 사퇴하여 한태식교수(보광스님)가 유일한 후보가 되었다. 보광스님은 대학 공식기구에서 논문 18편의 표절 판정을 받았음에도 불구하고 교내외의 비판과 반발을 묵살한 채 이사회는 끝내 총장으로 선임했다. 학생과 교수들은 당연히 이에 대해 반발하였으니, 그 때부터 길고 긴 갈등이 지속되고 있는 것이다. 즉 총장 선임에 아무런 법적 권한이 없는 조계종단 수뇌부가 아예 공개적으로 개입했다는 점, 표절 판정 교수가 버젓이 총장이 되었다는 점 때문이다. 이 글에서는 간략하게 그 경과를 정리하고, 동국대 사태의 근본적 원인에 대해서 살피고자 한다. 다소 앞질러 말하자면, 그 근본원인은 대학 거버넌스 구조의 미비라는, 한국의 거의 모든 대학이 지니고 있는 치명적인 결함과 연결된다.

2. 표절 총장에 대한 구성원들의 저항

보광스님은 대학 공식기구에서 논문 18편이 표절로 판정받았고, 그 중에서 2편은 보광스님이 요청한 재심까지 거쳐 최종 확정되었다. 그 2편은 첫 페이지부터가 남의 논문을 짜깁기한 것으로서, 굳이 공식심사를 거치지 않더라도 복사 수준의 논문임이 명백하다. 연구재단의 연구비를 받은 논문 1편은 백과사전의 4페이지를 통째로 베낀 데다가 아무런 인용 표시조차 없었다. 그럼에도 그분은 총장으로 선임되었다. 조계종 총무원장 자승스님의 선거대책본부장이었던 분이기 때문이라는 소문이 자자했다.

학생들은 강경하게 반발했다. "학생이 표절하면 징계 받고, 어떤 교수는 표절하고도 총장 되느냐?" 교수들은 답변할 말이 없었다. 당시 교수협의회장이었던 본인으로서는 더욱 '가만히 있을 수' 없었다. 그래서 항의를 시작했고, 쌓인 분노들이 표출되기 시작했다. 당시 일반대학원 총학생회장을 맡고 있던 최장훈 학생은 15미터 조명탑 위에서 똥 오줌을 받아내면서 2015년 4월 21일부터 6월 4일까지 45일간 고공농성을 벌였다. 조계사 항의행진(2015. 4. 10), 교수협의회 릴레이단식 및 천막강의(2015.

4. 20.~), 경인지역 14개 대학 교수회 등 연합집회(2015. 4. 29)도 열렸다. 이 와중에 이사장 일면스님의 탱화 절도 의혹이 언론에 보도되었다. 교수협의회 등은 해명을 요구했지만 일면스님은 침묵으로 일관했다. 마침내 학생총회가 16년 만에 성사되어 보광스님과 이사장 일면스님의 퇴진 등을 결의했다(2015. 9. 17). 문제가 커지자 일면스님은 조계종 중앙종회에서 이사 연임 동의를 얻지 못했다(2015. 9. 8).

마침내 김건중 부총학생회장이 무기한 단식을 시작했다(2015. 10. 15). 처음에는 그리 길게 가지 못하리라 생각했다. 가끔 의사를 불러 건강을 체크하면서 중단을 권유했다. "자네 주장에 동의하지만, 이게 목숨까지 걸 일은 아니지 않은가." 그러나 김군은 굽히지 않았고 점점 야위어 가는 모습을 지켜보는 일이 힘들어졌다. "저러다 저 녀석을 잃는 게 아닌가, 내 아들딸 또래 아닌가."

단식 26일째, 더 이상 지켜볼 수 없어 교수협의회장인 나는 김순 교수와 함께 단식에 돌입했다(2015. 11. 10). "우리가 대신 굶겠네. 이제 그만 중단하게나." 그러나 그의 의지는 금강석처럼 굳었고, 점차 몸이 쇠약해지면서 중단을 권유하는 말을 듣는 것조차 힘겨워했다.

동국대 교수 여론조사에서 일면스님의 이사장 연임은 반대 119명, 찬성 9명으로 나타났음에도(2015. 11. 12), 일면스님은 종단 추천에 실패하자 이사회 추천이라는 우회로를 통해 이사로 선임되었고, 이사장 연임은 초읽기에 들어갔다. 그러는 동안에 총장선임을 위한 이사회를 대학 안에서 열지 못하고 외부의 호텔로, 일산 부속병원으로, 부속 초등학교로 전전해야 했으니 대학의 명예는 땅에 떨어지고 말았다.

단식 40일이 넘어가면서 김건중 부총학생회장은 눈에 띄게 체력이 떨어져갔다. 점차 전국의 여론이 들끓기 시작했으며, 이사 사퇴(수불스님)와 함께, 항의 동조단식(미산스님, 금강스님, 법인스님, 교직원 김윤길씨, 총동창회장 등)이 확산되어 캠퍼스는 온통 단식천막으로 뒤덮였다. 조계종단도 뒤늦게야 화쟁위를 중심으로 대화를 통한 사태해결에 나섰지만 양쪽의 이견이 너무도 큰 탓에 합의 도출에는 실패했다.

단식 50일째 되던 2015년 12월 3일 아침, 김건중 부총학생회장은 끝내 혼수상태로 병원에 실려 갔으며, 같은 날 저녁 동국대 이사회에서 이사 총사퇴가 극적으로 결의되었다. 그 대승적 결단에 따라 대학 정상화의 계기가 생겼다고 믿었다. 본인과 김준 교수도 24일 만에 단식을 그만두었으며, 캠퍼스의 단식천막도 모두 거두었다.

3. 미흡한 조치와 이어진 보복

그러나 총장 보광스님은 아무런 책임도 지지 않았으며, 새로 선출된 이사들은 얼굴만 바뀌었을 뿐 교수와 학생들의 의견을 받아들일 생각은 없었다. 2016년 들어서면서 대학 당국은 극단적인 보복에 나섰다. 결국 교수협의회장이던 본인을 해고했으며, 50일간 단식한 김건중 부총학생회장을 무기정학에 처하고 말았다.

잠시 가라앉았던 항의행동이 재개되었다. 2,800여 명의 학생들이 참석하여 학생총회가 2년 연속으로, 그리고 개교 109년 만에 최초로 서울캠퍼스와 경주캠퍼스 동시에 성립되어(2016. 10. 12), ▷이사회에 한태식(보광스님) 총장 징계 요구 ▷김건중 전 부총학생회장의 부당징계 철회 ▷운영위원회를 통한 학생의 학교 행정 참여 등을 의결했다. 그러나 학생들의 최고의결기구인 학생총회의 결의는 간단히 무시당하고 말았다.

교수협의회장인 본인에 대해서도 보복이 지속되었다. 불교대 모 교수는 본인에게 폭행혐의를 씌워 고소했으며, 현재 보광스님 임기 내내 보직을 차지하고 있다. 본인이 폭행하는 장면을 목격했노라는 허무맹랑한 증인들이 있었지만, 기적처럼 발견된 증거사진 덕분에 무죄를 선고받았다(서울고법 2016. 11. 25). '표절 총장'에 반대하던 교수협의회장이 폭행범으로 무고 당하고 끝내 해직당하다니 도저히 대학에서 일어날 수 있는 일이라고는 믿기 어려웠다. 몇몇 동료 교수에 대한 배신감 때문에 잠을 이룰 수 없었으며, 어찌어찌 잠이 들었다가도 벌떡 일어나 허공에 발길질을 했다. 6개월간 신경정신과 치료를 받아야 했다.

검찰이 대법원 상고를 포기하여 폭행혐의에 대해 무죄가 확정된 뒤, 나는 그 무고자와 위증자들이 참회하고 사과해올 줄 알았다. 최소한 보직이라도 내려놓을 것으로 기대했다. 하지만 상식을 비웃듯이 그들은 단 한 마디 사과도 없었고, 심지어는 보직까지 유지했다. 이제 어쩔 수 없이 그들에 대한 사법적 처리에 나설 수밖에 없게 되었다. 대학교수 사이의 일을, 그것도 아주 단순하고 명백한 사안을, 법정으로까지 끌고 가야하는 마음이 무겁기 짝이 없다.

4. 해결책은 대학 거버넌스의 개선

그들은 법에 따라 응분의 처벌을 받게 되리라 믿는다. 하지만 그보다 더 중요한 일은 따로 있다. 대학공시기구에서 표절판정을 내렸는데도 이사회는 총장으로 선출해버리는 일, 그에 대한 교수와 학생의 정당한 항의가 대학운영에 전혀 반영되지 않는 현상, 심지어 그런 항의를 빌미삼아 교수대표를 해직하고 학생대표에게 무기정학을 내리는 처사들은 모두 진리와 정의라는 대학의 존재이유를 정면으로 무너뜨리는 것이었다. 당연히 교수와 학생들은 반대하는데, 그 반대를 관철시킬 힘이 없다는 점이다. 왜 당연한 주장을 하기 위해 목숨을 건 단식을 해야 하는가. 그 대가로 해직당하고 무기정학처분을 받아야 하는가. 애당초 일어나서는 안 될 일이다. 그러니 이런 일의 발생을 원천적으로 방지할 수 있는 시스템을 만들어내야 한다.

이런 '엽기적인 사태'의 재발을 막기 위해서는 거버넌스구조의 개선이 시급하다. 재단이사의 구성에 교수와 학생의 과반수 참여를 보장하고, 총장을 구성원들의 의사를 반영하여 제대로 뽑을 수 있도록 해야 한다는 것이 그 핵심이다. 그러나 이런 거버넌스구조는 현재 한국의 대학 어느 곳에서도 확립되어 있지 않다. 예컨대 동국대 정관에는 스님이사가 2/3을 넘도록 규정되어 있다(13인 중에서 9인). 2/3을 넘는 것이니 누가 보아도 과도하게 많다. 연세대(12인 중 목사 2인), 이화여대(12명 중 목사 없음), 서강대(12명 중 신부 6인) 등 다른 종립대학의 사례와 비교해보면 더욱 그렇다.

성직자들은 대학 경영에는 문외한인 경우가 많으니, 대학발전에 기여할 가능성이 낮다. 더욱이 동국대의 경우는 존경받는 스님이사들이 추천되던 그동안의 관례도 무너져, 오히려 도덕적으로 문제 있는 스님들이 대거 진입하는 사태가 벌어졌다.

불교계에서는 자신들이 세운 대학이니 스님이사가 많은 것은 당연하다고 말한다. 물론 불교계에서 동국대학을 세운 것은 분명하다. 또 다른 사학들 역시 설립주체들이 있다. 하지만 설립자(의 후손)라고 해서 대학을 사유화할 수 없다. 헌법과 사립학교법에 대학의 공공성과 자주성을 규정하고 있다는 점은 그 명확한 법적 근거이다. 또한 대학 예산의 절반 정도를 학생 등록금에, 나머지 절반 정도를 국가보조금에 의존할 뿐, 재단의 재정적 기여는 매우 낮지 않은가.

국공영 대학인 유럽은 물론이고, 당장에 우리나라 대학이 모델로 삼았던 미국 사립대학의 이사회 구성 및 운영만 보더라도 한국의 사립대와는 사뭇 다르다. 예일대, 하버드대 등 해외 유수 대학의 경우도 30~60명 쯤의 이사들 중에서 설립자의 후손들은 극소수로 국한되어 있다. 그 후손들은 자신의 조상이 세운 대학이라고 해서 자신들이 좌지우지하려 들지 않는다. 오히려 대학에 대한 전문가로서 대학 구성원들의 독립적 운영을 보장하여야 대학이 발전할 수 있음을 믿으며, 가능한대로 재정적 기여를 하기 위해 노력할 뿐이다. 이런 노력을 통해 대학이 발전해나가는 것을 가문의 명예라고 생각하면서 이에 만족할 뿐이다. 스님이사가 많아서 동국대가 잘 운영되고 있다고, 설립자의 후손들이 직접 경영하기 때문에 그 대학이 잘되고 있다고 믿는 사람은 과연 몇이나 될 것인가.

총장선출제도 역시 마찬가지이다. 동국대의 경우 직선제가 폐지된 이후 간선제로 3명의 총장을 선임했는데, 그 총장들은 구성원의 총의와 별 관계 없이 선출되었다. 대학을 잘 이해하지 못하거나 독선적인 운영을 강행하여 교내 갈등과 반목이 있었다. 현재 총장후보추천위원회(총추위)의 규정도 비민주적이고 허술하기 짝이 없다. 당장에 표절하신 분이 총장으로 될 수 있었음만 보아도 알 수 있다. 또한 총장후보가 학내 구성원과 만나는 것 자체를 금지하고, 공청회조차 불허하는 등 비민주적인 규정이 허다하다. 이사회에 3~5명을 추천하도록 되어 있는데다가(다른 대학은 거의 예외 없이 2명이다), 총추위원 중에도 이사회나 불교계의 비중이 과다하고 교수와 학생의 비중은 너무 적다. 그러니 실질적으로 동국대 총장은 누가 정하는 것인지 쉽게 짐작할 수 있다. 이래서야 거버넌스가 만들어질 수 있겠는가? 그러니 동국대 3년의 갈등이란 '올 것이 왔다'고 볼 수밖에 없는 것이다.

5. 사립학교법 개정과 대학 구성원의 노력이 근본적인 해결책

다른 대학들도 거버넌스에 문제가 있다는 점에서는 거의 비슷하다. 교수와 학생이 대학의 주인이라는 당연한 명제는 한국의 대학 관련 법제도에서는 전혀 보장되지 않는다. 헌법과 사립학교법의 정신은 대학에서의 학문적 자유를 보장하면서도 구체적 제도에서는 이사회에 모든 권한을 주고 있는 것이다. 그러니 이사회만 장악한다면 교수와 학생의 의견을 완벽히 무시해도 합법성을 얻는다. 사학문제는 거의 모두가 여기에서 비롯된다.

설상가상으로 이명박정권은 대학에 대한 재정지원을 빌미로 총장 간선제를 강요했으며, 박근혜정권은 국공립대 총장 임명조차도 서슴없이 2순위자를 고르거나 아예 선임을 한없이 지연시켰다. 그 과정에서 블랙리스트가 작동했다는 증언들이 잇따르고 있다. 정권이 바뀌었고 국립대는 다시 총장직선제로 복귀하겠지만, 사립대 재단들은 여전히 간선제를 유지하고자 할 것이다. 교육부는 여러 정책적 수단을 통해 사립대에도 총장직선제를 도입하도록 유도하여야 마땅할 것이다. 물론 대학의 거버넌스를 교육부가 좌지우지하는 일은 원칙적으로는 바람직하지 못하다. 그러나 민주화투쟁의 오랜 역사로 쟁취된 직선제를 철폐시킨 실질적 주역이 교육부라는 점에서 결자해지의 자세는 필요하다. 법 개정까지도 필요없이 행정적인 조치만으로도 유도해낼 수 있는 사안이 아닌가.

물론 대학 거버넌스를 그 구성원들이 스스로 만들어나가려는 노력이 필수적이다. 대학교수들은 대부분 자신의 전공에만 매진할 뿐, 자신이 평생 몸담는 대학이 어떻게 운영되는지에 대해서는 잘 알지 못한다. 전공분야의 실적 달성에 내몰리고 있는 신자유주의의 광풍 이후 더더욱 그러하다. 필자 또한 다르지 않았다. 이사장인 누구인지, 대학재정의 얼마 정도가 국고지원금인지 아무런 관심이 없었다. 그저 공부하고 강의하고, 글을 썼으며, 그걸 열심히 하면 충분하다고 생각했다. 교협회장을 맡을 때도 "아무도 맡지 않는다니 나라도 할 수밖에 없겠지"는 생각일 뿐이었다. 직선제가 없어지고 간선제로 바뀐 뒤 대학마다 교수회장은 마치 3D보직인 듯 되어 버렸으니까. 그러나 별 생각 없이 교수협의회장을 맡고 곧이어 '표절 총장'이라는 전대미문의 사태가 발생한 뒤, 모든 것은 바뀌었다.

어느 날 아침 해임이라는 형태로 그 비정상적 거버넌스가 나의 삶을 삼켜버렸을 때에야 뼈저리게 깨달았다. 내가 알고 있건 아니건, 우리 대학의 비정상적 거버넌스구조는 늘 나를 둘러싸고 있는 삶의 객관적 조건이었다. 단지 내가 그것을 인식하지 못했을 뿐.

지금도 사립학교법 개정, 총장직선제 등을 이야기하면 별 실감을 하지 못하는 동료들이 많다. '정치적인 문제'에는 관심 없고 자기 분야의 연구에만 몰입하고 싶다는 식이다. 물론 각자의 전문영역에 대한 열중은 당연하다. 하지만 그 몰입을 가능케 해주는 좀 더 커다란 구조가 비정상적이라면 제대로 된 연구와 교육은 불가능해진다. 그리고 그 구조는 안타깝게도 현재 매우 심각하게 병들어있다. 교수와 학생들이 무심하다면 과연 누가 병들어가는 대학을 치유할 것인가. 어찌 이것이 '정치적 문제'란 말인가. 정치불신 및 무관심이 엉뚱하게도 자신이 몸담고 있는 학문공동체에 대한 관심이라는 정당한 시민적 의무에 대한 타매로 이어지고 있으니, 이런 마음자리부터 뿌리뽑지 않으면 안될 것이다.

그런 의미에서 사학국본, 대학학회, 대학연구소 등 기구들의 의미는 매우 크다. 대학이라는 곳은 우리가 몸담고 있으면서도 막상 잘 모르는 대상이다. 대학에 대해 연구하고 소통하며, 때로는 연대하여 시정에 나서는 기구들이니, 대학에 관련되는 모든 분들이 함께해야 마땅하지 않겠는가.

* 〈대학: 담론과 쟁점〉 3호(2017)에 실었던 글을 일부 수정 재정리한 것임.

대학민주화의 성지, 상지대학교의 시련과 극복

방 정 균
상지대 교수, 공동비상대책위원장

1. 들어가는 말

"여기는 대학민주화의 성지 상지대학교입니다."

상지대학교 교정을 드나드는 사람이라면 누구나 가장 먼저 보게 되는 것이 정문에 게시된 이 현수막 문구이다. 2011년부터 상지대학교 총학생회 명의로 정문에 게시되기 시작한 이 현수막은 그 어떤 현수막도 대체하지 못하는 상지대의 상징물이 되었다. 상지대 구성원은 출퇴근을 위해 정문을 드나들 때 마다 위 문구를 보면서 강한 자부심과 책임감을 가슴에 새기며 학교생활을 한다고 할 수 있다. 그러나 이 현수막은 2010년 사학분쟁조정위원회에서 김문기 측 인사 다수를 정이사로 선임한 이후 교정에 위기의식이 고조된 상태에서 게시되기 시작하였다. 즉, 구재단의 재진입을 용납하지 않겠다는 의지의 표현이었던 것이다. 이 현수막은 김문기가 총장으로 선임된 2014년 8월 14일 이후 2년 여간 강제 철거되었다가, 김문기 구재단 퇴진 이후 다시 당당하게 게시되었다. 이제 이 현수막의 존재 여부는 상지대 상황을 단적으로 표현하는 바로미터가 되어버린 셈이다.

상지대의 대학 민주화를 위한 투쟁은 40년을 훌쩍 넘어버리는 긴 여정이었다. 그리고 그 여정은 아직 끝나지 않은 현재진행형이다. 이 글에서는 40년의 여정을 설립자 논쟁, 김문기 이사장 시절의 1차 암흑기, 김문기 퇴출 이후의 도약기, 김문기가 재진입한 시기의 2차 암흑기, 상지대학의 현 상황과 미래 등 5꼭지로 나누어 설명하고자 한다. 길고도 지질한 투쟁의 과정을 짧은 글에 서술하는 것은 곤혹스러운 일이지만, 최대한 압축해서 기술해보도록 하겠다.

2. 설립자 논쟁

상지학원의 전신은 1955년 원홍묵 선생 등 원주 지역의 인사들이 설립한 강원도 최초의 사립대학인 "관서대의숙"이다. 이후 교명이 원주대, 상지대로 변경되었다. 따라서 상지학원의 설립자는 원홍묵 선생이라는 것은 바뀔 수 없는 역사적 사실이다. 또한 2004년 대법원이 확정판결까지 내린 명백한 법률적 사실이기도 하다. 그럼에도 불구하고 김문기는 여전히 자신이 상지학원의 설립자라고 주장하고 있으며, 또한 일부 사람들이 상지학원의 설립자를 김문기라고 오해하고 있으니 안타까운 일이다. 그렇다면 왜 이러한 상황이 발생하였으며, 이 문제를 법원의 판결까지 받아야 했던 이유는 무엇인가? 그 이유를 설명해 보고자 한다.

상지학원의 설립자 논쟁을 설명하기 위해서는 먼저 김문기가 상지학원에 발을 들여 놓게 된 경위부터 이해해야 한다. 김문기는 1972년 재정 상황이 좋지 않았던 원주대에 임시이사로 파견되었다가 1974년 권력의 비호 아래 원주대를 강탈하였고, 이후 청암학원을 상지학원으로 명칭 변경하면서 이사장으로 취임하게 된다. 원주대를 강탈한 김문기는 1981년 9월 문교부에 자신을 설립자로 변경하는 조작된 정관 변경을 신청하여 상지학원의 정관을 불법적으로 변경하였다. 바로 이 불법적인 정관 변경이 설립자 논쟁의 시작이다. 1993년 김문기가 퇴출된 이후 문서를 정리하는 과정에서 김문기에 의한 불법적인 정관 변경을 확인한 상지대 구성원은 교육부에 "상지학원 설립 당초의 임원 변경"을 요구하였고, 2000년 교육부는 원홍묵 등 8명을 설립 당초의 임원으로 인정하는 상지학원 정관 변경을 인가하게 되었다. 이로써 행정부에 의한 상지학원의 설립자 논쟁은 종지부를 찍게 되었다. 그러나 김문기는 자신의 불법적인 정관 변경을 인정하지 않고 법원에 소송을 제기하였다. 이에 대해 대법원은 2004년 김문기의 소송을 기각하면서 설립 당초 임원을 원홍묵 등 8명으로 바로잡은 상지학원의 2000년 9월 정관 변경의 결의가 정당하다는 최종 판결을 하였다.

이상에서 보듯이 행정부와 사법부는 상지학원의 설립자를 원홍묵 등 8명으로 인정하고 있다. 그럼에도 불구하고 김문기가 끊임없이 자신을 설립자라고 주장하는 이유는 무엇인가? 첫째, 사학을 설립자의 재산으로 인정하는 우리 사회의 일부 잘못된 인식 때문이라고 할 수 있다. 사학은 사회의 공공재로서 결코 개인의 사유물이 될 수 없음에도 불구하고 개인의 사적 재산으로 인정하는 인식이 존재하고, 특히 사법부에서 이러한 인식이 강한 편이다. 이러한 잘못된 인식은 사학분쟁조정위원회의 "정상화 심의 원칙"에서도 적나라하게 드러나고 있으니, 사분위는 이 원칙에 근거하여 예외 없이 비리사학에게 학교를 돌려주는 결정을 하였다. 둘째, 김문기가 상지학원에 재진입한 이후 행한 학교 운영을 살펴보면, 김문기는 학교의 생존과 발전에는 관심이 없고 오로지 자신의 사적 이익을 챙기는 데만 급급했다. 아니 오히려 학교의 폐교를 원하는 것처럼 보였다. 이러한 행태는 혹시라도 상지대가 폐교되었을 경우 설립자로서의 지분을 챙기기 위한 것이었다고 밖에 볼 수 없었다.

이상과 같은 이유로 김문기는 자신이 상지학원의 설립자임을 끊임없이 주장하지만, 상지학원의 설립자는 원홍묵 선생을 포함한 설립당초 임원이라는 것은 행정부와 사법부가 인증한 것으로 논쟁의 여지가 전혀 없는 역사적 사실이다.

3. 1차 암흑기(1973년 - 1993년)

위에서도 서술하였지만 김문기는 1972년 원주대 관선이사로 파견되었다가 1973년 이사장이 되고 1974년 상지학원으로 명칭을 바꾸게 된다. 이후 1993년 김영삼 정부의 사정대상 제1호로 지목되어 입시부정 등의 혐의로 1년 6개월의 실형을 선고 받고 복역하면서 교육계에서 퇴출될 때까지 20년간 상지대학을 "동토의 왕국"으로 만들어 지배하였다. 이 시기의 상지대는 "사학비리종합선물세트"로 인구에 회자되면서 비리사학의 대명사라는 오명을 뒤집어쓰게 된다. 김문기가 이사장으로 재임하였던 20년간 상지대는 진리의 상아탑이 아니라, 김문기 개인을 위한 왕국 즉 "동토의 왕국"이었다. 이 시기에 행해진 각종 비리와 구성원에 대한 탄압을 모두 서술하기에는 지면이 부족할 정도이니, 대표적인 것들 몇 가지만 서술하면 다음과 같다.

첫째, 거의 매년 입시부정이 행해졌으니, 많게는 1인당 1억 5천만 원에서 적게는 3천만 원의 금액을 받고 부정 편입학을 시켰다. 이와 같이 부정하게 편취한 금액이 김문기 개인의 금고로 들어간 것은 불문가지이다.

둘째, 용공조작 사건이다. 1986년 경향신문을 통해 교수채용 과정에서 1천만 원의 금품을 수수했다는 사실이 보도되자 학생들은 이 사건의 진상 규명과 책임자 처벌을 요구하며 본관 점거농성을 시작하였다. 그런데 점거농성 첫날인 10월 14일 저녁 학생들의 농성장이 있던 본관 앞에 "가자! 북의 낙원으로", "전두환은 김일성 수령과 타협하여 통일하라"등의 문구가 타이핑된 삐라가 뿌려졌고, 농성장에 있던 150여 명의 학생들이 경찰에 연행되는 사건이 발생하였다. 사건이 발생한 후 언론은 이 사실을 대서특필하면서 학생들을 용공분자로 매도하기 시작하였다. 그러나 이는 김문기의 지시에 의해 교직원들이 실행한 명백한 "용공조작"사건이었다. 경찰에 연행되었던 학생들이 며칠 후 풀려나고, 더욱이 10월 20일 동아일보는 사회면에 문제의 삐라가 상지대 교무과의 타자기로 제작되었다는 사실이 밝혀졌다는 보도를 했다. 그럼에도 이 사건은 정권의 비호 아래 진실이 밝혀지지 않다가 1999년 국회 교육위원회 국정감사장에서 당시 김문기에게 돈을 받고 용공조작을 시행하였다는 교직원의 양심고백에 의해 세상에 그 진실이 밝혀지게 되었다.

셋째, 교권 탄압이다. 김문기는 재임용 제도를 악용하여 협박하면서 자신의 지시를 따르지 않은 교수들을 부당하게 해임하였다. 뿐만 아니라 교수를 사상범으로 매도하여 군사재판에 넘기고, 봉급포기각서를 강요하였으며, 자신을 반대하며 농성하는 교수를 한겨울 심야에 소방호스로 물을 뿌려 납치하여 감금하는 등 대학에서 일어날 수 없는 상상을 초월하는 교권탄압을 자행하였다.

넷째, 족벌운영을 통해 철저하게 대학을 사유화하였다. 자신이 이사장으로 있으면서 부인은 이사, 사위는 총장비서실장, 매제는 전문대 학장, 8촌 동생들은 교무과장과 한방병원 총무과장을 맡게 하고, 이 외에도 여러 친인척들을 학교의 주요 보직에 임명하는 등 전형적인 족벌체제를 구축하였다.

다섯째, 이사회 회의록을 허위로 작성하였다. 김문기는 1978년 이후부터 1993년까지 이사회를 개최하지 않고 이사회 회의록을 허위로 작성하였음이 교육부의 실태조사 결과 밝혀졌다. 이상에서 기술한 내용 이외에도 수없이 많은 불법과 폭력이 난무하였으니, 이 시기의 상지대는 한 치 앞도 내다보기 힘든 암흑기였다고 할 수 있을 것이다.

4. 상지대의 도약기

1993년 3월 29일 김영삼 정부의 사정대상 제1호로 지목되어 긴급체포된 김문기는 입시부정 등의 사학비리로 구속되었다. 그후 1년 6개월의 실형을 선고받고 복역하면서 교육계에서 퇴출되었다. 김문기의 구속 이후 상지대는 커다란 변혁기를 맞이하게 된다. 교수, 학생, 직원 등 구성원 3주체는 학교 운영의 민주성, 대학 행정의 투명성, 그리고 사학의 공공성 제고라는 가치 실현을 기치로 삼고 민주적인 이사회와 함께 대학을 일신시켰다. 이 과정에서 대학의 행정을 책임질 총장 초빙을 위한 고민을 하였고, 대학 구성원은 총장추대위원회를 만들어 우리 사회에서 존경받는 덕망 있는 분을 총장 후보로 이사회에 추천하였고, 이사회는 구성원의 의견을 존중하여 총장을 선임하였다. 이 시기에 상지대 총장을 역임한 분들은 김찬국, 한완상, 강만길, 김성훈, 유재천 등 우리 사회의 민주화를 위해서 헌신한 분들이었다.

민주적인 이사회와 민주총장, 그리고 구성원의 헌신적인 노력은 상지대의 모습을 일신시켰고, 상지대는 중부권 최고의 명문대학으로 도약하게 되었다. 그 결과 2006년과 2007년 학술진흥재단 등재지 기준 연구업적 순위에서 전국 2위와 3위를 차지하는 등 교수들의 연구업적이 전국 최고 순위를 기록하였고, 입시 경쟁률에 있어서도 중부권 최고의 경쟁률을 유지하는 등 학생과 학부모가 믿고 지원하는 대학으로 발전하였다. 외형적인 모습뿐만 아니라 대학의 민주적인 운영은 국가의 정책보다 한 발 앞서 나가는 모습을 보였다. 상지대는 전국 대학 최초로 대학본부, 교수협의회, 직원노동조합, 그리고 총학생회가 함께 참여하는 "등록금협의회"를 운영하여 대학의 모든 예결산을 공개하며 구성원의 협의 하에 등록금을 결정하였다. 뿐만 아니라 신입생의 학교 적응과 졸업반의 취업 준비를 위한 인성교육과 취업지도를 학과목으로 지정하는 등 앞서가는 교육서비스를 제공하였다.

이상과 같은 민주적인 학교 운영과 질적인 대학발전의 성과를 인정받아 2004년 1월 1일 임시이사체제를 마감하고 정이사 체제로 새롭게 출발하게 되었다. 정이사 체제의 출범으로 구축된 안정적인 거버넌스는 상지대 발전을 더욱 더 견인하였다. 대학 구성원은 대학 민주화의 완성과 대학의 안정적인 발전이라는 목표를 성취한 자부심을 가슴에 품고 한 단계 더 발전한 대학을 만들기 위한 노력에 매진하였고, 이러한 노력의 결과는 여러 가지 지표를 통해서도 확인할 수 있다.

그러나 상지대의 변화와 발전은 여기까지였다. 2007년 대법원은 임시이사가 정이사를 선임할 수 없다는 판결을 하면서 2004년에 출범한 상지학원의 정이사 체제를 붕괴시켰다. 이 재판의 주심 재판관은 사학재단과 친인척 관계에 있던 김황식 대법관이었으니, 사학재단의 본격적인 저항이 시작된 것이다. 2007년의 대법원 판결로 상지대에 검은 먹구름이 끼기 시작하였고, 이후 상지대에 불어 닥치는 참혹한 2차 암흑기를 예고하는 것이었다.

〈김문기 퇴진 이후 상지대학교 발전상 요약〉

구분		1992년 (구재단)	2006년 (민주대학 시기)
부문별	항목		
교원	교수 수	144명	237명
	조교 인원	없음	137명
	교원확보율	44.3%	72.4% (재학생 대비)
	교수 1인당 학생 수	37.2명	31.8명
	박사학위 취득 비율	59.0%	94.9%

교육 · 연구	교외연구과제 수탁 교수 수	3명	65명
	교외연구비 수탁 총액	1,200만 원	95억 7천만 원
	교내연구과제 수탁 교수 수	1명	142명
	교내연구비 총액	200만 원	5억7천만 원
	강의동 총 면적	4,912㎡	32,376㎡
	중앙도서관 보유 장서 수	167,300권	416,484권
학생 · 복지	입학정원	1,550명	2,036명
	재학생 수	5,387명	7,548명
	장학금 수혜율	7.2%	28.4%
	대학원 재적생 수	171명	535명
행 · 재정	예산 규모	150억 원	631억 원
	직원 수	77명	98명
	컴퓨터 보유	PC 89대	PC 2,325대
	중앙도서관 연간 예산액	1억 2천만 원	9억 4천만 원

5. 2차 암흑기(2010년 – 2017년)

2007년 대법원 판결은 임시이사 체제에서 정이사 체제로 전환할 때 정이사 선임의 주체가 누가 되어야 하는가 라는 문제를 야기하였고, 사립학교법의 개악을 통해 "사학분쟁조정위원회"가 그 역할을 수행하게 되었다. 그런데 사분위는 11명의 위원 가운데 5명을 대법관이 추천하는 법조인이 차지하게 되는 구조적인 문제점과, 보수정권 하에서 임명된 인적 구성상의 문제점으로 인해 제 기능을 수행하지 못한 채 비리재단에게 다시 학교를 돌려주는 반교육적인 결정을 하면서 "사학분쟁조장위원회"라는 오명을 쓰게 되었다. 상지대도 사분위의 결정으로 구재단이 다시 진입을 하게 되었고, 이후 상지대는 상상을 초월하는 갈등과 분규가 발생하며 포연이 가득한 전쟁터가 되었다.

김문기의 아들인 김길남을 포함한 구재단 측 이사들은 학교의 발전과 미래에 대해서는 “오불관언(吾不關焉)”의 입장을 나타내며 오로지 지배구조에만 관심을 보였다. 특히 2013년에는 한 해 동안 이사회가 거의 개최되지 못할 정도로 극심한 임원간 갈등이 발생하였고, 그 결과 채영복 이사장 등 교육부와 구성원 추천 이사 3인이 사퇴를 하면서 김문기 구재단이 이사회를 완전하게 장악하게 되었다. 구재단이 장악한 이사회는 김길남을 이사장으로 선출하였고, 급기야 2014년 8월 14일 김문기를 총장으로 선임하는 전대미문의 반교육적 결정을 하기에 이르렀다.

상지대학의 2차 암흑기는 김문기가 총장으로 취임하게 된 이후 본격화하게 된다. 김문기는 총장에 취임한 이후 교수 4명을 파면하는 등 51명의 구성원을 징계하였고, 각종 규정과 정관을 개악하여 구성원의 목을 옥죄기 시작하였다. 이 시기 김문기와 그의 부역 세력들에 의해 자행된 비이성적인 행태는 글로 표현하기 어려울 정도이다. 구성원의 노력으로 선정된 180억 규모의 사학진흥재단 지원 공공기숙사 사업과 100억 규모의 지역특성화 사업이 취소되었고, 측근 인사를 부당하게 채용하여 구성원을 탄압하였으며, 교육용 기자재인 목장의 한우를 부당하게 판매하는 등 온갖 불법 부당한 행위를 자행했다. 학교의 발전을 저해하는 비이성적인 학교행정의 결과 상지대학은 2015년 대학구조개혁평가에서 D- 등급을 받아 정부재정지원제한대학에 포함되어 구조조정을 강요받고 학생들은 국가장학금을 받지 못하는 사태가 발생하였다. 그 결과 구성원들의 거센 저항에 부딪히게 되었고 특히 학생들은 두 차례에 걸쳐 장기간 수업거부를 하며 저항을 하였다. 김문기와 그의 하수인들은 구성원의 저항에 무자비한 폭력으로 대응을 하였으니, 정상적인 학교에서는 상상조차 할 수 없는 폭력이 난무하는 아비규환의 상태로 상지대를 몰아넣었다.

시대착오적인 김문기의 학교 운영은 구성원의 저항을 불러 일으켰을 뿐만 아니라 언론과 국회의 비판에 직면하게 되었다. 특히 국회는 우상호 더불어민주당 원내대표 및 교문위 소속 의원 등 9명의 의원이 상지대 현장을 방문하여 상지대 사태의 해결을 촉구하기에 이르렀다. 그 결과 2014년과 2016년 두 차례에 걸쳐 교육부의 특별종합감사가 실시되었고, 감사 결과 조치로 김문기 총장의 해임과 이사들의 임원취임승인 취소를 결정하게 되었다. 구성원의 끈질긴 저항, 지역사회의 동참과 지원, 그리고 언론과 국회의 관심과 지원 속에 상지대는 다시금 김문기 구재단을 몰아내며 다시 한번 도약할 수 있는 전기를 마련하였다. 그런데 김문기 시대의 종식은 전혀 다른 곳에서 결정이 나니, 바로 2016년 대법원 판결에 의해서였다.

6. 대법원 판결, 상지학원 이사 선원 취소

2016년 10월 27일 대법원은 역사적인 판결을 하였다. 2010년 사분위가 선임한 상지학원 이사에 대해 전원 취소 판결을 하였다. 사분위는 "정상화 심의 원칙"이라는 자의적인 원칙 하에 구재단 인사들을 중심으로 상지학원의 이사를 선임하였는데, 이 과정에서 사립학교법이 정한 개방이사를 선임하지 않는 불법을 저질렀다. 이에 상지대 구성원들은 사분위의 불법적인 정상화에 불복하여 서울행정법원에 행정소송을 제기하였고, 2016년 대법원은 마침내 사분위의 불법을 인정하며 상지학원 이사 전원에 대한 취소 판결을 하게 된 것이다. 상지학원에 대한 대법원의 판결은 2가지 큰 의미를 함축하고 있다.

첫째, 사분위의 존재 의의가 없어졌다는 것이다. 그동안 사분위는 사학비리를 조장하는 비난을 받으며 끊임 없는 폐지 논란에 휩싸였는데, 대법원의 판결로 그 불법성이 드러난 지금 더 이상 존치할 필요성을 상실하였다고 볼 수 있다. 사분위는 향후 사립학교법 개정 등을 통해 반드시 폐지되거나 그 기능을 축소해야만 할 것이다. 둘째, 교수와 학생이 학교 운영에 참여할 수 있는 자격을 법적으로 부여 받았다는 것이다. 이는 대한민국 교육 역사상 대학 구성원이 학교 운영의 자격을 인정받는 초유의 결정으로, 향후 민주적인 대학 운영을 담보하는 중요한 토대로 작용할 것이다. 지난 5월 사학비리 척결을 강하게 천명한 문재인 정부가 출범하였고, 또 오랜 기간 교육운동과 교육행정을 하였던 김상곤 전 경기교육감이 교육부 장관으로 임명되어 교육 민주화에 대한 국민적 기대가 높은 상황이다. 새 정부가 상지학원의 대법원 판결의 의미를 잘 새기면서 사학비리 척결을 위한 의미있는 정책을 펼치길 기대한다.

7. 상지대학의 현황과 미래

작년 10월 대법원 확정 판결로 김문기 구재단의 불법이사회가 해체된 후 11월 28일 제128차 사분위 회의를 거쳐 12월 8일에 편호범을 비롯한 9명의 관선이사가 짧은 6개월 임기로 파견되었다. 그러나 박근혜 정권의 교육부에서 파견한 편호범 이사장 체제는 상지대를 정상화하기 위한 이사회가 아니라 상지대 사태를 악화시킨 교육부와 사분위의 잘못을 은폐하기 위한 기만적인 이사회였으며, 구성원과 협력하여 대학을 안정시키고 정상화시키는 이사회가 아니라 구성원을 배제하고 속이면서 사학비리의 주범이자 분규의 핵심인 김문기를 두둔하면서 오히려 대학을 더욱 혼란의 도가니로 몰아간 반교육적인 이사회였다.

특히, 편호범 이사장은 오랜 감사원 경력에도 불구하고 그 후 수원대(이인수) 석좌교수, 세종대(주명건) 감사, 성신여대(심화진) 임시이사 등을 역임하면서 비리사학과 밀접하게 유착한 의혹이 제기되었던 인물로 애초부터 상지학원의 관선이사로 부적격인 사람이었다. 상지대가 대법원 판결에서 승소하여 신속하게 정상화를 추진해야 할 시점임에도 불구하고 교육부와 사분위가 이런 부적합한 인물들로 관선이사를 구성한 결과 김문기 구재단의 적폐는 청산되지 않았고 상지대학이 직면한 무수히 많은 현안들 역시 전혀 해결되지 못한 채 1년이라는 시간을 낭비하게 되었다. 그리고 그 임기가 6월 7일 부로 종료되어 2개월간 이사 부존재 상태로 있다가 이번에는 8월 4일 부로 임기 1년의 새로운 관선이사가 다시 파견되었다.

이런 상황에서 상지대 구성원들은 교육부가 파견한 관선이사회와 적극적으로 협력하여 대학이 직면한 시급한 현안들을 해결해 나갈 계획이다. 무엇보다도 지난 편호범 이사장 체제의 문제점을 반면교사 삼아 구성원과 이사회가 협력하여 김문기 체제의 적폐를 청산하고 풍전등화의 위기에 직면한 상지대학교를 안정화시키는 것을 가장 중요한 과제로 설정하고 있다.

현재 상지대학은 대학구조개혁평가에서 D- 등급을 받아 정부재정지원제한대학에 포함되어 구조조정을 강요받고 있으며 8월 말로 예정된 2017학년도 대학구조개혁평가 이행점검의 결과 발표를 기다리고 있다. 대학기관인증평가, 한의대 인증평가, 간호학과 인증평가가 진행 중인데다 2018년도로 예정된 제2주기 대학구조개혁평가 등 대학의 존립과 직결된 중요한 평가에 시급하게 대응해야 할 상황이다. 더구나 김문기 구재단 체제가 대학을 황폐화시킨 결과 2014년 이후 지난 3년간 대학입시에서 연속 실패하였으며 100%를 유지하던 재학생 등록율이 82%로 떨어지는 심각한 상황에 직면해 있다. 교육과 연구의 침체와 평가와 입시의 실패는 자연스럽게 대학의 재정난으로 나타나고 있다. 상지대 구성원은 이 위기를 극복하고 다음과 같이 상지대의 미래를 건설할 것이다.

첫째, 상지대는 즉각 민주대학으로 정상화할 것이다. 상지대학교는 2007년 정이사 체제 붕괴, 2010년 사분위의 잘못된 정상화 결정, 2014년 김문기 구재단의 이사회 장악과 김문기의 총장 선임 등으로 이어져온 고난의 역사를 마감하고 지난 20년간 상지대 구성원의 자발적인 노력으로 축적해온 민주대학의 정신으로 다시 돌아갈 것이며, 과거에 머물지 않고 한층 더 민주적인 대학으로 발전해나갈 것이다.

둘째, 김문기 구재단의 적폐를 청산하는 등 대학 발전을 가로막는 일체의 요소들을 신속하게 정리할 것이다. 구재단에 의해 잘못 개정된 정관과 규정 등 대학운영의 규칙을 바로잡고 김문기 1인 족벌체제를 구축할 목적에서 자행된 잘못된 인사를 쇄신하고 상지대의 역사와 정신을 훼손한 일체의 결정을 바로잡는 일이 가장 먼저 해야 할 일이다. 이를 위해서 외부기관에 의한 특별감사와 구성원이 중심이 된 진상조사를 실시하여 그간의 대학 운영의 문제점과 구성원 탄압에 대하여 일벌백계의 엄중한 책임을 물을 것이다.

셋째, 민주대학 건설과 적폐 청산을 추진하는 동시에 모든 구성원이 한마음으로 협력하여 대학의 본령인 교육과 연구를 정상화하는 작업에 착수할 것이다. 진행 중인 대학평가를 성공적으로 마무리하는 것은 물론 임박한 2018년도 대학입시와 제2주기 대학구조개혁평가에서 성과를 거둘 수 있도록 구성원의 역량과 지혜를 모아서 대응할 것이다. 그런 연후에 대학대란의 교육환경변화에 능동적으로 대응하기 위하여 대학의 미래지향적인 구조혁신과 건전한 재정계획의 수립 등 중장기 발전계획을 수립해나갈 것이다. 이 모든 과제들은 하나같이 쉽지 않은 과제들이지만 오랜 고난 속에서 민주대학을 유지하고 건설해온 전체 구성원들의 지혜와 역량이 결집된다면 불가능한 일이 아니며, 이를 바탕으로 상지대학교는 가장 민주적이고 투명하게 운영되는 대학, 중부권 대학교육을 선도하는 발전하는 명문사학, 원주시민과 함께 상생 발전하는 지역대학으로 자리매김 될 것이다.

1955년에 설립자 원홍묵 선생에 의해 창학되어 62년을 지나온 상지대학교는 수많은 우여곡절과 간단없는 고난을 슬기롭게 극복하고 이제 새로운 도약을 준비하는 또 하나의 역사적인 출발점에 이르렀다. 우리가 지향할 대학은 1993년 이후의 대학 민주화의 성과, 대학발전의 경험, 시민대학과 발전기금이라는 고유의 모델, 자력으로 일군 정이사 체제를 바탕으로 한 민주대학의 건설에서 한 걸음 더 나아가 공영대학으로 발전하는 것이다. 이 과정에서 오랜 기간 상지대학교 사태의 원인이자 쟁점이었던 김문기 구재단 문제는 이제 더 이상 존재하지 않게 될 것이다.

우리가 지난 40년간 끊임없이 추구해온 결코 포기할 수 없는 꿈은 대학 민주화의 완성과 대학발전이었다. 이제 다시 그 꿈을 향한 희망찬 새 출발이 가능해진 시점에서 우리는 안으로 단결하고 이사회와 협력하고 지역사회와 협력하고 정부와 협력하는 단결과 소통과 협력의 체제를 공고히 구축해나갈 것이다. 지난 기간 김문기 체제에 의한 탄압은 우리를 더욱 단단하게 단련하였고, 우리의 의지를 더욱 강고하게 만들었다. 이제 우리 상지 구성원들은 대학 민주화와 대학발전을 위해 또 다시 새로운 힘찬 발걸음을 내딛어야 할 시점에 이르렀다.

서남대 학내 분쟁의 역사

김 철 승
서남대 교수협의회장

1. 이홍하 설립인가의 문제점

1977년 홍복학원 설립 이후 짧게는 1년, 길게는 5년 간격으로 학교법인이나 고등학교와 대학의 설립을 인허가 하였고, 1988년 서남대학교의 설립인가 이후 1995년까지 7년 동안에는 무려 4개의 학교법인과 4개의 대학 설립 인허가를 받았다. 1992년 광주예술대학교 개교, 1994년 광양보건대학교 개교, 1994년 서남대 의예과증설 인가, 1995년 한려대학교 개교로 이어졌다. 막대한 운영자금이 필요한 의예과 증설(94년 9월)을 인가해 준 이후에도 교육부는 짧은 기간에 한려대학교의 설립을 인가해주었다.

1998년 409억 원 교비횡령으로 징역 1년 6월에 집행유예 2년의 선고를 받았지만 2개월 뒤 사면복권되었고, 2000년에는 광주예술대학교를 자진 폐교하였다. 2007년 3억 8천만 원 교비횡령으로 징역 1년 6월에 집행유예 2년의 선고를 받은 상태에서도 2012년 서남대학교, 신경대학교, 광양보건대학교, 한려대학교를 법인사무실에서 돌려막기식으로 관리하면서 1,004억 원의 천문학적인 교비횡령을 저질렀다. 이 과정에서 유령 건설사 비자금 106억 원 등 총 1,004억 원을 횡령한 금액을 유용하여 자녀 아파트 구입비 12억 원, 개인 차량 유지비 1억 6,000만 원, 개인 변호사 비용 등 총 120여억 원을 사적인 용도로 사용했다.

1998년 400억 원 횡령을 계기로 학교에서는 교수협의회가 결성되었고 학생들의 대대적인 시위가 있었다. 이홍하 복귀 후 교수협의회 교수들에 대하여 탈퇴를 강요하였고 교수들이 이에 응하지 않자 2명을 해직시켰다. 2000년 이후 학교에 재정적인 어려움이 발생하자 교수들에게 신입생 유치 점수에 따라 각 학부별로 강제 휴직제도를 실시하였다. 이처럼 이홍하는 학교 자산을 개인 재산처럼 사용하면서 재정적 어려움을 교수들에게 전가시켰다.

이 모든 것을 남광병원 6층에 불법 법인기획실을 설치하여 허위 문서 작성과 장부 조작의 방식으로 4개 학교법인을 통합 운영하였으며, 이사장 등 주요 보직의 가족을 채용하였고, 등록금이 들어오는 시기에 맞춰 비자금을 조성해 산하 기관의 학교를 설립하였고, 수도권 학교 이전을 수신하고사 교비로 파주에 투자하였고, 교육부 및 정관계 로비자금, 변호사비, 개인아파트 구입 등을 남광병원 6층 법인사무실에서 막도장을 이용해 돌려막기식으로 횡령하였다. 그럼에도 불구하고 교육부는 2012년 이전에 한 번도 회계감사를 시행하지 않았다.

2. 서남대학교 교수협의의 종전이사 배제 정상화 활동

2013년 1월 교수협의회가 결성되어 자치기구로 학교를 운영하면서, 교육부의 감사원 감사 중 학위취소 등의 부당성에 대해 지적하였다. 그러나 종전이사 측에서 임원취임승인취소 무효가처분 신청을 통해 2014년 8월까지 이홍하 측근 교수를 총장으로 임명하여 학교를 장악하였다. 이에 교수협의회에서는 총장의 본부 진입을 막았고, 출근 저지투쟁을 하는 과정에서 종전이사측은 57명 교수에 대해 재임용 거부를 하였고, 10여 명의 교수들을 경찰에 고발조치 하였다. 이홍하는 재판과정에서 심장 스탠트 수술을 핑계로 병보석 신청을 하였고, 순천지원에서는 이를 받아들였다. 이홍하는 병원에서 종전이사들에게 지시를 내리면서 학교를 다시 장악하려고 하였다. 교수들은 순천지원의 병보석 허가에 강력하게 항의하는 대대적인 시위를 5차례 진행하였고, 남원시민들과 함께 1인시위를 진행하였다. 결국 병보석은 취하되었지만 이홍하에 대한 판결이 광주고등법원에서 계속 지체되자 광양보건대 및 신경대와 연합하여 3차례 조속한 재판을 촉구하는 시위를 진행하는 동시에 교수들이 개인별 탄원서를 제출하면서 1인시위를 진행했다. 그 결과, 이홍하는 2016년 5월 31일 징역 9년 6개월에 벌금 90억 원의 선고를 받았다.

이홍하와 측근들은 학교의 경영권을 다시 찾고, 인수자들의 학교인수를 방해하고자 2016년 6월 구재단 측에서 의과대학 폐과, 남원캠퍼스 평생교육원 전환, 한려대학교 폐교 및 아산캠퍼스 통합, 한려대 매각대금으로 횡령금 변제 등의 계획안을 교육부가 받아들었다. 이에 남원시민, 지역정관계 인사, 서남대 구성원 등 1,500여 명이 구재단 정상화계획서 반려를 촉구하는 시위를 했고, 100여일간 교육부 앞에서 1인시위를 진행하였지만, 2016년 10월 교육부는 사학진흥재단을 통해 예수병원, 명지병원, 구재단의 계획안에 대한 컨설팅을 진행하였고, 결국은 세 기관의 계획안은 수용되지 않았고, 정상화는 지연되었다. 그 후 서남대 인수의향을 표명한 서울시립대학교, 삼육대학교, 부산온병원 등을 대상으로 교육부가 종전 이사 동의를 요구하였고, 이를 악용해 구재단은 수백억을 요구하였으며, 아산캠퍼스를 본인들에게 넘겨달라는 조건을 내세우며 학교 경영권을 다시 장악하려는 시도를 하였고, 교육부는 이를 묵인하였다.

이에 교수협의회와 남원시민들은 비리재단을 옹호하는 교육부의 잘못된 정책을 규탄하면서 건실한 단체에 의한 인수를 요구했다. 2017년 7월 14일 교육부가 서울시립대와, 삼육대의 인수계획을 반려한다고 발표하자 단식투쟁과 릴레이 천막농성시위를 전개했고, 2017년 7월 21일 서울광화문광장에서 남원시민, 지역 정관계 인사, 서남대 구성원 1,700여 명이 서울시립대 인수 지지 성명서를 발표하였으며, 교육부 앞에서도 서남대 정상화 촉구 시위를 진행하였다. 그 후 지금까지도 교육부 앞에서 릴레이 천막노숙시위를 진행 중이다. 7월 30일에는 청운효자동 수민센터 앞에서 100여 명이 모여 서남대 폐교 조치를 강행하겠다는 교육부 규탄 기자회견을 하였고, 교육부로 이동하여 출입문을 막고 도로점거시위를 하면서 교육부장관 면담을 요구하였다. 8월 11일 교육부장관 면담 결과 서울시립대와 삼육대 계획안은 법과 원칙에 어긋나기 때문에 반려할 수밖에 없고 구조개혁평가 두 번 연속 E등급 및 의대평가 불인증에 따른 회생 불가 등의 사유로 학생들의 학습권 보장을 위해 폐교계고 조치를 내릴 수밖에 없으나, 빠른 시일 내에 333억원 횡령금 변제와 서남학원 전체 인수계획안을 제출하는 기관이 있으면 재검토하겠다고 약속하였다. 이에 교수협의회는 전 정권의 잘못된 정책의 희생양으로 서남대학교를 폐교시키려 한다고 규정하고 청와대앞 1인시위와 교육부 앞 천막농성시위를 계속적으로 진행하고 있으며 동시에 남원 시내에서 촛불집회를 매주 금요일에 진행하고 있다.

3. 미숙한 행정처리, 비리재단 옹호하는 교육부의 잘못된 정책에 의해 서남대 정상화 불가능하게 하다.

지난 수년간 명지병원, 예수병원, 대진대학교 등 다수의 기관들이 서남대 인수에 큰 관심을 보였다. 최근에는 서울시립대, 삼육대가 적극적인 인수의사 표현과 동시에 학교 정상화 계획서를 제출했지만, 교육부는 이 두 학교의 계획서를 반려하면서 서남대 폐교 방침을 밝혔다. 교육부는 서울시립대와 삼육대의 정상화 계획서를 반려한 이유로 다음 두 가지를 강조하고 있다: ①두 대학의 정상화 계획은 남원캠퍼스에 대한 정상화 계획만을 담고 있다. ②제출된 계획서는 종전이사(비리재단)가 학교를 운영할 빌미를 제공할 수 있다. 그러나 서울시립대와 삼육대가 정상화 계획을 제대로 제시하지 못한 것은 교육부의 미숙한 행정처리 때문이다. 교육부는 서남대 재정기여자(서울시립대, 삼육대 등)들에게 '종전이사(비리재단)의 동의'를 필수 요건으로 제시했다.

* 2016년 6월 8일 교육부 보도해명 및 설명자료에 의하면, 교육부는 종전이사(비리재단)를 정식이사 선임하는 문제와 직접적인 이해관계를 가지는 자이며, 또한 종전이사(비리재단)에게 최소한 과반수를 부여하는 사분위 심의원칙 등을 고려해야 한다고 설명하고 있으며, 이를 근거로 지속적으로 종전이사(비래재단)의 동의를 필수 요건 제시하고 있음
* 2017년 6월 7일 교육부의 전문기관(한국사학진흥재단) 컨설팅에서도 서울시립대, 삼육대에게 종전이사(비리재단)의 동의를 필수 요건으로 제시하였음

교육부가 종전이사(비리재단) 동의를 필수 요건으로 제시한 상황에서 서울시립대와 삼육대는 아산캠퍼스를 제외한 남원캠퍼스 중심의 정상화 계획을 수립할 수밖에 없었다.

* 2017년 6월 23일 서울시의회 기획경제위원회 회의록에 의하면, 서울시립대 총장은 아산캠퍼스는 종전이사(비리재단)들이 운영하기를 원하고 있으며, 종전이사(비리재단) 동의 및 협상을 위해서는 아산캠퍼스를 제외한 남원캠퍼스 중심의 정상화 계획을 수립한 것으로 밝히고 있음

또한 종전이사(비리재단)의 동의를 받아야 하기에, 서울시립대와 삼육대는 종전이사의 정상화 계획을 고려할 수밖에 없는 상황이었다. 실제로 교육부는 '종전이사(비리재단)에게 서남대(아산캠퍼스) 운영권을 부여할 계획'이었다. 교육부는 서남대 종전이사(비리재단)에게 한려대 폐교로 횡령금 330억을 보전하여 서남대 아산캠퍼스를 종전이사(비리재단)들이 운영할 수 있는 방안을 추진한 바 있다.

* 2016년 6월 7일 교육부 보도자료(서남대 구재단 서남대 정상화 방안 교육부 제출)에 의하면, 교육부는 종전이사(비리재단)가 제출한 서남대 정상화 방안에 대해 강력한 구조조정 등 컨설팅 후 정상화 추진 입장을 발표

* 이에 대한 주요 내용은 한려대 폐교로 종전이사(비리재단)의 횡령금 330억을 보전하고, 서남대 아산캠퍼스를 종전이사(비리재단)가 운영하는 것임

이 같은 상황 속에서, 서울시립대와 삼육대는 서남대의 두 캠퍼스를 아우르는 계획을 세우지 못했다. 결과적으로, 서울시립대와 삼육대가 제출한 정상화 계획서는 교육부의 행정적 미숙으로 인해 발생한 것이다. 사분

위의 '정상화 심의원칙'에도 명시되어 있는 것처럼 중대한 범죄를 저지른 종전이사(설립자)는 서남대를 다시 운영할 수 없는 것임에도 불구하고 교육부는 종전이사의 동의를 요구하는 잘못을 저질렀다.

* 사분위의 '정상화 심의원칙'에 "③비리 등으로 학교 경영에 중대·명백한 장애를 발생하게 하거나 파렴치 범죄, 반인륜 범죄, 강력 범죄 등의 범죄를 범한 종전이사는 비리의 정도 및 정상화를 위한 노력 등을 고려하여 정이사 추천권을 전부 또는 일부 제한"하는 내용이 포함되어 있음
* 서남대 설립자 이홍하는 서남대 등 교비 1,004억 원 횡령으로 징역 9년을 선고받았으며 2016년 5월 24일 대법원에서 확정되었음

지금이라도 교육부는 '종전이사(비리재단) 동의가 없어도 된다는 점'을 명백히 밝혀야 될 것이고 한남대, 삼육대 등 새로운 인수자에게 그러한 사실을 알려 종전이사(비리재단)의 동의 없이도 정상화계획서를 제출할 수 있도록 해야 할 것이다.

4. 이홍하가 횡령한 학생 등록금 333억 원을 탕감해 주고 잔여재산의 산하재단 귀속을 조장하는교육부를 규탄한다.

교육부는 사학비리 주범 이홍하의 333억원 교비를 탕감해 주려고 한다는 의혹을 받고 있다. 서남대 폐교절차를 이행하면 교육부 옹호하에 횡령금 333억 원이 탕감되고, 서남대 재산은 사립학교법 35조

와 서남학원 정관에 의해 이홍하의 딸이 총장으로 재직 중인 신경대로 승계된다. 교육부는 이러한 사실이 만천하에 알려질까 두려워 뒤늦게 국고환수특별법을 제정하여 비리재단의 재산을 환수한다고 말하고 있지만 이러한 답변은 서남대 폐교에 대한 면피용 변명일 뿐이다.

▫ 근거자료

사립학교법 제35조 (잔여재산의 귀속) ①해산한 학교법인의 잔여재산은 합병 및 파산의 경우를 제외하고는 교육부장관에 대한 청산종결의 신고가 있은 때에 정관으로 지정한 자에게 귀속된다. [개정 90·12·27, 2001.1.29. 법률 제6400호, 2008.2.29 제8852호(정부조직법), 2013.3.23 제11690호(정부조직법)]

○ 설립자의 각 대학 폐교 시 정관에 따르면...

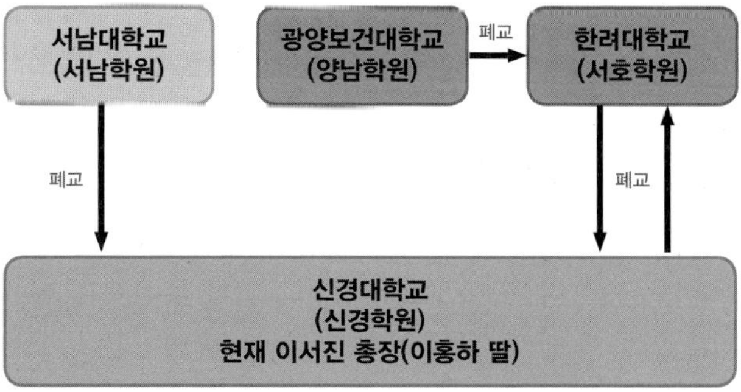

○ 서남대학교 정관

제36조 (해산) 이 법인을 해산하고자 할 때에는 이사 정수의 3분의 2 이상의 찬성으로 관할청의 인가를 받아야 한다 (개정 2008.9.1).

37조 (잔여재산의 귀속) 이 법인이 해산하였을 때의 잔여재산은 합병 및 파산의 경우를 제외하고는 관할청에 대한 청산종결의 신고가 종료된 후 학교법인 서호학원 또는 신경학원으로 귀속한다 (개정 2008.9.1, 개정 2013.12.30)

제38조 (청산인) 이 법인이 해산한 때에는 청산인은 해산 당시의 이사 중에서 선출하되 관할청의 승인을 받아야 한다 (개정 2008.9.1)

○ 신경대학교 정관 : 이홍하 딸 이서진이 운영하는 신경대학교

제36조 (해산) 이 법인을 해산하고자 할 때에는 이사 정수의 3분의 2 이상의 찬성으로 관할청의 인가를 받아야 한다 (개정 2013.9.3).

제37조 (잔여재산의 귀속) 이 법인이 해산하였을 때의 잔여 재산은 합병 및 파산의 경우를 제외하고는 관할청에 대한 청산종결의 신고가 종료된 후 학교법인 서호학원에 귀속한다 (개정 2013.9.3, 개정 2014.3.18).

제38조 (청산인) 이 법인이 해산한 때에는 청산인은 해산 당시의 이사 중에서 선출하되 관할청의 승인 을 받아야 한다 (개정 2013.9.3).

○ **한려대학교 정관** : 이홍하 측근인 이호재 총장이 운영하는 한려대학교는 이홍하의 처인 서복영의 영향권 하에 있을 뿐만 아니라 2016. 6. 서남대, 한려대 통폐합 후 교육용 재산을 매각하는 정상화계획서를 제출하였으나 2017. 1. 사학진흥재단 컨설팅 결과 불수용 판단으로 교육부에서 계획안을 받아들이지 않았다. 그럼에도 불구하고 2017. 6. 동일한 정상화계획안을 제출하였으나, 교육부에서 받아들이지 않자 서남학원을 폐교시키겠다고 교육부에 제안하였고 이를 교육부가 받아들이지 않았고, 2017년 9월 8일 신경대학교와 통폐합 MOU를 체결하였다.

제37조 (잔여재산의 귀속) 이 법인이 해산하였을 때의 잔여 재산은 합병 및 파산의 경우를 제외하고는 관할청에 대한 청산종결의 신고가 종료된 후 학교법인 신경학원에 귀속한다.

○ 광양보건대학교 정관

제36조 (해산) 이 법인을 해산하고자 할 때에는 이사 정수의 3분의 2 이상의 찬성으로 관할청의 인가를 받아야 한다 (개정 2013.9.3).

제37조 (잔여재산의 귀속) 이 법인이 해산하였을 때의 잔여 재산은 합병 및 파산의 경우를 제외하고는 관할청에 대한 청산종결의 신고가 종료된 후 학교법인 서호학원에 귀속한다 (개정 2014.4.15).

제38조 (청산인) 이 법인이 해산한 때에는 청산인은 해산 당시의 이사 중에서 선출하되 관할청의 승인을 받아야 한다.

○ 이홍하 재단의 족벌세습을 인정하는 교육부의 작태

2013년 3월 23일 사립학교법이 정관에 따라 재산이 귀속된다는 법이 개정되자, 이홍하 산하 비리재단은 정관을 개정하여 족벌세습의 근거를 만들었다.

5. 서남대 문제 해결 방안

서남대 사학비리를 해결하기 위해서는 교육부의 잘못된 관행과 원칙을 바꾸고 개선해야 할 것이다. 우선 사학에 대한 인식의 변화가 필요하다. 사학을 개인사유물로 여기고 더 나아가 학생들의 등록금을 착취해 개인영리 목적으로 사용하는 악행을 저지르고 있고, 결국 피해는 구성원, 학생들에게 돌아가고 있는 실정이다. 만약 서남대 문제가 1998년, 2002년에 설립자의 횡령을 눈감아주지 않고, 관리감독을 소홀하게 하지 않았다면, 여기까지 오지 않았을 것이다. 또한, 충분히 정상화할 수 있는 기관이 있음에도 불구하고, 법에도 없는 원칙을 내세워 '불수용' 조치를 내리는 교육부의 잘못된 정책으로 비리없고 건실한 사학으로 발돋

움 하기를 바라는 서남대 구성원의 열망이 좌절되고 있다. 지난 8월 11일 교육부 장관이 우리들 앞에서 약속한 대로 횡령금 333억원 변제와 서남학원 전체 인수를 포함한 정상화계획안이 마련될 경우 서남대 정상화를 추진해주어야 할 것이다. 물론, 이 과정에서 비리재단에 대한 동의를 배제해야 될것이다.

교육부는 학생들의 학습권 보장과, 의대인증평가 불인증에 의한 회생불가하다는 이유로 서남대학교를 폐교시키려하고 있다. 그러나 과연 1,000여명이 넘는 서남대 학생들을 100%특별편입학을 장담할 수 있느가 의문이다. 2014년 더불어민주당 김태년 의원의 정책자료집을 인용하면 '폐교된 학교의 학생의 특별편입학 비율은 50%에 못미친다' 라고 하였고, 2017년 11월 9일 행정예고에 앞서 교육부 실사팀 역시 100%특별편입학을 보장하지 못한다고 하였다. 만약, 단 한명의 학생이라고 특별편입학을 못한 경우 이 책임은 누가 지어야 하는 걸까요?? 자기들 실적쌓기 수단으로 죄없는 학생들이 피해를 더 볼 수 있다는 것을 교육부는 알고 있을까요. 학생들의 100% 편입학을 보장할수 없는 한 절대적으로 폐교를 시켜서는 안될것이다.

더 나아가, 폐교 후 이홍하가 학생들 등록금 횡령한 금액 333억원을 탕감해주고, 재산 역시 이홍하 딸이 경영하는 신경학원으로 귀속된다. 이홍하는 도둑질한 돈에 대해 어떠한 책임도 지지 않고, 자기자산을 딸에게 줌으로써 재산 한푼도 손해보지 않는 것이다. 위5 사항에 대해 지적하자, 2017년 8월에 급박하게 사립학교법 35조를 개정해 국고환수한다고 하는데, 법 개정이 이루어질지 미지수이다.

결론적으로, 교육부가 서남대학교를 폐교시키려는 것은 학생들의 학습권 보장을 위해서가 아니라, 자기들의 구조개혁평가의 실적을 쌓고, 비리재단의 재산을 옹호, 보존해 주려는 적폐를 저지르고 있는 것이다. 서남대학교는 교육부의 사학비리옹호, 일관되지 않은 정책에 의해 정상화가 지연되었고, 수없이 정상화에 대한 구성원, 전북도민들의 염원을 알렸지만, 교육부는 잘못된 관행도 관행이라고 주장하면서, 일관성 있게 폐교

정책을 추진하였다. 이 책이 서남대 폐교 이전에 발간될지, 이후에 발간될지 모르지만, 건실하고, 비리없는 인수자에 의해 정상화 된 학교에서 학생들과 등나무앞 벤치에서 우리의 투쟁과정을 이야기하면서, 읽어내려가길 기원한다.

성신여자대학교가 거쳐 온 18년의 질곡

김 도 형
성신여대 교수회 공동회장

1. 배경

성신여자대학교(이하 '성신여대')는 평생 독신으로 살다 후사(後嗣) 없이 별세한 설립자 이숙종 박사를 이어 잠시 설립자의 조카(큰언니의 장남 심용현)와 조카손자(큰언니의 손자 심규형)가 이사장을 맡으며 심씨 가문이 학원을 운영했으나, 그들 역시 유명을 달리한 1992년 후에 심씨 가문은 성신학원에서 완전히 손을 떼는 것으로 정리됐다. 결과적으로 이사장을 전(前) 성신여대 총장이 맡고 총장은 이미 설립자의 조카손자의 만년(晩年) 때부터 교수직선제에 의해 선출되는 등, 이상적인 뜻에서 구성원들이 자주적으로 운영에 참여하는 진정한 '공익' 법인이 되었다.

이렇게 내실 있게 발전을 지속하던 성신학원에 최초로 어두운 그림자가 드리운 것은 1999. 6. 제6대 총장후보자선거에서의 1위 득표자를 제치고

2위 득표자를 당시 이사장 이○○(신일학원 설립자의 장남)이 총장으로 선임하면서부터다. 그 이전까지는 교수직선제에 의한 상위 득표자 2인을 이사회에 추천하면, 비록 사립학교법에 따라 이사회가 총장선임에 대한 전권을 가지고 있으나 구성원들의 총의를 존중한다는 취지에서 예외 없이 1위 득표자를 총장으로 선임해 왔기 때문이다. 성신학원의 설립자와 관계가 있는 것도 아니며, 그렇다고 성신학원에 커다란 기여를 한 바도 없는 이○○ 이사장의 이런 돌발적 행동을 구성원들은 '무주공산(無主空山)'인 성신학원을 제3자가 장악하려는 기도(企圖)로 받아들였고, 대대적인 저항이 일어났다. 1년이 훨씬 넘는 격렬한 투쟁 끝에 문제의 이사장은 퇴진시켰으나 2위 득표자 총장은 그 직을 유지하였고, 투쟁 과정 중에 구성원들 사이의 분열과 감정적 앙금은 잠재적 분란의 불씨로 남게 된다.

2. 전개

성신학원 설립자의 방계혈족으로서는 20세기 마지막 이사장을 역임한 심규형(임기: 1986. 8.~1992. 1.)의 이복동생인 심화진은 1996. 3. 성신여대 의류학과 교수로 임용된다. 그런데 2003. 1. 심화진은 돌연 교수 사직서를 내고 직후 성신학원 이사로 선임된다. 이후 상근(常勤)하며 봉급을 받는 '총무이사'라는 직함을 달고 이사회의 업무를 주도하기 시작한다. 제일 먼저 한 일이 2003. 제7대 총장선임에서 이전까지의 교수직선에 의한 후보선출이라는 관례를 깡그리 무시하고, 이상주 전(前) 교육부총리를 이사회가 바로 총장으로 임명하도록 만든 것이었다. 그리고 자신은 2005. 5. 이사장으로 취임한다.

이렇게 설립자의 방계혈족인 심씨 가문 인사로는 만 13년을 훌쩍 넘겨 갑자기 이사장이 된 이후, 마치 자신이 설립자이기라도 한 양 성신학원의

'주인' 행세를 하며 사유화할 수도 없고 사유화해서도 안 되는 학원에 대한 철저한 사유화 작업에 착수한다. 그 일환으로 학사업무와 인사권 등에 대한 간섭을 통해 스스로가 영입했던 이상주 총장이 못 견디고 2006. 7. 스스로 사직하게 만들었으며, 2006. 12.과 2007. 6. 두 차례에 걸쳐 당시 성신여대 교수들의 대의기구(代議機構)였던 교수평의회 회장과 부회장을 파면시켜 학내 반발을 완전히 진압한 뒤, 2007. 8.에는 자신이 직접 제8대 성신여대 총장으로 취임하면서 이런 사유화 작업은 거의 완성된다.

한편 심화진 본인도 심씨 가문이 성신학원 운영에서 손을 떼기로 한 사정을 잘 알고 있기에, 자신의 정통성이 빈약하다는 것을 민감하게 의식하여 언론이나 위키피디아와 같은 편집이 가능한 웹문서에는 그동안 스스로를 설립자의 '손녀' 또는 '외손녀'로 포장해 왔다. 또한 2009. 7.에는 자신의 부친인 심용현의 묘를 슬쩍 도봉동에 위치한 설립자묘역에 이장함으로써, 본인이 마치 설립자의 직계후손인 것처럼 정통성을 조작하는 일까지 한 바 있다.

3. 폭로와 대응

두 차례 교수 대의기구 회장(정헌석 교수)과 부회장(김도형 교수)을 파면시킴으로써 학내 반대세력에 대해 위력시위를 하며 학원을 장악한 심화진은 2011. 8. 제9대 성신여대 총장으로 연임됐다. 물론 이 선임과정에는 구성원의 총의를 수렴하기 위한 어떤 절차도 없었다. 그야말로 심화진으로서는 성신학원의 사유화가 완성돼 탄탄대로라고 생각하여 아무 것도 거리낄 것이 없는 상황이었을 것이다.

그런데 2012. 10. 말 심화진의 다양한 비리와 행정전횡 의혹을 상당히 구체적으로 폭로하는 익명의 탄원서가 성신학원 이사회에 접수되면서 동시에 일부 교수들에게도 송부되는 일이 발생했다. 이 탄원서의 내용에 충격을 받은 전·현직 교무위원, 평교수, 동문회, 퇴직 직원 등의 규탄 성명서가 잇따르고 교수단체가 조직되면서 오랫동안 '무덤의 침묵'이 흐르던 성신학원이 격랑(激浪)에 휩싸이기 시작했다. 성신학원 이사회 또한 충격을 받아 2013. 1. 7. 이사회 의결을 거쳐 외부전문기관인 「법무법인 세종」에 의뢰하여 전문조사위원회를 구성하여 그 진상을 조사하기로 하였으나, 총장인 심화신은 조사자체를 거부하였다.

「법무법인 세종」은 정식 조사 이전에 총장이 일방적으로 이사회에 제출한 석명서(釋明書)를 근거로 사전 조사한 것만으로도 탄원서의 내용이 대부분 사실임을 밝혔는데, 그 중에는 전임교원 76명을 포함한 교원 105명의 특별채용이 있었으며(심화진 이전까지의 성신여대 역사에서 특별채용은 단 3건에 불과했으며, 신설학과를 정착시키기 위한 특수경우에만 해당했다. 예를 들면, 미디어커뮤니케이션학과를 신설하며 MBC의 대표 앵커였던 손석희를 교수로 특별채용 한 것 등이다), 이 중에서 상당수의 본인 및 남편 전○○(전(前) 제1야전군사령부 부사령관·특전사령관)의 친척과 지인들을 논문심사도 제대로 하지 않고 채용했다는 의혹의 신빙성이 속속 드러났다. 또한 과다한 입시수당의 수령, 근속수당·출장비의 부당수령, 수의계약으로 지인에게 특혜를 준 의혹 등은 사실로 밝혀졌다

성신학원 이사회는 조사결과를 바탕으로 총장을 해임시켜 책임을 물으려 하였으나, 이사들(이○○, 염○○)이 납득하기 어려운 이유로 잇달아 사퇴하면서 일이 지연되었고, 총장을 일단 직위해제하여 미진한 조사를 철저하게 마친 뒤 그 결과에 따라 후속조치를 취하자는 안건마저 2명의 이사(김○○, 지○○)가 회의 직전에 입장을 갑자기 번복함으로써 부결되고 만다.

4. 혼란

총장에 대한 직위해제 안건에 기권을 하여 동 안건을 부결시켰던 두 이사는 그때를 기점으로 태도를 돌변하여 노골적으로 총장을 비호하기 시작하면서 이사이기도 했던 심화진 총장과 함께 아예 이사회를 공전(空轉)시켰고, 따라서 자신에 대한 제재 수단이 없다고 판단한 심화진은 탄원서 이후 자신에게 비판적인 이사장 김○○의 인사권을 아예 박탈하려는 시도까지 했다.

2013. 9. 보직 인사에서 이사장이 임명할 수 없다고 한 부총장과 두 학장을 곧바로 직무대리로 임명하여 이사장의 인사권을 박탈하였고, 이에 따라 이사장과 총장 사이에 보직임명권을 사이에 두고 2건의 가처분 소송이 벌어졌으며, 법원이 이사장의 보직 임명권을 행사하기 전에 총장이 그 직의 직무대리를 임명하는 것은 이사장의 보직 임명권을 형해화(形骸化)하므로 위법하다고 판결했음에도, 인문과학대학장 후임을 또다시 이사장의 재가 없이 직무대리로 임명하여 법원의 판결마저도 무시했다. 이 건에 대하여도 가처분 소송이 있었고, 법원은 2014. 6. 13.에 또 다시 인문과학대학장 직무대리의 직무정지를 결정했다.

심화진 총장은 직무가 정지된 신○○ 부총장 직무대리에게 이번에는 규정에도 없는 미래발전위원장 직함을 만들어 부총장실을 미래발전위원회 및 정책자문위원회로 간판을 바꿔달고 계속 직무를 하게 했으며, 타 학교를 방문할 때도 대동하고 가서 부총장으로 소개하는 등 실질적인 부총장 노릇을 하게 하면서 법원의 판결을 비웃다시피 했다. 그런데 더욱 더 놀라운 사실은 법원에 의하여 직무가 정지된 신○○ 교수와 김○○ 교수를 2014. 8. 13.자로 각각 부총장과 인문과학대학장 후보로 재차 임명제청하였다. 결국 이들은 2017. 8. 현재까지 부총장과 대학원장(인문과학대학장에 이어) 자리를 지키게 된다.

또한 심화진 총장은 2014. 1학기에 자신이 제청한 교원의 신규임용, 재임용, 승진 안건을 심의하기 위한 이사회에 다른 이사들과 함께 6차례나 고의로 불참하여 의결이 되지 못하게 하는가 하면, 문제가 있는 안건들까지 제청한 원안대로 모두 통과시키지 않으면 의결에 참여할 수 없다고 하여 2014. 1, 2학기 교원의 신규임용, 재임용, 승진 안건뿐만 아니라 초、중、고 교장 임명 안건이 2014. 11.까지도 처리되지 못하여 구성원들의 큰 반발을 샀다.

5. 고소, 고발, 소송전

심화진 총장과 그 꼭두각시가 된 보직자들은 학내 여론에는 귀를 막고 자신들에게 비판적인 발언만 하면 교수와 학생은 물론이고 심지어 이사장까지 고소, 진정, 수사의뢰를 하여 특히 2013.~2016. 중에는 학내가 고소와 고발, 소송으로 얼룩졌다.

전술(前述)했다시피 당시 총장 심화진과 이사장 김○○ 사이에 보직임면권을 두고 4차례나 가처분 소송이 있었고, 제2캠퍼스 건축시 심화진의 자의적(恣意的)인 설계 변경(총장전용 엘리베이터 설치 등 무려 380회가 넘음)으로 인한 추가 공사비 발생으로 인해 원고소가가 26,777,028,000원에 이르는 손해배상청구소송을 건설사로부터 당했다가 법원의 중재로 거액을 지불하고 합의를 보기도 했다. 2013. 3. 12.에는 보직자 9명이 교수단체 대표를 수사의뢰하여 김호성 교수의 연구실에 대한 경찰의 압수수색이 있었고, 관련하여 김향기 교수 외 2인(김호성 교수와 김도형 교수)에 대한 경찰과 검찰의 조사가 진행됐으나 무혐의로 종결된 바 있다. 2014. 2.에는 심화진의 남편인 전○○ 당시 특전사령관이 언론에 허위사실 제보로 자신의 명예를 훼손했다고 조○○ 교수를 수사의뢰하여 조○○ 교수연구실에 대한 압수수색이 있었고, 이후 이 고소사건에 대한 공판은

2017. 2.에 와서야 확정돼 조○○ 교수가 100만 원의 벌금형을 받게 된다. 그러나 재판과정에서 오히려 전○○의 사단장 취임식에 성신여대 직원과 조교를 동원했다는 등의 제보 내용이 대부분 사실로 드러나기도 했다.

2013. 9.에 각 대학에 대한 감사원 감사가 있을 것이라는 소문을 들은 학생들이 성신여대에 총장 비리의혹이 있으니 철저히 조사해달라며 감사원 앞에서 시위를 벌인 일이 있었는데, 당시 문○○ 학생처장이 2014. 4.에 이 학생들이 입시업무를 방해했다고 경찰에 수사의뢰를 한 사건이 있었다. 이에 대하여 학생들은 학내에 대자보를 붙이고 기자회견을 하는 등 항의했는데 이 사실이 여러 언론에서 보도되었고, 2014. 6. 10. MBC의 『PD수첩 "대학, 안녕들 하십니까?"』에서 방송시간 45분 중 30분 가까이를 성신여대 문제를 다루게 되는 불명예스런 일도 있었다.

이 사건으로 학교는 들끓었는데, 총학생회, 동문교수, 노동조합 등의 성명이 있었고. 동문의 일부는 교문 앞에서 릴레이 1인 시위를 이어갔다. 또 교수회는 총장의 즉각 퇴진을 주장했다.

2014. 7. 17.에는 심화진과 그를 비호하는 김○○, 지○○ 이사가 함께 당시 김○○ 이사장을 사문서 위조 및 무고로 고소하기에 이르렀다. 이 사건은 언론에도 크게 보도되어 성신학원과 성신여대의 명예를 떨어뜨렸다.

6. 인사전횡

교수들의 승진심사가 아무런 기준도 없이 자의적으로 이루어져, 수업이나 연구에 문제가 없는 교수들도 승진에서 계속하여 탈락하는 일이 '교수 길들이기'를 목적으로 아무렇지도 않게 일어났다. 더욱이 문제는 승진 탈락 교수에게 그 탈락의 이유를 명확히 알려주지 않으니, 다음 승진심사에 대비할 수 있는 준비도 불가능하다는 점이다. 심화진은 보직교수나 부교수 이하의 교수들로 교원인사위원회를 구성하여 자신의 거수기 노릇을 하도록 만듦으로써, 자신에게 충성하지 않는 교수의 경우 인사위원회를 통과하지 못하여 이사회에 아예 승진 제청이 되지 않도록 원천 봉쇄시키는 폭거를 자행했다. 이 승진심사 제도는 뒤에 더욱 개악(改惡)되어, 승진심사를 받을 시기가 도래한 교수들 중 대학본부로부터 필요한 서류를 제출하라는 통보를 받은 교수들만 승진심사의 기회를 가지게 되는 것이고, 연락이 오지 않은 교수는 그 학기에 아예 심사 기회도 가져보지 못하고 그냥 승진에 탈락하는 방식으로 바뀌었다.

특히 사학과의 홍○○ 교수의 사례는 여기에 더해 심화진을 비호하는 일부 이사들의 몰상식을 적나라하게 보여 줬다. 원래 2014. 3. 승진 대상자였던 홍 교수는 앞서 언급했던 대로 심화진, 김○○, 지○○ 이사가 줄곧 회의에 불참하며 이사회를 마비시키는 바람에 승진을 못 했다가, 승진을 안건으로 다룬 2014. 7. 17. 이사회에서 지○○ 이사가 난데없이 "홍○○ 교수가 이숙종 설립자를 친일파로 매도한 자료를 배포한 적이 있다."고 승진에 이의를 제기하고 심화진, 김○○ 이사가 이에 동조하는 바람에 또 승진에 실패했다. 놀라운 점은 지○○ 이사의 이런 주장은 전혀 근거가 없었고, 실제로 본인도 아무런 증빙자료를 끝내 제시하지 못 했다는 것이다. 그럼에도 불구하고 이런 억지가 횡행한다는 것이 바로 심화진 지배하의 성신학원 이사회가 얼마나 비상식적으로 운영되고 있었으며, 심화진이나 김○○ 이사, 지○○ 이사 등이 기본 소양조차 갖추지 못한 인사들이라는 점을 웅변한다고 하겠다. 결국 뒤에 지○○ 이사는 홍○○ 교수로부터 명예훼손 피소를 당하여 '허위사실에 의한 명예훼손죄'를 인정받게 된다.

한편 심 총장이 2014. 8. 13.자로 임명했던 신○○ 부총장과 김○○ 인문과학대학장은 법원이 2014. 11. 28. 김○○ 이사장의 가처분신청을 인용하여 두 사람의 직무를 정지시킴으로써 위법한 인사라는 점이 결국 소모적인 법적 다툼 끝에 다시 확인되었다.

7. 임시이사 파견

2014. 12.과 2015. 1.에 잇달아 김○○ 이사장과 심화진 총장의 이사 임기가 만료되고, 이어서 2015. 2. 돌연 전(前) 총리인 이○○ 이사가 사임함으로써 성신학원의 재적 이사수가 의결정족수인 5인에 미달하여 2015. 3. 11. 교육부로부터 4인의 임시이사가 성신학원에 파견되었다. 구성원들은 일말의 불안함을 지우지는 못한 채, 사회적 경륜을 갖춘 임시이사들이 불편부당(不偏不黨)한 자세로 성신학원의 산적한 문제를 공의(公義)에 부합하게 처리하기를 기대했다. 그러나 이러한 기대는 곧 곳곳에서 파열음을 내며 무너지기 시작했다.

8. 교비횡령

2015학년도 등록금심의위원회에 당연직 위원으로 참가한 총학생회장과 총동창회장은 자료에서 이상한 항목을 발견한다. 일반용역비로 무려 7억 원이 넘는 돈이 집행된 것이었다. 담당직원에게 문의한 결과 법률비용이라는 답을 듣게 됐다.

그 결과 2014년도 성신여대 결산안을 심의하는 이사회 회의에서 일부 이사가 이 항목의 자세한 내역을 학교본부에 요구하게 되고, 밝혀진 사실은 2014년도에만 7억 원이 넘는 교비가 변호사 수임료 등으로 지급됐고, 게다가 담당한 사건들이 대부분 학사업무와는 전혀 관계가 없는 것이었다. 앞에서 서술했던, 심화진 총장이 자기 측근의 사람들을 이사장의 반대를 무릅쓰고 보직에 앉히려고 다투며 했던 가처분 소송이라든가, 자신에게 비판적인 교수단체의 입에 재갈을 물리기 위해 보직자들을 내세워 교수회 소속 교수에게 했던 명예훼손 소송 등의 법률비용을 모두 교비로 지급했던 것이었다. 심지어 심 총장의 비리 의혹을 투명하게 해명하라고 요구한 학생들을 업무방해로 수사의뢰하면서 사용한 법적자문료까지 교비를 사용하였다. 거의 전적으로 학생들의 등록금에 그 운영을 의존하는 성신여대의 총장이 학생들을 수사의뢰하며 바로 그 학생들의 등록금으로 조성된 교비를 써버리는 놀라운 후안무치(厚顔無恥)를 보였다.

이러한 소송들은 심화진이 '대학운영권 강화'나 '비판세력 제거' 등 다름 아닌 '자신의 이익'을 위해 한 것이다. 그리고 '자신의 이익'을 위한 소송에 '자신의 돈'을 쓰지 않고 '교비'를 쓴 것이다. 써야 할 '자신의 돈' 대신에 '교비'를 사용함으로써 그만큼 소모되지 않은 '자신의 돈'은 또 다시 지극히 사적인 용도에 사용했을 것이다. 결국 '교비'를 횡령해서 사적인 용도로 사용한 것이다. 차제에 분명히 해야 할 점은, 비리사학의 이사장이나 총장 등 학교 경영자가 자신들의 지배권 강화를 위해 학사업무와 무관한 송사의 법률비용으로 교비를 지불하는 것은 자신의 주머니에 교비를 착복한 것과 전혀 다를 바가 없다는 것이다. 관련 재판의 판결문들에서 흔히 보는, "사익을 위해 사용하지는 않은 점을 참작하여" 운운하는 식의 판단은 가소로울 뿐이다. 교비를 직접 개인의 주머니로 넣느냐, 개인의 주머니에 있던 돈으로 지불해야 마땅할 것을 대신 교비로 지불하고 주머니에 있던 돈은 그대로 두는 것이 무슨 차이가 있단 말인가? 돈에 무슨 꼬리표라도 달렸다고 법원은 진지하게 생각한다는 뜻인가?

그런데 이 사실이 밝혀진 이사회 회의에서 한층 더 놀라운 일이 벌어졌다. 공익적 목적으로 파견된 임시이사들이 일부 정이사들의 이의제기를 묵살하고 이렇게 '업무상 횡령'을 한 결산안을 통과시킨 것이다. 정상적인 이사들이라면 이 법률비용의 집행내역을 정밀조사한 뒤 구상권을 행사하여 심화진으로부터 이 교비를 환수하는 것은 물론이고, 자체징계 나아가 교육부 보고와 검찰고발 등을 진행해야 마땅한 것이다.

결국 심화진의 이 '업무상 횡령' 건은 성신여대 교수회에서 나서 검찰에 고발하였고, 2016. 1. 검찰에 의해 심화진은 '업무상 횡령' 혐의로 형사 기소되었으며, 2017. 2. 징역 1년의 실형을 받고 법정구속까지 되는 데 이른다. (2012. 성신학원 이사회에 접수된 탄원서로 인해 촉발된 심화진 자신에 대한 비판의 화살을 피하기 위해 남발한 소송의 화살이 부메랑으로 돌아온 셈이다. 그야말로 인과응보(因果應報)이고 사필귀정(事必歸正)이라 하겠다.)

한편 전(前) 헌법재판관인 검사 출신의 변호사, 현직 서울시교육청 부교육감, 공인회계사, 현직 대학총장 등으로 이루어져 이 사안의 명백한 불법성을 알고도 남음이 있을 임시이사들의 이러한 희한한 결정은 그들의 진정성에 대한 근본적 의구심을 성신의 구성원들에게 심어 주었다. 특히 결산안 통과를 주도한 이사가 임시이사들 중에서도 교육부의 현직 공무원(당시 서울시교육청 부교육감)이었던 박○○ 이사였다는 점이다. 이 자는 과거 교육부 본청에서 대학관련 업무를 오랫동안 담당해서 대학의 재무회계에 정통하다고 스스로 자랑하곤 했는데, 자신이 그렇게 잘 알기에 문제없다면서 통과를 주도했다는 것이다. 결국 재판의 결과로 보건대, 얼마나 자신이 맡은 업무파악에 부실했고 과거 엉터리로 업무를 수행했는지를 짐작할 수 있는 사례이다.

9. 리베이트 수수

2015. 6.에는 또 다른 충격적인 사실이 밝혀졌다. 심화진이 이사장으로 재임하던 2007.에 신일학원으로부터 매입한 미아동 운정캠퍼스 부지는 당시부터 말이 많았던 것이었다. 맹지(盲地)에 가까운 땅을 시가보다 훨씬 높은 가격으로 매입했다는 것이 정설이었고, 그 과정에 과거 성신학원 이사장 재임 시 성신학원의 첫 분규를 야기했던 당시 이○○ 신일학원 이사장과의 유착이 의심을 사기도 했었다.

그런데 이 부지 매입대금(약 500억 원)의 잔금이 치러지고 2달 후 심 총장의 당시 미성년자 두 아들 명의의 계좌에 각각 1억 5천만 원씩 모두 3억 원의 현금이 입금됐다는 제보가 있었다. 2015. 6. 22. 이사회에서 송○○ 이사장이 심화진으로부터 확인한 결과가 보고됐는데, 토지 매도인인 신일학원의 이사장 이○○으로부터 받은 돈이 맞다고 심화진이 시인했고, 받은 명목은 당시 유학 중이던 두 아들에게 이○○ 이사장이 장학금으로 준 것이라고 했다는 것이다. 아버지는 군 장성이고 어머니는 대학총장이고 미국 유학중인 아이들에게 장학금을 줬다는 것이다! 게다가 하필 500억 원 규모 거래를 한 두 당사자 간에 오고간 이 거액이 '순수한 마음'의 장학금이라고 하면 삼척동자도 코웃음 칠 일이다.

그런데 임시이사 4인과 심화진을 무조건 비호하는 정이사 2인이 주도하는 성신학원 이사회는 이러한 최고교육기관의 장으로서는 상상하기 어려운 심화진의 추문(醜聞)에 대해 또 다시 눈을 감았다.

성신여대 교수회는 이것을 심화진 총장의 배임행위로 판단했다. 적어도 3억 원 이상의 이득을 신일학원이 취했고 그만큼을 성신학원은 손해를 보았다고 생각하는 것이 합리적이기 때문이었다. 그래서 검찰에 고발하였으나, 이 건은 공소시효 만료라는 답만 받고 만다. 그러나 공소시효와 무관하게 이것은 최고교육기관의 장으로서 심화진의 도덕성에 치명적인 흠결이며 또한 성신학원 이사회를 주도하고 있는 이사들의 도덕적 불감증을 노정(露呈)한 것이었다.

10. 총장 3연임

성신의 구성원들은 임시이사들에 대한 점증하는 의구심 속에서도 2015. 8.에 임기가 만료되는 심화진 총장의 연임은 꿈에도 생각하지 않고 있었다. 2005.부터 이사장으로 2년, 총장으로 8년을 재임하면서 온갖 추문에 휩싸였고 그 결과 학교의 명예를 진창에 빠뜨렸을 뿐만 아니라, 엄연히 법에서 금하고 있는 소송비용으로 교비를 횡령하고 토지거래의 매도법인 이사장이라는 특수관계인으로부터 거액의 돈을 수수하는 등의 분탕질이 드러났는데도 세 번째로 총장에 임명할 수 있을 것이라고 생각한 상식인은 없었기 때문이었다. 아무리 훌륭한 총장이라도 세 번씩이나 연임하는 경우는 그 유례를 찾기가 어려운 것이 현실이기도 했다.

그런데 송○○(임시이사) 이사장이 주도하는 성신학원 이사회는 2015. 7. 다른 3명의 후보를 제쳐두고 심화진을 총장으로 연임시키는 의결을 한다. 총장후보의 자격을 정하고 지원자들로부터 자기소개서와 대학발전계획서 등을 받고 심사 인터뷰를 하는 과정 내내 비상식적인 일(지원 상황을 이사들에게 비밀로 한다거나 지원자의 서류를 심사자인 이사들에게 사전에 배포하지 않는 일 등)이 연속되었으나 설마하고 있던 성신 구성원은 크나큰 충격에 빠졌다.

뒤에 탐사언론「뉴스타파」의 보도를 통해 알려진 바에 따르면, 최순실 국정농단세력의 일원이었던 당시 청와대 교육문화수석비서관 김○○이 성신학원 송○○ 이사장과 현직 교육부 관료이면서 임시이사였던 박○○에게 압력을 넣어 심화진의 총장 3연임이 이뤄졌다고 한다.

11. 좌절

심화진 총장의 3연임을 결정한 2015. 7. 22. 이사회 직후 성신의 다수 구성원들은 자포자기한 심정으로 절망의 구렁텅이에 빠져 버렸다. 사회적 명사로 구성됐다는 교육부 임시이사들의 비상식적인 판단에 극심한 상식의 혼란을 겪었다. 그동안의 수많은 비리와 행정전횡 의혹은 차치(且置)하더라도, 교비 500억 원을 지불하여 토지매수를 하면서 3억 원이라는 거금을 매도법인 이사장으로부터 자식들 장학금이라는 명목으로 수수한 일조차 아무 문제가 없다고 하는, 대학총장이라는 자와 자칭 사회지도층 임시이사들의 도덕적 민낯이 참으로 충격적이었다.

기실 이사회에 탄원서가 접수된 2012.부터 3연임되기까지 약 3년간은 심화진에게도 홍역의 기간이었을 것이 분명하다. 그 정도면 자신의 잘못에 대한 반성의 계기로 삼기에 차고 넘칠 듯한데, 3연임이 된 후 심화진은 오히려 자신에게 비판적이었던 교수, 직원, 학생들에 대한 보복에 나섰다. 자신의 3연임을 반대하는 서명에 참가했던 부(副)처장 급의 직원을 전기실 팀원으로 발령 냄으로써 결국 스스로 견디지 못하고 사표를 내게 만들었고, 19명의 2016년 3월 정교수 승진 대상자들 중 대부분을 탈락시키고 3명만 승진시킴으로써 교수 길들이기의 강도를 더욱 높였으며, 학칙 중 학생징계 부분을 개정한 뒤 그것을 소급 적용하여 자신에게 비판적이던 선임 총학생회장 등 3명의 학생들에게 정학의 징계를 내리는 등 거칠 것이 없다는 태도였다.

이 중 학생징계가 특히 제3자가 보더라도 황당무계했는데, 교내 설치된 CCTV 카메라를 통해 전임 총학생회 임원들 중 일부가 게시판의 학교 측 게시물에 낙서를 하거나 찢는 일(학생들은 학교 측의 뻔뻔한 거짓말에 분개해 저지른 일이라고 말했다)이 있었음을 파악한 뒤, 원래 학칙 중 「학생 포상 및 징계 규정」에 "학교의 공공시설물을 고의로 오손하거나 파손한 학생"이라고 되어 있던 규정을 "학교의 공공시설물, 게시물 등을 고의로 오손하거나 파손한 학생"으로 개정하여 소급 적용해서 징계를 한 것이었다. 대단히 음험하고 악질적인 행위로서, 이런 일을 저지른 심화진이나 보직자 대부분이 교수라는 점을 고려하면 기가 막힌 일이었다. 이 부당한 징계가 너무나 억울했던 학생들이 변호사를 선임하고 법원에 제소하여 결국 징계처분이 무효라는 확인을 받아낸다. 그 판결문에서 재판부는 "이 사건 각 정학처분을 함에 있어 과연 교육적 차원의 배려를 징계양정의 기준으로 삼았는지, 그 징계처분이 현재 학업과 미래의 삶에 끼칠 영향 등을 고려하였는지 여부에 관하여 상당한 의심이 든다."고 하여, 판결문에서는 보기 드물게 학교 측의 비교육적인 면을 신랄하게 비판하는 표현까지 사용했다.

12. 반전

2015. 7.에 심화진이 총장으로 3연임되고 난 후 1년 이상, 2016. 1. 공금횡령으로 심화진이 기소된 일을 제외하면 성신에는 희망의 빛이 전혀 보이지 않았다. 구성원들은 전술한 바와 같이 심화진의 탄압을 감내하며 교수회가 비판의 목소리를 간간이 내는 정도일 뿐이었다.

2016. 8. 매우 중요한 판결이 법원으로부터 전해졌다. 임시이사들이 일부 정이사의 반대를 무릅쓰고 선임했던 개방이사(박○○) 선임결의가 무효라는 판결이 나온 것이다. 사실 정이사만으로 의결정족수를 충족하지 못하는 혼합체제의 이사회에서 정이사(개방이사는 정이사이다)를 선임하는 것은 무효라는 입장(그 논리적·법적 정합성에 대해서는 이견이 많지만)은 2007. 이래 여러 차례 대법원의 판례로 확립된 바가 있었다. 이 판결이 중요한 이유는, 이렇게 선임결의가 무효라서 이사 자격이 없는 자가 2015. 7.의 총장선임을 위한 이사회에 참석하여 의결권을 행사했기 때문이다. 따라서 심화진을 3연임시킨 총장선임결의도 무효가 되는 것이다. 이어서 2017. 1.에는 또 다른 개방이사(성○○) 선임결의도 무효라는 판결이 나왔고, 이 선임결의가 무효인 두 개방이사에 대한 직무집행정지 가처분 신청도 그보다 앞서 인용됐다.

마침내 2017. 2.에는 앞서 언급했듯이 심화진의 공금횡령이 유죄로 인정돼 1년의 실형을 선고받는다. 이어서 2017. 3.에는 심화진의 총장직무집행정지 가처분 신청이 인용되고, 총장직무대리도 법원에서 지명돼 파견된다.

2017. 3.에 제1기 임시이사들의 2년 임기가 끝나고 제2기 임시이사들이 성신학원에 파견된다. 2017. 5.에는 제1기 임시이사들에 의한 총장선임결의 무효확인 소송의 결과가 원고승으로 나온다. 즉, 심화진을 제10대 성신여대 총장으로 선임했던 2015. 7. 성신학원 이사회의 결의는 원천무효라는 것이다.

13. 과제

2017. 6. 심화진은 이사회에 총장직 사의를 표명한다. 그러나 심화진은 공금횡령이라는 형사사건으로 기소 중인 자이므로, 사립학교법에 따라 의원면직을 할 수가 없다. 대신 제2기 임시이사회는 구성원들의 반대에도 불구하고 항소했던 '총장선임결의 무효확인' 소송의 항소를 취하한다. 이렇게 됨으로써 제10대 성신여대 총장은 없었던 것으로 확정된다.

2017. 7. 제2기 임시이사들은 구성원들의 총의는 전혀 수렴하지 않은 채, 2017. 하계방학 기간 중에 총장을 졸속으로 선임하겠다고 '총장공모제'를 덜렁 공고한다. 이 방식은 2015. 7.에 제1기 임시이사들이 심화진을 3연임시킬 때 사용했던 바로 그 방법이다. 성신의 구성원들은 이것을 저지하기 위해 온 힘을 기울였다. 구성원들의 강력한 반발에 여러 이사들이 잇달아 사퇴해 또다시 성신학원 이사회는 의결정족수가 무너졌고, 교육부로부터 4명의 임시이사가 파견돼 결원된 자리를 채운다. 다행히 이 새로운 임시이사들은 구성원들의 의견에 귀를 기울여 이미 공고된 '총장공모제'의 문제점을 인식하게 되었다. 2017. 8. '총장공모제'에 지원한 2인의 후보가 면접 당일 스스로 지원을 철회함으로써, 이 공모제는 자연스럽게 무산됐다.

2017. 9. 제2기 임시이사들의 임기가 만료되고 새로운 임시이사들이 선

임돼 성신학원 이사회를 구성한다. 놀랍게도 사회 각계에서 민주화를 위해 노력해 온 분들이 여럿 포함된 막강 진용의 매우 좋은 이사회가 구성돼, 성신 구성원들은 희망에 부풀었다. 이 이사회는 2017. 10. 11.과 2017. 10. 13. 집중적으로 학내 제 주체(교수, 학생, 직원, 동문 등) 대표들을 면담해 의견을 청취한 뒤, 심화진에 대항해 힘껏 싸워온 성신여자대학교 교수회 공동회장 중 1인인 김호성 교수를 2017. 10. 13. 전격적으로 제10대 총장으로 선임한다. 이로써 성신은 큰 고비를 넘은 셈이다.

새롭게 선임된 김호성 총장은 취임사에서 자신은 "구성원들의 민주적인 절차를 통해 차기 총장후보를 선출할 때까지의 과정을 늦어도 2018. 6.까지 관리한 뒤 스스로 물러나겠다."고 선언하였다. 성신의 구성원들은 이제 모두가 참여하는 민주적인 총장후보 선출 절차를 원만하게 도출한 뒤, 그에 따라 차기 총장을 뽑음으로써 기나긴 과거의 질곡을 벗어나는 계기로 삼기 위해 노력하고 있다.

14. 교훈

심화진의 잘못을 한 마디로 요약하자면, "사유화할 수도 없고 해서도 안 되는 교육기관인 대학의 완벽한 사유화 시도"라고 할 수 있으며, 그 목적을 달성하기 위해 비교육적이거나 위법한 행위를 불사하며 구성원들의 자존감과 조직에 대한 자긍심을 훼손하는 일을 서슴지 않는 것이다. 앞서 설명된 공금횡령이나 업무상배임 모두 "성신여대는 내 것이기 때문에 그 예산도 내 쌈짓돈처럼 마음대로 유용할 수 있다."는 마음가짐으로부터 아무런 죄의식 없이 자행된 것으로 볼 수 있다. "성신여대는 내 것이니 교수나 직원은 피고용인일 뿐이고 학생은 서비스를 받기 위해 찾아온 손님일 뿐인데, 내가 내 사유물을 가지고 어떻게 하든 피고용인이나 손님은 마음에 들지 않으면 그만두거나 오지 않으면 그뿐, 이래라 저래라 간섭하는 것은 당치도 않다."고 생각하는 것이다. 그러니 아무 주저함도 없이 수단과 방법을 가리지 않으며, 자신을 비판하는 교수들을 파면시키고 자신을 비판하는 학생들을 징계하는 것이다. 이런 사고방식이 어찌 심화진만의 전유물이겠는가? 전국의 수많은 사학법인과 사립학교의 경영자들 마인드가 이럴 것이다.

모름지기 학교법인이란 공익재단으로서, 설령 설립자라 하더라도 사유물처럼 취급할 수 있는 법적·도덕적 근거는 전혀 없다. 이러한 점은 심지어 사립학교법인 스스로도 잘 알고 있다. 한국사학법인연합회가 스스로 만든 '사학윤리강령'에는 다음과 같은 내용이 1991.까지 포함돼 있었다(이후 뚜렷한 이유가 알려지지 않은 채 현재는 삭제된 상태이다). "사학을 위하여 제공된 재산은 국가사회에 바쳐진 공공재산이다. 어떠한 경우에도 사유물 같이 다루어져서는 아니 된다." 사학법인이 자신의 초심(初心)으로 돌아가면 대부분의 사학분규가 사라질 것이다.

또한 교육부의 감독책임을 거론하지 않을 수가 없다. 특히 사립대학의 경우, 대학정책실과 그 중 사립대학제도과의 책임이 막중하다. 그런데 과거 그 실장이나 과장들은 사학법인 또는 학교경영자와 유착하여 수많은 교원, 학생, 직원, 학부모들의 고통을 방치 내지 조장한 전력이 있다. 새 정부가 들어서고 새로운 장관이 부임한 이후에도 교육부 공무원들이 환골탈태하지 않는다면 타의에 의해 고통스런 개혁의 대상이 될 것이다. 성신학원과 성신여대만 하더라도, 이사회 구성과 민원처리 등과 관련해서 교육부 공무원들이 노골적으로 심화진을 비호한 사례가 여러 건 있었다. 우리는 그 중 명백한 증거를 가지고 있는 몇 사례를 그냥 넘기지 않고 끝까지 책임을 물을 작정이다.

성화대학교의 사학 비리와 폐교

이 덕 재
성화대

1. 들어가면서

2017년 5월 9일 대한민국 제19대 대통령으로 문재인대통령이 당선되었다. 이는 김대중-노무현 정부 이후 지난 약 9년2개월 동안 이명박-박근혜 보수정권의 종말을 고한 진보정권 재 서막의 청신호였다. 전국 7개 폐교대학교수 및 교원들은 지난 이명박 보수정권하에서 마녀사냥식, 줄 세우기 식, 본때보이기 식, 막가파 식, 밀어붙이기 식 대학폐교조치로 인하여 하루아침에 길거리로 내몰리면서 지금까지 참담한 교육 방랑자의 길을 걸어오고 있다.

2011년 7월 1일 MB정부 첫 대학구조개혁위원회 발족이후 2012. 2 성화대학, 명신대학 폐교완료, 2012. 8 선교청대학 폐교완료, 2013. 2 건동대(2012. 7 자진폐교인가) 폐교완료, 2014. 8 벽성대(2012. 7 학교폐쇄방침 확정)폐교완료, 2014. 2 경북외국어대학(2013. 5 학교폐지 및 학교법인 해산 인가 확정)폐교완료, 2013. 12. 17 국제문화대학원대학교(2013. 7 폐교처분)폐교완료 등 총 6개 대학 및 1개 대학원대학교 등 7개교가 폐교처분을 받고 폐교완료 되었으며 1개 대학원대학교만 폐교처분 후 소송 진행 중에 있다1).

그동안 폐교대학 교수들은 교육부의 마녀사냥 식, 줄세우기 식, 본때보이기식 막가파식, 밀어붙이기식, 직무유기에 대하여 비판의 목소리를 높여 왔지만 보수정권과 정부 관료들은 냉담한 미소만 지어 왔을 뿐 더 이상의 의지는 찾아볼 수 없었다.

그뿐만 아니라 2018년부터 2025년까지 학령인구의 기하급수적 감소에 따른 대학 입학정원의 감축은 약 160,000명에 이를 것으로 예측되고 있다. 단순계산으로만 살펴봐도 입학정원 1,500여명 정도의 군소대학 100여개 정도가 퇴출후보군 대학들이다. 이러한 사실은 수년전부터 언론에 이미 널리 보도되어왔던 사실이다.

그럼에도 불구하고 교육부는 문재인정부가 들어서자마자 대학구조조정 제2기 대학퇴출을 가속화하면서 대구외국어대와 한중대, 서남대, 광양보건대, 신경대, 대구미래대학 등이 또다시 강제폐교 위기로 내몰리고 있다. 이렇게 폐교위기로 내몰리고 있는 한계대학들은 문재인정부 내내 교육정책의 발목을 잡고 대학들을 혼돈사회로 몰아넣을 것이며 수 만 명의 고등실업자를 양산해냄으로써 사회적 갈등과 불평등을 야기 시키게 될 것이다. 이를 미연에 방지하고 대학의 질서 있는 퇴출을 유도하기 위해서라도 학생과 교직원, 재단 등 대학 주체들의 피해를 최소화할 수 있는 방안을 강구해야 할 것이다. 대학폐교 시 재학생과 재단의 재산처리에 관한 사항은 고등교육법 제72조에서 가이드라인을 제시하고 있으나 폐교대학 교원의 경우 신분보장을 위한 아무런 규정이 없는 입법부작위 상황이다.

따라서 본 제안에서는 재학생과 재단의 처리문제는 고등교육법이 정한 법률에 따라 처리할 수 있으므로 입법부작위 상황에서 아무런 대책 없이 길거리로 내몰리고 있는 교원들에 대한 신분회복 및 신분보장에 관한 내용을 중심으로 제안하고자한다.

또한 학령인구 감소에 따른 대학의 입학정원 감소가 불을 보듯이 뻔한 가운데 문재인정부의 성공적 대학구조조정과 고등교육 정책 수행을 위하여 폐교대학 및 한계대학 교원들의 실체를 제도권으로 끌어내어 그들의 신분보장을 위한 정책방향을 제시함으로서 대학주체들의 피해를 최소화 할 수 있는 질서 있는 대학퇴출을 유도해야할 것이다.

마지막으로 이명박-박근혜 정부의 본때보이기식, 밀어붙이기식 강제폐교조치로 5년여 이상 교육 방랑자로서 길거리를 헤매고 있는 폐교대학 교원들에 대한 신분회복과 한계대학교원들의 신분보장을 위한 정책방향을 제시함으로써 이명박-박근혜정부의 교육적폐를 청산하고 지방대학을 중심으로 한 사면초가의 대학들을 "대학다운 대학" 으로 거듭나게 함으로서 대학의 글로벌 경쟁력을 강화시키고 문재인정부의 국정슬로건에 맞는 "나라다운 나라"를 만들어나가는데 정책방향을 제시하고자 한다.

2. 대학 폐교의 문제점과 현황, 그리고 교육부의 직무유기

최근 서남대와 한중대, 대구외국어대 등의 폐교가 수면위로 떠오르면서 MB정부의 국가공권력에 의해서 강행되었던 강제폐교 및 자진폐교문제가 사회적 이슈로 등장하고 있다.

서남대는 '교육 마피아'의 대표적 적폐이다. 2012년 무려 1004억 원 횡령 혐의로 구속되어 복역 중인 이00는 서남대(1991) 외에 광양보건대(1992), 한려대(1995), 광주예술대(1997), 신경대(2005) 등을 설립하여 비리를 일삼아왔으며 감독기관인 교육부는 20년 넘게 그들을 비호하며 의대까지 설립인가를 내주는 직무를 유기하였다. 그 결과 오늘날 서남대 사태는 설립자 이00 333억 원의 횡령사건으로 학생과 교직원을 희생시키며 사학 소유주만 살리는 강제폐교를 강행하고 있다.

'13만6천원 급여'로 시작하여 결국 대학 폐교까지 이르게 된 성화대학은 현재 우리사회에서 사학비리의 전형이라 불리고 있다. 2006년 교육부 종합감사결과로 설립자 겸 이사장 이00의 58억 원 국고보조금 및 교비횡령이 밝혀졌고, 2010년에는 배임수죄 및 교비횡령 36억 원, 2011년 교육부 특별감사로 72억 원의 교비횡령과 전용이 밝혀져 결국 교육부의 대학 구조조정과 반값등록금에 맞물려 최 단시간에 대학 폐교까지 이르게 되었다. 폐교 전 횡령 및 전용, 배임수죄 166억 원 외 폐교가 진행된 시기에 40억 원 횡령으로 현재 복역 중인 당시 이사장(이00의 부인)의 횡령액까지 더하면 206억 원에 이른다. 시골 조그마한 전문대학의 재정을 고려해 보건대, 200억 원이 넘는 교비나 국비를 교외로 빼돌린다면 과연 부실해지지 않을 대학이 어디 있겠는가?

명신대학의 경우, 설립자가 사적 용도로 사용한 교비 13.8억 원, 교직원 채용 시 신원보증금 명목으로 개인이 수수한 5.3억 원 퇴직 시 교비회계에서 지급, 등록금 개인 계좌 개설 후 6.3억 원 불법 사용, 전 총장의 생계비 지원 등 2.6억 원, 전 총장 이00 등이 교비 횡령 40억 원 등 교비 횡령액 또는 부당 집행액 등이 68억 원에 이른다.

경북외국어대의 경우, 자진폐교 시 대학구성원들이 학교에 나오지 않는 일요일에 전격적으로 이사회를 개최하고 월요일 긴급 전체교직원회의를 소집하여 자진폐교를 일방적으로 선언하고 교육부에 자진폐교를 신청하였다. 그리고 대학 내 공사관련 횡령 등이 밝혀졌음에도 불구하고 교육부에서 자진폐교를 성급하게 승인 한 것은 교육부의 관리감독 소홀에 따른 직무유기 또는 비리에 대한 묵인으로 밖에 볼 수 없다. 또한 교육부의 지휘감독을 받고 있는 한국사학진흥재단으로부터 기채를 받아서 기숙사 신축 명목 하에 공사대금 일부분을 다른 용도로 빼돌려 불법 사용한 당시 부총장(둘째아들)은 구속되어 처벌을 받았다. 이런 사실에 비추어보면 강제폐교 위기로 내몰린 비리재단과 교육부의 구조조정 성과 간 해관계가 맞아떨어진 자진폐교 뒷거래임을 확인할 수 있다.

이러한 재단비리로부터 출발한 부실대학의 책임을 학교경영에 아무런 결정권도 없는 학생과 교수가 그 책임을 진다는 것은 법리상, 사회통념상 맞지 않다는 것이 정치권과 학계의 대체적 견해이다.

3. 사학비리의 전형, 성화대학

2010년 6월 급여 "13만6천원으로" 시작하여 결국 대학 폐교까지 이르게 된 성화대학은 현재 우리사회에서 사학비리의 전형이라 불리고 있다. 2006년 교육부 종합감사결과로 설립자 겸 이사장에 의한 58억 원의 국고보조금 및 교비횡령이 밝혀졌고, 2010년에는 배임수죄 및 교비횡령 36억 원, 2011년 교육부 특별감사로 72억 원의 교비횡령과 전용이 밝혀져 결국 교육부의 대학구조 조종과 맞물려 최 단시간에 대학 폐교까지 이르게 되었다.

반값등록금과 사립대학구조조정에 대한 사회적 관심이 들끓는 시기에 '13만6천원 급여' 문제가 알려지면서 성화대학은 비리사학의 전형으로 낙인찍혀 언론의 전폭적인 관심을 받게 되었고, 교육부의 특별감사가 신속하게 진행되었으며 문제가 발생한지 두 달 반 만에 초고속으로 '폐교계고'를 4개 월 만에 폐교조치를 받게 되었다. 부패한 사학재단의 설립자와 그 일가의 엄청난 범죄행위에 졸업생과 재학생, 그리고 교수, 교직원까지 한통속으로 부정과 부패, 부실의 공범인양 엄청난 비난이 쏟아졌고, 구성원들은 감히 얼굴조차 들고 다닐 수 없을 정도가 되었다.

하지만 진실을 좀 더 냉정하게 들여다보면, 성화대학 사태의 본질은 교육부의 특별감사결과로 밝혀진 바와 같이 부패한 대학 설립자와 그 일가의 부정과 전횡에 의해 성화대학의 재학생들과 수많은 졸업생들 그리고 교직원 등 구성원 모두에게 회복하기 어려운 피해가 발생 하였다는 것이다. 더불어 부패한 사학재단 일가의 비리와 이를 관리 감독해야할 교육부의 직무유기가 대학폐교라는 비통한 사태를 만드는데 일조했다는 것을 간과해서는 안 될 것이다.

또한 부패재단의 전횡을 막지 못한 교수들의 책임 또한 없지 않다 할 것이나 사립학교법과 교육부의 비호를 받고 있는 부패재단의 불가항력적 전횡을 전제한다면 교수들의 부패재단의 견제수단은 전무 또는 극히 제한적일 수밖에 없으며 교수들의 직·간접 견제는 경영간섭으로 비화되어 급기야는 보복인사로 이어져 해임과 파면 등 수많은 고초를 당해야만 했다.

드디어 2006년 10월 교육부는 학교법인 세림학원과 성화대학에 대한 종합감사를 실시하여 교비 및 국고보조금 횡령, 회계문란, 이사회 허위개최 등을 밝혀내고, 그 결과 학장과 이사, 감사 및 이사장에 대해 선임무효, 임원취임 승인 무효 및 취소 처분을 하도록 처분을 내렸다. 그리하여 2007년 4월 교육부는 성화대학에 임시이사 파견하고 이들 임시이사들은 감사처분에 대한 이행으로 임원, 이사장에 대해서는 임원취임승인 취소를, 학장에 대해서는 선임무효처분 등의 조치를 취함으로써 감사처분에 대한 이행을 완료하였다. 그러자 2007년 7월 교육부는 임시이사 파견 3개월여 만에 감사결과 시정요구를 모두 이행하였다 하여 정이사 체제로 전환시켜 수년서 동시에 설립자는 임원취임승인취소 두 달여 만인 2007년 7월 20일 자로 다시 이사장으로 복귀하였다. 이는 명백한 사립학교법 22조의 위반이었다. 교육부는 2006년 종합감사결과로 인해 엄청난 불법이 밝혀진 이상, 당시 그 책임을 엄중히 물어 설립자를 학교운영에서 손을 떼도록 조치를 내렸어야 했음에도, 감사를 통해 본인들이 찾아낸 범법자에게 다시 학교를 맡기는 어처구니없는 처분을 내림으로써 현재의 성화대학 문제의 단초를 제공 하였고, 이러한 부패 사립재단에 대한 봐주기식 처분으로 설립자의 전횡을 방치 내지는 방조하여 현재의 사태에 이르게 한 직무유기를 한 것이다.

교육부 감사결과, 학사운영에 있어서 수년에 걸쳐 법정 출석일수에 미달한 학생에게 학점을 부여하는 등 부실한 학사운영이 밝혀짐에 따라, 수업일수 미달 학생 연인원 23,879명(재학생 7,882명, 시간제 등록생 15,997명) 전원에 대해 학점을 취소하도록 하는 한편, 취득학점이 모자라 졸업요건에 미달할 경우 졸업생에게 수여한 학위도 취소하도록 통보하였다.

교육부는 성화대학의 2010. 4. 1. 기준 재학생 충원율이 119%(편제정원 2,552명 대비 재학생수 3,036명)인 것은 직장인 또는 원거리 거주자(2010학년도 기준 재학생의 약 25% 정도로 추정)로 충원하였고, 법정 출석일수가 미달함에도 학점과 학위를 주는 등 학사운영을 부실하게 하고 일종의 학위장사를 한 것에 크게 기인하였다3). 고 하였다.

그러나 시간제 등록학생(원격강의)의 경우, 2006년부터 2010까지 15,997명 학생들에게 불법으로 학점을 부여하여 학사관리와 회계처리에 심각한 문제점이 발생하였다고 언론에 보도되었으며 실제로 교육부 감사에서도 지적되었다. 그러나 교수들은 대학본부에 수차례에 걸쳐 원격강의 편법운영에 대한 중지요청을 하였으나 묵살 당하였다.

급기야는 2009년 4월 교수들이 시간제 등록학생 수업에 대한 불법성을 강진경찰서에 고발하기에 이르렀고 경찰의 수사가 시작되면서 경찰은 교육부에 시간제 수업에 대한 적법성 여부를 질의 하였다. 그럼에도 불구하고 교육부는 해당경찰서에 불법성은 인지하고 있지만 용인하고 있음이라고 애매한 답변과 행정제제 조치만을 하였다라고 답변하였다. 따라서 교육부는 경찰이 이에 대해 무혐의 처분을 내리는데 결정적인 역할을 하였고, 불법을 저지르고 있는 대학에 대하여 되레 면죄부만 주고 말았다.

교수들이 경찰서에 고발까지 하면서 시간제등록학생 불법을 저지하였지만 당시에 교육부에서 경찰서에 내린 공문에는 시간제 등록학생 원격강의를 용인하고 있다고 하는 애매한 답변과 행정제제 조치만을 하였다. 라는 답변을 하여 대학 측의 편법 강의를 묵인하여주고 언론의 주목을 받자 교육부는 마치 자기네들이 특별감사를 통하여 편법 시간제 등록학생을 적발해낸 것처럼 언론을 호도하면서 수 만 명의 학생들에게 학위장사를 했다고 허위 주장을 하면서 비리대학, 부실대학으로 몰아갔던 것이다.

재학생 7,882명의 학생들에게 학점을 부당하게 부여하여 전 재학생들의 학사관리에 심각한 문제점이 있는 것처럼 언론을 호도하였다. 이 또한 진실을 왜곡한 보도였으며 교육부 감사에서 밝혀진 대로, 2011년 6-7월경 감사 당월 2,762명의 재학생 중 193명의 학생들에게 학점을 부당하게 부여하였던 것이 사실로 들어났다4). 그러나 교육부는 학점 당으로 계산하여 7,882 학점을 7,882명의 학생으로 둔갑시켜 학사관리에 심각한 문제가 적발되어 더 이상 정상적 학사관리 유지가 어렵다고 언론을 혼도하였다. 사실인즉 이 학생들은 내부분 장기결식자로 이미 제적 처리된 학생들이 대부분이었으며 재학생은 실질적으로 몇 명에 불과하였을 뿐이었다.

4. 성화대 폐교를 위한 짜 맞추기식 교육부 감사

교육부는 2011년 6월 감사 시작 후 2차로 감사 기간연장과 감사요원 증원을 하면서 교무처에서 학과별, 교수별 수업시간표를 제출받아 수업현상을 촬영하기 시작하였다. 이는 학위장사대학이라는 것을 부각시키고 폐교의 정당성을 확보하기 위한 교육부의 의도적 행위이었다. 사실인즉, 감사 시작부터 폐교를 위한 목적감사라는 소문이 교내에 퍼지기 시작하였으며 총학생회에서는 즉시 목적감사 중단을 요청하였으나 감사가 계속되자 수업거부를 선언하기에 이르렀으며 3주 정도 감사가 진행되면서 학생들은 하나둘씩 강의실을 떠나기 시작하여 급기야는 기숙사에 입주해있는 학생들마저 모두 짐을 싸들고 학교를 떠나기 시작하였고 감사원들은 기다렸다는 듯이 학과별로 학교와 학과의 장래를 걱정하는 학생들이 몇몇씩 남아서 겨우 수업의 명목을 이어가고 있는 수업현장을 기습적으로 촬영하기 시작하였으며 이를 언론에 흘리면서 학위장사대학이라는 것을 부각시키면서 폐교의 정당성을 확보하기에 이르렀다. 이는 이명박 정권하에서 대학구조조정과 맞물린 시기에 본때보이기식 강제폐교를 결정하고 그 후속조치로 폐교의 정당성을 확보하기에 급급한 감사에 불과하였다. 당시 OBS에서 "대학의 눈물"이라는 다큐멘터리를 제작하면서 약 2-3개월 동안 성화대학에 담당PD와 카메라기자가 상주하면서 촬영한 동영상을 확인하면 교육부의 강제폐교를 목적으로 한 짜 맞추기 식 목적감사와 학위장사대학이라는 언론 플레이를 위한 수업현장 촬영이 얼마 허구인지 알 수 있을 것이다.

교육부 감사결과 총 20개 항목의 위법사항을 적발하였다. 적발된 대부분 위법사항은 부패재단과 그 추종세력인 대학본부에 의해서 저질러진 총장 징계 미이행 부적정, 교비자금 등 유용 및 횡령 등 18개 항목에 달하였으며 교수와 학생이 관련된 감사결과 지적사항은 학사관리부적정, 시간제 등록생 학사관리 부적정 등 단 2개 항목에 불과하였다. 이 2개 항목에 대하여는 (3)학위장사대학의 본질과 실체에서 이미 그 허구성을 입증하였다

따라서 성화대학은 부실대학이 아니라 부패한 재단에 의해서 저질러진 부패대학의 전횡이었으며 이러한 부패재단을 대학에서 영구 퇴출시키고 임시이사를 파견하여 대학을 정상화시켜줄 것을 교육부에 강력히 요구하였다.

그럼에도 불구하고 대학폐교에 관한 1차계고와 2차계고가 진행되면서 재단 및 대학본부 경영진들은 학교에 출근도 하지 않은 채 자취를 감춰버렸고 급기야는 교수들로 구성된 비상대책위원회를 구성하여 학교를 운영하던 중 가칭 비대위에서는 교육부 감사원들에게 부실대학이 아닌 부패대학이라는 사실을 통보하고 부패한 사학재단을 해임하고 교육부 임시이사를 파견하여 대학을 정상화시켜 줄 것을 요청하였으나 거부되었으며, 이 후 교수들은 대학본부 앞에서 천막을 치고 주야 24시간 천막농성에 돌입하였으며, 약 3개월 동안 임시이사 파견요청 천막농성을 벌이면서 비대위(교수)와 학생. 지역민, 시민단체들로 구성된 교육부 항의시위 투쟁본부를 조직하여 약 10여 차례 상경투쟁을 벌이면서까지 임시이사파견을

요청하였으나 끝까지 묵살 당하였다. 이렇듯 천막농성과 10여 차례에 걸친 교육부 상경투쟁은 헛구호에 그치고 교육부의 짜여 진 시나리오대로 폐교절차는 진행되었으며 감사종료 후 3개월만에 폐교처분에 이르렀다

비대위에서는 폐교 1,2차계고 이후 교육부의 강제폐교 의지를 확인하면서 강제폐교를 강행할 경우, 2-3년 정도 폐교 유예기간을 설정하여 신입생 모집을 중단시키고 재학생들이 졸업할 수 있는 시점까지 2-3년 정도 유예기간을 설정하여 2-3년 후에 폐교가 완료될 수 있도록 유예조치를 요청하였다. 그렇게 된다면 설상가상으로 재학생들은 본교에서 무난하게 졸업하는데 더 이상의 문제는 발생하지 않을 것이며, 교원들은 타 대학이나 연구소 등 새로운 일자리를 찾아갈 수 있는 전직 기회를 제공하게 됨으로서 강제폐교에 대한 심각한 후유증을 덜어낼 수 있을 것으로 판단되었다. 일본의 경우, 문부과학성에서 고시한 대학구조개혁 고시문에서 그 정책의 철학을 엿볼 수 있다. 고시문 제5호에 의하면 "대학의 지속적 존속이 어려울 경우 현재의 재학생이 졸업할 때까지 학교가 존속되도록 최대한 노력한다." 라는 조항과 비교해보면 우리나라 고등교육 정책의 후진성을 엿볼 수 있다.

그럼에도 불구하고, 교육부는 이러한 요청 역시 거부하고 오직 대학구조조정의 성과와 마녀사냥 식, 줄 세우기 식, 본때보이기 식, 막가파 식 폐교조치에만 급급한 나머지 감사시작 6개 월 만에 폐교완료에 이르게 함으로서 학생들은 약 60%정도(타 대학의 경우 겨우 40%정도에 불과함)만이 타 대학으로 편입학하여 근근이 졸업하는 정도에 그치고 말았으며 교원들은 아직도 대학폐교의 주범으로 꼬리표를 달고 다니며 타 대학 전직이 가로막힌 채 길게는 5년 이상씩 교육 방랑자의 길을 걸어오고 있다. 교육부에서는 재학생들의 수업권을 보장하기 위하여 특별편입학위원회를 구성하여 전원 인근대학으로 편입학 시키겠다고 언론보도를 통해 발표하였으나 실제는 공문 한통 외에는 아무런 조치를 취하지 않았다.

보다 못한 비대위 교수들이 발 벗고 나서서 약 60%정도의 학생들을 인근대학을 방문하면서까지 편입학 시켰으나 K대학의 경우, 성화대학보다

더 부실한 대학으로 교육부에서는 부실한 대학에 정원을 초과해 정원 외 특별전형을 허가함으로써 교수확보율, 교사확보율, 기숙사 미확보 등 교육여건이나 교육환경이 더 열악한 대학으로 편입학 함으로써 학생들의 학습권이 심각하게 훼손되었으며 그나마 학생들 사이에서 폐교대학 학생이라는 꼬리표가 붙어 다니면서 왕따 현상으로 학업을 중도에 포기한 사례가 다반사였다.

5. 나가면서

적폐청산과 나라다운 나라를 슬로건으로 내세운 문재인 정부의 탄생은 이명박-박근혜정부의 적폐를 씻어내는 일대전환기를 맞이하고 있다. 박근혜 수구정권하의 황우여 교육부장관마저 MB정권의 대학구조조정의 일환으로 강행된 대학 강제폐교 조치에 대하여 강도 높게 비판하였고 그 후속조치로 폐교대학 교원에 대한 신분회복은 물론 국､공립대학 교원으로 전원복직을 약속한 바 있다.

이제 국민적 여망에 따라 진정한 진보정부가 들어섰다. 그동안 5년여 이상 소속대학마저 숨기며 숨죽여 살아왔던 폐교대학 교원들에 대한 희망이 되살아나고 있다. 신정부에 바라는 바, 폐교로 인해 면직된 교원들에 대한 신분회복은 물론 현행법상 가능한 법률에 근거하여 국､공립 교원으로 전원복직을 요구한다.

그럼에도 불구하고 폐교대학 교원에 대한 신분 보호조치가 전무한 교육부의 위법성에 상당한 이유가 있다는 견해와 위헌적 소지가 있다는 입법부작위를 근거로 살펴보면, 대학폐교의 경우 고등교육법 시행령 제72조(학교의 폐쇄)에 근거하며, 해당 학교의 설립자는 당해 명령을 받은 날부터 3월 이내에 재학생과 학교기본재산의 처리상황을 기재한 서류와 학적

부를 각각 교육부장관에게 제출하여야 한다고 규정하고 있다

그러나 이는 학교폐쇄 이후의 행정적 조치에 대한 규정에 불과하고, 이를 학교 폐쇄와 관련한 학생의 보호에 대한 규정으로 볼 수는 없다. 따라서 현재 이에 대한 법제도적 장치는 사실상 전무하다고 볼 수밖에 없다. 법리상 학생이나 교원들의 아무런 법적요건이 없음에도 불구하고 학생들의 학습권보장을 위한 편입학에 대하여는 교육부가 능동적으로 개입하였으나, 교원들의 재고용이나 신분보장에 대해서 방치함으로서 오늘의 사태를 불러왔다.

따라서 폐교대학 면직교원들은 교육부에 대하여 그동안 국가공권력이 작동한 본때보이기식, 밀어붙이기식 강제폐교와 자진폐교로 강단을 떠나 교육 방랑자의 길을 걸어온 전국 7개대학 교원들에 대하여 교육공무원법 제12조 및 교육공무원 임용령 제9조 2항 5호에 근거하여 국·공립교원으로 전원 특별 채용하여 줄 것을 강력히 요구한다. 이는 국가 교육공권력에 의해 무참히 짓밟힌 지난 이명박-박근혜 정부의 교육적폐를 청산하기 위한 최소한의 조치이며 폐교대학 교원들에 대한 최소한의 예우일 것이다.

폐교대학 교원의 교육공무원으로의 특별채용은 어디까지나 임용권자의 정책적 판단 및 재량권에 따라서 결정될 문제라 할 수 있다면, 국가가 앞장서 폐교를 강행하였던 만큼 그 교육적폐를 인정하고 특별채용 역시 국가가 앞장서 추진해야할 것이다. 그러나 그 재량권행사의 권리를 담보할 수 없다면, 정부는 폐교대학 교원신분보장을 위한 특별법제정을 통하여 전원 복직해야할 것이다. 다만 특별법제정의 경우, 소급적용의 한계가 있어 한계대학교수들의 구제방안은 가능하나 폐교대학교원들에 대한 신분보장은 불가능한 상황으로 판단된다. 따라서 신분회복 및 복직과 아울러 피해보상규정을 신설하여 정년 시까지 금전적 피해보상이 이루어져야 할 것이다.

또한 폐교대학 학교법인 잔여자산에 대하여 동일학교법인이나 타 학교법인 또는 국고로 귀속되도록 되어 있는 사립학교법 제35조와 대학 정관

을 정비하고 대학구조개혁지원센터' 또는 폐교대학 청산지원센터를 설립하여 교원들에 대한 재취업, 재교육지원 또는 퇴직위로금, 퇴직연금 등으로 기금을 활용할 수 있도록 제도적 보완 및 특별법 제정이 필요하다.

대학구조조정의 경우, 교수 1인당 학생비율을 현행 포괄적 수준인 약 40명에서 OECD 평균 15명 수준으로 조정하여 학생들의 교육서비스의 질을 제고 시키고 폐교는 물론 폐과, 폐지, 과원이나 전공불일치 등 교원에 대하여는 전환배치나 전공전환 등을 통하여 교원들에 대한 신분유지를 지속시켜 정년을 보장하여야 하며 불가항력적 퇴출이 필요할 경우 교원구제기금을 조성하여 퇴직 후 생활 안정자금 지원을 통하여 교원들의 신분을 보장해야 할 것이다.

박근혜 정부에서부터 기획된 교육부의 대학 2주기 평가를 지속시키고 대학구조개혁 법안을 통과시킬 목적으로 은밀하게 진행되고 있는 한계대학 및 폐교대학 구성원 지원정책 수립을 위한 교육부와 사학진흥재단의 한계대학 종합관리방안에 관한 허울 좋은 연구는 깊은 성찰과 수구정권의 반면교사(反面教師)로 삼아야 할 것이다.

바라는바, 새 정부에서는 박근혜 정부주도하에서 진행되고 있는 한계대학 종합관리방안에 관한 연구를 폐교대학 교원에 대한 신분회복과 특별채용 및 복직을 위한 폐교대학 종합관리방안에 관한 연구로 확장하여 "선 대안 후 폐교" 조리로 폐교대학 교원에 대한 진정성 있는 지원정책수립이 선행되어져야 할 것이다. 대학구조조정과 성과에만 급급했던 지난 이명박 정권 하에서 자행되었던 대학 강제폐교 조치와 국가공권력에 의해서 대책 없이 길거리로 내몰렸던 교수들은 하루아침에 고등실업자로 전락하였고 폐교된 지 5년이 자나가고 있지만 현재까지 교육 방랑자의 길을 걸어오고 있다. 한편 강제폐교가 국가공권력과 업적내기의 희생물이라면 자진폐교 또한 교육부와 부도덕하고 무능한 경영진의 이해관계가 맞물린 협업의 성과물이며 겉보기엔 자진이란 단어가 결합되었으니 구성원의 동의가 있는 것처럼 보이지만 이 또한 구성원에겐 교육부와 경영진이 연출한 언어유희의 결과물에 불과하며 강제폐교와 그 궤가 같은 씻어낼 수 없는 상처로써 이명박 정부의 대표적인 성과내기 적폐로 손꼽을 수 있을 것이다.

폐교 당시 가장 큰 피해자인 학생들을 생각하면 교수들이 나서서 자신들의 밥그릇을 챙길만한 여유도 없었고 그럴 생각도 없었다. 우리보다 학생들이 더 먼저였기 때문이었다. 이제는 신정부에서 학생과 교원들에 대한 사회안전망을 구축을 통하여 그 피해가 발생하지 않도록 통 큰 포용 정책이 필요할 때이다.

세종대학교의 불법 정상화 이후의 현황과 과제

세종대정상화투쟁위원회

1. 세종대 민주화운동 주요 일지

1980.4.	족벌운영체제해체,비리척결 등 학원 민주화 요구를 위한 39일투쟁 학생회부활추진위원회. 교수협의회 등이 중심이 되어 장기간 투쟁. 5.18 계엄확대 조치에 따라 무산. 사립학교법 위반 등 적발 관선이사파견
1987.6.	학원민주화 100일투쟁 86개 요구안 쟁취
1988.9.	87년 투쟁 합의내용 이행을 위한 '43일 투쟁', 직원노조 57일간 파업 1989. 교과부의 민주총장 승인 거부에 따른 '학원탄압 분쇄 및 민족사학건설을 위한 공투위' 중심투쟁, 대학발전위원회 건설(교수,학생,직원)

1990.	민주총장승인요구, 5월 총파업, 공권력투입에 저항한 6.2 투쟁
	전교생유급. 주명건교수 퇴진. 교육부 세종대 임시이사파견
1996.	주명건 이사로 복귀(1993년)후 이사장 선임.
2002.2	8등신 사건인 김동우교수 재임용탈락에 항거 3년간 1인시위로 세종대민주화 투쟁 재점화.
2004.2.	세종대재단퇴진 및 김동우교수 복직투쟁위원회(세투위) 중심으로 주명건이사장퇴진 투쟁.
2004.10	교육부 세종대에 종합감사실시
2005.2.	교육부 세종대 감사결과 발표
2005.5.	(2004.10. 교육부 종합감사 결과) 주명건 전 이사장 등 7인 해임, 임시이사파견
	(35개 항 광범위한 비리,113억 불법비리적발)
2010.3.	정상화조치.(주명건추천5인,설립자2인) 사립학교법위반 정상화(사립학교법 제14조제3항
	이사정수의 4분의1 해당이사 개방이사선임 위반)
2011.6.	주명건이사 선임. 총학생회 등 승인 반대 기자회견
2013.6.	주명건이사선임. 총학생회 교수협의회 직원노조 총동문회 등 승인반대 기자회견
2014.4.	교육부 감사결과 처분서, 2013.10. 교육부 감사(회계감사)결과
2015.5.	세종대 정상화투쟁위원회발족
2017.6.	세종대 정상화 투쟁위원회 성명서 및 활동 전개

2. 민주화 운동 배경과 역사

세종대학교의 개혁과 갈등, 발전의 역사는 크게 구성원 개혁 민주세력과 주명건 전 이사장(이하 주명건으로 표기함) 과 추종세력과의 대립이 중심이었다. 여기에 주명건과 다른 가족간의 갈등으로 극단적 대립에서 더 이상 참지 못하고 대학 구성원과 사회에 그를 고발한 설립자를 중심으로 한 세력이 더하여 갈등과 협력의 과정을 이어오고 있다.

1980년대는 대양학원 설립자의 장남인 주명건이 경영대학원장 직함으로 학교운영을 실질적으로 하고 있었으나 외부적으로는 크게 알려지지 않았다. 1990년대는 주명건이 이사, 이사장으로 활동하면서 자신 중심으로 권력을 재편하고 집중하는 시기였다. 2000년대가 되면서 법인과 학교의 구조를 정비한 주명건이 설립자 내외와 나머지 가족들을 법인과 학교운영에서 완전히 배제하고 자신을 중심으로 한 체제를 완성하려고 하였다.

교수협의회, 직원노조, 총학생회, 총동문회(총학생회장 출신 중심의 세종대 민주개혁과 발전을 바라는 동문) 등 구성원 민주개혁세력은 1980년대에는 족벌재단퇴진을 중심이슈로 주명건 및 설립자와 대립하였다. 그런데 1990년 전원유급 이후 구성원 민주개혁세력은 주명건 및 그의 추종자들에게 철저하게 탄압을 받아, 교수협의회가 붕괴되고 핵심교수들은 해직되었고, 직원노조는 무력화되고, 학생회도 등록금투쟁등 부분적인 교내투쟁만을 진행하였다.

그러나 주명건 1인 체제의 완성을 눈앞에 둔 2002년경 학원의 독재적 운영과 갈등도 극에 도달하여 부당하게 재임용에서 탈락된 김동우 교수의 일인시위의 장기화와 구성원 민주개혁세력의 결합에 의한 주명건 퇴진운동으로 확대되었다. 이러한 투쟁의 과정에서 주명건의 비리와 독단적 운영에 대한 교육부 감사도 받아들여져 종합감사가 2004년 10월에 실시되고, 35개항에 달하는 광범위한 비리와 113억원이라는 거액의 자금이 부당하게 사용된 결과가 발표되고 결국 2005.5. 주명건을 비롯한 7명의 이사가 해임되고 임시이사가 파견되는 새로운 국면으로 전환되었다.

학원에서 퇴출된 구재단은 임시이사와 이들을 파견한 국가 공권력에 대한 도전을 임시이사(1기, 2기, 2005.5.20.-2008.6.30) 기간 내내 감행하였고, 이후 이사 부존재 시기에 더욱 기승을 부려 2009년 6월 11일 자신이 추천한 인사를 중심으로 3기 임시이사체제를 구성하게 한다. 그리고 2010년 3월에는 선임된 7명의 정이사 중 5명을 자신이 추천하였다. 사학분쟁조정위원회(이하 사분위)와 교육과학기술부(이후 교육부로 변경)의 이러한 결정은 감사를 통해 비리혐의로 학원에서 퇴출되었던 종전이사장에게 학원의 운영권, 지배권을 헌납한 교육사의 최악의 결정이 이루어진다.

3. 사립학교법을 위반한 불법 정상화 처분

2010.3.10. 사학분쟁조정위원회는 대양학원의 정상화 과정에서 교육부가 파견한 임시이사 7인에 대한 정이사 선임을 결의하였고 교육부는 이러한 사분위의 결의에 따라 정이사 7인을 선임하여 정상화 처분을 하였다.

그러나 이 처분은 사립학교법제14조제3항의 '이사정수의 4분의1(단, 소수점 이하는 올림한다)에 해당하는 이사(이하 개방이사라 한다)를 제4항에 따른 개방이사추천위원회에서 2배수 추천한 인사 중에서 선임하여야 한다' 는 조항을 위반한 불법 처분이었다.

당시 대양학원 정관 제24조의 3(개방이사의 정수)에 의하면 '이 법인의 개방이사의 수는 3명으로 한다' 되어 있었고, 정관 제22조에 이사 정수는 9인으로 되어 있었다. 그러므로 임시이사체제에서 정이사체제로 전환하는 정상화과정에서 전체이사 9인 중에서 개방이사 3인을 제외한 6인의 정이사만을 선임하여야 적법한 처분이 된다.

이러한 사분위와 교육부의 정상화과정에서의 사립학교법제 14조 3항과 이에 근거한 학교법인 정관에 규정된 개방이사를 선임하지 않고 정이사를 선임한 것에 대한 상지대학교 소송(서울고등법원 2015누1535 이사선임처분취소,2015누1542병합 이사선임처분취소)의 판결에서도 불법처분임이 서울고등법원에서 확인되었다. (이 사건은 대법원파기환송심 판결임)

4. 대양학원 비리 행태의 특징

대양학원 운영과 관련한 사학비리 행태는 그동안 다른 사학에서 이루어진 것과는 다른 유형이라 할 수 있다. 기존의 사학비리 유형은 학교교비를 직접적인 방식으로 불법적으로 유용하거나 횡령하는 방식이 주종을 이루었다면 대양학원의 사학비리는 기존의 이러한 직접적인 방식이 아니라 간접적인 방식으로 주로 수익용재산의 운영과정에서 교묘한 방식을 사용한다.

참고로 대양학원의 수익용기본재산 총액은 2012회계연도 기준 223,812,209,000 (상속세 및 증여세법상, 2013년감사결과)으로 알려졌다. 수익용재산의 내용은 평택 농지 등 토지의 비중이 크고 건물로는 종로 관수동 주차빌딩, 파주출판단지 빌딩 등이 있으며 세종호텔은 100%주식을 보유하고 있다.

사학의 설립요건 중의 학교법인의 기본재산은 교육용재산과 수익용재산으로 구분된다. 교육용재산은 글자그대로 교육에 직접적으로 필요한 재산이고 수익용재산은 사학의 운영에 필요한 재정적 기반이 되는 재산이다.

첫째, 대양학원의 경우 교비로 교육용재산을 과도하게 구입한 것이 특징이다.

세종대학교 서울캠퍼스 부지는 겨우 3.5만여평에 불과한데 경기도 성남에 약11만여평, 경기도 광주 이천에 약12만여평, 경남 마산에 약8.7만 여평을 보유하고 있다. 그런데 지방 3곳의 교육용 토지는 현재까지도 극히 일부를 제외하고는 실질적으로 교육용으로 사용되지 않고 있다. 과거 이 3곳은 모두 골프장으로 개발하려는 계획이 수립되거나 골프장계획지로 된 적이 있다. 그 중 경기도 광주의 경우 독특하게도 대양학원의 특수관계인 개인명의 토지 바로 옆에 교육용 토지를 매입하여 정상적인 부동산 매입이라고 보기 어려운 정황이다. 경남마산의 경우도 골프장으로 개발될 계획에 속해있다. 이러한 교육용 부동산이 실질적으로 교육용으로 사용되지 않았기 때문에 2004년 교육부감사에서 교육용으로 사용하든지 아니면 매각하여 학교교비로 전입하라는 지적을 하였음에도 현재까지 시정되지 않고 있으며 심지어 2012년에는 경기도 광주지역에 18억원치의 교육용토지를 또다시 구입하기까지 하였다.

둘째, 수익용재산의 운영방식에 많은 비리 의혹 등 문제가 제기되고 있다.

2004년 교육부 감사에서 대양학원의 수익사업체인 주식회사 세종투자개발(세종호텔) 주식매입액(87억원)에 대한 수익용기본재산 처분 허가조건을 이행하지 않아 1995년-2003년까지 총 46억원의 결손이 발생하여 이를 법인회계로 보전하고 학교교비로 전출하라 시적하였다. 여기서 교육부의 허가조건은 다른 수익용재산을 처분하여 주식을 매입한 경우 세종호텔 결산시 이익잉여금이 있어야하고 또 배당결정을 해야 수익이 생기는데 호텔의 이익이 없는 경우 수익용재산으로서 의미가 없기 때문에 주식매입시 배당 등 과는 별도로 2년이상의 정기예금 또는 금전신탁에 예치하는 경우 발생이자 상당액 이상을 대학운영경비로 전출하도록 한 것이다. 그러나 2005년 이후 현재까지 이 수익용기본재산 처분 허가조건은 이행되지 않고 있다.

이 외에도 (주)세종투자개발의 배당가능 이익잉여금이 있음에도 배당을 하지 않고 있다는 지적을 받았음에도 현재까지도 시정되지 않고 있다. 또한 법인수익사업체인 (주) 세종투자개발 소유 투자유가증권이 시장성없는 투자주식임에도 개선 또는 시정하라는 지적을 하였으나 현재까지도 시정되지 않고 있다.

주식과 관련하여 2013년 이후 대양학원, (주)세종투자개발, (주)한국관광용품센터(KTS), (주)세종서적 보유주식이 불법적으로 거래되었다는 의혹이 제기되고 있는 실정이다.

2013년도 교육부 감사에서는 대양학원 소유 수익용재산인 토지를 세종호텔에 임차한 임차료를 평가액(공시지가) 보다 매년 6억5천여만원 적은 6억원만을 수령케하여 2010.3.부터 2013.12.까지 약 25억5천여만원을 부족하게 수령케하였음을 지적한바 있으나 현재까지 시정되지 않고 있다.

기타 대양학원 수익용기본재산 수익률저하, 세종투자개발 주식의 저평가로 법인수익률저하 등 수익용재산 운영상의 지적을 현재까지도 개선하거나 시정하지 않고 있다.

이러한 수익사업체의 운영상의 문제에도 불구하고 관련 임직원은 세종투자개발과 출자회사에서 고액의 보수를 받아가고 있다.

법인이 세종대학교에 당연히 전출해야하는 법정전출금 현황은 세종대 결산 기준으로, 2010년 28억2천만원, 2011년 10억원, 2012년 14억3천만원, 2013년 10억원,2014년 8억9백만원, 2015년 2억2천7백만원, 2016년 5억 등 매년 하락하고 있다. 참고로 대양학원 내부감사의 감사지적사항에 의하면 법인의 세종대 법정부담전출금이 2014년 19.89%, 2015년 4.9%, 2016년 10% 임을 지적하고 있다.

이처럼 학교교비를 직접 불법적으로 사용하거나 횡령하는 사례는 잘 드러나지 않고 있지만 학교운영의 재정적 기반이 되는 수익용재산을 운영하는 방식에서 집중적으로 불법과 비리의혹이 제기되고 있다. 특히 수익용 사업체인 세종투자개발(세종호텔)은 독립적인 주식회사로 되어있어 교육부 감사에서도 수박겉핥기식으로 이루어지고 있기 때문에 그 폐해는 더 커져서 결과적으로 학생들의 등록금을 중심으로한 세종대학교 교비가 유출되고 있다.

셋째, 수익사업체 산하 또는 관련 기업의 내부거래의 문제가 있다.

(주)한국관광용품센타(KTS), (주)세종에스엠에스, (주)케이에프에스(구 군자유통) 등 수익사업체인 (주)세종투자개발 산하 또는 관련 업체들이 특수관계에 있으면서 내부거래를 하고 부당이익을 챙기고 있다는 의혹이 제기되고 있다. 그리고 주식회사 케이에이치알(구 세종서비스) 이라는 특정인이 중심이 된 용역회사가 법인산하 업체와 학교의 용역을 수주하여 운영하고 있다고 알려지고 있다.

5. 정상화 이후 대양학원과 세종대 불법 비리 현황

1) 법인과 대학, 산하기업체 장악

2009년 제3기 임시이사 체제에서 채방은 임시이사장이 중심이 되어 2009.7. 당시 법인사무국장과 법인업무과장을 대기발령,전보발령, 불법해임 등 징계(이러한 불법 인사조치는 나중에 법원의 판결로 불법임이 확인되었음)를 하여 법인사무국을 장악하였다. 세종대학교 총장에 박우희 전 서울대 교수를 학교구성원의 반대에도 일방적으로 선출하여 세종대학교를 장악하였고, 100% 투자사업체인 세종호텔을 장악하여 최승구 (2004년 교육부감사결과 해임됨)를 대표이사로, 기타 법인과 법인산하 세종사이버대학교,서울세종고등학교, 서울세종초등학교 등의 학교장 등 책임자를 모두 교체하였다.

2) 막대한 부동산 구입

2010년 정상화 이후 2010년부터 2012년까지 불과 3년동안 세종대학교교비, 세종사이버대학교 교비 등으로 무려 500여억원의 토지와 건물을 집중적으로 매입하여 학교의 정상적인 운영은 뒤로하고 부동산 매입에 열을 올리고 일부 부동산은 절차를 무시하여 매입하기도 하였다.

3) 2013학년도 부실대학교(정부재정지원제한대학)로 선정

이렇게 막대한 부동산 구입에 열을 올리는 등 학교의 정상적인 운영은 뒤로하고 대규모 부동산 매입, 캠퍼스 개발계획, 종편 투자 등에 혈안이 되어 학교운영은 파행을 거듭하다가 2013년도 세종대학교는 부실대학교(정부재정제한대학)로 선정되어 개교 이래 최악의 평판으로 재학생과 졸업생의 명예가 훼손되었다.

4) 세종대학교 생활협동조합 해체

세종대학교 생활협동조합은 전국 대학생협 중에서 가장 모범적인 활동을 하고 있어 국내외 생협에서 밴치마킹을 하는 등 교직원과 학생들의 복지향상은 물론이거니와 상업화에 물든 대학사회에서 상호부조의 공동체 정신을 함양하는 등 세종대학교의 위상을 높이는데 기여하였다. 그러나 정상화이후 10년 전통의 세종대학교 생활협동조합에 대한 해체를 시도하여 소송, 임대차계약 해지 통보 등 무자비한 압박을 하여 결국 2014년도에 세종대학교 생협이 해체되는 사태를 맞이하였고 세종대학교 구성원들의 공동체정신을 말살하였고 구성원들의 복지는 밑바닥으로 곤두박질치게 되었다.

5) 2차례에 걸친 총학생회 구성 강제무산

정상화 이후 세종대학교는 2010년도, 2012년도 2차례에 걸쳐 세종대학교 총학생회 구성을 무산시켜 학생들의 주체적이고 자발적인 활동을 원천봉쇄하기에 이른다. 전통적으로 세종대학교 총학생회는 학원민주화 운동차원에서 앞장선 활동을 하였왔기 때문에 대학본부는 이를 눈엣가시로 여겨 담당부서를 통해 2차례에 걸쳐 총학생회 구성을 무산시켜 세종대학교 총학생회는 학교운영에 있어서 불법과 비리를 지적하고 대학의 민주적인 운영 요구가 사라지게 되는 원인이 되었다.

6) 대규모 공사 진행

정상화 이후 500억원 이상의 부동산(토지 건물) 매입에 이어 이번에는 대규모 공사를 벌이기 시작하여 2012년에는 공공기숙사 건축(약 300억원 규모), 2016년에는 대운동장 쪽에 지상12층 지하 5층 (약 600억원규모) 공사를 하고 있으며, 수익사업체인 세종호텔에서는 2010-2013년 기간동안 약 200억원 규모의 공사를 해오고 있다.

이러한 대규모 공사를 통해서 수십억원의 불법 자금이 조성되었다는 의혹과 소문이 파다하다.

또한 2017.2.이사회 회의결과에 의하면 신규 건축계획으로 세종컨벤션센타 등 6개 사업을 승인하였는데 계획연면적이 27,000여평에 이른다. 지금까지의 대규모 공사의 경우도 공사비를 조달하느라 수백억의 부채를 안고 있는데 또다시 6개 건축계획을 승인하여 공사를 진행하고 있는데 향후 얼마나 많은 부채를 또다시 감당해야할지 알수 없다.

최근 한국의 대학은 고등학교 졸업생의 감소현상으로 신입생 정원을 감축해야하는 상황에 처해있다. 그런데 세종대학교는 학생정원감소 현상에도 불구하고 대규모의 건축공사를 계획하고 진행하고 있는 것은 상식적으로 도저히 이해가 되지 않는다. 이는 대규모 건축과정에서의 불법과 비리를 의심하기에 충분한 상황이 아닐 수 없다.

7) 학교교비 횡령(소송비용)

학교법인이 지급해야할 법인명의의 각종 소송 비용을 각급 학교회계에서 지급하는 방법으로 학교교비를 횡령하고 있는데 이는 엄연히 사립학교법 위반으로 세종대학교와 세종사이버대학교를 통해서 수십 억원의 교비를 횡령 하고 있다.

8) 세종연구원 사업비를 교비로 집행하여 학교교비 횡령

재단법인 세종연구원은 정상화 이후 지속적으로 정관계인사를 초빙하여 세종포럼이라는 조찬강연회를 매월1회 세종호텔에서 진행하고 있는데 이 강연회 연사로 이명박정부, 박근혜정부의 관료, 청와대수석 등 정,관계, 법조계인사를 중심으로 초청되었다. 특히 2013.6. 당시 청와대 모철민 교육문화수석이 세종연구원의 세종포럼에 연사로 참여하여 박근혜정부의 교육문화정책을 주제로 강연을 하였다. 그런데 공교롭게도 그가 다녀간 후 대양학원 이사회가 열려 새로 선임된 이사가 전격적으로 1주일만에 교육부가 이사승인을 한 바 있어 언론보도와 국회교육위원회에서 문제로 거론될 정도였다.

그런데 이 강연회의 강사료, 사업비는 물론이거니와 세종연구원의 일부 도서출판비를 세종대학교 교비로 지출하였다. 이는 학생들의 등록금이 원천인 교비는 교육목적 사용 외에 일체 다른 목적으로 사용이 금지되어있는데 세종대학교와 직접적으로 관련이 없을 뿐만 이니라 학생들의 교육과도 전혀 무관한 세종연구원 운영비로 사용 하는 등 교비를 횡령하고 있다.

9) 전직 관료 등을 법인과 대학으로 영입

이명박정부시절 외교통상부장관 재직시 자녀 특채사건과 관련하여 물러난 유명환은 얼마 후 세종대학교 석좌교수로 임용되었고, 현재는 대양학원 이사장으로 선임되었으나 전임자와는 달리 비상근 직 이사장으로 주 1회 정도만 출근하여 결재를 하고 있어 법인이사장으로서 업무를 제대로 수행하고 있는지 의혹이 들지 않을 수 없다. 그 외 전직 언론인, 2010년 정상화에 음양으로 협력한 인사 등 30여명이 석좌교수로 영입되어 활동하고 있다.

특히 대양학원은 2015년 교육부 소청심사위원장을 지낸 고위관료 출신을 세종대학교 부총장겸 교육대학원장으로 영입한 바 있다. 그런데 2015년도 교육부 대학구조개혁평가에서 세종대학교가 A등급을 받았는데 언론 보도에 의하면 이러한 결과가 교육부 고위 관료 출신 영입과 무관하지 않다고 알려지고 있다 한다.

6. 2004, 2014년 교육부 감사지적사항 미이행 불법상황 계속

교육부는 2013.12.10.- 2013.12.23. 기간동안 학교법인 대양학원(세종대학교)에 대한 감사를 한 후 2014년도에 감사결과 처분을 한 바 있다 이러한 감사지적사항에도 불구하고 현재까지 불법이 계속되고 있어서 교육부 감사가 무용지물이 되고있다. 감사결과 주요한 내용은 다음과 같다.

1) 임대료 저가 책정

학교법인 대양학원 소유 수익용재산인 서울 중구 충무로 소재 토지 3개필지 2,231m^2 를 세종호텔(세종투자개발 주식회사)에 임대하면서 월 5천만원에 임대계약을 체결하여 기준인 12억5천7백여만원 (평가액(공시지가)의 3.5%)보다 6억5천7백여만 적은 6억원 만을 수령하는 등 2010.3.부터 2013.12.까지 약 25억5천8백여만 부족하게 임대료를 수령케 하여 법인의 임대료 수입을 저하시키고 있다.

2) 수익용기본재산 수익률 저하

학교법인 대양학원의 2010회계연도의 수익용기본재산 가액은 162,235,289,000 원, 소득은 2,455,793, 000으로 수익률이1.5%에 불과하는 등 2010 회계연도부터 2012회계연도까지의 수익용기본재산 수익률이 최대 1.5%로 학교법인의 수익률이 당시기준(3.5%)에 크게 미달되고 있음을 감사에서 지적하고 있다. 2012회계연도 상속세 및 증여세법상 평가액기준 수익용기본재산 총액은 223,812,209,000원, 연간소득액 2,350,626,000으로 수익률 1.1%에 불과해 당시기준인 3.5%에 크게 미달되고 있음을 지적하고 있다.

3) 세종투자개발 주식 (수익용 기본재산 수익률에 관한 사항)

수익용 기본재산 주식회사 세종투자개발(세종호텔) 주식의 경우 2012회계연도의 상속세 및 증여세법 상 평가액이 104,545,940,000원 임에도 장부가액 기준 59,195,183,000으로 신고하여 재산액을 적게 평가하여 수익률을 감소시키고 있다.

4) 수익용 재산인 보유주식관련 미 배당

2012회계연도의 (주)세종투자개발의 배당가능이익이 28억 8천여만원에 대해 상법 제462조에 따른 배당의결 검토 없이 3억원만 기부금으로 기부하여 기부금을 포함한 수익률이 평균0.58%에 그치게 하고 있다. 이러한 지적에도 불구하고 미배당은 현재까지 계속되고 있다.

5) (주)세종투자개발의 신축호텔 계획

또한 감사에서 대양학원이 수익용기본재산 토지를 (주)세종투자개발에 세종호텔부지로 저가임대하고 배당은 이루어지지 않고 있음에도 이에 대한 검토 없이 수익용 기본재산인 관수동 주차빌딩 부근 토지 9필지 2,179㎡ 를 추가로 (주)세종투자개발이 신축할 예정인 호텔에 임대하는 것으로 결정하고 이를 위해 (주)세종투자개발과의 합작법인 지분 49%를 2,499,000,000원에 취득하여 수익용기본재산으로 관리하고 있는 사실을 지적하였다(나머지 51%는 (주)세종투자개발이 출자) 이러한 계획은 교육부의 미허가로 현재는 진행되지 않고 있으나 그동안 이를 추진하기 위해 그동안 소요된 비용이 적지 않기 때문에 법인재정운영에 커다란 어려움을 주고 있다.

6) 2004년 감사지적사항 미이행

2004년 교육부 감사에서 주식회사세종투자개발(세종호텔) 주식매입액(87억원)에 대한 수익용기본재산 처분 허가조건을 이행하지 않아 95년부터 2003년까지 총 46억원의 결손이 발생하였음을 지적하였다. 교육부의 허가조건의 이유는 주식을 매입하는 경우 세종호텔 결산시 이익잉여금이 있어야하고 또 배당결정을 해야하는데 이익이 없는 경우 수익용재산으로서의 의미가 없기 때문에 교육부는 대양학원의 다른 수익용기본재산을 매각하여 세종호텔의 주식을 매입하는 경우 배당과는 별도로 2년이상의 정기예금이나 신탁예금에 해당하는 이자를 매년 법인회계에 넣도록 하는 허가조건을 붙인 것이다. 그러나 2005년 이후 현재까지 이 수익용기본재산 처분 허가조건이 대부분 이행되지 않고 있다.

또한 경기성남, 경기광주, 경남마산 등지의 교육용토지를 교육용으로 활용하거나 매각하여 교비로 전입하라는 감사지적 사항은 현재까지도 제대로 이행되지 않고 오히려 경기광주에는 2012년 교육용토지를 또다시 매입하였다. 그리고 수익용재산의 수익률제고 지적이 제대로 지켜지지 않고 있으며 심지어 대양학원 내부감사가 이를 몇 년동안 지적하고 있음에도 현재까지 시정되지 않고 있다.

7. 정상화 이후 대양학원의 이명박 박근혜 정부하에서의 행태

1) 좌파정부에게 학교법인이 강탈되었다는 주장

대양학원은 이명박 정부하에서 2005.5. 교육부 종합감사 결과 113억원의 불법비리로 인해 해임되었음에도 불구하고 좌파정부에 의해 세종대학교의 운영권을 강탈당했다는 주장을 월간조선과 조·중·동 등 보수언론을 통해 하였고 이런 주장을 배경과 근거로 하여 결국 2010.3. 이명박 정부하에서 사학분쟁조정위원회는 임시이사 파견 직전 전임 이사회에 이사정수의 과반수 추천을 담보하여 결국 불법과 비리를 저질러 2005년 해임된 구재단에게 돌려주었다.

2) 세종연구원을 통한 이명박 박근혜 정부 고위관료 관계형성

2010년 대양학원 이사회는 주명건을 명예이사장으로 선임하였고 2011년에는 이사회에서 정이사로 선임하였으나 교육부의 승인불허로 철회한 바 있다. 그 후 2013.6. 이사회 결의를 거친 후 박근혜 정부 교육부에서 7일만에 결국 이사로 승인 된다. 세종연구원의 세종포럼에는 이명박 박근혜정부의 고위관료들이 대거 연사로 참여하였는데 결국 세종대학교와 직접 관련이 없는 세종연구원을 통해서 고위관료들과의 접촉 창구가 된다. 그런데 세종연구원에서 개최한 강연의 비용은 모두 세종대학교의 교비에서 지출된다. 대학본부는 세종연구원과 MOU를 체결하였다는 주장을 하는데 이는 엄연히 교비를 불법 사용하는 것이 된다.

3) 보수인사 세종대에 영입

2010년 정상화이후 대양학원은 이명박 박근혜 정부와 밀접한 관계를 계속하기 위한 방편으로 보수인사를 세종대학교 석좌교수 등으로 영입한다. 대표적으로 이명박정부에서 외교통상부장관직에 있으면서 자녀문제로 퇴진한 유명환을 세종대 석좌교수로 임용하였고 그 후 2013.3.에 유명환은 대양학원 이사장이 된다. 그리고 대표적인 보수인들이 세종대 석좌교수로 임용되었다. 그 중 문재인 공산주의자 발언으로 세간에 널리 알려진 고영주 방문진 이사장도 2013.9.세종대 석좌교수로 임용되었다.

8. 결어

대양학원은 1980년,1990년,2005년 등 3차례에 걸쳐 대규모 학원분규로 인해 교육부로부터 관선이사 또는 임시이사가 파견되는 등 지난 40여년동안 학원민주화운동이 치열하게 전개되었다. 그러나 3차례의 관선,임시이사 파견후 에 또다시 법인운영권을 구재단에게 되돌려주어 악순환이 반복되어 학내분규가 40여년 동안 지속되어 왔다.

1980년부터 교수협의회가 결성되었고 1980년대 중후반에는 직원노동조합이 결성되어 학원민주화운동에 동참하였다. 1980년대부터 총학생회는 학원민주화의 선봉에 서서 학교의 자율화 민주화 운동을 위해 가열찬 투쟁을 전개해왔다.

이러한 학원분규의 악순환 과정에서 1990년에는 미증유의 전교생 전원 유급이라는 불행한 사태가 야기되어 한국의 사립학교 분규역사상 최초의 전교생 유급이라는 불명예스런 역사를 기록한다. 40여년동안 학원민주화운동과정에서 수십명의 학생들이 감옥을 갔고 제적 등 징계를 당하여 학교에서 쫓겨났다. 뿐만아니라 수십명의 교수들이 해임되거나 재임용탈락을 하여 학교에서 쫓겨났다. 그리고 교직원들도 마찬가지로 불이익을 당하거나 징계를 당하였다.

이러한 과정 속에서 사립대학의 전형적인 불법과 비리 양상도 점차 진화 발전하게 되어 합법적인 형태를 통해서 또는 합법을 가장해서 불법과 비리를 저질러 왔다.

2002년 '8등신으로 고치라굽쇼' 라는 영화로 잘 알려진 회화과 김동우 교수 재임용 탈락은 90년도 전원유급이라는 커다란 상처를 입고 세종대 역사의 뒤편으로 가라앉았던 세종대민주화 운동이 또다시 세종대 역사의 전면에 나타나게 한 사건이다.

세종대 재단퇴진과 김동우교수 복직 투쟁위원회(일명 세투위)를 통해서 교수 직원 학생 동문 등 학교구성원들이 총단결하여 2004.10. 교육부 특별종합감사를 이끌어 냈으며 감사결과 불법과 비리가 드러나 결국 2005.5. 당시 주명건 이사장 등 7인의 이사가 해임되고 임시이사가 파견되기에 이르렀다.

그러나 2010.3. 이명박 정부하에서 사학분쟁조정위원회는 불법과 비리를 저지른 종전이사들에게 과반수 이상의 정이사를 배정하여 학원운영권을 돌려주는 바람에 대양학원은 또다시 과거로 돌아가고 말았다.

정상화 이후 대양학원은 앞에서 살펴본 바와같이 과거의 불법과 비리를 그대로 답습하여왔다. 웃지못할 에피소드가 있는데 2013년 세종사이버대학에 대한 감사원감사에서 사이버대학이 특정인이 이사로 있는 회사 소유 건물 옆에 신규매입한 건물의 리모델링과정에서 그 회사건물에 그 특정인의 취미생활을 위해 도자기 가마를 위한 전기공사를 사이버대학의 비용으로 한 것이 그 단적인 예이다. 그리고 2013년에 교육부 감사에서 또다시 과거의 불법과 비리를 지적하였으나 현재까지 개선되거나 감사처분내용이 이행되지 않고 있다.

이처럼 40여년동안 악순환되는 세종대학교의 분규를 해결하기 위해서는 근본적인 대책이 필요하다. 당장은 2010.3. 정상화처분은 사립학교법을 위반한 불법이기 때문에 이를 철회해야 하며 중·장기적으로는 최근 사학비리의 근원적인 해결을 위해 주요한 내안으로 되고 있는 공영형사립대학으로의 전환모색이 필요한 시점이다.

40여년 동안 달라지지 않고 계속되는 대양학원의 불법과 비리를 해결하는 것은 대한민국 사학비리의 적폐를 해결하는 큰 걸음이 될 것이 분명하다. 2010.3. 불법과 비리를 저지른 구재단에게 사분위를 통해서 또다시 돌려준 교육부의 행정처분은 명백한 사립학교법 위반이었음이 분명한 이 시점에서 대양학원 정상화조치를 적법한 절차를 거쳐 원점에서 다시 시작해야한다. 그리고 교육부는 이번에야말로 불법과 비리를 저지른 당사자는 어떤 형태로든지 관여할 수 없도록 근본적인 대책을 마련해서 사학비리 문제를 확실하게 해결하기를 기대한다.

수원대학교 고운학원 비리백서

수원대 교수협의회

1. 문제 제기

최근 수원대학교(이하 수원대) 구성원과 대학교육에 관심을 가진 사람들은 수원대에서 다양하고 기이한 비리가 드러나는 것을 보고 '이게 대학인가?'라는 자조 섞인 질문을 하게 된다. 대학이 우리 사회에서 최고의 고등교육기관이라는 기대를 접어두고서라도 헌법에서 규정하고 있는 가장 기초적인 법과 원칙이 수원대에서는 무시되고 유린되는 비정상적인 상황이 해결되지 않고 여전히 지속되고 있기 때문이다.

이렇게 피폐된 수원대의 현실은 교육자로서의 의식수준과 지도자로서의 자질이 부족함에도 불구하고 최종 결정권을 장악하고 있는 대학 총장과 재단 이사장에 일차적인 책임을 물을 수 있다. 그리고 이차적으로 이들에게 부역하는 일부 보직교수와 직원들에게 책임이 있으며, 무관심과 방조로 이들의 독재적 결정을 묵인한 교수들과 학생 또한 책임으로부터 자유롭지 못하다. 끝으로, 대학운영에 대한 관리 감독의 책무를 진 교육부, 그리고 잘못된 사립학교법을 수정하지 않고 있는 국회에도 책임이 있다고 볼 수 있다.

대학 비리를 척결하기 위해서는 비리의 실태를 파악하는 것이 우선이다. 이 글에서는 수원대에서 자행된 부정 비리 사실과 의혹들을 조사하고 정리함으로써 대학 정상화를 향한 문제 해결의 발판으로 삼고자 한다. 대한민국 헌법정신을 따라서 수원대를 비롯한 비리 대학들이 하루 속히 정상적인 대학의 모습을 회복하여 우리 사회가 바라듯이 새로운 도약의 주역이 될 수 있기를 소망한다.

수원대 및 수원과학대는 학교법인 고운학원에서 운영하며, 설립 형식은 사립이지만 공교육기관으로서 미래 한국사회를 이끌어갈 젊은 인재를 길러내는 역할을 수행하고 있다. 대내외적으로 심각한 위기와 거대한 도전을 헤쳐 나가야 하는 이 시기에 수원대라고해서 다른 대학들과 동떨어져서 교육기관으로서 부여받은 역할을 소홀히 해서는 안 될 것이다. 수원대가 교육목적으로 내세운 '도덕적 인격인, 자율적 지성인, 진취적인 전문인'을 길러내는 데 부정과 비리가 있다면 단호하게 시비를 가려내어 바로 잡아야 하는 것이 마땅한 도리이다.

교육기관의 부정 및 비리를 근절시키지 않고서는, 대학에서 학문과 교육이라는 본연의 역할을 제대로 수행할 수 없으며 이렇게 쌓인 적폐는 국가 전반을 부정과 부패의 늪으로 빠뜨려 국가경쟁력을 치명적으로 하락시킬 수 있기 때문이다.

2. 학교법인 고운학원 (수원대학교, 수원과학대) 운영의 문제점

1) 탈법 운영을 가능하게 하는 족벌체제

수원대학교는 전문대학인 수원과학대와 함께 학교법인 고운학원 소속으로, 수원대는 1982년에 설립되었고 1993년 감사원의 교육부 특별감사로 설립자인 이종욱씨가 1대(1989~1993) 총장 재임 중인 1992~93년에 전임교수확보율을 허위 보고하고 입학정원을 편법 증원한 사실이 밝혀져 검찰에 고발되었고 그 책임으로 총장직에 일시 물러난 후에 다시 1996년부터 2009년 2월 사망 때(88세)까지 3~6대 총장을 역임하였다.

현 이인수 총장은 설립자 이종욱씨의 차남으로 1983년 31세의 나이로 수원대 기획실장을 시작으로 1997년 법인 이사장으로 취임하였다. 노무현 정부에서 개정된 사립학교법으로 인해 당시 부친이 총장이었으므로 법인 이사직은 유지한 채 2005년 5월 이사장을 그만둔 후, 법인 정관에도 없는 학원장이 되어 수원대와 수원과학대를 실질적으로 운영하였다. 그의 부인 최서원은 2007년 10월 18일부터 2017년 2월 28일까지 10년간 등기상 고운학원 이사장이었고 현재도 이사로 재직하며 실질적으로 법인이사회를 주도하고 있다.

설립자인 고 이종욱 총장이 1998년 쓰러진 후에 반신불수로 거동을 못하고 의사소통도 어려워 실질적으로는 이사장, 학원장으로서 현 총장인 이인수가 총장 대행 역할을 하다가, 2009년 2월 부친 이종욱 총장이 사망한 후에 2009년 4월에 7대 총장으로 취임한 후에 2013년 4월에 연임하여 8대 총장을 지냈고, 2017년 4월 22일 총장의 임기가 만료됨에 따라 이사회를 개최하여 9대 총장으로 재추대되어 3차에 걸쳐 총장으로 연임 중이다.

이인수는 총장과 고운학원 이사로 1998년부터 2017년 현재까지 학교를 실질적으로 운영하면서 많은 비리를 저질렀고 불법을 저질렀으나 권력기관과 정치권 및 언론기관(조선일보와는 사돈 관계임)을 이용한 로비를 통해서 지금까지 법의 심판을 받지 않고 운영해 오고 있다. 2010년에는 수원지검 형집행정지심의위원회 위원장을 맡기도 하였다.

1998년 이후 이인수가 수원대와 수원과학대를 실질적으로 운영하면서 많은 문제가 발생하였다. 학생들의 등록금을 학생들 교육에 100%로 사용하지 않고 매년 등록금 1000억 원 중에서 300~400억 원을 적립하여 2013년 당시 4,573억 원(2013년도 학생수 대비 전국 1위)의 이월·적립금을 쌓아놓고 있었으며, 교비 명목으로 집행한 것 중에서도 총장 개인 용도 또는 개인 사업을 위해 여러 차례 사용하여 배임횡령에 해당되는 위법행위를 자행하여 2011년 감사원 감사와 2014년 교육부 감사에서 적발、지적되었고 수사의뢰, 징계, 경고 등의 처분을 받은 바 있다.

현재 재단이사들은 총장, 총장 부인을 비롯한 가족과 친지로 구성되어 있다. 2014년 7월부터 이사장직무대리, 그리고 2017년 2월부터 이사장직을 맡고 있는 이창홍씨는 1991년도부터 이사직을 맡아 왔으며, 총장 부인이 이사(전 이사장)이고 총장 처남 최형석이 수원대학교 건축도시부동산학부 교수로서 교무부처장이고 총장 사돈이 직원 정년을 넘겼지만 수원대학교 경영지원실장으로 계속 근무하고 있어 가족과 친인척에게 교무와 행정의 중요한 역할을 맡기고 있으며, 또한 총장 처제가 전공인 동양철학(사주) 분야에 경력도 거의 없는데 수원과학대 교양학부 전임교수로서 근래 특채되어 재직하고 있고 다수의 친인척들도 직원으로 고용하고 있다.

수원대에서는 이인수 총장 부부가 모두 재단이사이고 다른 이사들도 이인수 총장 측근 인사들로 구성되어 임원, 학교의 장 및 교원의 임명, 예·결산 심의 의결 및 학교 경영에 관한 중요사항에 대한 결정권을 독점하여 고등교육기관인 대학을 전근대적인 사조직 수준으로 전락시킴으로써 구시대적인 퇴행성을 보여주고 있다.

2) 대학 운영에서 핵심 심의 및 의결기구의 민주주의 기능 무력화

사립학교법에서 대학 운영의 투명성을 높이기 위해 시행되고 있는 개방이사 제도는 이사 정수의 1/4 을 개방이사추천위원회에서 추천한 외부인사를 개방형 이사로 두도록 하고 있다. 그러나 1991년부터 이사로 재직하였고, 2014년 6월 30일부터 2017년 2월 27일까지 이사장 직무대리를 거쳐 그후 지금까지 이사장을 맡고 있는 이창홍씨와 1996년부터 이사로 재직한 이찬영씨 등 2명을 2009년에 개방이사로 임명하여 현재까지 재직 중이고 2017년 6월 1일 이사회에서 다시 2021년까지 연임 의결되었다.

그러나 이들은 각기 1991년, 1996년부터 2009년까지 오랫동안 재단 이사로 재임해왔으며, 이들의 개방이사 임명은 개방이사추천위원회에서 추천한 외부 인사를 개방형 이사로 두도록 한 사립학교법 취지에 어긋난다. 특히 이들 개방이사들은 그 동안 법 취지에 맞게 '사학 운영의 투명성과 공정성을 확보하기 위한' 활동을 한 실적이 거의 없다. 오히려 회의록에는 그 반대 성격의 발언이 다수 발견되며, 개방이사추천위원회의 위원 구성도 공정성을 담보하고 있지 않아 개방이사 제도는 매우 형식적으로 운영되고 있는 실정이다.

대학평의회의 경우, 학교법인 운영의 투명성을 제고할 뿐만 아니라, 구성원들의 학교운영 참여의 기회를 보장함으로써 학교 내부의 자율성 및 민주성을 보장한다는 사립학교법 입법 취지가 구현되기는커녕 오히려, 소수의 인사가 대학 구성원을 탄압하는 역할을 하고 있는 실정이다. 수원대는 학교 운영 재원의 대부분이 학생이 내는 등록금으로 충당되는데도 대학평의회는 민주적인 선출방식 없이 교수평의원은 각 단대학장이 추천한 교수 5명, 직원평의원은 각 부서장이 추천한 직원 5명, 학생평의원은 학생중앙운영위원회가 추천한 재학생 1명 등 전체 11명을 총장이 임명하도록 되어 있다. 따라서 수원대 대학평의회는 허울뿐인 조직으로 총장의 독단적인 전횡을 막을 수 없도록 구성되어 있다.

또한 대학 운영의 핵심 심의 및 의결 기구인 대학평의회, 교원인사위원회, 교원징계위원회의 위원을 총장이 측근 보직 인사들을 임명하여 사립학교법과 그 시행령을 위반하여 대학의 자율성과 민주주의 기능을 무력화 시키고 있다.

3. 수원대 부정 비리 실태

1) 2014 교육부 종합감사 및 2011 감사원 감사 지적 부정·비리

(1) 이사회 회의록 허위 작성

학교법인 고운학원은 관련 법률에 따라 이사회를 개최해야 하나 고운학원은 재단법인의 이사회를 수년간 단 1차례도 개최하지 않고 허위 작성하여 왔는데, 이는 2007년 6차 이사회에 당시 사망한 문학동 이사장이 회의에 참석한 것으로 허위 기재함으로써 드러났다. 이인수 총장과 최서원 이사장 부부를 포함해서 해외 출장 중인 이사들이 이사회에 출석하여 의결에 참여한 것으로 허위 기록하였을 뿐만 아니라, 이사회 회의록을 공개하지 않다가 2014년 1월 교육부 종합감사 직전에 공개함으로써 이사장 최서원은 교육부 감사에서 경고 처분을 받았다. 그럼에도 불구하고, 현재는 이사회회의록의 세부 자료에 대해 모두 '별첨'으로 기재할 뿐 미공개하고 있는 실정이다. 이를 시정하기 위해서는 이사회 회의 자료 불성실 공시에 대한 벌칙조항을 마련할 필요가 있다.

(2) 교육용 기본재산 관리 부적정

구체적인 활용계획 없이 교육용으로 토지와 건물을 매입하고 취득 목적대로 사용하지 않고 방치하다가 2011년도 회계년도부터 2013년도 회계년도까지 낼 필요가 없었던 6억 원 이상(615,722,000원)의 재산세 및 종부세를 부과 받아 교비회계에서 납부하였다. 이러한 일은 2011년도 7월 감사원의 감사결과에서도 이미 지적되어 감사원에 재발방지를 약속하는 의견서를 이인수 총장 명의로 제출하였지만 시정되지 않고 반복하고 있다가 2014년 2월 교육부 감사에서 다시 적발되었다.

(3) 법인 기부금 관리 부적정

기부 받은 대학발전기금은 교비회계로 처리해야 하나 법인회계로 입금하여 위법하게 처리하였고, 이러한 일은 2011년도 7월 감사원의 감사결과에서도 지적되었지만 시정하지 않고 반복하다가 이사 겸 총장 이인수, 이사장 최서원이 교육부 감사에서 각각 경고 처분을 받았다.

(4) 총장 겸직 및 복무관리 부당

이인수 총장은 학교에는 1주일에 2~3일만 출근하여 3~4시간 근무하고 학교에 출근하지 않은 때는 총장 개인사업체인 (주)한국산업개발의 이사를 겸직(2013년에는 대표이사)하면서 서울 역삼동 소재 (주)한국산업개발 사무실에서 주로 근무하여 교육부 감사에서 이사장 최서원은 경고, 총장 이인수는 경징계 처분을 받았다. 또한 수원대 계약직 직원을 총장 개인사업체인 (주)한국산업개발 사무실에 상주하게 하고 급여를 지불한 것이 적발돼 이인수 총장은 경징계, 최서원 이사장은 경고 처분을 받았다.

(5) 교원 인사관리 및 교원징계 부적정

계약제 전임교수들에게 재임용 탈락된 경우 민사, 형사, 행정 등 일체의 이의를 제기하지 못하게 하는 등 교수에게 일방적으로 불리한 노예계약서와 같은 교원임용약정서를 작성하여 감언과 강압으로 서명하게 하였다.

2013년 12월 수원대 교원인사위원회는 교원재임용 심의를 하면서 업적평가기준 미달로 내국인 교수 21명과 외국인 교수 40명 등 총 61명의 미달자 중 7명을 재임용 탈락으로 결정하고 이사회에 제청하였다. 그러나 이사회는'교원업적평가제도 개선 T/F팀 참여'를 이유로 3명을 재임용하기로 의결하고, 2013.12.27. 전임교수 4명을 재임용 탈락시켰다. 이 후 탈락한 전임교수 4명 중 교수협의회 회원이 아닌 1명을 신규 임용함으로써 인사권을 자의적으로 남용하였다.

또한 교수협의회를 조직하였다고 교협대표 및 교협회원 4명을 이사회 의결없이 이사장의 결재만으로 중징계를 요구하고 이에 따라 징계위원회에서는 중징계, 이사회에서는 파면 의결하였다.

교육부는 이사회가 업적평가 기준과 재임용 기준의 위법성을 무시한 채 직권을 남용하여 교협에서 활동한다고 추단한 2명의 전임교수를 표적 해임한 것이며, 더불어 교협회원 4명에 대한 부당 파면에 따른 교원 징계가 부적정하다며, 총장 이인수, 이사장 최서원에게 각각 경고 처분을 내렸다.

(6) 예산 편성 및 집행 부적정과 미술품 관리 부적정

2010년-2012년 회계년도 3년간 수원대의 평균 교육비 환원율은 85.3%로서 전국 4년제 대학에서 최하위 권으로 매우 미흡한 수준이다. 2010년-2012년 회계연도 3년간 수원대 등록금 수입대비 실험실습비는 평균 0.88%로 수도권 종합대의 평균 2.13%의 절반도 안 되고, 수원대 등록금 수입대비 학생지원비 비율은 평균 0.25%로서 수도권 종합대의 평균 2.79%의 1/10에도 못 미치는 상태이다. 이런 상황에서 예산계획이나 활용계획도 없이 미술품을 1,000점 이상 매입하거나 미대 교수들로부터 미술품 또는 조각품을 기증받아 일부 작품들은 포장도 뜯지 않고 보관하다가 감사원 감사에 적발되었고, 이에 총장 이인수는 경고 및 경징계 처분을 받았다.

(7) 교비 부당지출

총장과 이사장의 국외출장비를 초과 지급 및 중복 지급 받았으며, 외국대학 방문단에 교비를 부당 지출하였고, 법인회계에서 부담해야 할 소송비를 교비회계에서 부당하게 집행하여 적발되었다. 또한 입시경비를 부적정하게 집행하여 총장 이인수는 경징계 및 경고 처분을 받았으나, 이중 경징계는 징계시효 도과로 경고 처분에 그쳤다. 2011년도 7월 감사원의 감사결과에서 지출 증빙 없는 판공비를 현금 지출하여 이인수의 사적 용도로 지출한 교비사용이 지적된 바 있다.

(8) 포상금 지급 부적정

교직원인사위원회 심의·의결 및 공적에 대한 심사 평가없이 2011-2012 회계년도에 2억 1,750만 원을 74명에게 포상금 지급하였고, 특히 2012년 11월에 시행한 "2012년 자랑스러운 수원대인" 포상에는 객관적인 공적심사 평가 없이 총장 본인에게 포상금 1억 원을 지급하여 총장 이인수에게 경고 처분이 내려졌다.

(9) 졸업증명서 등 학적서류 발급 부적정

이인수 총장의 아들이 수원대에 재학한 사실이 없음에도 졸업증명서를 발급받아 미국 대학에 편입학한 의혹이 제기되었고, 교육부는 감사 후 이인수와 처남인 최형석 교무부처장을 수사의뢰하였다.

(10) 시설공사 계약 등 부당 집행

대학시설 공사 및 용역을 수의계약하거나 지명경쟁 입찰방식으로 부당계약하였고, 수원대부설 조형연구소와 이인수의 개인사업체인 (주)한국산업개발과 임대차계약을 맺어 연구소 용도로 사용하지 않은 기간에도 교비에서 임대료를 부당 지출하여 경고를 받았다.

1) 법원 및 국가기관의 결정에 나타난 위법사항

(1) 특정경제범죄가중처벌등에관한법률위반 및 사립학교법 위반

2014년 7월 수원대학교 교수협의회는 수원대학교와 고운학원에 대한 2011년 감사원 감사자료와 2014년 교육부 감사자료에서 이인수에 대한 30여 건 이상의 비리 적발사례를 근거로 수원지방검찰청에 이인수의 비리를 3차에 걸쳐 고발하였으나, 17개월 늑장수사 후 2015년 11월에 2011~2014년간 재임용소송 관련 소송비용, 직원 해고무효확인소송 관련 소송비용, 명예훼손 고소 관련 소송비용 등 법인의 6건 소송비 총 7,526만 원을 교비로 지불하였다는 업무상 횡령 및 사립학교법 위반으로 벌금 2백만 원에 약식 기소하였고 다른 많은 비리들은 불기소처분하였다. 그러나 수원대 교협은 수원지방법원에 정식재판인 통상재판을 청구하여 이인수는 현재 형사재판 중에 있다. 그리고 불기소처분한 것에 대해서는 2015년 12월에 서울고등법원에 항고하였다.

항고 결과 2016년 4월 서울고검에서는 2010년부터 2013년도까지 수원대 출판부에서 관장하여 출판 판매한 교양교재 판매수익금 6억 2,157만 원을 수원대 교비가 아닌 고운학원의 수익사업회계로 전출하여 특정경제범죄 가중처벌 등에 관한 법률위반 혐의의 단 1건만을 수원지검에 재기수사를 명하고(항고청 검사 직접경정) 다른 불기소건은 기각결정을 하였다. 그리고 수원지검에서는 이인수의 소송비 횡령과 교양교재 판매수익금 전출 등 특정경제범죄 가중처벌 등에 관한 법률위반(배임)과 사립학교법 위반죄로 2016년 4월에 기소하여 2017년 1월 검찰은 징역 3년을 구형하였으나 법원은 징역 4개월에 집행유예 1년을 선고하였다. 그러나 이인수는 이에 무죄를 주장하며 불복하여 형사 2심 재판 진행 중에 있다.

(2) 등록금 환불 소송

2013년 7월에 88명의 수원대학교 재학생들은 등록금환불추진위원회(등환추)를 만들어 학교법인인 고운학원, 이인수 총장, 최서원 이사장을

피고로 등록금환불소송을 제기하였다. 수원대는 학생들의 등록금을 받아 막대한 적립금을 쌓아 두기만 하고 교육실습환경은 지극히 열악하고 전반적으로 교육이 부실하게 이루어져 왔기에 학생들이 학교를 상대로 법적으로 문제를 제기한 것이다. 학생들이 등록금환불소송을 제기하자 학교 측은 소송을 제기한 학생들을 여러 가지로 압박하여 등환추의 공동대표 3명중 2명은 사퇴하였고 28명의 학생들이 소송 취하하였다.

이러한 어려운 여건 속에서도 굴하지 않고 버티면서 소송을 계속한 채종국 학생 등 50명은 2015년 4월 24일 서울중앙지법 민사17부(부장판사 송경근)로부터 학생들이 내는 등록금에 현저히 미치지 못하는 실험실습을 받았고 2014년 교육부 대학평가 시에 취업률, 전임교원확보율, 교육비 환원율 등 8개 평가지표를 기준으로 하여 하위 15%로 잠정 지정되어 원고 학생들에게 정신적인 고통을 가했다고 인정받았다. 재판부는 이들 학생들에게 재학연도에 따라 30~90만원의 위자료를 지급할 것을 선고하였다.

수원대는 2014년도 교육부의 대학재정지원제한대학 평가에서 교육비 환원율 전국 최하위, 이공계학생 실습비 수도권 최하위 등으로 전국 165개 대학에서 하위 15% 그룹에 포함되었지만 학생정원을 16%(약 420명)를 감축하는 조건으로 재정지원제한대학을 잠정 유예받았다. 그러나 2015년과 2016년 연이어 대학구조개혁평가에서 D등급으로 재정지원제한대학에 지정되었다. 이인수 총장은 학생들의 등록금을 받아서 학생들 교육에 제대로 사용하지 않고 천문학적인 금액을 적립하거나 교육용으로 지출한 금액 중에서도 부정、부실하게 집행하여 3년 연속 재정지원제한대학 지정을 초래했지만 고운학원은 이에 대한 책임을 묻지 않고 이인수를 금년 4월에 총장직을 3차 연임시켰다.

고운학원은 수원대의 열악한 교육환경을 개선하기는커녕 민사 1심의 결과에 불복하여 항소하였다. 2016년 7월 서울고등법원 제3민사부는 수원대가 비정상적으로 무분별하게 적립금을 쌓았고(2014년 이월·적립금은 4,554억 원. 전국 4위), 특히 2014년에 있었던 교육부 종합감사에서 예산·회계분야 9개 등 총 33개의 사항이 지적된 사실을 언급하며 수원대의 사학비리가 학생들의 교육환경을 악화시켰다고 밝힘으로써 학생들의 주장을 인용하여 승소 판결을 내렸지만 고운학원은 이에 불복 상소하여 현재 대법원에 계류 중에 있다.

(3) 교권 탄압 및 부당한 불이익처분

① 국가인권위원회

수원대학교는 대부분 대학에서 총장과 이사장의 대학운영에 관한 건전한 비판세력으로 존재하는 교수협의회가 없어 2013년 3월에 30 여명의 교수가 참여하여 이인수 총장의 독단적이고 비민주적인 운영을 막고자 수원대교수협의회를 설립하였다. 교협이 설립되자 이인수는 공동대표들을 감시하고 보직교수들을 동원하여 압박하고 드디어는 학장, 학과장을 동원하여 교수들은 교협을 반대한다는 성명서에 서명하도록 강요하는 사건이 벌어졌다. 이에 교수협의회에서는 심각한 인권침해로 규정하고 국가인권위원회에 제소하였다.

2015년 3월 국가인권위원회는 수원대에서 주도한 교협활동 반대 성명서에 서명을 강요한 것은 "조직적 집단적인 인권침해이며, 헌법10조, 제19조, 제21조가 보장하는 일반적 행동 자유권, 양심의 자유 및 결사의 자유를 침해한 것"이라고 판단 결정하였으나, 수원대 이인수는 이에 불복하여 국가인권위원회를 상대로 "권고결정취소 청구" 행정소송을 제기하였다. 그러나 2016년 4월 서울행정법원 제11행정부는 이인수의 주장을 기각함으로써 패소 판결하였고, 이인수가 항소를 포기하여 최종 결정되었다.

② 교권탄압

2014년 고운학원과 수원대는 징계위원회와 인사위원회를 열어 교수협의회 공동대표 3명(배재흠, 이상훈, 이원영 교수)과 교협 총무 1명(이재익 교수) 등 4명을 파면하였고, 소속회원 2명(장경욱, 손병돈 교수)을 재임용거부 처분하였다. 이후 이들 6명의 교수와 학교법인 고운학원 및 이인수 총장과의 교원소청심사위원회, 행정1, 2, 3심, 민사1, 2, 3심, 가처분, 형사 고소, 고발 및 형사 소송 등 지금까지 약 66건의 쟁송을 수행하였고 몇 건은 진행 중에 있다.

이 중 교협 소속 교수들을 괴롭히기 위한 대표적인 송사는 2014년 9월 배재흠, 이상훈, 이원영, 이재익 교수를 상대로 이인수가 해교행위와 본인의 명예를 훼손했다는 이유로 손해배상 10억을 청구한 사건이다. 그러나 2016년 8월 민사 1심 기각, 2017년 3월 민사 2심 기각, 2017년 6월 민사 3심에서 이들 교수들이 행한 학교와 총장에 대한 비판적인 행위는 공공의 이익을 위한 목적과 그것을 진실이라고 믿을 만한 정당한 이유가 있다고 판단하며 이인수의 주장을 기각함으로써 패소 판결하였다.

이인수는 2013년 10월 교협 카페에 수원대의 실상을 알리는 글을 게재하였다는 이유로 교협 공동대표 3명과 회원 2명의 교수를 정보통신망 이용촉진 및 정보보호 등에 관한 법률위반(명예훼손)으로 고발하였고 수원지검에서 혐의없음으로 불기소처분하였다. 그러나 이인수는 불복하여 항고하였고 서울고등검찰청에서도 기각하였다. 그러나 이인수는 항고기각에 또다시 불복하여 서울고등법원에 재정신청하였으나 2015년 6월에 기각되었다. 또한 이인수는 2016년 1월 본인이 해직시킨 교협 교수 6명을 본인과 학교의 명예훼손으로 고소하여 수원지검에서 여러 차례 조사를 받았으나 수원지검에서는 6명의 교수 전원에게 무죄처분하였다.

기나긴 소송 중 배재흠, 이상훈 교수는 소청, 행정, 민사, 가처분 등의 줄소송 끝에 "징계사유가 인정되지 않거나 위법한 결정이므로 파면을 취소한다"는 판결을 이끌어 내었으나 복직도 못하고 정년을 맞아 퇴직하였다. 이 두 교수는 월급 상당의 손해배상과 위자료를 청구한 민사재판에서 2014년 10월 민사1심에서 파면무효와 미지급 임금지급 등이 결정되었지만 위자료가 인정되지 않고 원고 일부 승소 판결을 받았다. 학교와 두 교수는 모두 항소하였고 2016년 5월 1심 부분 승소 결과(미지급 임금지급, 위자료 불인정)에 더하여 위자료 지급과 학교의 사학연금공단 통지 의무라는 판결을 받아 완전하게 승소하였으며, 2016년 9월 대법원에서 최종 승소하여 기나긴 이인수와의 송사는 완승으로 종결되었다.

이원영, 이재익 교수 역시 소청, 행정, 민사, 가처분 등의 이인수의 갑질 소송을 겪었다. 그러나 2014년 3월 파면무효확인 청구의 소를 시작한 이래, 2016년 10월 대법원에 최종 승소하여 미지급 임금을 받았으나, 위자료는 인정받지 못했다. 이재익 교수는 교원지위보존 가처분의 신청도 최종 인용되어 2017년 3월 학교로 복직했으나 그 직후 학교를 떠났다. 반면 이원영 교수는 복직 소송 중 재임용 기간이 도래하여 재임용심사 중 수원대 인사위원회로부터 재임용 거부되었다. 이에 불복하여 2016년 10월 소청에서 승소하였으나 고운학원이 불복하여 현재 행정소송이 진행 중이다.

배재흠, 이상훈, 이원영, 이재익 교수의 복직 소송이 타 사례에 비해 늦어진 이유는 고운학원이 2014년 1월 1차 파면 중에 소청 결정을 치유한답시고 사실상 1차 파면과 동일한 징계사유로 2014년 8월에 2차 파면을 하였기 때문이다. 형식과 절차는 교원인사위원회와 징계위원회의 결정을 따랐다 하나 법질서조차 무시하는 자의적이고 반민주적인 결정이 아닐 수 없고 법원은 이에 위자료의 인용 등으로 쟁송절차로 겪은 고통을 금전으로나마 위자할 의무가 있다고 판시하였다.

2014년 2월에 재임용 거부되었던 장경욱, 손병돈 교수는 2016년 1월 대법원에서 최종 승소하였다. 그러나 2016년 5월 장경욱 교수만 복지되었고 손병돈 교수는 2차 재임용도 거부되었다. 이에 더하여 이인수 총장은 장경욱 교수를 소속 학과인 연극영화학부가 아닌 교양대학으로 변경 복직시켰다. 교양대학 활성화를 이유로 내세웠지만 실제로는 기존 소속 학부 학생들의 접촉을 막으려는 의도였다, 장경욱 교수는 이에 불복하여 지위보전 가처분신청을 제기하여 승소하였고 결국 복직 5개월 만에 본래 학과인 연극영화학부로 돌아갈 수 있게 되었다. 그러나 원 소속 복직 후에도 학교 측은 장경욱 교수에게 실기교수임에도 일방적인 이론강의 배정, 교내공문 전달 차단, 학생지도교수 배정 제외, 학과의결구조에서의 배제, 교내 동선 감시 등으로 고통을 주고 있다.

2차 재임용 거부된 손병돈 교수는 2016년 7월 교원소청위의 재임용거부처분 취소 결정과 2017년 6월 행정법원 승소의 결과를 얻었지만 재단이 복직절차를 밟지 않아 재임용절차 이행 및 간접강제를 신청하여 2017년 6월 재임용절차이행 가처분 결정이 인용되었다. 그러나 이는 '재임용'을 하라는 것이 아니라 '재임용 절차'를 이행하라는 주문으로, 현재 고운학원의 항소 여부와 재임용 절차 이행 여부를 기다리고 있는 중이다. 손병돈 교수 쟁송의 쟁점은 이인수가 계약제 교수를 1년으로 임용하면서 1년 내에는 달성하기 어려운 터무니 없는 재임용 약정과 교원업적평가 기준, 자의적인 급여 책정 및 승진, 총장 특별 점수 등을 장치로 교수들을 통제하고 있다는 것이다. 이와 같은 계약제 전임교수에 대한 교권침해, 탄압, 불법 운영은 이인수의 독단적, 독재적, 반교육적 처사에 기인한 것이다.

한편, 이 건 재임용 거부 취소에 대하여 장경욱, 손병돈 교수는 미지급 임금 상당 손해배상을 청구하는 민사소송을 제기하였으나 민사 1, 2심 모두 수원대의 재임용 거부 처분은 위법하다고 판시하면서도 임금 상당 손해배상에 대해서는 고운학원의 고의 또는 과실 여부를 단정할 증거가 미흡하다며 인용하지 않았다. 이에 두 교수는 불복하여 상고하였고 현재 대법원에 계류 중이다.

③ 기타 부정 · 비리 및 의혹

이인수의 박사학위 논문이 2014년 11월 경희대 연구윤리진실성위원회로부터 표절임이 인정되었고, 수원대 기획실장으로 재직 중이던 1985-1990년에 유부남으로서 내연관계에 있던 수원대 여학생의 인권을 짓밟고 폭행한 사건으로 소송이 있었고, 장남의 학력 및 병역비리 의혹이 제기되어 2014년 7월 교육부가 감사 후 수사 의뢰하는 등 이인수의 도덕성 문제가 제기되었다.

4. 맺음말

수원대의 비리 원인은 크게 다섯 가지로 요약할 수 있다. 첫째, 의사결정의 최종 결정권자인 학교법인은 공익법인이라는 사실을 무시하고 학교를 설립자 친인척의 사유재산으로 인식하는 저급한 의식 수준에서 기인하는 것이다. 둘째, 국가로부터 위임받아 공교육을 담당하는 고운학원과 수원대는 학교법인과 대학 운영에 있어서 공공성과 투명성이 매우 낙후된 구조를 갖추고 있다. 셋째, 민주주의 원리에 따라 제도화된 재단 이사회와 대학평의원회 본연의 기능이 무력화되어 있고 상명하달식의 독단적인 대학운영 방식이 횡행하고 있다. 넷째, 헌법에서 보장하고 있는 개인의 인권을 억압하고, 권력의 집중으로 인한 독재 현상에 대한 감시와 견제 역할을 담당할 교수협의회를 탄압하는 행태에서 찾을 수 있다. 다섯째, 소수에게 집중된 권한이 사학비리의 구조적 토양이 되고 있다는 점에서 이를 견제하고 감시할 수 있는 법 개정과 학내 제도 개선이 미흡하다.

이러한 상황에서 분규의 원인이 되고 있는 수원대의 비리를 청산하기 위한 유일한 방법은 반교육적 적폐의 꼭지점인 이인수를 사회와 교육계에서 시급히 격리시키는 것이다. 이인수가 존재하는 한 수원대의 정상화는 요원한 일이다.

족벌사학적폐시스템 구축의 선구자로서의 영산대

류 석 준
영산대 법학과 교수, 영산대교수협의회 운영위원장

1. 족벌체제의 영산대

영산대는 1997년 산업대로 개교하여 박용숙 이사장 체제를 유지해 오던 중 2001년 박용숙의 아들인 부구욱이 2대 총장이 되어 학교를 실질적으로 물려받았고 박용숙 사망 후 그녀의 며느리인 노찬용이 이사장이 되었다.

현재 부구욱 총장은 본인이 다섯 번째 연속으로 17년째 총장을 연임하고 있으면서 동시에 학교법인 이사이며 배우자는 이사장, 딸은 영산대 산학협력단 자문변호사로서 족벌시스템의 기초를 완비함으로써 타 대학교 운영자들의 선망의 대상이 되고 있다.

2. 부구욱 총장의 부적절한 이력

그러나 다음과 같은 이유에서 부구욱 총장은 고등교육기관장의 자격이 없다.

○ 사법부의 근간도 뒤흔들 수 있는 요정접대판사출신 경력

부구욱 총장은 2016년 6월 29일 영산대의 수많은 교수들이 모인 자리에서 "초임판사 시절 주 1회 이상 요정 또는 룸싸롱에서 접대를 받았고 그것이 당시 법원의 관행이었으며, 당시 (초임판사인 부구욱 자신은) 그것이 범죄행위임을 몰랐다"고 당당하게 말하였다. 이에 대해서는 2017년 7월 21일 뉴스타파에 보도되었다.

이 발언을 몇 가지로 나누어 생각해보면, 첫째, 판사신분으로 주 1회 이상 요정 혹은 룸싸롱 접대를 받았다는 점인데, 주 1회 이상이니 주 7일일 수도 있다. 그리고 그 접대에는 대가가 있었을 것이라는 의심을 할 수밖에 없다. 뿐만 아니라 접대장소가 요정과 룸싸롱이니 성상납은 없었는가에 대한 의문도 가지지 않을 수 없다.

둘째, 그것이 당시 법원의 관행이었다고 한 점인데, 이에 의한다면 당시의 판사들은 대부분 그렇게 접대를 받았다는 의미로 이해되므로 그 당시 재판의 공정성에 대해 국민적 차원의 의심을 하게 만들 뿐만 아니라, 더 나아가 현재의 판사 사회는 이러한 관행으로부터 자유로운지 국민적 의혹을 낳게 할 개연성이 매우 높다. 따라서 이러한 부구욱 총장의 발언은 사법부 권위의 근간을 뒤흔드는 사법부에 대한 명예훼손 행위라고 하지 않을 수 없다.

셋째, 부구욱 총장이 당시 그것이 범죄행위임을 몰랐다고 한 점에 있어서, 이러한 윤리관을 지닌 법관의 양심은 어떤 것인지, 그리고 이러한 법관의 양심은 재판에 어떤 영향을 미쳤을지 등 심각한 의문을 제기하지 않을 수 없는 것이다.

그리고 이와 관련하여 너무나 황당하고 놀라운 점은, 첫째, 본 발언은 영산대 부산캠퍼스 강당에서 개최된 토론회에서 60~70여명의 교수들과 부구욱 총장의 배우자인 노찬용 이사장이 함께 참석한 자리에서 공개적으로 행해졌다는 점, 둘째, 부구욱 총장 스스로 공개한 발언의 내용을 외부에 공개했다는 이유로 영산대 김진환 교수를 명예훼손죄로 형사 고소하여 형사절차를 진행케 하고 있다는 점, 셋째, 반의사불벌죄인 명예훼손죄에 대해 부구욱 총장이 별도의 고소장을 제출하여 적극적으로 처벌해 달라는 의사표시를 명백히 하여 이것이 결국 일반 사회에 널리 알려지는 계기가 되었다는 점 등이다. 2017년 7월 21일 이 사실은 결국 뉴스타파에 보도되어 널리 알려지게 되었다.

○ 유서대필 판사 경력

판사 시절의 접대에 영향을 받았을 것으로 보이는, 부구욱 총장의 법관으로서의 양심이 그대로 반영된 것으로 의심되는 실제로 엄청난 피해를 야기한 재판이 있다. 바로 강기훈 유서대필 사건에 대한 재판이 바로 그것이다. 부구욱 총장의 유서대필 재판은 선량한 한 인간을 악마로 몰아 그 인생을 파탄에 이르게 하였다. 중세의 마녀재판을 연상시킬 지경이다. 이와 관련하여 언론은 다음과 같이 보도하였다.

“피해자인 강기훈씨는 2심 재판 당시 부 총장의 책임을 직접 거론한 바 있다. 그는 지난해 1월 재심 결심 공판 당시 최후진술에서 "배석판사였던 부씨는 재심 전의 2심 판결 후에 법원에 ‘강기훈은 틀림없는 범인이고 필적감정이 아닌 정황증거로도 그렇다, 그는 선량한 사람을 기망해 온 악마다’는 내용의 회람문서를 작성해 돌렸다"며 "판사의 생각이 이 정도면 가히 압권이다, 이것은 편견이고 몰이성이며 법의 원칙과도 너무나 거리가 멀다"고 비판했다.”

○ 3일간의 새누리당 윤리위원장 내정 경력

2016년 7월 4일에 새누리당 윤리위원장으로 내정되었던 부구욱 총장은 수많은 언론에서 그의 도덕성에 심각한 하자 있음이 거론되면서 2016년 7월 6일 내정 3일 만에 물러나게 되었다.

이 때 언론이 보도한 내용은 부구욱 총장이 대표적인 증거조작 사건인 강기훈씨의 유서대필 재판의 판사였다는 점, 그리고 당시 국회의원들이 친인척의 자제들을 인턴사원으로 특혜 채용한 사실이 사회문제가 되어, 이에 대해 조치를 취하기 위해 내정한 인사인 부구욱 총장이, 영산대 출신으로서 지방대 로스쿨을 갓 졸업한 그 자신의 딸을 2016년 초에 영산대 산학협력단의 자문변호사로 위촉하였다는 점, 자신의 배우자가 이사장직에 있다는 점, 자신이 16년 간 총장직을 독점하고 있다는 점 등을 보도했다.

이로 인해 입시홍보가 한창 진행 중이던 당시 어느 날, 교직원들이 보는 교내 인트라넷 게시판에 영산대 입학처장이 입시의 어려움에 대한 심각한 우려를 표한 바 있다. 영산대는 매년 입학생 모집에 적지 않은 어려움을 겪고 있어 입시홍보에 많은 노력을 기울여야 하는 학교이다. 이러한 학교 현실에서 입학처장의 우려는 매우 당연한 것이었다. 그럼에도 불구하고 부구욱 총장은 유서대필의 경우와 마찬가지로 본인의 과실에 대한 사과를 하거나 책임을 진 적이 없다.

3. 부당한 인사전횡

부구욱 총장은 그 직이 총장임에도 불구하고 학교법인의 최고 의결기구인 이사회 위에 군림하면서 학교법인과 학교를 지배하고 있다. 그는 현재 이사회의 의결에 전혀 구속받지 않는 의사결정을 할 수 있고 이에 대하여 아무런 견제장치가 없다.

따라서 부구욱 총장은 인사권자가 아님에도 불구하고 실질적인 인사권을 행사한다. 예컨대 이사장이 교원에게 파견명령을 내렸음에도 불구하고 이 명령을 무시할 것을 요구할 수 있다. 이러한 요구에 응하지 않으면 교수의 자질 부족으로 재임용에서 탈락시킬 수 있다. 징계위원회라고 해서 다를 바가 전혀 없다. 학교에 합리적 비판을 하는 교원은 마음대로 징계하여 해임할 수 있다. 이를 통하여 교원을 효율적으로 통제하고 있다.

영산대 부구욱 총장은 1년에 단 한번 학생을 상대로 한 특강 이외에 특별한 학사업무를 부여하지 않으면서도 법무법인 화우의 대표변호사였던 양삼승 변호사를 거의 10여 년 동안 영산대 법무부총장으로 재직하게 하면서 매월 상당액의 급여를 지급하였다. 그러면서 학교법인과 관련된 여러 소송에서 법무법인 화우의 변호사들과 양삼승 변호사는 그 소송대리인 역할을 해 왔다. 특히 그들은 학교법인과 법률분쟁을 벌인 교수들과의 소송에서도 소송대리인의 역할을 하였다. 이러한 상황은 양삼승 변호사에게 급여의 형식으로 실질적으로는 법률자문료를 교비로 지급하여 온 것이 아닌가 하는 의문을 갖게 한다. 뉴스타파와의 인터뷰에서 부구욱 총장은 양삼승에게 특별한 액수의 수임료를 지급하였다고 인정하였다. 이것이 만일 사실이라면 부구욱 총장과 양삼승 변호사는 교육현장에서 범죄행위를 공모하여 자행한 셈이다. 현재 교비를 학교법인 내지는 총장 개인 소송의 법률자문료로 집행하는 것은 범죄행위이다.

이와 관련하여 필자는 국민신문고를 통해 교육부에 고발한 바 있다. 그런데 교육부는 학교의 인사문제이기 때문에 학교가 결정할 문제라고 하였다. 이러한 교육부의 답변에 의한다면, 사학의 운영자는 친인척 등을 대상으로 학교에서 아무 일도 하지 않는 조건으로 학생의 등록금을 급여로 챙겨주어도 아무런 문제도 없다는 것이 된다.

영산대 대학평의원회 구성에는 교수상조회도 참여한다. 부구욱 총장은 교수상조회 회원이다. 교수협의회가 반대하였음에도 불구하고 부구욱 총장이 조종하는 일부 교수들에 의해 이러한 방식이 지금도 작동하고 있다. 영산대 개방이사 제도는 전혀 작동하고 있지 않다. 뿐만 아니라 최근 교수협의회의 반발에도 불구하고 상식적으로 이해될 수 없는 이유를 들어 교수협의회 대표를 재임용에서 탈락시키고 이에 대해 반발하는 교수를 징계하여 해임시켰다. 이로 인하여 교수협의회는 완전히 무력화되었다. 이 사실은 7월 21일 뉴스타파에 보도되었다.

4. 부당한 학사 전횡

부구욱 총장은 모든 교수에게 한 강좌 이상 영어(외국어)강의를 할 것을 강요하고 있다. 이에 대해 교수들은 수년간 반대 하였지만 아무런 소용이 없었다. 그리고 이것은 현실적으로 타협이 불가능한 임용계약서를 통해서 실질적으로 강제되고 있다. 임용계약서에는 이를 이행하지 않을 경우 재임용되지 않는다고 명시되어 있다.

외국에서 학위를 받지 않은 교수의 경우에도 영어강의를 해야 한다. 교수들은 어쩔 수 없이 영어강의를 하는 시늉을 하고 있긴 하지만, 억지로 이루어지는 영어강의 수업의 질이 떨어질 수밖에 없고 그 피해는 고스란히 학생들에게 돌아간다. 예컨대 법을 영어로 강의한다고 생각해 보자. 영어실력과 수강능력이 높지 않은 수준의 학생들에게 어떤 효과가 발생하겠는가?

모든 과목에 영어강의계획서 입력을 강요하고 있다. 사실 학생들은 한글 강의계획서에도 별 관심이 없는데도 모든 과목의 영어강의계획서 입력을 강요하고 있다. 엄청난 행정력의 낭비임에도 불구하고 이를 시행하지 않으면 재임용에서 탈락된다. 2016년 실제로 이를 이유로 하여 교원을 재임용탈락 시킨 바 있다.

교과목의 개설 여부를 총장이 직접 결정한다. 심지어 개별 교과목의 개설을 강요하기도 한다. 예컨대 형사법 체계와 운용이라는 과목은 교원들이 요청한 바도, 동의한 바도 없는데 개설되었다. 따라서 그 교과목에 대해서 어떤 내용을 어떻게 가르칠 것인가에 대해 결정된 바가 전혀 없다.

법률캡스톤디자인이라는 과목은 법학을 가르치는 전국의 어떤 학교에서도 찾아보기 힘든 정체불명의 과목이다. 그런데 부구욱 총장은 교육부의 링크사업 유치를 위해 법학교수들의 동의도 받지 않고 본 과목을 개설하였다. 캡스톤디자인이 산업현장에서 발생하는 문제를 학교에서 해결하는 것이라고 하는데, 산업현장에서 발생하는 법률문제를 학교에서 산학협력단의 돈을 받고 학생들이 해결하는 것은 변호사법 위반 행위일 수도 있다. 범죄행위가 될 지도 모르는 일을 부구욱 총장은 교육부 사업을 유치하기 위해 교육현장에서 강요하고 있다.

영산대 부구욱 총장은 학과의 폐지와 부활을 마음대로 할 수 있다. 실제로 학생들의 반대에도 불구하고 학생들에게 학과 폐지로 인한 어떤 불이익도 주지 않겠다고 하면서 2014년 법률학과를 폐지하였다. 그러나 복학 등으로 현재 재학중인 법률학과 학생들은 학교가 일방적으로 법학 교과목을 폐지함으로써 수강에 상당한 어려움을 호소하고 있다. 어떤 법률학과 학생은 기본3법(헌법, 민법, 형법)도 수강하지 못한 채 졸업한다고 한다. 그리고 2014년 당시 새로 만들었던 공직인재학부는 부구욱 총장의 자의적인 선택에 따라 2016년에 폐지되었다. 그러면서 2016년 법학과(법률학과를 법학과로 이름만 변경)가 다시 부활되었다. 법학과가 부활된 이유는 아무도 모른다.

한 걸음 더 들어가 보자. 부구욱 총장은 2014년에 폐지했다가 2016년에 부활시킨 법학과를 2017년 초 다시 폐지하려고 하였다. 이때는 교수들과 학생들의 반발로 실현되지 못하고 미수에 그쳤다. 그러나 교수들에게 2017년 입시가 만족스럽지 못하면 사직한다는 문서에 서명하게 했다. 이 정도면 학과의 폐지는 부구욱 총장의 재량권 행사가 아니라 범죄행위 수준이다. 사기죄는 사람을 기망하여 재물을 교부받거나 재산상 이익을 취득하면 성립한다. 학생을 모집하자마자 학과를 폐지하는 것은 갓 입학한 신입생들을 기망한 것이다. 그리고 등록금을 받았으니 재물의 취득이다. 사기죄가 아니고 무엇인가? 신입생에게만 그러한가? 2학년의 경우는? 3,4학년은? 졸업생의 학과 존속에 대한 기대이익, 즉 졸업동문에 대한 기대 이익은 침해 받지 않는가? 실정법상 사기죄가 아닐지는 몰라도 이들에게도 범죄행위를 하는 것과 다를 바 없다. 학과 폐지는 모든 학생들에 대한 모든 대학의 범죄행위이며 반교육직 행위이나. 당장 범춰야 한다. 그것은 대학의 폐쇄도 마찬가지이다.

부구욱 총장은 프라임사업을 빙자하여 강제로 구조조정을 시도하였다. 영산대 규모로 볼 때 영산대는 대규모의 프라임 사업을 신청할 수 없음에도 불구하고 대형사업 신청을 고집하였다. 그러면서 사업에 탈락하더라도 구조조정을 강행하겠다고 했다. 전체교수회의에서 수많은 교수들이 학과의 무리한 통폐합, 학과명 변경 등이 대학입시에 부정적인 영향을 끼칠 것을 우려하면서 반대하였다. 영산대는 매년 입시를 걱정하는 학교이다. 그러나 부구욱 총장은 이를 강행하였다. 결국 사업에서 탈락했고 신설된 학과에서 입시미달이 발생했다. 부구욱 총장은 무엇이든 마음대로 결정하지만 그 결정에 대해서는 절대로 책임을 지지 않는다. 현재 그 미달로 인한 등록금 수입 차질을 충당하기 위해 교직원에게 기부금을 강요하고 있다.

5. 횡령 및 배임 행위

2005년 9월 고등학교를 이전한다면서 이사회 의결조차 없이 대학교 교비 29억 2천만 원을 들여 부산시 부산진구 부암동 소재 부지를 매입하였다. 그러나 그 이후 학교 이전계획은 백지화되었고 그 피해는 고스란히 학생들에게 돌아갔다. 지금도 세금을 교비로 지출하고 있는데 2017년 7월 현재까지 세금으로만 나간 돈이 7천만 원이라고 한다.

그리고 2009년 12월에는 입시자원 감소를 이유로 대학을 이전한다면서 학생 1,600명의 등록금에 상당하는 금액인 교비 53억 원을 들여 울산시 남구 옥동에 부지를 매입하였지만 이후 이전계획은 백지화 되었다. 그리고 이후 부지에 대한 세금 5억 원을 교비로 추가 지출하였다. 이러한 행위는 고등학교 이전계획과 같은 동일한 수법을 이용하여 자행된 것이라는 점에서 상습성이 의심되므로 앞으로도 그와 유사한 행위를 할 가능성이 매우 높을 것으로 생각된다.

그리고 학교법인이 부구욱 총장과 그 배우자 노찬용 이사장이 함께 살던 부산 금정구 소재 아파트를 교비 4억 5천만 원에 구입하였다. 그것도 당시 시세보다 약 1억 원 이상 비싼 가격으로 구입하였고 그 매입 대금은 노찬용 이사장에게 넘어갔다. 이 아파트는 학교에서 워낙 먼 거리에 위치하고 있어 관사로서의 기능을 할 수 없을 뿐만 아니라 자신들이 이미 살고 있기 때문에 그것을 관사로 다시 매입해야 할 합당한 이유가 없는데도 불구하고 이를 학생들의 등록금으로 매입하고 그 돈은 노찬용 이사장에게 넘어갔다.

이러한 내용들은 2017년 7월 21일 뉴스타파에서 보도되어 널리 알려지게 되어 학생들의 공분을 샀지만 2017년 7월 현재 부구욱 총장과 노찬용 이사장은 이에 대해 반성하거나 사과한 적이 없다. 이러한 태도는 학생들의 등록금으로 세금을 계속 지급하고 있어 지금도 학생들의 피해가 발생하고 있는데도 불구하고 이를 그만두지 않고 앞으로도 같은 일을 계속하겠다는 뜻으로 이해된다. 그래서 앞으로도 학생들에 대한 피해는 더욱 커질 것으로 예상된다. 따라서 학생들에 대한 막대한 피해를 막고자 영산대에서 해임된 김진환 교수는 2017년 8월에 형사고소·고발을 하였다.

6. 그 이외의 수많은 비리

○ 상여금 펀드조성을 한다면서 개인 교수의 동의도 없이 급여에서 일정 금액을 원천징수하는 행위

○ 임금체불 및 횡령 의혹

○ 재정상황이 어렵나는 이유로 학생복지는 등한시 하고 교직원 급여도 상당 기간 동결하면서 불필요한 공사를 강행하는 행위

○ 언론 보도에 따르면 학생복지와 교직원 처우는 매우 열악함에도 불구하고 부구욱 총장의 연봉은 우리나라 전체대학에서 상위 수준에 달함 (약 1억 7천만 원)

○ 교비로 교원소송비용 사용(교비횡령)

○ 구성원의 명확한 반대에도 불구하고 불리한 취업규칙의 변경 강행

○ 위법한 재임용 정교수제도의 운영

○ 허위취업에 의한 취업률 부당 공시 (2013년 교육부 감사자료)

○ 대학교 소속 직원 2명에게 법인업무를 전담하도록 한 후 교비회계에서 급여 1억 1,500만 원 지급 (2010년 교육부 감사자료)

○ 교비회계에서 구입한 차량을 이사장 전용 차량으로 제공 (2010년 교육부 감사자료)

○ 공사실적이 전무하고 면허도 없는 업체를 최저가 입찰 이유로 낙찰자로 선정하여 예정가 이하로 입찰한 유자격 업체 탈락 (2010년 교육부 감사자료)

○ 2005~2008년 기간 동안 법인 수익용 건물을 위탁교육장으로 운영하면서 임대료 6억 5,089만 3천원을 교비회계에서 지급 (2010년 교육부 감사자료)

○ 필리핀의 정규 대학이 아닌 어학원과 현지 학기제를 운영하고 연수생에게 교양필수학점으로 18학점 일괄 부여 (2010년 교육부 감사자료)

○ 필리핀의 정규 대학이 아닌 어학원과 현지 학기제를 운영하면서 학생 30명으로부터 등록금 이외에 연수비용 1억 1,653만 7천원을 추가로 징수 (2010년 교육부 감사자료)
○ 2011년 등록금 인상률 상한제 위반 (2011년 12월 감사원 감사결과 처분 요구서)
○ 수익용 토지(부산 부산진구 부전동 266-1) 가액 과다 보고 (2011년 12월 감사원 감사결과 처분 요구서)

7. 조속한 감사의 필요성

영산대 부구욱 총장은 특이한 전력과 통상인의 범주를 뛰어넘는 윤리관을 지닌 자로서 고등교육기관장의 직을 애초부터 수행할 수 없는 자이다. 그런데도 불구하고 배우자는 이사장이고 딸을 대학 산학협력단의 자문변호사로 위촉한 상태에서 본인은 다섯 번째로 총장 임기를 시작하였다. 그리하여 그는 영구적으로 이사회 위에 군림하게 되었다.

이를 통해서 부구욱 총장은 신흥족벌사학의 운영자로서 무소불위의 인사권을 무기로 대학과 학교법인 운영에 대해 전횡을 일삼고 있다. 그러나 학내에는 이를 제재할 아무런 장치가 없다. 교협의 대표들을 위법하게 제거하여 지난한 법적 절차에 내몰아 교수협의회까지 굴복시킨 그에게 이제 어떤 장애물도 존재하지 않는다. 부구욱 총장은 스스로 공개적으로 말한 내용을 공개하였다는 이유로 20년간 학교에서 봉직해온 교수협의회 공동대표를 형사절차의 구렁텅이로 몰아넣고 말았다. 부구욱 총장이 한 말은 누가 봐도 비난받아 마땅한 내용일 뿐만 아니라 사법정의 전체를 뒤흔들 수도 있는 내용이다. 이러한 망언을 공개하고 비난하지 않는다면 어찌 대학교육 현장에 있는 자라고 할 수 있겠는가? 그러나 이제 학내에서 합리적 비판의 목소리를 내는 것은 불가능하게 되었다.

2017년 7월 21일 뉴스타파에서 영산대의 비리사실이 보도되었다. 그러나 부구욱 총장과 그 배우자 노찬용 이사장은 이에 대해 그리고 전술 한 바와 같은 수많은 비리에 대해 반성하거나 개선하려는 노력을 전혀 하지 않고 있다. 따라서 앞으로도 학생들의 추가적 피해는 불을 보듯 뻔한 일이다. 신흥사학족벌의 상징이 된 영산대 부구욱 총장의 전횡을 당장 멈추어야 한다. 내부통제를 상실한 영산대에 대해서는 조속한 외부감사가 절실하다.

Spero, Spera 숨 쉬는 한 희망은 있다.

박 정 희
전주기전대 교수

1. 전주기전대학 (학교법인 전주기독학원)의 연혁

전주기전대학은 미국 남장로교 소속 여선교사였던 미스 전킨이 1904년경 전주시 중앙동에 교사를 마련하고 제1대 교장으로 취임하여 학교의 기틀을 닦았으며 1951년경 미국 남장로교 한국선교회 유지재단이 현재의 학교부지(전주시 완산구 화산동 1가 187)를 구입해 1955년경 교사를 신축하고 기전여자학교를 개교하였다. 1908년경 과로로 세상을 뜬 전킨 목사를 기리는 의미로 기전(紀全 ; Junkin memorial)이라는 교명을 사용하게 되었다.

학교법인 호남기독학원은 1972년 기전여자고등학교 개교 70주년을 기념하여 기전여자실업전문학교 설립 안을 의결하고 1973년 12월 19일 기전여자실업전문학교를 설립하였으며 1979년 3월 1일 기전여자실업전문학교가 기전여자전문대학으로 승격되자 1979년 4월 6일 학교법인 전주기독학원을 설립하였다. 위와 같이 전주기전대학은 처음 미국남장로교회 소속 선교사들에 의하여 설립된 '미국남장로교한국선교회유지재단'에서 그 기초를 닦은 후 학교법인 호남기독학원, 학교법인 전라기독학원을 거쳐 그로부터 분리된 학교법인 전주기독학원이 설립한 교육기관이므로 전주기전대학의 설립자는 학교법인 호남기독학원이다.

고 조세환 학장은 광주수피아 여학교 교무부장으로 재식하다가 1957년 11월경 당시 기전여자학교 교장이던 한미성(Miss Meli Cent Huneycutt)선생에 의해 교감으로 초빙된 후 1962년경부터 약 20여 년간 전주기전여자중고교의 교장으로 재직하였으며 1981년부터 학교법인 전주기독학원의 이사장 또는 전주기전대학의 학장으로서 막강한 권한을 행사하였다. 조학장은 자신의 재산을 대학에 출연한 사실이 전혀 없음에도 설립자라고 참칭하였고 2001년 9월 4일 자신의 장남(조희천, 전 고려상호신용금고 대표)을 학장에 임명함으로써 세습경영의 길을 열어 놓았다.

2. 상상을 초월하는 사학비리

1) 교비횡령

☞

○ 2001. 7.경 전주기전대학의 기숙사 신축공사 관련 11억원 리베이트 건으로 구속 기소되어, 징역 2년, 집행유예 3년, 추징금 5억 원을 선고전주지방법원 2005고합78 특정경제범죄가중처벌등에관한법률위반(횡령), 배임수재,

○ 2004. 10.경 부정 국고보조금을 수령하고 5200만 원을 횡령하여

징역 8월, 집행유예 2년을 선고(전주지방법원 2007고단847 횡령 등),

○ 2천만 원을 교비 횡령하여 벌금 300만 원을 선고(전주지방법원 2006고정531 업무상횡령)

○ 조희천은 학장으로 재임하던 시절 국고보조금 횡령과 학장직을 사임한 후에도 전주기전대학 학장직을 모용한 범죄혐의로 인하여 징역1년 집행유예2년을 선고받고 대법원2010도9125호로 상고하였으나, 2010. 11. 11. 상고가 기각되어 형이 확정

조희천 학장은 교비를 횡령하는 등 비리를 저지르다가 대학경영에서 물러났으며 추징금 5억원은 아직도 납부하지 않은 것으로 알려졌는데, 그의 친인척과 지인들로만 구성된 법인 이사회는 2014년 12월 경 그를 다시 총장으로 임명하였다.

2) 인사비리

조희천 총장은 자신의 장남과 며느리를 각각 정교수와 전임교원으로 임명하고 전임총장(서정숙)의 딸을 전공과 관련이 없는 학과의 교수로 임용하였다. 10년 이상 재직한 비전임(초빙교원)교원, 15년 이상 재직한 전임강사, 20년 이상 재직한 조교수가 대다수인 실정과 비교하면 형평성이 매우 어긋난 인사다. 그는 자신의 부인에게 대학 매점의 운영권을 주었고 제수를 JK간호아카데미 원장으로 임명하였다.

3) 학사비리

2007년 교육인적자원부 종합감사 결과 법인운영 6건, 예산

회계 5건, 교직원인사 1건, 입시 2건, 학사 4건, 시설관리 2건등 총 20건의 비리가 적발되었다.

연번	직위(급)	성명	지적내용	처분
1	전, 학장	조희천	7. 업무추진비 등 집행 부적정	경고 (퇴직으로불문)
			8. 법인부담경비의 교비지출 등 회계 집행 부적정	경고 (퇴직으로불문)
			9. 교비 회계 수입금 부외계좌 관리	경고 (퇴직 으로불문)
			10. 교비 회계자금 불법 인출 및 결산 부당	*14번에 포함 조치
			11. 수익사업체 설치·운영 부적정	
			12. 전임교원 및 초빙교원 신규채용 부당	
			13. 대학입시 지원자 지원 사항 변경 부당	
			14. 대학입학전형 성적(사정)처리 및 특별전형 자격 미달자 합격 부당	중징계 *3,10,11,12,13, 18번과 병합조치 (퇴직으로불문)
			18. 교직원 특별반 및 지자체 특별반 운영 부적정	*14번에 포함 조치

위 감사에서는 미인가 학습장을 불법으로 운영한 비리가 적발되었으나 그 이후에도 계속하여 불법학습장 운영하였다.

허브차산업과의 2010년도 1학기 미인가학습장 출석관리부

출석관리부

2010학년도 1학기

교목: [illegible] 꽃차 가공및실습 [illegible] 허브차산업과 2학년 01반 주간 외부;토09토10

순	학번	성명	학과	1 2 3 4	5 6 7 8	9 10 11 12	13 14 15 16	17 18 19 20	21 22 23 24	25 26 27 28	29 30 31 32
1	200909066	김동욱	허브차산	0000	0000	0000	00XX	0000	0000	0000	00
2	200909089	김동일	허브차산	0000	0000	0000	0000	0000	0000	0000	00
3	200909027	박상미	허브차산	0000	0000	0000	0000	0000	0000	0000	00
4	200909034	박현주	허브차산	0000	00XX	XXXX	X000	0000	0000	0000	00
5	200909035	[illegible]	허브차산	0000	0000	X000	0X00	0000	0000	0000	00
6	201001031	윤정훈	허브차산	0000	00XX	0XXX	X000	0000	0000	0000	00
7	201001032	이경란	허브차산	0000	0000	0000	0000	0000	0000	0000	00
8	200903006	이선애	허브차산	0000	00XX	X00X	0000	0000	0000	0000	00
9	200909091	최태주	허브차산	0000	00XX	X00X	00XX	0000	0000	0000	00

2009년 및 2010년 국정감사에서는 학교 법인이 학장(조세환)의 아들(조희천)이 소유한 땅을 매입한 경위와 조희천(2008년 언어교정과 입학)에게 2차례 전액장학금을 지급한 경위 등이 지적되었다.

2011년 감사원 감사에서는 총 13개 과목의 수강생 5,593명에 대한 부당학점 부여 및 학위 수여 등의 학사비리가 적발되었다.

○ 신입생을 추천한 재학생에게 추천학생 1명당 100,000원의 신입생 모집대가를 '발전 장학금'이란 명목으로 2010학년도,2011학년도 총118명에게 15,400,000원 지급
○ 2008년3월부터 2011년 7월까지 교육용재산임대수익 및 법정기부금 등 총 12.71억원을 법인에서 불법 사용
○ 법인업무 수행직원에 대한 급여 92백만원을 교비회계에서 부당 집행
○ 부당학점 부여 및 학위 수여 : 총 13개 과목에 5,593명이 부당학점

4) 교권침해

전주기전대학 교직원징계에 따른 소송 진행 결과 및 복직현황

<table>
<tr><th>교수</th><th>이사회의결</th><th>교원소청</th><th>1심</th><th>2심</th><th>대법원</th><th>결과</th><th>비고</th></tr>
<tr><td>고은</td><td>정직</td><td>학교패</td><td>학교패</td><td>학교패</td><td></td><td>사건종결</td><td>학교근무
2015.8퇴직</td></tr>
<tr><td rowspan="2">김성영</td><td>해임</td><td>학교패</td><td></td><td></td><td></td><td>사건종결</td><td rowspan="2">학교복귀
이후
2014.2
재임용탈락</td></tr>
<tr><td>재임용탈락</td><td>학교승</td><td>학교승</td><td>학교승</td><td></td><td>사건종결</td></tr>
<tr><td rowspan="2">임민혜</td><td>재임용탈락</td><td>학교패</td><td></td><td></td><td></td><td>사건종결</td><td rowspan="2">학교복직
이후
2014.2
재임용탈락</td></tr>
<tr><td>재임용탈락</td><td></td><td></td><td></td><td></td><td>퇴직</td></tr>
<tr><td rowspan="2">문윤호</td><td>해임</td><td>학교패</td><td></td><td></td><td></td><td>사건종결</td><td rowspan="2">학교복귀
2차 징계
현재
미복귀</td></tr>
<tr><td>2차 해임</td><td>학교패</td><td></td><td></td><td></td><td>사건진행</td></tr>
</table>

최은순	재임용탈락	학교패				사건종결	2010.8 퇴직
최형택	해임	학교패	학교패	학교패	학교패	사건종결	"자택대기 발령" 2017.1.7. 학교복직
	폐과면직	학교패	학교패	학교패		사건종결	
	자택대기발령	학교패	학교패	학교패		사건종결	
김영순	재임용탈락	학교승	학교패	학교패		사건종결	학교복직 이후 2014.2 재임용탈락
	재임용탈락					퇴직	
이정숙	재임용탈락	학교승	학교패	학교패	학교패	사건종결	학교복직 2016.8퇴직
임승영	재임용탈락	학교패	학교패			진행중	미복귀
박정희	파면		학교패	학교패	학교패	사건종결	미복귀
	재임용탈락	학교승	학교패	학교패	학교패	사건종결	
	대기발령	학교패	학교패	학교패		사건종결	
	2차 파면	학교패				진행중	
직원	이사회의결	노동위	행정1심	행정2심	행정3심	결과	비고
최병옥	감봉	학교패	학교패	학교패	학교패	사건종료	퇴직
	파면	학교패	학교패	학교패	학교패	사건종료	
박찬선	해임	학교패	학교패	학교패	학교패	사건종료	미복귀,퇴직

3. 비리로 물러났던 사람을 다시 총장으로 선임한 이사회를 규탄한다.

2001.9 조희천 학장 취임

2005.8 조희천 학장, 기숙사 신축과정에서 리베이트 11억 드러나 구속 기소, 징역 2년 집행유예 3년, 추징금 5억 선고.

2005.10	조희천 학장직 사임, 강택현 학장 선임 (서정숙 부학장)
2007.3	조희천 평의회 의장으로 실제 대학에 복귀
2007.3	조희천 평의회 의장, 교수협의회에 참가했거나 업무를 불이행했다며 교수 22명의 무더기 징계
2007.6	교육과학기술부 종합감사
2008.3	조희천, 서정숙은 학생으로 전주기전대학 언어교정과에 입학
2008.	1,2학기 조희천 전액 장학금 수령
2008.6	고 강택현 학장이 조희천과 서정숙의 학교 운영에 문제 제기, 사임의사 표명
2008.8	당시 서정숙 부학장 횡령에 대한 검찰 인지 수사
2009.3.3.	당시 유은옥 이사장 해임 안건으로 이사회 내홍 (강택현, 유은옥, 홍요셉 3명 vs. 조**측 5명 이사의 갈등으로 교육부는 판단)
2009.5	전주지방법원이 선임한 이상선 이사장 직무대행 선임
2009.9.7.	서정숙은 새벽에 박**경호업체 50여명의 용역을 대동하여 새벽에 물리적으로 학교 장악
2009.9	전주기전대학 이사 8명 조희천 측 이사 5명 전원 임기만료
2009.9	조희천측 5명의 이사들은 서정숙을 학장직무대행으로 임명
2009.10	국회 교육부 국정감사에서 전주기전대학 사태 다룸(증인으로 조희천, 박정희 교수 참석)
2010.10	국회 교육부 국정감사에서 전주기전대학 사태 또 다룸 (김유정 의원)
2010.12.27.	조희천측 5명의 임기만료 이사들이 서정숙을 총장으로 선임
2011.8	전주기전대학 감사원 감사 받음

2012.1.20.	감사원 감사결과 대표적인 비리 D대학으로 명기, 5,347명 학점 취소 처분
2013.10	국회 교육부 국정감사에서 전주기전대학 사태 또 다룸 (윤관석 의원)
2014.	조희천 학교 직원으로 취업 (학교기업 동락원 관리인) 〈-- 대학직제표에 전산소직원으로
2014.12.27.	조희천 총장 선임

대학은 개인의 사유재산이 아니고 대학의 공동체인 학생과 교직원 더 나아가 지역의 공공재이기에 사유화 할 수 있는 대상이 아니다. 조희천 전 학장은 대학운영에 대한 비전과 경영능력을 보여주지 못했고 오히려 교비를 횡령하여 대학 구성원들에게 막대한 손해를 입히고 대학에서 물러났다. 그럼에도 이사회가 범죄혐의에 연루되어 대학경영에서 물러났던 인사를 다시 총장으로 선임한 것은 납득하기 어렵다. 대학의 미래를 생각하면 매우 안타까운 일이 아닐 수 없다.

제주한라대학교의 실상

제주한라대 교수협의회

1. 공립제주간호학교에서 비리사학으로

제주한라대는 1969년 제주지역의 전문 간호인 양성을 통하여 도민의 건강관리와 복지증진에 기여하기 위한 목적으로 제주도 공립 제주간호학교로 설립되었다. 1983년 공립학교 운영난으로 국립화 또는 사립화 시킨다는 정부정책에 따라 당시 한라병원장 김병찬에게 인수되면서 학교법인 한라학원으로 설립자 변경되었고 교명은 제주간호보건전문대학으로 변경되었다.

1997년 당시 김병찬 이사장이 학장으로, 부인 강추자가 이사장으로 취임하여 법인과 대학운영이 일원화되면서 사학의 독단적 운영은 그 실체를 드러내기 시작했다. 김병찬 학장은 무소불위의 인사권과 일방적인 업적평가제도를 통해 교수와 직원들을 줄 세우기 시작하였고 이에 편승한 일부 구성원들의 외형적 충성은 도를 넘어서기 시작했다.

우리나라 사학이 대물림을 통해 사유화되는 것이 마치 관례이기나 하듯이 2005년 당시 김병찬 총장 차남 현 김성훈 총장이 부학장 및 이사로, 2010년에는 총장으로 취임하였다. 이로써 제주한라대학의 족벌경영체제는 더욱 강화되었다. 김성훈 총장은 강력한 통제력이라기보다는 전횡에 가까운 권한 남용과 편법적 학교 운영을 일삼았고 정부의 각종 특성화사업 및 WCC대학 선정에 학교 역량을 총동원하고 학과 증설 및 여기저기 토지 매입과 건물신축 등 외형적 성장에 박차를 가했다.

드디어는 수십 년 간 입학식과 체육대회 등 각종 행사를 치르며 수많은 졸업생과 구성원들의 자취가 스며든 운동장을 없애고 그 자리에 엄청난 등록금을 동원해 동양최대 실습호텔(건축인가 신청 당시에는 기숙사로 신청하고 호텔로 변경 시도하였으나 불가 판정)을 짓기 시작하였다. 이 시점에 연봉제 실시를 통해 교직원들의 급여를 줄이는 계획이 이루어졌고, 실습비 등 교비회계에서 지출되던 항목들이 국고지원금으로 전격 변경됐다. 이렇게 교비회계에서 절약된 예산들은 건축비와 부동산 매입비로 들어간 것으로 추정된다. 더 경악스러운 것은 대학 내에 호텔설립이 불가함에도 숙박업이 가능하도록 끼워 넣고, 재단의 수익을 위해 교육용 사산의 수익용 자산 전환, 정원 외 입학자 수 증원 등 도의원과의 유착관계를 통해 〈제주특별자치도 대학 설립·운영에 관한 조례〉 개정에까지 개입한 것으로 보인다. 결국 상위법에 위반 소지가 있는 "제주한라대만을 위한 맞춤형 조례"라는 비판이 쏟아지면서 재개정이 이루어졌고 수익용 자산의 교육용 자산 변경을 불허한 제주도를 상대로 소송을 제기하기도 하는 대담함을 보였으나 패소하였다.

이처럼 제주한라대학교는 족벌체제로 인해 각종 비리와 교육의 질 저하 및 교권침해 등이 만연되고 있었고 결국 2013년 3월, 제주한라대학교 교수협의회(이하 교협)가 운명처럼 발족되었다. 창립 당시 전체 103명중 70여 명의 교수들이 가입했으나 총장의 집요한 교협탈퇴 압박으로 현재 20여 명이 활동하고 있으며 여러 교수들은 익명으로 활동하고 있다.

2015년 각종 비리 의혹에 휩싸였던 제주한라대에 대한 감사원 감사 결과,

상당수 의혹이 사실로 확인됐다. 수십억 원의 교비 횡령은 물론 입학 부정까지 비리사학의 민낯이 낱낱이 드러났다. 또 2016년 제주도 감사위원회 감사에서는 대학평의원회 구성 부적절성이 드러났다. 그럼에도 지도감독기관의 시정조치를 받아들이지 않고 강행하는 독단적 운영이 지속되고 있다.

2. 족벌체제는 사학비리와 부정의 온상인가?

1) 전형적 족벌체제

제주한라대는 재단 소유부터 학교경영까지 김병찬 이사장 가족에 의해 완전히 장악돼 있는 전형적인 족벌체제다. 아버지는 이사장, 어머니는 상임이사, 아들은 총장으로 재직하고 있으며 두 명의 딸과 조카도 교수로 재직 중이다. 따라서 학교의 중요 정책과 예산의 계획과 집행 등 모든 것이 일가의 사의(私意)에 의해 결정되는 구조로 인해 공적이어야 할 교육기관이 사실상 사유화된 실정이다. 사학족벌체제의 제왕적 권한은 각종 비리와 부정, 그리고 대학경영의 총체적 부실로 이어지는 것이 수순이던가.

2015년 9월 감사원 감사보고서에 따르면 제주한라대는 교비회계 자금을 부적정하게 운용했고, 교육용 기본재산을 부적정하게 취득했다. 또 입학전형 운영 부적정, 산업체 위탁교육생 학점 부여 부적정, 국고보조금 과다 지급·집행 부적정, 재정여건 개선계획 작성 부적정 등 총 7건의 위법·부당사항이 적발됐다. 그러나 많은 학교 비리들에 대한 관계당국의 조치는 아직도 매우 미온적이며 교권 및 인권, 그리고 교육환경은 오히려 악화되고 있는 실정이다.

2) 교육용 재산에 총장의 알박기

김성훈 총장은 학교가 75억 원을 들여 매입한 학교부지(마산업 육성을 위한 목장용지)에 대해 단 7,500만 원의 돈으로 면적의 1%를 취득하고 자신의 이름으로 등기하는 이른바 '알박기'를 했다. 이것은 제주한라대학이 족벌체제가 아니면 도저히 일어날 수 없는 일이다. 학교는 부지 매입 후 거액을 들여 도로부지를 매입하고 도로를 포장한 후 건물까지 지음으로써 총장에게 엄청난 시세차익까지 안기는 결과까지 가져오게 했다. 이 학교부지는 마사학부(입학정원 48명)만을 위한 부지임에도 현재까지 약 300여억 원이라는 막대한 금액이 투입되어 공사가 진행 중에 있다.

3) 교비횡령

김병찬 이사장은 학장으로 재직 중이던 2004년 대학부설 유치원을 건축하면서 그 비용으로 37억 4,000만 원을 대출받는다. 이 은행 대출금 중 31억 원을 김병찬 학장과 당시 이사장이던 부인 강모 씨가 각각 15억 원과 16억 원을 차입해 상환함에 있어서 차입액 31억 원 전액을 두 사람이 한라학원에 출연한 것으로 편법 처리하는 반면 자신들의 대출금을 학교가 갚는 방식으로 횡령한 사실이 감사원 감사결과 확인됐다. 그러나 감사원 감사 결과에도 불구하고 법적 조치를 위한 시효가 지났다는 이유로 김병찬 일가는 횡령에 대한 아무런 처벌도 받지 않았다. 오히려 횡령금액을 반납하는 대가로 유치원 소유권을 대학에서 학교법인의 별도 재산으로 처리하는 것으로 끝이 났다.

또한 김병찬 이사장은 거래 은행이 2010년부터 2014년까지 매년 9 000만 원씩 학교발전기금으로 기부한 돈을 교비회계가 아닌 학교법인 회계로 수입 처리한 후 법인이 내야 할 교직원 연금 등에 사용해, 교비회계에 4억 5,000만 원의 손실을 끼친 것으로 나타났다.

4) 교육용 기본재산 취득 부적정

김병찬 일가는 학생들이 낸 등록금인 교비회계로 농지(총 5필지 1만1,181평방미터)를 취득하고 부인을 비롯한 가족들의 명의로 소유권 등기를 하는 불법을 행했다. 김병찬 이사장은 농지법 위반사실을 감추기 위해 학교법인 이사회의 심의 및 의결도 거치지 않은 채, 당시 학교법인 이사장인 부인의 개인 소유로 등기한 것이다. 이후 이사장은 2011년과 2012년 해당 농지 5필지를 자신이 학교법인에 증여하는 것처럼 사실과 다르게 이사회에 상정해 심의 의결한 것으로도 조사됐다. 당시 총장 등의 직무를 수행하면서 이사장의 법령 위반 사실을 인지하고 있었던 김성훈 총장 등 이사 3명은 나머지 9명의 이사 및 2명의 감사를 기망해 학교법인 이사회의 기능을 중대하게 훼손시킨 사실이 드러났다.

5) 입시비리

다자녀 가정 정원외 입학전형을 통해 2013년 60명, 2014년 155명을 초과모집하였다. 특히 2014년 A학과 다자녀 7명 모집에 70명 학생이 지원하자 총장의 지시에 의해 70명을 모두 합격시키는 등 총장의 권한남용이 도를 한참 넘었음에도 해당학생수만큼의 감원을 받는 징계를 받았을 뿐 사실상의 책임자인 총장은 전혀 처벌을 받지 않았다. 이외 2012~2013학년도에 산업체 위탁교육전형으로 선발한 6명의 결석 비율이 25%가 넘었는데도 시험 응시제한 등의 조치 없이 해당 학점을 부여한 것으로도 확인됐다. 이처럼 등록금 수입을 극대화시키기 위해 입시생의 초과합격과 정원 외 전형을 편법적으로 운영해 왔다. 대부분의 학과들은 모집정원의 20% 이상 초과 합격을 시켜 타 대학으로의 이동을 사전에 방지하거나 심지어 응시자 전원을 합격처리하는 경우까지 있다.

또한 입시정원 충족을 위해 정원 외 전형(농어촌, 대졸자 전형 등)을 악용해 정원 외 지원자를 정원 내로 바꾸거나, 미달학과는 정원충원을 위해 인기학과로 전과시켜주겠다는 약속으로 입시생들을 끌어들인 후, 2학기에 전과가 가능한데도 1학기부터 학생들이 원하는 학과에서 수업을 받을 수 있도록 하고 있다. 이로 인해 수강신청 과목과 실제 수강과목이 상이한데도 교수들이 편법적으로 학점을 주는 등 심각한 학사부정이 자행되어왔으며, 이 같은 비리들은 총장이 입시미달학과 교수들에게 각종 유무형의 불이익을 주는 제도적인 방식으로 강요되고 있다고 할 수 있다. 이와 같이 입시생 모집에 전력을 다하는 것은 등록금 수입을 극대화하기 위한 것만이 아니라 대학평가에 입시충원율이 중요 요소로 포함돼 있어 각종 국비지원사업에 선정돼 국고지원금을 받는 데 유리하기 때문인 것으로 보인다.

6) 국고지원금 확보를 위한 각종 평가자료 조작

제주한라대는 국가지원사업의 선정기준을 충족시키기 위해 교육부 공시지표인 대학알리미에 허위 정보를 게재한 의혹을 받고 있다. 또한 교수들의 소속학과 변경을 통한 교수충원율 조작 의혹이 다수 있다. 뿐만 아니라 L 교수의 유학비용을 0학과 전체 교수의 교육훈련비로 조작 합산해 관련 항목의 수치를 높인 바 있으며 안식년 제도를 전혀 실시하지 않고 있음에도 휴직 중인 교수를 안식년 사용 중인 것으로 허위 보고해 기관인증평가에 사용하기도 했다.

7) 대학평가를 위한 형식적인 복수학위제도

제주한라대는 해외대학 교류가 대학평가점수를 높이고 국고지원사업을 받는 데 유리하다는 점에 주목해, 한 유학 브로커와 결탁해 사실상 국내학위와 다를 바 없는 교육과정을 해외학위과정으로 포장해 운영하면서 학생들에게 이수를 강요하고 교육부 대학알리미에 허위보고까지 해왔다. KBS '시사파일제주'의 취재진은 2016년 제주한라대학교의 스위스호텔학교(SSTH) 복수학위가 제주한라대학이 홍보해온 것과는 달리 스위스정부로부터 공인된 학위가 아니며, 관련 법령을 심각하게 위반하여 편법적으로 운영되고 있다는 사실을 현지취재를 통해 확인했다. 무엇보다도 유명무실한 제주한라대 SSTH복수학위과정으로 인해 전공학습에 큰 피해를 입은 42명의 졸업생 일동은 호소문을 통하여 자신들의 피해 사실과 억울한 심정을 알리고 관계 당국과 기관의 조속하고 적절한 조치를 요구하였고 현재 대학을 상대로 손해배상소송을 청구 중이다.

이에 교협은 국내 대학의 외국 대학과의 공동교육과정 운영에 관한 업무를 총괄하고 있는 교육부가 나서서 제주한라대학교 SSTH복수학위과정 운영에 따른 법령 위반 여부와 운영 실태 전반에 대한 공정하고 철저한 감사를 실시하여, 만약 위법하거나 부당한 사항이 있을 경우에 그에 상응하는 엄중한 조치를 취해달라고 교육부에 요청하였다. 그러나 교육부는 지도감독권이 제주도지사로 이양되어 있어 제주도로 이관되었다고 답변했고, 제주도는 현재 소송을 제기한 상태이므로 소송 중인 사건에 대해서는 개입할 수 없다며 방관하고 있다.

〈참고〉 1. KBS 시사파일제주(SSTH관련 2016.6.29일, 7.6일, 7.20일 방영분)
2. SSTH복수학위과정 졸업생 호소문(2016.7.27일자)

8) 장학금 편법운영

총장은 위 SSTH반의 지원을 장려하고 중도 포기자를 줄이기 위해 학교장학금을 성적우수자가 아닌 SSTH 과정 학생에게만 한정하여 지급하는 등 불공정한 장학금 운용, 총장의 요트가 소재한 도두동 요트계류장 건설관련 민원 해소를 위해 도두동 주민 자녀들만을 위한 장학금 제도를 운영 하는 등으로 비판을 받고 있다.

3. 구성원들의 눈과 귀를 막아라

1) 교수통제의 강력한 수단인 〈교수업적평가제도〉

제주한라대 교수업적평가기준은 개인의 업적과 무관하게 총장에 대한 충성도에 따라 총점의 50% 이상이 좌지우지 될 수 있는 구조이다. 교수 개인의 능력과 노력으로 취득할 수 점수는 최대 57점에 불과하고 총장이 임명하는 위원회 참여 등 많은 항목들이 총장의 의사에 의해 좌우되거나 해외취업이 전무한 학과는 해외취업항목에서 고스란히 10점 감점이 되는 등 부당한 항목들이다. 특히 총장의 자의적 평가항목인 종합평가 20점은 결정적 영향을 미친다. 실제로 대부분의 교협 교수들은 총장점수 20점 중 1-2점 심지어 0점까지 받는 불이익을 받고 있다. 반면 보직 교수들에게는 보직점수, 종합평가점수, 수업시수 감면, 보직수당, 연구를 하지 않아도 연구실적 인정 등 다중의 혜택을 부여하면서 총장의 의사에 따라 점수가 좌우되고 있는 실정이다. 총장에게 밉보인 교수들은 20~30년간 재직했음에도 승진과 승급은 물론 재임용 기준인 60점에도 미달돼 해직까지 속출하고 있다. 즉 제주한라대 교수업적평가기준은 항목의 타당성 결여와 평가방식의 문제점을 감안할 때 교수들의 연구, 교육, 봉사활동을 고취시키고자 하는 본래의 취지와 달리 교수들의 눈과 귀를 가리는 비교육적, 반인권적 교수 억압의 도구로 악용되고 있다.

더구나 현재까지도 교수업적평가결과 점수를 총점만 기재한 채 교수개인에게 통지하고 있으며 항목별 점수는 기획처에 가서 눈으로만 확인하도록 하고 있다. 이는 교육기관에서 학생들을 가르치는 교수들의 기본적 알 권리마저도 박탈하는 몰상식한 행태로 많은 교수들이 자신의 항목별 점수조차 확인하러 가면 대학 측에 밉보일까봐 그마저도 포기하는 경우가 다반사이다.

2) 교협 탄압

교협 발족 직후인 2013년 8월 학교는 교협에 가입한 한모 교수의 수업 중 강의내용을 성희롱 발언으로 몰아 한 교수에게 해임 징계를 내린다. 사법부는 성희롱의 정도가 극히 미미하다는 점에서 해임징계 무효를 결정한다. 한 교수는 2014년에 학교에 복귀하나 그 해 12월 경 뜬금없이 연합뉴스에 한 교수의 판결에 대한 비판적 기사가 보도되고 이를 다른 언론들이 받아쓰며 한때 여론화가 이뤄진다. 2015년 3월 1학기 개강이 되자 한 교수 강의 수강학생들 절반 이상이 출석하고 있었지만, 학교는 당초 공문으로 제시한 설강취소조건과 달리 모든 학생들이 한 교수의 수업을 거부한다고 억지를 쓰며 한 교수의 모든 강의를 전격 취소해 버렸다. 결국 한 교수는 논문실적에서 만점을 받았음에도 강의점수에서 큰 손해를 보는 바람에 재임용기준 점수에 미달돼 재임용에서 탈락됐다. 한 교수는 소송을 제기했고 1심, 2심 판사들의 석연찮은 판결로 패소해 현재 상고 중이다.

교협 대표의장인 강 교수의 재임용 탈락도 교협 탄압의 또 다른 희생물이다. 강교수는 교육활동과 연구실적이 대부분 조건을 거의 충족함에도 불구하고 학교설립 이후 최초로 재임용 거부를 당했다. 가장 큰 원인은 김성훈 총장이 강 교수에게 교협 발족 전인 2012년과 2013년에 15.5점을 주다가 교협 발족후인 2014년에는 합당한 이유 없이 단 4점을 준 것이다. 강 교수의 점수는 58.7점에 그쳤고 이로 인해 강 교수는 재임용 최저

기준 점수 60점에서 단 1.3점이 모자라다는 이유로 대학설립사상 최초로 재임용에서 탈락됐다. 더 큰 문제는 제주법원 1, 2심 판사들마저 부당한 총장점수에 대해 총장의 재량권으로 인정하며 학교의 손을 들어주어 현재 상고중이다.

학교의 교협 탄압은 교협 소속 교수를 전공과 무관한 학과로 전출시키는 방식으로도 진행된다. 2013년 2학기 개학을 이틀 앞둔 날 저녁, 갑자기 공동의장 중 한명인 양모 교수의 소속학과 변경 통지가 날라 왔다. 2학기 시간표도 다 나오고 수업계획서도 다 완성된 상태에서 갑자기 어떤 연유로 전공과는 전혀 무관한 호텔조리과로 발령을 낸 것일까? 아무리 생각해도 이것은 보복 차원에서 이루어진 인사라는 느낌을 지울 수가 없었다. 학생들을 비롯한 3천여 명의 탄원서가 모아지고 분노의 물결이 들끓었지만 대학본부는 너무나 철면피하게 호텔조리과 교수 충원률을 채우기 위한 불가피한 조치였다는 답변으로 일관하였다.

이뿐만 아니라 교협교수들의 모든 위원회를 면하고 대외적 활동을 노골적으로 방해하거나 교비지원에서 제외시키는 등의 치졸한 탄압은 현재도 진형중이다.

3) 노조 탄압

노조에 가입한 직원들을 탄압하기 위해 기획처, 경리처, 전산실 등 전문직종의 직원들을 주차나 청소 등 관리직이나 학과조교로 근무처를 변경 발령을 해서 새로운 근무환경에 적응하지 못한 직원들이 자원해서 퇴직하도록 유도했다. 또 직원근무평정을 악용해 노조가입 직원들에게 호봉승급 정지 처벌을 내려 경제상의 불이익을 안겼다.

2015년 조합원 5명 정직과 전보 발령에 대해 노동위원회는 판정서에서 "조합원들에 대한 인사발령은 각각 부당전보이며 불이익 취급의 부당노동행위임을 인정한다"고 판정하였고, 노조 지부장에 대한 해고, 정직, 감봉 처분 모두 부당하다고 판결하였으며 2014년도 직원근무평정을 근거로 2015.4.15.일 조합원 7명에게 행한 호봉승급(또는 연봉인상) 보류 사항 역시 부담감봉 및 불이익 취급의 부당노동행위로 인정하였다.

상기 결정을 근거로 노동위원회는 조합원 5명에게 행한 면직(또는 직위해제) 대상자 통고 및 서약서 제출 요구, 향후 불이익을 경고하는 계도문 송부, 면직(또는 재임용대상자 제외) 통고와 서약서 제출요구, 조합원 행정직 1명을 조교 발령에 대해 부당전보 및 불이익취급의 부당노동행위로 인정하면서 이들에게 행한 호봉승급(또는 연봉인상) 보류를 취소하고, 그 기간 동안 지급받지 못한 임금인상 차액분을 지급하고 조합원 5명에게 행한 면직(또는 직위해제) 대상자 통고 및 서약서 제출 요구, 향후 불이익을 경고하는 계도문 송부, 면직(또는 재임용대상자 제외) 통고와 서약서 제출요구를 모두 취소하라고 하였다.

노조(전국대학노조 제주한라대지부)는 중노위로부터 2건에 대한 부당노동행위 확정 판정을 받아냈으며, 이를 고발하여 현재 재판 중에 있다. 그러나 위와 같은 탄압으로 2013년 3월에 64명이었던 조합원이 현재 7명밖에 남지 않았고 일부는 순환보직제재이후 견디지 못해 퇴직하였다.

4) 교직원 복지, 인권지수 제로

어느 날 관리과 직원들이 전기료 절약 차원에서인지 학과사무실과 연구실의 형광등을 하나씩 수거해갔다. 교수들의 묵언의 불만에도 어두침침한 교육 및 연구 환경은 총장의 경제성 논리에 희생을 감수해야만 했다. 제주한라대는 연구실 냉난방기 설치비 뿐 아니라 냉난방비도 급여에서 공제하고 있다. 더구나 근무 중에 질병을 앓거나 사고가 났을 때도 구성원의 안위보다 대학의 면책을 위해 입원중인 교수들에게 각서를 강요하는 등 비인권적인 일들이 벌어졌다. 또한 규정 제정 동의서, 연봉제 찬성 동의서, 평의원회 규정 동의서, 교협 교수 징계요청서 등에 소속과 성명을 기입 서명하도록 함으로써 교수와 교직원들이 신분상의 불이익에 대한 두려움으로 인해 자신의 의사에 관계없이 부동의를 할 수 없도록 사실상 원천 봉쇄하고 있다.

5) 국가인권위원회 인권침해 결정주문

2016년 4월 각종 비리의 당사자인 총장은 사과 한마디 없이 대학정상화를 위해 고군분투하는 교협 교수들을 동료 교수들로 하여금 단호히 조치(징계)해달라는 〈요청서〉를 작성하여 학부장들로 하여금 교수 개개인을 불러 서명을 강요하는 일이 발생하였다. 대명천지에 있을 수 없는 일이다. 대다수의 교수들이 요청서에 서명을 했다는 사실도 참혹스러웠지만, 사학의 자율권이라는 미명하에 총장의 재량권이 교수들의 인권과 교권을 탄압하기 위해 얼마나 악용되고 남용될 수 있는지를 단적으로 보여주는 사례였다. 과연 우리 대학의 명예를 정말로 실추시킨 자가 누구인가? 이사장과 총장을 비롯한 대학비리와 부정을 저지를 자들에게는 단 한 번이라도 책임을 물은 적이 있는가? 인권위에서 내린 결과는 다음과 같다.

1. 총장에게 향후 유사한 인권침해 사례가 발생하기 않도록 주의할 것을 권고한다.
2. 학교법인 한라학원 이사장에게, 총장과 보직교수들에 대하여 인권교육을 실시할 것을 권고한다.
3. 제주특별자치도 도지사에게, 향후 유사한 인권침해 사례가 발생하기 않도록 제주한라대학교에 대하여 지도·감독을 철저히 할 것을 권고한다.

http://www.yonhapnews.co.kr/bulletin/2017/03/28/0200000000AKR20170328080100004.HTML?input=1179m http://www.jejusori.net/?mod=news&act=articleView&idxno=188961

6) 대학평의원회의 무력화

대학평의원회는 사학재단의 최소한의 견제장치라 할 수 있다. 제주한라대 대학평의원회는 총장과 재단의 뜻에 순응하는 자들로 구성되어 사실상 총장의 거수기로 전락한 실정이다. 그 결과 대학운영의 각종 불공정, 비리를 제어할 합법적 장치가 전무하다. 교협은 대학의 평의원회 편법운영에 대해 문제제기를 하였고, 2015년 조례개정시 "민주적이고 합의에 의한 방법"으로 평의원을 선출하도록 명시하게 만들었으나 김성훈 총장의 편법운영을 막기에는 아직도 역부족이다. 김성훈 총장은 학칙에 "교수회"가 있음에도 "교수회"라는 단체를 조직하고, 일주일 후 학칙개정을 통해 학칙에 있는 "교수회"를 "전체교수회"로 변경하는 터무니없는 방식으로 어용 교수회를 만들어 모든 교수들을 가입하도록 종용하였다. 그리고는 다수인 교수회에만 평의원 추천권을 부여하는 방식으로 꼼수를 썼다. 이에 교협은 2016년 봄에 제주도 감사위원회에 감사청구를 하였고 그 결과, 2016년 12월 제주도 감사위원회는 평의원회 구성 및 운영이 조례대로 이루어지지 않았음을 지적하고 수정하도록 경고했다.

그러나 총장은 2017년 4월 조례를 무시하고 평의원 구성을 강행하는 뻔뻔함을 보이자 교협은 재차 문제제기했고 지도감독청인 제주도는 수정권고를 하게 된다. 그러나 제주도는 대학이 응하지 않은 부분에 대해 강제할 방법이 없다면서 조례 재개정(2017년 7월 현재 입법예고됨)을 통해 "보통·평등·직접·비밀투표를 통해 다수 득표자순으로 선출"하도록 평의원 선출과정을 구체적으로 제시하겠다고 밝히고 있다.

4. 제주한라대 정상화의 끝은 어디인가?

그동안 우리 대학 교수와 교직원들은 대학발전에 모두가 함께 한다는 취지에서 개인적 불이익에 대해 침묵으로 동참해왔다. 그러나 대학당국은 구성원들 위에 군림하며 교육은 뒷전이고 국고지원금 유치에 올인하도록 여러 제도적 장치를 통해 강압적 분위기를 조성하고 연구보조비 차등 지급 정책을 일방적으로 실시하였다. 성과급적 연봉제로 전환하면서 공무원 보수규정에 준용한다는 문구가 삭제되었고, 교수업적평가에 따라 ABCD등급으로 나누어 D등급 교수들은 상대적으로 연구보조비가 상당액 삭감되는 등급 간 차이에 불균형이 심하였고, 여러 수당들이 총장이 전권을 행사하는 임의규정으로 바뀐 반면 총장 연봉은 2억 수천만원, 직급비와 직책비 등은 총 500만 원에서 일전만 원으로 상향조정되어 있었다.

그동안도 부당한 업적평가로 인해 조교수로 정년퇴임한 사례가 있고 20~30년 이상 승진은 물론 승급 정지된 교수들이 상당수 있다. 부당한 업적평가결과가 급여에까지 영향을 미치는 것만큼은 막아야하고 성과급적 연봉제에 대한 납득할만한 설명이 있어야한다는 데 교수들의 마음이 모아지기 시작했고 우여곡절 끝에 2013년 3월 교협이 창립되었다.

대학에서는 3월 급여부터 그동안 연구보조비를 차등 지급하던 것을 갑자기 일괄 지급으로 바꿨다. 학과별 학부별로 교수들의 요구사항을 수렴해서 새로운 업적평가기준, 보수규정, 승진제도 등에 대해 안을 만들겠다고 공문이 내려왔다. 교협에서는 변화를 기대하며 의견을 정리하여 제출하였고, 각 학과 및 학부별로도 제출하였다. 그런데 시간이 지나도 대안에 대한 응답이 없었다.

그러던 어느 날 갑자기 학과장들에게 교협을 탈퇴하라는 총장의 지시가 떨어졌다. 교협에 대한 실제적 탄압이 시작되면서 교수들이 하나 둘씩 교협을 탈퇴하기 시작하였다. 교협 교수들의 모든 보직과 위원회를 면하는 인사발령이 났는데 이는 업적평가점수를 낮춰 재임용 탈락까지 불사할 수 있다는 위협의 신호였던 것이다. 그러나 모 학과에서는 총장측근 교수가 찾아와 타과 교수를 학과장으로 발령 내겠다는 총장의 의사를 전하면서 탈퇴를 강요하였으나 아무도 교협을 탈퇴하지 않자, 결국 한 명이 학과장 직무대리로 발령이 났다.

이렇게 교협에 대한 탄압이 지속되면서 2013년 교협과 대학의 대립은 교협에 가입했던 모교수를 수업 시 성적 발언을 구실로 학교설립사상 최초로 전격 해임하는 것으로 그 정점을 찍게 되었다. 교협은 2013년 6월 성명서 발표를 통해 지역 언론에 노출시킴으로써 우리 대학의 공공성을 강화하는 계기가 되기를 바랐다. 성장을 위한 진통이라 생각하며 성명서를 준비하였다. 가만히 약자처럼 있다가는 또 다른 희생자가 나올 수 있고 더 이상 변화의 물길은 멈춰버릴 것이기에...

지난 4년간 제주한라대 교협에서 문제제기했던 부분들에 대해 지도감독청에서 해결한 것은 미미하였다. 교협 교수들은 개인적 불이익을 감수하고 많은 시간과 에너지를 쏟으며 잘못된 교육현장을 바로 잡고자 성명서 발표, 도의회 청원 등의 방식으로 지속적인 노력을 기울였다. 그 결과, 제주특별자치도의 대학 설립 운영에 관한 조례의 문제점이 조명되어 수차례 공청회를 거쳐 조례개정에 결정적인 기여를 했다. 또한 교협과 노조에서 문제제기했던 여러 사안들에 대해 2015년 감사원 감사, 제주특별자치도 감사위원회 감사 등을 통하여 각종 불법적인 대학 운영을 해온 사실이 밝혀졌다. 뿐만 아니라, 공영방송사인 KBS의 제주시사파일에서는 4회에 걸쳐 우리 대학의 문제점을 사회에 알리고 변화를 촉구해왔다.

그러나 교비횡령은 공소시효가 지났다면서 현재 시세가 폭등한 유치원은 7년 전 횡령금액을 그대로 되돌려놓는 것으로 마무리되었고 입시부정은 초과 모집한 학생 수만큼만 감원해서 모집하는 것으로 종료되었다. 엄청난 비리와 부정에도 불구하고 처벌은커녕 오히려 이익만 보게 된 총장과 재단은 반성과 변화는 고사하고 특히 교협 교수들에 대한 반인권적 탄압을 강화하고 있다.

사학족벌의 꼼수와 기만, 비민주적이고 비교육적인 운영에 대한 엄중한 조치 없이는 대학정상화는 요원하다. 가장 중요한 것은 사학족벌이 이러한 독단이 허용되는 구조를 통해 대학을 견제하고 비판할 용기를 사전에 차단함으로써 사립대학이 각종 부정과 비리의 산실이 되어왔다는 점이다. 따라서 대학을 견제할 수 있는 최소한의 장치인 대학평의원회의 기능을 강화하고 평의원선출과정이 민주적으로 이루어질 수 있도록 해야 한다. 또한 이사회가 공익적, 개방적으로 투명하게 운영될 수 있는 방안 마련이 필요하다. 재단과 총장의 재량권 남용에 대한 엄중한 문책도 반드시 요구된다. 각종 비리와 부정이 근절되어 재발이 불가능하도록 제도적 장치를 마련하고 관련자들에 대한 강력한 조치가 필요한 시점이다.

지도감독청은 문제제기를 하면 늘 대학의 자율권을 내세우거나 위법한 사항이 아니라는 이유로 미온적 태도를 보였다. 대학의 자율은 과연 누구를 위한 자율인가? 족벌체제 속에서 막강하게 수어진 총장의 권한으로 비리와 부정을 저지르며 구성원들을 탄압하는 자율을 의미하는 것은 아니지 않은가? 또한 지도감독청은 위법한 사항이 발생되지 않도록 사전에 예방을 위한 기능을 강화해야함을 망각해선 안 된다. 즉 문제발생 후에야 수습하기보다 예방적 차원의 지도·감독이 반드시 필요하다. 사학의 자율성이란 구성원들의 인격권과 자율성을 침해할 권리가 결코 아니라는 점을 강조하고 싶다.

미래의 주인공을 키워내는 대학사회에 재량권 일탈과 남용이 방관되고 공공성이 무너진다면 우리 사회의 미래는 결코 희망이 없다. 사학법 및 관련 조례개정과 지도감독청인 제주도의 인식변화 및 엄정한 지도감독만이 대학이 대학다워지는 길이다. 끝으로 촛불정신으로 탄생한 문재인 정부가 사학의 공공성이 회복되도록 제반 법 개정과 제도들을 정비할 역사적 책임을 다하리라 기대한다.

조선대학교의 학원민주화 투쟁과 국민공익형 이사회의 과제

조선대 대학자치운영협의회(대자협)

1. 민립대학 조선대의 설립과 학원민주화 투쟁

1) 조선대학교의 설립

조선대는 1946년 7만 2천여 명의 '조선대학설립동지회'가 세운 한국 최초이자 유일한 민립대학이다. 1920년대 일제강점기에 있었던 조선민립대학 설립운동의 전통을 이어받아 해방직후인 1946년 5월에 조선대학설립동지회로 부활하였다.

설립동지회는 해방 조국건설의 신념에 불타는 지식인, 관리, 지주로부터 머슴과 촌부에 이르기까지 광범위한 지역 대중이 참여한 모임이었다. 설립동지회는 발기선언문을 통해, 민족국가와 민족문화 건설의 시급한 과제에 당면하여 획일성을 배격하고 개성을 갖춘 민주시민을 양성할 것을 천명하였다.

설립동지회 회장을 맡았던 박철웅은 조선대학 설립에 기여했지만, 초창기와는 달리 점차 설립의 공을 독점하고 대학 사유화를 추진했다. 1960년 4월혁명 이후 박철웅 총장은 현직에서 물러나 있다가 5·16 쿠데타 이후 다시 복귀하였다. 설립 신청 당시 문교부에 제출했던 설립동지회원 명부와 기부금 내역이 기록된 문서가 파기되고, 1962년 이사회는 조선대학 법인의 등기사항 중 '조선대학교 설립동지회'는 진혀 존재하시 않았다 하여 등기 정정신청을 교육부에 제출하여 정정허가를 받았다. 이 과정에서 정관의 설립 당시 이사 명단에 '이사장 박철웅'이던 것을 후에 '이사장(설립자) 박철웅'으로 고쳐 단독 설립자임을 명시하고자 하였다. 그러나 이러한 시도는 나중에 법원의 판결로 무효임이 확인되었다.

2) 학원민주화 투쟁

1980년 3월에 시작된 학원민주화 분위기 속에서 학원민주화운동이 전개되기도 했으나, 5·18 광주민주화운동이 군부세력에 의해 진압되면서 학내분위기는 다시 얼어붙게 되었다. 쿠데다 세력과 당시의 박철웅 총장은 교수 대량해직을 감행했다. 7명의 교수가 사표를 강요받고 14명의 교수가 재임용에서 탈락하는 등 많은 교수들이 사표를 내고 대학을 떠나야만 했다. 박철웅 씨는 정부의 조치로 총장직에 물러났지만 설립자와 명예총장으로 건재하면서 해직을 면한 민주화 참여교수들에게 용서의 대가로 '맹세'라는 문건을 자필로 작성하고 서명하도록 강요했다.

교수와 학생들의 추종을 강요하기 위해 종합운동장에서 집회가 있을 때마다 "우리는 따르련다! 설립자님 정신, 조국에 바친 한없는 충성"이라는 글귀가 새겨진 붉은색 현수막이 운동장에 걸렸고, 교직원들은 거기에서 이른바 '충성구보'라 불리우는 운동장 달리기를 해야 했다. 이러한 교권 부재의 억압상황 속에서 입신출세를 도모하는 몇몇 교직원들이 박철웅 총장에게 '총장님, 한바퀴 더 돕시다'라고 했다는 이야기가 아직까지도 회자되고 있다.

1987년 들어와서 6월항쟁과 6·29 선언을 거치면서 학원에는 다시 민주화의 봄이 찾아왔다. 언론들도 조선대학의 독재적 학원경영에 대한 보도와 분석기사를 썼으며, 1987년 8월 5일에는 공식 석상에서 박철웅 총장이 조선대 병원장을 구타하는 사건이 발생하자 수련의와 전문의들이 집단사표를 제출하는 등 커다란 사회적 문제가 되었다. 학교 문제가 커지자 언론들은 더욱 관심을 갖게 되었고 국회에서는 송천영 의원을 단장으로 하는 진상조사단이 파견되었다.

학내외의 많은 압력에도 불구하고 구 경영진은 명맥을 유지했지만, 학생들이 총학생회 건설준비위원회를 조직하여 1988년 1월 8일 이른바 '1·8항쟁'이 시작되었고, 항쟁은 113일동안 진행되었다. 119명의 학생이 경찰에 연행되는 것으로 학생들의 장기농성은 해제되었지만 이 과정에서 수많은 학생들이 중경상을 당하는 불행을 겪어야만 했다. 결국 문교부는 1988년 2월 4일 7인의 관선이사를 선임함으로써 문제해결의 전환점이 마련되었다. 이에 대해 구 경영진은 행정심판위원회에 이사해임 무효확인 심판을 제기하고 연이어 행정소송을 제기하여 대법원까지 상고했으나 결국 패배했다.

3) 임시이사 체제

조선대에서는 2010년 이명박 정부 시절 교과부 산하 사학분쟁조정위원회(사분위)가 정상화라는 미명 아래 구 경영진 추천 인사를 포함한 1기 정이사 체제를 강제할 때까지 23년 동안(1988-2010) 임사이사 체제로 운영되었다.

1988년 이후 조선대는 자율과 민주정신에 바탕으로 대학운영의 새로운 체제를 구축하여 제대로 된 학생교육에 힘을 쓸 수 있었다. 학생들이 낸 등록금을 아껴서 황량했던 캠퍼스에 나무를 심고 건물을 지어 아름다운 캠퍼스를 가꾸었으며 법인이사회도 학내 구성원의 의사를 존중하고 독단적인 의사결정을 자제하는 풍토가 형성되는 등 전반적인 대학 민주화가 자리잡았다.

1997년에는 교육부를 상대로 제기한 설립자 정관 기재 무효확인 소송에서 서울고등법원의 무효판결을 받아 박철웅 전 총장이 정관에 임의로 기재한 '설립자'조항을 삭제하도록 하였다.

대학이 비교적 안정적으로 발전하는 상황에 이르자 교육부는 2006년 학교법인 조선대를 임시이사 파견사유 해소 대학으로 분류하고 정상화 방안을 제출하도록 요구했다. 임시이사체제에서는 법인 구조를 미래지향적으로 개혁할 수 없다는 점도 작용하여 조선대는 법인정상화(정이사 체제) 방안을 마련하였다. 조선대의 모든 구성단위들은 정이사 추천 4대 원칙으로 ①구 경영진의 철저한 배제, ② 대학 설립성신의 구현, ③1·8 항쟁의 민주화운동 정신 계승, ④미래지향적 가치충족의 네 가지 조건을 내걸고 2008년 1월 정이사 후보를 교과부와 사분위에 제출했다.

그러나 구성원의 의견을 존중할 것으로 보이던 사분위는 이명박 정부가 들어서면서 비리사학에 경도된 방향으로 활동방향이 흔들리기 시작했다. 발족 후 1년 4개월 동안이나 정이사 선임을 미루던 사분위는 '신 임시이사 파견, 후 정이사 선임'을 표방하며 2009년 4월 다시 6개월 임기의 임시이사를 파견하였다.

그러다가 교과부는 2009년 12월 사분위로부터 추천받은 정이사 7명의 명단을 통보했고, 구 경영진측은 2명의 명단을 추가로 추천하여 2010년 2-3월에 제1기 정이사 체제가 만들어졌다. 사분위는 구 경영진 측과, 대학 구성원 및 교육부 추천 이사 비율 5:4라는 사분위 정이사 선임 원칙에 따라 구 경영진 일가 추천 3인(박성숙, 주광일, 정순영), 종전이사(강형용, 정진갑 종전이사) 추천 2인(강창원, 이원구), 교과부 추천 2인(강현욱, 남궁근), 그리고 학교 구성원 추천 2인(김택민, 김용억) 등 총 9인으로 정이사 체제를 구성했고 교과부 추천의 강현욱 이사가 이사장으로 선출되었다.

2. 제1·2기 정이사 체제와 현재의 문제점

1) 제1기 정이사 체제의 분규와 난항

2011년부터 임기가 시작된 정이사 체제는 구 경영진 일가에서 추천한 3인의 이사들에 대한 구성원들의 반대로 이사회를 교내에서 개최할 수 없었다. 구경영진 이사와 나머지 이사의 비율이 5:4 였으나 종전 이사 2명이 추천한 이사 2명이 구 경영진 일가의 복귀를 견제하는 입장에 서게 됨에 따라 구 경영진 반대이사와 구 경영진 측 이사 비율이 6:3을 유지함에 따라 이사회는 한동안 대학집행부와 크게 대립하지 않는 방식으로 대학을 운영을 할 수 있었다.

그러나 2012년 2월 9인의 이사 중 교과부 추천으로 선임된 남궁근 이사가 사퇴함에 따라 이사회의 구성에 변화가 발생했다. 2012년 교육부 추천 1인의 궐석이사를 대학 정관에 명시된 개방이사로 추천하는 과정에서 대학 안팎의 단체들 사이에 갈등이 일어났고 구 경영진은 복귀의도를 드러냈다.

궐석이사 추천을 둘러싼 분규는 2013년 3월 제1기 이사회의 3년 임기가 만료될 때까지 지속되었다. 그 결과 2014년 2월 제2기 정이사 체제 출범 때까지 조선대는 이사 부존재 상태였으며 이사회는 민법상의 긴급사무처리권에 의존해서 운영되었다.

2) 제2기 정이사 체제의 비리와 횡포

이사 부존재 상태가 장기화되자 교육부가 임시이사 파견을 추진하게 되었는데, 2014년 2월 교육부의 임시이사 파견 예고 마감일 직전에 구 경영진 추천 3인(김현정, 유세희, 이효복), 교육부와 대학 추천 2

인(강현욱, 김용억 유임), 그리고 개방이사 3인(황금추, 김창훈, 이광호) 등 8인(1인 궐석 유지)으로 구성된 2기 정이사 체제가 출범했다. 그 때까지는 구 경영진 추천 1기 이사 3인의 협조 없이는 새로운 이사회 구성이 불가능한 상황이었으며, 더구나 학교 구성원 간의 내부 분열에 따라 제1기 이사회의 한계가 해결되지 못하고 오히려 악화된 측면이 있다.

제2기 이사회는 2016년 3월 개방이사 1인이 직원 폭행과 교수 폭언 등으로 사임하여 7인으로 되었으나 궐석이사를 곧바로 선임하지 못하고 차일피일 미루었다.

3) 현 이사 체제의 문제점

2017년 2월로 제2기 이사들의 임기가 만료되었으나, 제2기 이사들이 긴급사무처리권의 행사형태로 명맥을 유지하고 있는 실정이며 현 이사 체제에는 다음과 같은 문제점들이 존재한다.

(1) 구 경영진 측 이사들을 실질적으로 추천했던 박성섭(박철웅 차남)이 조선 이공대의 '채용사기'로 구속되어 2016년 7월 1년 2개월의 실형을 선고받았으며 그의 부인인 김현정은 여전히 이사로 활동중이다.

(2) 이사장 강현욱은 비상근 이사장으로 재임하면서 6년간 직책수당 2억원을 부당하게 수령하여 교육부 감사에서 환수조치를 요구받았음에도 이를 이행하지 않고 행정소송중이다.

(3) 2016년 5월 이사회는 대학운영의 주도권을 잡기 위해 구성원들의 반대를 무릅쓰고 독단적으로 총장선거를 강행하려다가 구성원의 반대에 직면했다.

(4) 이사회는 이사 9명 중 2016년 3월 28일로 궐위된 개방이사 및 임기종료 이사를 선임하지 않고 이사회를 운영하여 교육부로부

터 2016년 7월 15일, 12월 30일, 2017년 1월 16일 등 여러 차례 후임이사 선임 촉구 및 제3기 이사 구성에 대한 계고장을 받는 등 결석 및 후임이사 미선임으로 사립학교법을 위반하고 있다.

(5) 2017년 2월 25일로 개방이사 임기가 만료되었음에도 개방이사 후보를 추천하지 않았고, 급기야는 2017년 1월에 도리어 구성원들의 뜻과는 무관한 개방이사추천위원회 구성을 제의했다.

(6) 조선대 법인은 대학운영에 대한 법인전입금 납부 실적이 저조하고 사립대학교교직원 연금법 등에 따라 의무적으로 납부해야 할 법정부담전입금 납부실적도 매우 저조한 실정이다. 이미 임기가 만료된 다른 이사들 역시 대학에 대한 재정적 기여는 거의 하지 않았다.

(7) 2017년 2월로 임기만료된 제2기 이사들은 2017년 4월 구성원들과의 의견수렴이나 소통을 거치지 않고 교육부에 개방이사 추천을 일방적으로 의뢰하였다.

3. 제3기 이사회의 혁신적 구성을 위한 최근의 경과

조선대는 다른 대학들과 달리 1988년 대학민주화 이후 교수, 직원, 학생, 총동창회로 구성된 학내 자치기구인 대학자치운영협의회(이하 '대자협')을 운영하였다. 대자협은 총장 직선 관련 규정에 합의하여 최근까지 구성원의 총의에 의한 총장선거를 유지했다. 제2기 법인이사들은 2016년에 총장직선제를 바꾸려고 시도했으나 대자협을 비롯한 구성원들의 강력한 반대와 후보자들의 거부로 무산되었고 2016년 9월 총장 직선에 의해 현 총장을 선출하였다.

구성원들은 개방이사추천위원회 위원의 선임 권한을 구성원에게 위임해 줄 것을 요구했으나 제2기 이사들은 구성원의 이러한 요구를 거부하였다.

2017년 2월 25일로 제2기 정이사 체제의 임기가 만료된 상태에서 대자협은 제3기 이사회를 '국민공익형 이사제'로 구성하는 것을 목표로 설정하여 무능하고 무책임한 이사회를 상대로 투쟁을 진행하고 있다.

대자협은 2017년 5월 24일 학내 구성원과 지역의 모든 시민사회단체와 함께 '조선대학교 제2기 이사 즉각 퇴진 및 국민공익형 이사회 실현을 위한 범시민대책위원회'를 구성하여 혁신적인 제3기 이사회 출범을 위한 투쟁을 시작했다.

조선대 구성원들은 2017년 7월 20일 강현욱 이사장에 대한 고발장을 광주지방검찰청에 제출하였고, 아울러 교육부와 사분위가 정상화라는 미명 아래 불법적으로 강행한 이사 선임 무효확인 소송을 제기할 예정이다.

4. 조선대 문제의 해결방안

1) 개방이사 추천 반대

임기 만료된 제2기 이사회는 개방이사 후보 추천을 교육부에 위임함으로써 현재의 상황을 모면하려 하고 있다. 개방이사 후보 6인을 교육부로부터 추천을 받으면, 이들이 개방이사 3인을 선임하는 등 제3기 이사회 구성을 자신들이 주도하겠다는 구상이다.

2017년 4월 제2기 이사들은 구성원들과의 의견수렴이나 소통을 거치지 않고 교육부에 개방이사 추천을 일방적으로 의뢰했으나 대자협과 범시민대책위원회의 강력한 반대에 부딪혀 있는 상황이다. 그러므로 사립학교법의 취지를 망각하고 교육부에 개방이사 후보 추천을 요구하는 것에 반대한다.

2) 개방이사 선임 취소와 국민공익형 이사회 수립

국민공익형 이사제는 7만 2천여 조선대학설립동지회 회원들과 지역민들의 민립대학 설립정신 계승하기 위해 제시된 개념으로, 무능한 제2기 정이사 체제를 청산하고 민립대학의 정체성을 확립하며 대학의 공공성과 민주성이 보장된 이사회를 수립하는 것을 목적으로 한다.

대자협은 정권교체 후 진행될 교육부 개혁을 염두에 두고 차기 이사회 구성을 추진하고 있다: 국민공익형 이사회를 실현하기 위해서는 우선 교육부의 일방적인 개방이사 파견을 중단시키고 중립적인 임시이사를 파견하는 것이 필요하다.

이사회 및 구 경영진에 영합한 일부 극소수 구성원들은 정관에 규정이 없다는 이유로 국민공익형 이사제에 대해 부정적인 생각을 가지고 있기도 하지만 임시이사들과 협의하여 정관을 개정하는 방식으로 문제를 해결하는 것이 가능하다.

3) 제3기 이사회 구성 4대 원칙과 내용

조선대 구성원들은 제3기 이사회를 국민공익형 이사제로 전환한다는 목표를 가지고 대자협을 통해 다음과 같은 이사회 구성의 원칙을 합의해서 추진하고 있다.

가. 공통요건 : 정이사는 다음의 요건을 모두 갖추어야 함

(1) 정이사 4대원칙(설립정신 구현, 구 경영진의 철저한 배제, 1.8 항쟁정신 계승, 미래지향적 가치충족)을 존중하고 관철할 수 있는 인사

(2) 대학의 본질(교육, 연구, 봉사)에 대한 기본적인 이해가 있는 인사

(3) 윤리적인 소양을 갖추고 원칙과 정의에 따라 학교를 경영할 수 있는 이사

(4) 학생을 포함한 대학 구성원과 소통할 수 있는 인사

나. 국민공익형 이사회(이사정수 9명) 구성 세부내용

(1) 공공부문 추천 이사(4명)

- 지역사회의 공익을 대변할 수 있는 사람 (광주시장, 전남도지사나 이들이 추천하는 공직자)
- 전국적으로 신망받는 사람
- 대학재정 위기 극복을 위해 재정적으로 기여할 수 있는 사람

(2) 대학 구성원을 대표하는 이사(2명)

(3) 개방이사(3명)

- 학내 구성원의 의사를 우선적으로 존중할 수 있는 민주적인 사람
- 대학 교육 및 행정 경험이 많은 사람
- 지역과 전국의 시민사회를 대표할 수 있는 사람

청주대 학내 분쟁의 역사

청주대 교수회

1. 개관

청주대학교는 1947년에 청주의 거상이었던 김원근, 김영근 형제가 설립한 청주상과대학에서 시작해 1980년 종합대학교로 승인을 받은 충청권의 대표적인 사립대학이었다. 청주대가 사학비리로 몸살을 앓기 시작한 것은 김원근 설립자의 2세인 김준철 씨가 학교 운영의 전면에 나선 후부터였다. 그는 1965년부터 1989년까지 재단 이사장을, 1989년부터 1993년까지 총장을 역임했다.

자료가 남아 있지 않아 자세히는 알 수 없지만, 이미 1978년에 문교부는 감사를 통해 당시 재단 이사장이었던 김준철 씨를 해임하고 1년 남짓 관선이사를 파견한 적이 있었다. 다시 재단 이사장으로 복귀한 김준철 씨는 노태우 정권 시절 총장을 역임했으나, 문민정부가 들어서자 토착비리 수사 대상에 올라 총장에서 도중하차하고 실형을 선고 받았다. 그 후

1994년과 1995년에 교육부와 감사원의 감사를 통해 김준철 씨가 설립자들이 청주대 재단에 출연한 토지 재산을 횡령한 것이 드러나 학내 분쟁은 걷잡을 수 없이 번져 갔다.

문제가 해결되지 않은 채 김준철 씨의 장남 김윤배 씨가 2001년에 총장으로 취임해 구성원들과의 갈등이 지속되던 중, 2014년 청주대가 정부재정지원제한대학으로 지정됨으로써 학내 분쟁은 다시 폭발하였다. 그 결과 김윤배 씨는 총장직을 사퇴했으며, 사립학교법 위반과 횡령죄로 기소되고 형사 재판에 회부되어 2017년 7월 2심에서까지 실형을 선고받고 이사직에서도 물러났다.

2. 김준철 전 총장 시대의 학내 분쟁

1) 김준철 총장의 취임과 분쟁의 시작

6월 항쟁으로 우리 사회의 민주화 열기가 고조된 이후 들어선 노태우 정부는 대학 총장의 직선제를 시행하였다. 노태우 대통령은 당시 청주교대 총장 후보를 교육부가 추천하자 반려시키고 교수들의 투표를 통해 선출된 후보를 총장으로 임명하기도 했다. 그리하여 많은 대학들이 총장을 교수들의 투표로 선출하게 되었다. 청주대에서도 1989년 우여곡절 끝에 교수협의회의 투표를 통해 당시 재단 이사장이었던 김준철 씨가 총장에 취임했다.

그러나 그는 곧바로 교수 사회의 저항에 직면했다. 그 이유는 체육교육과 전임대우 교수들을 해임하고 교수들의 봉급을 일방적으로 삭감하려고 했기 때문이다. 당시 교수협의회는 김준철 총장 불신임을 결의하고 퇴진을 요구하며 총장실 점거 농성을 벌이면서 맞섰지만 역부족이었다. 체육교육과 교수들을 해임하지 않고 봉급의 삭감분은 특별연구비로 보충한다는 선에서 타협이 이루어졌다.

1992년 임기 말이 다가오자 김준철 총장은 투표를 통해 총장으로 다시 선출 될 것이 불가능함을 알고 교수협의회의 투표를 통한 총장 선출방식을 부정하기에 이르렀다. 그 대신 총장이 소집하는 교수회의를 통해 총장후보를 선출하는 규정을 만들어 실행에 옮겼다. 이 규정에 따르면, 교수회의의 투표가 불가능할 경우 재단 이사회가 총장을 곧바로 선출할 수 있었다. 그리하여 당시 총학생회가 교수회의장을 봉쇄하고 있어 투표가 불가능하다는 이유로 재단 이사회는 투표 없이 박수로 김준철 씨를 총장으로 추대하였다.

이때부터 김준철 총장의 재취임을 저지하기 위한 총학생회의 총장실 점거가 시작되어 청주대 사태는 혼란의 국면으로 접어들게 되었다. 총학생회의 총장실 점거는 300여 일 이상 지속되었다. 교수협의회는 수차례에 걸쳐 학교 사태에 대해 충정어린 비판과 경고를 하였으나, 김준철 총장의 수수방관으로 인해 대학의 안정과 정상화를 위한 교수협의회의 노력은 무위로 돌아갔다.

2) 김준철 총장의 퇴진

문민정부가 들어서고 토착비리에 대한 사정이 시작되면서, 청주 지역에서는 김준철 총장이 그 대상이라는 소문이 돌았다. 급기야 1993년 8월경 김준철 총장 및 그가 운영하던 삼창토건의 비리에 대한 사직당국의 수사가 각 언론에 보도됨으로써 청주대학교 사태는 매우 급박한 상황으로 전개되기 시작했다. 검찰의 수사가 표면화될 무렵 교수협의회는 더이상 김준철 총장의 비민주적인 대학 운영을 묵과할 수 없음을 천명하고 퇴진을 촉구하였다.

수사 결과 김준철 총장은 1990년 1월부터 1993년 4월까지 모두 10억여 원을 삼창토건으로부터 불법 인출해 골프회원권 구입과 충북생명 창업투자 등 개인용도로 횡령하는 한편, 삼창토건의 인건비 등 경비계정을 허위기재하여 3억여 원을 탈세한 혐의로 불구속 기소되었다. 징역 3년이 구형된 김준철 총장에 대해 청주지법 형사합의부는 횡령죄 등을 적용해 1994년 2월 25일 징역 2년에 집행유예 3년을 선고하였다. 그 후 내압과 외압에 밀린 김준철 총장은 결국 1993년 8월 총장직을 사퇴했다.

3) 교육부와 감사원의 토지횡령비리 감사

교육부는 1994년 5월 청석학원에 대한 특별감사를 통해 김준철 씨가 시가 200억 상당의 법인 토지를 불법 교환을 통해 횡령하였음을 밝히고 환원조치를 지시하였다. 교수협의회는 횡령 토지의 원상회복과 임시이사 파견을 요구하는 투쟁을 시작하고 재단과 지명총장 퇴진 및 고위 보직교수들의 사퇴를 촉구하는 무기한 농성에 돌입하였다. 그러자 교육부는 1995년 2월 22일 청석학원에 대해 횡령한 토지재산의 소유권을 원상회복하지 않으면 재단의 임원 승인을 취소하겠다고 계고하였다.

재단은 계고조치에 따라 1995년 3월 횡령된 토지 환수를 위해 김준철 씨를 상대로 '소유권이전청구소송'을 제기했고, 교수협의회는 이 소송 방식의 문제점을 지적하였다. 이는 이후에도 계속 문제가 된 엉터리 소송이었다. 왜냐하면 재단 측은 김준철 씨가 이미 제3자에게 매각한 토지에 대해 김준철 씨만을 상대로 '소유권 이전 청구 소송'을 했기 때문이다. 전문 변호사들의 판단에 의하면, 김준철 씨의 토지횡령에 대해서는 '소유권 이전 청구 소송'이 아니라 사립학교법에 근거하여 '원인무효에 의한 소유권 말소 청구 소송'을 해야 한다는 것이다. 그러나 교수협의회가 이런 문제점을 지적했음에도 불구하고, 재단은 나중에 감사원이 추가로 횡령으로 판정한 153필지의 토지에 대해서도 똑같은 방식의 소송을 제기했고, 결국 패소하는 결과를 초래했다.

교수협의회는 1995년 4월 횡령 토지 환수와 관선이사 파견을 요청하였고, 이에 재단은 5월 김준철 씨의 친인척이 사퇴하는 이사 개편을 단행해 겨우 위기를 모면했다. 한편 재단이 위기에 처해 있던 상황에서 1995년 5월 8일 친 재단 성향의 전·현직 보직교수들을 중심으로 소위 '청주대학교 교수연합회'라는 모임이 급조되었고, 청주대학교 교수 사회는 분열되었다.

교육부에 이어 감사원도 1995년 7월 청석학원에 대해 감사를 했고, 11월에 감사 결과를 발표했다. 감사원은 교육부가 1995년 1월에 확인한 42필지 이외에도 김준철 씨가 153필지의 학원 토지 및 9억 2천 여 만원의 수익사업체 수익금을 횡령한 사실을 확인하고, 이를 시정할 것을 청석학원에 지시하였다.

4) 4차에 걸친 국정감사와 교육부의 계고

1995년 9월 26일 국회 교육위원회에서 청주대, 상지대, 대구대 등 3개 대학에 대한 국정감사가 실시되었다. 이 자리에서 청석학원에 대한 감사원 감사 결과로 밝혀진 김준철 씨 일가의 법인 토지 횡령, 수익사업체 수익금 횡령 등의 문제점에 대해 의원들은 집중적으로 질의를 벌이고 시정을 요구하였다. 1996년 9월 청주대학교는 두 번째로 국회의 국정감사를 받게 되었다. 1년 만에 다시 국정감사를 받게 된 것은 전년도 국정감사에서 지적된 사항들이 하나도 시정되지 않았기 때문이었다. 의원들은 여야를 막론하고 교육부에 대해 청석학원의 비리 시정을 다시 강력히 요구하였다. 그러자 교육부는 횡령 토지 환수와 관련하여 "'97년 12월까지 처분지시사항을 이행하지 아니하는 것으로 판단되는 경우에는 사립학교법의 관련 규정에 의거 임원취임승인취소 등의 조치를 취할 수 있음을 계고하였다.

아무런 진전이 없자 교수협의회 임원들은 98년 1월 15일 이해찬 교육부 장관과의 면담을 통해 토지환수 소송의 문제점과 청석학원 이사진의 직무유기 사항을 지적하고 임시이사 파견을 요청하였다. 이에 대해 장관은 97년 3월 25일자 2차 계고를 근거로 임시이사를 파견할 수 있는지 여부와 청석학원 이사진의 직무유기 문제를 법적으로 검토할 것을 배석한 담당자들에게 지시하였다. 교육부가 법적 검토를 의뢰한 3인의 변호사 중에서 교육부 자문 변호사만이 임시이사의 파견이 불가능하다는 의견이었고 나머지 2명의 변호사는 임시이사의 파견이 가능하다는 의견이었다. 그러나 교육부는 즉시 임시이사를 파견하지 않고 좀 더 정확성을 기한다는 이유로 1998년 2월 24일자 공문을 통해 3월 11일까지 횡령재산을 환수하고 학원정상화 방안 등을 보고할 것을 지시하면서 이를 이행하지 않을 경우 "임원취임승인취소"를 할 수 있다는 3차 계고를 하였다.

교육부는 또 다시 2차 법률 검토를 위해 3명의 변호사에게 자문을 구하였고, 그 결과 2명의 변호사는 사립학교법에 따라 임시이사를 파견할 수 있다는 의견을 제시하고 1인의 변호사는 부정적인 견해를 제시하였다. 이에 교육부는 임시이사의 파견에 앞서 당사자 간 조정 및 중재가 먼저 선행되어야 한다는 이유로 교육부 국장 배석 하에 교수협의회와 법인 간의 중재를 하였다. 그러나 청석학원은 교수협의회가 제시한 학교정상화를 위한 방안을 일절 수용하지 않았다. 이에 교수협의회는 이미 계고한 대로 임시이사를 파견해 줄 것을 교육부에 수차례 요청하였지만, 교육부는 사태를 관망하는 자세로 일관하였다. 이에 교수협의회는 청주대학교가 정상화되기 위해서는 횡령재산 환수는 물론 학원 비리에 연루된 인사들이 학원운영에서 배제되어야만 한다고 보고, '국민의 정부'에 횡령재산의 즉각 환수와 임시이사파견을 요구하며, 이 요구가 관철될 때까지 평의원회의 결의에 따라 무기한 농성에 돌입하였다.

교수협의회의 투쟁에 대한 보복 조치로 학교당국은 전 교수협의회 회장 박정규 교수를 1998년 8월 31일자로 재임용에서 탈락시켰다. 이는 김준철 전 이사장의 각종 비리를 폭로하고, 횡령재산의 환수를 위한 활동을 한 것에 대한 보복이었다. 교수협의회는 이의 부당성을 지적하고 투쟁을 더욱 강화하여, 교문에서의 플래카드 및 피켓 시위, 리본 달기 등의 항의 운동을 전개하였다. 그리고 도서관 앞 광장에서 9월 8일부터 연좌농성에 돌입하였고, 국민회의 당사와 교육부를 방문하여 관선이사 파견 촉구 및 박정규 교수 재임용 탈락 철회를 요구하는 시위를 전개하기도 하였다.

이렇게 되자 1998년 10월 31일 정기국회는 "분규 사립대학에 대한 감사" 대상에 청주대를 포함시켰다. 청주대로서는 세 번째로 맞이한 감사에서 노무현, 설훈, 이재오, 김정숙 의원 등은 청주대 문제를 집중 질의하고, 교육부에 재단비리의 척결을 촉구하였다. 특히 노무현 의원은 김준철 씨가 횡령한 토지는 법적 문제를 떠나서 도덕적인 측면에서 청석학원 이사진이 김준철 씨에게 반환을 요구해야 한다고 질타하였다. 그리고 '국민회의' 설훈 의원은 보도 자료를 통해 청주대 관선이사 파견은 법적으로 문제가 없으며, 비리의 주범 김준철 씨가 아무런 직책도 없이 학원 운영에 깊이 개입하고 있다고 교육부와 재단을 질타했다.

이해찬 교육부 장관은 국정감사를 받은 비리 사립대학들의 분규를 1999년 2월말까지 해결하도록 담당공무원에게 지시하였고, 이에 따라 교육부는 방학 중에 청주대 문제를 해결하기 위해 적극적으로 중재에 나선바 있다. 이에 교수협의회는 박정규 교수의 복직과 횡령재산 중 현재 김준철 씨 일가가 보유하고 있는 일부 토지의 즉각 반환 등의 협상안을 제출하였다. 그러나 재단 측의 무성의로 협상은 타결되지 않았다.

2000년 11월 6일 청주대학교는 네 번째 국정감사를 받았다. 한국의 대학 역사상 네 번이나 국정감사를 받은 대학은 청주대학교뿐이다. 네 번째 국정감사에서는 횡령된 토지 환수, 충북석유(김준철 씨 개인회사)의 청석학원 유류 독점, 삼창토건의 청주대학교 종합운동장 건설 공사 수주, 김윤배 씨의 학위 날조와 논문 표절, 김준철 씨 가묘에 청석학원 산하 학교의 관상수 무단 이식 문제 등에 대해 의원들의 질의가 있었다.

국회의 압력으로 교육부는 2001년 6월 27일부터 7월 10일까지 청석학원과 청주대학교에 대한 종합감사를 실시하였다. 그 결과 법인 관리 7건,

입시·학사 관리 7건, 인사 관리 6건, 예산 회계 관리 13건, 시설 관리 5건, 장학금 관리 3건, 기타 5건 등 모두 46건의 지적 사항이 나왔다. 이를 근거로 교육부는 종합감사 결과 지적된 비리 및 불법 사항에 대해 청석학원에 시정 조치를 계고하였다. 그러나 청석학원은 횡령된 토지 중 법적으로 환수 가능한 김준철 씨 명의의 토지 5필지를 환수하는 등의 계고 조치를 이행함으로써 위기를 모면하였다.

결과적으로, 교육부와 감사원 등 국가기관이 김준철 씨 일가가 학인재산을 횡령한 것으로 확인한 195필지의 토지(당시 공시지가 135억) 가운데 단지 9필지만이 반납되었고, 나머지 186필지는 소멸시효를 이유로 아직까지 반납되지 않고 있다. 이들 토지 중 상당부분은 제3자에게 매각되었고 법적으로는 소멸시효 때문에 환수되기 어렵지만 횡령 사건에 대한 도덕적 책임까지 없어진 것은 아니다.

3. 김윤배 전 총장 시대의 학내 분쟁

1) 김윤배 총장의 취임과 분쟁의 시작

2001년 12월 19일 재단 이사회는 구성원들의 반대에도 불구하고 김윤배 씨를 청주대학교 6대 총장으로 선출하였다. 12월 21일 교수협의회는 이에 항의하여 총장실 점거 농성을 시작하였고, 2002년 6월 18일에는 "김윤배 퇴진 및 청석학원 바로세우기 시민연대"(대표 정진동 목사)가 출범하여, 7월부터 격주로 시민서명운동을 전개하였다. 그러나 재단과 교육부는 김윤배 총장의 취임에 대해 사립학교법 상 아무런 하자가 없다고 맞섰다. 이에 교수협의회는 오랜 투쟁에 지친 교수들의 동력을 더 이상 끌어올릴 수 없는 한계에 직면했다.

또한 학교 당국은 교수협의회의 활동을 억압하기 위해 교묘한 방해 공작을 펼치면서 재단과 김윤배 총장을 지지하는 교수연합회의 세를 확장시켜 나갔다. 그러나 70여 명의 교수들은 이에 굴하지 않고 교수협의회를 마지막까지 꿋꿋이 지켜내었다. 하지만 분열된 교수 단체로는 교수들의 역량을 결집할 수 없고 급변하는 대학사회의 문제들에 적절히 대처할 수도 없다는 것을 인정하지 않을 수 없는 상황이 되었다. 이에 청주대 교수들은 '하나 된 교수단체 창립'을 위한 운동을 펼치고 2004년 10월 20일 교수협의회와 교수연합회 일부가 조직을 합쳐 교수회를 창립하였다.

2) 김윤배 총장의 재선과 교수회의 투쟁

김윤배 총장의 임기가 끝나감에 따라 2005년 교수회는 정기총회에서 직선총장 후보를 선출하였다. 한편 교수회가 총장후보 직선투표를 진행하는 가운데, 교무위원회에서는 20인 간선제를 구체화시켜서 통과시켰다. 이는 명백히 교수회를 무시하는 처사일 뿐 아니라 직선투표에 참가한 교수, 직원, 조교, 학생 등 학내구성원 전체의 의사를 외면한 것이었다. 2005년 12월 청석학원은 제7대 총장후보 추천위원회를 20인으로 구성하고, 교수위원 7인을 학교당국이 일방적으로 임명하였다.

추천위원회는 2인의 후보를 놓고 투표를 한 후, 개표도 하지 않고 투표함을 재단으로 보냈다. 그리고 재단은 비밀리에 개표를 한 후, 개표 결과도 구체적으로 밝히지 않고, 단지 김윤배 후보가 더 많은 표를 얻었다는 발표만을 하고 총장으로 임명했다. 교수회는 2006년 2월 21일, 부당한 방법에 의해 취임한 김윤배 지명총장의 퇴진과 교수·직원 그리고 학생들에 의해 직선으로 선출된 민주 총장의 취임을 위해 총장실을 점거하여 100일간 농성을 하였고, 보다 장기적인 투쟁을 위해 5월 31일 농성을 해제하였다.

이런 과정을 통해 두 번째 임기를 맞은 김윤배 총장은 교수들에게 지급되던 연구 장려금의 지급을 중단했다. 2007년 5월 130여 명 교수들의 연명으로 청주노동청에 체불된 연구 장려금의 지급을 요구하는 진정서를 제출하였고, 노동청은 연구 장려금 미지급을 임금체불로 인정하여 김윤배 총장을 검찰에 기소 의견으로 송치했다. 검찰은 2008년 3월 31일 피의자에 대해 '기소유예'로 처리하였다. 검찰이 내린 '기소유예' 처분은 '불기소 혹은 무혐의 처분'과는 달리 피의자의 임금체불 범죄행위를 분명하게 인정한 것이다.

2007년 사립학교법이 재개정되자 청석학원 재단이사회가 겨울 방학을 이용하여 구성원들의 의견을 일방적으로 묵살하고 반민주적인 대학평의원 구성을 위한 정관을 제정하였다. 2008년 3월 교수회는 이 정관의 부당성을 지적하고 구성원과의 합의를 통한 합리적인 정관 개정을 요구하는 성명서 "재단과 학교당국은 대학평의원회 구성안을 즉각 재개정하라"를 발표하였다. 그러나 학교 당국은 비합리적으로 세정된 '대학평의원회' 구성안조차 지키지 않고 몇 년 간 대학평의원회를 구성하지도 않았다.

3) 김윤배 총장의 장기 집권과 '청주대학교 정상화를 위한 범비상대책위원회'의 투쟁

김윤배 총장은 2013년 11월 재단의 지명에 의해 네 번째 임기를 시작했다. 그러나 교수회는 그 해 2학기에 구성원들을 대상으로 김윤배 총장의 연임에 대한 여론 조사를 실시하여 압도적인 반대를 확인하고, 이를 교수회의 공식 의견으로 채택하여 대내외적으로 공표하였다. 김윤배 총장이 학교를 운영하면서 교육 환경은 극도로 나빠졌고, 대신 적립금은 기하급수적으로 늘어났기 때문이다. 2012년 교육부 공시에 의하면 전국 193개 대학교 중 학생 1인당 교육비는 147위에, 전임교원 1인당 학생 수는 126위에 머물렀다. 반면에 2012년 기준 등록금 액수는 전국 39위에, 적립금은 무려 2812억 원으로 6위에, 적립금 증가액은 145억으로

7위에 올랐다. 이러한 결과는 김윤배 총장이 구성원들과 소통하지 않고 일방적으로 학교를 운영했기 때문에 초래된 것이었다.

드디어 2014년 5월 교수회, 총학생회, 직원노조, 총동문회는 '청주대학교 발전협의회'를 구성하여 대학 운영의 문제점을 시정하고 대학 발전을 위해 공동 노력할 것을 학교 당국과 재단에 요구했으나 거부당했다. 마침내 8월에 청주대학교는 교육부의 대학 평가에서 전임교원 확보율, 장학금 지급률, 교육비 환원율, 등록금 부담 완화율, 법인 지표 등의 항목이 전국 최하위권으로 판정 받아 '정부재정지원제한대학'의 오명을 뒤집어쓰게 되었다. 이에 구성원들은 즉각 앞서 조직한 '청주대학교 발전협의회'를 '청주대학교 정상화를 위한 범 비상대책위원회'(이하 비대위)로 전환시키고 김윤배 총장의 책임을 물어 퇴진 운동에 돌입했다. 특히 그 동안 침묵하던 학생들이 7천 명이 넘게 모이는 대규모 집회를 연달아 열면서 분위기는 고조되어 갔다.

이에 여야와 진보 보수를 가리지 않고 청주 지역의 정치권, 언론계, 시민사회단체들이 적극적으로 지원 동참했다. 그리고 청주대는 상지대와 함께 다시 정기국회 국정감사의 대상 학교로 지정되었다. 국정감사에서 도종환, 안민석, 설훈 의원을 비롯한 여러 의원들은 김윤배 총장의 무능과 비민주적 학교 운영을 질타하고 용퇴를 권고했지만, 김윤배 총장은 이를 거부했다. 또한 김윤배 총장은 총장실을 철문으로 봉쇄하고 면담을 요구하는 구성원들을 피해 학교에 나오지 않는 도피 행각을 벌였다. 참다못한 비대위는 그 해 10월 총장실을 다시 점거하고 농성 투쟁에 들어갔다. 결국 12월 24일 내외의 압박을 견디기 어려웠던 김윤배 총장은 사퇴하고 말았다. 그러나 문제가 해결된 것은 아니었다. 김윤배 전 총장은 재단 이사로 자리를 바꿔 계속해서 영향력을 행사하고 있다. 그런 가운데 청주대학교는 2015년과 2016년 대학 평가에서도 연달아 D등급을 맞아 절체절명의 위기에 직면해 있다.

이런 투쟁의 와중에 비대위는 김윤배 총장이 자신의 부친인 고 김준철 총장의 장제비 약 1억 4천만 원과 조부의 묘소 관리비 수천만 원 그리고 변호사 비용 기천만원을 교비에서 지출한 사실을 알게 되어 청주지방검찰청에 사립학교법 위반과 횡령죄로 고발하였다. 김윤배 전 총장은 재판에 회부되어 1심과 2심 모두에서 징역 6개월에 집행유예 2년을 선고 받고 현재 대법원에 상고한 상태이다. 그럼에도 불구하고 2017년 7월 청석학원재단은 김윤배 씨를 다시 재단 이사로 선임했다. 이에 교수회는 즉각 반대 성명서를 발표했고 충북 참여연대도 이에 동참했다. 김윤배 이사는 약 한 달을 버티다 결국 물러났다.

4. 청주대 문제의 해결 방안

이와 같은 청주대의 사학 비리 문제를 해결하기 위해서는 우리나라의 사학 전반에서 나타나는 구조적 모순과 제도적 미비점을 척결하고 개선해 나가야 한다. 우선 사학을 공공재가 아닌 사유물로 파악하는 후진적 사고와 관행이 여전히 법과 제도 안에 침투해 똬리를 틀고 있음을 직시하고 입법자들과 정부 관계 부처는 사립학교법의 개정에 나서야 한다. 이미 헌법재판소가 "교육의 공공성이 사학 재단의 자율성보다 더 큰 가치"라고 판결한 점을 명심해야 한다. 또한 사회적 지탄을 받는 사학 재단과 소위 교주를 자처하는 인사들에 대한 엄중한 법적 심판과 행정적 제재를 가해야 한다. 그래도 그들이 우리사회의 교육 발전에 기여해 온 점을 참작해야 한다는 종래 기득권층의 온정주의적 태도도 사라져야만 한다. 그리고 마지막으로 구성원들은 비리에 맞서 대학을 대학답게 만들겠다는 교육자와 지식인으로서의 자기 확신을 분명히 해야 한다. 비리에 눈감고 불의의 편에 서거나 무임승차의 기회만 엿보는 인사들이 많으면 많을수록 비리 사학과의 투쟁에서의 승리는 그만큼 지난하다.

아직도 끝나지 않은 한영대학의 불법 행정과 교권탄압

김 진 기
한영대

1. 설립자 가계의 친일 행적과 부의 축적

한영대학의 명칭은 설립자의 할아버지 김한영의 이름을 따서 지었다. 현재 이사장은 설립자의 동생이 맡고 있다. 설립자는 한영대학과 한영고등학교를 운영하는 학교법인 봉헌학원 및 진성여자고등학교와 진성여자중학교를 운영하는 학교법인 호석학원 등 2개 학교법인, 4개 학교의 실제 운영자이다. 10년 전부터 설립자의 아들이 실질적으로 법인을 관리하고 있다.

2015년 이후 여수지역 언론에서 설립자의 할아버지 김한영은 '내시출신 초대형 거물친일파'로 불리고 있으며 친일행적의 대가로 여수 지역의 많은 토지를 취득한 것으로 알려져 있다. 이런 이유 때문에 토지 환수에 대한 요구가 끊임없이 제기되고 있는 상황이다.

친일인명사전에 등록된 전남 동부지역출신 25명 중 김한영의 동생인 김한승은 2002년 친일파 708인 명단과 2008년 친일인명사전수록(예정)자 명단에 그리고 2009년 친일반민족행위 705인 명단에도 포함된 전남권역의 대표적인 친일파 인물이다. 초대부흥부장관을 지낸 김우평, 조선총독부 검사 및 판사를 지낸 김준평 등 3명의 친일 인사가 설립자의 가계로 알려져 있다. 특히 김한영의 둘째아들 김준평의 경우 조선총독부 사법관 검사와 조선총독부 판사 등을 역임하면서 독립운동가들에 대한 재판에서 항일독립운동가들을 처벌, 재판하는 공로 등으로 당시 일본천황으로부터 훈장과 벼슬을 받았고 해방 후 삼청동에서 변호사업을 하다 6、25때인 1950년 8월 6일 납북되었다고 전해진다.

이러한 거물 친일파 가족들은 현재의 재산이 김한영이 구한말에 장사로 모은 것이라고 주장하고 있다. 설립자 일가는 여수권역의 핵심 토호세력이자 최고 갑부로서 지역 최대의 냉장회사를 포함한 다양한 사업을 운영하고 있다.

2. 한영대학의 연혁과 특징

한영대학은 2년제 전문대학으로 1980년 봉헌학원 설립인가 이후 1993년 6개 학과 모집정원 480명으로 시작하였다. 이후 1997, 1998년 모집정원 약 1,400여명을 고비로 2015년 3계열 6개학과에 모집정원 640명으로 운영되고 있으며 최근 신입생 충원율은 거의 100%에 가깝다. 문제는 외부 불법캠퍼스를 만들어 타 도시 학생들을 모집하고 타 도시에서 주 1일 정도 강의하고 사회복지사 등의 국가자격증을 너무 쉽게 발급하였다. 최근 수십 회의 언론보도와 감사, 수사에서도 요지부동이었다. 지금까지 대한민국의 사법권이 한영대학에서는 무용한 권력이었다.

한영대학에는 개교 이래 4명의 총장이 임면되었다. 초대 총장은 중·고

교장 출신, 2대 총장은 고위공직자 출신으로 설립자와 친인척관계, 3대 총장은 동일 학교법인의 고등학교 교사 및 교장 출신으로 재직 4년 동안 대학에서 많은 볼거리와 들을 거리를 만들어 주었다. 현재의 4대 총장 역시 동일 재단 학교의 체육교사 출신으로 한영대학 개교 당시 교양체육 교수로 임명되었으며 총장 임명 직전까지 몇 년을 제외하고 대학 내 교무, 학생, 기획실장 등 주요 보직을 담당하였다.

현 총장은 전공인 유도를 교수들에게 적절하게 잘 사용하는 전과(?)가 있다. 불법 사금융(카드깡 등), 폭력 등의 다양한 전과 경력에 대한 소문이 학내에 파다하다. 그는 교수회의 중에도 폭력적인 언어를 자주 사용한다. 십 수 년간 총장 다음 서열인 기획실장 등을 맡았으므로 교수회의에서 빠지지 않고 발언하고 있다. 자기 마음에 들지 않으면 보통의 언어가 폭언이고 일반적인 행동이 폭행이다. 그에게 당하지 않은 교수는 무능한 교수라는 말이 생길 지경이다. 보통의 회의석상에서도 "이놈, 저놈, 이 새끼, 저 새끼","○○가 있으면 당장 ○○○겠는데" 식이다.

한영대학 보직은 극히 일부 사람들에게 장악되어 있다. 지난 20여 년간 보직교수들 대부분이 설립자와 현 총장의 가신들이다. 사석에서 형님과 아우님 하던 교수들이 주요 보직을 장악했다. 학내 각종 위원회에 보직교수들이 당연직으로 참여하므로 일부 교수들이 보직에 참여하더라도 의사결정에는 아무런 역할도 할 수 없다. 보직교수들은 오직 그들과 재단의 이익을 위해서만 일한다.

최고의사결정 기구인 이사회에서 이사 대다수는 재단 소속의 중､고등학교 교장 출신들이거나 설립자의 관계인들이다. 설립자의 동생은 이사장이고 설립자 소유의 냉장공장 등에서 심복이었던 사람들이 실질적인 결정자 역할을 한다. 2017년 현재 이사진은 설립자 및 이사장 형제 2인, 동일재단의 학교 출신 교장 3명, 냉장회사 임원 2명, 기타 73세 이상 연령의 인사 2명 등 8명으로 구성되어 있으며 평균 나이는 71세이다.

한영대학에서 대학평의원회는 일방적이고 공개적인 투표로 결정된다. 보직교수 몇 명을 먼저 선정한 다음 남은 인원은 학내 전산망을 통해서 추천하도록 하여 본부에서 결정하는 방식이다. 교수회의에서 교수들의 자유의사에 따라 자유투표로 구성한다는 것은 상상도 못할 일이다. 더구나 대학평의원회는 학교의 뜻에 따르는 직원들이 다수를 차지하여 사실상 직원들에 의해 운영되다시피 하고 있다.

<table>
<tr><th>직위</th><th>성명</th><th>연령</th><th>임기</th><th>현직(주요경력)</th><th>비고</th></tr>
<tr><td>이사장</td><td>김○중</td><td>68</td><td>2015.04~ 2019.04</td><td>현)구봉가스 대표</td><td rowspan="2">형제</td></tr>
<tr><td>이사</td><td>김○호</td><td>74</td><td>2015.04~ 2019.04</td><td>한영대학설립자
현)삼양냉장 대표</td></tr>
<tr><td>이사</td><td>권○일</td><td>69</td><td>2015.04~ 2019.04</td><td>전)한영대학 총장
전)진성여고 교(사)교장</td><td rowspan="3">동일재단
(학교)교사
출신</td></tr>
<tr><td>이사(교육)</td><td>백○창</td><td>62</td><td>2017.04~ 2021.04</td><td>전)한영고 교(사)교장</td></tr>
<tr><td>이사(개방)</td><td>오○근</td><td>65</td><td>2015.04~ 2019.04</td><td>전)진성여중 교(사)교장</td></tr>
<tr><td>이사(개방)</td><td>유○상</td><td>76</td><td>2015.04~ 2019.04</td><td>전)농협자산관리지사장</td><td>약 20년
이사</td></tr>
<tr><td>이사</td><td>이○희</td><td>79</td><td>2017.04~ 2021.04</td><td>현)삼양냉장 이사</td><td>설립자
사업체</td></tr>
<tr><td>이사</td><td>김○부</td><td>73</td><td>2017.03~ 2021.03</td><td>현)두란냉장 이사</td><td></td></tr>
</table>

3 사학비리의 발생과 경과 : 비리의 유형, 특징 등

1) 한영대학 인허가 뒷얘기

한영대학의 인허가 당시 한영대학뿐만 아니라 대학설립이 전국적으로 붐을 이루던 시기에 많은 대학들이 동시에 개교가 이루어졌다. 당시 지역정치인과 토호들 간의 유착과 정치적 이해관계에 따른 지역 공약 남발로 도시 뿐만 아니라 군 단위, 읍 단위까지 대학들의 개교가 봇물을 이루었다.

당시에는 전국적으로 대학 설립이 자유로웠던 시기인데 문제는 대학 설립에 필요한 자금이었다. 일반적으로 입학생 1인당 얼마의 금액이 책정되었다느니 학교설립에 얼마의 로비자금이 필요했다느니 하는 소문이 사실로 드러나면서 사회적 파장을 일으켰던 시기도 바로 이 시점이었다.

당시 한영대학뿐만 아니라 신설된 대학들에서는 부족한 재원을 메꾸기 위해 교수채용을 미끼로 금품들이 오가면서 또 다른 파장을 불러일으켰던 시기이기도 하다.

한영대학 인허가 및 개교의 공신인 지역 국회의원의 측근들이 대학의 주요 부서에 자리를 잡았다. 설립인가 당시 한영대학의 부지 및 강의동 등의 신축건물은 존재하지 않았다. 대학캠퍼스를 신규로 조성하거나 건축하지 않고 이미 운영 중이던 한영고등학교의 교사동 일부를 확장하여 사용하였다. 대학설립 24년째이지만 한영대학 본관 건물이 낡아 보이는 이유는 한영고등학교에서 사용하던 교사동을 확장 증축하여 사용했기 때문이다.

한영대학에는 캠퍼스와 운동장의 의미가 없다. 한영고등학교 운동장을 같이 사용했고 심지어 대학 정문도 한영고등학교 교문과 같이 사용했고 2017년인 지금도 마찬가지이다. 현재는 공학관과 보건관 건물이 있다.

2) 채용비리

1993년 개교 당시의 교수 임용 대상은 재단 및 중､고등학교 교사 출신들이 대다수를 차지했다. 대부분 교사 및 교양 전공으로 체육 2인, 영어 3인, 국사 1인, 국어 2인, 수학 2인, 과학 1인 등으로 1993년 개교 당시 6개 학과에 모집정원 480명일 때 교사 출신 교양교수가 대략

11명이 채용되었던 것으로 기억된다.

한영대학은 교수 채용시 2003년경을 기준으로 이전에는 정년트랙제를 적용하였고 그 후에는 비정년트랙제를 적용하여 계약제로 채용하였다. 정년트랙제 교수는 재단 교직원과 재단 관련 인사 중심으로 채용되었고 공개채용 사례는 사실상 없었으며, 채용 조건은 대학발전기금(기부금)이었다. 한영대학 교수채용에 지원하려면 일차적으로 당시 교무과장(교수직)과 1차 면담을 하여 대학발전기금(기부금) 등의 조건으로 일정 금액, 통상 몇 천만 원 전후한 금액을 현금으로 교무과장 등을 통해 지급하는 방식이었다. 이 과정에서 몇 백만 원 정도를 추가로 요구하여 챙기는 인사도 있었다.

교수채용 조건이었던 대학발전기금(기부금)은 2002년경까지 거의 동일하게 적용되었고 이후 비정년트랙 교수의 채용에서는 금액의 차이가 있었을 것으로 판단될 뿐 애초의 방식은 그대로 유지되고 있었던 것으로 알려져 있다. 실제 개교 이후 2000년 전후한 시기에 검찰에서 대학발전기금(기부금)에 대한 수사를 진행하여 설립자 김○○이 소환 조사를 받기도 했지만, 언제나 그렇듯이 지방검찰청에서 수사가 제대로 되지는 않았다.

교수 1인당 평균 몇 천만 원의 용도는 설립인가 당시의 비용을 회수하고 대학의 강의동을 신증축하는 데 사용된 것으로 판단된다. 1993년 이후 교수들의 채용과 학생정원의 확대로 강의동이 필요하게 되어 현재의 공학관을 신축하였다. 5층짜리 건물을 신축하는 데 오랜 시간이 필요한 것은 아닌데, 여러 해 동안 교수 채용시 받은 돈으로 조금씩 건물이 지어지는 상황을 지켜보았고 당시 대부분의 교수들이 "이번에 ○○과 ○○○ 교수가 신규 임용되어 또 건물 공사하겠네"라고 자조 섞인 농담을 할 정도로 이러한 관행들이 일상화되었다.

교수가 채용되면서 공사가 하나씩 늘어갔지만 온통 부실공사였다. 공학관 준공 후 수년간 비가 새어 연구실을 망치는 경우가 다반사였고 법규위반 통보를 받고 재공사를 하기도 했다. 지금도 공학관 건물에서는 비가 오면 옥상에서 물이 새고 물때와 이끼가 낀다. 부실공사의 원인은 물을 필요도 없다. 부실한 사학에서 공사를 하면 할수록 돈이 생기니 어찌 제대로 공사를 할 수 있겠는가?

3) 국가재정지원사업 비리

국가재정지원사업 비리는 두 가지로 구분된다. 하나는, 국가재정지원사업에 선정되기 위해 평가지표를 임의로 수정 및 조작하는 것이고, 또 하나는, 재정지원금을 적당하게 사용하는 방법이다. 재정지원금을 적당하게 사용하는 방법은 기자재 등의 구입에서 구입단가를 부풀리는 것이다. 실습장비의 구입가와 실제 가격의 차이가 너무 커 현장감사 시 적발되기도 했다.

국가재정지원사업에 선정되기 위해서는 평가지표를 임의로 수정 및 조작해야 한다. 쉽게 조정하는 것은 교수 확보율이었다. 외부 불법캠퍼스를 중심으로 겸임교수 수를 늘리고 일부 학과의 겸임 교수 수를 부풀리는 방식이다. 학위(학점)장사 목적의 학과에서 학생모집에 직접 가담한 충성스러운 외부강사에게 겸임교수나 초빙교수와 같은 직을 주고 학교는 대학평가에서 교수 수를 인정을 받으니 꿩 먹고 알 먹기였다.

대학에서 학생 정원을 채우는 일은 대학 재정에 매우 중요하다. 특히 국가재정지원사업이나 간호학과와 같은 보건계열 학과 신설에서 중요하다. 가장 기본적인 지표가 충원율이므로 학생 수를 늘리는 일에 사활을 건다.

한영대학은 규정상 본교 외의 다른 캠퍼스가 없다. 본교 외의 다른 학습장을 운영하면 불법이라는 것이다. 그러나 실제로는 그렇지 않았다. 한영대학에서는 본교 외의 다른 캠퍼스에서 수업을 듣는 학위(학점)장사 목적의 학생들이 다수 존재했고 최근까지도 존재했다. 졸업 학점에 맞추어 수업 시간이 충족되어야 하는데 서울, 경기, 충청, 광주, 전라도 등의 교회나 사찰 등에서 토요일에 몇 시간 하는 강의로 졸업시키고 사회복지사 등의 국가자격증을 남발하는 것은 엄격하게 처벌받아야 할 문제이다.

이◯여대의 미래라이프 대학 사태의 본질 역시 유사 학위(학점)장사의 우려였다. 한영대학의 학위(학점)장사 문제는 1~2년 된 문제가 아니라 오랜 경험과 투자에 의한 노하우를 가진 걸작이었다. 이 문제는 2012년 평교수회 활동 과정에서 공식적으로 확인되었고 2015년 7월 이후 교수와 학생들의 증언을 토대로 대학에서 조직적으로 관여했다는 사실이 언론에 공개되었다. 2015년과 2016년에는 여수시민사회단체연대회의에서 한영대학의 학점장사와 사학비리 의혹에 대한 철저한 진상 규명을 촉구하는 성명서를 발표하기도 했다.

4) 국가장학금 비리

국가장학금 비리는 국가재정 낭비 중 하나로서 국가장학금이 지급되어서는 안 될 학위(학점)장사 목적으로 운영되는 문제의 학생들에게 국가장학금이 지급되는 비리이다. 대학에서 학생 모집 시 사전에 국가장학금 등을 미끼로 실제 학생이 부담하는 등록금이 적게 된다는 점을 강조하면서 모집하는 것이므로 의도적이고 계획적인 불법 비리라고 볼 수 있다.

한영대학의 국가장학금 비리는 2015년 경 대외적으로 알려졌다. 당시 언론은 2012년 이후 2015년 1학기까지 지급된 65억 원 가량의 국가장학금 지급의 정당성에 대해 의문을 제기했다. 다른 지역에서 모집되고 운영된 학위(학점)장사에 연루된 학생들의 주소가 서울, 경기, 충청, 광주 등이었다. 더구나 40대 이상의 직장인과 가정주부들이 여수에서 수업을 받는다는 것 자체가 상식적으로 납득하기 어려운 일이었다.

5) 대학재정비리

학위(학점)장사 목적으로 운영되는 불법 학습장에서는 토요일에만 강의를 하기 때문에 실제 강의시간은 규정된 시간보다 훨씬 적다. 그러나 강의료는 규정 시간만큼 지급되었다. 여러 학과 여러 강의에서 이 같은 불법 행위가 10년 이상 계속되었다고 할 때 이로 인한 교비횡령은 상상을 불허하는 규모일 것이다.

2012년 평교수회가 대학 재정자료에서 교수 평균 급여 지급액이 6,700만 원이라는 사실을 확인했다. 그러나 당시의 평균 급여는 정년트랙이 6,000만 원대, 비정년트랙이 많아야 4,000만 원대였다. 평교수회가 사실 확인을 요구했으나 대학에서는 대답해주지 않았고 평교수회는 와해되었다. 최근 신축된 강의동인 보건동의 신축 과정에 대해서도 부지 매입에서부터, 조경수 및 관리 비용 등 여러 의혹이 제기되고 있는 실정이다.

6) 학사비리(문서 조작)

지금은 불가능하게 되었지만 얼마 전까지는 학내 전산망에서 학생 관련 내용을 검색할 수 있었다. 이 과정에서 총장의 학사 및 학점 조작과 학위(학점)장사에 연루된 학생들의 주소지 불법 변경 등을 확인할 수 있었다. 학생들의 주소지가 처음에는 서울 경기, 광주 등이었던 것이 갑자기 여수시로 변경되고, 출신 고등학교도 서울 경기, 광주 지역의 고등학교에서 여수지역의 고등학교로 임의 수정되었다. 다른 학생의 주민등록번호가 동일하게 사용된 경우도 있었다.

대표적인 사례로, 2012년 이후 평교수회 활동을 게기로 탄압을 받다 배임수재 혐의로 형사고발 후 대학에서 파면당한 김△△ 교수의 사건에서 핵심적인 역할을 한 윤○○ 학생의 경우 학적부에는 보성고 출신으로 기재되었으나 법정 증인으로 나와 판사의 질문에 서울체고 출신이라고 답변하는 웃지 못 할 해괴한 상황이 벌어졌다.

7) 총장의 학사비리(문서 조작)

현 임○○ 총장의 학적기록 조작 사건은 2015년 8월에 CBS 노컷뉴스 등 언론보도를 통해서 얼려졌다. 내용은 한영대학 총장이 학생과 교수신분을 병행하고 있다는 것인데, 더욱이 같은 과목에서 교수이자 학생이 되어 최고학점을 취득했다는 것이었다. 이 보도 후에는 만점에 가까운 학점을 임의로 하향조정하는 등 학적기록 조작 의혹이 다시 보도되었다. 총장이 당시에 자신이 교수로서 강의한 과목과 자신이 학생으로서 수강했다는 의혹에 대해서 해명자료를 제출했지만 이 해명 자료 자체가 사실과 다르다는 반론이 제기되었다.

아직도 현 임○○ 총장의 학적(학점) 조작 사건은 유효하고 그 증거가 명백하게 고스란히 남아 있다.

8) 컨설팅 및 감사 문제점

2010년 전후 부실대학 선정 등과 관련하여 한영대학에 약 3개월 이상의 컨설팅이 있었다. 생◯◯본부 주관으로 설립자가 운영 중인 회사에서 컨설팅을 진행했다. 당시 컨설팅 팀장이 한영대학의 부실화 우려를 근거로 외부학습장 등의 운영에 대한 문제점이 가장 컸다고 언급했을 뿐 컨설팅은 대학이 아닌 설립자 개인회사에서 눈가리고 아웅하는식으로 부실하게 진행되었다.

한영대학의 국가장학금 불법 수혜와 관련하여 국민권익위원회에서 조사한 내용이 공개된 것은 2016년 1월경의 언론보도 이후이다. 대부분의 언론에서 국가장학금 부정수급 정황 확인 등 한영대학 1개 학과에서 2년간 학생 60여 명 중 40여명, 금액으로 1억 4천여만 원의 국가장학금이 부정 수급된 것으로 보도되었다. 교수들은 지난 20년간의 불합리한 학사의 전모가 밝혀질 것으로 기대했다. 그러나 2016년 7월 이후 언론에서 해당자 12명, 금액 2,800만 원 정도로 축소 보도되었다. 지난 몇 년간 여러 차례 감사와 조사를 받았지만 결과는 늘 태산명동에 서일필이었던과 마찬가지였다.

4 한영대학의 비리가 10여년 이상 지속될 수밖에 없었던 원인과 배경

여기에는 시스템의 문제, 관리감독의 문제, 인적인 문제, 토호세력의 문제 등 크게 네 가지 문제가 있다. 먼저, 한영대학에는 시스템이 없다. 오직 재단과 그에 충성하고 '모 아니면 도이다'라는 건달식의 조폭의리가 있을 뿐이다. 그리고 대응할 주체가 없고 재단에서는 먼저 구린 것이 많기 때문에 조절과 통제를 못한다. 그 영감(?) 말대로 주먹질 잘하는 하수인을 믿고 의지하는 것인지도 모르겠다.

다음으로 관리감독의 문제가 있다. 교육부나 수사기관은 의지도 없고 해결하려고 하지도 않는다. 여느 대학의 비리마냥 크게 시끄러워지고 중앙 언론에서 터져야 겨우 하는 척할까? 믿을 수도 없고 믿어서도 안 되는 불신만 증폭시키는 기관이다.

인적인 문제는 가장 큰 문제이다. 사람이 문제다. 불의와 불법을 보고도 먹고 살아야 한다는 조건에서 얻어터지면서 참고 견딘다. 그리고 보직 등 자리를 주면 더 앞장선다. 완장 채워 주니 앞뒤를 모르고 사고를 친다. 교수가 아니고 선생도 아닌 건달의 수하로 살아간다. 일부사람, 일부교수가 문제이다.

또한 토호세력은 뿌리가 깊다. 한영대학의 설립자에게는 많은 조력자가 있다. 그 조상이 한때 대일본제국의 천황을 의지하였던 그 기개로 인해 근 100여 년간을 여수지역에서 돈으로 재고 있는 토호인지라 사업에 도움이 되는 주요 인물들은 거의 다 생선꾸러미 혹은 한옥에서 식사 대접 같은 향응을 받지 않은 사람이 없을 정도로 지역에서는 공공연한 비밀로 전해진다. 가랑비에 옷이 젖어 자유롭지 못한 수사, 사정, 교육기관이 아닌지 모르겠다.

5 학내 민주화 추진과정

1) 교수회 결성

한영대학에 대한 특성을 앞에서 설명했다. 임용 조건이 대부분 기부금(대학발전기금?)에 의한 것이었기 때문에 해당 교수들 모두가 약점을 안고 있었다.

교수회의 발단은 2012년 11월 7일 이후 대학에서 "교수연봉제와 교수평가제"안을 결정하기 위해 보직교수 외 평교수를 일부 추천하고 실제 "교수연봉제와 교수평가제"안을 결정하는 연봉제결정위원회(대학발전위원회)를 구성하는 과정에서 나름대로 상식있는 교수 3인이 추천되면서 시작되었다. 그 중 1명은 학생으로부터 ○회, ○백만 원 정도의 수뢰로 파면 당하였고, 1명은 징계 과정의 인사위원회 고통을 이기지 못하고 사직하였고, 다른 1명은 직권면직 후 삭감당한 임금과 복직을 위해 투쟁 중이다. 결국 3인 모두 자의건 타의건 대학에서 쫓겨났다.

"교수연봉제와 교수평가제"안을 결정하는 회의 중 교수로서 인정하기도 부끄러운 안건이 대학에서 작성되어 회의 안건에 상정되었고 이에 대한 토론과정에서 3인의 교수와 대학 측 10명의 교직원들이 회의 때마다 부딪치는 상황에서 이 문제에 대한 일반 평교수들의 의향을 묻는 과정에서 3명을 포함하여 15명의 교수가 평교수 모임을 갖는 것이 그 시작이었다.

한영대학의 전체 교수는 40여명 가량 되는데 그 중 정년트랙 교수가 25명 정도이다. 그 25명 중 15명이 모임에 참석했으므로 전체 교수 기준으로는 37.5%이고 정년트랙 교수 기준으로는 60%이지만 보직교수를 제외하면 정년트랙 교수들은 거의 모두 참석한 셈이다. 전체 평교수를 대변하는 모임으로 시작한 것이다.

이후 교수회가 모일 때마다 모임 장소에 대한 대학 측의 감시와 불허그로 인한 대립으로, 게다가 참여 교수들에 대한 대학 측의 개인적인 간섭과 견제로 혼란을 겪으면서도 2015년까지 6~7명의 교수들이 모임을 지속하였다. 당시 한영대학의 교수회는 공식적인 평교수회도 아니고, 교수협의회나 교수노조도 아닌 비공식적인 모임이었지만 최악의 상황에서도 대학 내 어디서나 누구 앞에서도 나름대로 소신을 다한 평교수회였다.

2) 교수회 참여 교수들에 대한 핍박

한영대학 평교수회에 참여한 교수들에 대한 실제적이고 구체적인 핍박은 2012년 11월 이후 "교수연봉제와 교수평가제"안을 결정하는 대학발전위원회에 참여된 3인에 대한 핍박으로 시작되었다. 가장 기본적이고 일반적인 핍박은 보직과 학과장직을 주지 않는 것이었다. 통상 2~3년이면 학과장을 교체하는데 해당 교수들에게는 학과장직을 부여하지 않았다.

그뿐 아니라 대학에 접수되는 주요 공문, 외부 기관(도, 시청, 공단 등)에서 해당 학과 및 전공 교수들에게 협조를 요청하는 심사와 자문, 심의 등과 관련된 교수 추천을 요청하는 공문에서 배제시키거나 공문 접수 자체를 거부하는 등의 사태가 지속되었다. 또한, 1년에 수차례 있었던 국가 자격증 감독과 평가 일정에서도 해당 교수와 관련된 공문을 거부하거나 참여를 제한하였다.

나아가 교수회 참여 교수에게는 주 1일 대학원에 진학하여 학습하기 위한 연구일 신청을 거부한 사례도 있다. 이것은 부전공 이수를 위한 대학원 진학을 사실상 거부한 것이다. 이처럼 한영대학은 평교수회에 참여한 교수들에게 교수로서 필요한 공적인 활동과 학습권을 철저하게 차단하는 부끄러운 일을 스스럼없이 저질렀다.

한영대학의 더 큰 문제점은 교수들의 신분에까지 영향을 끼치는 행위이다. 가장 먼저 김○○ 교수가 소속된 학과의 신입생 모집을 갑작스럽게 중지시켰다. 수시모집 중이었고 2015학년도 입학이 3개월 남은 2014년 11월 26일에 갑자기 신입생 모집을 중지시켰다. 이 학과는 매년 24명에서 35명 정도를 모집하는데 이미 24명이 모집된 상황에서 신입생 모집을 중단시켜버린 것이다.

그 후 2015년 3월에는 김△△ 교수가 연구실 및 자택 등의 압수수색 등을 당해 불구속 기소되어 파면당하게 되었다. 그리고 2015년 11월에는 임○○ 교수가 중징계 목적의 인사위원회에 회부되어 2차 인사위원회 과정에서 3~4시간에 걸친 고문과도 같은 심리적 고통을 당한 후 그 부담을 이기지 못하고 스스로 사직하게 된다.

2015년 11월 임○○교수의 사직을 전후하여 2015학년도 모집 중지를 당하였던 학과의 김○○ 교수 역시 중징계 목적의 인사위원회에 회부되어 2차 인사위원회와 징계위원회의 과정을 거쳐 2016년 5월 직권면직을 당하였다. 6명 중 나머지 3명의 교수들 역시 2015년 12월부터 2016년 초반까지 중징계 목적의 인사위원회에 회부되었다.

한영대학에서 평교수회에 참여한 교수들에 대한 핍박은 마지막까지 남아 활동했던 6명에 대한 중징계 시도로 3명에 대해서는 파면, 사직, 직권면직을 시켰고, 3명은 아직 마무리되지 않고 다양한 방법으로 핍박을 진행 중이다. 그리고 애초부터 참여한 15명의 교수들 중에서 최종 6명을 제외한 나머지 9명 중 1명은 2016년에 의원면직했고, 2명은 감봉 3개월을 받아 교원 소청에서 견책으로 결정되었다.

6 해결방법 및 요구사항

2016년까지 대부분의 사건이 일부 무혐의 처리되거나 축소되어 마무리되었다. 앞으로도 지역의 검찰청이나 경찰서에서 수사를 한다면 수사 결과는 이전과 동일할 것이다. 그러므로 지방토호 세력의 힘이 미치지 않는 중앙에서 수사와 감사를 해야 한다. 그래도 대학은 대학이다. 교수가 있는 곳, 학생이 있는 곳이 대학이다. 아직 살아있고 공의와 정의에 목말라하는 교수들이 있다. 그러므로 한영대학은 변해야 하고 변화시켜야 한다.

한영대학정상화의 출발점은 무엇보다도 가장 우선적으로 이루어져야 하는 것은 교수였고 현 한영대학 총장인 임○○의 성적 조작에 대한 수사가 이뤄져야 한다. 대학 총장이 본인 대학에서 교수로서 강의를 하면서도 동시에 같은 학과의 학생으로 졸업한 사실에 대해 확인이 필요하고 총장 본인의 성적을 임의로 조작한 내용에 대해 철저한 수사가 이루어져야 한다.

그리고 대학 내 보건관 등의 건축과 시설의 유지、보수비용과 교수、직원들의 인건비 횡령의혹, 학생들의 대학 전반의 학사행정 자료를 포함한 회의록, 규정 등의 임의 조작에 대한 감사와 수사 역시 이뤄져야 한다. 마지막으로 불법 외부학생들을 가려내야 하고, 그들에게 수여된 국가자격증을 취소하여야 하고, 우리국민의 혈세인 세금이 불법 캠퍼스의 불법학생들이 차지하였다면 당연히 회수하여야 한다.

가야고 민주화 투쟁과 요구사항

전국교직원노동조합 사립위원회

1. 학교설립과 연혁

가야고등학교는 1954년 명인학원을 설립하고 함두고등학교를 인수하여 가야고등학교로 교명을 변경하였다. 설립자 교장(한오작)은 4개교(가야고, 동여중, 건국고, 건국중)에 가족과 친척들을 교사와 행정직원으로 투입시켜 학교의 전반적인 업무를 독차지하면서 온갖 비리와 불법이 자행되어 왔으며, 사학법인연합회장을 맡아서 비리사학을 옹호하며 비리사학재단의 중심에서 활동하였다.

2. 사학비리의 발생과 특징

가야고등학교는 그동안 엄청난 불법과 비리를 저질러왔다. 실제 같은 재단에서 의도적으로 분리한 건국학원(건국고, 건국중)은 법인 실장(한오작의 장남)이 교사채용 비리와 공사 비리로 착복하였고, 법인자산에 대한 공금횡령으로 실형선고를 받았으며 사학재단 초유의 재단매매가 이루어졌으며, 매매과정에서도 불법적인 거래로 인해 쌍방고소와 고발로 10여 년 동안 임시이사가 파견되었다가 최근에 와서 신재단이 학교실권을 잡아 운영하고 있다.

가야고등학교에서는 행정실장(한보명. 한오작의 차남. 현재 교감)이 재단이사회를 조작하여 한오작을 쫓아내고 모든 실권을 장악하게 되었다. 그래서 아버지가 아들을 고발하는 해프닝까지 발생하였지만 증거불충분으로 기각되었다.

가야고 교감은 2009년 행정실장으로 재직하면서 직원채용 대가로 2천만 원을 받은 혐의로 법원에서 벌금 5백만 원과 추징금 2천만 원을 선고받아 더 이상 행정실장직을 수행할 수 없게 되자, 채용공고나 채용시험 없이 비정상적인 방법으로 본인을 교사로 임용하였다. 그 당시 교육청에 범죄사실 미통보에 따른 명인학원의 채용 당시 교감에 대한 징계는 없었으며, 곧바로 사립학교법 규정에도 없는 행정실장에서 교원으로의 불법 전직이 이루어졌고 교육청에서는 아무런 확인도 없이 승인해 주었다.

그 이후에도 교감직무대리 요건도 갖추지 못한 상태에서 교감직무대리를 하면서 편성된 수업을 하지 않고 네이스를 조작하여 타교사로 하여금 대리수업을 하게 하였고, 교감연수 대상자 지명의 요건(교육경력)에 미달하였음에도 불구하고 교육청의 고의적이고 일방적인 업무행정 덕분에 교감자격을 부당하게 취득할 수 있었다.

2012년 휴대폰 관련 사안으로 학생에게 무차별로 폭력을 가하여 학부모로부터 경찰에 고발을 당했고, 언론에 폭행 동영상까지 공개되어 중징계(정직 1개월)의 처분을 받았으며 다시 2013년 또 다른 학생에게 수차례 빰을 때리는 등 재차 법령을 위반하여 교육청으로부터 중징계(해임) 처분을 받았다. 그럼에도 재단이사회를 조종하여 본인을 경징계(감봉2개월)로 처리하고 교육청에는 사립재단 고유의 권한이라고 통보하였다. 이에 교육청에서는 법인에 시정명령 공문을 보내 '해임 요구에 상응하는 조치(사직, 전보)'를 촉구하고, 미 조치 시 행정·재정적 제재를 가할 수 있다고 고지하였지만 오히려 교감은 '앞뒤가 안 맞는 억지 요구이고 행정·재정적 제재를 내세워 협박한다'고 일축하며 거부하였다.

그리고 2012년에는 여학생들을 대상으로 성희롱과 성추행을 하여 심한 모욕감과 수치심을 이기지 못한 여학생 2명이 전학까지 가는 사태가 발생하였고, 해당 사건으로 교육청에 고발되었지만 제대로 된 조사가 이루어지지 않은 상태에서 '혐의 없음'으로 서둘러 처리되었다. 그 당시 담당 장학사가 피해 학생과 학부모에게 '사립학교에 대해서는 교육청에서 아무 것도 할 것이 없다', '단지 조사만 할 뿐이지 교육청이 어떻게 할 수 있는 것은 없다'라는 말로 엄청난 고통과 충격을 주었다.

2013년 다시 민원을 통해 교육청에 고발하여 조사를 요청하였으나 경찰에서는 성추행 부분에 대해서 피해 학생 학부모가 그동안 너무 힘들어서 더 이상 관여하지 않겠다는 취지의 전화 연락을 계기로 내사를 종결하겠다고 하였고, 성희롱 부분에 대해서는 교육청에게 피해 학생과 학부모의 확인을 통해 철저하게 조사를 요청하였으나 담당 장학사는 '성희롱 문제는 처벌 건이 아니며 이미 2012년 무혐의로 처리했기 때문에 더 이상 교육청이 할 수 없다'는 궁색한 변명으로 오히려 피의자를 감싸면서 서둘러 종결하였다.

그리고 남학생회장이 2012년, 2013년 두 차례에 걸쳐 교무실에 무단 침입하여 답안지를 수정하여 성적을 조작한 사건에 대해서는 당시 검찰에서 건조물 침입과 업무방해의 범죄사실을 확인하였고, 이에 따라 학교 선도위원회에서 학생에 대한 징계조치를 해야 함에도 불구하고 교감으로서 선도위원회 위원장의 직무를 유기하고 오히려 학생의 변호사까지 위원회로 불러들여 회의를 방해하였다. 또한 교육청에서 해당 학생에 대해 수차례 징계를 요청하였음에도 불구하고 고의적으로 시간을 지연하였다. 결국 선도위원회에서 퇴학을 결정하여 교육청에 통보하였으나 법원에 퇴학처분효력정지 및 지위보전가처분을 신청하여 받아들여졌고, 교육청 징계조정위원회에서 퇴학조치가 과하다는 의견에 따라 학교선도위원회를 개최하지도 않고 다른 학생들에 대한 징계 처리와는 형평성이 전혀 맞지 않게 서둘러 학생을 졸업시키는 초유의 사태까지 빚게 만들었다.

그 외에도 교감에 의한 독단적인 재단이사회 운영, 학교인사위원회의 일방적인 인사발령, 교감으로서 회의 참석 권한조차 없는 학교운영위원회에서의 일방적인 개입 등 문제가 있었다. 또한 교감 직위를 이용한 교사들의 통장 개설과 대출 강요 등 각종 비리와 불법, 위법의 중심에 교감이 있었으며, 교사와 학생들에 대한 잦은 폭행과 성희롱, 성추행 등으로 엄청난 고통과 공포의 대상으로 군림하였다. 나아가 명인학원 정상화를 요구하는 교사들을 허수아비격인 이사회를 통해 2012년 3명, 2013년 10명을 재단 내 강제 전보시키면서 비정상적이고 독단적인 방식으로 학교를 범죄 집단으로 몰아가고 있다.

결국 가야고등학교는 교감에 의해 학교가 사유화되어 비상식적 구조가 되어버렸기 때문에 정상적인 교육활동이 이루어질 수 없는 절박한 상황이 되었다.

3. 사학비리에 대한 구성원의 저항과 학교 민주화 운동

가야고등학교 교사들은 너무나도 절박한 상황에서 모든 불이익(무단전보, 인사배제, 고발조치 등)을 감수하면서까지 학교 정상화를 위해 팔을 걷어붙이고 저항하였다. 먼저 학교정상화위원회를 구성하고 공동대표를 통해 일사분란하게 투쟁하였다. 학생과 학부형들에게 학교의 비리를 알리고, 부당한 강제 보충수업과 야간자율학습을 학생들의 자율적인 희망으로 바꾸었으며, 교육청에는 교육감과의 면담을 통해서 특별감사와 임시이사 파견을 지속적으로 요청하였다. 많은 교사들이 학교 앞 또는 교육청 앞, 심지어는 거리에 나가서 가야고등학교 교감의 불법과 비리를 폭로하는 등 지난 5년간 학교 정상화를 위해 지속적인 투쟁을 전개하였다.

그러나 이런 상황에 대해 교육청은 미동조차 하지 않았다. 가야고등학교 교감과 관련된 사학비리와 불법에 대해 수차례에 걸친 교육감 면담을 통해 교사들이 전달받은 내용은 궁색하게도 '사립학교에 대해 제재할 수 있는 방법이 없다', '교육감은 아무런 힘이 없다', '기존의 사립학교법으로는 아무 것도 할 수 없다'는 말이 전부였다. 그 밖에도 교육국장, 감사관, 인사과장, 주무 장학관과 장학사 등 다양한 교육청 관료들과 만나서 가야고등학교의 비리와 불법을 상세하게 전달하고 대책을 요구하였으나 교육청이 사학비리를 바로잡기보다는 오히려 비리사학을 비호하고 있다는 절망감만 증폭되었나.

4. 학교의 현 상황과 교육청에 대한 요구사항

전국적으로 사학비리는 점점 다양한 형태로 진화하고 있으며 앞서거니 뒤서거니 확대되고 있는 실정이다. 일부 비리사학들은 모임을 통해 각종 정보를 교환하면서 비리를 합법화하고 있으며, 심지어는 교육청의 비리사학 징계조치에 대해서도 자신들의 비리와 불법의 온상인

‘사립학교법’을 내세워 교육청의 지도감독을 무시하거나 역으로 교육청에 협박까지 일삼고 있다.

그럼에도 불구하고 대부분의 시도교육청은 사학비리가 발생하면 특단의 조치를 통해 문제를 해결하거나 개선하려는 노력을 보이기보다는 대충 덮고 감추면서 시간끌기식으로 문제의 본질과는 전혀 다른 방향으로 대처하고 있다.

최근까지도 교감은 학교정상화를 요구하는 교사들을 징계할 목적으로 학교 내 CCTV 감시화면을 자신의 방에 두고 교사들을 감시하였다. 그리고 독단적으로 설문조사를 실시하여 불리한 내용에 대해서는 본인의 이름이나 자신에 우호적인 교사들의 명단은 삭제하고, 특정한 교사에 대해서는 의도적인 조작을 통해 경찰과 교육청에 고발하였다.

심지어는 교감이 특정 남교사에 대해 2015년 여러 차례에 걸쳐 엉덩이나 가슴을 만지는 행위를 통해 모멸감을 주는 사건이 있었고, 2016년에는 화장실에서 소변을 보고 있는 남교사의 엉덩이를 걷어차는 등 학교현장에서는 상상할 수 없는 ‘남성 교감의 남교사에 대한 성희롱’ 사건으로 인해 국가인권위원회에 진정까지 하게 되었다.

그 결과 국가인권위는 법인에게 피진정인(교감)을 징계조치하고, 성희롱 대책을 수립할 것과 국가인권위원회가 주관하는 특별인권교육을 수강할 것을 권고하였다. 그 이전에도 교감은 여학생들에게도 여러 차례 성희롱을 하여 피해를 입은 여학생들은 어쩔 수 없이 전학을 해야 하는 극단적인 선택을 해야 했다.

부산시교육청 입구에 걸려있는 ‘함께 하는 청렴, 부산교육의 미래입니다’의 현수막처럼 어떤 지역보다도 청렴을 교육청의 가장 중요한 덕목으로 삼고 있는 부산시교육청은 지금부터라도 건전한 사학에 대해서는 적극적으로 지원하고, 각종 비리와 부패를 일삼는 사학에 대해서는 다시는 교육 현장에서 발붙이지 못하도록 사학비리에 대한 강력한 척결의지를 밝혀야 한다. 그래서 권한만 행사하고 공교육의 의무는 방기하는 사학이 더 이상 사회 문제화되지 않도록 하는 제도적 장치를 만들어야 한다. 만약 사립학교법이 미흡하여 발생하는 문제라면 교육청이 교육청이 앞장서서 사립학교법 개정을 촉구해야 할 것이다.

현 가야고등학교 문제와 관련해서 부산시교육청에 대해서 다음 다섯 가지를 구체적으로 요구한다.

첫째, 교육청으로부터 2차에 걸친 학생폭행으로 인한 중징계(해임) 처분을 받고서도 자신의 의지로 경징계(감봉)로 처리하였고, 성적조작과 관련하여 선도위원회의 업무방해와 성적조작학생을 비호해 왔던 교감의 모든 직위를 해제해야 한다.

둘째, 특정 학생의 성적 조작에 대한 징계 처리, 인사위원회의 비정상적인 운영, 교육청의 교감에 대한 해임 요구 거부, 학교 공사와 관련된 비리 의혹, 학교 및 재단 수익금에 대한 처리 등 학교 정상화를 위하여 교무, 행정·재정을 포함한 전반적인 특별종합감사를 실시해야 한다.

셋째, 교감의 직위를 악용한 독선적인 학교 운영 및 온갖 불법과 위법, 교사와 학생들에게 대한 폭력과 폭언, 성희롱과 추행, 음주운전, 무면허운전, 각종 폭행, 배임수재 등 8차례의 상습적인 범죄를 저질러 도덕적·윤리적으로 관리자의 업무를 도저히 수행할 수 없는 교육부적격자인 교감을 학교에서 즉시 퇴출시켜야 한다.

넷째, 교감의 비정상적이고 독단적인 학교 유영과 관련된 사실을 충분히 인지하고 있으면서도 방조하거나 축소 은폐한 허수아비 재단이사회를 퇴진시키고, 정상적인 학교운영과 교육활동이 가능하도록 즉각적으로 임시이사를 파견해야 한다.

다섯째, 그 동안 제기되었던 불법 행위에 대한 교육청의 대응, 즉 범죄사실에 대한 징계 없음 통보, 불법 전직과 교감연수 대상의 요건 미달 등에 대한 승인, 성희롱과 성추행 피해 학생과 학부모에 대한 2차 피해 등의 내용에 직간접적으로 관여한 담당 공무원에 대해서도 비리 재발 방지를 위하여 철저한 조사와 함께 엄중한 처벌이 필요하다.

동구마케팅고 민주화의 과제

전국교직원노동조합 사립위원회

1. '우월 김활란'이 설립한 '동구학원'을 아십니까?

'동구마케팅고등학교(이하 동구마케팅고)'라는 이름이 낯선 이들에게는 '동구여자상업고등학교(이하 동구여상)'라는 이름은 아주 익숙한 이름일 것이다. 동구마케팅고는 2010년대에 들어서면서 특성화고로서 학교의 교육 목표를 잘 드러내기 위해 '동구여상'에서 개명한 이름이다. 그러나 개명으로 학교의 설립 역사와 그 뿌리까지 바뀔 수는 없다.

동구마케팅고를 운영하고 있는 학교법인 동구학원은 1942년 6월 17일 '동구가정실수여학교'의 인가를 받았고, '우월 김활란'이 설립자로, 그리고 그의 조카 사위 '조석봉('김달하'의 사위)'이 학교장으로 취임하였다. 당시 학교 시설은 재단법인 미감리교회 조선선교부 유지재단으로부터 종로6가에 위치한 벽돌건물을 학교 교사로 무상 영구 사용 승낙을 받았다.

태평양 전쟁이 있던 당시의 힘든 시기에 이와 같은 파격적인 지원이 가능했던 것은 1943년부터 위 재단에 김활란이 이사장으로 취임하는 등 동구학원과 특별한 관계가 있었기 때문이다.

이미 역사적으로 김활란의 친일 행적은 이루 말할 수 없이 유명하며, 대표적인 친일파로서 친일인명사전에도 등재되어 있다. 대표적인 친일 행각만 언급해 보면, 일제가 일으킨 태평양 전쟁이 발발하자 1941년 12월 임전보국단결전 부인대회 및 강연회에서는 '여성의 무장', 1942년 2월 싱가포르 공략 대강연회에서는 '대동아건설과 우리 준비'라는 주제로 강연을 하였다. 또한 1942년 12월 잡지 '신세대'에 '징병제와 반도여성의 각오', 1943년 12월 잡지 '조광'에는 '뒷일은 우리가', 1943년 12월 26일 신문 '매일신보'에는 '남자에 지지 않게 황국 여성으로서 사명을 완수' 등의 글을 통해 김활란은 조선 여성들에게 일제의 침략 전쟁에 협력을 종용하였다.

김활란만이 동구학원의 친일파 역사의 전부가 아니며, 그의 형부(김활란 언니의 남편)이자 초대 교장 조석봉의 장인인 '김달하'는 총독부의 밀정(密偵)으로 독립운동사들에게 악명이 높았으며, 결국에는 1925년에 독립운동단체 '다물단'에 의해 피살되어 부엌아궁이에 처박히는 비참한 종말을 맞았다.

초대 교장 조석봉은 김활란의 언니와 김달하의 사이에서 낳은 딸 '김정옥'의 남편으로, 이후 동구학원의 설립자 대표로 인가를 받게 되었고 1978년 2월까지 교장으로도 36년간 취임하였다. 조석봉은 태평양 전쟁의 발발과 함께 1943년에 시행한 조선 징병령을 앞두고 1942년 10월 대표적인 친일잡지 '조광'의 '징병령과 여자교육'이라는 좌담회에 참석하였다. 여기서 함께 참석한 서울의 5개 여학교 교장들과 함께 일제의 징병제 실시에 맞춰 군인의 가족, 아내, 어머니로 여성을 교육할 방법을 찾아야 하며, '군국(君國)의 어머니' 같은 책을 여학생들에게 읽게 해야 한다는 주장에 함께 하였다. 일제 강점기 더구나 태평양 전쟁의 발발로 인해 조선 징병령 시행을 직전에 둔 1942년에 학교 설립을 인가받고 나아가 이런 토론회에도 참석한 것만으로도 친일의 행적으로부터 결코 자유로울 수 없을 것이다.

〈1942년 10월 잡지 '조광'에 실린 '징병령과 여자교육' 좌담회에서 오른쪽 원 안의 인물이 '조석봉'이다.〉

2. 동구학원의 재단법인 설립 출연금의 비밀

동구학원 재단법인의 설립을 주도한 김활란과 조석봉은 그러면 재단법인 설립을 위한 재정적 기여도는 어느 정도일까? 그 진실의 실체를 알고 보면 경악할 수밖에 없다. 그리고 이런 내용의 이야기는 다름 아닌 동구학원에서 발행한 '동구70년사'에서 그 사실을 확인할 수 있다.

'동구70년사'에서 밝힌 재단법인의 설립 과정은 광복 이후 당시의 학부모들과 독지가들이 후원회, 기성회 등을 결성하여 재단설립을 추진하였다고 기록하고 있으며, "1946년 6월을 전후하여 당시의 시가(時價)로 46,518,073원의 총출연 재산이 이루어져 1950년 2월 15일 문교부로부터 재단법인 동구학원이 설립 인가되었고, 동시에 재단 임원 인가도 승인되었다."(181쪽)고 기록하고 있다.

또한 재단 발족시 협조 출연한 출연자와 출연액은 다음과 같다.

조석봉	대지	41.1 평	-	
	전 답	1,259 평		
	목조건물	9.4 평		
이홍기	답	57,764 평		
	전	28,372 평		
신희문	답	25,184 평	총 부동산 평가액	24,921,600 원
	전	2,261 평	현 금	10,000,000 원
	임 야	8정보 5단 8묘	비 품	11,596,473 원
정신욱	임 야	3정보 8묘		
정규완	임 야	12정보 3단 4묘	**합 계**	**46,518,073 원**

[재단 발족시 출연자와 출연액 1949년 12월 당시]

〈2012년 6월 17일 동구학원에서 발행한 '동구70년사'(181~182쪽)에서 밝힌 재단법인 출연금 내역으로, 이사장은 조석봉, 이사는 김활란 이홍기 조석봉, 감사는 정규완 신희문이다.〉

위의 내용에서 확인할 수 있듯 조석봉과 김활란은 재단법인의 설립을 주도하였지만, 사실상 재정 출연금의 기여도는 이사 이홍기, 감사 신희문과 정규완에 비하면 말할 수 없을 정도로 초라한 실정이다. 이러함에도 결국에는 이사장 조석봉에 의해 동구학원 이사회가 장악되었고, 이후에는 마치 조씨 일가 개인에 의해 설립된 재단법인마냥 변하게 되었다.

1957년에 김활란과 1965년에 이병도 등과 같이 광복 이후 친일파 청산의 실패로 인해 또 다시 기득권 세력이 된 인사들이 동구학원의 이사장에 취임하였다. 그 사이 현재의 학교 교사가 위치한 성북동 일대 38,000여 평의 교지를 적산불하를 받았으며, 후일 이 땅으로부터 시작된 비리로 인해 결국 2016년 9월 27일 동구학원 이사와 감사 등 임원 전원이 승인이 취소되었다.

3. 조씨 일가에 의한 족벌운영

동구학원의 재단법인 설립은 앞서 살펴 본 것처럼 본교의 학부모들과 독지가들이 후원회, 기성회 등을 결성하여 설립한 것으로 결코 한 개인의 전유물이 될 수 없다. 그럼에도 불구하고 동구여중과 동구여상의 교장에는 조석봉이 36년(1942~1978), 그리고 그를 이어서 아들 조웅이 27년(1978~2005), 모두 합쳐서 부자(父子) 2대가 63년을 역임하였다. 또한 그 사이에 동구여중 교장으로 조석봉의 부인이자 김활란의 조카 김정옥이 12년(1969~1981), 조웅 부인 최길자가 8년(1994~2002) 등 조씨 일가가 1942년 설립에서부터 2005년까지 63년 동안 학교장을 독점하였다.

그리고 이사장 또한 이병도 등을 예외로 하면, 설립에서부터 2016년 이사회 임원 전원이 취소되기 전까지 김활란을 비롯하여 조씨 일가에 의해 독점되었다. 특히 2005년 조웅이 교장에서 물러나 이사장에 취임하면서부터는 부부가 함께 이사장과 이사를 번갈아 가며 이사회를 장악하였고, 2015년에는 조웅과 최길자 부부의 아들 조영하가 새롭게 이사로 취임하면서 4대에 걸쳐 대물림되는 전형적인 족벌 사학의 모습을 보였다.

4. 비리의 시작

동구학원 비리의 시작은 직산불하로 마련한 교지가 2000년대에 들어오면서 성북동 일대 땅의 가치가 상승하면서부터이다. 이로 인해 2009년 교육용 자산인 학교 부지를 매각하는 과정에서 시의원 및 국회의원 보좌관에게 청탁과 함께 뇌물을 제공하였고, 이를 위해 학교와 법인의 예산을 횡령하는 등의 비리를 저질렀다. 이 사건으로 인해 조웅 이사장은 뇌물을 공여한 죄로 형사 처벌을 받았다.

처음에는 이런 사실이 알려지지 않았지만, 이 비리 과정에서 이사장의 지시로 범죄를 저지른 동구마케팅고의 행정실장이 2010년 공금 횡령으로 구속되는 사건이 발생하면서 드러나게 되었다. 그렇지만 이사장은 공범 관계인 행정실장이 업무상횡령과 배임수재의 범죄로 징역 10월의 형을 확정 선고받았음에도 당연퇴직(파면)시키지 않고, 별문제가 아니라는 듯 오히려 관련 사건을 은폐시키려 하였다. 그리고 대부분의 사립학교에서 그렇듯 이 문제는 더 이상 학교 내부에서 문제제기를 하는 것은 불가능한 일이 되었다.

그렇지만 동구마케팅고 소속 교사가 2012년 이 문제에 대해 서울시교육청에 민원을 제기하였고, 이로 인해 교육청의 특별감사가 있었음에도 동구학원은 행정실장을 당연퇴직(파면)시키기는커녕 노골적으로 감사 활동을 방해하였다. 결국 이런 비리로 인해 조웅 이사장이 2013년 이사 승인이 취소되었고, 2015년 6월 대법원의 판결로 취소가 최종 확정되었다. 하지만 부인 최길자가 2015년 3월부터 이사장에 취임하면서, 아들 조영하를 9월에 이사로 취임시키고, 이사장에서 취소된 조웅 자신은 명예 이사장으로 행세하는 등 족벌 운영을 더욱 강화시켰다.

그 사이 동구학원의 비리를 교육청에 공익제보한 교사를 색출하였고, 결국 2014년 8월에 파면시켜 교단에서 쫓아냈다. 동구학원은 그들을 도와 비리를 저지른 행정실장은 관할청인 교육청의 행정명령마저 무시하면서 끝까지 비호하였고, 그 반면에 이를 알린 공익제보자는 가차 없이 2번씩이나 계속해서 파면 징계를 내린 것이다. 이후 이 사건은 은폐된 학교 내부의 사학비리를 공익제보한 교사를 부당하게 탄압한 사건으로 알려졌고, 많은 사회적 관심을 불러 일으켰다.

5. 동구학원, 새 역사를 다시 쓰다.

동구학원의 비리는 공익제보교사에 대한 지속적인 탄압으로 더욱 더 확대되었고, 이로 인해 결국에는 학교법인 이사회가 퇴출되었다. 그 과정에서 동구학원의 탄압에 맞서 전교조가 중심이 되어 성북 지역의 많은 노동단체와 시민단체가 함께 공동대책위원회를 조직하였고, 체계적인 대응으로 성공한 사례가 되었다. 특히 서울특별시의회가 2015년과 2016년 각각 본회의에서 '동구학원 정상화를 위한 감사원 감사 청구 결의안'과 '관선(임시)이사 파견 촉구 결의안'을 2번씩이나 채택하는 등 사립학교 비리척결에 앞장서서 해결하려는 좋은 선례를 남겼다.

물론 이러한 과정에서 동구학원 측의 반발도 만만치 않았다. 먼저 공익제보교사를 파면했다가 교원소청심사의 결정에 따라 복직하자 곧바로 또 다시 파면시켰고, 연이어 교원소청심사의 결정으로 복직한 교사를 정당한 사유도 없이 부당하게 2015년 5월부터 다음해 2월까지 근 1년 가까운 시간동안 수업과 정상적인 업무에서 배제시키는 등의 차별적인 불이익 처분을 계속해서 내렸다. 그리고 이에 더해 2016년에는 3월부터 12월까지 3개월씩 총 3차례나 직위해제 처분을 내려 수업과 업무를 배제시켜 또 다시 학교 밖으로 내몰았다. 그 사이 공익제보교사에 대해 명예훼손 및 개인정보보호법 위반 등 총 6차례나 고소고발을 남발하였고, 함께 도와주었던 동료 교사 10여 명에 대해서도 총 15차례 정도 고소고발을 하였으나, 모두 불기소 무혐의 처분되었다. 이렇듯 동구학원의 비정상적인 탄압에도 투쟁 주체들의 강고한 결속력으로 이를 극복해낸 결과, 지역의 노동단체와 시민단체, 서울특별시의회 등 여러 연대단위의 해결 노력을 하나로 묶어낼 수 있었다.

6. 동구학원 정상화, 한 걸음 더 나아가길 바라며

동구학원의 문제가 비리를 일으킨 이사회가 퇴출되었다고 해서 정상화되었다고 할 수는 없다. 물론 새로 선임된 임시이사에 의해 많은 부분 학교 교육이 정상화될 수 있을 것이다. 하지만 퇴출된 구재단이 언제든 복귀하게 된다면 그동안 힘들게 이루어 왔던 정상화의 성과는 어떻게 될지 어느 누구도 장담할 수 없다.

더구나 동구학원의 경우에는 퇴출된 구재단의 조씨 일가가 과연 정상적인 정이사로서 자격이 있는지도 의문이다. 앞서 확인한대로 조씨 일가의 경우 동구학원 재단법인의 설립에 재정적으로 기여한 것이 극히 미미하다. 오히려 본교의 학부모들과 독지가들이 후원회, 기성회 등을 결성하여 재단 설립을 추진하였다는 역사적 사실에 근거한다면 동구학원의 운영은 한 개인이나 조씨 일가에게 경영권이 독점되어서는 안 된다는 것을 알 수 있다.

또한 우리나라 근현대사의 아픔 중에서 아직도 제대로 해결하지 못한 친일 청산 문제가 있다. 동구학원의 경우 일제의 태평양 전쟁에서부터 시작된 조선 징병령 시행을 직전에 둔 1942년에 학교 설립을 인가 받았고, 설립자이자 이사장을 역임한 김활란과 조석봉은 모두 다 친일의 행적으로부터 자유로울 수 없는 인물들이다. 결국 일제강점기라는 우리 민족의 비극적 시기에 이들이 친일의 행적에 따른 문제를 제대로 극복하지 못한다면, 동구학원의 정상화는 불가능한 일이 될 것이다.

그렇다면 어떻게 이를 극복할 것인가 하는 문제의 해답은 자명하다고 할 것이다. 이것은 앞으로 있을 정이사 체제에서 동구학원 운영의 주체는 친일의 행적에서 자유롭고, 또한 역사적으로도 재단법인의 설립에 거의 모든 재정적 기여를 한 본교의 학부모들과 독지가들의 뜻을 이을 수 있도록 '공공형 사립학교'에 걸맞는 이사회를 구성해야 한다. 그리고 그렇게 될 때만이 동구학원의 뿌리가 올바로 세워질 것이다.

"이게 학교냐?" 교육기관이기를 포기한 상록학원 양천고 사학비리

김 형 태
교육을바꾸는새힘 대표, 전 서울시 교육의원

과연 우리나라는 교육정의와 사법정의가 실현되고 있을까? "부모를 원망해. 돈도 실력이야"로 대변되는 일부 부유층과 특권층의 이른바 '특권을 이용한 반칙'에 국민들은 특히 공분한다. 어느 곳보다 깨끗하고 투명하고 공정해야 할 교육계와 법조계가 비리로 얼룩졌을 때 국민들의 인내심은 한계에 다다른다. 2013년 이재용 삼성전자 부회장 아들의 국제중 부정입학이나, 최근 드러난 최순실 씨의 딸 정유라의 이대 부정입학 등은 국민적 분노에 기름을 붓기에 충분했다.

상록학원 양천고(옛 명신고)는 명신여자실업전수학교를 인수하여 1984년에 새롭게 개교한 학교다. 그러나 개교 초부터 장삿속으로 학교를 운영했기에 비리와 잡음이 끊이지 않았다. 이 학교의 일부 건물은 설립 당시부터 현재까지 준공 검사도 받지 않은 무허가 불법 건물이다. 세상에 수도 서울 한복판에서 수십 년간 학생들이 '무허가 불법건물'에서 공부를 하고 있는 셈이다. 또, 서울시 공원녹지를 무단 점유하고 있다는 사실이 알려져 2008년에는 고발까지 당했으나 여전히 시정되지 않고 있다.

개교 초부터 누적된 위법 탈법과 비리에 학생들과 교사들이 참지 못하고 마침내 일어섰다. 명신고 재학생 1천 2백여 명이 이사장 퇴진을 요구하며 농성에 돌입하는 등 1987년 당시 학민투 내용을 담은 책, 강영선 교사가 출간한 〈선생님이 출세하는 겁니까?〉를 보면, 양천고 정○○설립자(당시 이사장)가 어떤 사람이고 어떻게 학교를 운영해 왔는가를 극명하게 알려주고 있다. 이후로도 바른말 쓴 소리하는 교사들이 학교 밖으로 쫓겨났다. 그 대표적인 사례가 2008년 양천고 급식비리 등을 교육청에 공익제보했다는 이유로 해직된 필자(김형태 교사/제8대 서울시 교육의원)의 경우다.

1. 장삿속으로 학교 운영하는 대표적 부패사학, 상록학원 양천고

양천고는 1995년, 1998년, 2010년, 2015년 감사와 수사할 때마다 차마 학교라고 말할 수 없을 정도로 치졸하고 충격적인 비리들이 드러났다. 동창회가 없음에도 동창회비를 받는가 하면, 수업하지도 않는 유령교사를 교육청에 이름 올려 월급을 받아냈다가 2011년 당시 정○○이사장이 대법원으로부터 벌금 5백만 원을 받았고, 건축쓰레기 불법 매립에 의한 벌금까지 학교 돈으로 지불하여 문제를 일으켰으며, 학교회계를 쌈짓돈처럼 사용하다가 발각되기도 했다.

일일이 열거할 수 없을 정도로 '사학비리 백화점이자 종합세트인 양천고'는 한 마디로 장삿속으로 학교를 운영하는 대표적인 부패사학이다. 가장 충격적인 것은 학교 안에 가짜로 급식회사를 만들어 수년 간 폭리를 취하고, 정 전 이사장이 그 급식업체 대표와 직원들을 데리고 학교 돈으로 제주도와 중국 등으로 여행을 다니다가 적발된 것이다.

상습적으로 위법 탈법을 자행하다 교육청 감사와 검찰 수사로 비리와 범죄행위가 적발된 게 대체 몇 번인가? 그런데 왜 양천고 사학비리가 근절되지 않느냐고 학생들과 지역주민들은 묻는다. 설립자가 돈이 많아서 근본적인 변화가 없는 것 아니냐며 학생 및 학부모들은 답답해한다. 비리를 제보해도 교육청이 한 번 봐주고 경찰과 검찰이 또 한 번 봐주고, 법원에 가면 전관예우에 유전무죄가 적용되는지 유야무야 솜방망이 처벌로 끝나는 것을 보며 많은 시민들이 분개하고 있다. 고질적이고 지능적인 사학비리를 척결하기 위해서는 검찰이 강한 칼날을 빼들어야 함에도 검찰은 왜 상록학원 앞에만 서면 작아지는 것일까? 검찰은 검찰답게 사실상 교육기관이기를 포기한 상록학원 양천고 법인에 대해 일벌백계 차원에서 강도 높게 수사해, 교육정의를 실현해야 마땅하거늘.

2. 검찰은 상록학원 정○○ 전 이사장을 진작 구속했어야 했다.

생활고 때문에 5,200원을 훔친 20대 청년은 구속하면서 430억 원의 뇌물공여와 횡령을 저지르고 국민연금에 수천억 원의 손실을 가져온 정경유착 기업의 총수를 구속하지 않는 사법부에 대해서 국민적 공분이 높은 가운데(영장 재청구를 통해 결국 삼성전자 이재용 부회장은 구속됨), 상록학원 양천고 전 이사장 정○○이 최근 교사 채용 대가로 약 1억5천만 원을 꿀꺽했는데도 불구속하자 비난의 목소리가 높아지고 있다.

서울 남부지검은 정○○ 전 이사장과, 임 아무개 교장, 변 아무개 당시 행정실장 등을 배임수재 혐의와 위계에 의한 업무방해 혐의로, 그리고 이들에게 돈을 건넨 S건설 사장이자 상록학원 이사 김 아무개 씨를 배임증

재 및 업무상횡령 혐의로 불구속 기소했다고 지난 1월 19일 밝혔다. 급식비리, 공사비리 등 고질적인 사학비리로 유명한 상록학원 양천고가 이번에는 체육교사를 채용하면서 약 1억5천만 원의 부당이익을 취했다가 이것이 검찰수사에서 드러나 관계자 4명이 재판에 넘겨진 것이다. 검찰은 "정 전 이사장이 고령인 점을 감안했고, 다른 이들은 수수금액, 범행 경위를 참작해 불구속 기소했다"고 말하고 있다. 그러나 이는 일반 국민들의 정서는 다르다. 일부 시민들과 누리꾼들은 "착한 사람은 법을 지키고 나쁜 것들은 법이 지키네", "대한민국의 법은 만인 앞에 평등하다. 5천만에서 만인을 뺀 4천 9백 9십 9만 명은 평등이나 형평을 기대하지 말라"며 검찰의 불구속을 꼬집고 있다.

2010년에도 서울남부지검은 정○○ 당시 이사장을 사기와 배임수재 혐의로 '혐의가 중하다' 고 하면서도 고령(77세)이라는 이유로 불구속 기소했다. 그런데 이번에도 고령이라는 이유로 또 다시 불구속했다. 일반 시민들은 단 돈 몇 천 원 횡령에도 바로 구속하면서 사학법인 관계자들에게는 왜 이렇게 관대한지 모르겠다. 이러니까 유전무죄라는 말이 나오는 것 아니겠는가? 공정택 전 서울 교육감은 76세인데도 교육감 시절 1억 4,600만 원을 받고 간부들에게 부정 승진을 지시한 혐의(특정범죄가중처벌에대한법률 위반 등) 등으로 구속 기소됐다. 정○○ 이사장보다 훨씬 고령인 정태수 전 한보그룹 회장은 80세가 넘는 나이에 구속 기소됐다. 단순히 고령인 점만 놓고 볼 때 정 전 이사장에 대한 불구속 기소와 형평성이 맞지 않다. 당시 유명 변호사와 유명 법무법인 덕에 불구속되었고 이후 재판에서도 영향을 미쳤다는 소문이 파다했다. 주지하다시피 올해 김기춘 전 비서실장도 고령임에도 구속됐다. 그런데 왜 검찰은 정○○ 설립자에 대해서만 계속 고령이라는 이유로 불구속하는가?

3. 검찰은 왜 상록학원 양천고 등 사학비리 앞에만 서면 작아지는가?

2010년 남부지검은 수사결과 발표에서 학교급식 운영의 실질적 주체가 법인 이사장이었고, 5억 7,000여만 원을 가로챈 혐의(사기)를 밝혀냈다. 하지만 급식비리 이외에도 여러 가지 제기된 비리에 대해서는 아무런 발표가 없어 면죄부를 주는 것이 아닌가 하는 의혹이 일었다. 급식비리 외에 검찰이 밝혀낸 것은 고작 학교와 공사계약을 체결한 건설업체 등에서 약 6,500만 원의 리베이트 수수(배임수재), 학교자금 약 4,600만 원 횡령(업무상 횡령) 혐의뿐이었기 때문이다. 그동안 이 학교법인에 대해 상록실비 불법징수, 동창회비 비리, 체육복 비리, 매점비리, 수학여행 및 수련회 비리, 각종 공사비리(도서실, 특별실, 방송실, 화장실, 창호, 교문, 수위실, 수목공사), 공원용지 무단점유 및 무허가 불법건물실태, 법인카드 사적사용, 학교회계의 전용, 공작물의 훼손, 탄원서 및 이사회회의록 조작 의혹, 교육청과의 유착관계, 공익제보자 보호 소홀 등등 숱한 비리 의혹들이 제기됐다. 검찰은 이러한 의혹들에 대해 혐의가 없어서 면죄부를 주는 것인지, 아니면 수사가 이루어지지 않았는지 등에 대해 명명백백히 밝혀야 할 것이다.

최근 불거진 교사채용비리 건도 서울시교육청이 감사결과를 토대로 2015년 11월에 고발했다. 그런데 검찰은 수사 의지 없이 1년 가까이 만지작거리기만 하다가, 몇몇 언론보도와 촛불정국에 힘입어 2016년 12월 전격적으로 압수수색을 단행해 나름대로 성과를 거두었다. 추잡한 검은 거래를 통해 매관매직하듯 불법교사채용이 이루어졌다는 사실에 CBS, KBS, SBS, 연합뉴스, 뉴시스 등 거의 모든 언론들이 앞 다투어 보도했고, '그들만의 짜고 친 고스톱'에 국민들은 분노하면서 또 다시 허탈해했다. 그러나 양천고의 교사채용 비리가 이번뿐이겠는가? 양천고 안에서는 이번에만 재수 없게 걸렸다는 말이 나돈다고 한다. 최근 채용된 10여 명의 신규교사들도 검은 거래를 통해 임용된 것이 아니냐는 말이 무성하다. 검찰은 마땅히 그동안의 신규 교사채용에서도 은밀한 거래가 있었는지 낱낱이 수사해야 할 것이다.

서울 남부지검은 지난해 계좌추적과 압수수색을 통해 양천고 재단에 대한 충분한 증거자료를 이미 확보한 것으로 보인다. 그렇다면 당연히 수사를 확대하여 양천고 비리의 실체적 진실을 밝혔어야 했다. 그러나 검찰은 별건 수사라는 이유로 수사를 확대하지 않았다. 사학비리 척결을 바라는 시민들은 이번이 양천고 비리와 악행을 근절할 수 있는 거의 마지막 기회인데 왜 비리의 본질에 대해 강하게 수사하지 않았는지 답답해하고 있다.

4. 검찰은 차명관리, 탈세 의혹 등 불거진 모든 비리의혹에 대해서도 수사 확대해야

검찰의 수사 확대를 촉구하는 의미에서 양천고 정상화를 위한 공동대책위원회(강서양천공동행동, 서울교육단체협의회, 사학개혁국본, 사립학교바로세우기시민모임, 교육을바꾸는새힘 등)는 지난 2월 22일 추가고발장을 접수했다. 공대위 요구사항대로 남부지검은 교사 채용비리를 계기로, 기왕 본격적인 수사를 시작했으니 '부동산 실명제 위반 및 차명관리 의혹', 수목비리 및 이사회 회의록 조작 의혹 등 양천고 법인의 불거진 모든 의혹들에 대해 검찰의 명예를 걸고 철저하게 수사하여 교육 정의를 실현해야 할 것이다.

공대위가 파악한 바로는 정○○ 설립자는 가까운 친인척은 물론 지인, 심지어 힘없는 수위아저씨 등에게까지 부동산 및 금융계좌를 차명관리하고 있다는 것이다. 정○○의 조카가 2011년 당시 필자(김형태 교육의원실)

에게 직접 와서 제보한 일도 있고, 최근에는 이 아무개 수위아저씨가 차명 및 탈세 의혹이 있다며 양천고 앞에서 피켓과 현수막을 들고 1인 시위를 하기도 했다. 또한 우 아무개 현 이사장은 정 설립자의 강남 빌딩에서 옷가게를 하고 있는 사람으로 건물주와 세입자의 관계라는 것이다. 그리고 해당 세무서에 확인해 보니, 정 전 이사장이 부동산 실명제를 위반하고 차명관리하고 있다는 탈세 제보가 들어와 세무조사를 한 바 있다고 밝혔다. 따라서 이제는 검찰이 정 전 이사장의 부동산 실명제 위반 및 차명관리 의혹까지 수사하여 실체적 진실을 밝혀야 마땅할 것이다.

상록학원 양천고의 비리가 계속 반복되고 부패가 진동하는 것은 정○○ 설립자에 대한 단죄가 없기 때문이다. 이번 교사채용 비리에서도 드러났듯이, 양천고 사학비리의 몸통으로 지목된 정 전 이사장은 과거 2011년에도 사학비리를 저질러 교육청으로부터 재단 이사장 승인 취소 처분을 받기도 했지만 여전히 학사운영 보고는 물론 최종 결정권을 행사해왔다는 것이다. "대한민국은 민주국가이고, 정의와 양심은 살아 있다! 아니 우리가 지켜나가자!"며 많은 국민들이 촛불을 들고 광장에 나와 지난해와 올해 목소리를 냈다. 또한 김영란법 시행 등 우리 사회 구석구석에 공정한 사회를 뿌리내리기 위해 각계각층에서 나름대로 최선의 노력을 다하고 있다. 그럼에도 불구하고 유독 일부 비리사학들은 성역이라도 되는 양 치외법권적 특혜를 누리고 있다. 상록학원 양천고도 예외가 아니다. 새 정부의 검찰은 분명 달라져야 한다. 검찰은 이제라도 교육정의와 사법정의 구현할 의지가 있다면, 원성이 자자한 양천고 비리 사태에 대해 비리 무관용 원칙을 적용, 일벌백계하는 차원에서 엄정하게 대처해야 할 것이다.

5. 서울시교육청 등 교육당국도 사학비리 척결 위해 더욱 노력해야

서울시교육청은 후속조치 차원에서 남부지검 수사 결과를 받아 즉각 확인감사에 들어가야 했음에도 왜 망설이는지 이유를 알 수 없다. 채용비리 등 검찰 수사 통해 드러난 관련자들에게 엄중 문책했어야 했고, 특히 학생들에게 모범을 보여야 할 교장에 대해서는 우선 직위해제 한 후 중징계를 요구했어야 했다.

또한 직무유기 혹은 방조죄(공범) 혐의로 현 이사진에 대해 임원승인 취소 요구하고 임시이사를 파견해야 할 것이다. 현 이사장 및 이사 전원은 채용비리 당시(2016.1) 이사로 있었다. 특히 우 아무개 현 이사장은 강남에 있는 정○○ 설립자 소유 건물 1층에 입점해 있넌 옷가게 대표로 속칭 바지 이사장이라는 것이다. 이것은 무엇을 시사하는가? 안 봐도 비디오 아닌가? 대전교육청과 대구교육청이 교사채용 비리로 물의를 일으킨 대성학원과 경암학원에 대해 임원승인취소하고 임시이사를 파견한 것처럼 서울시교육청도 신속하게 그런 절차를 밟아야 할 것이다. 또한 교사채용비리 등 반성과 개선이 없는 고질적인 비리사학에는 학급수 감축 등 강도 높은 행·재정적 불이익도 병행해야 할 것이다.

정 전 이사장은 2010년에도 공사업체 등으로부터 리베이트를 수수하고 학교 공금을 횡령해 집행유예 판결을 받은 바 있다. 이와 관련 2011년 교육청으로부터 법인 이사장 승인 취소처분을 받았음에도, 법인실을 설립자실로 이름만 바꾸고, 교장과 행정실장 등 학교 관계자로부터 학사·학교재정 관련하여 지속적으로 보고 받고, 최종 결정권을 행사하는 등 법인 및 학교 운영에 깊숙이 개입해 왔다. 현행 사립학교법상 퇴출된 이사장의 법인 및 학교운영 개입에 대한 처벌 규정이 없다. 이번에 이런 사각지대가 있음을 알았으니, 퇴출된 사람이 법인 및 학교운영에 개입하지 못하도록 제도적 장치를 마련하는 것은 물론, 그 이전이라도 전 이사장의 개입과 전횡을 사실상 묵인한 현 이사진에 대한 책임을 물어야 할 것이다.

2010년 교육청 특별감사에서 금품수수, 횡령 등의 비리가 드러난 양천고의 모든 이사들에게 대해 선관의무(선량한 관리자로서의 의무)를 다하지 못했다는 책임을 물어 전체 이사진에 대해 승인취소를 요구했으나, 재판부가 정 이사장 한 명만 승인 취소했다. 양천고와 충암고 사례에서 보듯 비리사학은 전체 이사를 승인취소하지 않고는 정상화가 어렵다. 이사장 하나만 물러나면 이른바 바지 이사장과 거수기 이사들을 앉혀 놓고 여전히 학교를 개인 사업장처럼 좌지우지하며 사실상 이사장 역할을 하기 때문이다. 대전교육청에 이어 최근 대구교육청이 교사채용 비리 책임을 물어 임원승인취소하고 임시이사를 파견한 것처럼, 감사 및 수사할 때마다 고구마 덩굴처럼 경악할 비리가 적발되는 양천고에 대해서도 서울시교육청은 바로 감사에 착수하여 부당하게 채용된 체육교사 등에 대한 임용을 취소하고 비리 관련 책임자를 엄중 문책하는 등 후속조치를 해야 할 것이다.

6. 공익제보자를 치졸하고 잔인하게 괴롭히고 끝내 해직시킨 상록학원

나는 양천고 교사로 재직할 때, 변화하는 시대에 발맞추기 위해 학교도 이제는 달라져야 한다고 강조했다. "학생들이 다니고 싶어 하는 학교, 학부모님들이 보내고 싶어 하는 학교, 선생님들이 근무하고 싶어 하는 학교"를 만들자고 했다. 그러기 위해서는 민주적인 인사위원회와 학교운영위원회를 합리적으로 운영하고, 아울러 학생들의 정당한 의견과 요구에 귀 기울여야 한다고 했다.

학생들은 입시에 대한 스트레스 못지않게, 학교가 주는 불합리한 점 때문에 많은 고통을 당하고 있었고, 나에게 와서 그 고통을 호소하였다. 나는 약자인 학생들을 대변한다는 입장에서, 0교시, 방과 후 학교, 야간자율학습 강제 실시, 도서실, 급식, 체육복 문제 등을 교육자적 양심과 신앙적 양심으로 학교 측에 개선을 요구하였지만, 학교 측(법인)에서는 오히려 이러한 나의 충정을 호도하고 왜곡하여, 끝내 파면이라는 극단적인 조치를 취했다.

이후 죽기보다 힘든 나날을 보냈다. 충격으로 병원에 입원하여 신경수술도 받았고, 복직 소송을 하느라 경찰서, 검찰청, 법원에도 수시로 갔다. 무엇보다 부당한 파면에 맞서기 위해 13개월 동안 학교 앞에서, 교육청 앞에서, 검찰청 앞에서 1인 시위를 하였다. 제자들 앞에 당당하기 위해서 그랬다. 교단에서 "가르친 대로 행동하고 배운 대로 실천하라"고 해놓고 자신이 어려움에 처하자 소리 소문 없이 사라지는 부끄러운 스승은 되고 싶지 않았다.

좋은 선생님이 되고 싶었을 뿐인데, 결과적으로 우리 사회는 나와 같은 평범한 사람을 투사로 만들고 말았다. 도둑을 신고했는데, 잡으라는 도둑은 잡지 않고 신고자만 잡는 어이없는 현실, 이런 세상에 우리가 살고 있다. 그러나 이런 억울한 사람이 어찌 나 하나뿐이겠는가? (내가 겪은 이야기를 '영화사람'이라는 영화사에서 영화로 만들고 있음 / 영화제목 '모범시민')

교육비리는 아이들의 꿈을 훔치는 도둑질이다. 또한 부패사학에서는 많은 교직원들이 영혼 없는 삶을 강요당하고 있다. 청와대, 검찰, 감사원, 교육청 모두 기회 있을 때마다 교육비리 척결을 강조하지만 근절되지 않는 이유는 무엇일까? 먼저 학교가 투명해져야 하고 민주적으로 바뀌어야 한다. 그러기 위해서는 학생, 학부모 교직원들이 교육주체로서 이제는 제 목소리를 내야 한다. 또한 학교 운영에 적극적으로 참여해야 한다. 잘못이 있으면 과감하게 개선을 요구해야 한다. 불의를 보면 분노할 줄 알아야 하고 비리나 부패는 신고해야 한다. 알면서도 침묵하고 방관한다면 학교 현실은 바뀌지 않을 것이다. 그 피해는 고스란히 우리 어린 학생들에게 전가될 것이다. 그리고 궁극적으로 사립학교법을 새롭게 개정하는 일이다. 민주적인 사학법 개정을 통해 사학법인의 비리를 감시하고 견제할 수 있는 장치를 만들어야 한다. 이런 제도적인 개선이 없으면 제2, 제3의 인화학교뿐만 아니라 많은 부패 비리사학들이 건재할 것이다.

우리나라 아이들, 우리 학생들이 정말 가엽고 불쌍하다. 핀란드 등 북유럽 아이들처럼 즐겁고 신나고 행복하게 학교를 다닐 수 있도록 해주어야 한다. 학교에서 마음껏 푸른 꿈을 키우며 맑고 밝게 자랄 수 있도록 해주어야 한다. 북유럽에서 가능한 일이 우리 대한민국에서 불가능할 리 없다. 우리도 더욱 노력하여 학교다운 학교, 행복한 학교를 만들어 가자.

나의 조국은

시 / 리 울 김 형 태

나의 조국은
양심의 명령에 따라 바른 소리 쓴 소리 했다가
모난 돌 취급받아 정 맞은 사람들……

벼랑 끝에서 칠흑 같은 어둠을 바라보는 그들에게
조금이라도 비빌 언덕이 되고 싶습니다.
진실을 말하는데 용기가 필요 없는 세상을 위해
기꺼이 작은 촛불이 되겠습니다.

힘없는 사람들을 두려워하되
힘 있는 사람들을 두려워하지 않는
그런 가시밭길을 가겠습니다.
우보천리의 마음가짐으로……

나의 조국은
몸과 마음이 내려앉은
그늘지고 소외된 사회적 약자……

힘과 돈의 논리가 무성한 이 겨울공화국에서
그들에게 한 줌 따사로운 봄볕이 되고 싶습니다.
말과 상식이 통하는 성숙한 세상을 위해
기꺼이 기댈 어깨가 되겠습니다.

저 푸른 숲처럼 두레두레 더불어 함께 잘 사는
사람 내음 훙건한 세상을 열어가기 위해
한 바가지 마중물이 되겠습니다.
우공이산의 마음가짐으로……

하나고의 민주화 운동과 과제

전국교직원노동조합 사립위원회

1. 학교설립과 연혁

하나고등학교는 2010년 3월 서울특별시의 유일한 자립형사립고등학교로 개교했다. 설립 당시부터 이명박 정부의 권력에 의한 설립 특혜 의혹이 불거졌다. 이명박 전 대통령과 오세훈 전 서울시장, 공정택 전 서울시교육감, 그리고 김승유 당시 하나은행장의 의지가 반영되어 설립된 학교로 널리 알려져 있다.

애초의 설립취지는 기업의 사회공헌을 표방했다. 그러나 2015년 서울특별시의회 하나고 특위의 청문회 과정에서 불거진 갖가지 비리와 특혜 의혹이 사실로 규명되면서 권력과의 유착관계에 의해 특권학교로 개교하게 되었던 사실이 여실하게 드러났다.

김승유 전임 이사장은 자신이 은행장으로 재직하던 시절 하나금융그룹의 자산을 출연하여 하나고등학교를 설립하도록 지시했다. 다른 사립학교의 건립과 명백하게 구별되는 점 가운데 하나가 바로 자신이 평생 모은 재산을 출연하여 설립한 학교가 아니었다는 사실이다. 기업의 사회적 공헌이라는 미명 아래 고객들이 은행에 믿고 맡긴 예탁금을 출연하도록 하여 설립한 학교였다. 그렇기 때문에 하나고등학교는 다른 사립학교와 달리 더욱 더 기업의 사회적 책무성과 공공재로서의 성격이 강한 곳이다.

2. 사학비리의 발생과 특징

하나고등학교는 개교 이래 수 많은 불법과 비리를 저질렀다. 대표적인 사안 몇 가지를 나열하면, 2015학년도까지 지속된 점수 조작에 의한 입시부정, 이명박 정부에서 청와대 고위공직자를 지냈던 모 인사 아들의 학교폭력은폐 사건에서 학교폭력 당사자를 일반고로 전학 조치하고 이후 당사자가 고려대학교 경영학과에 수시로 추가 합격한 사실, 각종 회계부정과 인사채용비리, 교직원들에 대한 인권탄압 등 비리사학에서 일어날 수 있는 온갖 종류의 불법과 일탈을 서슴지 않았다.

결국, 2015년 8월 서울특별시의회 하나고 특위에서 각종 비리가 확인되었고, 당해 연도 국회의 교문위 국정감사에서도 사회적 이슈가 되는 등 사학비리의 정점에 섰다. 그 결과 서울시교육청의 특정 감사를 받게 되었고, 제보되었던 모든 내용이 사실로 밝혀졌다. 자료 공개를 거부하며 감사에 불응하다가 의도치 않게 공개된 3년 간의 입시자료에서만 무려 90여 명의 성적 조작을 통한 입시비리가 확인되었다. 가장 심각하고 황당했던 학교 측 해명은 기숙사 학교라서 남녀 수용 문제 때문에 남학생들을 더 뽑기 위해 점수를 조작할 수밖에 없었다는 논리였다. 감사 결과 점수 조작으로 불합격되었다가 합격생으로 둔갑한 학생 가운데 13명은 여학생이었다. 이 사실은 무엇을 의미하는가? 점수 조작으로 남학생들을 불가피하게 합격시켰다면 남학생만 점수를 조작했어야지 어떻게 90여 명 가운데 여학생이 13명이나 합격자 명단에 포함될 수 있었는지에 대한 해명은 지금까지도 못하고 있다.

또한 이명박 정권 당시 청와대 대변인을 지냈던 모 인사의 아들이 상상하기 어려울 정도의 학교 폭력을 일으켰음에도 김승유 전 이사장과 현재 파면이 요구된 정철화 교감 등 학교 관리자들은 이를 철저하게 은폐했다. 결국 이 문제가 공론화되자 강남구 소재 모 고등학교로 전학을 가도록 한 후에 해당 학교에서 수시입학전형을 통해 고려대학교 경영학과에 추가로 합격했다. 이러한 사실 외에도 유력 언론사 사주의 자녀가 편입학 시험에서 특혜를 얻어 입학했다는 의혹 등등 특권층 자녀들에 대한 형평성과 공정성을 무너뜨린 일련의 조치로 인해 언론과 시민사회로부터 엄청난 질타를 받았다. 결국 서울시교육청은 기관 고발의 형태로 학교법인 하나학원 김승유 전 이사장을 포함하여 관계자들을 검찰에 고발했다.

그러나 박근혜 정권 하에서 검찰은 석연치 않은 이유를 들어가며 증거 불충분이라는 이유로 이들을 불기소 처분하였다. 이에 서울시교육청이 즉각 고등검찰청에 항고했으나 이 역시 기각 처리함으로써 정유라의 이화여대 입시부정을 능가하는 대규모 입시비리의 실체를 은폐하고 덮어버렸다. 이는 역사에 기록될 엄청난 범죄행위이자 교육의 기회균등이라는 시대적 요구를 철저하게 훼손한 파렴치한 범죄행위였다.

이러한 상황에서도 김승유 전임 이사장의 경우는 다른 이사들과 달리 영구적으로 지위를 누릴 수 있도록 정관을 개정했다. 이사진 구성도 자신이 하나금융그룹에서 근무하던 당시의 친위부대를 중심으로 재편했다. 하나고등학교의 사유화를 위한 작업이 거침없이 진행된 것이다. 그 와중에 하나고의 사유화를 경계하는 내부 구성원의 언론사 기고문을 문제 삼아 징계절차에 돌입했다. 기업의 사회적 공헌에도 국민들의 감시가 필요하다는 지극히 당연하고 정상적인 문제제기에 대해 민주적인 소통과 대화의 과정을 통해 원만한 해결을 모색하지 않고, 교원에 대한 탄압과 보복행위를 통해 하나고 사유화에 대한 문제제기를 억누르고자 했다.

사회적 파장이 만만치 않았기 때문에 서울시교육청도 결과적으로 8년간 이사장으로 재임했던 김승유 전 이사장의 임기를 연장해 줄 수 없는 상황에 이르렀다. 하나고등학교를 평생 사유화하고자 했던 전임 이사장의 야욕도 관할청이 이사 승인을 불허함에 따라 물러날 수밖에 없었다. 겉으로는 성대한 이사장 퇴임식까지 거행하면서 모양을 갖추었지만 실상은 서울시교육청의 이사장 승인을 불허하겠다는 단호한 의사표현에 따른 조치였다. 그는 마치 이제는 물러나야 할 때가 되어서 스스로 물러난다는 식의 위선적인 행동을 표방했다.

3. 사학비리에 대한 구성원의 저항과 학교민주화 운동

하나고등학교의 구성원들은 기존에 근무하던 학교들에서도 대부분 나름의 자부심과 긍지를 가지고 더 높은 자아실현을 해보겠다는 욕망과 포부를 지닌 교직원들로 구성되어 있다 때문에 대부분의 사학에서 그러하듯이 사학비리를 대하는 구성원들의 관점과 태도 또한 상대적으로 편차가 컸다. 사학비리를 인지하고 있으면서도 철저하게 비리사학의 편에 서서 학교의 잘못을 지적하는 내부 구성원들을 탄압하고 보복하기 위해 앞장을 섰던 인물들도 있는 반면, 적극적으로 문제를 제기하면서 시정을 요구하는 교직원은 일부 극소수에 지나지 않았다. 대다수의 구성원들은 많은 비리사학에서 그러하듯 고개를 돌린 채 외면하고 복지부동하면서 침묵의 카르텔을 형성하고 있었다.

일부의 극소수 교원들도 연대하여 문제의식을 공유하면서 대응 방안에 대해 상당 수준의 논의를 진행하다가 문제가 수면 위로 불거지면서 현 사태에 대한 해결방식과 노선에 대한 인식의 차이를 드러내고는 결국 침묵하고 외면하거나 비리사학 재단이 취하는 목소리에 동조하는 일탈을 보이기도 했다. 슬픈 이야기지만, 이것은 비리와 분규를 겪고 있는 대부분의 비리사학에서 발생하는 체념의 문화일 것이다. '목구멍이 포도청'이라고 삶을 유지해야 하는 가장들이자 생활인으로서 어쩔 수 없는 현실임을 인정하지 않을 수 없었다.

다만 침묵의 카르텔을 형성한 채 외면한 대가는 어느 한 사람의 고통으로 귀결되지 않고 구성원 모두에게 돌아간다는 지극히 당연한 사실을 학원 민주화 과정을 통해 모두가 깨닫게 되는 진리가 아닐까 싶다. 많은 하나고 구성원들은 각종 언론과 시민사회로부터 규탄과 비난에 시달리며 학교의 명예가 땅에 떨어지고 실추되었다며 괴로워했다. 바로 이것이 침묵의 대가이자 침묵의 카르텔이 가져온 대참사였다고 평가할 수 있다.

하나고등학교를 사유화하고자 했던 전임 김승유 이사장에 대한 저항의 선봉에 섰다가 부당한 징계로 2016년 해임이 되었다가 2017년에 부당한 해임이라는 판결을 받아 다시 복직한 전경원 교사의 저항은 현재까지도 계속되고 있다. 김승유 전 이사장은 이사장에서 물러났지만 그와 고려대학교 61학번 동기로 잘 알려진 김각영 전 검찰총장이 현재 김승유 전 이사장을 대신하여 학교법인 하나학원의 이사장으로 부임했다. 아울러 서울시교육청의 감사결과 파면을 요구받은 정철화 교감은 파면 조치가 아니라 오히려 교장직무대행으로 승진한 상황이다. 물론 서울시교육청이 교장자격연수 신청을 거부하여 교장자격증이 발급되지 않은 상황이라 2년 넘게 교장직무대행이라는 꼬리표를 떼지 못하고 있다. 현재 하나고등학교의 교장과 교감 2명을 포함해 관리자 3명은 모두 직무대행이라는 꼬리표를 떼지 못하고 있다. 그런 이유로 교감 2명은 교사의 지위를 가지고 있기에 정규 교과목 수업도 담당하고 있다.

전경원 교사의 학원민주화 투쟁의 결과로 2010년부터 7년간 불법적으로 운영되었던 1일 9시간 근무시간이 1일 8시간으로 정상화된 것도 작지만 나름 의미있는 성과였다. 또한 현재 시점에서 김승유 전 이사장이 물러났고, 학교법인 사무국장을 겸직했던 행정실장도 물러났다. 아울러 비리사학 이사진에 부역하며 교원징계위원회에 참여하여 전경원 교사의 해임을 적극 주장하며 교권탄압에 앞장섰던 수학과 40대 중반의 모 교사는 20대 초반 여성과 데이트 앱을 통해 성매매를 하다가 현행범으로 체포되었다는 소식이 언론에 보도되면서 본인 스스로 사직서를 제출했다. 이처럼 비리사학의 이사진과 호흡을 함께 했던 상당수 인사들이 자신의 의지와 무관하게 물러나면서 나름 학원 민주화를 위한 분위기가 조성되어가고 있다.

학원 민주화 운동에는 철저하게 권력과 힘의 법칙이 공동체에 작용한다. 비리와 불법의 원흉인 이사장을 포함한 이사진의 힘이 강력하면 강력할수록 교직원들 또한 그에 따라 침묵하기도 하고 비리사학의 핵심 관계자들의 논조에 동조하기도 한다. 반면, 관할 교육청과 언론, 시민단체, 여론이 제 역할을 하는 경우에는 구성원들도 비리사학의 핵심 실세들과 거리를 두거나 최소한 보복과 탄압의 대열에 동참하기보다는 객관적 자세를 유지하려고 한다는 사실도 확인할 수 있다.

4. 사학분규에 대한 교육부와 국회의 대응

하나고 입시부정과 학교폭력 은폐 등 특권층의 부조리와 비리에 대해서 박근혜 정부는 철저하게 은폐하고 감추는 데 앞장섰다. 언론과 시민사회를 통해서 건국 이래 단위학교 최대 규모인 3년간 90여 명이라는 입시비리가 드러났음에도 이를 철저하게 덮어버렸다.

물론, 입시비리를 저지른 당사자들의 지위가 공개되는 순간 사회적 파장과 후폭풍이 만만치 않았을 것이다. 법조계는 물론이고 언론계, 경제계, 정치계를 넘나드는 인사들의 자녀와 관련이 되어 있는 것이다. 그랬기 때문에 박근혜 정권에서도 판도라의 상자를 열 수 있는 심장을 지닌 이가 없었을 것임은 자명한 사실이다.

그러나 당시 국회의원들 가운데 더불어민주당 소속 도종환, 김태년, 김관석, 유은혜 의원을 비롯하여 정의당 정진후 의원 등은 하나고 입시비리와 김승유 전 이사장의 독재와 횡포에 대해 치열한 질타를 서슴지 않았다.

특히 유은혜 의원과 도종환 의원은 하나고 문제 해결을 위해 끝까지 함께 고민하며 지지와 격려를 아끼지 않았다. 박근혜 정부에서 교육부는 교육부 폐지가 유일한 대안이라고 할 정도로 무기력하게 대응하거나 외면하고 있었다는 사실도 분명하게 짚고 넘어가야 할 것이다. 여전히 해결되지 않고 있는 하나고등학교의 입시비리 문제는 새 정부에서 반드시 해결하고 가야 할 중차대한 과제로서, 우리 사회에서 교육정의를 바로 세우는 시금석이 될 것이다.

5. 학교의 민주화 운동의 전개과정

2010년 3월 개교 이래 2017년 10월 31일까지 지속되어 온 전임 김승유 이사장 체제를 무너뜨렸다는 점이 하나고등학교의 가장 큰 학원 민주화 성과로 기록되었다. 물론 그 과정에서 전경원 교사가 해임되었고, 그가 작사했던 하나고등학교 교가의 가사가 전임 이사장의 지시에 의해 6년 만에 아무런 이유도 없이 바뀌어 버리는 등 온갖 탄압과 보복을 당했다. 하나고등학교 개교준비위원으로 2009년 9월 1일자로 초빙되어 현재까지 달려오면서 학원 민주화를 위해 맨몸으로 탄압에 맞서 싸웠던 성과들이 축적되고 있다. 물론, 현새 30여 명을 약간 넘는 정교사 가운데 일부는 과거보다 현재가 더 위축된 상황에 처한 것이 아니냐는 의문을 제기하기도 하지만 이것은 학원 민주화가 진행되는 과도기적 상황으로 이해할 수 있을 것이다.

문재인 정부 출범 이후 과거의 적폐들이 하나씩 청산되고 있는 작금의 상황을 감안한다면 머지않은 시간 내에 학교가 민주화 될 것으로 예상된다. 특히, 하나고등학교는 학교의 주체라고 할 수 있는 교사, 학생, 학부모 가운데 학생과 학부모의 만족도는 높지만 교사들의 학교생활 만족도는 전국 최하위권을 맴돌고 있는 학교라는 점에 주목해야 한다. 교육공동체를 이루는 구성원 모두가 행복한 학교로 거듭나야 할 것이다. 교원복지는 물론이고 교권과 인권 감수성을 향상시켜야 한다. 교사들의 출퇴근을 감시하기 위해 용역 파견된 업체의 담당자들에게 차량 출입시간을 기록하게 한다거나 단위학교에서 120대가 넘는 규모로 전국에서 가장 많은 CCTV를 보유한 학교로서 인권침해 소지가 다분하다는 점 등에 대해 학교법인은 사안의 심각성을 인식할 필요가 있다. 또한 아무런 문제의식 없이 비리사학 관리자들에게 부역하는 교사들도 스스로 부끄러움을 깨닫고 학원 민주화에 대한 염원에 어긋나지 않는 결단과 행동이 요구되는 시점이다.

6. 2017년 현 상황과 정부에 대한 요구사항

2017년 현재 하나고등학교의 상황은 파면이 요구된 정철화 교감(교장직무대행)이 여전히 물러나지 않고 버티고 있는 상황이다. 관할 교육청의 행정지시를 묵살하고 조롱하는 처사로 일관하고 있다. 엄연한 교육적폐이자 청산대상일 뿐이다.

문재인 정부는 서울특별시교육감이 특정감사 결과 내린 행정명령을 이행하도록 교육부와 함께 철저한 감독과 지시를 촉구하여 학교를 정상화시켜야 한다. 또한 입시비리는 정권의 지속 여부를 결정할 정도로 교육정의의 관점에서 매우 민감한 사안이다. 이명박 정부와 박근혜 정부에서 자행되었던 부정입학의 실체에 대해 즉각적인 재수사를 통해 명명백백하게 진실을 밝혀내야 한다. 그래야만 국민들도 교육정의에 대한 신뢰와 믿음을 바탕으로 문재인 정부의 교육적폐 청산에 힘을 보탤 것이다. 또한 현재까지도 비민주적이고 일방적인 지시를 일삼고 있는 학교법인 하나고등학교 관리자들의 퇴진을 강력하게 요구한다.

아울러 하나고등학교의 학교부지는 서울특별시 소유 자산에 속한다. 서울시와의 협약에 의거 장기임대계약을 했다. 또한 학교의 설립 자본은 기업의 사회적 공헌이라는 측면에서 출연했다. 하나은행 임직원 자녀 전형도 2018년이면 영구적으로 폐지된다. 하나금융그룹은 더 이상의 특혜 없이 애초의 순수한 약속 그대로 기업의 사회적 공헌 차원에서 하나고등학교를 지원해야 한다. 그것이 불가능하다고 판단된다면 하나금융그룹은 하나고등학교를 서울시에 기부체납해야 한다. 은평구 지역의 공립형 기숙학교로 거듭날 수 있도록 협조하여 진정한 의미에서 기업의 사회적 책무를 다하는 것이 하나금융그룹에서 마지막으로 우리 사회에 기여할 수 있는 길임을 명심해야 할 것이다.

문재인 정부와 교육부 그리고 서울시교육청은 하나고등학교를 정상화하기 위한 방안과 대책을 신속하게 마련해야 할 것이다. 이것이 국민의 요구이자 명령임을 잊지 말아야 할 것이다.

필자 소개

정대화

1956년생. 상지대 교수 겸 총장직무대행. 서울대를 졸업하고 동 대학원에서 정치학박사 학위 취득. 청년이 살고 교육이 살아야 나라가 발전하고 국민이 행복해진다는 생각으로 정치개혁운동, 시민운동, 사학 민주화운동에 참여했으며 『상지대 민주화 투쟁 40년』, 『포스트 양김시대의 한국정치』, 『김대중정부 개혁 대해부』등의 저서가 있다.

양승규

1934년생. 서울대 법대 명예교수. 서울대학교 법대를 졸업하고 동 대학원에서 법학박사학위를 취득한 후 평생을 모교에서 후학을 양성하는 일에 매진했다. 한국가톨릭사회과학연구회장과 한국보험학회장을 지냈으며 세종대학교 총장을 역임했다.

조승래

1954년생. 서강대학교에서 사학 학사, 석사, 박사학위를 받고 1984년부터 청주대 교수로 재직 중이다. 한국서양사학회회장, 문화사학회회장, 호서사학회회장을 역임했다. 저서로는 《공화국을 위하여》 (2010), 《공공성 담론의 지적 계보》 (2014) 등이 있다. 현재 민주화를 위한 전국교수협의회 공동의장과 사학개혁국민운동본부 공동대표를 맡고 있다.

김동국

1967년생. 전교조 부위원장(사립위원장). 마산제일고 교사, 입시폐지-대학평준화 등 교육공공성 확보와 사립학교 개혁을 위한 교육노동운동에 주력함.

김형태

1965년생. 서울 양천고등학교 국어교사로 재직 중 급식 등 사학비리에 맞서 해직되었으나 2010년 6.2지방선거 통해 서울시 교육의원((2010~2014)에 당선. 사립학교 투명한 운영에 관한 조례, 공익제보 보호 및 지원에 관한 조례 등 교육비리 척결을 위해 노력함. 이러한 공로로 투명사회상 수상(한국투명성기구) / 의인상 수상(참여연대) / 호루라기 특별상 수상(호루라기재단). 이후 국민TV 〈행복한 교육세상〉 방송 진행자(2015~2016), 서울 최초 주민주주신문 〈영등포시대〉 대표이사(2015~2017), 교육희망과 오마이뉴스 등에 교육전문기자로도 활동했고, 현재 교육정책포럼 〈교육을바꾸는새힘〉 대표와 서울학교안전공제회 이사장을 역임하며, "교육 때문에 고통스러운 대한민국을 교육 덕분에 행복한 대한민국으로 만들어가자"는 마음가짐으로 여전히 교육혁신을 위해 매진하고 있음. 또한 대전일보 신춘문예 출신 문인으로 틈틈이 창작활동도 하고 있음. 시집 '사랑일기, 아부지라는 말만 들어도 눈물이 납니다, 물빛 안경처럼 나는 너의 창이고 싶다, 아버지의 빈 지게'가 있고, 소설집으로 '라일락꽃 그늘 아래'가 있음.

류석준

경남 마산에서 태어나 산과 들을 마음껏 뛰어다니면서 자유로운 어린 시절을 보냈다. 달리다 보니 초등학교 시절 핸드볼 선수를 하기도 했다. 매우 진지하고 성실한 청소년기를 보냈으나, 우리나라의 정치 · 사회적 모순을 깨닫고 심각하게 방황했다. 서울대학교 농과대학에 진학하였으나 학업에 큰 흥미를 느끼지 못했고, 군대 제대 후 아무 생각 없이 삼성생명에 취직하였다가 3년 만에 퇴사하였다. 현실적 문제 해결을 위해 뒤늦게 시작했던 법학 공부가 예상치 않게 적성에 맞았던지 깊이 빠져들게 되었고, 경남대학교에서 박사학위까지 받게 되었다. 연구에 매진하겠다는 꿈을 안고 영산대학교에 자리를 잡고 10년간 연구, 후학양성, 학교발전을 위해 나름대로 열심히 노력했다. 그러나 영산대 교수협의회 운영위원장과 한국사립대학교수회연합회 법률대응팀장으로 활동하며, 교육부 정책과 영산대 전횡에 대한 비판의 목소리를 높이다가 부당하게 해직되었다. 현재 1심 소송절차에서 모두 승소한 상태이며 2심은 진행 중이다. 모두가 잘사는 세상, 제대로 된 연구와 교육을 할 수 있는 대학이 될 때까지 싸울 생각이다."

박정원

상지대학교 경제학과 교수(현), 1955년생. 건국대학교를 졸업하고 고려대에서 박사과정 수료 후, 강원대에서 박사학위를 취득. 교육이 개인을 행복에 이르게 하고 아름다운 사회를 만든다는 신념으로, 1986년 상지대 교수 부임 후 교수의회 결성을 주도하여 상지대 민주화투쟁을 시작하였으며 민주화를 위한 전국교수협의회, 전국사립대학교수회연합회, 전국교수노동조합 등에서 활동하였으며 상지대학교 부총장과 사회과학연구소장을 지낸 바 있다. 저서로는 〈한국사학의 빛과 그림자 – 상지대 민주화의 여정〉 등이 있으며 교육관련 논문이 다수 있다.

이영기

1957년생. 민주사회를 위한 변호사모임 회원. 지속가능한 사회를 위하여 교육과 환경 분야에 관심을 가지고 활동함.

노중기

1961년생. 한신대 사회학과교수. 서울대에서 박사학위를 받고 노동정책 노동운동을 연구하고 있다. 저서로 [한국의 노동체제와 사회적 합의] [한국의 노동정치와 노동운동] 등이 있다.

홍성학

1961년생. 충북보건과학대교 교수. 건국대학교에서 산업공학 박사학위 취득. 2006년 학과 폐과에 따른 직권면직처분을 받은 것을 시작으로 세 차례 직권면직과 세 차례 복직을 거듭하여 현재 재직 중임. 전국교수노동조합의 교권실장, 부위원장, 수석부원장을 역임했고 현재 위원장을 맡고 있음. 저서로 〈삶과 가치를 남기는 비즈니스 모델〉이 있음

안진걸

1972년생. 현 참여연대 사무처장 겸 성공회대 외래교수. 대학시절부터 등록금 문제, 고등교육비용 문제에 천착해왔고 사학재단들의 비리와 무소불위의 권력에 분

노해왔다. 참여연대에서 99년부터 일해왔고, 2007년 참여연대 민생희망본부 출범을 계기로 교육비-주거비-의료비-통신비 고통과 부담없는 세상,사학비리-교육비리 없는 세상을 위한 여러 활동을 전개하고 있다. 또 국내에서 가장 오래된 민간싱크탱크 중 하나인 한국대학교육연구소 객원연구원 및 한국대학교육연구소 후원회 운영위원으로 일하면서 대학교육 발전-고등교육 공공성 강화를 위한 연구와 활동을 병행하고 있다.

신희영

1958년생. 경주대 교수. 서울대학교 대학원에서 행정학박사 학위 취득, 2006년부터 경주대교수협의회 공동회장을 역임하면서 경주대학교 및 사립대학의 민주화 개혁 운동에 참여하였다.

양진오

학교법인영광학원정상화를위한범대책위원회(범대위)는 영광학원 산하의 학교 구성원들이 법인의 공공적이며 민주적인 정상화를 위해 조직한 기구이다. 이 기구의 창립부터 현재에 이르기까지 주도적으로 활동한 학교 구성원들은 대구대학교 구성원들이다. 대구대학교 교수회, 직원노조, 학생회는 범대위 활동을 통해 구재단 반대 상경 집회, 농성, 성명서 투쟁을 수년 이어오고 있다.

한만수

1958년생. 동국대를 졸업하고 동 대학원에서 문학박사학위 취득. 경향신문 기자, 순천대 교수를 거쳐 현재 동국대 재직중. 교수협의회장으로 있을 때 동국대사태를 겪었다. '앎과 삶의 만남'에 관심을 가져, 인문학협동조합 이사장, 내부제보실천운동 상임대표 등을 맡아왔으며, 저서로는 〈허용된 일탈-식민지시기 검열과 한국문학〉, 〈잠시 검열이 있겠습니다〉, 〈태백산맥 문학기행〉 등이 있다.

방정균

1967년생. 상지대학교 교수, 상지대학교 한의학과 졸업, 경희대학교 대학원에서 박사학위 취득, 상지대학교 교수협의회 공동대표, 비상대책위원장

김철승

1974년생. 서남대 교수협의회 회장. 임상병리학과 부교수. 순천대학교 동물생리학 박사, 대한임상병리학과 교수협의회 임상생리분과 학회 간시, 비리종전이사를 배제하고 건실하고 투명한 사학으로 서남대학교가 정상화 이루기 위해서 투쟁(2012년 12월 24일 이 홍 하 설립자 구속이후)

김도형

1963년생. 성신여자대학교 교수 겸 교수회 회장. 서울대학교를 졸업하고 한국과학기술원(KAIST)에서 공학박사 학위 취득. 학생 시절 '보다 살만한 나라'를 만드는데 기여한 바 없다는 부채의식으로 인해, 20대에 교수가 된 후 교수평의회 대의원 같은 모두가 꺼리는 학내봉사활동 회피하지 못하다가, 결국 두 차례 파면 당하는 일을 포함하여 만 18년 동안 성신여자대학교 민주화투쟁에 휘말림으로써 연구자로서의 자괴감을 곱씹고 있다. 전국교수노동소합의 교선실장, 정책실장을 역임했고 현재 부위원장을 맡고 있다.

세종대 정상화 투쟁원회

세종대 정상화 투쟁원회(약칭 세정투위)는 세종대학교(대양학원)의 진정한 정상화를 위해서 2015.4.부터 세종대학교 교수 직원 학생 동문 들이 함께하는 단체이다. 카페다음에서 민주세종이라는 카페명으로 활동을 하고 있으며 2017.6.부터 세종대학교 정문에서 1인시위를 하고 있으며 지난 2017.10.24. 세정투위, 세종호텔노동조합, 더불어광진(지역시민단체)이 함께하는 '대양학원(세종대) 불법이사회 해체촉구와 비리고발 기자회견"을 주최하는 등 세종대 정상화를 위한 다양한 활동을 하고 있다.

수원대학교 교수협의회

수원대학교 교수협의회는 상생의 기치아래, 1. 대학의 공공성과 민주적 운영체계 확립 2. 교수의 연구와 교육에 전념할 수 있는 환경 구축 3. 학생의 인권과 학습권 보호 증진 4. 재단과 학생, 교수, 교직원의 상생과 행복을 목표로 2013년 3월 19일 결성됨.

제주한라대 교수협의회

2013년 3월 독단적 족벌경영에 저항하며 70여명이 모여 교수협의회를 발족하였다. 그러나 총장의 회유와 강요로 많은 교수들이 탈퇴하여 현재 20여명이 활동하고 있다. 대학의 공공성을 지켜내기 위해 대학의 비리와 부정에 맞써 싸우는 중이다

김진기

한영대학 (평)교수회 창립멤버이며 기존 전공의 공학박사 학위와 학과명 변경을 위한 농학박사 학위를 취득하였으며, 한영대학의 전공재배치의 대안으로 화(공)학 전공 박사학위 중으로 비리와 모순이 지배하는 한영대학의 혁신을 위해 투쟁 중.